Das Reisen ist eine Sache des Herzens.
Und wie das Herz unendlich ist, so ist es auch das Reisen:
Diese Unendlichkeit steht jedem zu erfahren offen.

Werner Bergengruen

INHALT

PROLOG

Als wir 2006 mit unserem Reisewagen nach Afrika aufgebrochen sind, haben uns viele Freunde und Familienmitglieder für verrückt erklärt. Wie können wir unser geregeltes und sicheres Leben einfach so hinschmeißen? Den Job an den Nagel hängen, das Haus verkaufen, kurzum, alles über Bord werfen und uns aufmachen ins Ungewisse. Es war auch ein sehr großer Schritt, der gar nicht so einfach war, doch wir haben ihn nie bereut. Bis heute nicht. Die Reise hat uns verändert, denn jede Reise ist auch eine zu sich selbst. Oder wie es Graham Greene formuliert: „Keiner kehrt von einer Reise so zurück, wie er weggefahren ist."

Was gleich geblieben ist, sind die Fragen und Bedenken unserer Freunde und Bekannten, als wir zur zweiten großen Reise aufgebrochen sind: „Was macht ihr, wenn ihr krank werdet?", „Seid ihr versichert?", „Habt ihr denn keine Angst?", „Aber euch fehlen dann doch Arbeitsjahre auf die Pension!" Das verstehen wir und es freut uns auch, dass sich Menschen um uns Gedanken machen. Doch das Reisen bedeutet uns so viel, die Erfahrungen, die wir machen, sind unbezahlbar, die Zeit, die wir erleben, extrem intensiv. Wenn wir mit unserem Reisewagen unterwegs sind, sind wir der Freiheit ganz nahe, wir leben selbstbestimmt, verantwortungsbewusst und fühlen uns glücklich. Auch wenn es ein einfaches, bescheidenes und manchmal auch mühsames und anstrengendes Leben ist, so ist es doch eines voll magischer Augenblicke, einzigartiger Begegnungen und unvergesslicher Glücksmomente. Es ist die schönste Zeit unseres Lebens. Auch, wenn uns viele für verrückt halten.

„Ihr habt recht – in dieser Welt können nur verrückte Leute froh und glücklich sein."
OSHO, indischer Philosoph

DIE ABREISE
Aller Anfang ist schwer

Der November ist nicht gerade mein Lieblingsmonat, vor allem dann nicht, wenn sich die Sonne seit Wochen versteckt und man sie mit viel Glück vielleicht ab und zu durch die Nebelschleier erspähen kann. Das Nebelwetter ist abwechslungsreich, manchmal Bodennebel, dann wieder Hochnebel, aber immer beständig und zäh. Die Temperaturen bewegen sich knapp über dem Gefrierpunkt, somit kein Dauerfrost, sondern Dauermatsch.

Was machen wir eigentlich noch hier? Eine gute Frage, die ich Peter aber vorsichtshalber nicht stelle. Er ist ohnehin seit Tagen nicht mehr ansprechbar. Irgendwie ja auch verständlich, denn alles ist wieder einmal anders gekommen als geplant.

Mittlerweile leben wir seit 7 Jahren in unserem Oldtimer-Lkw, August der Reisewagen. 2,5 Jahre haben wir davon auf dem afrikanischen Kontinent verbracht. Zurück in Österreich sind wir einfach nicht mehr ausgezogen, so sehr haben wir uns an das Leben auf 9,5 m² gewöhnt. Eine Horrorvorstellung für viele Menschen, aber nicht für uns. Unser Wohnmobil hat alles, was man auch in einer Wohnung vorfindet, nur eben kleiner. Und der größte Vorteil liegt in der Mobilität!

Zugegeben, im Winter wird der Platz schon ganz schön eng. Allein die viele Kleidung, die man benötigt, die muss man erst irgendwo verstauen und waschen und trocknen. Letzteres haben wir schließlich ausgelagert, meine Mutter hat sich bereit erklärt, die Wäsche zu übernehmen. Dafür sind wir ihr bis heute noch dankbar.

Nach zwei Wintern in Österreich finden wir aber, dass es höchste Zeit ist, wieder abzureisen. Die Reisekassa haben wir in den 2,5 Jahren, die wir in Österreich verbracht und viel gearbeitet haben, ganz gut gefüllt. Diesmal wollen wir Richtung Osten fahren, der Orient lockt uns.

Unser Plan ist genial: Wir wollen gleich nach unserer Vortragstournee im Herbst aufbrechen, die mit der Teilnahme am El Mundo Festival im Oktober in Judenburg zu Ende geht. Dem Nebel entfliehen, bevor er sich so richtig übers Land legt und alles einhüllt, verschluckt. Bevor es richtig kalt wird und die nasse Kälte bis in die Knochen kriecht. Aber Pläne sind dazu da, um umgestoßen zu werden, das müssen wir wieder einmal feststellen. Ich bin bereit für die Abreise, aber August der Reisewagen nicht. Peter arbeitet seit Tagen im Freien, seine Energiespeicher sind nahezu verbraucht und ich kann ihm nicht viel helfen. Abgesehen von ein paar Streicharbeiten und Handlangerdiensten, die ich verrichte, muss er die Arbeit am August wohl oder übel alleine machen. Ich vertreibe mir die Zeit mit Kochen, Sortieren, Nachdenken und Einkaufen. Obwohl wir in Neulengbach zu Hause sind, erledige ich die Besorgungen im 13 Kilometer entfernten Böheimkirchen. Warum ich das tue, ist leicht erklärt: Hier kennt mich fast niemand, ich brauche keinem Menschen Rechenschaft ablegen, warum wir denn immer noch hier sind und ob wir überhaupt noch abreisen.

Zurück bei August versorge ich Peter regelmäßig mit dampfendem Tee, mehr kann ich nicht tun. Ich fühle mich so nutzlos. Ich habe keinen Stress mehr, aber irgendwie ein dumpfes Gefühl, eine Leere im Kopf.

WIRD SCHON HALTEN

Nach unserer Afrikareise haben wir August wieder fit für Europas Straßen gemacht. Die vielen Kilometer im österreichischen Winter haben unserem Oldtimer aber stark zugesetzt. Die Salzstreuung auf den Straßen haben arge Spuren hinterlassen. Auch die Achsen und das Getriebe müssen dringend überholt werden. Im August 2011 heben wir den Wohnaufbau von August herunter und entrosten und lackieren das komplette Chassis. Da ich ein baugleiches Fahrzeug mit nur 24.000 Kilometer ausgeschlachtet habe, werden die Achsen und das Verteilergetriebe ausgetauscht. Das Führerhaus wird ausgeschweißt und nachlackiert. Danach wird der Wohnaufbau wieder aufgesetzt. Rechtzeitig zur Vortragssaison ist August wieder startklar und wir fahren zum Pritz-Globetrotter-Treffen in den Bayrischen Wald. Leider heult das Verteilergetriebe sehr laut, die Kardanwellen haben eine Unwucht und verursachen Vibrationen. Zwischen den Vorträgen baue ich die Gelenkwellen aus und lasse sie überholen. 1.200 Euro später läuft alles wieder rund. Das heulende Verteilergetriebe wird wieder durch das alte ersetzt. Endlich ist es im Innenraum wieder leiser. Ich freue mich schon auf Ende Oktober, auf das Ende der Vortragstournee, damit ich durchgehend am August arbeiten kann. Die Liste der anstehenden Arbeiten ist lange. An der Vorderachse will ich noch die Freilaufnaben einbauen, diese passen leider nicht und so streiche ich diesen Punkt von der Liste. Da ich die Kupplungsscheibe wechseln will, werde ich bei dieser Gelegenheit auch gleich das Getriebe tauschen. Die neue Kupplung und das Getriebe sind wieder drinnen, als mir beim Nachziehen der Schrauben an der Kupplungsdruckplatte eine Schraube abreißt. Verdammt noch mal! Alles müsste wieder demontiert werden. Also wieder ein Tag Arbeit mehr und so verschweiße ich kurzerhand die Druckplatte mit dem Schwungrad. Wird schon halten ...

Diese Aktion hätte ich mir sparen können, da die alte Kupplungsscheibe ohnehin in einem Top-Zustand war. Never touch a running system!

Die Halterungen für die Ersatzfedern müssen angefertigt werden, die neue Standheizung muss eingebaut werden und, und, und. Die Tage werden kürzer, aber auch die Arbeitsliste. Ich will nur noch weg! Im Nebel bei Temperaturen um 3 °C ist das Arbeiten im Freien auf der nassen Wiese alles andere als lustig. Leider bringe ich die Heizungen nicht zum Laufen und so verstaue ich alles im August und hoffe auf die Hilfe unseres Freundes Oliver.

Beim Einräumen der Werkzeuge vor der Abfahrt entdecke ich einen Öltropfen auf einer Bremstrommel an der Hinterachse. Auch das noch! Wieder mindestens ein Tag mehr Arbeit und Verzögerung der Abreise. Sabine wird sicher sauer sein. Ich schließe die Bremse einfach ab und nehme mir vor, die Bremse in der Türkei, wo es wärmer ist, zu reparieren. Dass ich so bis Indien fahren würde, hätte ich mir nie gedacht.

Am 23. November 2011, also fast einen Monat später als geplant, startet Peter August und es geht endlich los. Weit kommen wir aber nicht, denn der erste Stopp ist gleich bei meinen Eltern. Mein Vater hat bei der Verabschiedung Tränen in den Augen, ich auch. Ich befürchte, er hat Angst, mich nicht wieder zu sehen. Er ist zwar erst 70 Jahre, aber sein Gesundheitszustand nicht der beste. Ich schaue meine Mutter an und sehe tiefe Traurigkeit in ihren Augen. Es tut mir weh und sie tut mir so unendlich leid. Sie sagt zwar, dass sie mir das Herz nicht schwer machen möchte und ich bin mir sicher, dass sie sich wahnsinnig beherrscht, doch mein Herz ist bereits schwer. Ich liebe sie eben und Abschied nehmen tut mir immer weh. In wenigen Tagen wird es besser sein, zumindest für mich. Ich muss nur weg von hier und endlich das lang Ersehnte spüren. Unterwegs sein, vogelfrei, sich auf das Wesentliche konzentrieren, das Einfache genießen – leben. Das ist es, worauf ich mich freue.

Erster Tag der Reise. Klingt dramatisch, ist es aber nicht. Schwer zu sagen, ob dieser Tag überhaupt als erster Reisetag zählt. Peter fährt mit August auf die Waage. Bevor die digitalen Zahlen aufleuchten, schätzen wir das Gewicht. Hoppla, da haben wir beide unrecht gehabt, aber vielleicht ist auch die Anzeige kaputt?

Unser Lkw haut stolze 9.130 Kilogramm auf die Waage! Na gut, August ist vollgetankt mit Diesel und Wasser, wir haben zwei Reservereifen mit dabei, einer davon mit Felge, Werkzeug, Schneeketten, zwei Mountainbikes, Skitourenausrüstung, Sommer- und Winterbekleidung, ein paar Schmankerln aus der Heimat und wir beide sitzen ja auch noch im Führerhaus. Was uns noch weniger gefällt, ist die Last auf der Hinterachse: Über 6.000 Kilogramm. Dabei haben wir seit unserer Heimkehr aus Afrika versucht, Gewicht von hinten nach vorne zu verlagern, indem wir z. B. den Wassertank von der letzten Ecke in die vorderste des Aufbaus platziert haben. Der Versuch ehrt uns.

Nach 24 Kilometern und einer knappen halben Stunde haben wir das erste Etappenziel erreicht: Peter stellt den Motor in Tulbing vor dem Haus unseres Freundes Oliver ab. Natürlich wollen wir uns von ihm verabschieden, doch der Besuch hat eine Doppelfunktion. Oliver hat uns im Herbst eine Webasto-Heizung verkauft und genau wegen dieser hat sich unsere Abreise noch etwas mehr verzögert, denn sie funktioniert nicht. Unser Freund hat außerdem noch ein Werkstättenhandbuch und einige schlaue Tipps, doch all das hilft nicht. Die Heizung geht einfach nicht. Etwas frustriert legen wir uns ins gemütliche Bett und schlafen lange nicht ein. Der zweite Reisetag führt uns nach Wien zum Werkspartner von Webasto.

Wir sind guter Dinge – bis uns ein Herr am Schalter offenbart, dass der nächste freie Termin erst in der zweiten Jännerwoche verfügbar ist. Noch 6 Wochen warten? Bei diesem Wetter? Nein, danke!

Wir haben noch einen Trumpf im Ärmel: Die Firma Webasto selbst. Dort treffen wir einen wirklich sehr netten Angestellten, der uns einen neuen Kabelbaum borgt, um die Fehlerquelle zu ermitteln. Und tatsächlich, Peter – der Fuchs, wird fündig! Zwei Stecker sind falsch angeschlossen. Hurra! Ich bin wirklich erleichtert, möchte ich doch schon seit Tagen unterwegs sein. Jetzt müssen wir nur noch nach Wiener Neudorf zur Firma Eberspächer, um Ersatzteile für die Motorvorwärmung zu kaufen. Ich sehe mich schon in der sonnigen Türkei aufs Meer schauen und Ayran schlürfen.

Nächster Stopp in einem Baumarkt: Peter kauft Dämmmaterial für die Fahrerkabine, denn mehr als 9 °C zeigt das Thermometer nicht an, und das, obwohl die Heizung auf vollen Touren läuft. Kein Wunder, bei meinem Türrahmen kann ich ins Freie schauen, vom Dach kommt eisige Luft und die Bodenplatte ist auch nicht wirklich flächendeckend dicht.

Ich gehe in der Zwischenzeit in den Supermarkt, überlege, was ich heute Abend kochen werde und suche nach einer leckeren Nachspeise, denn Essen macht ja bekanntlich glücklich. Mein Telefon läutet, es ist Peter. Er unterbreitet mir, dass wir doch noch in eine Werkstatt in der Nähe von Wiener Neustadt müssen, denn die Heizung funktioniert nicht. Die 300-Gramm-Tafel Schokolade rutscht mir aus den Fingern, zurück ins Regal. Der Appetit ist mir ohnehin vergangen. Verdammt noch einmal! Geht, geht nicht, geht, geht nicht. Welche Heizung meint Peter überhaupt?

Diesmal ist es die Motorvorwärmung. Schnell springen wir in den August und hoffen, die Werkstatt noch vor Geschäftsschluss zu erreichen. August ist Baujahr 1966, hat 130 PS und das Gewicht habe ich schon vorher erwähnt. Die Zeiger auf der Uhr scheinen zu rasen, unsere Backen glühen vor Aufregung. 12 Minuten bevor die Werkstatt schließt, drücken wir die Türklinke runter. Der Chef ist nett, Termin gibt es aber keinen. Nach einem kurzen Fachgespräch wird vermutet, dass das Steuergerät defekt ist, und das wird seit Jahren nicht mehr erzeugt. Danke. „Wie viel sagten Sie kostet eine neue Heizung?", frage ich. „800 Euro aufwärts", lautet die knappe Antwort. Sicher nicht, denn wenn wir weiterhin so viel Geld ausgeben, können wir gleich zu Hause bleiben. Wir reisen weiter, zumindest ins Burgenland, denn dort ist es ja viel wärmer als im Rest von Österreich und so wird August morgen problemlos anspringen … Inshallah. Ich traue mich das Wort „morgen" schon gar nicht mehr in den Mund nehmen, habe aber doch Hoffnung, dass wir genau zu diesem Zeitpunkt das Land verlassen werden. Nur zu gut, dass Peter so ein genialer Handwerker ist und immer eine Lösung findet. Schon dafür allein gebührt ihm ein Orden.

OH MANN!

Da es im Führerhaus zieht wie in einem Vogelhaus, dichte ich alle Kabeldurchführungen und Löcher mit einer Dichtmasse ab. Ich montiere einen Schalter für die Umwälzpumpe der Motorvorwärmung und hoffe so auf bessere Temperaturen im Fahrzeuginneren. Ich verlege Kabel und Schläuche ordentlich und fixiere diese mit Kabelbinder. Irgendwie habe ich ein ungutes Gefühl. August läuft nicht wirklich rund. Die Achsen und das Getriebe hören sich anders an, die Vibrationen sind ungewohnt. Ob ich mich bald wieder an das Fahrzeug gewöhnen werde? Auf der ungarischen Autobahn werde ich auf alle Fälle genug Gelegenheit dazu haben.

Lange und kalte Fahrtage durch Südosteuropa stehen uns bevor. Die Landschaft zu dieser Jahreszeit ist trostlos. Die Dörfer auch, Ostblockgefühle kommen in uns auf. Auf ungarischem Staatsgebiet fahren wir auf die Autobahn auf. Wir rollen mit einer Reisegeschwindigkeit von 68 km/h durch den herbstlichen Nebel durch Ungarn. Vor Budapest wird die Kolonne hinter uns immer länger. Kein Lkw traut sich an uns vorbei, denn es herrscht Überholverbot. Wir fahren in die nächste Parkbucht, um den Verkehr vorbeizulassen und ernten als Dank von den rumänischen und bulgarischen Chauffeuren Hupkonzerte, ausgestreckte Mittelfinger und sogar ein brennendes Feuerzeug, mit dem signalisiert wird, dass man unseren Reisewagen am liebsten abfackeln würde. Wir würden ja gerne schneller fahren, aber es geht einfach nicht!
Der Nebel lässt auch in Serbien nicht locker, so wie auch die Kälte im Führerhaus. Peter weigert sich ohnehin, seine blaue Latzhose auszuziehen, kleidet sich nach dem Zwiebelschalenprinzip und friert dennoch. Das Thermometer im August schafft es einfach nicht über 9 °C zu klettern, also

noch eine Jacke über die Beine geworfen und pro Stunde einen Liter dampfenden Tee getrunken. Die Landschaft zieht gemächlich an uns vorbei, der Bodennebel bleibt. Spät abends erreichen wir Belgrad.

Ein weißer VW-Bus überholt uns mehrmals und will uns zum Stehenbleiben zwingen. Wiener Kennzeichen sind darauf montiert. Die nächste Ampel ist rot. Der VW-Bus ist vor uns, beginnt zu blinken und zu hupen, die Fahrertüre wird aufgerissen und heraus hüpft ein Wahnsinniger wie ein Rumpelstilzchen auf uns zu. Ich drücke die Türklinke nach unten und verriegle. Sicher ist sicher. Das hätte ich mir sparen können. Denn das wahnsinnige Rumpelstilzchen ist Rudi Buchinger, ein Bekannter aus unserem Heimatort Neulengbach. Er kann es kaum glauben, uns in Serbien zu treffen. Wir auch nicht. Rudi ist unterwegs zu einem Freund, der am Stadtrand von Belgrad lebt. Wir sollen doch mitkommen, ein bisschen feiern und über Nacht bleiben, meint er. Wir bleiben nicht. Doch was ihm bleibt, ist sein neuer Kosename: Belgrad Rudi.

Das Einzige, was wir wollen, ist so schnell wie möglich in wärmere Gefilde zu gelangen. Peter ist nicht nur ein guter Mechaniker, sondern auch ein guter Autofahrer. Und ein ausdauernder. Das kann ich von mir nicht behaupten, denn ich schlafe nirgends so schnell ein wie auf dem Beifahrersitz. Vor allem, wenn es draußen schon dunkel ist. Zu tun habe ich auf der Autobahn auch nichts, das Navigieren schafft Peter alleine mit links.

Bulgarien ist für uns diesmal nur ein Transitland, aber das nächste Mal sicher ein absolutes Reiseziel. Was fällt uns hier als Erstes auf? Die Sonne scheint! Diesel ist billiger als in den Nachbarländern und die Grenzbeamten kümmert es überhaupt nicht, dass wir den Grenzbalken auf der Pkw-Spur halb aus der Verankerung reißen.

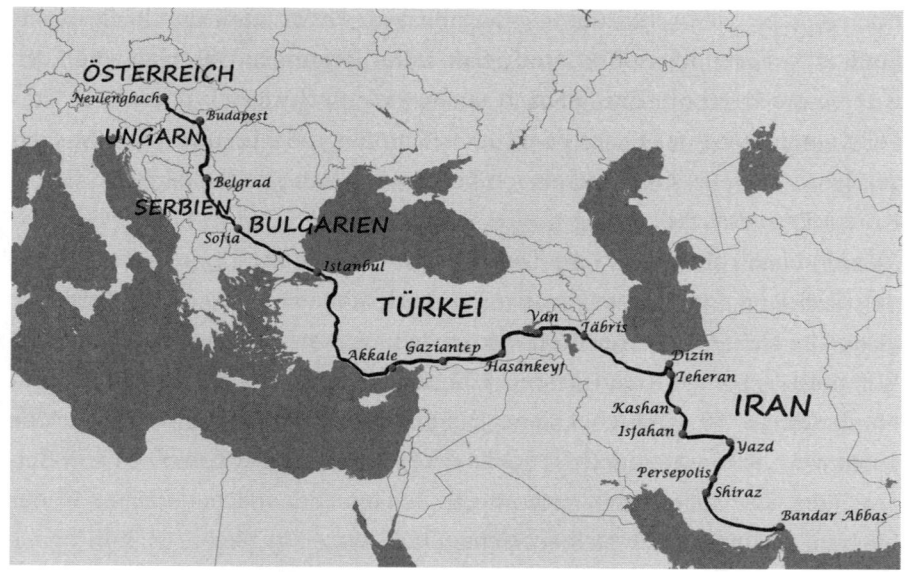

TÜRKEI
Willkommen im Orient

Wir machen einen fatalen Fehler. Wir wählen den Hauptgrenzübergang von Bulgarien in die Türkei. Die Fahrspuren und Häuschen der Beamten sind unzählbar. Die Fahrzeuge in der Kolonne auch. Nachdem August kein Lkw ist, fahren wir an der kilometerlangen Schlange vorbei und haben das Visum schnell in der Tasche.

Also weiter zum Zoll. Peter dürfte einem der Beamten nicht allzu sympathisch sein, denn er möchte August gleich röntgen. Bitte sehr, alles kein Problem. Doch bevor wir in die Röntgenbox fahren können, müssen wir das gesamte Fahrzeug ausräumen. Wie bitte??? Das ist unmöglich!!! Wir haben Wochen gebraucht, um alles einzuräumen und zu verstauen.

Aber es gibt nichts daran zu rütteln, obwohl die Lage den anderen Zollbeamten äußerst unangenehm ist. Peter schimpft wie ein Rohrspatz und verweigert gleich die Einreise. „Dann fahren wir eben nach Griechenland!", brüllt er. Ich kann ihn beschwichtigen und so räumen wir um 22 Uhr bei

Minusgraden einen Teil unserer Sachen aus. Peter fährt durch die Röntgenbox, währenddessen kontrollieren zwei Beamte unser Hab und Gut. Zuerst die Laptoptasche, danach einen kleinen Rucksack und als Drittes zeigt ein Beamter auf unser Portapotti (Campingtoilette) und fragt, was das sei. Ich erkläre es ihm, und als ich bereitwillig den Klodeckel hebe, ist die Kontrolle auch schon fertig.

Wir sind heilfroh, doch in die Türkei eingereist zu sein. Denn in den folgenden 3 Wochen gibt es nur Positives zu berichten. Wir sind Türkeiliebhaber geworden. Die Gastfreundschaft ist einfach umwerfend. In Istanbul machen wir nach 2,5 Tagen zum ersten Mal so richtig Halt. Wir parken direkt am Bosporus auf asiatischer Seite. Ein imposanter Platz, immerhin werden hier zwei Kontinente durch Brücken miteinander verbunden. Die Fatih-Sultan-Mehmet-Brücke blinkt und strahlt in allen erdenklichen Farben in der Dunkelheit und heißt uns willkommen in Asien.

Am nächsten Tag bin ich zeitig wach, vor lauter Vorfreude und Aufregung konnte ich kaum schlafen. Ich bin schon so neugierig auf die einzige Stadt der Welt, die sich über zwei Kontinente erstreckt. 2.700 Jahre Geschichte hat die Metropole, die früher Byzanz und Konstantinopel hieß. Allein die Namen klingen schon wunderbar und bezaubernd. Die Hagia Sophia, die Blaue Moschee, der Topkapi Palast, die Chora-Kirche, der Galataturm, der Große Basar. All das und noch mehr möchte ich sehen. Also nichts wie rein in die brodelnde Stadt zwischen Orient und Okzident, zwischen Kommerz und Koran. Das dachte ich mir zumindest. Aber wo ist Peter? Ich sehe ihn weder draußen, noch im August.

Gut, dass ich vor Sabine wach geworden bin. Ich will nicht schon wieder in die Stadt. PAUSE!! Wir haben monatelang durchgearbeitet, hatten keine Freizeit und keine Erholungspausen. Und so baue ich vor dem Frühstück den Starter aus und verhindere damit eine weitere Besichtigungsorgie in der Stadt. Seit der Abfahrt ist Sabine total unrund und will sich ständig alles ansehen. Für mich ist es schwer, das zu akzeptieren. Ich will in der Sonne sitzen und nichts tun. Einfach

BIN GLEICH FERTIG

nur ausruhen! Hoffentlich finden wir bald in unseren entspannten Reisemodus, so wie damals in Afrika. Wo wir weder den Wochentag kennen, noch Zeit eine Rolle spielt.

Peter ist urlaubsreif, möchte entspannen, runterkommen. Er hatte wirklich viel zu tun vor der Abreise, viel Stress. Ich verstehe das, aber wenn ich aus dem Fenster schaue und Istanbul mir quasi zu Füßen liegt, kann ich nicht anders, muss ich rein in die Stadt und das Treiben, möchte ich alles sehen. Peter gibt oft klein bei, aber richtig glücklich ist er nicht. Was ihn ein bisschen aufmuntert, sind die kulinarischen Köstlichkeiten, die an jeder Ecke locken. Am liebsten essen wir dort, wo die Einheimischen speisen. Dort schmeckt es immer gut und ist noch dazu billig. Wir setzen uns an einen langen, schmalen Holztisch, an dem gerade noch zwei Plätze frei sind. In der Mitte sind Gewürze, Kräuter – in erster Linie Petersilie – und gegrilltes Gemüse aufgebaut, das ständig nachgeliefert wird. Fleisch und Brot holen wir uns selbst, nehmen wieder Platz und beobachten zuerst, wie die Türken die Speisen verzehren. Und dann langen wir richtig zu. Es schmeckt einfach herrlich. Peter haben es die gegrillten Paprika und Pfefferoni angetan und ich komme mir vor wie ein Hase, so viel Petersilie stopfe ich mir in den Mund. „Leben kommt aus dem Magen", heißt ein türkisches Sprichwort. Wie recht sie doch haben.

Uns gefällt die Millionenmetropole, wir sehen uns viel an in dieser knappen Woche – für Peters Geschmack zu viel. Alles ist so einfach hier. Damit haben wir nicht gerechnet. Es ist uns fast ein bisschen zu geordnet, geregelt, zu wenig orientalisch. Selbst im großen Basar kann man gemütlich herumschlendern und sich ungestört umsehen.

Nachdem Peter den Starter getauscht und die Motorvorwärmung repariert hat, geht es Richtung Südosten. Wir queren das westanatolische Hochland, das Klima ist hier rauer als an der Küste. Die Berge sind unbewaldet und karg, auf den Ackerflächen liegen viele Steine, dazwischen Bewässerungskanäle. Neben einem solchen parken wir August und verbringen eine kalte Nacht auf einem Feldweg. Stromleitungen und Masten gibt es hier keine, dafür einen fantastischen Sternenhimmel. Wir schlafen herrlich, bis es an unserer Tür klopft. Wobei klopfen nicht das richtige Wort ist. Jemand drischt auf unseren Aufbau ein, als wolle er daraus Kleinholz machen. Unser Herzschlag beschleunigt sich, wir schauen aus dem Fenster und erblicken im Morgenlicht eine Gruppe von Männern, etwas abseits steht auch eine Frau. Grimmig schauen sie aus. Als der Hüne, der an die Tür geklopft hat, in einer extrem tiefen und lauten Stimme zu sprechen beginnt, zittere ich fast im August.

Wir gehen raus, begrüßen sie und bald beruhigen sich die türkischen Bauern. Sie wollten einfach nur wissen, wer wir sind und was wir hier machen, denn wie sich herausstellt, parken wir auf ihrem Grund und Boden. Wir erklären die Situation, entschuldigen uns und nach einer Tasse Tee verabschieden sie sich lächelnd. Ich musste die ganze Zeit auf die Hände des Hünen schauen, noch nie habe ich so riesige gesehen. Anlegen möchte ich mich mit diesem Mann sicher nicht. Was für eine Erscheinung.

Wir sehnen uns nach Wärme und Sonne und genau das finden wir an der Südküste: Frühlingshafte Temperaturen und das Meer ist warm genug, um darin zu schwimmen!

Die Buchten und Strände sind alle traumhaft und verlassen zu dieser Zeit. Außer ein paar Türken aus Ankara, die hier Ferienhäuser haben, und einigen Fischern treffen wir niemanden. Die Menschen sind sehr diskret, grüßen aus der Ferne, fragen, ob wir etwas brauchen und laden uns zum Tee ein. Es tut gut, einmal nicht jeden Tag von morgens bis abends fahren zu müssen. Lange schlafen, gut frühstücken, ausgedehnte Spaziergänge und einige Arbeiten am Lkw erledigen.

Viele antike Ausgrabungen liegen an der Südküste, manche sind ein idealer Nächtigungsplatz. Es kümmert hier niemanden, dass wir inmitten der Anlage parken. Als wir bei den antiken Ruinen von Akkale ankommen, ist es bereits stockfinster. Die Wege sind relativ eng und uneben. Peter erspäht rechter Hand eine Plattform, die geradezu ideal ist. Aus Intuition fährt er allerdings nicht hinauf, sondern parkt August auf dem Weg. Am nächsten Morgen verrät uns ein Blick aus dem Fenster, dass die vermeintliche Plattform eine alte Wasserzisterne ist, bei der einige Steinquader fehlen. Die Tiefe schätzen wir auf 8 Meter. Da wäre August heute noch in der Türkei.

*Auf einer Passstraße vor Gaziantep kommen wir ins dich-
te Schneetreiben, die Scheibenwischer schaffen es nicht
mehr, den Schnee wegzuwischen. Ich muss immer wieder stehen bleiben und die Scheibe freimachen und es
wird viel zu gefährlich, bei diesem Schneetreiben in der
Dunkelheit zu fahren. Die Heizung im Führerhaus funktioniert noch immer nicht ordentlich und so suchen wir uns in
einem Gewerbegebiet einen Schlafplatz.*

*Am nächsten Morgen haben wir Tauwetter und strahlenden Sonnenschein. Bei
einem Mercedes-Schrotthändler erwerbe ich eine Heizung aus einem großen Lkw
und kaufe dazu passende Schläuche für den Einbau. Auf einem Parkplatz in der
Vorstadt baue ich die Heizung ein und entdecke dabei den Fehler an der Origi-
nalheizung. Ein Gummischlauch war abgeknickt und hat dadurch zu wenig Hei-
zungswasser durchgelassen. Die neuen Schläuche werden nun sorgfältig verlegt
und natürlich mit Kabelbinder befestigt. Hurra! Jetzt haben wir zwei funktionie-
rende Heizungen, wir müssen nicht mehr frieren.*

Unsere Nachbarschaft sieht ein bisschen heruntergekommen aus. Gegenüber befindet sich eine Schule. Wir stehen unter Beobachtung von den
Schülern und vom Lehrpersonal. Es dauert nicht lange, bis eine Gruppe
von Buben bei uns auftaucht und auf Türkisch auf uns einredet. Leider
verstehen wir sie nicht. Sie gehen zurück zur Schule, kommen aber kurz
darauf mit einer Nachricht von ihrem Lehrer wieder, geschrieben auf Englisch. Wir sind herzlich eingeladen, die Schule zu besuchen. Nachdem Peter beschäftigt ist, gehe ich alleine mit. Ein Mann in Anzug und Krawatte
heißt mich in hervorragendem Englisch willkommen. Er hat in Armenien
unterrichtet, daher kommt sein gutes Englisch. Ich darf dem Unterricht
beiwohnen und anschließend müssen wir unbedingt zum Mittagessen kommen. Peter hat sich auch eine Pause verdient. Im Nebenraum des Lehr-
erzimmers wurde schon aufgedeckt. Unsere Teller sind bis zum Rand mit
Bulgur und einem Gemüseeintopf mit Kichererbsen gefüllt. Genau mein
Geschmack! Der Bulgur auf Peters Teller wird nicht weniger, er schiebt ihn
nur mit dem Löffel hin und her. Unhöflich wollen wir aber nicht sein, also

opfere ich mich. In einem unbemerkten Moment tauschen wir die Teller. Für die Nachspeise sorgen wir. Zwei Milka-Tafeln wechseln den Besitzer. Wir gehen natürlich nicht mit leeren Händen, die beiden Lehrer schenken uns Notizblöcke, Kugelschreiber und ein Buch auf Türkisch – damit ich eine Motivation habe, die Sprache zu lernen.

Am Nachmittag bekommen wir Besuch aus der Schule, eine ganze Klasse ist gekommen, eine richtige Delegation. Sehr interessiert begutachten die Buben unseren Lkw und Peter beginnt, ihnen das Fahrzeug zu erklären. Parallel dazu gibt er ihnen Putzlappen, damit sie ihm bei der Reinigung unseres Wohnmobils helfen können. Emsig machen sie sich an die Arbeit, Peter ist sich sicher, dass der eine oder andere von ihnen einmal den Beruf des Mechanikers ergreifen wird.

Im Reiseführer lese ich, dass Gaziantep an sich keine Reise wert ist. Das klingt gut. Die Stadt ist das Wirtschaftszentrum des Südostens. Durch den Fortschritt sind viele gesichtslose Neubauviertel und moderne Einkaufszentren entstanden. In den letzten zwei Jahrzehnten wuchs die Bevölkerungszahl um das Doppelte.

Der Grund dafür ist GAP, das Südostanatolien-Projekt, das den Bau von 22 Staudämmen und 19 Wasserkraftwerken an den Flüssen Euphrat und Tigris vorsieht. Etwa die Hälfte wurde schon realisiert. Neben Energie und Industrie gewinnen die betroffenen Provinzen durch künstliche Bewässerung auch neue Anbauflächen. Die Kehrseite der Medaille ist die Versalzung des Bodens, die Flutung von Dörfern und antiken Ausgrabungen, die unzureichenden Entschädigungszahlungen an die Zwangsumgesiedelten und der Nachteil, der sich nun für die Kleinbauern ergibt, die nur 5 % der GAP-Fläche besitzen. Um optimale Erträge erzielen zu können, müssen große Flächen mit Maschinen, Dünger und Pestiziden bearbeitet werden. Die meisten Kleinbauern können die finanziellen Mittel für diese Investitionen wahrscheinlich nicht aufbringen. Daher werden sie auch kaum von diesem Projekt profitieren, sondern nur die Großgrundbesitzer. Zudem hat die Türkei nun ein politisches Druckmittel auf die Anrainerstaaten im Süden, denn mithilfe der Staudämme kann sie Syrien und Irak im wahrsten Sinne des Wortes jederzeit „den Hahn zudrehen".

Gaziantep ist allerdings ein Gewinner dieses Projektes. Nicht nur die Landwirtschaft boomt, sondern auch die chemie-, textil- und metallverarbeitende Industrie. Trotzdem findet man in Antep, wie die Einheimischen die Stadt nennen, noch traditionelle und ursprüngliche Viertel.

Das Herz jeder türkischen Stadt ist der Basar. In Gaziantep finden wir einen der schönsten im ganzen Land. Ein Großteil davon wurde mit finanzieller Unterstützung der EU restauriert. Sogar die alten Hane, die einstigen Herbergen der Händler, (Karawansereien) wurden liebevoll hergerichtet. Darin findet man jetzt viele kleine Läden mit Kunsthandwerk und gemütliche Kaffee- und Teehäuser.

Peter ist durch und durch ein Metaller, ihn zieht es zu den Werkzeug- und Kupferschmieden. Eine reine Männerwelt, in der ich aber geduldet werde. Das meiste wird hier noch in Handarbeit erzeugt: Äxte, Sicheln, Messer, Beile, Spaten, Schaufeln, Ketten, etc. Manche Schmiede sind etwas flexibler und verdienen sich extra Geld, indem sie z. B. Schafsköpfe und Rinderhufe abbrennen.

Die Kupferbearbeiter sind keine Männer fürs Grobe. In mühevoller Arbeit hämmern, klopfen und ziselieren sie den ganzen Tag. Das Ergebnis sind wunderschöne Teller, Schüsseln, Teeservice, Kaffeekannen, Schilder und noch viel mehr. Ihre Werkstatt ist zugleich der Verkaufsraum. Meist sitzen sie auf niedrigen, gepolsterten Schemeln, lassen sich gerne bei der Arbeit zusehen und haben immer Zeit für eine Tasse Tee.

Heute scheint mein Glückstag zu sein, denn Peter kauft mir einen Ring am Basar! Ich darf ihn mir sogar selber auswählen. Das Aussehen ist Peter egal, Hauptsache der Preis stimmt. Um umgerechnet 2 Euro trage ich nun einen schlichten Metallring und offiziell sind wir nun verheiratet. Romantisch, nicht wahr? Die meisten Türken können nicht verstehen, dass Peter und ich nicht verheiratet sind. Das ist in ihrem Land undenkbar. Der Ring erweist sich als äußerst praktisch, denn er ist das äußere Symbol einer Ehe und somit erspare ich mir viele Erklärungen in Zukunft.

Noch etwas gönne ich mir an diesem Tag: Einen Besuch im Hamam. Nicht irgendeinem, sondern dem Naib Mamami, kürzlich auch mit EU-Mitteln restauriert. Bis 18 Uhr haben nur Frauen Zutritt, danach ausschließlich Männer. Ich war noch nie in einem türkischen Badehaus, habe also nur eine vage Vorstellung, was da drinnen alles passiert. Das Einzige, was ich mitnehme, sind ein Badetuch, mein Badeanzug und ein Haarshampoo.

Im Eingangsbereich plätschert ein großer Brunnen, die Damen an der Kasse sprechen kein Wort Englisch, kassieren ordnungsgemäß den Eintritt, bei dem Kese inbegriffen ist. Dabei wird der ganze Körper mit einem rauen Lappen kräftig abgerieben, also eine Art Peeling. Sie bringen mir Badeschlapfen und zeigen mir die Umkleidekabinen. Sicherheitshalber ziehe ich meinen Badeanzug an und wickle mich zusätzlich ins Badetuch. Aber wo ist der Eingang ins Dampfbad? Ich gehe nochmals zur Kasse, man versteht mich sofort. Eine Dame nimmt meine Hand und geleitet mich ins Hamam. In der Mitte befindet sich eine heiße Marmorplattform, linker Hand Waschplätze, die durch Mauern und Vorhänge abgetrennt sind und auf der rechten Seite sind kleine Nischen, wo die Kese stattfindet. Die Türkin zeigt auf eine Masseurin und bedeutet mir, in der Zwischenzeit auf dem heißen Marmorstein zu warten. Also setze ich mich dorthin und schaue mich um. Ganze Familien sind gekommen. Die Mädchen werden von den Müttern kräftig abgeschrubbt, eingeseift und frisiert. Das gefällt ihnen gar nicht, viele von ihnen weinen, schreien und toben. Es ist eine richtige öffentliche Badeanstalt.

Ich bin die einzige im Badeanzug, alle anderen Frauen sind nur mit Slip bekleidet. Ein junges Mädchen setzt sich zu mir und fragt mir Löcher in den Bauch. Auf Türkisch versteht sich. Mit Englisch oder Deutsch komme ich nicht weiter und so probiere ich die paar Wörter Türkisch aus, die ich mir bisher angeeignet habe. Zumindest wissen wir jetzt voneinander, wie wir heißen, woher wir kommen, wie alt wir sind und wie viele Geschwister wir haben. Meltem bietet mir eine Orange, einen Apfel und ein paar Pistazien an. Ich lehne dankend ab, nach Essen ist mir hier gar nicht. Da bin ich aber auch die Einzige, denn rund um mich wird überall genascht. Die Schalen und sonstigen Reste landen einfach am Boden, wo sonst.

Obwohl ich eindeutig als Fremde erkannt werde, starrt mich niemand an. Jeder ist mit seinen eigenen Sachen beschäftigt. Ich werde zur Kese gerufen. In der Nische sind zwei gemauerte Liegen mit weißen Fliesen, darauf liegt jeweils eine etwas betagte Gummimatte, darauf ein paar schwarze, lange Haare und darauf gleich ich. Gegenüber von mir wird gerade eine Türkin um die 50 Jahre bearbeitet. Sie liegt gemütlich auf der Seite, die Kese-Meisterin reibt kräftig die Innenseite des Oberschenkels ab und stützt dabei das gesamte Bein. Meine Kese-Meisterin gibt mir zu verstehen, den Badeanzug bis zum Nabel hinunter zu rollen und mich dann auf den Bauch zu legen. Ich bin schon gespannt, wie sich der Schwamm anfühlen und wie stark der Druck auf meiner Haut sein wird. In der Zwischenzeit rieche ich an der muffigen Bademätte. Die Kese-Meisterinnen sind vollständig mit einem T-Shirt und einer langen Hose bekleidet und bis auf die Haut durchnässt. Während sie die Damen bearbeiten, leeren sie sich immer wieder warmes Wasser über den Körper. Für mich ist die Kese angenehm, es wird fast kein Körperteil ausgelassen, sogar unter dem Badeanzug wird kurz gerubbelt. Ich bin begeistert, wie angenehm die Atmosphäre hier ist. Die erwachsenen Frauen genießen die Massage und Körperreinigung in vollen Zügen, dabei wird geredet und getratscht, was das Zeug hält. Schade, dass ich kein Wort verstehe. Oder ist es vielleicht besser so?

Nach 15 Minuten ist der Zauber schon vorbei. Komisch, meine Nachbarin wird immer noch bearbeitet. Einheimischenbonus nehme ich an. Was kommt als Nächstes? Ich habe keine Ahnung. Meltem bemerkt, dass ich verloren herumstehe und nicht weiß, was ich tun soll. Sie nimmt mich an der Hand und führt mich zur großen, heißen Marmorplatte in der Mitte des Dampfbades, die auch Nabelstein genannt wird, wie ich später erfahre. Jetzt heißt es schwitzen und entspannen, also mache ich es mir darauf bequem. Nach ein paar Minuten wird es mir zu heiß, ich drehe mich um, nur um mich kurz darauf wieder umzudrehen. Diesen Rhythmus behalte ich bei. Ich komme mir vor wie eine Bratwurst am Grill. Meltem erlöst mich, sie gibt mir zu verstehen, dass ich schon zu lange am Nabelstein liege. Meine Haut gibt ihr Recht, ich sehe aus, als hätte ich einen Sonnenbrand. So, jetzt noch duschen bzw. waschen. Ein Waschplatz ist frei, darin stehen ein niedriger Plastikhocker und eine Plastikschüssel. Dummerweise habe ich mein Shampoo in der Umkleidekabine vergessen. Egal, nur Wasser erfüllt auch den Zweck. Ich schütte mir schüsselweise warmes Wasser über den Kopf, als plötzlich eine Frau vor mir steht. Sie lächelt mich an und beginnt mir den Kopf mit Shampoo zu waschen! Es ist Meltems Mutter. Ich kann es fast nicht glauben, schließe die Augen und genieße.

Als ich das Hamam verlasse, fühle ich mich wie neugeboren. Mit Peter habe ich vereinbart, dass wir uns vor dem Hamam treffen, nur bin ich zu früh dran. Der Wind bläst eisig. Ich beschließe, einen Spaziergang zu machen und lande im Basar. Viele Läden haben geschlossen, aber in manchen sieht man noch Licht. Davon und vom Geruch werde ich magisch angezogen. In der Auslage stapeln sich Süßigkeiten und getrocknete Früchte. Mir läuft das Wasser im Mund zusammen. Nichts wie rein! Vom jungen Verkäufer bekomme ich ein paar Kostproben und Erklärungen. Ich habe nur noch Augen für Fistik Ezmesi – Pistazienröllchen, deren Enden in Schokolade getunkt sind. Mhhmm, ein Traum! Dank dem Bewässerungsprojekt werden rund um Antep jährlich ca. 60.000 Tonnen Pistazien geerntet, ein kleiner, positiver Aspekt von GAP. Glücklicherweise habe ich nicht allzu viel Geld dabei, sonst hätte ich den Laden leergekauft.

Auf dem Weg in die Stadt Urfa überqueren wir den Euphrat und sind somit im Zwischenstromland, in der mesopotamischen Tiefebene, angelangt. Hier wollte ich immer schon hin! Euphrat, Tigris, Mesopotamien! Diese Namen haben sich vor langer Zeit in meinem Kopf festgesetzt, als Geschichte eines meiner Lieblingsfächer in der Schule war. Sie klingen so fremd, so mystisch, so geheimnisvoll.

Mit etwa 2.700 Kilometern Länge ist der Euphrat der längste Fluss Vorderasiens. Er reicht vom Hochland Anatoliens über Syrien bis nach Irak, wo er sich mit dem Tigris verbindet und als Schatt al-Arab im Persischen Golf mündet. Nach mesopotamischem Mythos entspringen Euphrat und Tigris den Augen der Urgöttin Tiamat, die das Salzwasser verkörpert. Sie wurde von Marduk, dem Stadtgott von Babylon im Zweikampf getötet, der aus ihren gespaltenen Hälften den Himmel und die Erde formte.

Laut dem Mythos soll sich das Paradies genau hier befunden haben. Und hier haben sich erstmals Menschen dauerhaft niedergelassen und Ackerbau sowie Viehzucht betrieben. Das klingt alles so dramatisch, aber als wir bei Birecik über den Euphrat fahren, ist die Aussicht relativ unspektakulär, denn flussaufwärts befindet sich wieder eine Staustufe. Dafür sind wir von Sanliurfa, das die Einheimischen nur Urfa nennen, begeistert. Ich glaube, hier herrscht das bunteste Treiben der ganzen Türkei. Durch die engen Gassen der Altstadt mit den sandbraunen, verschachtelten Häusern gehen wir zum Basar.

Wir sitzen auf niedrigen Schemeln, genießen scharfe Hühnerspieße mit Fladenbrot, Minze, Petersilie, Pfefferoni und Zwiebeln und dazu natürlich ein großes Häferl Ayran. Im Bauch rumort es sogleich, das ist uns aber egal. Wir sind fasziniert von den Menschen hier: Türken, Kurden mit Pluderhosen, viele Araber, bunt gekleidet in Samt und Glitter, und verhüllte Wallfahrer, denn hier soll Abraham geboren worden sein. Und hier beginnt für uns der Orient.

Nahe der syrischen Grenze fahren wir der Stadt Mardin entgegen, die malerisch auf einem Hügel liegt und von wo aus wir einen herrlichen Blick auf die mesopotamische Tiefebene haben. Die Lehrer in Antep haben so von dieser Stadt geschwärmt und uns einen Besuch wirklich ans Herz gelegt. Außergewöhnlich ist nicht nur die Lage auf einem über 1.000 Meter hohen Tafelberg, sondern dass man neben Minaretten auch einige Kirchtürme sieht. Bis in die 1970er-Jahre wohnten hier noch Tausende syrisch-orthodoxe Christen, heute sind es weniger als 600. Grund der Abwanderung war die wirtschaftliche Not und der politische Druck sowie die Verfolgung durch Türken und Kurden. Die sogenannten „türkischen Christen" wurden in Deutschland gerne als Gastarbeiter angeheuert, weil man dachte, sie seien fleißiger als türkische Moslems. Die Stimmung ist eigenartig in Mardin, die Stadt fast wie ausgestorben. Vielleicht hängt das auch mit der unmittelbaren Nähe zu Syrien zusammen, wo seit Jahren Bürgerkrieg herrscht.

Unsere ursprüngliche Idee war, von der Türkei über Syrien und Jordanien nach Saudi-Arabien einzureisen und von dort weiter nach Oman. Doch wir hatten einfach zu lange gewartet, die Unruhen in Syrien wurden immer größer. Das Visum hätten wir zwar noch bekommen, doch wir wollten nicht in ein Land reisen, in dem ein Bürgerkrieg herrscht, selbst wenn es nur Transit gewesen wäre.

Also hatten wir uns Alternativrouten zurechtgelegt, eine davon war die, von Iran nach Irak zu reisen und von dort über Kuwait und Saudi-Arabien nach Oman. Da in Wien alle Botschaften vertreten sind, hatte ich gleich Kontakt aufgenommen. Das Visum für Irak wäre wider Erwarten kein Problem gewesen, doch bei den Kuwaitis biss ich mir die Zähne aus. Mehrmals telefonierte ich mit einer netten Dame, die einfach nicht verstehen konnte, dass wir auf dem Landweg einreisen wollten. Der Sichtvermerk im Pass sei kein Problem, wenn wir mit dem Flugzeug einreisen würden. Irgendwann hatte ich dann aufgegeben und mich auf die Beschaffung der iranischen Visa konzentriert. Das ging einfacher als erwartet. Normalerweise muss man eine Referenznummer von einem iranischen Reiseveranstalter oder Ähnlichem beantragen, für die man natürlich zahlen muss, um ein Visum beantragen zu können. Da Iran vom internationalen Zahlungsverkehr ausgenommen ist, muss man andere Wege finden. Mit dieser Referenznummer, die man frühestens nach 2 Wochen erhält und die keine Garantie für die Ausstellung eines Sichtvermerkes im Reisepass ist, kann man dann auf einer iranischen Botschaft ein Touristenvisum beantragen. Das dauert wieder in etwa 2 Wochen. Üblicherweise bekommt man ein 30-tägiges Visum in den Pass.

Wir hatten herausgefunden, dass man am Generalkonsulat in München keine Referenznummer benötigt und das Visum auch innerhalb eines Tages (express, natürlich gegen Aufpreis) erhält. Nachdem wir ohnehin vom ADAC das Zolldokument für unseren Lkw besorgen mussten, konnten wir zwei Fliegen mit einer Klatsche schlagen und zu unserer Freude erlaubte man uns einen Aufenthalt von 45 Tagen.

Aber nun zurück nach Südostanatolien. Dieses Gebiet fasziniert mich einfach. Obwohl es so karg ist, speziell jetzt im Dezember, ist es doch unglaublich schön. Wir lassen die Grenznähe von Syrien hinter uns und nähern uns dem Fluss Tigris. Bei Hasankeyf wird er zusammengedrückt und schneidet sich tief in die Landschaft. Der ursprüngliche Ort bestand aus Felshöhlen bzw. -wohnungen. Im Laufe der Zeit hat sich die kleine Stadt entlang des Tigris ausgebreitet. Über allem ragt das Minarett der El Risk-Moschee in den Himmel, das Anfang des 15. Jahrhunderts gebaut wurde. Ihre Spitze wäre das Einzige, was von Hasankeyf übrig bliebe, sollte der Ilisu-Staudamm gebaut werden. Etwa 4.000 Menschen leben heute in der Stadt. Früher waren es mehr, aber viele, vor allem junge Menschen, sind in den vergangenen Jahren von hier abgewandert.

Seit 1954 gibt es Planungen für einen Staudamm, seit Jahrzehnten hat der Staat nichts mehr in die Infrastruktur der Stadt investiert. 2006 wurde mit dem Bau der 1,8 Kilometer langen und 135 Meter hohen Staumauer begonnen. Im Juli 2009 stoppten Deutschland, Österreich und die Schweiz ihre Exportrisikoversicherungen, weil die Auflagen für Umwelt- und Kulturgüterschutz nicht erfüllt worden waren. Momentan herrscht Baustopp, doch aus Regierungskreisen heißt es, dass das Projekt gegen 2017 fertiggestellt werden soll. Insgesamt sind etwa 60 Dörfer von dem Ilisu-Projekt betroffen. Offiziell müssen mindestens 11.000 Menschen umsiedeln, weitere 40.000 würden ihre Felder verlieren und damit ihre Lebensgrundlage. Wird der Stausee gebaut, wird auch Hasankeyf überflutet werden und mit dem Ort würde auch eine Jahrtausende alte Geschichte verschwinden. Schon während der Jungsteinzeit lebten hier Menschen in den Höhlen, die man in das weiche Gestein dieser Gegend geschlagen hatte. Es finden sich Überreste einer römischen Garnison, christlicher Gotteshäuser und Moscheen aus der osmanischen Zeit, als Hasankeyf eines der wichtigsten Handelszentren der Gegend war. Mitten im Tigris sind noch die Überreste einer Brücke aus dem 12. Jahrhundert zu sehen, die einst die größte Brücke der Welt war. Über sie führte die legendäre Seidenstraße, der Handelsweg von China ans Mittelmeer.

Oben am Plateau ist bereits das neue Hasankeyf entstanden. Als Erstes wurden dort einige Verwaltungs-, Wohn- und Schulgebäude sowie eine Moschee errichtet. Irgendwann soll auch ein Hafen dazukommen. Doch außer ein paar Verwaltungsangestellten, Polizisten oder Lehrern gibt es fast keine Mieter, denn die Immobilien sind für die einfachen Leute zu teuer. Bei der dürftigen Entschädigung, die die Einheimischen für die Umsiedlung erhalten sollen, wird sich an der Situation auch nichts ändern.

Ich kann es einfach nicht glauben, dass der gesamte Ort geflutet werden soll. Wie kann man so eine historisch bedeutende Stätte einfach verschwinden lassen? Es ist zum Haare raufen! August parken wir am Nordufer des Tigris und erkunden dann Hasankeyf. Durch das Zentrum führt der gut beschilderte Weg hinauf zu den Felshöhlen und zum Festungshügel. Ein paar Souvenirstände säumen anfangs den Weg, aber die Verkäufer sind alles andere als aggressiv. Außer uns beiden sind nur wenige Besucher hier. Steile Stufen führen zu den Felswohnungen, die meisten kann man betreten und besichtigen. Wir entdecken gewisse Parallelen zu den Siedlungsformen im Dogonland in Mali (Westafrika). Oben am Plateau angelangt findet man noch Überreste von Palästen, einer Moschee und von einem Friedhof. Dieser Ort hat etwas Magisches, wir erkunden die Ruinen, genießen den Ausblick auf Hasankeyf, den Tigris und das umgebende Hochland. Dabei überkommt mich eine sanfte Traurigkeit. Alles ist vergänglich, denke ich mir, nichts hält ewig. Dabei kommen mir meine Eltern in den Sinn, ich habe schon länger nicht an sie gedacht. Sie machen sich bestimmt Sorgen, ich sollte sie wieder einmal anrufen.

Als wir zurück zu unserem Reisewagen kommen, vergesse ich allerdings auf das Telefonat. Die Schulkinder haben auf ihrem Nachhauseweg bei unserem Lkw eine Rast eingelegt und begrüßen uns freudig – alle in Schuluniform. Sie probieren ihr Englisch, reden fröhlich auf Türkisch auf uns ein und sind guter Dinge. Ich freue mich, sie getroffen zu haben, denn meine Traurigkeit ist verflogen.

Von nun an geht es bergauf ins südostanatolische Hochland, Richtung Van See. Bald holt uns der Schnee wieder ein, die Berge rund um uns sind alle in Weiß gehalten, doch nachdem die Sonne jeden Tag scheint, sind die Straßen alle schneefrei und noch dazu in einem sehr guten Zustand. Im Oktober 2011 waren hier zwei verheerende Erdbeben. Vor unserer Abreise haben wir zu Hause Winterbekleidung und Schuhe für die Erdbebenopfer von Van gesammelt. Die Kleidersäcke haben wir im Innersten des Augusts verstaut und möchten sie nun verschenken. Etwa 10 Kilometer vor der 1.800 Meter hoch gelegenen Stadt entdecken wir die ersten zerstörten Gebäude und Zelte. Die meisten sind vom türkischen roten Halbmond und den Vereinten Nationen errichtet worden. Neben der Hauptstraße, neben der Eisenbahn, überall sind Zelte aufgebaut und aus fast allen ragen Ofenrohre, aus denen dicker Rauch aufsteigt. Wenn man das sieht, wird einem erst bewusst, wie viele Menschen auf dieser Welt täglich frieren und keine beheizte Unterkunft haben. Für viele Leute wäre eine warme Behausung der größte Luxus.

Immer zahlreicher werden die Zelte, richtige Städte sind entstanden. Auch Containerstädte und immer noch wird angeliefert und aufgebaut. Rund um die Krankenhäuser gibt es große Versorgungszelte, wo für die Erdbebenopfer gekocht wird. Uns scheint, dass die Türken alles ganz gut im Griff haben. Wir finden schließlich den türkischen Zivilschutz und wollen ihnen unsere Sachspende übergeben. Aufgrund der Sprachbarriere kommt es zu einigen Missverständnissen. Man schickt uns von einem Büro ins andere, keiner weiß so recht, was sie mit uns anfangen sollen. Also bekommen wir überall eine Tasse Tee. Peter geht zwischenzeitlich zurück zum August und trifft einen Entscheidungsträger, der ihm sagt, wo wir die Säcke abliefern können. Währenddessen unterhalte ich mich mit einer Türkin namens Hana, die gebrochen Englisch spricht und sie teilt mir mit, wo wir abladen können. Als ich mit Hana und zwei weiteren Helfern bei unserem Lkw ankomme, unterbreitet uns Peter, dass er die Säcke schon übergeben hat, aber der Herr schon wieder gegangen ist. Hana versteht überhaupt nichts mehr, greift zu ihrem Handy und telefoniert endlos. Wir vermuten, sie glaubte, unser kompletter Aufbau sei voll mit Hilfslieferungen. Schlussendlich bedanken sie sich alle herzlich und wir machen noch ein Abschiedsfoto. Schade, dass wir nicht Türkisch und sie fast nicht Englisch sprechen. Doch manchmal sind Taten wichtiger als Worte.

Den letzten Abend verbringen wir in Ötzalp. Hier ist es mindestens so kalt wie im Ötztal, aber nicht ganz so schön. Ich fühle mich zurückversetzt in meine Kindheit, denn so roch der Winter auch damals in Österreich: Nach Kohle. Wir parken in einer Siedlung mit großen Wohnblöcken, ständig sind Menschen mit Schubkarren unterwegs. Was wird hier transportiert? Jeder Wohnblock verfügt über eine Kohlezentralheizung, dabei fällt natürlich viel Asche an, die mittels Schubkarren einfach vis-à-vis der Straße über die Böschung gekippt wird. Es ist nicht nur kalt hier, es ist eisig. Wir packen uns dick ein und erkunden die Ortschaft. Wir gehen in ein Internet-Café, das sporadisch funktioniert und anschließend in ein Kaufhaus. Ich brauche noch ein Oberteil für Iran, das das Gesäß bedeckt. Eine junge Verkäuferin berät mich ganz aufgeregt. Ich glaube hier war noch nie eine Fremde einkaufen. Um umgerechnet 5 Euro erstehe ich eine Strickweste. Unglaublich! Peter möchte für August noch eine neue Plastikrose. Diejenige, die im Kühlerschlauch auf der Motorhaube steckt, ist schon total zerschlissen. Im Blumenladen kann man keine einzelne kaufen, sondern nur einen ganzen Bund, was bei diesen Preisen ja wirklich egal ist. Als Draufgabe schenkt mir der Verkäufer eine echte rote Rose. Ein richtiger Charmeur!

Im Supermarkt schlagen wir so richtig zu, denn wer weiß, was uns in Iran erwarten wird?

In unserem Oldtimer-Wohnmobil studieren wir noch einmal die Landkarten, sind uns nun sicher, dass wir den kleinsten Grenzübertritt bei Kapiköy bzw. Razi nehmen werden. Kleine Grenzübergänge bedeuten immer weniger Menschen, weniger Trubel und weniger Schwierigkeiten – das wissen wir aus Erfahrung. Einzig die vage Aussage eines anderen Individualreisenden, dass wir auf iranischer Seite eine Eisenbahnunterführung passieren müssen und diese nicht allzu hoch sei, verursacht uns ein wenig Kopfschmerzen. Dann lassen wir die Türkei mit den vorher gekauften Leckereien nochmals kulinarisch Revue passieren und fressen uns durchs ganze Land: Simit, Acma, Baklava, Fistik Ezmesi, Ayran, Cay, Zeytin, Balik Ekmek und Dürüm Sis Tavuk. Zum Runterspülen haben wir noch genug: Der Punsch und die Flasche Sekt müssen noch weg, bevor wir nach Iran reisen.

Gute Nacht, Türkei!

Doch es wird eine kurze und unruhige Nacht, wir denken an die Grenzformalitäten, an das Land Iran, in dem wir noch nie gewesen sind. Wir haben gemischte Gefühle: Einerseits Vorfreude und Neugier, andererseits Unsicherheit. Man hört in Österreich nicht allzu viel Gutes über dieses Land. Bald werden wir mehr wissen.

IRAN
Der Gast ist König!

Schnell sind die Ausreiseformalitäten bei den türkischen Behörden in Kapiköy erledigt. Ich lege mir das Kopftuch schon parat, denn spätestens an der iranischen Grenze werde ich es brauchen. Auf dem Weg durch das Niemandsland Richtung Iran fällt uns beiden noch ein, dass wir eine Flasche Kräuterschnaps mit dabei haben. Die Einfuhr von Alkohol in die Islamische Republik Iran ist strengstens verboten, unbedingt müssen wir die Flasche noch loswerden. Wir halten hinter einigen Fahrzeugen, die meisten sind türkische Pkw. Wenige kleine Lastwagen sind auch dabei.

Uns kommt gleich wieder die Unterführung in Iran in den Sinn. Bevor ich aussteige, binde ich mir umständlich das Tuch um den Kopf und zupfe an der Strickjacke, damit sie möglichst viel Bein bedeckt. Peter entdeckt einen Mistkübel und stellt vorsichtig die Flasche Kräuterschnaps hinein. Dabei bleibt er natürlich nicht unbemerkt, neugierig kommt eine Menschenmenge näher. „Is this whiskey?", ertönt sogleich die erste Frage. „No, no", beschwichtigen wir, „This is medicine. It contains only little alcohol. But as we are not allowed to take it to Iran we have to leave it here." Ungläubig blicken uns die Männer an. Wir haben uns noch keine zehn Schritte entfernt, da hat ein Mann die Flasche schon an sich genommen. Wenn er wüsste, dass der Kräuterschnaps wirklich wie Medizin (extrem bitter) schmeckt, hätte er die Flasche womöglich stehen lassen.

Bei der Einreisebehörde begrüßt uns ein junger Iraner in hervorragendem Englisch. Er hat Medizin studiert, arbeitet aber seit 2 Jahren an dieser abgelegenen Grenze. Freundlich klärt er mich über die Kleidervorschriften in Iran auf, nimmt unsere Pässe und begleitet uns in die entsprechenden Büros. Er ist der Einzige hier, der Englisch spricht. Aber er ist nicht der Einzige, der uns anlächelt. Bei Weitem nicht. Tee wird uns angeboten, wir werden herzlich willkommen geheißen und man wünscht uns einen angenehmen Aufenthalt in Iran. Welch ein angenehmer Grenzübertritt!

Wir sind im Hochland von West-Aserbaidschan, rollen auf einer befestigten Piste einem Fluss folgend stetig bergab. Verkehr gibt es keinen. Die

Landschaft wirkt trostlos zu dieser Jahreszeit, die kargen Berge rund um uns, die gefrorenen Wiesen – alles ist grau-braun. Die Gipfel sind leicht schneebedeckt, die wenigen Dörfer schmiegen sich mit ihren Häusern aus Lehmziegel und Steinen unauffällig an die Berghänge.

Vor uns taucht das Viadukt auf, die kritische Stelle für unser 3,75 Meter hohes Wohnmobil. Es sieht nicht gut aus, wir steigen aus, begutachten die Passage und denken schon daran, bei unseren Reifen die Luft abzulassen. Gut, dass wir im Dezember unterwegs sind, denn der Winter bringt einige Vorteile. Etwa den niedrigen Wasserstand des Flusses, den wir problemlos durchqueren können und uns somit das Viadukt ersparen. All die Aufregung war umsonst. Unnötig erscheinen dann im Nachhinein Diskussionen, unruhige Nächte, Recherchen, ein Zerdenken und Zerreden von möglichen Problemen. Manchmal ist es besser, wenn man etwas gar nicht weiß.

In der ersten Stadt, Qotur, verfahren wir uns heillos. Die Verkehrsschilder sind alle in Persisch angeschrieben, was zwar schön aussieht, uns aber überhaupt nicht weiterhilft. Menschen sind so gut wie keine auf der Straße, Frauen habe ich überhaupt noch nicht gesehen. Irgendwie schaffen wir es dann aber doch, auf die richtige Straße zu gelangen, die noch dazu asphaltiert und gut ausgebaut ist.

Spät abends erreichen wir Täbris, mit 1,5 Millionen Einwohnern die drittgrößte Stadt in Iran. Wo sollen wir bloß nächtigen? Als Tipp haben wir den El Goli Park genannt bekommen, einen Vergnügungspark am südöstlichen Stadtrand. Stadtplan haben wir leider keinen, aber mit Hilfe von vielen hilfsbereiten Iranern finden wir dort hin.

So genau wissen wir eigentlich gar nicht, was uns dort erwartet. Als Erstes erblicken wir ein großes, modernes Hotel. Wo ein Hotel ist, da ist auch ein Parkplatz. Wir passieren den Schranken und fahren dann aber nicht auf das Hotel Pars zu, sondern nehmen eine Abzweigung. Das Gelände ist riesengroß, wir landen mit August auf einem großen, asphaltierten Parkplatz, auf dem wir ein Hinweisschild mit dem Schriftzug „Camping" entdecken. Perfekt! Ich weiß zwar nicht, wo hier ein Campingplatz sein soll, doch wir benötigen ohnehin nur einen Parkplatz. Müde klettern wir aus dem Führerhaus, unser Atem formt kleine Wolken über uns. Täbris liegt auf über 1.300 Meter Meereshöhe, das Thermometer zeigt -15 °C. Völlig erschöpft fallen wir ins Bett und verbringen eine sehr ruhige erste Nacht in Iran.

Um 2:30 Uhr morgens werde ich wach. Irgendwie ist es kalt im Bett. Die Kontrollleuchte der neuen Standheizung blinkt. Ich verlasse das Bett, ziehe mich warm an und schnappe mir die Betriebsanleitung. Sehe, dass der Blinkcode ein Dieselversorgungsproblem anzeigt. Heizung ausschalten, eine warme Jacke anziehen und raus aus dem August. Bei -16 °C ist es ja ein Vergnügen, an der Dieselleitung zu saugen und Diesel in den Mund zu bekommen. Von den eiskalten Fingern ganz abgesehen. Ich habe Glück. Nachdem ich die Saugleitung durchgeblasen habe, läuft die Heizung wieder an. Da ich die Leitung mit wiederverwendbaren Kabelbindern verlegt habe, ist das Befestigen kein Problem. 45 Minuten später wieder das gleiche Spiel. Ich schalte die neue Dieselheizung aus und nehme die alte Gasheizung in Betrieb. Super, dass ich die Gasheizung nicht ausgebaut habe und sie so als Notheizung verwenden kann. Da auch der Motor unseres Lkw wegen des Dieselproblems nicht funktioniert, machen wir uns am nächsten Morgen mit einem Taxi auf die Suche nach einem Dieselzusatz, sodass dieser bei Kälte nicht mehr ausflocken kann. Wir werden fündig und fahren sofort zurück zu August. 2 Stunden später laufen der Motor und die Heizung wieder.

Während Peter sich um August kümmert, erkunde ich den El Goli Park. In der Mitte des Areals wurde ein künstlicher See angelegt, in dessen Mitte sich eine Halbinsel mit einem Restaurant befindet. Um das Gewässer sind ein paar Verkaufsstände, kleine Imbissbuden und Teehäuser. Jetzt im Dezember sind einige davon geschlossen. Abends ist alles hübsch und bunt beleuchtet, farbige Tretboote liegen am Ufer und warten auf Kundschaft; wahrscheinlich bis zum Frühjahr. Auch einen Vergnügungspark und einen Fitnessparcours gibt es hier. Außerdem eine Moschee und viele Spazierwege und Bänke, auf denen man sich ausruhen kann.
Der Winter hat Täbris fest im Griff, alles ist mit Schnee bedeckt, dicker

Raureif sitzt an den Zweigen der Bäume und Sträucher. Trotzdem kommen jeden Tag relativ viele Leute zum Spazieren und Flanieren hierher. Als wir nach dem Mittagessen aus dem Wohnmobil klettern, ist die Polizei da. Wir erforschen unser Gewissen, was wir eventuell angestellt haben könnten. Doch wir liegen völig falsch: Die zwei Beamten schenken uns frisches Fladenbrot mit Schafkäse und dazu dampfenden Schwarztee. Das ist uns zu Hause noch nie passiert! Da könnten sich die österreichischen Kollegen einmal ein Beispiel nehmen!

Mit dem Taxi fahren wir ins Zentrum der Stadt, denn wir brauchen Geld, eine Autoversicherung und Diesel. Wir suchen das Büro von Herrn Nasser Khan, der hier als Touristenführer arbeitet und den jeder Reisende kennt. Obwohl wir normalerweise ein gutes Orientierungsvermögen haben, finden wir uns in Täbris nicht zurecht. Alles ist auf Persisch angeschrieben, wir beginnen uns durchzufragen, was auch nicht leicht ist, denn wir beherrschen die Landessprache Farsi natürlich nicht. Nach ungefähr einer Stunde redet uns plötzlich ein Mann auf Englisch an und fragt, ob wir die Österreicher seien. Verdutzt schauen wir ihn an und nicken.

Es ist Nasser Khan. Er hat schon gehört, dass wir in Täbris sind, redet mit uns auf Deutsch weiter und bittet uns in sein Büro, wo wir uns gleich mit Tee aufwärmen.

Nasser Khan geht mit uns in den Basar, aber nicht, um einzukaufen, sondern um Geld zu wechseln. Denn bei den Juwelieren bekommt man einen doppelt so guten Wechselkurs wie in der Bank. Die Autoversicherung haben wir innerhalb kürzester Zeit und beim Dieselkauf hilft uns sein Bruder. Diesel ist in Iran nur mit einer Bezugskarte erhältlich und zudem kontingentiert. Nasser Khan empfiehlt uns noch ein Restaurant und verrät uns, wo man das beste Joghurt der Stadt bekommt.

Alles ein bisschen viel für einen Tag. Nasser bietet uns auch noch an, den Basar zu besuchen, der sich gleich in der Nähe von seinem Büro befindet. Wir lehnen dankend ab, wollen seine Zeit nicht länger in Anspruch nehmen, außerdem können wir das ja auch ohne ihn machen. Eigentlich wollten wir nur kurz durchmarschieren, um einen Überblick zu bekommen.

Aber es kommt wieder einmal alles anders, denn der überdachte Basar ist einer der größten im ganzen Land. Wir lassen uns durch die engen Gassen treiben, bestaunen das Warenangebot, das so ganz anders ist als bei uns zu Hause. Hier bekommt man alles und noch mehr. Immer noch ist der Basar der traditionelle Ort des Einkaufs. Langsam wird er aber durch Supermärkte und Einkaufspassagen ergänzt bzw. verdrängt. Lebensmittel und alltägliche Gebrauchsgegenstände haben Fixpreise. Mit den Zahlen müssen wir uns erst vertraut machen, genauso wie mit der Währung: Offizielle Landeswährung ist der Rial, doch in der Praxis wird oft noch in Tuman gerechnet. Der Unterschied ist immerhin eine Kommastelle, also 10 Rial entsprechen 1 Tuman.

Am meisten fasziniert uns der Bereich, wo Lebensmittel verkauft werden. Getrocknete Hülsenfrüchte, Reis, Zucker, Mehl und Tee werden in offenen Säcken angeboten, genauso wie Waschpulver, das gleich daneben steht. Zwischen Kisten voller bunter Bonbons sehen wir verschiedene Gewürzpulver in großen Plastikschüsseln, daneben eine große Auswahl kleiner Parfumfläschchen und Haushaltswaren aller Art.

In fast jeder Gasse des Ziegelgewölbes finden wir eine Konditorei, wo man nicht nur Kuchen und Torten erstehen kann, sondern auch Kekse, selbst gemachte Schokolade, Karamellbonbons, Baklava und vieles mehr.

Rollende Garküchen sind unterwegs mit gedämpften Erdäpfeln, Rüben, Eiern und Fladenbrot. Frischer Schaf- und Kuhmilchkäse wird uns von den netten Verkäufern zum Verkosten angeboten. In einem Schubkarren dampfen gekochte Rinderklauen und aus der Fleischhauerei blicken uns gekochte Schafsköpfe an. Die nächste Gasse ist spezialisiert auf gerahmte, gewebte Bilder. Die Motive reichen von Pferden, herbstlichen Landschaften und Moscheen bis zu Schriftzügen aus dem Koran. Doch ein Bild springt uns sofort ins Auge – bei uns kommt richtig Heimatstimmung auf, als wir Hallstatt vor uns sehen.

Wir haben keine Ahnung mehr, wo wir überhaupt sind. Ist ja eigentlich auch egal. Aber Hunger haben wir bekommen. Eine Spezialität von Täbris sind gekochte Erdäpfel und Eier, die in ein Fladenbrot gewickelt, danach zerdrückt und mit Salz und Chili gewürzt werden. Billig, gut und sättigend.

Wir kaufen solch eine Mahlzeit bei einem alten Mann, der sich besonders freut, Ausländer bedienen zu können. Schnell ist er mit der Zubereitung fertig und extra für uns wischt er den Blechteller noch ab, bevor er den Fladen darauf legt. Da schaue ich nicht schlecht. Das Tuch bzw. der Fetzen, den er dafür benutzt, hat schon viele Jahre auf dem Buckel, wahrscheinlich noch mehr Bakterien darauf und war vermutlich einmal weiß. Geschmeckt hat es uns aber trotzdem.

Der gedeckte Basar spuckt uns in einer schmalen Seitengasse aus, wo Unmengen von Obst und Gemüse zum Verkauf gestapelt sind. Als wir die nächste größere Straße erreichen, winken wir ein Taxi heran und lassen uns zum El Goli Park bringen. Uff, was für ein Tag! Zu unserer Freude läuft die Heizung im August.

Am nächsten Tag nehmen wir nochmals ein Taxi ins Zentrum von Täbris. Mittlerweile wissen wir, dass die Fahrt zwischen 30.000 und 40.000 Rial kostet. Als das Taxi vor dem Basar hält, drückt Peter dem alten Chauffeur einen 50.000 Rial-Schein in die Hand und wartet auf das Wechselgeld – vergeblich. Peters Handbewegung signalisiert ganz deutlich: „Da bekomme ich aber noch was". Woraufhin ihm der Taxifahrer 5.000 Rial gibt. Peter fordert grinsend mehr. Da zieht ihn der alte Mann plötzlich kräftig am Ohr. Ich sitze genau dahinter und mache mir fast in die Hose vor lauter Lachen. Auch Peter und der Chauffeur stimmen mit ein und wir verlassen gut gelaunt das Fahrzeug.

Die Menschen sind eingepackt in Winterjacken und Mäntel, tragen Pelzhauben und dicke Handschuhe. Wir sind die einzigen Touristen bzw. Reisenden hier. Was ist denn eigentlich der Unterschied zwischen den beiden?

Ein Tourist hat in erster Linie nur sehr begrenzt Zeit und in diese möchte er so viel wie möglich reinpacken. Das funktioniert nur, wenn er den Aufenthalt sehr genau plant oder planen lässt – von einem Reiseveranstalter oder Fremdenführer. Ein Tourist wird genau auf seinen Aufenthalt vorbereitet, er weiß, wann er wo sein wird, wo er schlafen wird, wann der Bus abfährt und das Frühstück und Abendessen serviert wird. Alles ist schon im Reiseführer nachgelesen worden oder im Programm des Veranstalters. Also ist fast alles bekannt und dann erwartet man auch, die Dinge so vorzufinden. Alles ist wie zu Hause (Essen, Zeitung, Fernsehprogramm), aber doch ein bisschen anders. Ein Reisender lässt Dinge passieren, lässt sich auf die Menschen und Situationen ein, weiß nicht, was genau passieren wird. Die Reise ist oft anstrengend, mühsam, nervenaufreibend. Aber immer einzigartig, intensiv, spannend und unvergesslich. Pläne gibt es nur wenige, meist grobe, und selbst die werden manchmal umgestoßen. Dadurch fühlt man sich ungeheuer flexibel und vor allem frei.

In Istanbul war ich mehr Touristin als Reisende, ich war gehetzt von den selbst geschmiedeten Plänen, von den vielen Sehenswürdigkeiten, die ich besuchen wollte. Den Reiseführer hatte ich stets griffbereit und so stellte ich ein Programm zusammen, das den Rahmen sprengte. Den zeitlichen Rahmen. Wir wollten dem Winter entfliehen, doch der kam mit riesigen Schritten, was nicht verwunderlich war, denn wir sind um einen Monat zu spät von zu Hause abgereist. Mit fortgeschrittener Reisedauer wurde ich wieder eine Reisende, was besonders Peter glücklich machte.

In Täbris fallen wir trotz der dicken Winterjacken und Wollhauben sofort auf. Doch aufdringlich ist hier überhaupt keiner. Mit faszinierten und neugierigen Augen werden wir gemustert, willkommen geheißen und auf einen Tee eingeladen. Wir sind eine Art kleine Brücke in die westliche Welt. Die Iraner freuen sich enorm, dass wir Interesse zeigen und ihr Land bereisen. Wie könnte es auch anders sein, wir landen wieder im Basar und abermals verlaufen wir uns. Durch einen Zufall oder vielleicht war es auch göttliche Eingebung, kommen wir zum zweiten Mal an derselben Konditorei vorbei und diesmal kann ich mich nicht zurückhalten, ich muss einfach reingehen. Dass der Verkäufer kein Englisch versteht, ist völlig irrelevant, er weiß, was ich will: Handgeschöpfte Schokolade und Karamellstangen. Nachdem ich von beiden Naschereien gekostet habe, verpackt der Iraner die Köstlichkeiten in Geschenkkartons, reicht sie mir mit einem Lächeln und gibt mir zur Draufgabe noch ein Pistazienkeks. Er hat mich richtig glücklich gemacht. Die Iraner sind echte Naschkatzen, bei uns in Österreich gibt es nicht einmal zur Weihnachtszeit eine solche Auswahl an Keksen und Pralinen. Abgerechnet wird nach Kilo und der Preis ist mehr als in Ordnung.

In den folgenden Tagen pendeln wir öfter vom El Goli Park in die Innenstadt von Täbris. Nur steigen wir nun auf den Bus um. Erstens ist es viel billiger und zweitens macht man nette Bekanntschaften. Viele Bereiche des öffentlichen Lebens sind nach Geschlechtern getrennt, so auch der Autobus: Hinten sitzen die Frauen und vorne die Männer. Das haben wir natürlich nicht gewusst und ich bin das erste Mal „falsch" eingestiegen. Es war aber kein Problem, die Leute haben mir einfach den Weg nach hinten gewiesen. Es sind besonders die jüngeren Frauen, die mich ansprechen, mich willkommen heißen und mir alle möglichen Fragen stellen. Ich merke auch, dass sie mich im Autobus ziemlich genau mustern.

Am Nachmittag haben wir ein interessantes Gespräch mit einem Herrn, der sehr gut Englisch spricht. Er ist Azeri-Türke, wie die meisten in der Provinz Aserbaidschan, und redet offen über die Lage in Iran, die Unzufriedenheit der Menschen mit den vielen Regulationen und der Sittenpolizei. Er ist glücklich verheiratet, kann das aber öffentlich nie zeigen. Nicht einmal im Urlaub kann er die gesamte Zeit mit seiner Frau verbringen, da viele Bereiche streng getrennt sind. Die letzten Ferien hat er in der Türkei verbracht, wofür er lange gespart hat. Dort konnten seine Frau und er den Urlaub endlich miteinander verbringen, sie konnten gemeinsam schwimmen gehen (auch dafür gibt es in Iran getrennte Bereiche für Männer und Frauen, wobei die Frauen voll bekleidet schwimmen!), sich die Hände reichen, modischere Kleidung anlegen, westliche Musik hören, ein Glas Wein trinken. Also Sachen, die für uns selbstverständlich sind und über die wir nicht einmal nachdenken. Unvorstellbar für uns, so leben zu müssen.

Dabei war das bis zum Jahre 1979, als Mohammed Reza Pahlavi als Schah an der Macht war, ganz anders. Der westlich orientierte Regent konnte Iran nicht nur wirtschaftlich stark weiterentwickeln und außenpolitisch profilieren, er setzte sich auch für die Gleichberechtigung von Mann und Frau ein und startete eine Alphabetisierungskampagne. Mit dem Sturz des Schahs, der Rückkehr Khomeinis und der Ausrufung der Islamischen Republik Iran war mit einem Schlag alles anders.

Auch für uns ist am nächsten Tag alles anders. Endlich scheint wieder einmal die Sonne und wir verlassen Täbris Richtung Südosten. Wir steuern auf die Ortschaft Liqvan zu, am Fuße des Berges Sahand gelegen. Nasser Khan erzählte uns, dass man dort Ski fahren kann. Wir sind schon gespannt. Wir sehen den Ort eindeutig auf unserer Karte am Ende des Tales eingezeichnet. Wir biegen von der Hauptverkehrsroute ab, die Straße ist schmal, aber asphaltiert und schneefrei. Auch die Richtung stimmt. Es geht stetig bergauf. Nach langer Zeit kommen wir in die erste Ortschaft, die Häuser, die sich an den Hang schmiegen, stehen dicht beieinander und sehen alle ähnlich aus. Unverputzte Ziegelbauten mit Flachdächern, auf manchen sehen wir Satellitenschüsseln und auf vielen Heuhaufen und getrocknete Kuhfladen. Die Fensterrahmen sind entweder weiß oder blau. Autos gibt es nicht viele. Die nächste Ortschaft sieht ganz ähnlich aus, nur dass der Asphalt zu Ende ist. Irgendwie kommt uns das komisch vor. Wir versuchen es mit Fragen. Gar nicht so einfach, denn die Einwohner schauen uns irritiert an und verstehen nicht, was wir wollen. Wahrscheinlich spreche ich den Namen Liqvan falsch aus, denn auch damit können sie nichts anfangen. Wir beschließen noch ein Stück weiter zu fahren, doch als die Straße immer enger und matschiger wird, drehen wir doch lieber um. Sehr eigenartig, auch die Stimmung, als wir durch die Dörfer fahren.

Was das Skifahren betrifft, schreiben wir den Sahand einmal ab, aber wir haben ja noch einen Trumpf im Ärmel: Dizin, das Skigebiet Nummer I von Iran. Es liegt im Alborzgebirge nördlich von Teheran.

Die Autobahn in die Hauptstadt des Landes ist dreispurig und in einem sehr guten Zustand. Der Schnee rund um uns wird immer weniger. Peter hat sicherheitshalber seine blaue Arbeitslatzhose angezogen, man weiß ja nie … denn was wir im Laufe der Zeit feststellen: Sobald Peter seine Arbeitskleidung trägt, läuft August wie geschmiert.

50 Kilometer vor Teheran biegen wir Richtung Norden ab. Auf einer Serpentinenstraße gewinnen wir langsam an Höhe. Ein weißer Pkw überholt uns und bleibt kurz darauf am Straßenrand stehen. Wenig später überholt er uns wieder und bleibt abermals am Rand stehen. Als sich das ganze Manöver ein drittes Mal wiederholt, bleiben auch wir stehen. Drei junge Männer steigen aus dem Auto, grinsen bis zu den Ohren, winken und kommen auf uns zu. Sie schenken uns einen ganzen Sack voller Süßigkeiten

und eine gelbe Stoffente, verabschieden sich und fahren weiter. Nach 300 Metern halten sie uns erneut an und bitten uns um ein gemeinsames Foto. Nach 1.000-fachem Dank küsst uns ein junger Mann die Hand, führt sie anschließend zum Herzen und danach an die Stirn. Als ob wir der Papst höchstpersönlich wären!

Genau zu Weihnachten erreichen wir Dizin und machen Skiurlaub in Iran. Unsere Skiausrüstung haben wir dabei. Als wir ankommen, schneit es in dicken Flocken, auch noch am nächsten Tag in der Früh. Nach dem Frühstück gehe ich gleich zur Liftkassa und versuche herauszufinden, was zwei Tageskarten kosten. Ein großer Taschenrechner wird mir unter die Nase gehalten, darauf lese ich 640.000. In meinem Kopf beginnt es zu rauchen. Sind das nun Rial oder die alte Währung, der Tuman? Und wie viel ist das überhaupt in Euro? Ich überschlage kurz und komme zu dem Schluss, dass das nicht stimmen kann. So teuer können die Karten doch wohl nicht sein. Ich frage nochmals nach. Die Antwort bleibt gleich. Skifahren ist Elitesport in Iran und so blättere ich für zwei Tickets umgerechnet fast 40 Euro hin. Durch einen wahren Hochsicherheitstrakt gelangen wir zur Gondelstation. Alles ist von hohen Zäunen umgeben, die Absperrungen aus Metallrohren reichen bis unter das Wellblechdach. Drei Gondelbahnen gibt es insgesamt und auch noch ein paar Sessel- und Schlepplifte. Die Gondeln sind alle gleich groß bzw. klein. Vier Personen sollten theoretisch darin Platz haben. Alle Liftanlagen stammen noch aus der Regierungszeit des Schahs, sind also mindestens 40 Jahre alt. Wir haben eine Gondel für uns alleine. Sie ruckelt weg und die Tür schließt fast. Wir entdecken ein Hinweisschild in der Gondel, das Wichtigste ist unter Punkt 1 angeführt: Die islamischen Kleidervorschriften sind einzuhalten. Heißt das jetzt, dass ich mir über die Wollhaube noch ein Kopftuch umbinden muss?
Das Skigebiet ist gut, bei diesem Wetter ist auch nicht allzu viel los. Am Nachmittag ist die Sicht gleich null, da machen wir am besten einen Einkehrschwung. Urig oder gemütlich kann man die Hütten nicht bezeichnen, es sind vielmehr futuristisch anmutende Fast-Food-Restaurants nach amerikanischem Vorbild. Wir entscheiden uns für die „Super Star"-Hütte in

Orange, Violett und Braun gehalten. Es ist ein Selbstbedienungsrestaurant mit Plastiktischen und -stühlen. Zur Auswahl gibt es Super Burger, Super Lux, Chicken Filet, Supreme Pizza, Dinner Box, Dinner Strips, Chicken Popcorn und Pommes. Dazu Limonaden oder Tee. Wir begnügen uns mit Getränken und fahren dann hinunter zur Talstation.

Zum Après-Ski haben wir auch nicht weit, August parkt vor dem einzigen Hotel hier. Wer Schirmbars, laute Musik von DJ Ötzi und Co, Obstler, Jagatee und Tiroler Gröstl satt hat, der sollte in Iran Skiurlaub machen. Ruhig und entspannt kann man seine Tasse Tee in der kühlen Hotellobby genießen oder einen Mangosaft schlürfen. Am nächsten Tag ist man dafür ausgeschlafen, hat keine Kopfschmerzen und noch genug Geld in der Börse. Die ganze Nacht schneit es in dicken Flocken, doch am Morgen ist strahlender Sonnenschein. Wir sind die Ersten bei den Liften und fahren mit der Gondel im Milka-Design ganz hinauf auf die Bergstation. Und was für ein Panorama bietet sich da! Vor uns erhebt sich der Damavand, mit 5.671 Meter der höchste Berg in Iran. Er gleicht einem wunderschönen Kegelspitz, einfach traumhaft!

Mit einem Lächeln auf dem Gesicht ziehen wir die ersten Spuren im Pulverschnee und juchzen dabei aus voller Kehle. Bei den Gondelfahrten und beim Einkehrschwung in die ungemütlichen Hütten lernen wir ein paar Iraner kennen. Sie gehören alle der Oberschicht an, viele von ihnen sind Ärzte, einige haben in Deutschland gearbeitet oder studiert. Die Gespräche sind äußerst interessant, die Menschen offen und liebenswürdig. Eine Einladung zu ihnen nach Hause folgt sofort.

Auch Aziz freut sich an diesem Tag. Er ist afghanischer Flüchtling und verdient hier mit seinem Vater Geld, indem er für betuchte Iraner die Ski vom Auto zur Gondel trägt und umgekehrt.

Es ist der 24. Dezember 2011, wir sitzen im August und schreiben eifrig. Selten hatte ich bisher die Muße, Tagebuch zu schreiben. Alles geht noch so schnell: 3 Tage bis Istanbul, 3 Wochen Türkei und nun seit 8 Tagen in Iran. Weihnachtsstimmung kommt keine auf, obwohl wir eine Kerze angezündet und die restlichen Kekse aus Täbris auf den Tisch gestellt haben. Ich beschließe, meine Eltern anzurufen. Der Stimme meiner Mutter entnehme ich sofort, dass sie sich Sorgen um uns macht. „Was?? Ihr seid immer noch in Iran?", sagt sie aufgeregt ins Telefon, gefolgt von: „Bitte fahrt schnell durch Iran durch!" Es herrscht so ein falscher Eindruck von diesem Land in Europa. In den Medien wird immer nur Negatives verlautbart, sei es der Atomstreit, die Scharia oder Steinigungen. Auf all unseren bisherigen Reisen sind wir von Ländern mit schlechtem Image immer äußerst positiv überrascht worden. Und da ist Iran keine Ausnahme. Meine Mutter tut mir wirklich leid, aber ich kann ihr da auch nicht weiterhelfen.

Als wir Dizin verlassen, schneit es immer noch in dicken Flocken. Erst kurz vor Teheran geht der Schnee in Regen über. Ich navigiere mit zwei Straßenkarten und einer Übersichtskarte am GPS. Jede Karte sagt etwas Anderes. Der Verkehr, die Häuser, die Ampeln und die Menschen werden immer mehr. Die Umfahrung von Teheran verpassen wir, obwohl unsere Route genau der vom GPS entspricht, die an der Hauptstadt von Iran vorbeiführen sollte. Ich versuche die vielen, viel zu kleinen Schilder am Straßenrand zu lesen, fange mit den Namen aber ohnehin nichts an. Ich bin genervt, gereizt und erledigt. Als wir schließlich beim Hauptbahnhof vorbeifahren, wissen wir zumindest, dass wir im Zentrum von Teheran sind. Hurra! Genau dort wollten wir nicht hin.

Nach ein paar Stunden sind wir endlich auf der richtigen Ausfallstraße, die uns auf die Autobahn Richtung Qom bringt. Aber die Polizei will uns nicht auffahren lassen. Es herrscht Lkw-Fahrverbot! Das gibt es doch nicht! Anscheinend schaue ich die Beamten so verzweifelt an, dass sie uns passieren lassen. Oder waren es doch Peters unglaubliche Überredungskünste?

Die Berge und somit auch den Winter lassen wir nun endgültig hinter uns. Wir wollen in Kashan nächtigen, einer der am längsten besiedelten Orte des iranischen Hochlandes am Rande der Kavir-Wüste. Doch zuvor brauchen wir noch Wasser. Unser 270-Liter-Tank ist fast leer, wir haben seit 5 Tagen nicht mehr geduscht. Bei der vierten Tankstelle sind wir doppelt erfolgreich: Wir dürfen gratis Wasser tanken und Resa und Ali verkaufen uns gleich noch Diesel ohne Tankkarte. Ein Liter Diesel kostet für Pkw

3.500 Rial und für Lkw 1.500 Rial. Das sind umgerechnet zwischen 0,20 und 0,09 Euro. Da macht Tanken richtig Spaß, für 220 Liter Diesel bezahlen wir 44 Euro. Ein echtes Schnäppchen, weswegen gleich eine Milka-Tafel den Besitzer wechselt.

Es ist bereits dunkel, wir sehen die Lichter von Kashan in der Ferne. Viele Lichter, sehr viele Lichter. Ich mag nicht schon wieder in einer großen Stadt navigieren, schon gar nicht in der Finsternis und noch weniger an diesem Tag. Wir haben Glück, die Gartenanlage Bagh-e Fin, die ein paar Kilometer südwestlich von Kashan liegt, ist beschildert und wir finden problemlos hin. Zuvor halten wir noch beim Bäcker, es duftet herrlich nach frischem Fladenbrot. Da nehme ich gleich zwei Stück. Der Preis kommt mir komisch vor, ich frage noch einmal nach. Ich bin verunsichert, vielleicht auch schon zu matt, um richtig zu rechnen. Gegenüber der Parkanlage gibt es einen großen Parkplatz, ideal für uns! Wir klettern in unseren Aufbau und fallen über das Brot her. Obwohl es köstlich ist, habe ich nicht viel Appetit, denn der Bäcker hat mich so richtig über den Tisch gezogen und das ärgert mich. Geplant wäre für heute ein Besuch des Basars und der Altstadt von Kashan gewesen, doch ich brauche dringend Landurlaub. Richtig gut erholen können wir uns im Bagh-e Fin. Die ehemaligen königlichen Gärten wurden im 16. Jahrhundert nach dem Vorbild eines persischen Paradiesgartens angelegt. Eine äußerst ergiebige Quelle fließt hier durch, bewässert die Gartenanlage und im Anschluss die zahlreichen Obstgärten. In diesem trocken-heißen Klima des Hochlandes ist Wasser ein sehr wertvolles Gut. Das Schönste, das sich die Bewohner erträumen können, ist ein Garten: Schatten spendend, wasserdurchflutet, blühend und grün. Er ist auch ein Rückzugsgebiet, ein Ort der Ruhe, Entspannung und Spiritualität. Im Teehaus lassen wir uns auf den gemütlichen mit Perserteppichen bespannten Holzpritschen nieder, lauschen dem Wasserplätschern und der orientalischen Musik. Hier können wir die Seele richtig baumeln lassen.

Als ich Peter später frage, ob er mitkommen möchte, um den Pavillon, das Badehaus und das Museum anzusehen, bekomme ich keine Antwort. Oft sagt ein Blick mehr als 1.000 Worte. Mein nächster Vorschlag begeistert ihn allerdings. 5 Minuten später sitzen wir im Dorf Fin in einem Restaurant oder besser gesagt vor einem Restaurant – auf einer Holzpritsche mit Perserteppich, versteht sich. Wir bestellen Hühnerspieße mit Fladenbrot und Joghurt. Während wir auf das Essen warten, haben wir genug zu tun bzw. zu schauen. Zwischen dem Restaurant und der Straße wird die Quelle vom Park in einem offenen Rinnsal ins Dorf geleitet. Sehr praktisch für die Autobesitzer. So wie man in Österreich zum Autowaschen in die Waschstraße einer Tankstelle fährt, so kommen die iranischen Männer von Fin oder auch Kashan hierher und waschen das Auto gleich neben der Straße. Jeder hat seinen Plastikkübel und Lappen dabei. Sie leisten wirklich gründliche Arbeit.

Ich möchte den Tag ruhig ausklingen lassen, möchte einfach einmal nichts tun. Zeit haben, um die Eindrücke und Erlebnisse der bisherigen Reise setzen zu lassen. Doch ein kleines Mädchen macht mir einen Strich durch die Rechnung. Sadat schließt sofort Freundschaft mit mir und nimmt mich sogleich mit zu sich nach Hause. Sie führt mich im Haus herum, niemand ist da. Sie redet auf mich ein, obwohl ich kein Wort verstehe. Sadat probiert meinen Armreifen, nimmt mir das Tuch vom Kopf und befühlt meine Haare. Ihr Vater kommt, schnell setze ich das Kopftuch wieder auf. Er lächelt mich – die Fremde in seinem Haus – an und schenkt mir drei frische Eier. Nun möchte Sadat natürlich mein Haus sehen. Wir gehen zu unserem Lkw, der in der Nähe ihres Hauses parkt. Ganz selbstverständlich zieht sich Sadat ihre kleinen Sandalen aus, als sie unser Wohnmobil betritt und klettert auf die Bank. Wir spielen ein wenig miteinander, in erster Linie redet sie jedoch. Ich schenke ihr Malsachen und Kekse, danach versuche ich sie wieder bei ihrem Vater abzugeben. Vergeblich, sie lässt mich nicht los. Ich muss auch noch ihre Mutter besuchen, was ich mehrmals freundlich ablehne. Das bringt die Kleine so richtig in Rage. Was bleibt mir also übrig?
In dem geräumigen, aber sehr schlicht eingerichteten Haus lerne ich Sadats Mutter kennen. Eine kleine, zierliche Frau mit freundlichen Augen, die mir sofort Tee und Süßigkeiten serviert. Nachdem wir alleine sind, kann ich das Kopftuch abnehmen. Wir unterhalten uns mit Händen und Füßen und ein paar Brocken Persisch, die ich mir mittlerweile angeeignet habe. Die

Familie lebt sehr bescheiden, zwei Söhne sind schon erwachsen, Sadat ist eine Nachzüglerin. Der Vater verdient Geld, indem er vor dem Bagh-e Fin Rosenwasser verkauft, das in dieser Region hergestellt wird. Die Mutter ist knapp 40 Jahre, wirkt aber durch ihr blasses Gesicht und die trockene Haut älter. Auch ein paar Zähne fehlen ihr, sie klagt über Zahnschmerzen. Einen Arzt gibt es hier im Dorf nicht, nur in Kashan, und den kann sie sich nicht leisten.

Wir bleiben ein paar Tage in dem kleinen Dorf Fin, Sadat hat mich richtig ins Herz geschlossen. Ständig bekommen wir Geschenke von ihren Eltern: Fotos, Granatäpfel, Eier, Fladenbrot. Es ist unmöglich, diese Sachen nicht anzunehmen. Aber es fällt uns schwer, denn die Familie ist nicht sehr bemittelt. Wir revanchieren uns mit Kleinigkeiten: Eine Tafel Schokolade aus Österreich, Spielsachen, eine Gesichtscreme für die Mutter.

In der nahe gelegenen Bäckerei bin ich bereits Stammkundin, mittlerweile weiß ich auch, wann sie geöffnet ist. Vier Männer arbeiten darin, sie sind ein eingespieltes Team. Der erste formt aus dem Teig handtellergroße Laibe, legt sie auf eine Platte, damit sie rasten können. Der zweite drückt die Laibchen flach und presst sie durch eine Walze, damit sie schön dünn werden. Der dritte Mann wirbelt die dünnen Teigfladen wie einen Pizzateig durch die Luft und legt sie in den Ofen. Es ist kein Ofen im herkömmlichen Sinn, sondern ein gemauerter Ofen mit Schamottverkleidung und Gasfeuerung, über der sich eine gelochte Metallscheibe dreht. Darauf werden die Brote gebacken und bekommen daher ein löchriges Aussehen. Meine Fladenbrote bekommen eine Sonderbehandlung, der Bäcker verziert sie vor dem Backen mit meinen Initialen. Das Brot schmeckt hervorragend, am besten natürlich frisch mit Käse oder Marmelade.

Am Neujahrstag sitze ich kurz nach 8 Uhr bereits beim Frühstück. Das ist keine Leistung, denn ich bin gestern schon um 22 Uhr schlafen gegangen. Soviel zu Silvester in Iran. Kein Donauwalzer, kein Sekt, kein Feuerwerk und keine Freunde, um gemeinsam zu feiern. Macht nichts, denn jeder Tag ist ein Fest. Peter schläft noch selig im gemütlichen Bett, während ich das duftende Fladenbrot mit Butter bestreiche.

August parkt unweit der Verkaufsstände mit Rosenwasser. Wir kommen mit Sadats Vater ins Gespräch und er klärt uns darüber auf, dass es sich hierbei um kein Parfum handelt. Wir verstehen gar nichts mehr. Er schraubt die Flasche auf und nimmt einen Schluck. Peter schaut ihn angeekelt an, er mag Rosenduft überhaupt nicht. Der Verkäufer schenkt mir eine Flasche und Peter meint, wir könnten das Rosenwasser in den Spültank der Campingtoilette leeren. Das versteht der nette Perser glücklicherweise nicht. Monate später fragt mich Peter, wo denn die Rosenwasserflasche sei. „Die ist leer", antwortete ich. „Was hast du damit gemacht?", will Peter wissen. „Ich habe damit jeden Tag den Frühstückskaffee verfeinert", lautet meine Antwort. Aber das glaubt er mir bis heute nicht.

Wir nehmen Abschied von dieser netten Familie, versprechen, sie wieder zu besuchen, wenn wir das nächste Mal Iran bereisen. Dichte Wolken ziehen von den Bergen Richtung Kavir-Wüste. Wir haben ohnehin vor, heute weiterzufahren. Wir sind schon gespannt auf die angeblich schönste Stadt Irans. Hoffentlich scheint dort die Sonne.

„Und dann langsam wie im Theater, wenn der Vorhang aufgeht, treten zwei öde Hügel auseinander, und dahinter enthüllt sich der Garten Eden." So beschreibt der französische Orientschwärmer Pierre Loti im 20. Jahrhundert seine Reise nach Isfahan. Selbst die Einwohner der Stadt behaupten: „Isfahan – das ist die halbe Welt."

Es ist wirklich ein kleines Paradies hier, vor allem wenn man am Landweg über das karge und staubige Hochland anreist. Unzählige türkisfarbene Kuppeln, herrliche Gärten und Paläste sowie wunderschöne Brücken über den Zayandeh Rud-Fluss begrüßen uns in der 2-Millionen-Einwohner-Stadt, deren Kern immer noch sehr orientalisch ist.

Im Reiseführer steht, dass man mit dem Wohnmobil am Parkplatz beim Palast Hasht Behesht parken kann. Der Palast liegt im Zentrum von Isfahan, also wirklich optimal. Weniger optimal ist allerdings die Größe unseres Fahrzeuges, denn die Einfahrtshöhe zum Parkplatz beträgt weniger als 3 Meter. Schlussendlich parken wir direkt am Zayandeh Rud, dem lebensspendenden Fluss, der im Zentrum Isfahans von Parkanlagen gesäumt ist. Das klingt alles recht idyllisch, zum Nächtigen ist es allerdings nicht ideal, da der Verkehr auf den parallel zum Fluss verlaufenden Straßen stark ist. Doch ein paar Tage lang werden wir es schon verkraften.

Das Zentrum der Innenstadt bildet der Meydan-e Imam, ein Platz, der fast achtmal so groß wie ein Fußballfeld ist. Rund um den Platz verlaufen doppelstöckige Arkaden, wo sich Teppichhändler, Kupferschmiede und Keramiker mit ihren Geschäften und Werkstätten niedergelassen haben. Auf jeder Seite des Meydan-e Imam findet man ein dominantes und denkmalgeschütztes Bauwerk: Die Königsmoschee, das Eingangsportal zum Basar, der frühere Eingangspalast zur königlichen Residenz und die Lotfollah-Moschee. Der Kontrast von den Lehmziegelfassaden zu den blauen und türkisen Fliesen mit floralen Ornamenten, den sogenannten Fayencen, ist fantastisch.

In der Mitte des Platzes befindet sich ein großes Wasserbecken mit Fontänen und darum angeordnet sind Spazierwege mit vielen Bänken und Grünflächen. Ungefähr ein Dutzend Fiaker wartet auf Kundschaft. Die Kutschen sind in gutem Zustand, das Geschirr geputzt, die Pferde gestriegelt. Nur der Zustand der Hufe ist bei manchen Tieren nicht in Ordnung, Teile sind ausgebrochen, der Huf an sich spröde, dafür tragen sie anstatt von Hufeisen Gummischuhe. Das Fell einiger Schimmel ist teilweise mit Henna gefärbt, vorwiegend die Beine und die Mähne. Das interessiert mich, ich möchte wissen, was der Sinn dahinter ist. Die Antwort lässt mich schmunzeln, denn der Kutscher meint, das Fell sei nicht gefärbt, sondern original so. Er muss es ja wissen.

Professionelle Fotografen warten auf Auftraggeber, Familien picknicken gemütlich auf den Rasenflächen und Bänken, Buben fahren mit dem Rad, junge Pärchen (!) gehen spazieren und junge Damen promenieren.

Isfahan ist eine moderne Stadt, westlich orientiert. Das merkt man besonders bei der Generation unter 30 Jahren. Und das sind viele, denn fast zwei Drittel der Bevölkerung ist unter 25, sie sind mit der Lage in Iran unzufrieden. Doch laut sagen dürfen sie das nicht.

Seit ein paar Jahren gibt es marginale Verbesserungen: Frauen dürfen Autofahren, Sandalen tragen, sich die Nägel lackieren. Das Kopftuch sitzt bei vielen leger am Hinterkopf. In den Städten sind hohe Absätze, enge Hosen und relativ körperbetonte Oberteile gefragt. Beim Make-up wird nicht gespart. Die jungen Männer haben extravagante Frisuren und natürlich die modernsten Jeans. Wir sehen viele junge Iraner, egal ob Frauen oder Männer, mit einem dicken Pflaster auf der Nase. Kosmetische Operationen sind auch hier der letzte Schrei.

Am Land hingegen herrscht ein anderes Leben. Ein traditionelles und konservatives. Die meisten Frauen tragen hier einen Tschador (Ganzkörperschleier) – sehr oft in Schwarz gehalten. Es ist schwerer mit den Frauen am Land in Kontakt zu treten, denn einerseits sieht man nicht sehr viele und andererseits sind sie kontaktscheu. Manchmal nächtigen wir mit unserem Reisewagen nahe eines Dorfes. Ich erinnere mich an Situationen, wo ich morgens spazieren gegangen und auf Frauen getroffen bin. Doch sie trauten sich nicht, mich anzublicken, gingen rasch weiter, obwohl ich freundlich auf Farsi gegrüßt habe. Der Unterschied zwischen Stadt und Land ist enorm.

Ein weiterer Höhepunkt in Isfahan ist der Basar. Dort entdecken wir nicht nur orientalische Kunsthandwerksgegenstände, sondern auch kuriose Sachen, wie z. B. Ballkleider in allen erdenklichen Farben und mit ausladendem Dekolleté. Und die aktuelle Kollektion von Night Ware für Damen, also Nacht- oder Unterwäsche. Aber was für eine Unterwäsche! Hauchzart und transparent, in Pink, Rot oder Schwarz gehalten. Bezaubernde Dessous und Wäsche aus Spitze und Seide, verführerische und sinnliche Negligés für aufregende Nächte. Und nicht irgendwo in der letzten Ecke eines Geschäftes versteckt, nein, in der Auslage. Wir sind echt überrascht. Wir lassen die sexy Dessous hinter uns und landen schließlich bei den Stoffdruckern. In den Innenhöfen des Basars ist dieses Kunsthandwerk noch besonders häufig anzutreffen. Die Tradition wird schon seit Jahrhunderten weitergegeben. Für ein Tischtuch werden rund 30 bis 40 unterschiedliche hölzerne Druckstempel benötigt. Vier bis sieben Stempel pro Design und vier bis fünf Farbschichten werden pro Stoff übereinander gedruckt, von der dunkelsten bis zur hellsten. Es werden hier nur natürliche Farben verwendet: Schwarz kommt aus der Schale der Walnuss, Rot aus dem Granatapfel, Blau aus dem Lapislazuli-Stein und aus Safran und Henna entsteht Gelb.

Das alles erzählt uns Reza in seinem Geschäft, das mit Tischtüchern in allen erdenklichen Größen vollgepackt ist. Den halben Nachmittag verbringen wir in diesem Laden, trinken unzählige Tassen Tee, bewundern die Stoffe und lernen seinen Vater kennen. Er ist mit stolzen 76 Jahren immer noch der Chef und übernimmt die Verhandlungen, die sich über mehrere Stunden ziehen. Sein Sohn übersetzt. Wir haben Zeit. Ich frage, ob sie nicht auch künstliche Farben verwenden würden. Reza schüttelt vehement den Kopf, sein Vater stempelt jedes einzelne Teil auf der Rückseite ab, als Garantie für die Echtheit der Naturfarben. Reza übersetzt nun wieder simultan: „Mein Vater garantiert für die Naturfarben. Sollten sie beim Waschen verblassen, so zahlt er Ihnen den Flug, das Visum, das Hotel und tauscht die Ware um." Tee wird uns nachgeschenkt und gelbe Zuckerklumpen dazu gereicht. Die nimmt man in den Mund und trinkt dann einen Schluck Tee, so ist das hier der Brauch. Reza zeigt uns unzählige Tücher, sein Vater sitzt nur da und lauscht dem Radio. Je nach Design und Größe variiert natürlich der Preis. Klar. Klar ist auch, dass die Preise viel zu hoch sind, die uns Reza für die Tücher, die uns gefallen, nennt. Dann trinken wir eben noch eine Tasse Tee.

Immer wieder wechselt das Gesprächsthema; von den zähen Preisverhandlungen wegen der Tischtücher zur aktuellen politischen Situation in Iran, aus der wir uns aber so gut es geht heraushalten wollen. Ich sage zu Reza, dass nicht sehr viele Touristen in Isfahan sind, worauf er ironisch entgegnet: „Das liegt an unserer tollen Politik." In der Zwischenzeit beginnt sein Vater schon damit, die drei infrage kommenden Decken abzustempeln. Ich beginne laut zu lachen, für Papa sind sie quasi schon verkauft! Als wir den Preis nennen, den wir zu zahlen gewillt sind, ertönt ein „Autsch" vom Papa. Wieder beginne ich zu lachen. Das ist fast wie im Kabarett hier. Peter sagt: „Wenn wir so viel Geld für Souvenirs in Iran ausgeben, dann schaffen wir es nie nach Oman." Reza entgegnet trocken: „Sorry."

Papa kommt schon mit dem Sackerl und möchte die Tücher einpacken. Es ist zum Schreien komisch. Papa nennt seinen letzten Preis und ich beginne zu betteln. Der alte Mann packt die Stoffe ein und hat nur mehr Augen für Peters Geldbörse. Schließlich einigen wir uns auf einen Preis, der mehr als ein Drittel unter dem Ausgangspreis liegt. Immer noch ein sehr gutes Geschäft für die beiden, aber Unterhaltung muss ja auch bezahlt werden. Papa schenkt uns noch ein kleines, rundes Tuch zum Abschied. Jetzt sind wir ganz sicher, dass wir zu viel bezahlt haben. Wir haben die Tischtücher im Übrigen dauernd in Verwendung, trotz Maschinenwäsche sind die Farben immer noch leuchtend.

Wenn die Sonne scheint, sind die Temperaturen in Isfahan jetzt Anfang Jänner untertags äußerst angenehm. Und sie scheint die ganze Zeit! So wie viele Einwohner nutzen auch wir das schöne Wetter zu einem Spaziergang entlang des Zayandeh Rud. Zu dieser Jahreszeit hält sich die Natur mit ihrem Farbenspiel zurück – wie auch in Österreich. Die Bäume sind kahl und graubraun, die Rasenflächen hellgrün bis braun und der Himmel blassblau. Dafür sind die Brücken über den Fluss eine wahre Augenweide. Die längste und angeblich auch schönste davon, die 33-Bogen-Brücke, spannt sich mit knappen 300 Metern von Ufer zu Ufer. Für die Einheimischen ist sie Ziel von Spaziergängen, die sie oft mit Tretbootfahrten ausklingen lassen. Wenn die Brücke abends beleuchtet wird, schlägt das Herz höher – auch bei den jungen Paaren, die sich hier zum heimlichen Rendezvous treffen. Doch richtig entspannen können sie sich nicht, denn die Sittenpolizei ist immer noch gegenwärtig.

Auf dem Weg nach Yazd habe ich wieder Zeit, um im Reiseführer zu schmökern. Peter wirft mir einen vielsagenden Blick zu, den ich ignoriere. Ich freue mich schon auf die Stadt aus Lehm am Rande der Wüste – was es da alles wieder zu besichtigen gibt! Dieses Land ist teuflisch, es hat einfach so viel zu bieten, Kultur bis zum Abwinken. Gerade jetzt im Winter, wo die Landschaft ein bisschen öde wirkt, zieht es mich in die Städte, obwohl ich normalerweise ein richtiges Landei bin.

Ich glaube, Peter hat schon genug von der Kultur. Er bekommt schon einen Ausschlag, wenn ich Wörter wie Basar, Moschee, Hamam, Palast oder Museum auch nur erwähne. Er möchte ganz einfach einmal nichts tun. Und ich gebe klein bei, was mir nicht unbedingt leicht fällt. Aber es war eine gute Entscheidung. Wir entdecken eine alte Karawanserei, sie liegt abseits der Straße, abseits jeglicher Zivilisation und ist schon lange verlassen. Vom angrenzenden Berg sieht man noch genau die Grundmauern und Felder. Eine tolle Aussicht hat man von hier oben, die Landschaft ist karg – wir befinden uns in einer Halbwüste, aber es ist dennoch schön. Blickt man nach Westen, so sieht man die schneebedeckten Gipfel des über 4.000 Meter hohen Shir-Kuh.

Doch noch etwas sehen wir: Eine Karawane. Eine Menschenkarawane. Wir klettern vom Berg runter und treffen sie bei unserem Fahrzeug. Es sind junge Leute aus Yazd, die einmal pro Woche einen Ausflug machen. Sie haben mit uns genauso wenig gerechnet, wie wir mit ihnen. Die Gruppe setzt sich aus 20 Personen zusammen, zwei Drittel davon sind Männer. Diese scharen sich gleich um Peter, während mich die Frauen in Beschlag nehmen. Wissbegierig sind sie und sie freuen sich, dass wir ihr Land besuchen. Sie heißen uns nochmals willkommen und natürlich folgt eine Einladung. Und dann sind sie auch schon wieder weg.

Wir durchstreifen die Karawanserei, finden alte Tonscherben und entdecken sogar einen Wüstenfuchs! Innerhalb der Mauern der Karawanserei sind wir nicht nur geschützt vor dem Wind, sondern auch vor fremden Blicken, da kann ich sogar mein Kopftuch kurz abnehmen. Was für ein schöner Platz und wie gut, dass ich auf Peter gehört habe!

Als schön kann man den nächsten Ort nicht bezeichnen, den wir besuchen, dafür hat er eine interessante Geschichte. Man sieht sie schon aus weiter Ferne: Auf Felsen errichtete, zum Himmel hin offene Rundbauten mit massiven Mauern. Imposant und mächtig, gleichzeitig anziehend und abstoßend – die Türme des Schweigens. Es sind die Begräbnisstätten der Zoroastrier, einer Glaubensgemeinschaft, die im 8. Jahrhundert in Iran gegründet wurde. Die noch etwa 30.000 in Iran verbliebenen Anhänger verehren die vier Elemente Feuer, Wasser, Luft und Erde. Um die Erde nicht zu verunreinigen, durften Leichen nicht begraben werden.

Die Toten wurden am Fuße des Hügels gewaschen und danach zu den Türmen des Schweigens hinaufgetragen. Man bahrte sie im Inneren der Ringmauer auf und überließ sie anschließend den Geiern und anderen Aasfressern. Die Angehörigen warteten 40 Tage lang in den Herbergen am Fuße der Türme bis die Bestattung beendet war. Dann wurden die übrig gebliebenen Knochen gereinigt und in Felsnischen bestattet.

Dieser Brauch war bis Mitte der 1960er-Jahre üblich. Aus hygienischen Gründen hat ihn der Schah dann verboten. Nun werden die Toten zwar ins Erdreich versenkt, allerdings in Betonwannen, um das Erdreich nicht zu verunreinigen.

Von den Türmen des Schweigens hat man eine gute Sicht auf Yazd. Die Stadt liegt am Rande der Kavir-Wüste und war früher ein wichtiger Handelsstützpunkt auf dem Weg nach Indien. Ein altes, unterirdisches Kanalsystem durchzieht die Wüstenstadt und ermöglicht sogar Obst- und Gemüseanbau. Berühmt sind die Granatäpfel aus Yazd. Das Wasser stammt aus dem nahe gelegenen Shir Kuh-Gebirge. Charakteristisch für die Stadt sind die Windtürme, die zur Belüftung und Kühlung der Häuser dienen. Der höchste misst 33 Meter. In der historischen Altstadt findet man fast ausschließlich Lehmhäuser, dazwischen wunderschöne Kuppeln und Moscheen. Die engen Gassen sind oft überdacht und führen uns zu alten Karawansereien, die mittlerweile zu Hotels umfunktioniert worden sind.

In den Innenhöfen dieser Hotels ist es windgeschützt, die Januarsonne ist kräftig und lässt Peter friedlich einschlummern. Wahrscheinlich träumt er von Kreuzkuppeln, blauen Fliesen, Moscheen und Windtürmen. Weit gefehlt. Tatsächlich drehen sich seine Träume ums Essen. Und das schmeckt uns in Iran hervorragend, am liebsten essen wir Brot. In jeder Stadt wird es anders zubereitet. Manchmal ist es rund, gelblich und dick. Dann wieder länglich und knusprig und auf heißen Steinen gebacken oder aber hauchdünn und dunkel, ähnlich unserem Knäckebrot. Und dann gibt es noch die löchrigen, runden Fladen, die man am besten noch warm verzehrt.

Über das Shir Kuh-Gebirge geht es weiter Richtung Shiraz. In der Kleinstadt Abarkuh soll eine riesengroße Zypresse sein, die wollen wir uns ansehen. Der alte Baum ist wirklich mächtig, bei angenehmeren Temperaturen werden die Grünflächen rundherum sicher zu einem großen Picknickareal. Überall wachsen Rosmarinstauden. Herrlich! Ich mache mich gleich an die

Ernte. Die Polizei taucht auf und die Beamten wollen wissen, was wir hier machen. Ich denke mir, dass sie das ja sehen müssten – ich habe schon einen ganzen Sack mit Rosmarin gefüllt, sage aber nichts. Die Kräuter interessieren sie wenig, sie wollen nur unsere Pässe kontrollieren.

Ich habe wieder einmal eine super Idee. Ich sehe auf der Landkarte, dass es eine Abkürzung Richtung Shiraz gibt. Eine kleine Nebenstraße, die Distanz schätze ich auf etwa 100 Kilometer und eingezeichnet ist nur eine einzige Ortschaft. Es ist gar nicht so einfach die Abzweigung in Abarkuh zu finden, mehrmaliges Fragen ist von Nöten. Sollte das schon ein Zeichen gewesen sein?

Anfangs ist die Straße asphaltiert, immer wieder kommen wir an verfallenen Karawansereien vorbei. Allerdings kommt uns die Richtung eigenartig vor, laut Karte sollten wir nach Südwesten fahren, tatsächlich sind wir aber nach Südosten unterwegs. Vermutlich wird die Piste bald eine Rechtskurve beschreiben, denken wir uns. Wir fahren und fahren und fahren. Immer gerade aus. Endlich kommt eine Gabelung, wir zweigen Richtung Westen ab. Doch nach 5 Kilometern ist die Piste auch schon wieder zu Ende. Obwohl wir nur sehr ungern umdrehen, bleibt uns jetzt nichts anderes übrig. Sehr komisch alles, entweder stimmt die Landkarte nicht oder es wurden einfach neue Pisten gebaut. Wie ein Geschenk des Himmels kommt ein Pick-up auf uns zu. Zwei Männer steigen aus und schauen uns fragend an. Sie sprechen nur ein paar Wörter Englisch, aber das genügt. Ich erkläre ihnen, dass wir nach Shiraz wollen und sie zeigen in die Richtung, aus der wir gekommen sind. Nein, nein, das kann nicht sein. Ich verstehe nur Abarkuh und Shiraz. Nach Abarkuh fahren wir sicher nicht zurück! Ich zeige ihnen die Karte und nenne die nächste Ortschaft. Von der haben sie noch nie etwas gehört. Auf meinem Plan sieht doch alles so einfach aus! Die Männer beginnen nun, eine alternative Route aufzuzeichnen, die sie uns mit viel Geduld erklären. Schließlich geleiten sie uns mit ihrem Fahrzeug bis zur nächsten Kreuzung und winken uns lange nach. Wir sind uns nicht ganz sicher, wo wir hinfahren. Aber ist das überhaupt so wichtig? Der Himmel strahlt blau über uns, die Piste ist steinig, die Landschaft trocken und karg. Eine Halbwüste mit Dornengestrüpp und einzelnen, verdorrten Grasbüscheln, immer wieder

Berge links und rechts von uns. Uns gefällt's. Der heutige Tag steht ganz im Zeichen der Kultur. Schon am frühen Morgen sind wir in Pasargad, dem ehemaligen Palastbezirk von Kyros dem Großen. Die weitläufige Anlage liegt auf 1.900 Meter Meereshöhe und von hier nahm das persische Weltreich im 6. Jahrhundert vor Christi seinen Ausgang. Wir sind die einzigen Besucher hier. Vielleicht, weil wir so früh dran sind, vielleicht aber auch, weil ein eisiger Wind bläst oder weil zu dieser Jahreszeit generell wenige Touristen unterwegs sind. Imposant ist vor allem das Grab von Kyros, eine Art Stufentempel. Die sterblichen Überreste des Herrschers wurden in der Grabkammer in einem goldenen Sarkophag beigesetzt, daneben befand sich ein goldener Tisch mit Schätzen. Wie man sich gut vorstellen kann, wurde Kyros' letzte Ruhestätte aber sehr bald geplündert.

50 Kilometer weiter liegt Persepolis, die altpersische Residenzstadt der Achämeniden. Peter ist hungrig. Und wenn er hungrig ist, dann wird er auch bald grantig. Vor dem Eingang zur Anlage befindet sich ein großer Parkplatz, perfekt für unseren August. Ich klettere gleich in den Aufbau und beginne zu kochen, bevor Peter die Lust auf die Besichtigung gänzlich vergeht. Es muss natürlich schnell gehen, also zaubere ich eine Gemüseomelette. Dazu gibt es nach persischer Manier Fladenbrot und Joghurt. Ich habe mich schon so an das Kopftuch gewöhnt, dass ich es nicht einmal beim Kochen abnehme. Oder will ich die antike Anlage einfach nur rascher besichtigen? Die Gründung von Persepolis geht auf Darius zurück. Innerhalb von 60 Jahren errichtete er und dann in Folge Xerxes und Artaxerxes Paläste auf der zum Teil künstlich aufgeschütteten Terrasse, auf einem Gelände von 120.000 m². Persepolis wurde vorwiegend zu Siegesfeiern nach großen Feldzügen und zum Empfang anlässlich des Neujahrsfestes genutzt. Während dieser Zeremonie fanden allein im Apadana-Tempel mehr als 10.000 Menschen Platz.

Rund 100 Jahre später besetzte Alexander der Große Persepolis und die Palastanlage ging in Flammen auf. Danach verfiel Persepolis. Die teilweise wiederaufgebauten Gebäude können heute besichtigt werden. Am meisten faszinieren mich die Reliefdarstellungen im Apadana-Tempel, wo Delegationen aus verschiedenen Ländern dem König ihre Aufwartung machen und diverse Tributgaben mitbringen: Löwen, Giraffen, Kamele, Prunkgefäße und Waffen. Die Darstellungen sind äußerst detailliert. Und was mir auffällt, es sind nur Männer abgebildet und alle tragen einen Vollbart.

Die Inschriften auf den Palastwänden und den Toren sind in drei verschiedenen Sprachen in Keilschrift eingraviert. Wir entdecken aber auch andere Inschriften, aus viel späterer Zeit von Briten und Deutschen, die hier ihre Namen eingeritzt haben. Da ist z. B. Graf Schulenburg, der hier von 1926 bis 1931 deutscher Gesandter war oder Capt. Will Campell, der 1800 hier gewesen ist.

Das Sightseeing ist ganz schön anstrengend, vor allem, wenn man gleich zwei antike Stätten an einem Tag besucht. Müde kehren wir zu August zurück, wir sind durstig, hungrig und erschöpft. Wir freuen uns auf einen ruhigen Abend und ziehen uns gleich in unseren Lkw zurück. Es dauert nicht lange, bis es an der Tür klopft. Ein mittelgroßer, gepflegter Mann mit Vollbart steht draußen. Er trägt ein kariertes Hemd, eine graue Hose und polierte, schwarze Schuhe. Er strahlt uns an, entschuldigt die Störung und redet ununterbrochen. Auf Englisch, denn er, Hassan, sei Englischlehrer.

Er hat heute Abend noch zwei Unterrichtseinheiten und lädt uns ein, mitzukommen. Peter hat überhaupt keine Lust. Mein Interesse hat Hassan jedoch geweckt, ich bin neugierig, wie der Unterricht in Iran abläuft. So eine Gelegenheit können wir uns doch nicht entgehen lassen! So müde können wir gar nicht sein. Da kommt eben wieder die „Frau Lehrerin" in mir durch. Schließlich willigt Peter ein und wir folgen dem aufgeregten Englischlehrer in seine Heimatstadt Marvdasht, die keine 10 Kilometer von den Ausgrabungen von Persepolis entfernt liegt.

Die Klassenzimmer sind klein und spartanisch eingerichtet. Die Wände sind weiß, auf der Stirnseite befinden sich ein Fenster, daneben eine Tafel und der Lehrertisch, auf dem ein Computer und zwei Lautsprecher stehen. Ansonsten gibt es keine Tische, die rund 15 stark gebrauchten Sessel verfügen über einen kleinen Klapptisch.

Wir sind zu früh dran, die Abendschüler kommen erst in 20 Minuten. Also trinken wir erst einmal eine Tasse Tee. Hassan meint, dass wir Europäer sicher Schwierigkeiten haben, uns fremdländische Namen zu merken. Das sei aber kein Problem, wir können ihn einfach „Mister teacher", also Herr Lehrer nennen. Mir fehlen die Worte. Kurz. Ich entgegne, dass Hassan ein einfach zu merkender Name (er ist ungefähr so häufig wie Josef, Franz oder Johann in Österreich) und er ja schließlich nicht mein Lehrer sei. Meine Antwort scheint ihm gar nicht zu passen, nur zu gerne wäre Hassan auch als mein Lehrer aufgetreten.

Langsam kommen mir Bedenken, ob unsere oder vielmehr meine Entscheidung, mit Hassan mitzukommen, so schlau war. Er wechselt das Thema, erzählt uns, wo und was er nicht schon alles studiert habe. Jahrelang in England und zwei Jahre in Deutschland. Peter wird neugierig und fragt, wo er denn in Deutschland studiert habe. „In Berlin", antwortet Hassan. Nachdem Peter auch in Berlin gearbeitet hat, fragt er Hassan nach ein paar Details. Hassan muss passen. Peter hat noch ein paar Fangfragen bereit, die der Herr Lehrer leider falsch beantwortet. Auf die Frage, warum Hassan nicht Deutsch spricht, meint er nur kurz, dass die Unterrichtssprache Englisch gewesen sei. Aha, alles klar.

Hassan begibt sich auf sicheres Terrain und erzählt uns, dass er schon mehrere Jahre als Englischlehrer hier in Marvdasht arbeitet. Wir fragen ihn kurz, wie alt er denn sei. 27, so seine Antwort. Peter dreht sich zu mir und meint, dass Hassan ja ein Genie sein muss, um in so kurzer Zeit so viele Studien abgeschlossen und noch dazu jahrelange Praxis gesammelt zu haben. Ich grinse nur.

Die erste Schülerin kommt. Eine hübsche Frau mit schwarzer Jacke und goldenem Kopftuch. Ihr Englisch ist hervorragend und sie selbst äußerst sympathisch. Insgesamt versammeln sich elf Studenten im Klassenzimmer, davon sind sechs weiblich. Ihr Alter liegt zwischen 20 und 35 Jahren. Hassan bittet mich, eine kleine Unterrichtssequenz zu halten. Damit habe ich nicht gerechnet, ich wollte eigentlich nur hospitieren. Ich habe keine Wahl und gehe nach vorne zur Tafel. Jetzt muss mir aber schnell etwas einfallen. Ich denke zurück an meine Studienzeit, an meine ersten Unterrichtseinheiten. Aber alles, was mir einfällt, sind Kennenlernspiele. Ich habe in meinem Leben schon so viele hinter mich gebracht, dass sie mir schon ein Graus sind, vor allem mit Erwachsenen.

Ich denke mir, was die Studenten am meisten interessiert, sind sicher wir und unser Leben und was wir in Iran machen. Genauso ist es auch. Schnell ergibt sich eine ungezwungene und angenehme Diskussion und ich komme mir glücklicherweise nicht wie eine Lehrerin vor.

Als nächster ist Peter dran. Auch er darf raus an die Tafel. Nachdem er sich vorher schon mit einem Studenten unterhalten hat, der Transportunternehmer ist und der sich für Zahlen und Fakten interessiert, greift Peter dieses Thema gleich auf. Er erläutert die Lebenskosten in Österreich im Vergleich zum Einkommen und schreibt viele Zahlen an die Tafel. Die Studenten hängen an seinen Lippen, nur Mister teacher schaut etwas unglücklich drein. Hassan übernimmt. Die englische Aussprache soll geübt werden, dafür fährt der Lehrer den Computer hoch und startet ein Programm. Wir hören einen Sprecher mit stark britischem Akzent und zu meiner Überraschung fordert mich Hassan auf, den Text nachzusprechen. Da gibt es wieder kein Zurück. Ich fühle mich zurückversetzt in meine Schulzeit, in eine Prüfungssituation, und mir ist gar nicht wohl zumute. Welcher Teufel hat mich geritten, diese Einladung anzunehmen? Ich habe Glück, der Herr Lehrer ist zufrieden. Haha! Diese Situation ist so surreal, es ist zum Lachen. Aber Hassan bleibt todernst, wiederholt die nächste Passage selbst in einem übertriebenen britischen Akzent, noch dazu nicht korrekt. Mein Blick trifft Peters und wir müssen uns am Riemen reißen, damit wir nicht laut loslachen. Jetzt kommt ein Student nach dem anderen an die Reihe, Hassan korrigiert emsig und fordert seine Schüler auf, laut zu sprechen. Das scheint ihm fast das Wichtigste zu sein.

Hassan suhlt sich in seiner Position als Lehrender, liebt es, seine Autorität auszuspielen. Auf uns wirkt er eigentlich etwas lächerlich. Endlich ist der Unterricht vorbei, die Studenten wollen noch mit uns plaudern. Das machen wir sehr gerne. Außer Soraya, die Dame mit dem goldenen Kopftuch, sind die Frauen eher schüchtern. Also mache ich den ersten Schritt und frage sie nach ihrer Familie und schon ist das Eis gebrochen. Am interessantesten ist das Gespräch mit Amina, einer jungen, zierlichen Frau, die sehr gut Englisch spricht. Sie drückt sich gewählt aus, ist extrem gut gebildet und von Beruf Atomphysikerin.

Nach der sechsten Tasse Tee, verabschieden wir uns langsam. Allerdings nur von den Studenten, nicht von Hassan, denn wir sind selbstverständlich bei ihm zu Hause zum Abendessen eingeladen. Sehr lieb gemeint, aber wir sind hundemüde. Das sind unsere Gedanken, die wir aber nicht aussprechen können. Zumindest schaffen wir es, die Einladung zur Nächtigung in seiner Wohnung auszuschlagen. Hassan wohnt gemeinsam mit seiner Mutter, seiner jungen Ehefrau und ihrer 4 Monate alten Tochter in einer geräumigen Wohnung. Natürlich hat uns Hassan schon zu Hause angekündigt, den ganzen Abend sind die Damen des Hauses in der Küche gestanden und haben Vorbereitungen getroffen. Seine Frau, Amina, begrüßt mich stürmisch, als ob wir dicke Freundinnen wären. Die Mutter lächelt uns freundlich von der Couch an, sie hat einen Gipsverband am rechten Bein. Die Schuhe ziehen wir gleich im Eingangsbereich aus, so wie es eben Sitte ist in Iran. Der ganze Boden ist mit Teppichen ausgelegt, Möbel gibt es nur wenige, außer der Couch sehen wir ein paar Plastiksessel, einen runden Tisch, der allerdings nur zur Dekoration benutzt wird und einen großen Fernseher. Wir sollen es uns gemütlich machen, sagt Hassan und meint damit auch, dass wir Jacken und ich auch das Kopftuch ablegen sollen. Er selbst verschwindet in ein Nebenzimmer und kommt kurz darauf mit einem weißen, gerippten, ärmellosen Unterhemd und einer Jogginghose bekleidet zurück. Bequem mag es ja sein, aber vorteilhaft oder ästhetisch ist seine Kleidung mit Sicherheit nicht. Wir nehmen am Boden Platz, in unserer Mitte liegt eine große Plastikfolie, quasi der Tischersatz, der dafür sorgt, dass der Teppich sauber bleibt. Amina holt Unmengen von Essen aus der Küche und platziert es auf dem Plastik, während sich ihre Schwiegermutter um das Baby kümmert. Es duftet herrlich! Es gibt Reis mit Berberitzen, Hühnchen, Joghurt mit geraspelten Gurken darin und Fladenbrot. Eine besondere Ehre wird uns zuteil, indem wir die besten Stücke vom Reis bekommen: Bei der Zubereitung soll sich der Reis am Topfboden absetzen und leicht braun werden. Diese entstandene Kruste ist besonders begehrt und schmeckt tatsächlich hervorragend.

Das reichliche Essen fördert unsere Müdigkeit, doch an ein Schlafengehen ist noch nicht zu denken. Hassan hat andere Pläne. Der Fernseher wird eingeschaltet und Hassan legt die Aufzeichnung seiner Hochzeit in den DVD-Player. Es ist ein riesiges Fest, wirklich interessant anzusehen – anfangs zumindest. Nach 45 Minuten schwindet unsere Aufmerksamkeit ein bisschen. Schon wird das Programm geändert, Hassan legt eine Musik-CD ein, setzt sich wieder auf den Teppich und schlägt vor, dass wir für ihn tanzen sollen. Sind wir jetzt sein persönliches Unterhaltungsprogramm? Wir lehnen lächelnd ab. Sofort hat er einen neuen Vorschlag: Nachdem ich ihm erzählt habe, dass ich Sport studiert habe, möchte er gerne ein paar Übungen sehen. Salto, Spagat, Flickflack, was auch immer. Und ich solle doch endlich mein Kopftuch abnehmen. Hassan geht mir schon richtig auf die Nerven. Das Kopftuch nehme ich schlicht und einfach deswegen nicht ab, weil ich seit Tagen die Haare nicht gewaschen habe und sicher fürchterlich aussehen würde. Das sage ich natürlich nicht. Bezüglich der Turnvorführung halte ich einen Vortrag, wie unpassend der Zeitpunkt dafür ist, denn man soll nie mit vollem Bauch und unaufgewärmt Übungen durchführen. Man stelle sich nur das Verletzungsrisiko vor!

Sichtlich enttäuscht schenkt er mir noch eine Tasse Tee ein und Amina serviert als Nachspeise frische Wassermelone. Kurz nach Mitternacht verabschieden wir uns, bedanken uns für die Gastfreundschaft und posieren für ein Erinnerungsfoto. Hassans Mutter drückt mich fest an sich und Amina umarmt mich. Die beiden sind traurig, dass wir sie schon verlassen. Bei Hassan sind wir da nicht so sicher.

Als wir im August sind, kommt uns ein Lied des verstorbenen, österreichischen Musikers Falco in den Sinn und so singen wir beide: „Nie mehr Schule, keine Schule mehr. Denn der Umstand ist bekannt, zu viel Schule macht dich krank, jaja."

Stadt der Blumen und der Nachtigallen, Stadt der Poesie und der Dichtung: Das sind die Beinamen der Stadt Shiraz, die am Fuße des Zagros-Gebirges auf 1.540 Meter liegt. Das klingt einfach umwerfend, zumindest für mich. Zahlreiche, gepflegte Gartenanlagen soll es in der sehenswertesten Stadt Irans geben und die Gräber von zwei der berühmtesten, klassischen Dichter, Sa'di und Hafis, die zu richtigen Pilger- und Ausflugszielen der Shirazis geworden sind.

In einem noblen und ruhigen Stadtviertel im Nordwesten finden wir einen guten Nächtigungsplatz. Ein Bus bringt uns von dort ins Stadtzentrum, wo wir planlos herumspazieren. Wir besuchen den Basar, gehen an der Stadtfestung mit dem schiefen Eckturm vorbei, stärken uns mit Ash, einer köstlichen, dicken Gemüsesuppe mit Nudeln und verbringen 2 Stunden in einem Internetcafé. Das reicht uns für heute. Auf dem Weg zur Bushaltestelle kommen wir bei vielen Friseurläden vorbei, alle ausschließlich für Männer. Plötzlich hören wir einen Mann hinter uns schreien: „Mister, Mister!" Wir drehen uns um und sehen einen Friseur auf uns zulaufen, Kamm und Schere hat er in der Hand. Als er uns eingeholt hat, macht er ein eindeutiges Zeichen mit der Schere und zeigt auf Peters Kopf. Peters Haare sind wirklich schon lang und etwas struppig, aber dass ihm deswegen gleich der Friseur nachläuft, damit hat er nicht gerechnet.

Schwere Regentropfen prasseln auf unseren Lkw, während wir noch gemütlich im Bett liegen. Herrlich, bei so einem Wetter können wir getrost noch ein bisschen schlafen. Nach einem ausgedehnten Frühstück schüttet es immer noch. Pech für mich, denn heute wollten wir uns die schönsten Parkanlagen und die Dichtergräber ansehen. Dann verschieben wir es eben auf morgen. Eine große Schlechtwetterfront liegt über Shiraz, die Wetterprognose verspricht die nächsten Tage Regen, Regen und noch mehr Regen. Wir beschließen also, weiterzureisen. Ich tröste mich mit dem Gedanken, dass jetzt im Jänner ohnehin keine Blütenpracht in den Gärten vorhanden ist.

Der Niederschlag verfolgt uns auch noch am nächsten Tag. Also legen wir einen Fahrtag ein, über Firuzabad geht es Richtung Lar, in den Südosten Irans. Es ist höchste Zeit, wieder einmal Diesel zu tanken. Wir versuchen unser Glück an der nächsten Tankstelle, vielleicht ist uns der Tankwart gnädig und verkauft uns Treibstoff ohne Bezugskarte. Wir haben gar keine Chance, ihn zu fragen, denn der Lkw-Chauffeur neben uns bietet uns sofort seine Hilfe an. Wir haben keine gemeinsame Sprache, aber die Zahlen können wir schon lesen und auch schreiben. Mohammed verkauft uns fast 400 Liter Diesel zu einem fairen Preis, bei dem ihm auch noch etwas übrig bleibt. Umgerechnet bezahlen wir für einen Liter 0,17 Euro. Mohammed ist nicht alleine unterwegs, seine Frau, Fatima, begleitet ihn. Sie ist mir von Anfang an sympathisch, eine aufgeweckte, lustige, junge Frau. Sie laden uns auf eine Tasse Tee ein, Fatima hat eine große Thermoskanne mit dabei und natürlich Süßigkeiten. Vielen Dank, ihr beiden!

Auf dem Weg zum Persischen Golf sehen wir viele ungewöhnliche Gütertransporte. Es sind Schwertransporter mit Wohnmöglichkeit, auf der Ladefläche steht ein kleiner Container – quasi ein iranisches Wohnmobil. Auf den Anhängern befinden sich gebrauchte Gastanks aus China, die von Bandar Abbas Richtung Mashhad transportiert werden. Das alleine wäre ja nicht ungewöhnlich, aber jetzt kommt's: Die Tanks haben einen Durchmesser von 10 Metern! Die Gesamthöhe der Schwertransporter beträgt 12 Meter. Ein Fahrzeug fährt immer voraus, um die zu niedrigen Stromleitungen entweder zu heben oder zu entfernen. Das alles erfahren wir von den Chauffeuren, die am Straßenrand die Hydraulik eines liegengebliebenen Lkw reparieren. Peter ist sofort mit Werkzeug und Kabelbindern zur Stelle. Das freut die Fahrer sehr, wir werden nach geglückter Reparatur gleich zum Tee eingeladen und ich bekomme ein Päckchen Safran als Geschenk. Neugierig inspizieren die Männer unseren Lkw, sie sind überrascht, in welch gutem Zustand er ist und begeistert von unserem Wohnaufbau, der doch etwas luxuriöser ist als ihr Container.

Langsam verlieren wir an Höhe, die Straße geht stetig sanft bergab. Das Klima verändert sich, die Temperatur steigt und somit können wir die Wollwesten nun endlich beiseite legen. Auch der Niederschlag hat aufgehört. Die Landschaft ist karg, trocken, die Berge stark zerklüftet. Plötzlich sehen wir erste Dattelgärten. Jetzt kann es ja nicht mehr weit sein zum Persisch-Arabischen Golf. Unser Ziel ist die Stadt Bandar Abbas, von wo wir mit einem Schiff auf die Arabische Halbinsel übersetzen wollen.

In den 1960er-Jahren wurde in Bandar Abbas ein moderner Hafen gebaut, der schnell zu einem wichtigen Umschlagplatz für Erz aus der Region wurde. Zudem befindet sich das Hauptquartier der iranischen Marine hier. Ansonsten hat die Stadt nicht viel zu bieten, steht in unserem Reiseführer. Peter ist anderer Meinung. Seine Augen werden immer größer, je näher wir an die Stadt herankommen. Es herrscht reger Güterverkehr auf der Strecke vom Hafen Richtung Innenstadt. Die vierspurige Straße, die parallel zur Küste verläuft, ist von Müll und Lkw in allen erdenklichen Zuständen gesäumt. Für mich sieht es aus wie ein riesengroßer Schrottplatz. Für Peter ist es ein einziger Spielplatz, dessen Koordinaten er in seinem Kopf bereits abgespeichert hat.

Zuerst müssen wir das Büro der Schifffahrtslinie „Valfajr 8" suchen und uns erkundigen, wann die Fähre nach Sharjah ablegt. Als wir das Büro, das sich am westlichen Stadtrand befindet, entdeckt haben, hat es schon geschlossen. Ganz in der Nähe befindet sich ein Vergnügungspark mit Blick aufs Meer, ein Fitnessparcours, ein Beachvolleyballplatz, viele Picknickplätze und sogar ein Sanitärblock. Und ein Parkplatz für unseren Lkw. Perfekt! Am Beachvolleyballplatz herrscht Hochbetrieb, beide Plätze sind voll besetzt. Was das Alter betrifft, sind die Mannschaften durchmischt. Männer von 15 bis geschätzten 65 sind im Einsatz, die meisten in kurzen Hosen und T-Shirts. Ein Damenteam gibt es nicht.

Langsam wird es dunkel, immer mehr Familien strömen zum Vergnügungspark. Dort gibt es eine Hüpfburg mit Rutsche, ein Karussell mit Hubschraubern und eine Art Liliputbahn. Die Wägen sind kleine Schiffe aus buntem Kunststoff, verziert mit Seeräubern, Schwertern, Ankern, Fischen, Seesternen und Enten. Theoretisch haben zwei Kinder darin Platz, aber jedes will sein eigenes Schiff. Die Bahn beginnt zu rollen und die Kinder haben großen Spaß daran, am Steuerrad zu drehen und zu hupen. Sogar Musik ertönt. Sie kommt uns bekannt vor. Als wir genauer hinhören, erkennen wir die Melodie von „Oh du lieber Augustin".

Am Kiosk kaufen wir uns etwas zu trinken und schlendern weiter zum Fitnessparcours. Zehn massive Geräte aus Eisen sind hier kreisförmig aufgebaut. Alle gelbrot bemalt und schon etwas verrostet – kein Wunder bei der permanenten Meeresbrise. Auch hier sind nur Männer am Trainieren. Es gibt eine Art Rudergerät, einen kleinen Barren, eine Beinpresse, große Räder, an denen man drehen und somit den Oberkörper kräftigen kann und noch vieles mehr. Solche Fitnessparcours sind uns in allen iranischen Städten aufgefallen, aber erst hier in Bandar Abbas sehen wir, dass sie von den Einheimischen angenommen werden. Als die letzten nach Hause gegangen sind, versuchen auch Peter und ich die Übungen. Wir haben jede Menge Spaß dabei und kommen ordentlich ins Schwitzen.

Am nächsten Morgen bin ich früh wach. Ich schaue aus dem Fenster, das Richtung Parcours zeigt, und sehe, dass schon viele trainieren. Es sind lauter Frauen! In bunte, übergroße Kopftücher gehüllt wechseln sie von Gerät zu Gerät und trainieren wirklich hart. Es freut mich sehr, dass auch Frauen dieses Angebot nutzen (dürfen).

Um 8 Uhr sind wir im Büro von „Valfajr 8", oder besser gesagt im ersten Büro. Leider kann hier niemand Englisch. Schließlich landen wir beim Leiter dieses Büros, der sich viel Zeit für uns nimmt und noch mehr Fragen stellt. Zu viele Fragen für meinen Geschmack. Wir bleiben sachlich und freundlich, erfahren schließlich, dass die Fähre zweimal die Woche von Bandar Abbas ablegt, am Samstag und am Montag. Heute ist Donnerstag, also haben wir noch 2 Tage Zeit. Das Ticket für unseren Lkw kostet 800 Dollar, für uns jeweils 60 Dollar. Bezahlen muss man allerdings in der Landeswährung Rial. So viel Geld haben wir nicht mehr, also müssen wir zuerst wechseln. Wir wissen, dass man in einer Bank einen viel schlechteren Kurs bekommt, fragen aber trotzdem nach. Der nette Angestellte teilt uns den Kurs mit, der wirklich extrem niedrig ist und meint in einem Atemzug, dass wir besser „woanders" unser Geld tauschen sollten. Haha! Ich stelle mir gerade vor, dass mir in Österreich ein Bankangestellter diesen Tipp gibt.

Wie in jeder Stadt gehen wir in den Basar und suchen die Juweliergeschäfte, denn bisher haben wir dort immer problemlos Geld gewechselt. Normalerweise gibt es in jedem Basar mindestens eine Gasse, wo man ausschließlich Juweliere findet. Nicht so in Bandar Abbas. Als wir endlich einen Juwelierladen betreten und unser Anliegen vortragen, stoßen wir auf taube Ohren. Komisch, das gibt es doch nicht. Der Besitzer verweist uns auf ein anderes Geschäft, aber auch dort haben wir Pech. Es ist wie verhext, niemand hier will unsere Dollar! Den halben Tag verbringen wir am Basar mit dem Versuch, Geld zu wechseln. Leider vergeblich. Morgen ist Freitag, also ein Feiertag (wie in Europa der Sonntag), da hat alles geschlossen. Uns bleibt also nichts anderes übrig, als die Dollar in der Bank zu tauschen. Das schmerzt. Kurz vor Geschäftsschluss erreichen wir das Valfajr-Büro und bezahlen unsere Tickets.

Den verbleibenden Tag in Bandar Abbas verbringen wir auf der Straße zwischen Hafen und Innenstadt. Peter ist in seinem Element. Die Straße ist gesäumt von Lkw, Werkstätten und Ersatzteilen. Es sind vorwiegend alte, amerikanische Fahrzeuge aus den 1950er- bis 1970er-Jahren. Sie stammen noch aus der Regierungszeit des Schahs, der rege Handelsbeziehungen mit den USA unterhielt. Als Khomeini an die Macht kam, war das alles Geschichte. In Iran fahren hauptsächlich Lkw der Marken Mack, International, White und natürlich Volvo und Mercedes. Letztere werden in Teheran unter Lizenz von der Firma IRAN Khodro hergestellt. In Iran kann man einen Rundhauber, wie unseren, sogar neu kaufen! Das machen wir aber nicht, Peter begnügt sich mit Kleinteilen für August, Motor- und Getriebeöl und Schmierfett. Ich nutze die Zeit zum Lesen, habe mich für einen dicken Schmöker entschieden, denn ich vermute, dass Peter länger unterwegs sein wird. Wie recht ich doch hatte! Stunden später kommt er zurück, aber nur, um die Einkäufe abzuliefern, und schwirrt nochmals mit der Kamera aus. Es ist bereits früher Abend, als mein Chauffeur endlich zurückkehrt. Mit vielen Geschichten und noch mehr Fotos, die ich mir alle sofort ansehen muss. Was darauf zu sehen ist? Lkw. Rostige, verbeulte, ausgeschlachtete. Reifen ohne Profil, dafür mit freier Sicht auf das Gewebe, fehlende Seitenscheiben, die durch Styroporplatten ersetzt worden sind, alte Wracks, die auf ölgetränktem Boden parken. Soll ich noch mehr aufzählen?

Am Abend parken wir wieder beim Vergnügungspark, nehmen unsere Picknickdecke und Kühltasche und tun es den Iranern gleich: Wir machen es uns auf dem Grünstreifen im Schatten der Bäume gemütlich. Keine 10 Minuten später werden schon die Kinder von nebenan mit Datteln, Kuchen, Nüssen und Obst zu uns geschickt. Es ist nicht nur eine nette Geste, sondern auch eine Anbahnung zum Kennenlernen. Kurz darauf sitze ich schon inmitten von Frauen am Teppich nebenan, um mehr Tee zu schlürfen und von mir und Österreich zu erzählen. Anders als im Norden sind die Frauen hier fast alle in bunte, dünne Tücher gehüllt. Die Farbe Schwarz sieht man nicht allzu oft. Die Atmosphäre ist so entspannt, ich fühle mich richtig wohl. Nachdem Wochenende ist, ist ein Großteil der Einheimischen auf den Beinen. Die Iraner lieben es, zu picknicken und zu grillen. Und die jungen Männer haben ein Faible für Autos. Am Strand wimmelt es von Fahrzeugen, die bei Ebbe den Strand auf und ab fahren, um möglichst viel Aufmerksamkeit zu erregen. Beim Strandspaziergang oder Drachensteigen muss man schon aufpassen, damit man nicht überfahren wird. Wir schlendern Richtung Stadt und beobachten das Treiben. Für den Rückweg nehmen wir eine kleine Parallelstraße zum Strand, denn hier herrscht bei Weitem weniger Verkehr. Ständig werden Kisten und Schachteln in die kleinen Geschäfte getragen und das, obwohl heute Freitag ist. Wir wollen uns etwas zu trinken kaufen und sogleich bietet man uns Bier an. Jetzt dämmert es uns und wir ahnen, was alles in den Kisten verstaut ist. Die Entfernung zwischen Iran und der Arabischen Halbinsel beträgt weniger als 100 Kilometer, das ist auch für kleine Boote kein Hindernis. Wir entscheiden uns für eine Flasche Wasser und kaufen uns noch dazu jeder ein Eis.

Um 8 Uhr am Morgen sind wir – wie bestellt – im Hafen von Bandar Abbas. Uns wurde mitgeteilt, dass der Zoll um 14 Uhr schließe und wir zeitig in der Früh da sein sollen, damit sich alles ausgeht. Obwohl wir die Fährtickets für uns und August schon am Vortag gekauft haben, dauern die Ausreiseformalitäten trotzdem bis 13:30 Uhr. Wir bekommen einen Parkplatz zugewiesen und dann heißt es nur noch warten. Geplante Abfahrt ist 21 Uhr.

Wir sind die einzigen Reisenden, außer unserem Fahrzeug ist noch ein Omani mit einem Pkw vor Ort. Erst um 20 Uhr dürfen wir an Bord. Bis dahin vertreiben wir die Zeit mit Essen, Tee trinken, Lesen, Karten spielen und ich schneide Peter endlich die Haare. Im Schatten von August nimmt er auf dem Campingsessel Platz, ich lege ein Handtuch um seine Schultern und beginne mein Werk. Ein Iraner bleibt im Vorbeigehen stehen und sagt anerkennend zu Peter, was ich nicht für eine brave Ehefrau sei. Ja, da hat Peter wirklich Glück!

Neben unserem Fährschiff liegt ein weiteres, kleineres Frachtschiff im Hafen. Seit geraumer Zeit wird es beladen – mit Tonnen von Wassermelonen. Und das geschieht händisch!

Da wir nicht wissen, was auf der Fähre auf uns zukommt, rüsten wir uns voll aus mit Isomatten, Decken, Stirnlampen und Essen. Endlich dürfen wir August an Bord bringen, sperren alles zu und gehen an Deck. Im Inneren sind viele Sesselreihen aufgestellt, in drei Sektionen aufgeteilt. Es herrscht freie Sitzplatzwahl, Peter und ich setzen uns in eine freie Reihe. Insgesamt sind zehn Plastikstühle in einer Reihe. Bald gesellen sich mehr Leute dazu, aber insgesamt ist genügend Platz. Es war bereits ein langer Tag. Um 22 Uhr legt die Fähre ab, eine halbe Stunde später bekommen wir das Abendessen serviert. Huhn mit Reis, Joghurt, Fladenbrot und Wasser. Es ist genauso wie im Flugzeug. Der Steward ist ein stattlicher, älterer Herr, der die Lage voll im Griff hat und sich souverän gegen aufbrausende Jugendliche durchsetzt. Er strahlt Autorität und Würde aus und ist außerdem sehr zuvorkommend, charmant und unglaublich nett. Er organisiert uns eine ganze Sesselreihe, wir rollen unsere Matten und Schlafsäcke darauf aus und schlafen wenig später ein. Obwohl es ein anstrengender Tag war, falle ich nur in einen leichten Schlaf. Ich träume von Iran. Von dem Land, das so viel zu bieten hat, landschaftlich und kulturell. Die Moscheen, Paläste, Badehäuser, Basare, Windtürme, antiken Ausgrabungen und Karawansereien schwirren mir im Kopf herum. Und die Perser. Noch nie haben wir solch eine Gastfreundlichkeit erfahren. Überall wurden wir begrüßt, willkommen geheißen, eingeladen und beschenkt.

Die Gastfreundschaft und Hilfsbereitschaft in Iran kennen wirklich keine Grenzen. Viele Einladungen zum Tee mussten wir ausschlagen, sonst wären wir jetzt immer noch dort. „Willkommen in Iran!", riefen uns viele zu. Es war nicht nur eine Floskel, sondern wirklich ernst gemeint. Wir fühlten uns äußerst wohl in diesem interessanten Land mit dem oft zu Unrecht negativen Image. Es waren vor allem die liebenswürdigen Menschen, die unser Herz berührt und unser Leben bereichert haben.

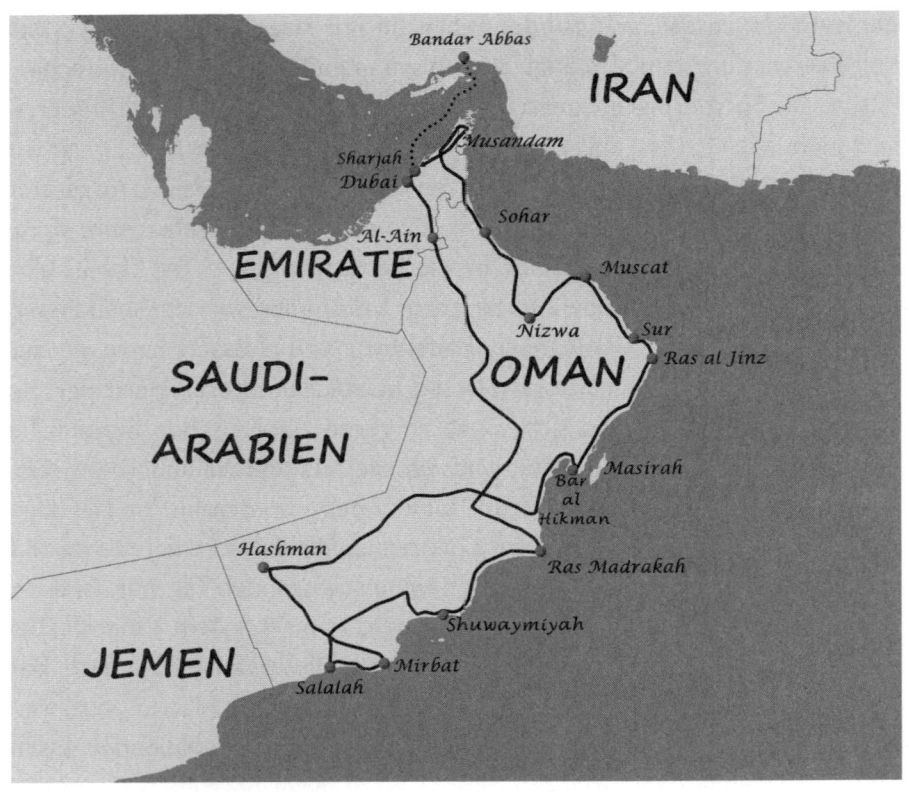

VEREINIGTE ARABISCHE EMIRATE
Wie viel ist genug?

Als es dämmert, werden wir an Bord der „Iran Hormuz 14" wach, kurz darauf wird schon das Frühstück serviert. Die Besatzung ist wirklich auf Zack. Danach gehen wir an Deck und sehen Möwen über uns. Land kann also nicht mehr weit entfernt sein. Von Bandar Abbas bis in das Emirat Sharjah sind es auf dem Seeweg etwa 350 Kilometer, die Überfahrt dauert zwischen 8 und 10 Stunden. Wir müssen durch das wichtigste Nadelöhr der Golfregion: Die Straße von Hormuz. An der schmalsten Stelle ist sie nur 55 Kilometer breit. Sie ist die wichtigste und meistbefahrene Tankerstraße der Welt. Jeder, der am Seeweg zu den Ölhäfen von Kuwait, Bahrain, Katar, Irak, Iran und den Vereinigten Arabischen Emiraten möchte, muss hier durch. Ein Viertel der globalen Ölversorgung wird über diese Meerenge verschifft.

Um etwa 6 Uhr früh taucht die erste Skyline in der Ferne auf. Es ist Dubai, wie wir später erfahren. Peter kommt mit dem Autofahrer aus Oman ins Reden und erfährt zufällig, dass man die Verschiffung auch im Nachhinein in Sharjah, also bei der Ankunft, bezahlen kann. Allerdings nur in Dirham, doch ein Bankomat sei vor Ort. Unglaublich! Wie viel Geld hätten wir uns gespart! Aber es ist zu spät, ärgern ist umsonst. Doch das ist einfach gesagt.

Das Fährschiff legt in Sharjah an, wir bedanken uns herzlich bei der Besatzung. Der ältere Steward lächelt mich an und sagt mir mit einer Handbewegung, dass ich nun endlich mein Kopftuch abnehmen könne. Wir dürfen August an Land fahren und abstellen. Danach müssen wir ins Einreisebüro und warten dort gute 2 Stunden. Warum? Das weiß keiner. Warten, Taschenkontrolle, warten, umsetzen und nochmals warten. Schließlich bekommen wir den Einreisestempel in unsere Pässe gedrückt.

Wir sind auf der Suche nach dem Agenten der Schifffahrtslinie, der unser Carnet de Passage, also das Zolldokument unseres Lkw, bereits hat. Alles ist verwirrend und undurchsichtig. Mal ist der zuständige Beamte nicht da, dann ist Mittagspause und die Gebetszeiten werden auch brav eingehalten. Endlich haben wir den zuständigen Mann gefunden. Ich gebe auf, gehe zurück zu August, ich kann Peter ohnehin nicht helfen. Stunden vergehen. Ich beobachte das Geschehen vom Fenster aus, bin zu müde, um irgendetwas Nützliches zu tun. Kann weder schlafen noch lesen. Ich raffe mich auf und beginne zu kochen. Peter wird sicher hungrig sein, wenn er zurückkommt. Ich bereite einen Nudelsalat mit Gemüse und Thunfisch zu. Peter ist immer noch nicht da. Kurz vor 17 Uhr, also fast 9 Stunden nachdem wir Sharjah erreicht haben, kommt Peter zurück, erledigt und mit höllischen Kopfschmerzen. Er legt sich sofort hin. Ich weiß nicht, was alles passiert ist, nur einer Sache bin ich mir sicher, nachdem ich die Formulare durchgesehen habe: Der Einfallsreichtum der Beamten, was die Benennung der

Gebühren anbelangt, ist grenzenlos. Nachdem Peter einen Liter Wasser runter gestürzt und lustlos im Nudelsalat gestochert hat, schläft er sofort ein. Hoffentlich träumt er nicht von diesen präpotenten, stinkfaulen und ziemlich geschäftstüchtigen Arabern.

Ob ich will oder nicht, nach 2 Stunden muss ich Peter aufwecken, denn wir müssen das Hafengelände verlassen, sofern wir nicht weitere Gebühren bezahlen wollen. Armer Peter, sein Kopf dröhnt immer noch. Tapfer startet er unseren August. Wir haben keine Ahnung, wo wir hinfahren sollen. Alles was wir wissen, ist, dass wir schlafen wollen. Bald, sehr bald, besser noch: Sofort! Wir nehmen den erstbesten Parkplatz und eine Schmerztablette. Erschöpft fallen wir ins Bett und bald in einen unruhigen Schlaf.

Am nächsten Tag schauen wir immer noch wie gerädert aus. Unser heutiges Tagesziel ist es, einen halbwegs ruhigen Schlafplatz zu finden. Ich habe gar keine Lust, nach Dubai, Abu Dhabi oder wie die Emirate sonst noch heißen mögen, zu fahren. Viele Leute, viel Verkehr, viele Hochhäuser und unzählige Einkaufstempel – so stelle ich mir das vor. Am liebsten möchte ich dorthin, wo niemand ist. Ruhe, Stille, Einsamkeit, das ist es, was ich mir wünsche.

Aber wo sollen wir denn hin? Das Emirat Sharjah ist mit fast einer Million Einwohnern das drittgrößte der insgesamt sieben Scheichtümer der Vereinigten Arabischen Emirate und zugleich auch das konservativste und sittenstrengste. Es gibt einige Anstandsregeln, die man befolgen muss, z. B. jene, sich nicht allzu freizügig zu kleiden, d. h., Knie und Schultern müssen bedeckt sein. Es herrscht Rauchverbot an allen öffentlichen Plätzen und der Genuss und Verkauf von Alkohol ist strengstens untersagt. Klingt nicht gerade einladend.

Sharjah-Stadt liegt 10 Kilometer nordöstlich von Dubai. Die Skyline haben wir schon vom Fährschiff aus gesehen. Irgendwo am Strand werden wir wohl einen Parkplatz finden. Die schnellste Verbindung zwischen Sharjah und Dubai ist eine vierspurige, begrünte Stadtautobahn, doch hier muss man Maut zahlen. Die Straße kann jedoch auch umfahren werden, das machen wir gerne. Auf der Karte sehen wir, dass sich südlich vom Stadtzentrum Dubais ein öffentlicher Strand befindet, also nichts wie hin. Die

Straßen sind in einem Top-Zustand, alles ist sauber, modern, kosmopolitisch. Hotelanlagen reihen sich neben Einkaufszentren und vielgeschossigen Wohnhausanlagen. Und überall wird gebaut! Alles ist so anders als in Iran. Wir parken am Jumeirah Public Beach mit Blick aufs Meer. Optimal ist der Platz für uns nicht, denn August steht neben der Straße, aber es gibt Toiletten, Duschen und Wasserhähne.

Der Sandstrand ist gepflegt, zwischen Gehsteig und Meer wurden eine schmale, asphaltierte Straße für Inlineskater und Radfahrer gebaut und daneben eine eigene Laufbahn mit spezieller Beschichtung, damit die Gelenke geschont werden. In regelmäßigen Abständen stehen die Aussichtstürme der Rettungsschwimmer und die Dichte der aufgestellten Abfallkübel ist enorm.

Im Volksmund wird der Jumeirah Public Beach „Russenstrand" genannt. Viele Touristen, deren Hotel keinen Strandzugang hat, kommen hierher und ein Großteil kommt eben aus Russland.

Nach einem Monat in Iran sind die Emirate für uns der blanke Wahnsinn. Alles dreht sich ums Geld und Einkaufen. Der Kontrast zwischen den spärlich bekleideten Touristinnen und den verschleierten Araberinnen ist extrem. Dubai ist das liberalste Emirat und setzt neben dem Handel, der Bauindustrie und dem Immobiliengeschäft auch auf Tourismus. Im Jahr 2014 hießen die Hotels in Dubai mehr als 11,6 Millionen Gäste willkommen. Bis 2020 möchte das Emirat über 20 Millionen Besucher pro Jahr in Dubai begrüßen. Mit den Besucherzahlen wird natürlich auch das Angebot an Unterkünften ständig erweitert. Der Bauboom lässt nicht nach. Ständig werden neue Projekte vorgestellt, ein futuristisches Großprojekt jagt das nächste. Es ist ein Land der Superlative, ständig geht es darum, anderes zu übertrumpfen. Was die Natur nicht bietet, wird künstlich geschaffen. Gigantismus ist die passende Beschreibung für dieses Phänomen, die Devise lautet: Je größer, desto besser!

Neues Land wird geschaffen, indem man künstliche Inseln in fantasievoller Form an der Küste aufschüttet. Der technische Aufwand dafür ist enorm, der Eingriff in die Natur immens. Die ursprüngliche Küstenlinie Dubais hat sich dadurch von rund 60 Kilometer auf ein Vielfaches verlängert. Auf diesen neu entstandenen Inseln, oft in Palmenform, befinden sich nicht nur Luxushotels, Vergnügungs- und Wasserparks, sondern auch Appartement-hochhäuser, Villen, Bürogebäude, Kultur- und Sportstätten und natürlich Einkaufseinrichtungen. Mir drängen sich die Fragen auf: „Wer braucht das alles?" und „Wie viel ist genug?" Die Emiratis scheinen sich darüber nicht den Kopf zu zerbrechen, denn ständig werden neue Projekte vorgestellt, wie z. B. das Royal Atlantis Resort oder das Einkaufszentrum „Mall of the World".

Das Royal Atlantis Hotel entsteht auf der Insel „Palm Jumeirah" und wird über 46 Stockwerke haben. In dem Gebäude entstehen 800 neue Suiten und Zimmer sowie 250 luxuriöse Appartements und ein Skypool. Dieser wird in einer Höhe von 90 Metern über der Palmeninsel liegen und einen großartigen Blick auf die Skyline Dubais bieten. Voraussichtlich wird das Luxushotel 2019 fertiggestellt werden, die Investition beträgt rund eine Milliarde Euro!

In Dubai wird aber auch das größte Einkaufszentrum der Welt gebaut. Die „Mall of the World" soll 740.000 m² umfassen. Ein gigantisches Einkaufs-zentrum inklusive 100 Hotels und Appartements sowie einem Indoor-Frei-zeitpark. Innerhalb der „Stadt in der Stadt" wird es Verkehrsstraßen und Fußgänger-Promenaden geben. Die 7 Kilometer lange Einkaufsmeile soll in den heißen Sommermonaten mit einem Glasdach geschlossen werden, um ein angenehm kühles Shopping-Erlebnis zu garantieren. Im Winter hingegen sorgt frische Luft für den perfekten Einkaufsbummel. Was soll man dazu noch sagen? Mir fällt ein Zitat des indischen Literaturnobelpreisträgers Rabindranath Tagore ein, welches lautet: „Am reichsten sind die Menschen, die auf das Meiste verzichten können".

Die Skyline, die sich einem vom Jumeirah Beach aus bietet, ist beeindruckend. Speziell im Abendlicht glitzern und funkeln die Wolkenkratzer, die untergehende Sonne taucht sie in ein warmes Licht, während der Strand in sanftem Orange schimmert. Hinter einer Reihe von zweigeschossigen Strandvillen erheben sich die höchsten Gebäude Dubais, allen voran der Burj Khalifa, mit 828 Metern das höchste Gebäude der Welt.

Doch wer baut diese ganzen Anlagen? Vorwiegend Gastarbeiter. Drei Viertel der Bevölkerung der Emirate sind Ausländer. Inder und Pakistani leisten in der Regel körperliche Arbeit. Das Hotel- und Hauspersonal kommt aus Thailand oder von den Philippinen. Jeder wohlhabende emiratische Haushalt hat zumindest ein Dienstmädchen, einen Gärtner, einen Koch und einen Chauffeur angestellt. Kein Emirati würde solch einen Job annehmen.

In der Ölindustrie sind aufgrund ihrer Erfahrung viele Iraker und Algerier angestellt. In der Verwaltung und im Bildungssektor sind vorwiegend Ägypter, Palästinenser, Syrer und Jordanier tätig. In beratenden Funktionen und im Bankenwesen arbeiten oft Europäer und Amerikaner. Ohne diesen zahlreichen Gastarbeitern wären die rasche Entwicklung und der rasante wirtschaftliche Aufschwung der Emirate in dieser kurzen Zeit nie möglich gewesen.

Während die Gastarbeiter aus Asien und dem Orient relativ wenig verdienen und das Luxusleben und den Konsumrausch der Emirate nur am Rande verfolgen, so leben die Expats (Fachkräfte, die von dem international tätigen Unternehmen, bei dem sie beschäftigt sind, vorübergehend ins Ausland entsandt werden) hier auf hohem Niveau.

In Dubai treffen wir meinen guten Bekannten und ehemaligen Arbeitskollegen. Omid wechselte als Pilot von Austrian zu Emirates. Dubai ist also seine neue Heimat geworden. Wir haben uns mehrere Jahre nicht gesehen und verabreden uns abends in einem Pub im Festival Centre, wo wir gemütlich ein Bier trinken. Richtig glücklich ist er in Dubai nicht, Omid pendelt zwischen Österreich und Dubai, so oft es möglich ist. Ich kann ihn verstehen. Aber der Verdienst ist eben verlockend. Um nichts in der Welt möchte ich mit ihm tauschen, niemals würde ich in den Emiraten leben wollen. Mal sehen, wie lange Omid noch hier bleiben wird.

Wir sind natürlich mit unserem Lkw zum Treffen gekommen und schlafen auch gleich hier am Parkplatz, denn ansonsten hätte Peter den witzigen Abend bei Tee oder Mineralwasser verbringen müssen. Der Verkehr ist enorm in Dubai, dementsprechend laut ist es und dementsprechend kurz unser Schlaf. Da fahren wir doch lieber noch einmal zurück an den Jumeirah Public Beach.

Der Sanitärblock liegt nur ein paar Schritte von unserem Lkw entfernt. Die Toiletten sind äußerst sauber und gut frequentiert. Duschen gibt es hier keine, die sind nämlich am Strand aufgestellt. Dort ist ein Hinweisschild angebracht, man möge bitte kein Shampoo oder Duschgel verwenden. Eine tolle Einrichtung für Touristen, die sich nach dem Schwimmen ausgiebig Salz und Sand von der Haut waschen können.

Im Wüstenstaat ist Wasser ein überaus wichtiges Lebenselixier. Obwohl die Emirate zu den Ländern mit den knappsten Wasserressourcen auf der Erde zählen, haben sie den weltweit höchsten Wasserverbrauch pro Einwohner: Stolze 550 Liter pro Person und Tag. Im Vergleich dazu verbraucht der Österreicher pro Tag rund 130 Liter und liegt damit im EU-Durchschnitt. Am sparsamsten in Europa sind die Franzosen mit 112 Liter. Vergleicht man diese Werte allerdings mit dem Verbrauch pro Kopf in Indien, so ist er dennoch sehr hoch, denn der durchschnittliche Inder verbraucht 25 Liter pro Tag.

Der hohe Wasserverbrauch in Dubai entfällt in erster Linie auf die Großindustrie und Hotellerie. Weniger als ein Viertel wird von Privathaushalten verbraucht. Das Wasser und Trinkwasser der Emirate kommt zum größten Teil aus Meerwasserentsalzungs- bzw. Wasserdestillationsanlagen und nur zu etwa 30 % aus dem Grundwasser.

Wir haben in unserem Fahrzeug einen Wassertank mit einem Volumen von 270 Liter, das Wasser wird in einem Grobfilter gereinigt, bevor es in den Tank gelangt, anschließend mit Silberionen (oder auch Chlor) versetzt und, wenn wir es als Trinkwasser benutzen, noch über einen Aktiv-Kohle-Filter geleitet. Zusätzlich ist am Dach des Führerhauses noch ein Kunststofftank mit 80 Liter ungefiltertem Wasser untergebracht. Dieses Wasser benutzen wir zum Händewaschen oder für eine Außendusche. Üblicherweise reichen die Wasservorräte für knappe 14 Tage, wobei wir sehr achtsam damit umgehen.

An der Außenseite der WC-Anlage am Jumeirah Beach sind einige Wasserhähne angebracht. Das trifft sich gut, denn ich muss Wäsche waschen. Ich schnappe mir einen Plastikeimer und einen Faltkübel, hole damit Wasser und stelle die beiden auf die etwa kniehohe Mauer, die den Gehsteig vom

Strand trennt. Daneben türmt sich die Schmutzwäsche, ich werde wohl den ganzen Tag zu tun haben. Die Temperaturen sind angenehm warm, eine kurze Hose und ein dünner Pullover genügen. Und noch etwas ist positiv: Ich brauche kein Kopftuch mehr zu tragen!

Die meisten Urlauber, die am Strand promenieren, ignorieren mich oder schauen mich nur entgeistert an. Aber einer kommt tatsächlich zu mir und fragt, ob er mich fotografieren darf. In einem mir sehr bekannten Dialekt sagt er, dass er schon lange keine Frau so die Wäsche waschen gesehen hätte. Der Mann wohnt in Purkersdorf, also 20 Kilometer von unserem Heimatort Neulengbach entfernt.

Auch das Bettzeug wasche ich, jetzt muss ich mir aber überlegen, wo ich die viele Wäsche zum Trocknen aufhänge. Praktisch, dass die Straße von Palmen gesäumt ist, so spanne ich dazwischen gleich unsere Wäscheleine. Nachdem es am Meer immer etwas windig ist, wird alles bald trocken sein. Keine 10 Minuten später fährt ein Auto der Stadtverwaltung vorbei und legt auf Höhe unseres Lkw fast eine Vollbremsung ein. Der Fahrer starrt ungläubig auf die Wäscheleine, schnauzt mich an und befiehlt mir, die Leine sofort abzunehmen. Dann muss eben August herhalten, schnell ist die Leine an der Markise fixiert und jeder ist zufrieden.

Unser Lkw, August der Reisewagen, parkt hier wirklich werbewirksam. Viele Menschen kommen hierher, um Sport zu treiben, um zu spazieren oder auch einfach nur, um aufs Meer hinauszublicken. August passt so gar nicht hierher, wirkt wie von einem anderen Planeten oder zumindest aus einer anderen Zeit. Er ist weder neu, noch technisch ausgereift oder modern und das Aussehen entspricht überhaupt nicht dem 21. Jahrhundert. Wir bekommen hier viel Besuch, von netten Philippinern, die in Dubai arbeiten, von Chinesen und zahlreichen Indern. Alle wollen wissen, wer wir sind, wohin wir reisen und vor allem, wie August im Inneren aussieht. Unzählige Fotos werden geschossen. Selbst um 4 Uhr früh hören wir den Auslöser noch klicken. Es bleibt aber nicht nur beim Fotografieren, die meisten wollen unseren Lkw auch berühren, mit den Fingern die Konturen der afrikanischen Malereien nachzeichnen, die Muscheln und Münzen, die wir auf die Motorhaube geklebt haben, angreifen und auf das Trittbrett steigen, damit sie einen Blick in das Führerhaus erhaschen können. Wir verstehen ihre Neugier durchaus, aber sie rauben uns den Schlaf. Lautstark kommentieren die Menschen unser Fahrzeug, lachen und amüsieren sich. Wenn sie auf das Trittbrett steigen, beginnt August ordentlich zu wackeln, denn er ist gut gefedert. Sie starren uns erschrocken an, als wir aus dem Fenster schauen und sie bitten, etwas leiser zu sein. Sie hatten keine Ahnung, dass wir darin schlafen.

Ein Besuch ist aber noch ausständig: Die Nachbarn meiner Eltern, Familie Lendl, sind auf Kreuzfahrt, wir haben ein Treffen im Hafen von Dubai organisiert. Das Hafengelände selbst dürfen wir nicht befahren bzw. betreten, also warten wir auf dem großen Parkplatz vor der Einfahrt. Sie tauchen allerdings nicht zum vereinbarten Zeitpunkt auf. Warten wir eben noch ein bisschen, ganz nach dem arabischen Motto: „Als Allah die Zeit schuf, schuf er sie reichlich."

Nach geraumer Zeit parkt sich ein Taxi neben uns ein. Darin sitzen Frau und Herr Lendl und ihre Freunde, die Familie Raderer. Aufgeregt plaudern sie auf uns ein, alle zur gleichen Zeit. Der Grund ihrer Verspätung war die fehlende Bereitschaft der Taxifahrer, sie nur bis zum Ausgang des Hafengeländes zu bringen. Für solch eine kurze Strecke können sie nicht viel verlangen. Es dauerte lange, bis ein Taxifahrer verstanden hat, dass die Urlauber den regulären Fahrpreis überzahlen würden.

Die Freude ist groß, bekannte Gesichter aus der Heimat wieder zu sehen und noch größer, als sie uns Geschenke überreichen. Ein riesiges Stück Speck von der Familie Lendl, Würste und Käse von meinen Eltern und zwei Flaschen Grüner Veltliner aus Niederösterreich werden von uns in Empfang genommen. Über einen handgeschriebenen Brief von meiner Mutter freue ich mich besonders.

Frau Lendl fungiert als Neulengbacher Nachrichtendienst und erzählt uns alle Neuigkeiten. Da die Weinflaschen schlauerweise in der neuesten Ausgabe der Lokalzeitung verpackt waren, können wir die Geschehnisse im Wienerwald hautnah miterleben. So genau haben wir die Niederösterreichischen Nachrichten noch nie gelesen. Tausend Dank für die Gaben! Und für den Aufwand und die Schmugglerdienste von Schweinefleisch und Alkohol! Wir beschließen, noch einen Tag in der Stadt Dubai zu bleiben, wollen uns die 13 Kilometer lange Lagune unweit des Hafens ansehen. Hier sehen wir das einzig traditionelle, alte und reale in ganz Dubai: Dhauen – die schweren, arabischen Holzboote. Bis ins 20. Jahrhundert dienten die Holzdhauen dem gesamten Warentransport am Persisch-Arabischen Golf und der Perlentaucherei. Trotz moderner Containerschiffe und Fieberglasboote werden sie aber immer noch für Seehandel und Fischfang benutzt. Sie sind liebevoll und aufwendig bemalt, geschnitzt und verziert. Die größten Dhauen sind bis zu 40 Meter lang und können 400 Tonnen Fracht transportieren.

Ein Kunststoffrohr ragt seitlich aus dem Schiffsrumpf, das sieht nach „umweltgerechter" Entsorgung der Abwässer aus. Von der Toilette kommen sie aber mit Bestimmtheit nicht, denn diese ist außerhalb des Decks angebracht. Das ist äußerst praktisch, man schlägt quasi zwei Fliegen mit einer Klatsche: Erstens verrichtet man sein Geschäft an der frischen Luft und die Fische haben auch etwas davon. Viele dieser Holzboote kommen aus Iran, Oman, Indien, Pakistan, Djibouti, Somalia und Kenia, ja sogar aus Singapur oder Sri Lanka. Oft sind die Kais so voll, dass die Boote in mehreren Reihen nebeneinander liegen. Das Be- und Entladen erfolgt meistens händisch, vorwiegend in den Morgen- oder späten Abendstunden, wenn es nicht so heiß ist. Es ist unglaublich, welche Mengen hier täglich verladen werden. Kisten, Schachteln, Paletten, Bündel und Säcke mit Waren aller Art stapeln sich am Kai und werden von den Seeleuten transportiert. Eine wahnsinnige Plackerei und Knochenarbeit, besonders bei dieser Hitze. Immer wieder mischen sich Touristen aus aller Welt gut parfümiert, in leichter Sommerbekleidung mit Markenhandtaschen und -sonnenbrillen unter die schwer arbeitenden Pakistani, Inder, Somali, Iraner und wo sie auch sonst noch überall herkommen.

Nach getaner Arbeit fahren die Boote am 13 Kilometer langen Creek wieder in den Persischen Golf hinaus, vorbei an der schnellst wachsenden Stadt der Welt. Dabei entdecken wir voll beladene Dhauen, die auch Autos oder Kleinbusse transportieren. Inmitten der vielen anderen Fracht sind sie nur schwer auszumachen. Die Besatzung klettert noch auf diesen Warenbergen herum, verstaut, schlichtet und zurrt fest. Nicht nur die gehisste Flagge der Emirate weht im Wind, sondern auch die Wäsche der Seeleute, die sie zum Trocknen an die Takelage gehängt haben. Die Dhauen scheinen aus einer anderen Zeit zu stammen, irgendwie passen sie so überhaupt nicht hierher. Sie wirken fast vorsintflutlich und winzig neben den Hochhauskomplexen, die rundherum in den Himmel ragen. Aber sie sind wunderschön.

Ein Wahrzeichen von Dubai wollen wir uns unbedingt noch ansehen: Das Luxushotel Burj al Arab in Form eines Segels, auf einer kleinen, künstlichen Insel gebaut. Das 1999 eröffnete Hotel ist mit 321,25 Metern etwas niedriger als der Eiffelturm. Die Ausstattung ist weitaus großzügiger als es für 5 Sterne erforderlich wäre. Die kleinste von insgesamt 202 Suiten misst 170 m², es gibt acht Restaurants, Aquarien mit Korallen, eine Pool-, Spa- und Fitnesslandschaft, einen Hubschrauberlandeplatz, einen Rolls Royce- und Hubschrauber-Transferservice, einen hoteleigenen Strand und, und, und. Eine Deluxe Suite für zwei Erwachsene und zwei Kinder bis 4 Jahre inklusive Frühstücksbuffet ist schon ab 1.596 Euro erhältlich. Pro Nacht versteht sich.

Wir betrachten das Luxushotel von außen, genauso wie Hunderte von Indern. Sie sind ein toller und vor allem bunter Kontrast zum Strand und zum Hotel. Die Frauen sind in farbenprächtige Saris oder Kurtas gehüllt und posieren vor dem Burj al Arab. Das türkisfarbene Meer ist aufgrund des starken Windes aufgewühlt, weiße Schaumkronen tanzen an Land und umspülen die bunte Menschenschar. Wir sind glücklich, unseren Reisewagen zu haben, der zwar weder über ein Schwimmbad, noch ein Restaurant oder Aquarium verfügt, aber dennoch alles hat, was wir brauchen. Ein absoluter Luxus für uns!

Historische Gebäude und die traditionelle Kultur finden wir in Dubai kaum mehr vor. Alles Alte wurde durch neue, überdimensionale Prachtbauten ersetzt. Die Urlauber kommen in erster Linie wegen des Klimas, den Luxushotels und Einkaufstempeln. Was machen wir also noch hier? Nach 5 Tagen haben wir genug von Dubai, wir wollen aufs Land, brauchen Ruhe und Entspannung.

Die Straßen sind in bestem Zustand, die Beschilderung ist fast immer zweisprachig, in Arabisch und Englisch. Für uns also kein Problem, die Stadt zu verlassen und Richtung Süden zu fahren. Unser Ziel ist Oman, doch an der Grenze kommen wir in die Oasenstadt Al-Ain, die zum Emirat Abu Dhabi gehört und am Fuße der Hajar-Berge am Rand von ausgedehnten Sanddünen liegt. Hier gefällt es uns, obwohl es mit 350.000 Einwohnern die zweitgrößte Stadt von Abu Dhabi ist. Es ist ein gepflegter Ort mit begrünten Straßen und modernen Häusern, allerdings keine Hochhäuser. Was uns anzieht, das sind die großen Palmenhaine. Al-Ain bedeutet „die Quelle", es gibt hier genügend Grundwasser und deshalb ist es auch das fruchtbarste Gebiet des Emirates Abu Dhabi. Die Bewässerung erfolgt nach dem 2.000 Jahre alten „Falaj-System", das in Persien entwickelt wurde. Die Gärten und Felder werden durch unterirdische Stollen und oberirdisch verlaufende Kanäle mit leichtem Gefälle bewässert. Die Oase hat eine Ausdehnung von ca. 1.200 Hektar und ist mit mehr als 147.000 Dattelpalmen bepflanzt. Ein arabisches Sprichwort lautet: „Die Dattelpalme steht mit den Füßen im Wasser und mit dem Haupt in der Glut der Sonne". Das trifft in Al-Ain 100%ig zu, deswegen ist die Qualität der Datteln hier besonders gut. Ein Baum kann bis zu 150 Kilogramm Datteln im Jahr bringen und 50 Jahre alt werden. Allerdings nur bei guter Pflege. Die Bäume müssen bewässert und gedüngt werden und man muss immer wieder die Äste abschlagen, damit sich der Stamm entwickeln kann. Nur die weiblichen Palmen tragen Früchte. Nachdem in den Gärten nur wenige männliche Bäume stehen, muss der Dattelbauer bei der Befruchtung nachhelfen. Am Souk (Markt) kauft er die passenden Pollen, klettert auf die weibliche Palme und bindet eine Pollenrispe mit mehreren Blütenrispen zusammen. Eine künstliche Befruchtung eben. Auch Schädlingsbekämpfung und Pilzbefall sind ein großes Thema. Die Universität in Al-Ain ist eines der führenden Dattelforschungszentren der Welt und hat viel zum Schutz der Palmen beigetragen.

Peter und ich spazieren an diesem sonnigen Morgen auf gepflasterten Wegen durch den riesigen Palmenhain. Herrlich ist diese Ruhe hier. Außer Vogelgezwitscher und dem Rascheln der Palmblätter hören wir nichts. Die Oase ist in viele kleine Gärten unterteilt, die von einer 1,5 Meter hohen

Ziegelmauer umgeben sind. Schwere Holztore halten neugierige Besucher ab. Wir blicken über die Mauern und sehen, dass hier nicht nur Palmen gedeihen, sondern auch Zitronen, Orangen, Hibiskus, Feigen und Mangos, und sogar einige Gemüsesorten entdecken wir. Die Pflanzen wachsen eigentlich auf drei Etagen. Sehr schlau, denn die Palmen schützen die anderen vor zu viel Sonneneinstrahlung und Hitze. Und dazwischen verlaufen die Bewässerungskanäle. Datteln hängen derzeit keine an den Palmen, die Erntezeit beginnt erst im Mai und dauert bis Oktober. Die Anlage ist fast wie ein Irrgarten, wir können uns nur anhand der Sonne orientieren.

Als wir auf einen kleineren Weg einbiegen, werde ich fast von einem Radfahrer überfahren. Der Einheimische, gekleidet in einer weißen Dishdasha (knöchellanges, loses Gewand) mit Tuch auf dem Kopf, hat keine Zeit zu bremsen oder auszuweichen, denn er telefoniert. Ein schneller Sprung zur Seite rettet mich.

In den Gärten, die am Rand der Oase liegen, befinden sich auch die Wohnquartiere der Arbeiter. Kochgeschirr liegt zum Trocknen auf Brettern, Kleidung hängt auf Leinen, ein Fernseher steht unter einem Mangobaum und unweit davon sehen wir die Satellitenschüssel. Ein großer, stattlicher Mann kommt uns entgegen, freundlich grüßen wir ihn, was ihn ziemlich überrascht. Jan spricht sehr gutes Englisch, erzählt uns, dass er aus Pakistan kommt, so wie die meisten Gärtner hier. Er ist ein faszinierender Mann, hat eine ruhige Art, eine tiefe Stimme, einen fesselnden Blick. Eine besondere Aura umgibt ihn. Lange plaudern wir mit ihm und erfahren interessante Details aus seinem Leben. Seit 6 Jahren arbeitet er hier als Gärtner, obwohl sein Beruf der eines Händlers ist. Doch die Geschäfte in Pakistan laufen schlecht zurzeit, er möchte seinem Sohn und seiner Frau ein angemessenes Leben und einen Schulbesuch in Pakistan ermöglichen, deswegen arbeitet er in den Emiraten. Einmal im Jahr besucht er seine Familie in seiner Heimat, der Stadt Quetta in der Provinz Belutschistan. Dort verbringt Jan 2 Wochen. Auf dem Rückweg in die Emirate nimmt er pakistanische Stoffe mit, die er gewinnbringend verkauft. Er ist froh, eine Aufenthalts- und Arbeitsgenehmigung zu haben, denn immer wieder werden illegal im Land lebende Inder und Pakistani bei Razzien aufgegriffen und innerhalb weniger

Tage mit Unterstützung von Polizei und Militär in ihre Heimatländer zurückgeschickt. Aufmerksam und gespannt lauschen wir seinen Geschichten. Wir hängen an seinen Lippen und die Zeit verfliegt. Jan muss zurück zur Arbeit, herzlich schüttelt er uns die Hand und bedankt sich für das Gespräch.

Wir haben nun so viele Palmen gesehen und einiges über die Datteln erfahren, dass wir sie unbedingt probieren möchten. Der Souk liegt im Nordosten der Oase und zufälligerweise sind wir genau in dieser Ecke angelangt. Frische Datteln gibt es keine, aber in vielerlei Form verarbeitet: Getrocknet, kandiert, als Dattelkonfekt oder mit Mandeln gefüllt. Sie schmecken extrem süß, aber köstlich, und sind noch dazu gesund! 46 verschiedene Mineralstoffe und Vitamine sollen in einer einzigen Dattel enthalten sein. Mit klebrigen Fingern marschieren wir weiter und entdecken noch mehr Produkte, die aus der Dattelpalme hergestellt werden. Aus Palmblättern werden Taschen, Körbe, Fächer und Matten gemacht und die faserige Rinde des Stammes wird für die Herstellung von Seilen und als Füllmaterial für Matratzen verwendet. Am nächsten Stand sind große Kübel aufgereiht, neugierig schauen wir hinein und rümpfen sogleich die Nase. Der indische Verkäufer schmunzelt und klärt uns auf. In den Kübeln sind verschiedene Obst- und Gemüsechutneys, selbst gemacht versteht sich. Gerne lässt er uns kosten. Peter entscheidet sich für ein Mixed pickle und ist angenehm überrascht. Der Geschmack ist gewöhnungsbedürftig, ein bisschen nach Zitrone, sauer, scharf und vergoren. Natürlich nehmen wir ein Glas davon und mittlerweile sind wir richtig süchtig danach geworden.

Wir wollen unsere Homepage aktualisieren und entschließen uns, in ein großes Einkaufszentrum zu fahren, denn dort gibt es bestimmt WLAN. Unsere Wahl fällt auf die Bawadi Mall, Einkaufszentrum und Vergnügungspark in einem. Vergnügen bereitet mir die Computerarbeit zwar keine, aber sie muss sein. Wahrscheinlich ist es meine voreingenommene Einstellung, die heute alles verkehrt laufen lässt. Ich setze mich mit dem Laptop in ein modernes Café, gönne mir einen Cappuccino und falle dauernd aus dem Internet. Ich scheitere am Hochladen der Fotos und generell am Aktualisieren der Homepage, die ganze Mühe war umsonst. Meine Stimmung ist im Keller, Peter entscheidet sich, mich in Ruhe zu lassen und geht. Also alles noch einmal von vorne. Gut, dass ich zumindest meine dicke Fleecejacke dabei habe, die Klimaanlage läuft auf Hochtouren, obwohl es draußen nicht heiß ist.

Peter sieht sich um. Was ihm sofort auffällt, sind die vielen Ausländer: In erster Linie Thailänder, Philippiner und Pakistani. Sie sind diejenigen, die die Arbeit leisten, sei es als Verkäufer, als Reinigungspersonal oder im Supermarkt. Einheimische Familien schreiten gestylt und wohlriechend durch den Komplex. Im Food Court herrscht reger Betrieb, hier gibt es so gut wie alles zu essen, von japanisch bis indisch, von chinesisch bis mexikanisch und auch amerikanisches Fast Food. In der Mitte der schmucklosen Halle stehen kleine Plastiktische und Sessel, darauf sitzen die Gäste und essen mit Plastikbesteck Plastikessen von Plastiktellern. „Eigentlich grauslich", zieht Peter sein Resümee und geht weiter.

Die Kleidung ist teurer als in Österreich, aber nachdem Peter nichts braucht, kann er entspannt in die Auslagen schauen.

Letzte Station ist die sogenannte „Fun City", ein Vergnügungskomplex mit einer Eislaufbahn, einer kurzen Skipiste, Karussellen für Kinder, Rutschen, Schaukeln, Spielautomaten und Kinosälen. Wenn man auf den Fußboden schaut, wird einem fast schwindelig: Bunte quadratische Kunststofffliesen liegen willkürlich aneinander gereiht, die Geräte und Spielzeuge leuchten und blinken in allen erdenklichen Farben, aus jeder Ecke ertönt eine andere Musik, dazwischen Kindergeschrei, Sirenen und ein nerviges „You are a winner!". Man könnte wahnsinnig werden!

OMAN
Von lachenden Kamelen und bissigen Muränen

Viel Ruhe haben wir endlich in Oman. Dieses schöne Morgenland ist 3,5 Mal so groß wie Österreich und hat nur 4,2 Millionen Einwohner. Landschaftlich ist es sehr abwechslungsreich: Von Wüsten und Oasen über Berge mit tiefen Schluchten und ausgetrockneten Flusstälern bis hin zum Indischen Ozean. Das lese ich im Reiseführer. Wir sind schon gespannt.

Unser Plan ist, zuerst den Süden Omans zu erkunden, da es uns im nördlichen Teil schlicht und einfach zu kalt ist. Wir wollen doch nicht auf der Arabischen Halbinsel mit einer dicken Fleecejacke überwintern. Das haben wir uns ganz anders vorgestellt. Kurs auf Süd ist also angesagt. Mit stattlichen 68 km/h „braust" August durch die etwas karge und eintönige Landschaft, eine menschenleere Gegend. Das tut uns gut nach all dem Trubel in den Emiraten. Hier ist es perfekt, um abzuschalten und den Gedanken freien Lauf zu lassen.

Wir picknicken zwischen den ersten kleineren Sanddünen, freuen uns, dass es uns schon fast zu warm ist. Das Thermometer im Führerhaus zeigt endlich wieder 30 °C an! Nächtigungsplätze zu finden, ist einfach, wir verlassen einfach die Straße, die von Ibri nach Ghaba führt, und fahren ein kleines Stück in die Wüste. Rund um uns ist einfach nichts, kein Mensch, kein Gebäude, kein Lärm, kein Licht.

Die einzigen Lebewesen, denen wir in den ersten Tagen begegnen, sind Kamele. Oder sind es Dromedare? Was ist eigentlich der Unterschied, frage ich mich. Das auf der Arabischen Halbinsel vorkommende einhöckrige Kamel ist ein Dromedar, aber auch das Dromedar gehört zur Familie der Kamele. Demnach stimmen beide Bezeichnungen. Dromedare sind meist schlanker als die zweihöckrigen Kamele, die auch Trampeltiere genannt werden, und verfügen über einen leichteren Körperbau. Auch die Herkunft der Tiere stellt einen Unterschied dar: Trampeltiere stammen aus eher kalten Wüsten und Steppen (etwa aus China und der Mongolei), während Dromedare ein wärmeres Klima wie in Afrika oder auf der Arabischen Halbinsel bevorzugen.

Die Tiere sind eine willkommene Abwechslung in dieser monotonen, flachen Landschaft. Wir entdecken die erste Gruppe von sechs Kamelen etwa 150 Meter von der Straße entfernt. Genüsslich grasen sie zwischen vereinzelten Dornbüschen und Akazien auf den weiten Kies- und Schotterflächen. Die gelbgrünen Gräser sind nicht höher als 15 bis 20 Zentimeter, scheinen den Kamelen aber hervorragend zu schmecken.

Wir sind fasziniert von diesen robusten Tieren, parken unseren August sofort neben der Straße und steigen aus. Nur kurz heben sie den Kopf, um uns arrogant zu begutachten und fressen dann gemächlich weiter. Die Jungtiere sind etwas dunkler gefärbt und haben längeres, braunes Fell auf dem Höcker. Eine helle Kameldame steht etwas abseits der Gruppe. Peter nähert sich dem Tier vorsichtig, dessen Schulterhöhe ihn überragt. Er beginnt mit ihm zu sprechen, das Kamel fasst Vertrauen und frisst gemütlich weiter, obwohl Peter nur 2 Meter daneben steht. Jetzt wird Peter mutig, er ballt scherzhalber die Fäuste und fordert das Tier heraus. Das Kamel würdigt ihn keines Blickes. Peter versucht es mit der Karatetechnik und einem grimmigen Blick. Beeindruckt ist die Kameldame auch diesmal nicht, sie hebt kurz den Kopf und öffnet das Maul – als ob sie ihn auslachen würde. Da stimme ich sofort mit ein.

Glaubten wir anfangs noch, dass es sich bei den Tieren um wilde Kamele handelt, so können wir nun bei genauerer Betrachtung feststellen, dass alle ein Brandzeichen am Kopf oder Hals haben und somit auch einen Besitzer. In Oman gibt es kein einziges wildes Dromedar mehr. Auch als Fortbewegungs- und Transportmittel haben sie fast vollständig an Bedeutung verloren, trotzdem wird ihnen eine große Wertschätzung entgegengebracht. Besonders lukrativ ist die Zucht von Rennkamelen. Die omanischen Tiere stehen hoch im Kurs, da sie wegen ihrer kleinen Größe und ihres geringen Gewichtes eine extreme Schnelligkeit erreichen. Die Preise für ein erfolgreiches Tier sind astronomisch. Ein gut trainiertes Rennkamel erreicht eine Geschwindigkeit von bis zu 60 km/h, wird also fast so schnell wie unser Lkw auf einer guten Asphaltstraße! Naja, dafür sind sie ja auch ein bisschen jünger als unser Fahrzeug, denn sie erreichen ihre Topform bereits im Alter von 3 bis 4 Jahren.

Wohlgenährt und zufrieden schaut diese Gruppe aus. Schwer vorzustellen, dass die Kamele bis zu 25 Tage ohne Wasser auskommen können! Dabei verlieren sie etwa 25 bis 35 % ihres Körpergewichtes, die Körpertemperatur steigt auf bis zu 42 °C an und durch dieses „Fieber" schwitzen sie nicht und sparen somit Wasser. Wenn ein Kamel dann aber trinkt, kann es an die 150 Liter auf einmal aufnehmen. Auch Salzwasser verträgt es. Wo speichert es diese große Menge an Flüssigkeit nur? Nicht im Höcker, wie man annehmen möchte, denn der ist für die Fettreserven vorgesehen. Ein Großteil des Wassers wird in den Mägen gespeichert.

Plötzlich kommt Bewegung in die Herde, ein Tier beginnt zu laufen und alle anderen folgen. Im gestreckten Galopp rennen sie an uns vorbei, nur die helle Stute dreht sich noch einmal nach uns um.

Auch unser Reisewagen setzt sich wieder Richtung Südosten in Bewegung, auf das Arabische Meer zu. Doch es ist gar nicht so einfach, an den Strand zu gelangen, fast überall finden wir Steilküsten vor. Verlockend glitzert und schimmert der Ozean, wir können es kaum erwarten, mit bloßen Füßen über den Sand zu gehen und uns im Wasser abzukühlen. Ein beigefarbener Pick-up nähert sich uns in einem Höllentempo, neben unserem Lkw kommt er zu einem Halt, eine Staubwolke hüllt uns alle ein. Drei junge Omani sitzen darin, die gerade zu ihren Fischerbooten unterwegs sind. Wir folgen ihnen und sie zeigen uns die Zufahrt zu einem wunderschönen Strandabschnitt. Einige von den Booten, die am Strand liegen, gehören den jungen Männern, doch sie selbst betreiben keinen Fischfang. Sie sind die Bootsbesitzer und lassen für sich arbeiten. Die Arbeiter sind meist Inder oder Pakistani, die bei nahezu jedem Wetter aufs Meer hinausfahren. Die Omani kommen nur, um nach dem Rechten zu sehen.

Wir machen einen ausgedehnten Strandspaziergang. Rund um die Fischerboote liegen alte Netze, eingetrocknete Fischköpfe und Gräten (die Fische wurden filetiert und der Rest liegen gelassen), sogar zwei tote, kleine Haie sehen wir. Peter hat es schon wieder auf Tiere abgesehen, diesmal aber auf kleinere. Allerdings ist er heute Tierretter. Eine kleine Krabbe hat sich im Netz verfangen. In mühevoller Arbeit befreit er das Tier, ohne sich auch nur ein einziges Mal zwicken zu lassen. Braver Peter!

Ras Madrakah heißt unser nächstes Ziel. Der kleine, an der Ostküste gelegene Ort hat nicht viel zu bieten und genau das gefällt uns. Das Einzige, was wir brauchen, ist Wasser. Wir haben Glück, eine Meerwasserentsalzungsanlage ist vorhanden und wir dürfen Wasser tanken. Das dauert je nach Fördermenge und Druck zwischen 10 und 20 Minuten. In der Zwischenzeit plaudert Peter mit dem Mann, der die Anlage betreut. Er ist kein Omani, sondern Ägypter. Nach getaner Arbeit zeigt er dem interessierten Peter die ganze Anlage, ich bleibe lieber beim Fahrzeug. Ein älterer Omani kommt und beginnt auf Arabisch auf mich einzureden. Ein paar Brocken verstehe ich. Wie immer kommt früher oder später die Frage nach Kindern. Wahrheitsgemäß sage ich, dass wir keine haben. Ja, wie lange wir denn verheiratet seien, möchte er von mir wissen. Acht Jahre, ist meine spontane Antwort. Eine weiße Lüge meinerseits. Daraufhin fragt mich der alte Mann mit einer eindeutigen Geste – er krümmt seinen Zeigefinger –, ob Peter impotent sei. Als ich verneine, versteht er überhaupt nichts mehr und geht. Gut so, denn ich bekomme einen Lachkrampf und kann es gar nicht erwarten, Peter die Geschichte zu erzählen.

Die Asphaltstraße endet direkt an der Küste, an einem hellen, zwischen schwarzen Felsen vulkanischen Ursprungs eingebetteten Sandstrand. Ungefähr 30 Fischerboote liegen hier, alle gleich groß, alle weiß mit einem türkisen Streifen und alle mit einem PS-starken Außenbordmotor ausgestattet. Es ist später Nachmittag, die Fischer sind soeben mit ihrem Fang zurückgekommen. Einige Pick-ups warten schon auf die frischen Fische und ebenso zwei Kühlcontainer. Neugierig mischen auch wir uns unter die Menschen. Ein Omani mit grau meliertem Bart in weißer Dishdasha und gelb-weiß kariertem Kopftuch kommt auf uns zu. An seiner Hand hält er seine ca. 9-jährige Tochter, ein hübsches Mädchen mit langen, schwarzen Haaren und ebenso dunklen, ausdrucksstarken Augen. Er bittet uns, ein Foto von ihnen zu machen, damit haben wir nicht gerechnet.

Aus einiger Entfernung beobachten wir die Fischer, ich weiß nicht so recht, ob ich als Frau hier erwünscht bin. Meine Bedenken waren umsonst, einige Männer winken uns heran und zeigen uns ihren Fang, der noch in den Booten liegt. Gerne möchte ich wissen, wie die verschiedenen Fische heißen, zeige von einem auf den anderen und versuche mir die arabischen Namen zu merken. Es ist sinnlos, kaum habe ich mir einen Namen eingeprägt und versuche den nächsten zu wiederholen, habe ich den ersten schon wieder vergessen. Erneut zeige ich auf einen Fisch, der Mann drückt ihn Peter daraufhin in die Hand. Und gleich darauf noch einen. Wir schütteln wie wild die Köpfe, doch es nützt nichts. Die Omani erklären uns ganz nüchtern: Zwei Personen, zwei Fische. So einfach ist das. Als Peter seine Geldbörse hervorzieht, verdunkeln sich die Gesichter der Fischer. Unter keinen Umständen wollen sie sich die Fische bezahlen lassen. Es bleibt uns nur, ein herzliches „shukran", also Danke, auszusprechen und das Geschenk anzunehmen. Während Peter sich die Hose hochkrempelt, hole ich ein scharfes Messer. Peter watet ins Meer zu einem Felsen und beginnt, die Fische auszunehmen. Dabei muss er höllisch aufpassen, dass ihm die Möwen die Beute nicht wegschnappen. Sie umkreisen ihn mit lautem Gekreische und stürzen sich mutig herunter, kommen den Felsen dabei gefährlich nahe. Die Vögel können es kaum erwarten, dass Peter fertig wird und sie sich die Gedärme holen können.

Die Fischer verkaufen und verladen die letzten Fische, dann wird es ruhig am Strand. Wir parken August ein Stück entfernt von den Booten und beginnen sofort, das Feuer für den Fisch vorzubereiten. Ein bisschen Salz, Pfeffer, Knoblauch und Zitronensaft, mehr Würze braucht dieser köstliche Fisch nicht. Als Beilage gibt es Reis und Chili-Soße. Ein Fisch ist mehr als genug für uns, den zweiten haben wir in die Kühlbox gelegt.

Das Sultanat Oman ist ein streng muslimisches Land, eine Anpassung an die Sitten und Gebräuche ist für uns selbstverständlich. Dazu gehören auch die Kleidervorschriften: Lange Hosen und ein nicht körperbetontes Oberteil, T-Shirts werden toleriert. Am nächsten Tag marschiere ich aus wie ein Paradiesvogel: Rote Hose, gelbes Hemd, grünes Kopftuch und eine orange Tasche, in der ich die Badesachen verstaut habe. Herrliche, einsame Buchten zum Schnorcheln und Schwimmen entdecken wir. Der Sand ist fast weiß und ganz fein, der Ozean hingegen türkis bis dunkelblau, das Wasser glasklar. Herrlich zum Schwimmen und Abkühlen, denn die Temperaturen sind hochsommerlich.

Ich habe mir extra einen Badeanzug anstatt eines Bikinis für die Arabische Halbinsel gekauft, ein großes Tuch, in das ich mich schnell einwickeln kann, habe ich immer parat. Nachdem aber niemand da ist, können wir uns sogar in den Badesachen trocknen lassen. Während Peter ein Mittagsschläfchen macht und die Wellen sanft seine Füße umspülen, gehe ich auf Geldsuche. Das liegt nämlich hier überall herum. Ich entdecke Cowrie-Schnecken in allen Farben, Zuständen und Größen. Schon als Kind hatte ich ein Faible für Muscheln und Schnecken, ich kann nicht anders, ich muss sie einfach einsammeln und mitnehmen. Früher waren Cowrie-Schnecken ein gängiges Zahlungsmittel. Eigentlich schade, denn mit dem riesigen Sack, den ich mit Cowries befülle, wäre ich damals sicher reich gewesen. Aber in Oman braucht man ohnehin nicht viel Geld, wenn man so unterwegs ist wie wir. Fürs Parken bzw. Nächtigen bezahlen wir kein einziges Mal und viele Fischer lassen sich ihren Fang nicht bezahlen. Gegengeschenke nehmen sie allerdings schon an, stellen wir später fest, sei es ein Päckchen Zigaretten oder eine Dose Pepsi.

Als es uns zu heiß wird – es gibt keinen Schatten – marschieren wir zurück zu unserem Wohnmobil, kurbeln die Markise heraus und machen es uns auf den Liegestühlen bequem. Eine leichte Brise kommt vom Meer und kühlt uns angenehm. Nach einer kleinen Stärkung schlummern wir zufrieden ein, aber die Ruhe dauert nicht lange. Wir vernehmen ein eigenartiges Motorengeräusch. Jacky Blue ist angekommen. Die Besitzer des blauen Mercedes 814 Vario sind Bärbel und Bernd aus Deutschland. Das ältere Pärchen steigt aus, grüßt uns und fragt, ob es uns stört, wenn sie auch hierbleiben. Solange ihr nicht kuschelt, ist uns alles recht, lautet unsere Antwort. Bernd ist erfreut von dieser direkten Antwort, denn so ist auch sein Naturell und er parkt sich mit einigem Abstand zu uns ein. Oft haben wir auf unseren Reisen erlebt, dass sich andere Fahrzeuge ganz knapp an unseren Lkw stellen. Manchmal so knapp, dass wir nicht einmal richtig die Stiege benutzen oder die Markise ausfahren können. So als ob August der Reisewagen ein Magnet wäre. Einige Reisende bauen gerne Wagenburgen, wir gehören nicht dazu. Wir sind lieber ein bisschen abseits, haben gerne Ruhe und genug Freiraum. Wie gut, dass wir doch alle verschieden sind.

Bärbel und Bernd sind schon ein bisschen herumgekommen in der Welt. Dem eigenen Flugzeug folgte lange Jahre ein Landrover und nun haben sie mit Jacky Blue einen guten Partner gefunden. Beim Lagerfeuer erzählen wir uns Reisegeschichten und genießen den schönen Abend unter dem Sternenhimmel. Da die beiden auch öfter in Afrika unterwegs waren, haben wir sogar ein paar gemeinsame Bekannte, die Erzählungen und Anekdoten nehmen kein Ende, Bernd ist voll in Fahrt.

Wir verstehen uns von Anfang an gut mit den Deutschen, haben viel Spaß miteinander und unternehmen gemeinsame Erkundungstouren zu Fuß. Bernd hat nicht nur viel zu erzählen, er ist auch äußerst gesprächig. Da gibt uns auch ein gemeinsamer Freund und Afrikafahrer recht, denn er schreibt in einer E-Mail: „Dass ihr Bärbel und Bernd getroffen habt, hat uns zum Grinsen gebracht. Bernd hat ja eine gute Eigenschaft, er redet nur einmal pro Tag. Er fängt am Morgen an und hört am späten Abend auf. Aber wir hatten in Malawi einigen Spaß zusammen." Haha, ich möchte jetzt dein Gesicht sehen, Bernd, wenn du diese Zeilen liest!

Peter hat es allerdings geschafft, Bernd sprachlos zu machen. Die beiden sind am Abend zu den Fischern hinüber spaziert, haben den Fang begutachtet und mit den Männern getratscht. Viele Fragen müssen sie beantworten, eine davon lautet: „Wo ist denn eure Familie?" Peter kommt Bernd zuvor und sagt: „Die ist doch hier. Darf ich vorstellen? Das ist mein Vater!", und zeigt dabei auf den Deutschen.

Nach ein paar Tagen verlassen uns Bärbel und Bernd, für das Abschiedsfoto putzen wir uns heraus, ich trage sogar Lippenstift auf, nicht ganz ohne Hintergedanken. In einem unbemerkten Moment drücke ich meine Lippen gegen den Außenspiegel auf der Fahrerseite von Jacky Blue. Wir winken den Deutschen noch lange nach und sind schon gespannt, wann sie meinen Kussmund am Spiegel bemerken und umkehren. Aber sie kommen nicht. Später erfahren wir von den beiden, dass sie den Abdruck erst Tage später entdeckt haben und Bernd davon so angetan war, dass er den Spiegel wochenlang nicht geputzt hat.

Der Küstenstraße folgend geht es weiter nach Südwesten. Verkehr gibt es so gut wie keinen. Die Ostküste zählt, abgesehen von der Wüste, zu den abgelegensten und am dünnsten besiedelten Gebieten des Landes. Flach ist die Küste hier, und sandig. Bäume gibt es kaum, aber viele Gräser und Pflanzen, die rote, gelbe und grüne, kugelförmige Blätter im Miniaturformat haben. Und sie duften herrlich. Wir machen lange, einsame Strandspaziergänge und entdecken viele Sachen. Peter kann fast alles davon brauchen. Netze werden durchsucht, Schwimmer und Bojen gesammelt. Und sogar ein Sicherheitshelm findet bei Peter Verwendung. Aber auch durchaus Nützliches findet er am Strand wie Holz fürs Lagerfeuer. Glücklicherweise kann er nicht alles mitnehmen, manches ist einfach zu sperrig, wie z. B. ein verrosteter Bagger.

Wir lassen uns endlich wieder Zeit. Viel Zeit. Zeit für das Leben.

Am nächsten Morgen werden wir geweckt. August beginnt zu wackeln. Neugierig schauen wir aus dem Fenster. Eine Kamelherde ist zu Besuch, unser Lkw eignet sich bestens für die Tiere, um sich ein bisschen zu kratzen. Unweit lassen sie sich nieder und beobachten uns. Nach dem Frühstück starten wir, denn auf unserem Weg sollen einige Lagunen mit großen Vogelkolonien liegen. Lange brauchen wir nicht zu fahren, die erste liegt keine 30 Minuten von unserem Nächtigungsplatz entfernt. Sie ist leicht zu finden, denn über der Lagune sehen wir Flamingos. Elegant fliegen sie durch die Luft, langgestreckt vom Schnabel bis zu den Füßen, die mächtigen Schwingen seitlich ausgebreitet und dauernd in Bewegung. Die Beine und ein Teil der Unterseite der Flügel sind leicht rosa, die Armschwingen schwarz und das restliche Gefieder weiß. Entweder handelt es sich um Jungvögel oder die Flamingos haben zu wenige Algen mit Carotinoiden gefressen, von denen ihre Federn die charakteristische rosarote Färbung erhalten.

Ihre langen Beine sind optimal, um im flachen Wasser nach Futter zu suchen, der Hals ist dabei s-förmig gebogen. Flamingos sind immer in Gruppen unterwegs. Kaum fliegen zwei davon, ziehen die anderen schon nach. Der Start ist etwas behäbig, erst nach ein paar Schritten Anlauf können sie abheben. Immerhin wiegen sie bei einer Größe von 130 Zentimetern bis zu

3 Kilogramm, wobei alleine die Beine einen halben Meter lang sind. Auch in Sawqirah gibt es eine kleine Lagune. Das Dorf selbst liegt etwas erhöht, ist von einer Mauer umgeben und wird von einem Minarett und der omanischen Flagge dominiert. Es ist winzig, wirkt wie ausgestorben. Das Brot ist uns ausgegangen, also sind wir auf der Suche nach einem Geschäft oder einer Bäckerei und entdecken einen kleinen Laden. Abgesehen von Keksen und Süßigkeiten, ist das Angebot mehr als dürftig. Macht auch nichts, backe ich eben selbst Brot. Niemanden interessiert es, dass wir die Nacht am Strand verbringen, wir sind absolut ungestört. Die Sonne versinkt langsam als roter Ball im Meer, der Himmel ist orange, das Meer glitzert und der viele Plastikmüll am Strand wird von den letzten Sonnenstrahlen zum Leuchten gebracht.

Wir bleiben vor unserem Fahrzeug sitzen und sinnieren, jeder hängt seinen Gedanken nach, wir lauschen den Wellen, betrachten die ersten Sterne am Himmel, schauen hinaus aufs Meer. Und was sehen wir beide? Manche Wellen leuchten hellgrün! Was ist das? Noch nie haben wir so etwas gesehen! Wie gebannt schauen wir aufs Meer und schreien abwechselnd: „Da! Schon wieder eine!" Es ist faszinierend und ein bisschen mystisch. Sind es Tiere? Ist es eine chemische Reaktion? Wir spazieren am Strand entlang und sogar hier leuchten manchmal grüne Punkte. Wir sind so aufgeregt und dieses Naturschauspiel ist so schön anzusehen, dass wir die halbe Nacht draußen verbringen.

Am nächsten Tag recherchieren wir im Internet. Das geheimnisvolle Licht stammt von Milliarden Einzellern, mikroskopisch kleinen Algen, die in besonders hoher Konzentration vorkommen. Sie tragen so schöne Namen wie Nachtlaternchen oder Glühwürmchen des Meeres. Werden sie durch Wellen äußerlich gereizt, beginnen sie zu leuchten – das Meeresleuchten. Wenn es in der Brandung zu beobachten ist, kann man es auch im Sand des Strandes hervorrufen, in dem man mit den Händen oder Füßen über den Sand streicht. Die Organismen, die man dabei berührt, werden als kleine leuchtende Punkte sichtbar. Stimmt genau!

Wir sind in der südlichsten Provinz Omans, in Dhofar, angelangt, die fast ein Drittel der Landesfläche einnimmt. Die Piste verläuft nun parallel zur Küste, allerdings im Landesinneren, also relativ langweilig. Unbedingt möchten wir wieder runter ans Meer. Die nächste Gelegenheit bietet sich in Shuwaymiyah, zwar ist es eine Sackgasse, in die wir 40 Kilometer fahren, aber das ist uns egal. Kurz vor Erreichen des Meeres führt die asphaltierte Straße steil bergab, auf beiden Seiten ragen orangefarbene Felswände empor. Die Steigung ist extrem, es gibt nur vier leichte Kurven. Die Omani haben Glück, dass es hier nicht schneit oder friert, denn bei diesem Gefälle würden alle Fahrzeuge hängen bleiben. Generell ist die Straßenbauweise interessant. Ob die Omani schon mal etwas von Serpentinen gehört haben? Die Warnschilder, dass man langsam fahren soll und in den Kurven achtsam sein, liegen schon neben der Straße, genauso wie ein abgestürzter Lkw.

Wir nächtigen wieder einmal problemlos am Strand und bekommen abermals Besuch von einem Kamel. Am nächsten Tag fahren wir nach Shuwaymiyah. Richtig viel los ist hier. Viel Verkehr. Es gibt eine Tankstelle, einige Restaurants, Geschäfte, einen ummauerten Fußballplatz mit Flutlichtanlage – eigentlich schon fast ein Stadion – und Touristen, die mit einheimischen Führern unterwegs sind. Ein Einkaufsstopp ist hier angesagt, auch für uns. Wir kaufen ein paar Lebensmittel und beobachten, wie die anderen Urlauber Körbe und Flechtwaren im großen Stil einkaufen. Als wir zurück zu unserem Fahrzeug kommen, ist es umringt von Kindern. Buben in Fußballdressen auf nagelneuen Fahrrädern. Als Peter die Kamera zückt, werfen sie sich in die verschiedensten Posen und haben riesigen Spaß dabei.

Recht einladend wirkt Shuwaymiyah nicht, wir bleiben auch nicht lange. Doch in das Wadi Shuwaymiyah wollen wir noch. Anfangs ist die Piste ganz gut, Akazien und Palmen wachsen am Rande der immer enger werdenden Schlucht. Nach einigen Kilometern wird die Piste sandiger und somit auch weicher. Die Hälfte der Strecke haben wir schon zurückgelegt (auch dieses Wadi ist eine Sackgasse), nun müssten wir Luft aus den Reifen ablassen, um weiterzukommen. Peter und ich schauen uns kurz an und sind uns einig: Wir fahren zurück.

Es wird emsig an der Küstenstraße gebaut, die nach Sa-lalah führt. Wir wissen zwar, dass sie noch nicht fertiggestellt ist, sind aber neugierig, wie weit man schon fahren kann. Vielleicht doch bis Salalah? Die breite, neue Straße geht entlang endloser weißer Sandstrände, es wäre zu schön, könnten wir an der Küste bleiben. Nach rund 20 Kilometern ist aber leider Schluss. Schade, doch einen Versuch war es wert. Also zurück nach Shuwaymiyah, durch den Ort hindurch und wieder hinauf auf das Plateau. Bevor die Straße ansteigt, sehen wir neben der Fahrbahn aufgesprungenen Asphalt liegen, Teile der alten Straße. Anscheinend schwemmt es die Straße während der Regenfälle jedes Jahr weg. Jetzt ist es trocken.

Heute ist ein Fahrtag angesagt, über Marmul und Thumrait geht es nach Salalah. Erwartungsgemäß ist es ein unspektakulärer Tag, die Landschaft flach, die Straße schnurgerade. Bei Thumrait, dem zweitgrößten Ort der Provinz Dhofar, erreichen wir die Fernstraße, die von Muskat nach Salalah führt. Danach wird es ein bisschen abwechslungsreicher. Kleine Hügel tauchen auf, in der Ferne sehen wir schon die ersten Berge des Jebel Qara, dem zentralen Teil des Dhofar-Gebirges. Der aus Kalkstein bestehende Jebel Qara erreicht zwar nur eine Höhe von 1.000 Metern, aber das kommt uns nach der Fahrt durch die monotonen und vegetationslosen Kies- und Schotterebenen gewaltig vor. Langsam gewinnen wir an Höhe, die Vegetation verändert sich. Auf der hügeligen Hochebene gibt es Bäume und auf den Grasflächen wird von den Jebalis (Bergnomaden) Viehzucht betrieben. Dhofar ist das legendäre Land des Weihrauchs, denn hier ist der Weihrauchbaum beheimatet. Auf den Export dieses exotischen Duftes gründete sich in der Antike der Reichtum des Landes sowie seine Vormachtstellung in Handel und Seefahrt. Die älteste und bekannteste Handelsroute für das Harz aus Oman ist die berühmte Weihrauchstraße. Mit Kamelkarawanen wurde das kostbare Gut von Dhofar in den Jemen und durch die Wüste Rub al-Khali bis an die Mittelmeerküste gebracht. Die andere Möglichkeit war der Seeweg, ausgehend vom Hafen Samhuran fuhren Schiffe in den Persisch-Arabischen Golf, ins Rote Meer oder nach Indien. Weißes Gold oder Tränen Allahs sind Namen für das Harz, das aus den Weihrauchbäumen gewonnen wird. Der Baum selbst ist kleinwüchsig und knorrig, gleicht eher einem Strauch als einem Baum und hat kleine Blätter. Er wächst wild und die Ernte erfolgt heute noch genau wie vor 3.000 Jahren. Mit einem spitzen Messer wird in den trockenen Monaten ein wenig Rinde abgeschält und eine kleine Kerbe geschnitten. An dieser Stelle tritt das Harz aus, zuerst ist es weiß, dann hellgelb und nach dem Trocknen bernsteinfarben. Der Saft dieses ersten Schnittes ist wertlos. 3 Wochen später wird die Rinde erneut angeritzt und nach weiteren 3 Wochen Trocknungszeit wird das Harz abgeschlagen.

Erstmalig kann das Harz geerntet werden, wenn der Baum 8 bis 10 Jahre alt ist. Jedes Jahr können von einem Baum etwa 3 Kilogramm Harz abgezapft werden. Nach drei Erntejahren sollte dem Baum eine 5-jährige Ruhepause eingeräumt werden. Bis zu 7.000 Tonnen Weihrauch werden pro Jahr in Dhofar gewonnen. Je heller der Weihrauch ist, umso teurer wird er gehandelt. Heute aber beschert das Erdöl Oman seinen Reichtum und nicht mehr der Weihrauch.

Mit dem wohlriechenden Rauch werden Kleidung und Wohnräume parfümiert und Trinkwasser aromatisiert. Dem Harz wird auch eine heilende Wirkung zugeschrieben, es wirkt desinfizierend, lindert Atembeschwerden und hilft gegen Magen-, Darm- und Nierenbeschwerden. Weihrauch wird für religiöse Rituale benutzt, vor allem in der christlichen und jüdischen Gemeinschaft. Außerdem ist der Rohstoff auch in der Parfum- und Räucherstäbchen-Industrie sehr begehrt.

Fährt man auf der gut asphaltierten Straße Richtung Küste, so sieht man – oder zumindest ich – keinen einzigen Weihrauchbaum. 40 Kilometer nördlich von Salalah weist ein großes Schild ins Wadi Dawkah, wo eine große Ansammlung von Weihrauchbäumen ist. Nachdem ich jetzt schon so viel über die Bäume und das Harz gelesen habe, möchte ich sie endlich sehen. Der Naturpark mit den Weihrauchbäumen steht heute auf der Liste des UNESCO-Weltkultur- und Naturerbes. Der Anblick ist allerdings ein bisschen enttäuschend. Auf einigen Quadratkilometern verstreut wurden zusätzlich zum natürlichen Bestand neue Bäume gepflanzt. Das Areal ist eingezäunt, die Weihrauchbäume wirken mickrig. Aber was habe ich mir denn erwartet?

Müde steigen wir wieder ein und fahren weiter. Der Tag dauert schon ganz schön lange. Das Al Qara-Gebirge fällt schroff zur Ebene von Salalah ab und der erste Blick auf Salalah ist unglaublich. Am Horizont glitzert der Indische Ozean, davor liegt die großzügig angelegte Stadt mit ihren zahlreichen Plantagen. Es ist wie eine Oase! Wir sind begeistert! Als wir die Ebene endlich erreicht haben, dämmert es bereits. Jetzt heißt es nur noch einen ruhigen Schlafplatz suchen. Wir vermeiden die Stadt selbst, halten uns Richtung Osten. Auf einem Schild lesen wir Ain Hamran. Ain bedeutet Quelle, das hört sich doch gut an. Wir finden einen gepflegten Parkplatz am Fuße der Berge vor. Rundherum wachsen Akazien, Oleanderbüsche und Palmen. Und Wasser plätschert. Herrlich!

Am nächsten Morgen werden wir von lautem Vogelgezwitscher und von einem heranbrausenden Auto geweckt. Drei weiße Männer steigen aus, bewaffnet mit Kameras, Stativen und einigen Teleobjektiven. Rasch haben sie alles aufgebaut und beginnen zu fotografieren. Es sind schwedische Hobbyornithologen, wir haben anscheinend an einem ganz besonderen Platz genächtigt. Aufgeregt erzählen sie uns, dass sie soeben zwei Kaiseradler und den sehr seltenen Kaffernadler entdeckt haben. Nun sind wir auch neugierig geworden. Mit freiem Auge können wir kaum etwas sehen, aber nach einem Blick durch den Sucher der Kamera sind wir beeindruckt, nicht nur von den Adlern, sondern auch vom Teleobjektiv.

Die Flügelspannweite der weiblichen Kaffernadler beträgt über 2 Meter, das Gewicht bis zu 7 Kilo, erzählen uns die Schweden. Der Bestand der Kaiseradler ist stark gefährdet. Die Männer schätzen sich glücklich, die Vögel entdeckt zu haben und lächeln zufrieden.

Al-Baleed ist der älteste Stadtteil von Salalah. Hier befand sich der Weihrauchhafen und nun sind hier ein archäologischer Park und ein Museum. Von der Straße aus sehen wir am Strand, in der Nähe der Ausgrabungen, ein paar Wohnmobile parken. Das wollen wir uns natürlich genauer ansehen. Es sind drei Lkw, alle aus Deutschland und zwei Personen kennen wir sogar: Es sind Renate und Otto aus Bayern. Niemand hat etwas dagegen, dass wir auch hier bleiben. Der Platz ist schön, zwischen Meer und Lagune ist ein feiner, weißer Sandstrand mit Blick auf die antiken Ausgrabungen. Da wir zu faul sind, Luft aus den Reifen abzulassen, parken wir nicht weit von der Piste entfernt und mit genügend Abstand zu den anderen Fahrzeugen. Am folgenden Tag kommt noch ein Fahrzeug dazu, der blaue Mercedes Vario 814. Wir freuen uns sehr, Bärbel und Bernd wiederzusehen. Viele praktische Tipps bekommen wir von den Deutschen, immerhin sind sie schon zum dritten Mal in Oman. Renate und Otto sind auch bestens informiert und top vorbereitet. Dankbar nehmen wir diese Hilfe an, denn wir erkundigen uns meistens immer erst vor Ort. Das funktioniert auch, dauert aber etwas länger. Doch Zeit haben wir genug. Auch noch, um unser Visum zu verlängern. Man bekommt bei der Einreise nur ein 1-monatiges Visum, das man allerdings um einen weiteren Monat verlängern kann. In Salalah gibt es ein entsprechendes Büro und von Bernd bekommen wir prompt die Adresse und eine genaue Erklärung, wie man am raschesten abgefertigt wird.

In Oman reduzieren wir endlich unser Reisetempo und beginnen das süße Leben zu genießen. Die Temperaturen sind ein Traum, am Tag hochsommerlich und in der Nacht angenehm kühl. Wir schlafen noch mit Daunendecken bei offenen Fenstern. Das Klima ist wirklich eine Besonderheit hier im südlichen Dhofar, von Juni bis September ist nämlich Monsunzeit. Die feuchten und kühlen Luftmassen, die vom Meer kommen, stauen sich an den Hängen des Dhofar-Gebirges, regnen hier ab und hüllen alles in dicke Nebelschwaden. Binnen kürzester Zeit verwandeln sich die kargen Berghänge in eine grüne Oase. Khareef wird diese Zeit genannt, in der viele Bewohner der Golfstaaten vor der extremen Hitze in ihrer Heimat flüchten und im vergleichsweise kühlen Süden Omans Urlaub machen.
Jetzt Anfang Februar ist es eher trocken, doch es muss schon ein unglaubliches Erlebnis sein, wenn sich auf einmal die ganze Vegetation wandelt und im satten Grün erstrahlt. Im Vergleich zum Rest des Landes ist es dennoch auch jetzt unglaublich grün und sehr fruchtbar. Dank des Monsuns gedeihen neben diversen Gemüsesorten auch Bananen, Papayas und Kokosnüsse. Tropische Plantagen prägen das Bild der Salalah-Ebene, die eine wahre Augenweide ist.

Abgesehen vom Klima unterscheidet sich Dhofar auch durch seine Lage, Kultur und Geschichte deutlich vom Rest des Landes. Abgeschnitten vom Norden des Landes, unterhielten die hier lebenden Menschen einst ausgesprochen enge Kontakte zum Jemen. Sie besaßen ein hohes Unabhängigkeitsstreben sowie ein gewisses revolutionäres Potenzial, was sich in heftigen Rebellionen niederschlug – bis zur Einigung des Landes durch Sultan Qaboos im Jahre 1970.

Peter und ich wollen unbedingt in den Weihrauchsouk, Bärbel und Bernd auch, was sich gut trifft. Natürlich wissen sie, wo man in der Nähe parken und nächtigen kann. Das ist in Oman aber auch nicht sehr schwer. Wir fahren die Corniche (Küstenstraße) entlang und stellen die Fahrzeuge gleich daneben in einem kleinen Palmenhain ab. Von dort sind es nur ein paar Minuten zu Fuß zum Weihrauchmarkt im Zentrum der Stadt. Wir kennen uns überhaupt nicht aus mit Weihrauch, es ist auch nicht unbedingt mein Lieblingsduft, aber interessant ist es schon. Auffallend ist, dass hier viele Frauen Weihrauch, Weihrauchbrenner, Sandelholz und diverse Duftmischungen verkaufen. Ich dachte immer, das öffentliche Leben im der arabischen Welt und somit auch der Weihrauchhandel wären eine reine Männerwelt. Viele dieser Verkäuferinnen tragen eine Gesichtsmaske, oft in schimmernden und grellen Farben gehalten, manchmal ganz schlicht in Schwarz. Die Burka dient auch zum Schutz vor Sonne, Staub und Wind, nicht nur zum Zwecke der Tradition oder um sich vor den Blicken der Männer zu schützen. Ein Kopftuch hat ohnehin jede Frau, meistens reicht es bis unter die Schultern oder sogar bis zu den Beinen. Die dunklen Augen werden durch schwarzen Kajal nochmals betont.

Das Weihrauchharz wird in kleinen Stücken oder Brocken verkauft, die Farbe reicht von weiß über gelb, bernsteinfarben bis hin zu leichten Brauntönen. Der Weihrauchbrenner dazu ist meist aus gebranntem Ton, ca. 20 Zentimeter groß und bemalt. In die Schale legt man glühende Kohle und darauf das Harz. Man kann aber auch andere Duftstoffe verbrennen, etwa Sandelholz, Myrrhe, Moschus oder bokhur, die sogenannten Duftmischungen. Schwere, orientalische Düfte liegen in der Luft. Manchmal so intensiv, dass ich fast keine Luft bekomme.

Wir schlendern weiter, vorbei an zahllosen Geschäften, die die traditionellen omanischen Kappen, die sogenannten Kumma, verkaufen und eine große Auswahl an Dishdashas haben. Ein eifriger indischer Verkäufer winkt uns herein. Warum nicht? Das Einkaufen mit den beiden Deutschen macht wirklich Spaß. Bernd und Peter probieren die diversen Kumma, Peter lässt sich geduldig einen Turban verpassen und eine Dishdasha anziehen. Für Bärbel und mich ist nicht allzu viel dabei, abgesehen von Kopftüchern. Bei Kleidung, Parfum und Musik haben ausschließlich Inder den Verkauf inne. Anders bei den Souvenirs und beim Schmuck. Bernd spricht ein bisschen Arabisch, hat sich einige Phrasen beigebracht, die er gekonnt anwendet. Es ist zum Schreien komisch. Er hat aber auch einen guten Humor. Unsere Mägen signalisieren uns, dass es höchste Zeit ist, etwas zu essen. Die Auswahl ist nicht groß, aber das Essen schmeckt sehr gut: Gegrilltes Ziegenfleisch mit Humus und jemenitisches Fladenbrot. Und dann sind wir schon reif fürs Bett. Kurz darauf sind wir auch schon bei unseren Fahrzeugen und wünschen uns eine gute Nacht. Und es wird eine gute und vor allem ruhige Nacht.

Am nächsten Tag bin ich zeitig wach, noch vor Sonnenaufgang. Ich schnappe mir die Kamera und erkunde die Gegend, in der viele alte Häuser mit geschnitzten Fenstern und wunderschönen Holztüren sind. Die Gebäude sind zwei- bis dreigeschossig, das Dach oft von Zinnen gekrönt. Die Fassaden sind beige, cremefarben oder zart orange und viele Häuser sind schon dem Verfall preisgegeben. Besonders jetzt im Morgenlicht ist die Stimmung außergewöhnlich. Die Stadt schläft noch. Durch enge Gassen gewinne ich Einblicke in Innenhöfe, fotografiere Schilder, Fassaden, Höfe und alte Holzfenster. Ein paar Menschen sind schon wach, aber keine Omani, sondern Inder und Pakistani. Ein Mann geht langsam an mir vorüber, ich grüße ihn, er redet auf mich in einer mir unbekannten Sprache ein. Er kommt aus Bangladesch, das verstehe ich nach geraumer Zeit. Aber mehr schon nicht. Die Unterhaltung bringt nichts und interessiert mich nicht, also gehe ich weiter. In der nächsten Gasse entdecke ich wunderschöne, alte, geschnitzte Holztüren und mache Fotos. Konzentriert schaue ich durch den Sucher, bemerke aber, dass jemand in meiner Nähe ist. Der kleine Bangladeschi steht plötzlich neben mir und greift oder vielmehr zwickt mich in den Busen. Ja, hast du noch Töne! Ich bin etwas perplex, aber nur kurz, balle instinktiv meine Hand zu einer Faust. Nur zuschlagen traue ich mich nicht. Dafür versetze ich ihm einen kräftigen Tritt in den Hintern. So eine Frechheit, das ist mir wirklich noch nie passiert. Der kleine Bangladeschi reibt sich seinen Allerwertesten, der in einen karierten Wickelrock eingehüllt ist, und sucht das Weite.

Ich habe genug vom Fotografieren, gehe zurück zu unserem Wohnmobil. Peter schläft noch, auch die Insassen von Jacky Blue sind noch nicht zu sehen. Ich brauche jetzt einen Kaffee. Irgendwie ärgere ich mich über das Vorgefallene, andererseits muss ich fast lachen, wenn ich mich an den Bangladeschi erinnere, der sich schmerzerfüllt sein Gesäß reibt. Angst hatte ich keine, ich fühlte mich körperlich total überlegen. Mit dieser Guten-Morgen-Geschichte wecke ich Peter. Ich muss sie zweimal erzählen, bis er versteht und dann beginnt er zu lachen.

Doch das Lachen wird Peter an diesem Tag noch vergehen, als er das Sultan Qaboos-Krankenhaus aufsucht.

Beim Putzen der Fische in Ras Madrakah habe ich mir im rechten Mittelfinger einen Stachel von einer Rückenflosse eingefangen. Leider ist dieser abgebrochen und tief drinnen stecken geblieben. Der Versuch einer Selbstoperation wurde aufgrund ungeeigneter Werkzeuge abgebrochen. Ich habe die Wunde desinfiziert und verbunden. Tage
später kaufe ich mir in Salalah eine geeignete Pinzette und gehe die Sache erneut an. Leider steckt der Stachel so fest, dass ich ihn nicht entfernen kann. Auch Sabine kann mir nicht helfen, da die Wunde blutet und auch schon eitrig ist und der Stachel somit nicht mehr sichtbar. Eine wunderschöne Infektion beginnt. Sabine schimpft, weil ich schon so viele Tage habe verstreichen lassen, und verweist auf ärztlichen Beistand.
Im öffentlichen Sultan Qaboos-Krankenhaus vertröstet man mich um 3 Tage, denn der Spezialist komme erst am Samstag. So lange will ich aber nicht warten, wir suchen eine Privatklinik und werden fündig. An der Rezeption nimmt eine

nette Philippinerin meine Daten auf und kassiert 6 Euro für die Fleischbeschau. Sie führt mich zu einem einheimischen Arzt, misst meinen Blutdruck und stellt viele Fragen. Der Arzt sieht sich den Finger an und schickt mich zum Röntgen. Mit der philippinischen Krankenschwester gehe ich zur Rezeption und bezahle 20 Euro. Der Assistent, ebenfalls von den Philippinen, fertigt rasch das Röntgenbild an und markiert den Fremdkörper darauf so gut, dass selbst ein blinder Arzt den Stachel sehen könnte.

Mit den Bildern geht es zurück zum Arzt. Er sagt, dass es sehr schwer werden würde, den Stachel zu entfernen und außerdem müsse vorher die Entzündung abklingen. Er verschreibt mir Antibiotika, entzündungshemmende Medikamente und einen Magenschutz. Danke! Mit dem Rezept gehe ich zur hauseigenen Apotheke und bezahle 56 Euro. Am nächsten Tag solle ich verbinden kommen, meint die Krankenschwester. Verbinden kann ich selber und so komme ich erst Samstagfrüh. Der Arzt begutachtet meinen Finger, und da die Entzündung weitgehend zurückgegangen ist, bin ich guter Dinge. Irrtum! Der omanische Arzt erklärt mir nochmals die Schwierigkeit des Eingriffes und verweist auf einen orthopädischen Spezialisten, einen Chirurgen, in einem anderen Spezialkrankenhaus. Wenigstens brauche ich hier nichts mehr bezahlen und so machen wir uns auf zur empfohlenen Privatklinik. Zurück im Auto beschließen Bini und ich, dass wir im öffentlichen Krankenhaus nochmals unser Glück versuchen, denn heute ist ja Samstag und auch dort ist ein Spezialist vor Ort.

Im Sultan Qaboos-Krankenhaus erledige ich die Aufnahmeformalitäten und erhalte einen Akt mit Stempelmarken, wofür ich 4 Euro bezahle. Wir gehen in die orthopädische Abteilung und ein älterer indischer Arzt sieht sich meinen Finger an. „Das sieht nicht gut aus", meint er, „das wird eine komplizierte Operation, die erst am Dienstag durchgeführt werden kann." Aber ich könne heute schon die Blutabnahme über mich ergehen lassen, Stuhl- und Harnproben abgeben und am Montagmittag dann zum Röntgen kommen, meint der Arzt. Welches Röntgen? Ich habe doch die aktuellen Bilder mit dabei! Der Doktor meint, ein Röntgen der inneren Organe sei in meinem Alter notwendig, bevor man eine Vollnarkose durchführt. AHA! Und außerdem müsse ich auch meine Toilettensachen am Montag mitbringen, da ich von Montag auf Dienstag im Spital nächtigen müsse. SOSO!

Ich verweise auf meinen Finger, der noch dazu ganz gut aussieht, und erkläre mich mit der Vorgangsweise nicht einverstanden. Kein Röntgen, keine Nächtigung, keine Vollnarkose! Nur den Stachel herauszuziehen, bitte! So wie ich mir das vorstelle, ginge es überhaupt nicht, meint der Inder erbost. Entweder wird das Prozedere so gemacht, wie er will, oder eben gar nicht. Ich wünsche ihm noch viel Glück auf seinem weiteren Lebensweg und verlasse das Krankenhaus.

In der Privatklinik angekommen, wird wieder ein neuer Krankenakt angelegt, für den ich 8 Euro bezahle. Die ganze Belegschaft kommt aus Indien, hübsche Schwestern lächeln mich freundlich an. Der indische Arzt begutachtet meinen Finger und die Röntgenbilder und meint sofort: „Kein Problem." An der Rezeption bezahle ich 70 Euro für die Operation und die lächelnden indischen Krankenschwestern bereiten mich für den Eingriff vor. In Nu hat der Arzt den Stachel entfernt, ich werde verbunden und alles ist in Ordnung. Danke, Herr Doktor!

Die Weiterbehandlung übernimmt Schwester Bini, nach 5 Tagen ziehe ich mir selbst die Nähte und alles ist gut!

Die Gesamtkosten der Behandlung belaufen sich auf 164 Euro. Ein ganz schön teurer Fisch, aber zumindest hat er geschmeckt!

Nachdem wir schon in der Stadt sind, stocken wir gleich unsere Nahrungsmittelvorräte auf. Es gibt einen riesigen Supermarkt, Lulu nennt er sich. Ein Einkaufszentrum mit zwei Stockwerken, wo man auch Elektrowaren, Haushaltsartikel, Arzneimittel und alles andere Erdenkliche bekommt. Der Parkplatz ist zu dieser Tageszeit nur halb voll, noch bevor wir aussteigen, kommt ein Pick-up auf uns zu gefahren.

Darin sitzt ein junger Mann mit Dishdasha und kariertem Kopftuch. Aissa spricht sehr gut Englisch, ist Touristenführer und begeistert von unserem Fahrzeug. Lange unterhalten wir uns mit dem sympathischen Omani, der uns seine Hilfe anbietet, sollten wir sie benötigen. Wir haben nicht das Gefühl, dass er uns etwas verkaufen oder aufschwatzen möchte. Aissa erzählt uns, dass er öfter mit Touristen in den nahe gelegenen Jemen reist, allerdings nicht mit dem eigenen Fahrzeug. Jemen. Allein schon der Name prickelt auf meiner Haut. Nur zu gerne würde ich dort hinreisen, aber die Sicherheitslage ist momentan etwas prekär.

Wir tauschen Telefonnummern aus und betreten das Einkaufszentrum, in dem die Klimaanlage auf vollen Touren läuft. Die Preise sind um einiges niedriger als in Europa. Wir kaufen uns z. B. ein fertiges Grillhendl nach indischer Art um umgerechnet 2 Euro. Der Einkaufswagen füllt sich zunehmend, das Einzige, was man hier nicht bekommt, ist Alkohol. Doch auch hier kann uns Bernd weiter helfen. Beim indischen Alkoholdealer seines Vertrauens werden wir fündig.

Am Ostrand von Salalah ist ein kleiner Palmenhain direkt am Strand und daneben gleich ein Sanitärblock. Das trifft sich gut, denn wir müssen unser Campingklo ausleeren. Das ist Peters Aufgabe – wie immer. Während dieser 10 Minuten, in der wir die Campingtoilette ausleeren und reinigen, kommen viele einheimische Autos. Neugierig drehen sie eine Runde, lassen den Motor aufheulen, geben ordentlich Gas und schon sind sie wieder weg. Außer einem. Hussein. Aufgeregt steigt er aus seinem Auto, grüßt uns überschwänglich auf Arabisch und danach auf Englisch. Er beschenkt uns mit einem ganzen Bund Bananen, Kokosnüssen und zwei Schlüsselanhängern in Form eines omanischen Dolches. Und schon sind wir seine Freunde. Hussein ist ganz außer sich. Er ist ein hübscher Omani, traditionell gekleidet in einer beigefarbenen Dishdasha und einer dazu passenden Kumma. Die Haare sind kurz rasiert, der schwarze Schnurrbart perfekt getrimmt. Hussein ist ein wirklich gepflegter und wohlriechender Mann.

Er ist 30 Jahre alt, wohnt noch bei seiner Mutter im Zentrum von Salalah und hat dank seines Onkels eine Arbeitsstelle als Regierungsbeamter in Aussicht. Wir verraten ihm unseren Standplatz bei der Lagune und er verspricht, uns dort in den nächsten Tagen zu besuchen.

Zurück an unserem Nächtigungsplatz schmeißen wir uns gleich in die Badesachen und stürzen uns ins Meer. Ich gehe immer in ein Tuch gewickelt bis zum Wasser, denn ab und zu kommen ein paar Einheimische, um weibliche Touristen anzuschauen. Als wir nach Salalah gekommen sind, war es ganz ruhig hier am Strand, doch mittlerweile dürfte es sich schon herumgesprochen haben, dass an der Lagune ausländische Reisende campieren, die man betrachten kann. Erfrischt kommen wir aus dem Wasser und gehen zurück zu August. Von Weitem schon sehen wir einen Mann bei unserem

Fahrzeug. Was für eine Überraschung, es ist Hussein. Unbedingt möchte er uns zum Abendessen einladen. Widerrede ist sinnlos. Wir haben gar keine rechte Lust, andererseits auch keine Wahl. Wir wollen ihn nicht beleidigen. Also ziehen wir uns um und steigen in Husseins Auto. Er bringt uns in eines der besten omanischen Restaurants von ganz Salalah. Am Eingang müssen wir die Schuhe ausziehen und danach führt man uns in einen kleinen Raum, wo wir ungestört sind. Wir lassen uns auf einem Teppich nieder und schon kommt ein Kellner mit Erfrischungstüchern. Die Bestellung übernimmt Hussein. Wir machen ihn darauf aufmerksam, dass wir nicht sehr hungrig sind, doch das ignoriert er. Teller, Schüsseln und Platten werden gebracht, darauf türmen sich Reis, Fladenbrot, gegrillter Fisch – natürlich für jede Person einer – und Ziegenspieße. Besteck gibt es keines, man reißt einfach ein Stück Fladenbrot runter und schaufelt damit die Speisen in den Mund. Es schmeckt wirklich hervorragend, wir probieren von allem, aber bald sind wir satt. Zum Runterspülen trinken wir Pepsi, wie Hussein. Der junge Omani interessiert sich sehr für Österreich, vor allem für zeitgenössische Musik. Er fragt uns Löcher in den Bauch und macht sich Notizen. Bezahlen dürfen wir natürlich nicht, was uns gar nicht recht ist, aber es wäre unhöflich, wenn wir Hussein nicht gewähren lassen würden.

Im Gegenzug laden wir ihn am folgenden Tag zum Essen ein, kurzerhand habe ich beschlossen zu kochen. Zögernd nimmt Hussein die Einladung an und bringt uns zurück zum Strand. Die anderen deutschen Reisenden sind noch alle da, sitzen mittlerweile in einer gemütlichen Runde beisammen. Sobald es dunkel wird, tut man gut daran, gleich eine Jacke anzuziehen, es wird sehr rasch kühl. Ist aber logisch, denn es ist ja Winter. Das Einzige, was hier am Abend lästig ist, sind die Insekten, die in erster Linie Bernd und mich stechen. Wir wissen nicht, was es ist, aber es juckt furchtbar. Otto kennt sich mit Sternenbildern und dem Himmel im Allgemeinen sehr gut aus, er ist mehr als ein Hobbyastronom. Und er kann sehr gut erklären. Wir schauen in den Sternenhimmel und Otto hilft mir, mich ein bisschen zu orientieren, gibt mir wertvolle Literaturtipps. Das kommt mir doppelt gelegen, denn abends politisieren die Deutschen gerne und die Aussagen werden ständig wiederholt. Das interessiert mich nur wenig.

Hussein erscheint zu Mittag, diesmal nicht in omanischer Kleidung, sondern in kurzen Hosen, T-Shirt und Baseballkappe. Wie anders er doch aussieht! Er öffnet den Kofferraum seines Autos und beginnt auszuladen: Papayas, Ananas, Kokosnüsse, Bananen, Reis, Fertignudelsuppen, Halwa (Süßigkeiten) und noch vieles mehr. Halt! Stopp! Unbeirrt lädt Hussein weiter aus. Wir sagen ihm, dass wir genug Lebensmittel hätten und immerhin er heute unser Gast sei. Nein, nein, in Oman sei das so, sagt Hussein und pocht auf die arabische Gastfreundschaft. Ich habe mich beim Zubereiten des Mittagessens echt bemüht, das tut Hussein wahrscheinlich auch gerade, er stochert mit der Gabel im Teller herum und ab und zu führt er sie zum Mund. Dann plötzlich unterbreitet er uns einen Vorschlag oder vielmehr ist es eine Aufforderung, der wir uns nicht widersetzen können: Hussein macht einen Ausflug mit uns. Heute. Jetzt. Sofort. Er hat vollgetankt und möchte uns die Berge zeigen. Wir fügen uns. Als wir in seinem Auto sitzen, grinst er uns an, startet den Motor und die Musikanlage. Bis wir den ersten Stopp bei den Quellen von Ain Garziz einlegen, hören wir Lieder von Falco, Wolfgang Ambros, Georg Danzer und Ostbahn-Kurti. Hussein hat ganze Arbeit geleistet und die halbe Nacht damit verbracht, Musik aus dem Internet herunterzuladen. Er freut sich wie ein kleines Kind. Ich freue mich auch, dass wir eine kurze Pause einlegen und einen Spaziergang machen. Bewegung ist nicht ganz Husseins Ding, das merken wir sehr schnell. Etwas unbeholfen geht er mit seinen Schlapfen über das unwegsame Gelände. Auf dem Weg zurück zu seinem Auto finde ich Stacheln von Stachelschweinen. Ich bin begeistert und sammle alle ein.

Austropop, die Zweite. Reinhard Fendrich ist an der Reihe. Die Straße windet sich auf den Jebel Qara hinauf, rechter Hand fallen die Berge in eine tiefe Schlucht ab. Ganz wohl ist mir nicht zumute, denn Hussein widmet sich mehr der Musik als dem Autofahren. Der nächste Stopp naht, in einem Teehaus an einem schönen Aussichtspunkt machen wir eine Pause und selbstverständlich sind wir Husseins Gäste. Er ist wirklich nett, bemüht, aber auch anstrengend. Hussein vereinnahmt uns total, nimmt uns in Beschlag. Die Situation ist schwierig, wir können unsere Meinung nicht äußern, dann wäre er beleidigt.

Wir fragen uns, wie lange die Fahrt wohl dauern wird. Wo fahren wir überhaupt hin? Hussein wird es schon wissen. Wir haben das Plateau erreicht, die Vegetation wird karger, vereinzelt sehen wir Rinderherden, aber auch Kamele. Landwirtschaft interessiert Hussein wenig, das stellen wir schnell fest. Wir kommen an eine Kreuzung und jetzt weiß ich, wo wir uns befinden, wir haben die Hauptstraße erreicht, die nach Salalah führt. „Hamdulillah – Gott sei Dank!", sag ich da nur. DJ Hussein wechselt das Genre, Countrymusik ist angesagt, auch auf Deutsch. Das ist schon wieder so schlecht, dass es gut ist.

Es dämmert bereits, die Straße führt stetig bergab auf Salalah zu, die Lichter der Stadt leuchten zu uns herauf. Ich wünschte, ich wäre schon dort. Wohlbehalten bringt uns Hussein zurück, die Deutschen sitzen im Sesselkreis in der Diskussionsrunde. Wir spendieren Hussein noch eine Dose Pepsi, bedanken uns und fallen dann erschöpft ins Bett.

Am nächsten Tag kommt ein weiteres Wohnmobil, diesmal keine Deutschen und auch kein Allradfahrzeug. Aber ein Mercedes. Bei einem Umkehrmanöver buddeln sie sich bis zu den Achsen im Sand ein. Es ist eine französische Familie mit drei Kindern. Sie haben sich ein Jahr Auszeit genommen und wollten von Frankreich nach Indien und wieder zurück. Den Plan haben sie kurzerhand geändert – aber ist das nicht völlig normal? Pakistan war der Familie dann doch zu haarig und so sind sie von den Emiraten nach Indien geflogen, haben dort einen Monat ein Auto mit Chauffeur gemietet und sind nun wieder mit ihrem eigenen Wohnmobil unterwegs. Indien war großartig, erzählen uns die beiden, nur haben sie dort alle ein paar Kilo zugelegt.

Müssten sie ihr Fahrzeug händisch ausbuddeln, so würden sie sicher an Gewicht verlieren. Sie probieren es, aber das Wohnmobil versinkt nur tiefer im Sand. Mit Augusts Seilwinde zieht Peter das Fahrzeug im Nu heraus. Als Dankeschön werden wir gleich zum Essen in das gemütliche Wohnmobil eingeladen. Als Aperitif gibt es ein Gläschen Ricard und zum Salat mit gebratenen Hühnerstreifen französischen Rotwein. Und danach muss ich ein Schläfchen machen. Nach 8 Tagen verlassen wir Salalah und die anderen Reisenden. Mit Bärbel und Bernd verabreden wir uns für ein paar

Tage später am Ras Mirbat, einer Bucht östlich von hier. Es ist ein schöner, unberührter Strandabschnitt, meint Bernd, der im Vorjahr schon dort war und uns gleich den Weg dorthin beschreibt. Gerade, als wir am Zusammenpacken sind, düst ein Auto heran. „Hello, my friends!", schreit Hussein schon von Weitem. Und wieder kommt er nicht mit leeren Händen, diesmal hat er ein paar Souvenirs für uns dabei: Weihrauch, einen omanischen Dolch, eine Kumma für Peter und eine Musik-CD. Selbst aufgenommen mit Country- und Truckermusik und natürlich Austropop. Danke Hussein, aber das wäre wirklich nicht nötig gewesen. Er ist ganz traurig, dass wir Salalah verlassen. Wir posieren für ein Abschiedsfoto, tauschen Telefonnummern aus, bedanken uns nochmals aufs Allerherzlichste und sind dann aber froh, endlich weiter zu fahren. So nett Hussein auch sein mag, uns ist er zu anstrengend und zu vereinnahmend.

Die Küstenstraße Richtung Osten ist asphaltiert und in einem guten Zustand, bei der nächsten Lagune machen wir Pause, beobachten Pelikane und Flamingos. Bei der Ortschaft Taqah zweigen wir auf eine Piste ab. Ein einsames Kamel begrüßt uns am Strand und dahinter sehen wir einen riesigen Möwenschwarm. Neugierig bleiben wir stehen und treten näher. Eine Gruppe von Männern ist gerade beim Fischfang, allerdings nicht mit Booten – die Omani stehen am Strand bzw. schon im Wasser und ziehen an vier Seilen. Ein großes Netz wurde zuvor von einem Boot ausgelegt und nun holen die Fischer es ein. Die rund 20 Männer leisten Schwerarbeit. Während die Hälfte das Netz an den Seilen hereinzieht, waten die anderen vollständig bekleidet mit Säcken ins Meer, um die Fische abzutransportieren. Die Möwen machen einen Höllenlärm und fliegen knapp über den Köpfen der Fischer hinweg, blicken gierig auf die Fische.

Die Sardinen werden in die Netzsäcke gefüllt, von den Omani geschultert und an Land getragen. Die Männer packen die Säcke so voll, dass sie nur in gekrümmter Haltung gehen können. Wie schwer werden die Säcke wohl sein? Und wie viele Sardinen zappeln darin? Die Fische landen auf den Ladeflächen von Pick-ups. Einige fallen den Möwen zum Opfer, interessanterweise fressen die Vögel nicht den ganzen Fisch, sondern picken sich nur die besten Teile heraus, der Rest bleibt am Strand liegen.

Bei einem Fahrzeug sitzt eine ältere Frau. Wenn ich nicht wüsste, dass ich in Oman bin, so würde ich behaupten, dass es sich um eine Afrikanerin handelt. Die Frau hat eine dunkle Hautfarbe, eine sehr breite Nase, volle Lippen und ausdrucksstarke Augen. In der Nase hat sie zwei Piercings. Am linken Nasenflügel eine goldene Blume und mitten am Nasenrücken einen Stecker mit goldenen Ketten und einem roten Stein, der bis unter die Nasenspitze reicht. Obwohl es richtig heiß ist, hat die Frau viele Kleider-schichten am Leib. Es sind so viele verschiedene Stoffe, dass ich gar nicht sagen kann, was sie alles trägt. Ich sehe eine weiße, knöchellange Hose, ein langärmeliges, schwarzes Oberteil, darüber einen bunten Stoff, der aber auch ein weites Kleid sein könnte, und ein blau gemustertes Kopftuch, das ihr bis zur Taille reicht. Ich setze mich neben sie und versuche meine paar Brocken Arabisch anzuwenden, mit Erfolg. Lange sitzen wir nebeneinander. Sie wartet, bis der Fang auf den Ladeflächen gelandet ist, dann sucht sie sich ein paar Fische aus, um sie mit nach Hause zu nehmen.

Nur die wenigsten Fische landen im Kochtopf oder am Grill. Fast alle Sar-dinen werden in der Sonne getrocknet und zu Tierfutter verarbeitet. Un-glaublich! Vor der Küste von Süd-Dhofar befinden sich reiche Fanggründe, in denen die indische Ölsardine gefischt wird. „Wie lange noch?", frage ich mich. Und was ist mit dem ökologischen Gleichgewicht? Ist es überhaupt sinnvoll und vor allem notwendig, Fische zur Aufzucht von Huhn, Kalb, Lamm, Lachs und anderen Edelfischen zu pulverisieren? Wir leben schon in einer verrückten Welt, in der Geld leider die wichtigste Rolle spielt.

Wir fahren am antiken Weihrauchhafen Samhuram vorbei, der vom König der Provinz Hadramaut (Jemen) im 4. Jahrhundert vor Christi gegründet wurde und der sich rasch zu einer wichtigen Hafen- und Handelsstadt ent-wickelt hat. Heute gehört die Ausgrabungsstätte zum UNESCO-Weltkul-turerbe.

In der nächsten Bucht schlagen wir unser Nachtlager auf. Wieder alleine zu sein, ist herrlich. Wir setzen uns an den Strand und schauen aufs Meer hinaus, das macht süchtig und beruhigt. Und es gibt immer etwas zu entde-cken, wie z. B. Delfine! Elegant und spielerisch tauchen sie aus dem Wasser auf, die letzten Sonnenstrahlen glänzen auf ihren dunkelgrauen Körpern. Außer dem Meeresrauschen hören wir nichts, wie schön.

Jetzt hab ich es verschrien, ein Geräusch ist doch zu vernehmen, ein Grummeln und Glucksen. Es kommt aus meinem Bauch. Wir haben heute köstliche Bohnen gegessen und ich habe das weltbeste Getränk kreiert: Kalte Milch mit Dattelsirup! Ein Gedicht, aber leider vertrage ich es nicht. Reimt sich sogar. Hoffentlich kann ich heute schlafen. Mein Bauch ist so groß, wie der von einer trächtigen Kuh.

Bärbel und Bernd haben bei der Beschreibung der Bucht untertrieben. Es ist traumhaft hier. Uns bleibt fast der Mund offen. Weißer, unberührter Sandstrand, dazwischen ein paar Felsen, türkisblaues Wasser, Korallenriffe und jede Menge Leben im Meer. Abgesehen von ein paar Grasbüscheln ist es fast vegetationslos, kein Baum, kein Strauch, kein Schatten. Dafür hat unser Fahrzeug eine große Markise, unter die wir vor der Sonne flüchten. Wir erkunden den Strand, spazieren in die nächste Bucht, klettern über Felsen und beobachten die Tiere, die in den Gezeitenpools schwimmen. Es ist wie ein großes Aquarium, Muränen verstecken sich hinter den Steinen, davor liegen rote und schwarze Seeigel in allen erdenklichen Größen, Krabben schauen uns misstrauisch an, ein Schwarm tropischer Fische schwimmt an wunderschönen, grünen Korallen vorbei.

Am Rückweg fülle ich meine Taschen mit Cowrie-Schnecken – große, kleine, rosarote, grüne, graue, blaue, getigerte. Ständig werden neue angeschwemmt. Cowrie Beach, so nenne ich unseren neuen Aufenthaltsort.

Beim Frühstück beobachten wir Schildkröten und Delfine und dann tauchen wir ein ins Unterwasserparadies des Indischen Ozeans. Das Wasser ist kühl, glasklar und es wimmelt von Lebewesen: Doktorfische, Clownfische, Papageienfische, Kugelfische, riesengroße Stachelrochen, Muränen, Tintenfische, Langusten, Seesterne, Korallen und so viele andere, deren Namen ich nicht kenne. Ganz aufgeregt, mit Gänsehaut und blauen Lippen, erzählen wir uns gegenseitig, was wir gesehen haben. Es ist unglaublich. 30 Minuten brauche ich zum Aufwärmen, dann setze ich mir wieder Taucherbrille und Schnorchel auf, schnappe meine Flossen und begebe mich erneut ins Paradies. Schrecke Schildkröten auf, halte den Atem an, als ich drei Muränen entdecke und muss fast lachen, als ein Schwarm kleiner Tintenfische neugierig auf Tuchfühlung kommt.

Die Tage vergehen wie im Flug. Was machen wir nur den ganzen Tag? Das ist ganz einfach beantwortet: Wir leben. Das Leben hier ist einfach und schön. Es ist einfach schön! Der Indische Ozean liegt mir zu Füßen, eine leichte Brise streichelt meine Haut und sorgt für angenehme Temperaturen. Wir genießen die Ruhe, erfreuen uns an den vorbeiziehenden Kamelen, bewundern den Sternenhimmel, lieben die Zweisamkeit und sind glücklich! Uns fehlt nichts, wir haben alles, was wir brauchen. Zum Glücklich-Sein brauchen wir wirklich nicht viel. Freunde braucht man. Unsere neuen Freunde, Bärbel und Bernd, stoßen ein paar Tage später zu uns. Jacky Blue parkt wieder etwas abseits von unserem August. Das omanische Wochenende steht vor der Tür. Einige Familien kommen am Donnerstagnachmittag zum Picknicken und Campen hierher. Die meiste Zeit sitzen sie auf einem Plastikteppich, essen, trinken Tee und tratschen, nur die Kinder tollen ein bisschen herum. Auch im seichten Wasser. Freundlich winken wir zu ihnen hinüber, sie erwidern unseren Gruß und dabei bleibt es.

Anders verhalten sich die jungen Männer, die in ihren aufpolierten Flitzern kommen. Aber es sind nur wenige Schaulustige, die hoffen, eine weiße Frau beim Schwimmen zu sehen. Zeit spielt für sie dabei keine Rolle, denn sie lauern im parkenden Auto und warten bis Bärbel und ich im Badeanzug und mit Schnorchel aus dem Wasser steigen. Dann brausen sie mit Vollgas heran. Doch sie sind immer zu langsam, unser Tuch liegt griffbereit ein paar Meter vom Meer entfernt. Man muss sich einmal in ihre Lage versetzen. Abgesehen von ihren weiblichen Verwandten sehen sie nie eine Frau ohne Kopftuch. Als strenggläubige Musliminnen tragen die omanischen Frauen weit geschnittene Hosen, darüber ein weites Überkleid und ein Kopftuch. Manche sogar eine Gesichtsmaske oder Burka. Selbst wenn Bärbel und ich uns in ein Tuch hüllen, so zeigen wir doch noch nackte Haut an den Unterschenkeln oder Armen. Ich gehe ohnehin nur ins Meer, wenn niemand da ist. Aus Rücksicht auf die Einheimischen und weil ich mich selbst nicht wohl fühle.

Bärbel und Bernd sind über 70 Jahre alt, aber noch unglaublich agil, fit und abenteuerlustig. Sie haben erst vor ein paar Jahren zu schnorcheln begonnen und sind begeistert davon. Genau wie ich. In der vorgelagerten Bucht liegen fünf Reusen in etwa 2 bis 3 Meter Tiefe, je nachdem ob Ebbe oder Flut ist. Drei davon sind leer, aber in den anderen tummeln sich viele Fische und das seit Tagen. Komisch, dass die Fischer nicht kommen, um sie zu leeren. Gestern habe ich leider schon zwei große, tote Fische entdeckt, deswegen beschließen wir heute, die Reusen mittels Seil rauszuziehen und die Tiere zu befreien. Einer ist schöner als der andere, in allen erdenklichen Farben und Formen. Ewig schade, wenn sie alle unnötigerweise sterben müssten. Wir warten auf den niedrigsten Wasserstand und schnorcheln zu viert los. In der ersten Reuse entdecken wir einen kleinen Stachelrochen und eine etwa 120 Zentimeter lange Muräne, die erst seit vergangener Nacht darin gefangen sein dürften. Wir haben ein Seil und einen Haken dabei, die Reuse liegt in etwa 1,5 Meter Tiefe. Bernd ist als erster dort und hängt den Haken ein. Dabei stellt er sich bloßfüßig auf die Reuse. Die Muräne, die sich darin befindet, hat er anscheinend vergessen. Sie fühlt sich bedroht und beißt Bernd in den großen Zeh. Er hat Glück, dass die Maschen dort, wo er steht, so eng sind, denn sonst hätte die Muräne ihr Maul noch weiter aufgerissen. Nur ein paar Minuten später beobachte ich, wie sie einen großen Fisch verschlingt. Kurz darauf kann sie aus ihrem Gefängnis entkommen. Nur zu gut, dass ich Flossen an den Füßen habe – in Rekordzeit bin ich an Land.

Bernd wird inzwischen von Bärbel versorgt, sie desinfiziert die Wunde und legt einen Verband an. Ich starte den Laptop und recherchiere im Internet. Bernd wurde von einer Netzmuräne gebissen. Sie kann bis zu 3 Meter lang werden und ist nicht giftig, aber ihre Bisswunden verheilen schlecht, da sie auch Aas frisst und deswegen viele Bakterien an den Zähnen und im Maul hat. Na, bravo! Regelmäßig lässt sich die Muräne von kleinen Putzerfischen die Zähne reinigen, ohne sie zu fressen.

Bernd hat das Bein hochgelagert und rastet im Schatten. Ich schreibe die Infos über die Muräne auf einen Notizzettel und bringe sie ihm. Er bedankt sich und fragt mich in einem Atemzug, warum ich ihm die Daten nicht gleich per E-Mail geschickt habe. Daran habe ich gar nicht gedacht. Bernd ist da überhaupt sehr fortschrittlich und immer am letzten Stand der Dinge. Dagegen komme ich mir richtig altmodisch vor.

Am nächsten Tag hat Bernd tatsächlich vor, wieder schnorcheln zu gehen. Wir halten das für keine gute Idee, denn wenn sich die Wunde noch mehr entzündet, dann muss er wohl einen Arzt aufsuchen. Widerwillig lässt er sich von uns überzeugen, aber er trotzt fast wie ein kleines Kind.

Peter und ich erkunden eine andere Bucht. Habe ich schon erwähnt, dass der Indische Ozean hier ein Unterwasserparadies ist? Es gibt immer eine weitere Steigerungsstufe, diesmal werde ich mit dem Schauen gar nicht fertig. Hunderte, wenn nicht Tausende Fische sind rund um mich. Wenn ich nur wüsste, wie sie alle heißen! Besonders süß ist ein Tintenfischschwarm. Die ca. 15 bis 20 Zentimeter großen Tiere sind wunderschön gezeichnet, leicht türkis mit schwarzen Punkten in weißen Ringen und großen, seitlich liegenden Augen. Egal, wo ich hinblicke, überall ist Leben. Einen halben Meter lange Papageienfische, winzige, schwarz-gelb gestreifte Fische, knallviolette mit gelber Schwanzflosse, silberblau gestreifte, die sich in einem Strudel umeinander bewegen, Fische, die ein Horn am Kopf haben, Netzmuränen von stattlicher Größe und traumhaft gefärbte Langusten – so groß, wie ich sie noch nie gesehen habe. Eine gut getarnte Scholle, ein riesiger Stachelrochen, so dass mir der Atem stockt. Und das sind bei Weitem nicht alle, die ich gesehen habe. Mir ist gar nicht aufgefallen, dass Peter schon lange nicht mehr im Wasser ist. Ich glaube, ich habe eine leichte Unterkühlung. Meine Lippen sind violett, ich zittere am ganzen Körper und habe überall Gänsehaut. Selbst die pralle Mittagssonne vermag mich anfangs nicht zu wärmen. Ich suche mir einen windgeschützten Platz und lege mich in den Sand. Endlich, nach fast einer Stunde, ist mir wieder warm. Jetzt müsste ich nur noch Wale und Delfine sehen, denke ich mir, als ich zu den Fahrzeugen zurückgehe.

Jeden Morgen wache ich vor der Dämmerung auf und freue mich auf den Sonnenaufgang. Es ist herrlich kühl draußen, 23 °C, also optimal für einen Spaziergang und Morgengymnastik mit Blick aufs Meer. Was bin ich doch für ein Glückspilz heute! Ich sehe doch tatsächlich einen Delfin! Doch da ist noch etwas. Es ist rund, taucht kurz auf und dann wieder ab. Ich hole rasch das Fernglas und identifiziere das runde Etwas als eine Schildkröte. Und da ist noch eine, und noch eine und … sie haben einen großen gelblichen Kopf, wie schön. Ein Stück weiter draußen sehe ich knapp unter der Wasseroberfläche mehrere Fische schnell hin und her schwimmen. Manchmal kann ich eine spitze Rückenflosse erkennen, möglicherweise sind es Haie. Und das alles schon vor dem Frühstück! Das kann nur ein wundervoller Tag werden. Und genauso ist es auch. Abends riecht das Meer sehr intensiv, nach Algen, Plankton und Seetang. Als es dunkel wird, sehen wir das Meer als Draufgabe wieder grün leuchten.

Es ist schwer, sich von einem so schönen Platz zu trennen. Unser Visum für Oman ist nur noch 4 Wochen gültig, wir können es nicht mehr verlängern lassen, sondern müssen zwischendurch ausreisen, um ein Neues zu bekommen. Und Oman ist groß. Nach 12 Tagen werden unsere Wasservorräte langsam knapp. Nachdem es heute sehr stürmisch ist, was das Schnorcheln unmöglich macht, beschließen wir aufzubrechen.

Der Ort Mirbat, auf einer Halbinsel gelegen, war einst ein wichtiges Handelszentrum für Weihrauch. Das kostbare Harz wurde vom dort nach Asien und Europa verschifft. Zwischen dem 16. und 18. Jahrhundert wurde der Seeweg vor allem durch den Golf von Aden und das Rote Meer durch Piraten unsicher gemacht und so starteten viele Karawanen von Mirbat, um den Weihrauch durch die Wüste nach Saudi-Arabien zu transportieren. Wenn man heute durch Mirbat geht, kann man sich die ehemalige Bedeutung und den Reichtum des Ortes nur schwer vorstellen. Verschlafen und morbid wirkt Mirbat. Einige Gebäude sind total verfallen, andere am besten Weg dazu. Dazwischen blitzen Häuser mit weißen Fassaden. In der Bucht mit dem feinen Sandstrand liegen kleine Fischerboote, denn heute ist die Haupteinnahmequelle der Dorfbewohner der Fischfang.

Sehenswert sind die baufälligen, traditionellen Handelshäuser, die eine südjemenitisch beeinflusste Architektur aufweisen, dennoch. Die rechteckigen Häuser sind zweistöckig und um einen Innenhof angelegt, der als Licht- und

Luftschacht dient. Die Dachterrassen sind mit treppenförmigen Pyramiden-Zinnen eingefasst. Wunderschön geschnitzte Holztüren und Fenster sind noch erhalten. Wir besichtigen einige der Häuser von innen, doch alles ist dem Verfall preisgegeben. Ewig schade um die mit aufwendigen Schnitzarbeiten versehenen Möbel aus Holz.

Die Strecke von Mirbat über Sadah nach Hasik ist landschaftlich reizvoll, die Straße verläuft zum Teil direkt an der Küste und klettert dann wieder hinauf auf die Steilküste. Verkehr gibt es fast keinen, die Häuser kann man an zwei Händen abzählen. Kamele wandern gemächlich auf der Straße, lassen sich durch uns gar nicht stören. Hasik ist ein unspektakuläres Fischerdorf mit vielen Neubauten. Etwa 9 Kilometer weiter endet die Straße. Bis nach Shuwaymiyah ist es nicht mehr weit, doch die Steilküste versperrt den Weg. Eine Straße ist allerdings in Bau. Wie ich nachgelesen habe, wurde das fehlende Teilstück fertiggestellt und die 90 Kilometer lange Verbindungsstraße zwischen Shuwaymiyah und Hasik im Jänner 2014 eröffnet.

Wir fahren zurück Richtung Sadah. Dort wollen wir nächtigen, da ich für den kommenden Tag einen Bootsausflug mit dem Fischer Mohammed organisiert habe. Seine Telefonnummer habe ich von anderen Reisenden bekommen, die bereits mit ihm unterwegs und begeistert waren. Leider ist das Wetter am nächsten Tag zu stürmisch, also vereinbaren wir, die Tour um einen Tag zu verschieben. Am Abend telefonieren wir nochmals, die Wetterprognose ist erneut nicht gut. Als Mohammed mir so nebenbei mitteilt, dass sein Boot gar nicht in Sadah, sondern in Hasik liegt, schreibe ich den geplanten Tagesausflug mit Schnorcheln und Delfinbeobachtung ab. Vielleicht klappt es ja ein anderes Mal ...

Nach 2,5 Tagen sind wir wieder am Ras Mirbat, hier gefällt es uns einfach am besten. Das Meer glitzert, mit ein paar vorgelagerten Felsen darin. Dieser Platz eignet sich hervorragend zum Tagträumen. Eine omanische Familie lässt sich 50 Meter von uns entfernt zum Picknick nieder. Raus aus dem Auto, Teppich aufgelegt und gleich wieder hingesetzt. Nur die vier Kinder tollen ein bisschen herum. Ein riesiges Containerschiff zieht mit Kurs auf Salalah vorbei. Ob das Schiff nach dem Löschen der Ladung nach Indien fährt? Wir versuchen nämlich gerade Informationen über eine Schiffspassage auf den indischen Subkontinent zu bekommen. Unsere Preisvorstellung liegt bei 1.500 Euro. Sollte das nicht möglich sein, reisen wir wieder nach Iran und danach …? Seit ein paar Tagen schaue ich wieder intensiv in den Atlas. Folgende Routen hätte ich mir schon ausgedacht:

1. Iran, Turkmenistan, Usbekistan, Kirgistan, Tadjikistan, Usbekistan, Turkmenistan, Iran, Türkei, Syrien, Jordanien, Ägypten
2. Iran, Turkmenistan, Usbekistan, Tadjikistan, Kirgistan, China, Pakistan, Indien, Nepal
3. Iran, Pakistan, Indien, Nepal
4. Auf dem Seeweg nach Indien, Nepal

Ist natürlich alles rein theoretisch. Ich beginne im Internet mögliche Einreisebestimmungen zu recherchieren. Puh, das ist anstrengend und mühsam. Aufgrund des Klimas ist es ratsam, Zentralasien im Sommer zu bereisen und der ist dort kurz. In Syrien herrscht seit März 2011 Bürgerkrieg, in China braucht man einen Führer, wenn man mit eigenem Fahrzeug einreisen möchte, und das ist sehr teuer. Das Visum für Pakistan soll angeblich momentan nur schwer bis gar nicht zu bekommen sein. Alles hat Vor- und Nachteile. Warum müssen die Staaten das Reisen bloß durch Visa und Einladungsschreiben kompliziert und teuer machen? Für Zentralasien fallen so für eine kurze Reisezeit hohe Kosten an. Man hat es nicht immer leicht als Reisender. Ich bin schon sehr gespannt, wo es uns hin verschlagen wird. Vorerst habe ich aber genug von den Formalitäten. Es ist schon fast 17 Uhr, die Sonne ist noch kräftig und wird bald im Meer versinken – aber davor schnorchle ich noch eine Runde. Hurra! Bärbel und Bernd sind auch wieder da, sie parken schräg hinter uns. Wir nehmen den Kalender zur Hand, langsam müssen wir uns die Zeit in Oman einteilen. Uns bleiben nur noch knappe 4 Wochen. Nach weiteren 4 Tagen müssen wir uns von diesem zauberhaften Küstenabschnitt förmlich losreißen. Zur Verabschiedung schenken wir Bärbel und Bernd eine Boje. Doch eigentlich ist es nur eine Leihgabe, denn die beiden sollen sie bei uns zu Hause in Österreich abliefern. Dank Peters Sammlerleidenschaft haben wir kaum mehr Platz auf Augusts Dach.

Von anderen Reisenden haben wir vom sogenannten „magnetischen Punkt" gehört, der sich westlich von Ras Mirbat, nahe der Hauptstraße befindet. Anscheinend rollen hier die Fahrzeuge bergauf. Es wird diskutiert, ob es sich um ein Magnetfeld oder eine optische Täuschung handelt. Das wollen wir herausfinden. Wir machen Versuche mit unserem Fahrzeug und einem Nudelholz, aber weder das eine noch das andere rollt bergauf. Schließlich holt Peter die Wasserwaage. Die zeigt an, dass die Straße an dieser Stelle nicht bergauf, sondern bergab führt. Doch wir sind immer noch nicht zufrieden. Denn wenn die Erdanziehung hier durch ein Magnetfeld gestört ist, dann werden natürlich auch das Nudelholz und die Wasserwaage beeinflusst. Peter hat eine Idee. Am GPS können wir die aktuelle Meereshöhe ablesen. Wir fahren also ein Stück vor und dann zurück, kontrollieren dabei die Seehöhe und wissen nun, dass die Straße leicht bergab verläuft. Es gibt hier also kein Magnetfeld, es ist einfach nur eine optische Täuschung aufgrund der Geländeform.

Tawi Attair heißt in der Sprache der Jebali „Brunnen der Vögel". Das klingt interessant. Es handelt sich um ein 200 Meter tiefes und 100 Meter breites Loch, das im Laufe der Jahrtausende durch Wasser entstand, das in die Spalten des Kalksteins sickerte und ihn auswusch. Ein unterirdischer Hohlraum bildete sich, bis irgendwann die Decke einstürzte. Am Grund des Loches ist klares Wasser. Jeden Tag stiegen die Einheimischen hinab, um Trinkwasser zu holen, erst moderne Dieselpumpen machten dieser Strapaze ein Ende. Bis zur Hälfte kann man heute auf schmalen Pfaden in dieses Loch hinuntersteigen. Bäume und Sträucher wachsen darin, Wurzeln bilden manchmal einen richtigen Vorhang. Heiß und schwül ist es, aber wunderschön und unzählige Vögel zwitschern und pfeifen. Der schweißtreibende Ab- und Aufstieg lohnt sich wirklich.

Auch eines der fruchtbarsten Täler der Provinz Dhofar wollen wir uns ansehen, das Wadi Darbat. Es ist ein von hohen Bergwänden abgeriegeltes Plateau, in dessen Hängen sich zahlreiche Kalksteinhöhlen befinden. Zur Monsunzeit ist es mit Wasser gefüllt, jetzt, Ende Februar, kann man den größten Teil des Wadis befahren und begehen. Viele Bäume wachsen hier, vorwiegend Dornakazien, Büsche und Gras. Das gefällt den Kamelen, Eseln und Ziegen besonders gut, die sich hier den Bauch vollschlagen. Das Gras ist schon ziemlich abgefressen, es wird Zeit, dass bald wieder der Regen kommt. Ein herrlicher Schlafplatz, fast wie in der afrikanischen Savanne, Vogelgezwitscher begleitet uns in den Schlaf. Beim Frühstück besucht uns eine Kamelherde, lauter Stuten mit ihrem Nachwuchs. Ein Kamelbaby ist sicher nicht älter als ein paar Tage, es ist schneeweiß, das Fell ganz dick, flauschig und gelockt, das Kleine reicht Peter bis zum Bauch. Angst hat es keine, es beschnuppert uns sogar. Die Mutter mit dem dicken Euter lässt es allerdings keine Sekunde aus den Augen. Die Kamele haben alle unterschiedliche Farben, von weiß über beige und cremefarben bis zu dunkelbraun.

Manche Stuten haben einen Sack um das Euter gebunden. Ein Kamel-BH. Nicht sehr schick, aber praktisch. Denn das Stück Stoff erfüllt einen anderen Zweck. Normalerweise trinkt ein Fohlen bis zum Alter von 9 Monaten, dann ist es entwöhnt. Möchte man aber, dass die Stute länger Milch gibt, so muss der Mensch nachhelfen. Etwa 6 Wochen nach der Geburt wird das Euter verhüllt und die Stute von da an gemolken, das Junge bekommt seine Ration nur noch von der am Morgen und Abend gemolkenen Milch. Wird die Stute nicht erneut gedeckt, so kann sie auf diese Weise 4 Jahre lang Milch geben und liefert somit wertvolle Nahrung für den Menschen.

Bevor wir das südliche Dhofar verlassen, wollen wir nochmals nach Salalah. Als wir an der Lagune vorbeifahren, sehen wir am Strand ein bekanntes Fahrzeug: Jacky Blue. Mit Bärbel und Bernd verbringen wir somit die letzten Tage an der Küste. Wir lassen es uns so richtig gut gehen, essen köstlich und noch dazu extrem billig in einem indischen Restaurant, besuchen den Weihrauchsouk, treffen erneut Aissa, der uns in den Jemen begleiten wollte, und feiern Abschied. Bernd hat schon wieder einen Geheimtipp: Der Oasis Club im Hafen von Salalah. Eigentlich ist der Club nur für Mitglieder und die Besatzung der Schiffe, die im Hafen anlegen. Es gibt ein Restaurant und eine Bar mit Pubcharakter, sowie eine schöne Aussichtsterrasse mit Blick aufs Meer. Auf der Speisekarte gibt es viele Gerichte, von indisch über kontinental bis zu typisch britisch. Die Auswahl an Getränken, vor allem an alkoholischen, ist enorm. Das ist schon etwas Besonderes in Oman. Während Bärbel, Bernd und Peter frisch gezapftes Bier trinken, verkoste ich südafrikanischen Wein. Köstlich, wie auch das Essen. Es ist ein sehr lustiger Abend, an dem wir so richtig völlern. Der aufmerksame, indische Kellner Joseph aus Kerala versorgt uns ständig mit frischen Getränken. Gut, dass wir mit den Wohnmobilen da sind, denn ans Autofahren ist nicht mehr zu denken. So müssen wir nur noch zum Parkplatz gehen und das ist schon weit genug.

Am nächsten Morgen treibt uns die Sonne aus dem Fahrzeug. August steht ungünstig zur Windrichtung und so ist es bald sehr heiß im Inneren. Wir steigen mit einem Brummschädel aus und finden Jacky Blue noch verschlossen vor. Bald klettert Bärbel heraus, von Bernd fehlt jede Spur. Er hat einen Mordskater und kann das Wohnmobil noch länger nicht verlassen. Wir fahren aber weiter, denn wir müssen unsere Campingtoilette ausleeren und Wasser tanken. Beides ist im Osten der Stadt möglich, beim kleinen Palmenhain steht ein Sanitärblock. Als wir damit fertig sind und gerade einpacken, parken sich mehrere Autos ein. Wir hören laute Musik und gleich darauf eine bekannte Stimme: „Hello my friends! How are you?" Es ist Hussein, der sich besonders freut, uns zu sehen. Oh, nein, bitte nicht heute! Doch Hussein lässt uns wieder einmal keine Wahl, wir verabreden uns zum Abendessen im Weihrauchsouk. Bis dahin haben wir uns halbwegs erholt, sind aber dennoch müde und erschöpft vom Vorabend. Hussein wird erst so richtig munter, wenn es dunkel wird. Er hat sich fein herausgeputzt, heute trägt er eine graue Dishdasha mit dazu passender Kumma. Der Schnurrbart ist frisch getrimmt und die ganze Kleidung verströmt einen wohlriechenden Duft. Nach dem Essen spazieren wir noch durch den Markt, Hussein möchte Peter unbedingt eine Kumma schenken, aber nicht irgendeine, sondern eine von Hand bestickte. Der arme Peter muss unzählige Kappen probieren, bis Hussein endlich mit einer zufrieden ist. Shukran und lebe wohl, Hussein.

Die Küste lassen wir nun hinter uns. Auf der Hauptstraße geht es nach Norden, hinauf in die Berge. Es ist dieselbe Strecke, auf der wir nach Salalah gekommen sind. 15 Kilometer nach dem Ort Thumrait zweigen wir nach Shisr ab, in Richtung der Wüste Rub al-Khali. Sie ist die größte, zusammenhängende Sandwüste der Erde. „Das leere Viertel" wird sie auch noch genannt. Wie der Name schon sagt, ist es eine der einsamsten Regionen der Erde. Es gibt kaum Oasen, dafür extreme Temperaturschwankungen. Die Wüste bedeckt fast ein Drittel der gesamten Arabischen Halbinsel. Sie liegt auf den Staatsgebieten von Oman, den Vereinigten Arabischen Emiraten, Jemen und Saudi-Arabien. Die Dünen werden bis zu 200 Meter hoch, dazwischen liegen zum Teil salzhaltige Ebenen. Auch eines der größten Ölfelder der Welt befindet sich hier. Wie auch die Forschungsreisenden aus den vorherigen Jahrhunderten werden wir von der Rub al-Khali magisch angezogen. Wie sagte schon einst der Entdecker Sven Hedin: „Jeder Mensch braucht dann und wann ein bisschen Wüste!"

Schon als wir in Afrika unterwegs waren, hat es uns die Wüste angetan. Die Sahara hat uns verzaubert und seitdem nicht mehr losgelassen. Ist man inmitten einer Wüste, so relativiert sich alles. Man kommt sich klein und unbedeutend vor in dieser endlosen Weite, unter einem Sternenhimmel, der zum Greifen nahe ist. Es ist die Stille, die einen selbst ruhig werden lässt und die hilft, den Weg zu sich selbst zu finden.

Viele Märchen, Sagen und Legenden gibt es, die sich um die Wüste, um Karawanen und Oasen ranken. In einer davon wird die versunkene Wüstenstadt, das legendäre Ubar, beschrieben. Als Kreuzungspunkt von Karawanenwegen war Ubar einst vor 4.000 Jahren eine wichtige Stadt, die es durch Handel mit Weihrauch, Gewürzen, Kupfer und vermutlich auch Araberpferden zu großem Reichtum brachte. Die Oase wurde zu einem wunderschönen Ort mit herrlichen Gärten und verschwenderischen Palästen. Ubar wird in der Bibel und im Koran erwähnt und als prachtvolle Stadt mit vielen Säulen beschrieben. Die Bewohner der Wüstenstadt lebten in Übermut und Laster, bis Gottes Hand sie vernichtete. Er bestrafte sie für ihren ausschweifenden Lebensstil und machte Ubar dem Erdboden gleich. Die heiligen Schriften und die mündlichen Überlieferungen der Beduinen förderten die Legenden um die versunkene Stadt in der Wüste.

Lawrence von Arabien nannte sie das „Atlantis der Wüste", fand es aber leider nie. Trotz aufwendiger Suche konnte die legendäre Stadt lange nicht lokalisiert werden. Erst in den 1990er-Jahren wurden bei Shisr mit Hilfe von Satellitenaufnahmen der Raumfähre „Challenger" Reste einer Karawanserei entdeckt. Einige Archäologen glauben, dass es sich möglicherweise um das sagenumwobene Ubar handeln könnte, das „Ebenbild des Paradieses". Bis heute ist man nicht sicher, ob es sich dabei um die einst so reiche Oasenstadt handelt.

Die UNESCO hat die Stätte jedoch anerkannt und sie in die Liste der Weltkulturgüter aufgenommen. Wenn man die Ausgrabungsstätte heute besucht, braucht man viel Fantasie, um sich vorstellen zu können, dass hier einst eines der Zentren des weltweiten Weihrauchhandels gewesen sein soll. Die archäologische Stätte des vermeintlichen Ubar ist leider wenig eindrucksvoll. Außer einigen Mauer- und Gebäuderesten ist nicht viel zu erkennen. Warum die Stadt vom Erdboden verschlungen wurde, ist allerdings erklärt: Ubar wurde über einer Kalksteinhöhle errichtet, unter der sich ein Wasserreservoir befand. Eines Tages brach der Kalksteindom zusammen und die säulenreiche Stadt stürzte in die Tiefe. Die Wüstenwinde Arabiens deckten die Trümmer am Grund des Kraters mit Sand zu und ließen sie vom Erdboden verschwinden.

August rollt auf einer hellgrauen, fast reinen Schotterpiste dahin. Neben der Fahrbahn sammelt sich orangefarbener Sand zwischen den Steinen. Es ist flach, flacher geht es kaum. Die Landschaft wird öder und langweiliger. Der Wind legt wieder zu, die Temperaturen auch. 44,7 °C zeigt unser Thermometer in der Fahrerkabine. Es ist mühsam zu fahren, Körper und Geist sind träge. Die Sonne ist grausam, das Licht so hell, dass unsere Augen schmerzen.

Bis zur letzten Siedlung, Hashman, in der fünf Familien leben, soll die Piste passabel bleiben. Doch so weit wollen wir heute gar nicht fahren. In der Ferne erahnen wir Hashman, davor einen zarten grünen Streifen und dahinter die ersten Dünenzüge. Wir grinsen über beide Ohren und beschließen, die Nacht gleich hier zu verbringen. Wir parken uns ein Stück abseits der Piste ein und bleiben. Bei einem Spaziergang fällt uns ein süßer Duft auf. Wir gehen einfach der Nase nach und finden zarte Gräser und Pflanzen mit zerbrechlichen, winzig kleinen Blüten. Manche sind gelb, andere lila, sie ähneln einem Kaktus. Wären wir auf der Piste geblieben, hätten wir diese Pflanzen und den herrlichen Duft nie entdeckt. Oft wird man da, wo man es am wenigsten erwartet, am reichsten belohnt.

Wir sitzen vor unserem Wohnmobil und schauen in die Ferne. Es ist so ruhig, dass man den eigenen Pulsschlag hört. Wir gehen zeitig schlafen und es wird eine herrliche Nacht. Nach den knappen 45 °C kühlt es auf 19 °C ab. Ich habe geschlafen wie ein Stein. Beim Frühstück um 7:30 Uhr ist es noch sehr angenehm. Danach ändert sich die Lage, es wird schnell heiß und ein starker Wind kommt auf. Wie gestern Abend wirbelt er den feinen Sand auf und trägt ihn zu uns und unserem Fahrzeug herüber.

An Hashman fahren wir nur vorbei, es ist eine moderne Siedlung mit zweigeschossigen, sandfarbenen Häusern, die durch Mauern vor dem Sand geschützt sind. Unweit der Mauer ist ein Palmengarten und hinter einem Stacheldrahtzaun erkennen wir Wassertanks, Lkw, Pick-ups, Planen und ein paar niedrige gemauerte Gebäude. Es gibt sogar ein paar Bäume, an denen Kamele angebunden sind. Das ist aber auch schon alles. Es wirkt irgendwie surreal, die Siedlung passt so überhaupt nicht hierher. Menschen sehen wir keine, wahrscheinlich verlassen sie die Häuser bei diesem Sandsturm nur, wenn es notwendig ist.

Wir lassen Hashman rechts liegen, wollen ein Stück tiefer in „das leere Viertel" fahren. Bereits nach kurzer Zeit werden die Dünen immer höher, die letzte Siedlung ist außer Sichtweite und vergessen. Für uns gleich wieder ein Grund, anzuhalten und einfach zu bleiben. Der Sturm will sich einfach nicht legen, der Sand ist einfach überall: In den Haaren, den Ohren und Augen, zwischen den Zähnen und natürlich überall im August. Fotografieren ist nahezu unmöglich bei diesen Bedingungen.

So warten wir im Schatten von unserem Fahrzeug und verscheuchen lästige Fliegen. Bei 45 °C scheint die Zeit stillzustehen. Zeit, das ist genau das, was wir haben. Wir harren aus, hoffen auf eine Wetterbesserung. Peter ist geduldiger als ich, er scheint bei jeder Temperatur und Witterung schlafen zu können. Der Glückliche! Ich probiere Verschiedenes aus. Im Wohnmobil haben wir alle Fenster und die Rollos geschlossen. Der Aufbau ist wie ein

Kühlschrank, solange man ihn nicht öffnet. Nachts sind die Temperaturen kühl und die Fenster weit geöffnet, am Morgen schließen wir alles und können so die Kühle eine Zeit lang speichern. Aber eben nur eine Zeit lang. Je öfter man aus- und eingeht, desto schneller wird es darin warm. Und es regt sich kein Lüftchen. Also gehe ich wieder nach draußen, lege mich in den Schatten unserer Markise und versuche zu lesen, zu schlafen, Tagebuch zu schreiben, aber irgendwie habe ich für nichts Energie. Die Hitze lähmt mich und die Fliegen machen mich langsam verrückt. Peter schläft neben mir – seelenruhig. Es ist eine Geduldsprobe für mich, ich muss aufpassen, dass ich nicht grantig werde. Die Tage sind lang, ich sehne mich nach dem Sonnenuntergang, erst dann werde ich munter. Ich fasse den Entschluss, so lange zu warten, bis der Sturm vorbei ist und ich klare Sicht habe, um auf die Dünen zu klettern.

Warten ist allerdings nicht meine Stärke, was am nächsten Tag noch deutlicher wird. Der Sturm hat zugelegt. Dank Peter harre ich aus. Am dritten Nachmittag legt sich der Wind endlich. Wir können die Dünen erklimmen, fotografieren, staunen und bewundern. Die Schönheit der Wüste fasziniert uns, wir sind begeistert von den Farben und Formen der Sanddünen, dem Licht- und Schattenspiel. Unser Blick schweift über die unzähligen, orangefarbenen Kämme, die Gräser und vereinzelten Bäume dazwischen. Keine Spuren von Menschen, außer unsere eigenen. Wir laufen hinauf und hinunter, springen, keuchen, schwitzen, lassen den Sand durch unsere Finger rieseln und fühlen uns wie Kinder in einer großen Sandkiste. Es ist einfach unglaublich schön hier.

Wie immer verabschiedet sich die Sonne dann viel zu schnell, es wird trüb, dunstig und angenehm kühl. Wir gönnen uns eine Dusche unter dem Sternenhimmel und schlafen glücklich ein.

Tags darauf wollen wir zeitig aufstehen, um das beste Licht zum Fotografieren zu nutzen, doch was ist jetzt schon wieder los? Brrr – im August hat es nur 15 °C und draußen sind keine 100 Meter Sicht. Eine richtige Nebelsuppe und noch dazu ein Sandsturm. Schon wieder! Echt schade, wer weiß, wann sich die Verhältnisse wieder bessern … ich würde gerne noch länger bleiben, aber tagelanges Warten halte ich nicht mehr aus.

Beim Frühstück unterhalten wir uns wieder einmal über den Grobplan unserer Reiseroute. Seit wir eine französische Familie mit vier Kindern in Dhofar getroffen haben, die über Russland, die Mongolei, Zentralasien und Iran bis auf die Arabische Halbinsel gefahren ist, ist mein Interesse an den „Stan-Staaten" voll entbrannt. Peter aber ist von der schwierigen Visabeschaffung für diese Länder schon genervt, wenn er nur daran denkt. Wir schreiben Anfang März 2012. Wenn wir wirklich nach Zentralasien wollen, dann können wir keinen dritten Monat in Oman bleiben, sondern müssten uns bald auf den Weg nach Iran machen, um in Teheran mit den Beantragungen für die Visa beginnen. Dazu haben wir momentan gar keine Lust. Wieder verschieben wir eine endgültige Entscheidung auf unbestimmte Zeit.

Eine Durchquerung der Wüste Richtung Nordosten können wir ohnehin nicht vornehmen, denn erstens sind wir alleine unterwegs und zweitens hat der Sturm wunderschöne Dünen auf die Piste gezaubert. Auf dem Weg zur Asphaltstraße trauen wir unseren Augen nicht, als wir inmitten der Wüste ein Schild sehen. Es ist ein Verkehrsschild. Als ordnungsliebender Autofahrer hat sich Peter natürlich an das Überholverbot gehalten – wen hätte er auch schon überholen können?

Monotonie bestimmt die nächsten Kilometer. Auf rund 150 Meter Meereshöhe erstreckt sich eine Wüstenebene zwischen Dhofar und dem Nordoman. Sie ist nach dem hier lebenden Beduinenstamm der Harasis benannt und heißt deswegen: Jiddat al-Harasis. Auf 500 Kilometern findet sich in dieser Geröll- und Schotterwüste fast keine Erhebung. Der Asphalt hingegen ist gut und Peter eine Fahrernatur.

Man soll immer zufrieden sein mit dem, was man hat … aber sich auch auf etwas Anderes freuen. Also von der Wüste zurück an die Küste! In nur 2 Tagen sind wir am Meer. Die Küstenregion ist nur dünn besiedelt, was auch mit den vorgelagerten Riffen zusammenhängt, die die Schifffahrt erschweren. Das stört uns überhaupt nicht. Bei Ras Sidrah nächtigen wir. Sobald eine Ortschaft und somit Fischerboote in der Nähe sind, ist der Strand verschmutzt. Meist sind es bunte Plastikflaschen, alte Netze und

Seile, Schwimmer, Reste von Booten und Fischabfälle. Geht man ein Stück spazieren, wird der Abfall natürlicher: Schildkrötenpanzer und Schädel, Muscheln und Schnecken.

Ein Freund, der Oman vielfach bereist hat und der sich sehr für Meeresbiologie interessiert, hat uns die Halbinsel Bar al Hikman empfohlen. Laut Alex sind es 42 Kilometer von der Asphaltstraße bis zu der Stelle, wo zwei Lagunen, viele Vögel und Schildkröten warten. Bar al Hikman ist eine flache Landzunge, eine Salzwüste, die aus Muscheln, Kristallen und Sebkhas (Salzpfannen) besteht. Die Piste ist eindeutig zu erkennen, anfangs ist sie noch geschottert und von kleinen Pflanzen gesäumt, doch bald ist keine Vegetation mehr zu entdecken und die Piste bekommt parallele Spuren, die immer tiefer werden. Mir ist gar nicht wohl zumute. Einen halben Meter neben der eigentlichen Fahrspur könnten wir einbrechen und bis zur Achse versinken. Die 42 Kilometer erscheinen uns wie ein Marathon, den wir nicht bewältigen wollen. Nachdem wir alleine unterwegs sind und das Risiko groß ist, stecken zu bleiben und anschließend viel Geld für die Bergung ausgeben zu müssen, beschließen wir auf halber Strecke haltzumachen. Kein Baum weit und breit, wo wir uns mit der Seilwinde befestigen und rausziehen könnten, von einem anderen Fahrzeug ganz zu schweigen.

Trotzdem ist es schön hier. Noch 2 Tage bis Vollmond. Nachdem die Sonne untergegangen ist, entdecken wir das Glitzern von Kristallen. Die ganze Ebene funkelt. Peter fragt mich halb spaßig: „Bitte, was machst du hier? Da ist nichts. Was suchst du hier?" Ich antworte: „Ich suche das Glück. Obwohl, nein, das tue ich nicht. Denn mir fehlt kein Stück vom Glück." In dieser menschenleeren und absolut stillen Gegend schauen wir noch lange hinauf zu den Sternen, bevor wir zufrieden ins Bett fallen.

Am nächsten Morgen machen wir uns auf den Weg zurück zur Asphaltstraße, die wir ohne Probleme erreichen. Peter muss wieder Luft in die Reifen pumpen. Am Vortag hat er sie abgelassen, um die Auflagefläche der Reifen zu erhöhen – auf Sand sehr wichtig, vor allem, wenn man so ein schweres Gefährt hat wie wir. Das dauert eine gute Stunde, denn jeder Reifen wird einzeln befüllt. Peter nutzt die Zeit für einen Fahrzeugrundgang, um zu sehen, ob alles in Ordnung ist. Dabei entdeckt er eine lecke Dieselleitung und öffnet daraufhin die Motorhaube, um die Stelle zu orten. Aber er findet etwas ganz Anderes. Zuerst denkt Peter, dass er beim letzten Mal wohl einen Putzlappen im Motorraum vergessen haben muss, aber irgendetwas macht ihn stutzig. Bei genauerer Betrachtung stellt sich der vermeintliche Lappen als kleiner Kauz heraus. Der Vogel muss sich wohl schon am Vortag im Motorraum versteckt haben und ist seitdem als blinder Passagier unterwegs. Dummerweise sitzt er genau dort, wo Diesel aus der Leitung tropft. Sofort stellt Peter den Motor ab, zieht sich dicke Handschuhe an und birgt den Vogel. Der handtellergroße Kauz lässt sich von Peter problemlos angreifen, er hält ein Auge geschlossen, vermutlich ist es mit Diesel verunreinigt. Vorsichtig putzt Peter das Gefieder, der Vogel lässt alles über sich ergehen, scheint regelrecht dankbar zu sein, dass ihm jemand hilft. Langsam öffnet er jetzt das linke Auge, schließt es wieder, öffnet es und schließt es erneut. Der kleine Kauz hat Peter zugezwinkert. War das ein Kommando zum Loslassen? Eine Geste des Dankes? Wer weiß. Peter öffnet seine Hand und der wunderschöne Vogel streckt seine Schwingen und fliegt davon.

Auf der Fähre nach Masirah, der größten Insel Omans, lerne ich den 27-jährigen Ahmed kennen. Der Ägypter ist Techniker für Wasseraufbereitungsanlagen und arbeitet seit einem Jahr hier. Von unserem Fahrzeug ist er völlig begeistert. So reisen würde er auch gerne, doch mit einer ägyptischen Frau – die er noch nicht einmal hat – ginge das nicht. Denn die wäre gern in einer großen Villa mit Garten und Swimmingpool zu Hause. Da unterbreche ich Ahmed, zeige auf den Indischen Ozean und sage: „Schau, ich habe doch einen Swimmingpool, den schönsten der Welt!"
Die Überfahrt dauert knappe 2 Stunden, die weiß der junge Ägypter zu nutzen. Ahmed ist äußerst wissbegierig, hatte noch nicht oft Gelegenheit, mit einer europäischen Frau zu reden. Es ist auch für mich interessant, denn bisher habe ich noch keinen so offenen jungen Mann aus einem muslimischen Land getroffen, mit dem ich mich ungeniert unterhalten konnte. Wir fragen uns gegenseitig ein bisschen aus und erzählen. Ohne ungutes Gefühl, ohne Scheu und auf hohem Niveau.
Peter hat die Erkundungstour des Fährschiffes abgeschlossen und plaudert

nun mit dem Kapitän der „Dana I". Die Kommandobrücke ist dürftig eingerichtet. Ein großes, hölzernes Steuerrad dominiert den weiß gestrichenen Raum. Der Kapitän, ein gut aussehender Inder, sitzt auf dem einzigen Sessel. Ein zweiter Inder in einem grauen Overall hat das Steuer über. Zwischen den kleinen Fenstern schaut Sultan Qaboos auf die Männer herunter, der Aufkleber ist verblichen und ausgefranst, aber die Gesichtszüge sind noch deutlich erkennbar. Vielleicht blickt der Sultan deswegen so ernst drein, weil Peter das Steuerrad übernommen hat.

Nach 1,5 Stunden tauchen die Konturen der Insel auf. Wir steuern auf Ras Hilf, den Hauptort an der Nordwestküste zu. Die flachen, hellen Gebäude heben sich stark von den dunklen Hügeln dahinter ab. Die Fahrgäste werden schon nervös und strömen zu ihren Autos. Ein weltweites Phänomen. Das Meer ist ganz ruhig, die „Dana I" gleitet sanft in den Hafen, vorbei an anderen Fährschiffen, Dhauen und Fischerbooten in allen erdenklichen Zuständen. Auch an Land tut sich wenig, ein paar Pick-ups parken am Kai und das war es auch schon. Alles sehr beschaulich. Ahmed winkt uns zum Abschied, sein mit Henna rot gefärbter Vollbart strahlt in der Nachmittagssonne.

Masirah ist rund 85 Kilometer lang und 13 Kilometer breit, eine asphaltierte Ringstraße führt um die Insel. Am besten gefällt es uns im Südosten: Feiner, weißer Sandstrand, kleine Buchten mit schwarzen Felsen und keine Siedlung weit und breit. Wir bleiben eine Woche, der Wind pfeift jeden Tag. August wackelt, die Abdeckungen der Dachluken scheppern und der Sand ist schlicht und einfach überall. Auch in aufgewühlter Form im Meer, wodurch die Sicht beim Schnorcheln schlecht ist. Jeden Tag probiere ich es erneut und jeden Tag sehe ich gleich wenig. Nach 10 Minuten im Wasser wird mir richtig kalt. Als Alternative machen wir ausgedehnte Strandspaziergänge, lesen, arbeiten ein bisschen am Computer, schauen aufs Meer raus. Vielleicht entdecken wir ja doch mal einen Delfin oder eine Schildkröte.

Mohammed kommt uns bereits zum zweiten Mal besuchen und zum zweiten Mal beschenkt er uns mit Langusten. In einem weißen Plastiksack überreicht er uns die Tiere, hängt sie an die Türschnalle von August. Wir beginnen zu tratschen. Mohammed wohnt und arbeitet in Ras Hilf, er ist Beamter. Sein Englisch ist sehr einfach, aber er bemüht sich unendlich. Ich wünschte, ich könnte nur annähernd so gut Arabisch wie er Englisch. Mohammed ist nicht nur sehr nett, sondern auch offen. Er erzählt von sich, seiner Gesundheit, dass ihn seine Glatze stört, dass er Schildkröten und auch deren Eier isst. Dass er zwei Autos, ein Boot und eine komplette Tauchausrüstung hat, aber leider keinen Tauchpartner. So geht er eben die meiste Zeit schnorcheln und das kann er wirklich gut. Mohammed hat gerade 2 Wochen Urlaub, aber er hat Masirah noch nie verlassen. Er ist glücklich auf seiner Insel und würde verwelken wie eine Blume ohne Wasser, wenn er woanders leben müsste.

Wir stehen im Schatten unseres Fahrzeuges, denn Bäume oder Sträucher gibt es hier nicht. Irgendetwas kitzelt mich im Nacken. Ich greife nach hinten und erschrecke so sehr, dass ich einen lauten Schrei ausstoße. Es ist der Fühler einer der Langusten, ich habe vergessen, dass das Sackerl mit den lebenden Tieren hinter mir hängt. Das nimmt Mohammed gleich zum Anlass, um die Langusten für uns auf Topfgröße zu bringen. Er nimmt eine heraus, legt eine Hand an den Körper, mit der anderen umfasst er den Kopf und dreht gleichzeitig in die entgegengesetzte Richtung. Ich kann mich gerade noch rechtzeitig wegdrehen, höre es nur krachen. Den Kopf wirft der Omani ins Meer, den Rest in unseren Kochtopf.

Wir laden Mohammed auf eine Dose Pepsi ein und er bringt uns ein Spiel bei – den arabischen Namen habe ich schon wieder vergessen. Alles, was man dazu braucht, findet man am Strand: Sand, Cowrie-Schnecken, Muscheln und Zweige. Es ist gar nicht so einfach, ein richtiges Strategiespiel. Dann muss er nach Hause, aber vielleicht kommt er bald mit seiner Frau und den Kindern wieder. Das würde uns wirklich freuen.

Zum Abendessen koche ich neben den Langusten noch Reis und dazu eine Chili-Knoblauch-Soße. Sehr lecker! Als Peter ins Bett kraxelt, entdeckt er neue Haustiere: Kleine, gelb-schwarze Käfer. Mindestens 30 entfernen wir aus der Schlafkoje. Wo die wohl hergekommen sind? Das bleibt genauso ein Rätsel, wie jenes, wo sich die vielen Florfliegen verstecken, die wir aus Österreich mitgenommen haben und die immer noch im August herumkriechen. Dafür hatten wir bisher erst eine Handvoll Gelsen. Mit vollem Bauch schläft Peter sofort ein. Ich schreibe abends gerne, da habe ich oft die Muße dazu. Anscheinend brauche ich auch weniger Schlaf als Peter. Bevor ich zu Bett gehe, muss ich nochmals den Sternenhimmel betrachten. Der Mond ist noch nicht aufgegangen, vielleicht kommt ja heute eine Schildkröte aus dem Wasser, um ihre Eier abzulegen. Mohammed hat behauptet, dass die Tiere erst im April zur Eiablage erscheinen würden, also in etwa 2 bis 3 Wochen. Mit der Taschenlampe wandere ich am Strand entlang, doch lange halte ich nicht durch, meine Lider sind schwer. Kein Wunder, es ist 22:30 Uhr. Normalerweise schlafen wir um diese Zeit schon längst.

Am nächsten Tag kommt Mohammed wieder, allerdings ohne seine Familie. Er zieht seinen schwarzen Neoprenanzug an und nimmt seine Harpune, die eigentlich nur eine Eisenstange ist. Nach einer knappen Stunde im Wasser hat er wieder reiche Beute, diesmal hat er fünf Langusten gefangen. Alle sind sie länger als mein Unterarm. Mohammed ist zufrieden und ganz nach arabischer Gastfreundschaft schenkt er uns erneut zwei Exemplare. Widerrede ist sinnlos und würde ihn nur beleidigen. Somit wissen wir auch, was wir zu Abend essen werden. Wir laden Mohammed auf eine Tasse Tee ein, denn ihm ist sichtlich kalt. Er ist so bescheiden, trinkt nur seinen Tee und eine Dose Pepsi. Alles andere lehnt er ab. Doch morgen, verspricht er, da komme er wirklich mit seiner Familie.

Ich weiß, dass die meisten Omani gerne Süßigkeiten essen. Zutaten für einen Kuchen habe ich leider nicht, doch der Vorrat an Keksen, Nüssen und Schokolade ist noch ganz gut. Kaffee und Tee haben wir auch noch genug. Das müsste eigentlich reichen. Wie falsch ich doch wieder gelegen bin! Mohammed, seine Frau Aisha und die zwei Töchter steigen schwer beladen aus dem Auto. Thermoskannen, Kühltasche, Plastikdosen. Dahinter hüpfen gut gelaunt die zwei Söhne. Sie haben an alles gedacht: Tee, Milch, Zucker, Tassen, Löffel, Teller, Servietten und den obligaten Plastikteppich. Aisha öffnet die Plastikdosen und es duftet herrlich nach Bananen-Kokos-Kuchen. Schon komisch, wir laden sie ein, aber sie haben alles dabei. Zumindest Spielzeug dürfen wir den Kindern schenken. Jeder bekommt Malsachen und ein Aufkleberheft. Zwei Frisbee-Scheiben finde ich auch noch. Letztere bereiten den älteren Kindern großen Spaß – mir auch. Mohammed und Aisha haben auf unseren Campingsesseln Platz genommen und beobachten das Treiben. Ich komme so richtig ins Schwitzen, aber die Kinder halten mich auch auf Trab. Dann zeichnen wir, aber nicht auf Papier, sondern in den Sand. Die ältere Tochter ist wirklich begabt. Ich freue mich auch, endlich die Gelegenheit zu haben, mit einer omanischen Frau zu reden. Einerseits sieht man in der Öffentlichkeit nicht viele und andererseits sind es immer nur Männer, die uns – oder eigentlich vorwiegend Peter – ansprechen. Der Vorteil dabei ist, dass ich mich jederzeit ohne Entschuldigung zurückziehen kann. Das kommt mir manchmal sehr gelegen, denn einige Gespräche interessieren mich wirklich nicht. Peter ist ohnehin der Kommunikativere von uns beiden, das passt mir also ganz gut. Die Schwierigkeit mit Aisha zu sprechen liegt darin, dass wir keine gemeinsame Sprache haben. Ein bisschen unterhalten wir uns trotzdem, sie mustert mich ganz genau. Ich sie auch. Während Mohammed westlich gekleidet ist, mit Baseballkappe und Fußballtrikot, trägt Aisha ganz traditionell einen schwarz-gold gemusterten Stoff, den sie sich kunstvoll um Körper und Kopf wickelt, ähnlich dem ostafrikanischen Kanga. An ihren zarten Handgelenken klirren und tanzen goldene Armreifen. Und sie riecht unglaublich gut. Nach schwerem Parfum, nach 1.000 und einer Nacht, nach Orient. Als ob Aisha meine Gedanken lesen könnte, zieht sie aus ihrer Tasche einen rot glitzernden Flakon und überreicht ihn mir. Er beinhaltet ihr persönliches Parfum, nach einem Rezept ihrer Familie hergestellt. Sie selbst hat es gemischt, die Inhaltsstoffe sind streng geheim, werden nur innerhalb der Familie weitergegeben. Ich bin fast sprachlos, selten habe ich ein für mich so wertvolles Geschenk bekommen.

Die Familie ist neugierig, wie es im Inneren von August aussieht und wie wir leben. Peter übernimmt die Führung. Die Kinder fühlen sich sogleich wohl, klettern und kraxeln auf den Bänken herum und schauen neugierig unsere Fotowand an. Die Kinder dürfen wir fotografieren so viel wir wollen, die Eltern hingegen nicht. Wir versprechen, die Fotos per Post an sie zu senden. Zeit des Abschieds, Aisha schenkt mir noch den restlichen Kuchen, ob ich will oder nicht. Verkrampft denken wir nach, was wir ihnen noch mitgeben könnten. Mohammed kommt uns zu Hilfe. Er hätte gerne eines unserer Emaille-Häferln, das gibt es in Oman nicht zu kaufen. Daran hätten wir nie gedacht.

8 Tage bleiben uns noch in Oman, dann läuft unser Visum ab. Wir entscheiden uns dafür, auf der Küstenstraße zu bleiben. Die Strecke ist durchgehend asphaltiert. Die Sandwüste Wahiba erstreckt sich hier bis zum Meer. Immer wieder bedeckt der Sand die Straße, Verkehrsschilder warnen vor Dünen und Sandverwehungen. Eine Besonderheit dieser Wüste sind versteinerte Sanddünen, normalerweise unsichtbar, aber an einigen Stellen treten sie an die Oberfläche. Sie sind leicht zu finden und man kann sie von der Straße aus sehen.

Je näher wir dem östlichsten Punkt der Arabischen Halbinsel, Ras al-Hadd, kommen, umso schöner wird die Küste. Weiße Sandstrände, kleine Buchten, türkisblaues Wasser und auf all das hat man von der Steilküste einen sehr guten Ausblick.

Wir möchten unbedingt Meeresschildkröten bei der Eiablage bzw. das Schlüpfen der Jungen beobachten. Die beste Zeit dafür ist zwar der Sommer, aber einige Tiere kommen das ganze Jahr über. Ein guter Platz ist Ras al-Jinz, wo es ein Forschungs- und Besucherzentrum für Schildkröten gibt. Die omanische Regierung errichtete hier ein Naturschutzgebiet, das sich auf ca. 50 Kilometer Küstenlänge erstreckt. In den Gewässern vor diesen Schutzgebieten ist kommerzieller Fischfang verboten, das Fangen von Schildkröten und Ausgraben der Eier wird mit hohen Geldbußen bestraft. Genau hier ist die wichtigste und größte Brutstätte der Grünen Meeresschildkröte im Indischen Ozean. Bekannter ist das Tier unter dem Namen Suppenschildkröte, weil sie früher gejagt und als Delikatesse verkauft wurde. Heute ist sie vom Aussterben bedroht.

Mit Genehmigung und Führer kann man die Tiere am Strand von Ras al-Jinz mit etwas Glück bei der Eiablage beobachten. Eine Tour startet gegen 21 Uhr, die zweite um 4 Uhr morgens. Am Wochenende sind die Plätze meistens schon ausgebucht. Das Interesse ist groß, die Touristen kommen in Scharen. Leider haben einige nur wenig Verständnis und Respekt vor den Tieren, die zu den ältesten unserer Erde gehören. Auf Informationstafeln lesen wir die Verhaltensregeln: Kein Licht machen, großen Abstand zu den Tieren bewahren, sich ruhig verhalten, keine Fotos mit Blitzlicht machen, sich nicht gegen das Mondlicht stellen und somit einen Schatten auf die Schildkröte werfen, keinen Müll wegwerfen, keine Hunde oder Katzen mit an den Strand nehmen, das Tier nicht angreifen und nicht darauf reiten (!). Für uns schwer vorstellbar, dass das wirklich jemand macht.

Wie gut, dass wir wieder einen Tipp von unserem Freund Alex bekommen haben. Er hat uns einen Platz südlich von Ras al-Jinz empfohlen und den Weg dorthin genau beschrieben. Problemlos finden wir hin. Die Sandstränd-de sind voller Nester, das sehen wir schon vom Plateau, wo wir unseren Lkw parken. Ein schmaler, steiniger Pfad führt nach unten. Wir entdecken frische Spuren und sogar leere Eierschalen. Die Chancen stehen also gut, die Tiere zu sichten. Ich bin schon ganz aufgeregt. Den Nachmittag ver-bringen wir am Strand mit Schnorcheln, Dösen, Schwitzen und freuen uns schon auf die kommende Nacht. Bis etwa 16 Uhr können wir bleiben, dann kommen die ersten Schildkröten, um alles auszukundschaften und wir wol-len sie dabei natürlich nicht stören. Was uns ein bisschen stutzig macht, sind die vielen Netze, die vor der Küste ausgelegt sind. Am frühen Abend kommen auch einige Fischerboote, um sie zu kontrollieren. Und das alles im Naturschutzgebiet.

Den Wecker stellen wir uns auf 3:30 Uhr, denn die Eiablage erfolgt bei Dunkelheit, meist nach Mitternacht. Dabei lassen sich die Schildkröten von der Flut möglichst nah ans Land spülen. Das Ausheben des Nestes dauert mehr als eine Stunde, danach verfällt das Tier in eine Art Trance und legt 80 bis 120 tischtennisballgroße Eier. Während dieser Zeit kann man sich der Schildkröte nähern. Die Eiablage dauert in etwa eine Stunde.

Mit den Hinterflossen wird abschließend Sand auf das Nest geschaufelt und dieser dann mit dem Brustpanzer festgedrückt. Zuletzt wird der Sand glatt gefegt, damit das Nest unsichtbar wird. Die erschöpfte Schildkröte kriecht ins Meer, wo schon die Männchen zur Begattung warten. Bis zu 48 Stunden kann die Befruchtung dauern, ein paar Tage danach kommt die maximal 140 Kilogramm schwere Meeresschildkröte erneut an Land, um Eier zu legen. Etwa drei Nester baut eine Schildkröte, bevor sie das Küstengewässer Omans verlässt. Erst in 2 bis 4 Jahren wird sie wiederkommen und auf ihrer Reise Tausende Kilometer zurücklegen. Manche kommen sogar aus Indien und Pakistan. Dabei kehren die Tiere immer genau zu dem Strand zurück, an dem sie selber geschlüpft sind. Für mich ist das alles unglaublich. Die Schildkröte muss schon ein sehr zähes und ausdauerndes Tier sein, um solche Strapazen zu überleben.

Das Ausbrüten der Eier übernimmt der Sand. Bei einer Temperatur von mehr als 29 °C schlüpfen Weibchen, ist es kälter schlüpfen männliche Kröten. Von 20.000 Eiern wird nur eine Schildkröte die Geschlechtsreife erlangen, die im Alter von 30 bis 50 Jahren eintritt. Die durchschnittliche Lebenserwartung beträgt 100 Jahre.

Der Wecker reißt uns aus dem Tiefschlaf, aber wir stehen gerne auf. Naja, zumindest ich. Schwer bepackt mit Kameras, Stativ, Fernglas, Wasserflasche und Taschenlampen gehen wir runter zum Strand. Abgesehen vom Meeresrauschen ist es absolut still. Wir versuchen, keinen Lärm zu machen, sprechen so wenig wie möglich und wenn, dann nur im Flüsterton. Vorsichtig gehen wir zum Ende der Bucht, aber es ist keine Schildkröte da, auch keine Spur. 3 Nächte hintereinander stehen wir früh morgens auf – sehen aber nichts außer einem fantastischen Sonnenaufgang. Man kann eben nichts erzwingen, das bestätigt sich nun wieder.

Keine 30 Kilometer nordwestlich liegt die Stadt Sur, einst eine wichtige Hafenstadt und Hochburg des Dhaubaus, die durch den Handel mit afrikanischen Sklaven, Edelhölzern, Kaffee und Gewürzen zu Reichtum gelangte. Die Insel Sansibar gehörte unter der Herrschaft von Said bin Sultan im 19. Jahrhundert zum Omanischen Reich, sogar der Amtssitz wurde dorthin verlegt. Viele Omani folgten dem Sultan, was zur Folge hatte, dass ganze Landstriche entvölkert wurden. Erst 1964, als das Sultanat Sansibar gestürzt und die arabischstämmige Oberschicht verjagt wurde, kehrten etliche Familien nach Oman zurück. Die Verbindungen zu Ostafrika sind heute noch erkennbar: Viele Bewohner dieser Gegend haben eine auffallend dunkle Hautfarbe, gekraustes Haar und sprechen Swahili. Parallelen kann man auch beim Schmuck und beim Holzhandwerk ausmachen.

In Oman ist es oft passiert, dass Einheimische vor unserem Lkw stehen bleiben und den Aufkleber betrachten, den wir nach unserer Afrikareise haben drucken lassen. Darauf sieht man August in der Sahara und das Porträt einer hübschen, jungen Nigerianerin. Die Omani zeigen mit dem Finger auf die Afrikanerin, drücken sich mit einem Finger der anderen Hand die Nasenspitze platt und beginnen zu lachen. Beim ersten Mal war ich ziemlich perplex, denn ausgerechnet jener Omani hätte vom Aussehen her der Vater dieser Nigerianerin sein können.

Sur ist eine kleine, überschaubare Stadt. An der Lagune befinden sich noch Dhauwerften. Sie sind einfach zu finden, denn geht man am Strand entlang, so werden die Reste von alten Holzbooten immer zahlreicher. Zwei Dhauen sind gerade in Bau. Drei Inder sind am Werken. Neugierig inspiziert Peter die Schiffe.

In der Werft angekommen, bin ich total überrascht, mit welch einfachen Mitteln hier Schiffe gebaut werden. Vom alten Handwerk ist hier leider nichts mehr zu sehen oder zu spüren. Da die Nachfrage nach den Holzbooten stark zurückgegangen ist und somit auch die Preise gefallen sind, muss beim Schiffsbau an allen Ecken und Enden gespart werden. Die Qualität der Holzplanken ist denkbar schlecht. Wir würden viele dieser Balken als Brennholz verwenden. Früher wurden die Hölzer verleimt und mit Holznägel an den Spanten angebracht, jetzt werden die Bretter einfach mit verzinkten Schrauben befestigt. Zwischen den Brettern sind Spalten von bis zu einem Zentimeter. Die Fugen werden später abgedichtet. Von Facharbeit kann hier nicht gesprochen werden.

Eine Dhau vom Typ ghanjah, die „Fatah al-Khair", ist zwischen den Werften aufgedockt. Sie wurde 1920 hier gebaut und transportierte 50 Jahre lang Fracht zwischen der Arabischen Halbinsel, Ostafrika, Iran und Indien. 1971 wurde das Holzschiff zu einem Spottpreis nach Jemen verkauft. 20 Jahre später sammelten einige Bewohner Surs Geld, um die Dhau zurückzukaufen und so gelangte sie wieder in ihren Heimathafen. Das Schiff wurde komplett restauriert, aber da die Kosten zu hoch sind, um es seetüchtig zu halten, fungiert die „Fatah al-Khair" nun als Ausstellungsstück. Der untere Teil des Rumpfes ist weiß gestrichen, der obere naturbelassen und wird von unzähligen Nägeln zusammengehalten. Am Heck des Zweimasters entdecken wir aufwendige Holzschnitzereien, die teilweise durch weiße und blaue Farbe betont sind.

Seit Langem überprüfen wir wieder einmal den Posteingang unserer E-Mails. Einige Nachrichten sind gekommen, unter anderem eine von unseren Freunden Verena und Wolfi, die seit dem Sommer 2011 mit ihrem Wohnmobil in Asien unterwegs sind. Sie schreiben aus Indien und wollen wissen, wie es bei uns weitergeht. Eine gute Frage. Peter und ich tauschen Blicke. Nachdem sich der März zu Ende neigt, wird die Zeit für Zentralasien knapp. Wir schreiben den beiden zurück, dass wir noch keinen genauen Plan haben, uns aber bald entscheiden müssen. Sehr bald.
Verena und Wolfi sind online, ihre Antwort kommt umgehend, ist kurz und bündig: „Macht euch nicht zu viele Gedanken. Fahrt durch Pakistan nach Indien, wir warten auf euch." Peter und ich schauen uns abermals an und wir wissen beide, dass die Entscheidung gefallen ist. Gut, fahren wir eben nach Indien. Dort sind wir ohnehin noch nicht gewesen. Wir sind erleichtert und freuen uns.
Ist es nicht egal, wohin man reist? Solange man sich wohlfühlt, zufrieden und glücklich ist, ist der Aufenthaltsort doch nicht so wichtig. Spontanität und Flexibilität sind wichtige Eigenschaften, wenn man unterwegs ist. Für akribische Planung sind wir beide nicht geeignet. Ich finde es spannend, nicht jedes Detail im Vorhinein zu wissen und lasse mich gerne überraschen. Einen ähnlichen Ansatz hat Johann Wolfgang von Goethe, wenn er behauptet: „Man reist nicht nur, um anzukommen, sondern vor allem, um unterwegs zu sein."

Wir tauschen das Rauschen der Wellen gegen Vogelgezwitscher, den Sand gegen fruchtbare Gärten mit blühenden Mango-, Orangen- und Dattelbäumen. Als wir im Wadi Tiwi, einem wunderschönen, fruchtbaren Tal südlich von Muskat ankommen, dämmert es bereits und unzählige Vögel zwitschern. Schroffe Berge schließen das Tal ein, entlang von Bewässerungskanälen und durch terrassenförmig angelegte Gärten wandern wir bergauf zum Ort am Ende des Tales. Es ist ein Fest für die Sinne, alles ist dicht bewachsen und üppig grün, kleine Bananen hängen an den Stauden, Papayas reifen an den Bäumen, Orangenblüten duften süß, Dattelpalmen wiegen sich im Wind, das Wasser plätschert und ist noch dazu angenehm kühl.

Malerisch schmiegt sich das Dorf mit seinen wenigen Häusern an die Berghänge. Es ist von einem Dattelhain umgeben, Ziegen und Kinder begrüßen uns gleich am Dorfrand. Eine schmale Gasse führt über einige Stiegen ins Zentrum. Ein richtig verschlafenes Nest, nichts regt sich. Wir folgen dem Bewässerungskanal und rasten im Schatten der Bäume, genießen die frischen Orangen und stellen die nackten Füße ins kühle Nass. Talaufwärts müssen wir nun schon fast klettern, große Felsbrocken liegen herum, die wir überwinden. Bald geben wir auf, es ist zu heiß und auch zu mühsam, aber der Ausblick von hier auf das Wadi ist traumhaft.

Auf der Piste gehen wir zurück zu unserem Lkw. Drei Fahrzeuge überholen uns, alle wollen sie uns mitnehmen. Wir lehnen trotz der Hitze dankend ab. Neben unserem Reisewagen parken Einheimische, wir grüßen freundlich und werden sofort zum Tee eingeladen. Die Omani teilen ihre Kekse mit uns und schenken uns frische Orangen. Uns wird wieder klar, dass 2 Monate bei Weitem nicht genug für dieses tolle Land sind. Aufgrund unserer fast abgelaufenen Visa müssen wir in die Emirate ausreisen. Allerdings nur für einen Tag, denn wir freuen uns jetzt schon wieder auf Oman!

VEREINIGTE ARABISCHE EMIRATE
Stippvisite in Ajman

Natürlich könnten wir bei Kalba einfach aus Oman aus- und gleich wieder einreisen. Doch ich habe auf der Karte gesehen, dass es nur wenige Kilometer von der Grenze entfernt eine heiße Quelle in den Emiraten gibt. Wir sehen uns schon im warmen Schwefelbecken unter dem Sternenhimmel sitzen. Das Erste, was wir sehen, ist ein beschatteter Picknickplatz mit jeder Menge Müll. Wir begeben uns auf die Suche nach den Schwefelbecken und haben sie auch schnell gefunden, denn sie sind sogar ausgeschildert. Das Einzige, was fehlt, ist das warme und angeblich heilende Wasser.

Wir müssen schmunzeln und erinnern uns an Äthiopien, wo uns ein Mann zu Wasserfällen ohne Wasser geführt hat. Trotzdem bleiben wir die Nacht hier, gönnen uns anstatt des heißen Bades eine lauwarme Dusche.

Am nächsten Morgen studieren wir die Karte, rund 120 Kilometer sind es bis Ajman, dem kleinsten von den sieben Emiraten. Wir wollen in die gleichnamige Hauptstadt, die am Meer liegt. Aber nicht, um uns die größte Schiffswerft der Emirate anzusehen oder den iranischen Markt zu besuchen. Auch das Kempinski Hotel interessiert uns nicht, ebenso wenig ein Strandspaziergang zwischen unzähligen Baustellen und noch mehr russischen Pauschaltouristen. Der Marina Club ist unser Ziel. Wieder einmal ein Tipp von den Deutschen Bärbel und Bernd. Es ist ein Einkaufstempel oder eigentlich ein Duty-Free-Shop, der aber weder Werbeschilder braucht, noch einen Hinweis darauf, wo der Eingang ist. Am Parkplatz kommen uns Touristen mit großen, schwarzen Plastiksäcken entgegen. Was da wohl drinnen sein mag? Wir wissen es: Zigaretten und Alkohol. Als wir eintreten, bleibt uns fast die Spucke weg. Die Regale sind voller Spirituosen, Wein, Bier, Alcopops, Zigaretten und Zigarren. Was man hier nicht findet, holt der indische Verkäufer aus dem Lager.

Es wimmelt von russischen Urlaubern, die Damen knapp bekleidet und mit Gold behängt. Wenig überraschend kaufen sie in erster Linie Wodka. Peter und ich decken uns mit Bier und südafrikanischem Wein ein, verstauen alles gut und blicksicher in unserem Fahrzeug. Ajman ist nämlich vom Emirat Sharjah umgeben und dort herrscht absolutes Alkoholverbot. Ob das die Russen auch wissen?

Entlang der Corniche fahren wir nach Sharjah. Links der Sandstrand mit Badegästen – sogar Stringtangas sichten wir! – und rechter Hand Baustellen, dazwischen Hotels und Wohnhausanlagen. Nichts wie weg. Wenige Stunden später sind wir wieder in Oman.

OMAN
Der kürzeste Weg ist nicht immer der beste

Ein verlassenes Fischerdorf wird unser Nächtigungsplatz, ein Paradies für Peter, der gleich ausschwirrt, um den Ort zu inspizieren. Der Strand bietet das übliche Bild: Alte Netze, Bojen, kaputte Boote aus Holz, angeschwemmtes Treibholz, Fischreste und Plastikmüll. Die gemauerten, eingeschossigen Häuser mit schönen Holztüren und Fenstern sind teilweise verfallen, doch manche könnte man noch mit einfachen Mitteln restaurieren. Warum das Dorf verlassen wurde, ist uns ein Rätsel. Später erfahren wir, dass das in der Küstenebene kein Einzelfall ist. Eine Autobahn verläuft wenige Kilometer landeinwärts parallel zur Küste. Dort hat die Moderne Einzug gehalten, Handel und Leben haben sich direkt an die Straße verlagert und somit sind die neuen Dörfer entlang der Autobahn entstanden.

Der Himmel ist bedeckt, die Temperatur angenehm. Optimal, um zu arbeiten. Ich sitze bei offener Türe am Boden unseres Wohnmobils und beginne, Schuhe zu putzen. Arabische Musik ertönt aus unserem Radio, ab und zu kommt ein Auto vorbei. Meist sind die Fahrer zu bequem, um auszusteigen, sie bleiben vor unserer Tür stehen, schauen neugierig herein und fahren wieder. Der nächste Besucher ist ein omanischer Bub auf einem Araberpferd. Der schöne, fuchsfarbene Wallach ist sogar gesattelt und aufgezäumt. Stolz zeigt mir der Bursche seine Reitkünste, dann galoppiert er davon. Ich bin beim zweiten Paar Lederschuhe angelangt, da fragt Peter, was ich da mache. „Das siehst du doch, ich putze", ist meine logische Antwort. „Ich putze immer. Schuhe, Gemüse, das Schlafzimmer, die Abwasch. Nur meine eigenen Schuhe habe ich noch nicht geputzt. Ja, so bin ich, selbstlos, aber frei!" Bei dieser Aussage muss ich selber herzhaft lachen.

Die Batinah-Küstenebene ist rund 400 Kilometer lang und etwa 40 Kilometer breit. Dieser Oasenstreifen ist der bedeutendste Agrarraum des Sultanats. Zwischen ausgedehnten Dattelhainen werden viele Obst- und Gemüsesorten angebaut. In letzter Zeit wird auch vermehrt Tierfutter produziert, der Fleischkonsum der Omani ist gestiegen. Eine Besonderheit der Batinah sind die Stierkämpfe, die im Winter an manchen Freitagen abgehalten werden. Von Hussein erfahre ich, dass der nächste Kampf in Sohar am Freitag, den 23. März um etwa 14 Uhr stattfinden wird. Perfekt, denn das ist schon heute und bis Sohar sind es nur 30 Kilometer. Als wir auf dem großen Sandplatz südlich des Zentrums ankommen, ist es noch ruhig. Wir sind ein bisschen verunsichert, aber andererseits nehmen es die Omani nicht so genau mit den Zeitangaben. Als sich der erste Pick-up mit einem schwarz-weiß gefleckten Stier auf der Ladefläche einparkt, wissen wir, dass heute der richtige Tag ist. Und dann geht es Schlag auf Schlag, immer mehr Fahrzeuge kommen. Die Stiere werden abgeladen und vom Besitzer mit einem Strick auf den Platz geführt. Sie werden im Abstand von etwa 5 Metern an Holzpflöcken angebunden. Dass so viele Bullen in der Arena sind, kümmert sie überhaupt nicht.

Die Zuschauerränge füllen sich, es sind ausschließlich Männer. Die Omani haben sich fein herausgeputzt, die meisten tragen eine weiße Dishdasha, vereinzelt sehe ich auch welche in Pastelltönen. Nur wenige sind westlich gekleidet, wobei Sporttrikots sehr beliebt sind. Als Kopfbedeckung hat die Hälfte der Männer eine Kumma gewählt, die anderen tragen einen Turban. Viele Männer haben den kleinen, elastischen Holzstab, den assa, mit dabei. Die meisten Zuschauer haben auf der gemauerten vierreihigen Tribüne Platz genommen. Davor ist eine niedrige Absperrung, dann folgen die Bullen, danach haben sich wieder ein paar Zuschauer niedergelassen, entweder auf niedrigen Klappsesseln, auf Plastikteppichen oder direkt am Boden. In der Mitte der Arena ist der Schauplatz für die Bullenkämpfe, wobei diese nichts mit der Art und Weise der Stierkämpfe in Spanien zu tun haben.

Die ganze Atmosphäre ähnelt der auf einem Fußballplatz in Österreich. Es ist ein geselliges Beisammensein, ein Sehen und Gesehenwerden und ein gegenseitiges Austauschen. Statt Bier gibt es Pepsi und statt der Wurstsemmel gegrillte Ziege. Bevor die Kämpfe beginnen, spazieren noch einige Omani herum, begutachten die Bullen und fachsimpeln. Das wird allerdings vom ständigen Muhen übertönt. Und dann geht es los. Gleich große Stiere werden ausgewählt und in die Mitte der Arena geführt. Kampfwütig werden sie erst, wenn sie gezwungen sind, sich in die Augen zu schauen. Und selbst dann ist es meist ein unblutiger Kampf, der oft minutenlang dauert. Einige Tiere werden zusätzlich von ihren Besitzern durch Stockschläge zum Kämpfen motiviert. Der Stier, der zuerst einen Schritt nach hinten macht, ist der Verlierer. Ist der Kampf zu Ende, müssen die Bullen eingefangen werden. Ein Mann packt ihn am Schwanz, einer am Hinterbein und ein weiterer ergreift den Strick. So richtig Bewegung kommt erst in die Arena, wenn ein Stier sich nicht fangen lässt und durch die ersten Reihen der Zuschauer bricht. Klappstühle fliegen in die Luft, Männer in wallenden Gewändern laufen in alle Richtungen davon, verlieren dabei ihre Ledersandalen und Kappen. Die Besitzer rennen mit erhobenem Stock ihren Stieren nach. Es grenzt fast an ein Wunder, dass niemandem etwas passiert.

Sobald es dämmert, sind die Stierkämpfe beendet und anders als in Österreich, wo die Zuseher in die Kantine strömen, gehen die Omani nach Hause. Meine Sitznachbarn auf der Tribüne, Männer um die 35, haben mich während der Kämpfe mit Nüssen, Datteln, Sonnenblumenkernen und Getränken versorgt. Khalife sprach am besten Englisch und hat uns zu sich nach Hause zum Abendessen geladen. Wir haben überhaupt keine Lust, es war ein langer Tag und wir sind hundemüde. Natürlich wissen wir, dass es unhöflich ist, die Einladung nicht anzunehmen. Dennoch lehnen wir ab. Khalife ist tatsächlich beleidigt. Das tut mir zwar leid, aber ich will mich heute absolut nicht zwingen, etwas zu tun, das ich nicht will.

Am nächsten Morgen brechen wir Richtung Süden auf, die Straße ist zweispurig, asphaltiert und in gutem Zustand. Am Mittelstreifen sind hohe Laternen montiert, Büsche wachsen und am Fahrbahnrand blühen bunte Blumen. Vor uns ist ein Radfahrer. Etwas ungewöhnlich ist nicht nur, dass er auf der Hauptverkehrsroute fährt, sondern auch, dass er schwer bepackt ist. Als wir näher kommen, können wir die Schrift auf der Plane lesen, die der Radler hinten über das Gepäck gespannt hat:
AROUND THE WORLD. Thanks to support for disaster!
Wir hupen, winken und bleiben am Pannenstreifen stehen. Der Radfahrer auch. Es ist Ryohei Oguchi, genannt Rio, aus Japan. Seit 2007 ist er unterwegs, also mittlerweile seit 5 Jahren. Auf seiner Visitenkarte lesen wir:
I traveling around the world by bicycle. I am Earth Cyclist.

Das klingt aufregend. Während wir miteinander reden, grinst Rio die ganze Zeit. Er ist glücklich, er liebt das Radfahren, möchte die ganze Welt bereisen. In weiten Teilen Asiens war er schon, auch in Australien und Neuseeland. Ebenso in Europa, allerdings im Winter. Rio lacht.

Sein Fahrrad ist schwer bepackt, an den Vorder- und Hinterrädern sind jeweils zwei Packtaschen montiert, am Lenker eine kleine Tasche, am Gepäcksträger noch ein Rucksack, ein Schlafsack, eine Unterlagsmatte und Wäsche zum Trocknen. Rio selbst trägt einen Helm, eine Sonnenbrille und langärmelige Kleidung als Sonnenschutz. Wir geben ihm Wasser, ansonsten will er nichts. Aber weiterfahren, das will Rio bald. Zuvor erzählt er uns noch: „Man lebt nur einmal, das Leben ist jetzt. Der beste Weg ist nicht immer der kürzeste. Der Weg eines anderen nicht immer der beste für mich. Also suche ich mir meinen eigenen." Mit diesen Worten steigt er wieder auf sein Rad, verabschiedet sich und fährt lachend davon.

Erst kürzlich habe ich seine Website besucht. Am 15. April 2016 ist er in der südlichsten Stadt von Südamerika angekommen, hat bisher 149 Länder bereist und 148.687 Kilometer auf seinem Fahrrad zurückgelegt. Aber genug hat Rio immer noch nicht, denn er schreibt:

„I am in Ushuaia, Argentina.

I finally got the most south place of South America.

There is no road leading to the next destination.

But my road is still continued ... "

Die Hauptstadt Muskat ist unser nächstes Ziel, denn wir müssen uns Visa für die nächsten Länder besorgen. Die Stadt setzt sich aus mehreren Buchten zusammen und erstreckt sich auf einem schmalen Streifen, der auf der einen Seite durch den Golf von Oman und auf der anderen vom Hajar-Gebirge begrenzt wird.

Die Temperatur ist höher als je zuvor. Nicht auszudenken, wie heiß es hier im Sommer ist. Wie in einem Backofen muss man sich dann fühlen. Ein Parkplatz am Strand mit Meeresbrise ist gefragt. Und genau den finden wir auch. Am Strand von Shati al-Qurum befindet sich das Luxushotel Intercontinental, daneben ist eine Sackgasse, die am Sandstrand endet und ein

Platz, der gerade groß genug für unseren Lkw ist. Noch dazu gibt es eine Sitzgelegenheit, was wollen wir mehr? Wir ziehen uns die Badesachen an und suchen Abkühlung im Meer. Am Nachmittag ist es relativ ruhig hier, doch am Abend verwandelt sich der Strand in ein Fußballfeld oder – besser gesagt – in mehrere Fußballfelder. Außer den Spielern sind natürlich auch Fans mitgekommen, der Trubel ist groß und die Nacht jung.

Beliebt ist der Strand auch bei Spaziergehern und Läufern, die in den kühleren Morgenstunden kommen. Wir sind gerade beim Frühstück im August, die Fenster sind sperrangelweit offen, als uns ein älteres Ehepaar anspricht. Sie bewundern unser Fahrzeug und sind interessiert an unserer Reise. Die beiden kommen aus Pakistan, der Mann ist Arzt. Er arbeitet ein halbes Jahr in Schottland und ein halbes Jahr in Oman. Sie wohnen gleich in der Nähe und bieten uns ihre Hilfe an. Ob wir irgendetwas brauchen, fragen sie. Dankend lehnen wir ab, denn wir haben ja wirklich alles. Im Spaß sage ich: „Naja, es gibt schon etwas, das wir benötigen. Das Visum für Pakistan." Eine Weile plaudern wir noch mit dem netten Ehepaar, danach verabschieden sie sich höflich.

Peter und ich beratschlagen, ob es besser ist, zuerst das indische oder das pakistanische Visum zu beantragen. Das pakistanische erhält man eigentlich nur bei der Botschaft im Heimatland, aber versuchen kann man es überall, davon sind wir überzeugt. Wahrscheinlich ist es günstig, wenn wir das indische Visum schon im Pass haben bevor wir das pakistanische beantragen. Zumindest unserer Logik nach. Die Entscheidung ist also gefallen.

Wir haben heute ein gestaffeltes Tagesprogramm: Zuerst auf die indische Botschaft und dann ins Industriegebiet, um Ersatzteile für August zu besorgen. Wenn es die Zeit erlaubt, wollen wir uns auch noch die Altstadt und den Stadtteil Mutrah ansehen und wieder irgendwo am Strand nächtigen.

Auf der indischen Botschaft teilt man uns mit, dass wir uns des indischen Pass- und Visaservice bedienen müssen, ein Unternehmen, das die Formalitäten für die Botschaft erledigt. Also fahren wir dorthin, füllen den Antrag für ein 6-monatiges Touristenvisum mit mehrmaliger Einreise aus, legen Pass und Fotos bei und dazu die Kopie der Passseite mit dem omanischen

Visum. Bezahlen müssen wir natürlich auch gleich. Die Ausstellung, falls sie erfolgt (was die Botschaft entscheidet), dauert in etwa 7 Tage.

Das Industriegebiet liegt nicht weit entfernt, mittlerweile hat die Sonne den Zenit erreicht. Die meisten Arbeiter sind beim Mittagessen in indischen und pakistanischen Restaurants. Eine gute Idee. Wir holen uns einen kulinarischen Vorgeschmack auf Indien. Etwas scharf, aber köstlich.

Über den Stadtteil Mutrah, der der orientalischste und ursprünglichste ist und wo sich auch der Hafen befindet, fahren wir über die alte Passstraße in das eigentliche Muskat. Ein moderner Verwaltungsbezirk mit breiten Straßen, großen, prächtigen Gebäuden und gepflegten Grünanlagen. Muskat wirkt wie ausgestorben, von den indischen Gärtnern und Straßenkehrern einmal abgesehen. Überragt wird die Altstadt von den Festungen Mirani und Jalali und dazwischen liegt der Sultanspalast, der architektonisch so überhaupt nicht dazu passt. Etwas zu pompös, prunkvoll und bunt wirkt er im Vergleich zu den schlichten, weiß getünchten Häusern. Den Rundgang haben wir bald beendet und steuern nun wieder auf das Meer zu.

In den Buchten südlich von Muskat findet man kleine Dörfer, große Hotelanlagen, ein Aquarium, einen Yachtclub, aber auch einen schönen, öffentlichen Strand in Jissah. Da fällt uns die Wahl nicht schwer, wir parken unseren Oldtimer in den Ruinenresten von Jissah. Am anderen Ende der Bucht gibt es einen Sanitärblock und kleine Boote, die man anmieten kann. In der Mitte der Bucht befindet sich ein kleiner Kiosk und das war's dann schon. Herrlich ruhig ist es hier und wunderbar zum Schnorcheln. Ein perfekter Platz, um auf das indische Visum zu warten. Nur wenige Besucher kommen zum Schwimmen und Bootfahren. Die Tage verstreichen in dieser schönen Bucht mit dem herrlichen Sandstrand und bei strahlendem Sonnenschein. Was für ein schönes Leben!

Leider nicht für den jungen Omani, der heute unweit von uns ertrunken ist. Wir hörten jemanden im Wasser schreien, sahen ihn auch und wunderten uns. Wir verstanden „Barracuda! Barracuda!" und ich sagte zu Peter: „Ich glaube nicht, dass dort ein Barracuda ist, dort gehe ich immer schnorcheln." Vielleicht ist er von einer Muräne gebissen worden. Er schwamm langsam Richtung Ufer, weswegen wir dachten, ihm sei nicht viel passiert. Italienische Touristen waren am Strand und eine Frau schwamm ihm entgegen. Dann stellte sich heraus, dass sein Bruder untergegangen war. Was wie „Barracuda" geklungen hatte, hieß in Wirklichkeit „my brother".

Dann sind wir gelaufen – Peter um ein Boot und ich um die Taucherbrille. Zwei Boote sind gleich gekommen und dazu mehrere Schwimmer. Die Italienerin hielt mich zurück „Don't go. There is somebody …", sagte sie. Dafür bin ich ihr dankbar. Kurz danach haben sie den jungen Omani raufgeholt und ins Boot gezogen – leblos und voller Schaum im Gesicht. Einer der Italiener hat eine Herzmassage durchgeführt, aber es kam nur noch mehr Schaum aus dem Mund. Wie zerbrechlich das Leben doch ist und wie hilflos man ist.

Später kam die ganze Familie, eine herzzerreißende Situation. Sie haben den Leichnam in ein Tuch gepackt und mitgenommen. Ich bin geknickt, traurig und nachdenklich. Noch nie war ich mit so einer Situation konfrontiert. Ich denke über das Leben nach. Wie viel Glück muss man eigentlich haben, um alt zu werden?

Wir überlegen abzureisen, verschieben es aufgrund der Uhrzeit aber auf den nächsten Tag. Ein Fehler. Ab Mittwochabend ist bei so manchen Omani Party angesagt. Unglücklicherweise nur 10 Meter von unserem Schlafboxfenster entfernt. Spaß haben die Männer genug, auch Alkohol und Rauchwaren. Ab 3:30 Uhr liege ich durchgehend wach, lausche dem Geschrei und Gelächter. Vor meinem inneren Auge sehe ich wieder den toten Omani. Kurz vor 7 Uhr packen die Partytiger zusammen – abgesehen vom Müll natürlich – und fahren völlig besoffen weg. Ich kann ohnehin nicht mehr schlafen. Ein Blick in den Spiegel verheißt nichts Gutes, ich sehe furchtbar aus und genau so fühle ich mich auch. Zum Schwimmen habe ich keine Lust, auch wenn mir schon heiß ist. Nach dem Kaffee packen wir zusammen und verlassen Jissah.

Nachdem das Wochenende vor der Tür steht, entfernen wir uns lieber von Muskat. Wieder finden wir tolle Buchten und Strände zum Schnorcheln, allerdings fallen uns Quallen auf. Im Laufe des Tages werden es immer mehr, so dass uns die Lust auf Schwimmen und Schnorcheln vergeht. Man merkt, dass Wochenende ist, einige Ausflugs- und Fischerboote sind unterwegs, die Passagiere darauf sehr oft Weiße. Wir sehen auch ein paar Allradfahrzeuge und kommen mit den Besitzern von einem ins Gespräch. Es sind Hilly und Bonne aus den Niederlanden. Bonne arbeitet schon seit geraumer Zeit in Oman, davor war er in Bangladesch im Einsatz. Die beiden haben viel zu erzählen und freuen sich, Gesprächspartner gefunden zu haben. Sie wohnen in Muskat und laden uns zu sich nach Hause ein. Gerne nehmen wir die Einladung an, legen uns aber auf keinen Zeitpunkt fest.

Nach einer ruhigen Nacht kehren wir nach Jissah zurück. Es ist Freitagnachmittag, eindeutig zu spät für diesen Strand. Wir bekommen nicht einmal einen Parkplatz. Die Bucht ist voll von Pakistani, die Fußball spielen, Indern, die baden, Omani, die picknicken und ein paar Weißen, die vom Sonnenbaden schon rot sind. Dafür gibt es viel zu sehen. Schwimmen wollen wir beide nicht, denn auch hier ist das Meer voller Quallen, die zwar harmlos, aber aufgrund der Menge ein bisschen ekelig sind. Als die Nacht hereinbricht, sind wir fast alleine am Strand. Bei 30 °C in unserem Fahrzeug räumen wir nun endgültig unsere Daunendecken weg.

Am nächsten Morgen bahne ich mir den Weg durch den Müll zum Strand und freue mich auf das kühle Wasser. Leider sind die Quallen immer noch da. Ich suche mir eine Passage, wo nicht so viele sind und tauche etwas verkrampft unter. Beim Frühstück kommt eine Brise auf, heiß wie der Wüstenwind, und noch bevor wir einige Schluck Kaffee getrunken haben, sitzen wir mitten in einem Staubsturm. Diesmal ist alles in unserem Aufbau mit einer braunen Schicht überzogen. Wir müssen alles schließen, die Tür, die Fenster, die Dachluken und warten, nutzen die Zeit für Computerarbeit. Das Thermometer zeigt 35 °C. Hoffentlich bekommen wir übermorgen das indische Visum.

Jetzt, da wir wieder in Jissah sind, muss ich wieder viel über den ertrunkenen Omani nachdenken, besonders wenn ich nachts wach liege. Er spukt in meinem Kopf herum. Im Nachhinein frage ich mich, warum ich ihn nicht beatmet habe. Warum hat ihn sonst keiner beatmet? Ich weiß doch ganz genau, dass eine alleinige Herzmassage nichts bringt. Theorie und Praxis liegen so weit auseinander. Es macht einen großen Unterschied, ob man es mit einer Puppe oder einem leblosen Menschen zu tun hat. Erste Hilfe, lebensrettende Sofortmaßnahmen bis der Arzt eintrifft – das ist die Theorie. Die Praxis war anders: Betroffene Gesichter, Herzklopfen, Hilflosigkeit. Wir können aus der Situation nur lernen, sofort zu reagieren, wenn jemand schreit. Ich meide seit dem Unglück den Platz, wo der Omani ertrunken ist. Ich habe das Gefühl, dass ein Teil von ihm immer noch dort ist. Ich möchte nicht stören.

In Mutrah parken wir gegenüber vom Hafen. Peter zieht sich den Overall an und inspiziert unseren Lkw. Ein Ölwechsel ist nötig. Der Platz ist asphaltiert und Kanister zum Auffangen des Altöls haben wir dabei. Entsorgen brauchen wir das Öl nicht, es landet einfach im 500-Liter-Tank unseres Fahrzeuges, ein Mercedes Baujahr 1966 verträgt das leicht.

Derweil beobachte ich das Geschehen im Hafen. Ein europäisches Kreuzfahrtschiff hat vor Kurzem angelegt. Mächtig sieht die Costa Favolosa aus, sie wirkt fast zu groß für den Hafen. Die anderen Frachter und Schiffe gleichen Spielzeugen daneben. Die Passagiere sehen darauf aus wie Ameisen, sie bewegen sich auch so schnell und in langen Schlangen. Ihr Ziel ist der Souk in Mutrah. Mich wundert es nicht, dass sie sich so beeilen, die Zeit ist knapp, da will man möglichst viel rausholen. Ob am Markt für eine solche Menschenmenge überhaupt Platz ist? Die Händler werden sich schon die Hände reiben.

Ich habe noch nie so ein großes Kreuzfahrtschiff aus der Nähe gesehen, ich zähle die Decks und komme auf 12. Wie viele Menschen sind auf so einem Schiff? Jetzt bin ich neugierig geworden. Von der Familie Lendl, die wir in Dubai im Hafen getroffen haben, weiß ich ein paar Eckdaten. Doch jedes Schiff hat andere Kapazitäten. Ich finde heraus, dass die Costa Favolosa Platz für 3.800 Passagiere und 1.100 Mann Besatzung hat. Insgesamt gibt es 1.508 Kabinen auf 17 Decks. Weiters fünf Restaurants, dreizehn Bars, ein Theater, ein Kino, ein Kasino, eine Disko, Wellnesslandschaften und jede Menge Swimmingpools, einen Joggingparcours, einen Sportplatz und noch einiges mehr. Die Länge des Schiffes beträgt 290 Meter. Ein Wahnsinn.

Erst hier wird uns bewusst, wie viele Touristen in Oman unterwegs sind. Nicht nur auf Schiffen – wir sehen viele Reisegruppen mit und ohne Chauffeur und Individualtouristen mit Mietautos. Das hatte ich nicht erwartet. Nachdem Oman ein sicheres Reiseland ist, boomt der Tourismus.

Als Peter mit seinen Servicearbeiten am Lkw fertig ist, sind die Urlauber schon wieder auf dem Kreuzfahrtschiff. Jetzt gehen wir auf den Souk. Die Händler sind überhaupt nicht aufdringlich, manche beachten uns gar nicht. Vielleicht haben sie heute schon genug Geschäft gemacht. Ich brauche einen Sonnenhut, die Preisverhandlungen gestalten sich zäh, denn der Anfangspreis ist viel zu hoch. Da hätten wir doch vor den Passagieren der Costa Favolosa einkaufen sollen. So wichtig ist mir der Hut dann nicht, das merkt auch der Verkäufer und kommt mir entgegen. Es ist immer noch zu viel Geld. Ich gehe weiter. Als wir später nochmals beim gleichen Geschäft vorbeikommen, ruft mich der Verkäufer zu sich. Er hat erkannt, dass ich nicht zu der großen Reisegruppe gehöre und nennt mir erneut einen Preis, der schon eher meinen Vorstellungen entspricht. Der Mann erzählt mir vom heutigen Tag, er hat wirklich gute Geschäfte gemacht. Er macht immer guten Umsatz, wenn ein großes Schiff anlegt. Und er weiß genau, wann sie kommen. Im Endeffekt bekomme ich den Hut fast geschenkt.

Uns kommt die Idee, dass es vielleicht eine Fährverbindung von Muskat nach Iran geben könnte. Im Hafen bekommen wir keine Auskunft, dafür die Telefonnummer eines Unternehmens in Ruwi. Als wir dort anrufen und unser Anliegen vorbringen, werden wir etliche Male verbunden. Schlussendlich landen wir an der richtigen Stelle, doch der freundliche Mann bedauert – momentan gibt es leider keine Fährverbindung von Muskat nach Bandar Abbas. Schuld daran sei Iran, da leider keine internationalen Geldtransfers möglich sind. Naja, es war ja nur so eine Idee.

Es ist 22:30 Uhr, Peter schläft. Die Zeit scheint still zu stehen, die Temperatur auch. Ein großes Thema für mich. Während des Tages stören mich die hohen Temperaturen nicht, abends und nachts schon. In Muskat wird der Temperaturunterschied zwischen Tag und Nacht immer geringer. Meine Fußsohlen glühen, auch Waschen bringt keine Linderung, das Wasser ist ohnehin warm. Da hilft wohl nur Mentaltraining – Gedanken an einen Gebirgsbach – und unser Ventilator. Ich muss wirklich an mir arbeiten. Peter und ich sind da sehr unterschiedlich. Nach 2 Minuten im Wasser ist ihm kalt, ich bleibe eine halbe Stunde und warte, dass ich abkühle. Das Gute ist, dass das Meer immer in greifbarer Nähe ist. Ich wünsche mir so sehr, dass das indische Visum morgen fertig ist, dann bräuchten wir nur noch das pakistanische und könnten dann zu den Schildkröten und in die Wüste. Ist das nicht schizophren? Mir ist heiß und ich will in die Wüste? Naja, es wäre ja nur für 2 oder 3 Tage …

Wir warten vor der verschlossenen Tür des Visaservice. Die Spannung steigt, in 5 Minuten müssten sie aufsperren. Dass wir das indische Visum bekommen, ist für uns klar, aber wie viele Monate uns die Botschaft genehmigt, das wissen wir nicht. Fast pünktlich wird die Tür geöffnet und kurz darauf halten wir unsere Pässe in der Hand. Hastig blättern wir darin und … tataa … erlaubte Aufenthaltsdauer sind 6 Monate! Juhuu!

Als nächstes fahren wir gleich zur pakistanischen Botschaft, wer weiß, vielleicht hält die Glückssträhne an. Das Personal dort ist sehr freundlich, es scheint nicht üblich zu sein, dass Reisende hier in Oman um ein pakistanisches Touristenvisum ansuchen. Sie wissen nicht so recht, was sie mit uns tun sollen, denn normalerweise müssten wir in Österreich um das Visum ansuchen. Was wir in solchen Situationen immer machen: Wir bitten um ein Interview mit dem Botschafter.

Jetzt heißt es einmal warten. Nach ungefähr einer Stunde bittet uns ein junger Mann, ihn zu begleiten. Über ein Treppenhaus gelangen wir in ein großzügiges Büro im ersten Stock. Ein gepflegter, großer Mann mit Schnauzbart und gut sitzendem Anzug begrüßt uns auf Englisch. Er hat etwas Außergewöhnliches an sich, ich kann es nicht definieren. Seine sonore Stimme ist äußert angenehm. Und das Beste von allem ist, dass er schon von uns gehört hat. „Sie sind doch die Reisenden, die mit einem Oldtimer-Lkw unterwegs sind, nicht wahr?", vergewissert sich Herr Zamir. Wir nicken und lächeln ihn an.

Wir haben gemeinsame Bekannte: Das pakistanische Ärztepaar, das wir am Strand beim Hotel Intercontinental getroffen haben, hat ihm von uns und unseren Reiseplänen erzählt. Das ist doch unglaublich! Herr Zamir möchte allerhand von uns wissen: Ob wir schon mal in Pakistan gewesen sind, warum wir dorthin wollen, was wir in seinem Land machen, wohin wir überhaupt reisen wollen und wann. Das Gespräch ist sehr angenehm, er ist ein richtiger Diplomat. Er behauptet weder, dass Pakistan ein unsicheres Land ist, noch dass es ratsam ist, alle Gebiete zu bereisen. Er erzählt uns von der pakistanischen Gastfreundschaft, sobald man bei einer Familie zu Gast ist, gehört man dazu. Man wird verpflegt und kann sich absolut sicher fühlen, dafür legt er seine Hand ins Feuer. Stundenlang könnte ich ihm noch zuhören, doch Herr Zamir beendet das Gespräch, indem er sagt, dass er uns einen schönen Aufenthalt in Pakistan wünscht und wir unsere Pässe am nächsten Tag mit dem Visum abholen können. Das gibt's doch nicht! Aber es kommt noch besser. Er reicht uns seine Visitenkarte mit seiner privaten Telefonnummer. Sollten wir etwas benötigen, so könnten wir ihn jederzeit erreichen. Wir sind fast sprachlos. Herzlichen Dank, Herr Zamir!

Ein Besuch bei den Niederländern Hilly und Bonne ist noch ausständig. Wir rufen sie an und spontan wie sie sind, vereinbaren wir am selben Tag ein Treffen in ihrer Wohnung. Beim Abendessen fällt das Gespräch komischerweise auf Zähne. Ein aktuelles Thema für mich. Kurz vor unserer Abreise hat mir mein Zahnarzt noch eine Füllung verpasst, die aber leider nicht sehr lange gehalten hat. Leider ist auch eine Zahnwand weggebrochen und ich sollte bald einen Zahnarzt aufsuchen. Wie es der Zufall so will, hat Hilly morgen einen Termin bei ihrem holländischen Zahnarzt in Muskat und bietet mir an, statt ihr hinzugehen.

Wir frühstücken am nächsten Tag bei den beiden Niederländern, holen unsere Pässe mit dem pakistanischen Visum und fahren zurück zu Hilly und Bonne, der sich extra frei genommen hat. Mit ihrem Auto geht es zum Zahnarzt, Hilly erklärt die Situation und der Zahnarzt behandelt mich in seiner modern ausgestatteten Praxis. Momentan läuft wirklich alles wie am Schnürchen.

Nach knappen 2 Wochen sind wir wirklich froh, die Hauptstadtregion verlassen zu können. Einmal noch wollen wir Richtung Süden fahren, bis Ras al-Jinz, wo wir vor 3 Wochen versucht haben, Schildkröten bei der Eiablage zu beobachten. August parken wir am bekannten Platz am Plateau. In der ersten Nacht haben wir Pech, nichts regt sich am Strand. In der zweiten Nacht verpassen wir eine Schildkröte nur knapp, die Spuren sind ganz frisch. Verdammt! Wir sind schon vom Schlafmangel gezeichnet, wollen aber nicht aufgeben. Das Thermometer klettert jeden Tag auf über 45 °C, wir beschließen trotzdem, eine letzte Nacht zu bleiben.

Ich bin erleichtert, wenn die Sonne sich verabschiedet. Das Meer ist spiegelglatt und dunkelblau. Der Mond steigt orangefarben aus dem Wasser empor, noch dazu ist er heute voll. Wind kommt aus dem Landesinneren, ist trotz der späten Uhrzeit immer noch heiß.

In dieser Nacht haben wir eine andere Strategie: Da wir bei Vollmond ohnehin schlecht schlafen können, legen wir uns erst gar nicht ins Bett. Nach dem Abendessen sitzen wir lange draußen und gehen schon weit vor Mitternacht zum Strand hinunter. Und was sehen wir? Nichts. Wir warten und warten, wir sind so müde, dass wir schon überall einschlafen: Am Strand, am steinigen Weg, auf harten Felsen. Dank des Vollmonds ist es richtig hell, der weiße Sand leuchtet. Aber trotzdem entdecken wir nichts. Enttäuschung macht sich in unseren Gesichtern breit. Vorsichtig gehen wir nochmals ans Ende der Bucht und vernehmen doch tatsächlich Geräusche. Es wird gebuddelt! In unregelmäßigen Abständen fliegt Sand durch die Luft. Mit einem Sicherheitsabstand beobachten wir atemlos diesen Kraftakt des Nestbaus. Immer wieder muss sich das Tier dazwischen ausruhen, es atmet heftig. Dann beginnt die Eiablage, die Schildkröte verfällt in eine Starre. Jetzt können wir näher herankommen und diesen intimen Moment hautnah miterleben. Es ist einfach unglaublich, das Warten hat sich gelohnt. Müde schleppt sich die Schildkröte danach ins Meer, hinterlässt kein Anzeichen auf ein Nest, nur ihre eigene Spur. Wir sind glücklich und freuen uns aufs Bett. Bereits um 2 Uhr liegen wir in unserer Schlafbox und schlummern zufrieden ein.

Dem Meer kehren wir nun den Rücken, August der Reisewagen bringt uns ins Landesinnere, an den Rand der Wahiba-Wüste. Wasser ist das höchste Gut, nicht nur in der Wüste. In Oman sind die meisten Flussbetten ausgetrocknet, nur nach ergiebigen Regenfällen führen sie Wasser. Anders ist z. B. das Wadi Bani Khalid, ein üppig bewachsenes Tal mit glasklarem Wasser. Es gibt mehrere Becken, in denen man sich erfrischen kann. Klingt sehr idyllisch. Viele Reiseveranstalter haben das Wadi ins Programm aufgenommen, dementsprechend viel ist hier los. Am Ende der Asphaltstraße ist ein Parkplatz, von wo aus man in knappen 15 Minuten bei den ersten Pools angelangt ist. Dort findet man auch ein Restaurant, beschattete Picknickplätze und jede Menge Hinweisschilder. Man wird daran erinnert, dass Oman ein konservatives und muslimisches Land ist und man sich angemessen kleiden soll – auch beim Schwimmen. Außerdem soll man sich das Gepäck nicht von einheimischen Kindern tragen lassen. Auf die Idee wäre ich gar nicht gekommen.

Ich habe mir nicht viel erwartet, bin aber angenehm überrascht. Doch Schwimmen möchte ich hier nicht, denn man ist umringt von Imbissbuden und vielen Leuten, natürlich auch von Einheimischen. Je weiter man jedoch geht, umso ruhiger, aber auch schöner wird das Tal. Das Wasser hat sich tief in die Felsen gegraben. Wir stoßen auf weitere Pools, das Wasser sieht einladend aus, glitzert türkisgrün, man sieht bis zum Grund. Nachdem es schon früher Abend ist, sind die Touristen schon wieder abgereist, wir haben den Pool für uns alleine – fast. Denn das Wasser ist erstaunlich erfrischend und reich an kleinen Fischen. Liegt man ruhig im Wasser, so kommen die Fische und knabbern Hautschuppen vom Körper. Richtig paradiesisch ist es hier. Da bleiben wir eine Nacht.

Zurück am Parkplatz rollen wir unseren Plastikteppich aus und nehmen unser Abendessen ein. Vereinzelt kommen noch Touristen von den Becken. Eine 4er-Gruppe kommt auf uns zu. Es sind Österreicher, schnell ergibt sich ein nettes Gespräch. Zwei davon leben und arbeiten in Dubai, die anderen sind Freunde, die auf Besuch sind. Die Amstettner müssen zurück ins Hotel, kommen aber morgen Früh wieder zum Schwimmen. Da werden wir uns sicher treffen.

Der Wind rauscht durch die Palmen, überall ist Vogelgezwitscher zu hören und die Dämmerung setzt ein. Kein Auto ist mehr am Parkplatz, es ist so angenehm hier, dass wir beide nach dem Essen auf dem Plastikteppich einschlafen.

Zeitig stehen wir am nächsten Morgen auf, wir wollen das Wadi flussaufwärts erkunden. Es ist trocken, das Wasser fließt unterirdisch. Kies und große Gesteinsbrocken liegen im tiefeingeschnittenen Canyon. An den Wänden sehen wir viele Höhleneingänge, aber dummerweise haben wir keine Taschenlampe mit dabei. Die Hälfte des Tales liegt im Schatten, die Sonne steht noch nicht so hoch, dennoch ist es jetzt schon heiß. Immer enger wird das Wadi, unsere Gesichter sind knallrot, das T-Shirt klebt am Körper. Es ist an der Zeit umzukehren und sich ins kühle Nass zu stürzen. Wir sind keine 20 Minuten im herrlichen Wasser, als wir Stimmen vernehmen. Bekannte Stimmen. Es sind die Niederösterreicher, die wir am Vortrag getroffen haben. Silvia und Harald, die in Dubai leben, geben uns ihre Kontaktdaten und würden sich freuen, wenn wir sie in den Emiraten treffen würden.

Als wir Richtung Parkplatz marschieren und an den vorderen Pools vorbeikommen, bleibt uns fast der Mund offen. Menschenmassen sind hier! Im Restaurant und unter den Schattendächern vorwiegend Omani, im Wasser und auf den Felsen Touristen. Was für ein Kontrast! Einheimische Männer in weißer Dishdasha und traditioneller Kappe, Frauen mit Kopftuch und langem Kleid und daneben Touristinnen, die sich im Bikini am Felsen räkeln. Unter angemessener Kleidung versteht wohl jeder etwas anderes.

Der Jebel Akhdar erhebt sich auf über 3.000 Meter und ist Teil des Hajar-Gebirges, das sich über mehrere 100 Kilometer am Golf von Oman erstreckt. Das mächtige Gebirge gehört zu den fruchtbarsten Regionen des Oman – und zu den kühlsten. Seit 2005 gibt es eine Asphaltstraße auf das Saiq-Plateau, die allerdings nur Allradfahrzeuge benutzen dürfen. Überprüft wird das beim Militärposten, Schilder weisen auf die gefährliche und vor allem steile Straße hin. Man soll in den niedrigsten Gang schalten. Danach windet sich die Straße in steilen Kehren und engen Serpentinen in die Höhe. Wir fahren im Schritttempo, schneller geht es nicht. Alle paar 100 Meter entdecken wir auf der gegenüberliegenden Fahrbahn Kiesrampen. Sollten die Bremsen beim Hinunterfahren versagen, so kann man auf die Rampen fahren und das Auto so zum Stehen bringen.

Der Hauptort liegt auf rund 2.000 Meter Meereshöhe, wir parken bei einem Aussichtspunkt, der sich „Diana's Viewpoint" nennt. Angeblich soll Prinzessin Diana hier einmal gepicknickt haben. Zwischen den grauen Felsen und den losen, orangefarbenen Steinen finden wir genug Platz für unseren Lkw. Auf den ersten Blick wirkt der „grüne Berg", wie der Jebel Akhdar auch noch genannt wird, eher karg. Von der Abbruchkante blicken wir auf schroffe Berge, in tiefe Täler und Schluchten, auf ein paar Dörfer mit Terrassengärten und grünen Bäumen, die sich an die steilen Berghänge schmiegen.

Bis die Sonne untergeht, erkunden wir die nähere Umgebung und sitzen dann vor unserem Reisewagen, genießen die grandiose Aussicht, die Stille und die ersten Sterne am Himmel. Dann flüchten wir in unser Wohnmobil, denn es ist kühl geworden. Wir haben eiskalte Zehen und die Nase rinnt. Wir kochen uns Suppe und Tee und packen die Daunendecken wieder aus. Draußen rufen verschiedene Muezzin – aus jedem Dorf einer. Bis zum Morgen hören wir dann außer einem Esel nichts mehr.

Das Saiq-Plateau ist wahrscheinlich der letzte Ort, wo wir uns gut ausruhen können, danach wird es wieder heiß werden und wir müssen ohnehin weiterreisen, bevor uns die Visa für Pakistan und Indien ablaufen. Wir haben uns aber auch einiges an Arbeit vorgenommen: August abschmieren, Luftfilter tauschen, ein Service an den Fahrrädern, Fotos sortieren, Reiseberichte schreiben und noch ein paar Reinigungsarbeiten. Dazwischen wollen wir noch Ausflüge machen. Am besten, wir fangen gleich einmal damit an. Schmale Pfade verbinden die Dörfer und Terrassengärten, wo gerade Rosen und Granatapfelbäume blühen. Es ist richtig idyllisch. Das Wasser plätschert im falaj, dem Bewässerungskanal, Frösche quaken, rosafarbene Rosen duften und auf manchen Bäumen sieht man noch unreife Marillen, Feigen und Walnüsse. In den Gemüsegärten wachsen im Schatten der Bäume Jungzwiebel und zarte Maispflanzen.

Als wir auf dem Rückweg sind, ziehen dunkle Wolken auf. Große, schwere Tropfen fallen, kräftige Windböen schieben uns förmlich zurück zu unserem Lkw. Der Regen prasselt laut auf das Dach, unser Fahrzeug wackelt ordentlich im Sturm, wir haben kalte Füße – ein herrliches Gefühl. Gerne sitzen wir wieder im August, backen Brot und Pizza, lauschen dem pfeifenden Wind, den Regentropfen und den wilden Eseln. Für die Bewohner der arabischen Halbinsel sind trübes Wetter und Regen ein Geschenk des Himmels. Heute auch für uns.

Immer wieder beeindrucken uns die Omani durch ihre Diskretion und Gastfreundschaft. Wir können nächtigen, wo wir wollen. Kommt mal ein Auto vorbei, wird zuerst gehupt, dann gegrüßt, nach dem Befinden gefragt und dann danach, ob wir etwas brauchen. Darauf folgt meist eine Einladung. Sogar in Gegenden, wo sich viele Touristen tummeln, sind sie unglaublich nett, manche auch sehr geschäftstüchtig. Hier am Saiq-Plateau sehen wir viele Touristen, europäische, aber auch arabische, die im Gebirge Abkühlung suchen.

Die Regenfälle waren nicht sehr ergiebig, am nächsten Morgen taucht die Sonne die schroffen Felsen in ein milchiges Licht. Mit dem Fahrrad machen wir einen Ausflug ins Wadi Bani Habib. Die Höhe macht sich bemerkbar, bald kommen wir ins Schnaufen. Die Straße endet an einem Picknickplatz, hier sind viele Autos und noch mehr Touristen. Von hier kann man in den vor rund 30 Jahren verlassenen Ort Saiq wandern. Auf steilen Steinstufen steigen wir ins Wadi Bani Habib hinunter. In der Talsohle staut sich die Mittagshitze, glücklicherweise spenden Hunderte von Walnuss- und Granatapfelbäumen Schatten. Jetzt, Mitte April, leuchten rote Granatapfelblüten aus dem satten Grün. Erntezeit ist von August bis Oktober. Die omanischen Granatäpfel gehören zu den besten weltweit, sie sind groß, saftig und sehr aromatisch. Nur zu gerne würde ich jetzt einen essen. Ungestört gehen wir durch das verlassene Dorf, besichtigen Steinhäuser, bestaunen geschnitzte Holztüren, landen in der ehemaligen Schule, wo die lehmverputzten Wände mit weißen, geometrischen Mustern bemalt sind und wir noch Seiten eines Schulatlas finden. Südamerika ist darauf zu erkennen. Da waren wir auch noch nicht. Soll das vielleicht ein Zeichen sein?

Als wir wieder bei den Rädern sind, haben die meisten Besucher die Picknickplätze verlassen. Nach den ersten Kilometern vernehme ich schon ein Jammern von Peter. Das Sitzfleisch schmerzt, der Rücken auch. Auweh! Der Arme, aber da muss er jetzt durch, denn bis zu unserem August werden wir noch 1,5 Stunden unterwegs sein. Gutes Zureden hilft nicht viel. Das Jammern geht in ein Fluchen über, ich trete kräftiger in die Pedale, somit höre ich nichts mehr.

Heute ist Ostersonntag. Ich rufe meine Eltern an. Meine Mutter hört sich nicht gut an, aber sie sagt, dass alles in Ordnung sei. Ich glaube ihr nicht. Nachdem ich noch zweimal nach dem Befinden frage, offenbart sie mir, dass mein Vater wieder im Krankenhaus war. Aber es gehe ihm schon wieder besser, beruhigt mich meine Mutter. Meine Eltern haben sich sehr über meinen Brief gefreut, was ich gleich als Anlass nehme, um ihnen bald wieder zu schreiben. Sie haben weder Internetzugang, noch einen Computer, also bleibt nur das Telefon oder der Postweg, um mit ihnen zu kommunizieren. Nach dem Gespräch bin ich sehr nachdenklich und gar nicht gut drauf. Immer, wenn es Mama nicht gut geht, geht es mir auch nicht gut. Ich mache mir Sorgen um sie.

In der folgenden Nacht habe ich einen Traum. Es geht aber nicht um meine Eltern, sondern um meine Zähne. Ich träume, einen Zahn zu verlieren. Noch vor dem Frühstück spucke ich tatsächlich einen aus! Die Füllung vom niederländischen Zahnarzt hat genau 11 Tage gehalten. Die 20 Euro waren somit eine Fehlinvestition. Ich werde Hilly davon berichten, sie soll ihren Zahnarzt von mir grüßen ...

Die Stadt Nizwa liegt zu Füßen des Jebel Akhdar, umgeben von Gärten und ausgedehnten Palmenhainen. 1994 wurde ein Großteil der Oasenstadt restauriert und erstrahlt nun in neuem Glanz – so auch das Fort von Nizwa, das unser erstes Ziel ist. Schon von Weitem sehen wir den 35 Meter hohen Turm der rechteckigen Festungsanlage aus dem 17. Jahrhundert. Durch ein massives Holztor gelangen wir ins Innere, besichtigen kurz das Museum, bevor wir auf den runden Turm steigen. Das Innere ist eigentlich ein verwinkeltes Treppenhaus mit falschen Abzweigungen, Scheintüren und Holztoren mit schmalen Schlitzen, aus denen heißer Dattelsirup auf die Eindringlinge gegossen wurde. Ganz oben befindet sich eine Kanonenplattform, die von einer 10 Meter hohen Mauer umgeben ist. Über Treppen gelangt man auf einen Wehrgang und blickt über die Zinnen. Von dort hat man einen wundervollen Ausblick auf die Stadt, die Gärten und die Berge. Auf den Flachdächern der weißen oder sandfarbenen Häuser sehen wir Wassertanks, Klimaanlagen und vor allem Satellitenschüsseln. Sehr beschaulich und ruhig ist es in Nizwa, das hängt aber vielleicht auch mit der Uhrzeit zusammen, denn die meisten Aktivitäten finden morgens oder abends statt. Jetzt am Nachmittag sind auch kaum Touristen unterwegs.

Wir schlendern durch das Zentrum, kommen an mehreren Friseursalons für Damen vorbei. Wenn ich meine Haare so betrachte, dann könnte ein Haarschnitt nicht schaden. Ich entscheide mich für „Almst Almasi Beauty Hair Dressing". Die Fenster sind zugeklebt mit Fotos von Hochzeiten, die Bräute haben hochgesteckte Haare, sind stark geschminkt und geschmückt. Daneben Porträtaufnahmen von extrem geschminkten Araberinnen mit Kopftüchern und -schmuck aller Art. Alle jung, alle hübsch und gertenschlank. Da werde ich mich richtig verwöhnen lassen, ich freue mich schon auf die Behandlung: Haarwäsche, Kopfmassage, Hennapackung und Duftöl, all das geht mir durch den Kopf.

Als ich den Schönheitssalon betrete, schwinden meine Erwartungen ein bisschen. Der Boden ist voller Haare und mitten drinnen sitzen die beiden Friseurinnen beim Mittagessen. Recht erfreut sind sie nicht, als ich wegen eines Haarschnittes frage. Schließlich steht eine junge Dame auf, weist mir einen Sessel zu, legt mir einen Plastikumhang um die Schultern und verschwindet. Macht nichts, so kann ich mich in Ruhe umsehen. Ich bin ziemlich überrascht, wie schmutzig und verdreckt hier alles ist. Ich dachte, omanische Kosmetikerinnen und Friseurinnen wären viel ordentlicher, denn sie selbst sind äußerst gepflegt und wohlriechend.

Nach 5 Minuten vernehme ich die ersten Worte von Moora, eine kurze und prägnante Frage: „Straight?" Ich nicke. „How long?", möchte die Friseurin wissen. Ich erkläre ihr, dass sie die kaputten Haare abschneiden soll, etwa 7 Zentimeter. Moora befeuchtet meine Haare mit einer Sprühflasche und kämmt mich kräftig – um nicht zu sagen brutal – durch. Schnippschnapp. Ein paar Mal die Schere benutzt und fertig. Auf die paar Strähnen, die sie nicht erwischt hat, mache ich sie freundlich aufmerksam. Widerwillig greift Moora erneut zur Schere. Die junge Dame zieht einen Mittelscheitel, schneidet einmal links und einmal rechts und unterhält sich dann mit ihrer Freundin. Ich muss mir das Lachen verkneifen. Ich bezahle umgerechnet einen Euro, mehr war die Behandlung aber auch nicht wert. 10 Minuten später bin ich schon wieder bei August, wo mich Peter fragt, ob ich denn keinen Termin bekommen hätte.

Wir spazieren nochmals durch das Zentrum. Das Fort und einige Läden sind schön beleuchtet, alles ist sauber, fast steril. Vor den Geschäften werden Waren angeboten, in erster Linie billige Souvenirs, die für uns uninteressant sind. Mittlerweile sind dunkle Wolken aufgezogen und noch bevor wir bei unserem Lkw sind, beginnt es zu regnen. Wir sind total durchnässt. Nicht auszudenken, was passiert wäre, wenn ich mir eine aufwendigere Frisur hätte verpassen lassen ...

In der Nacht schüttet es mehrmals, es donnert und Blitze durchzucken den Himmel. Insgeheim hoffe ich, dass der Regen aufhört, denn wir wollen ins Wadi Tanuf. Am nächsten Morgen sieht es wieder besser aus und so fahren wir am zerstörten Lehmdorf Tanuf vorbei und in das dahinterliegende Trockental. In der engen Schlucht mit teils senkrechten Felswänden kommt uns eine große Ziegenherde entgegen. Die Tiere mit dem hellen, langen Fell sind von unserem Fahrzeug überhaupt nicht beeindruckt, sie weichen keinen Zentimeter von ihrem Kurs ab. Neugierig kommt die große Herde auf uns zu, es bleibt uns nichts anderes übrig, als anzuhalten. Das Tal wird immer enger, der Schotter weicht grobem Gesteinsmaterial. Wir wollen ohnehin eine kleine Wanderung machen, also parken wir August und marschieren auf einem kleinen Pfad talaufwärts. Die Vegetation wird ein bisschen üppiger, kurz vor einem Bergdorf sind kleine Gärten mit Mangobäumen und Dattelpalmen. Das Dorf selbst wirkt verlassen und sehr spartanisch. Außer einem Esel sehen wir niemanden. Ein Blick zum Himmel lässt uns eine Entscheidung fällen: Wir gehen zurück und zwar flott. Bei plötzlichen Regenfällen kann es in einem Trockental schnell zu einer Überflutung kommen. Auch wenn es gar nicht in unmittelbarer Nähe des Hauptwadis regnet, kann es eine regelrechte Flutwelle geben, die oft zerstörisch und manchmal auch tödlich sein kann. Deswegen niemals in einem Wadi nächtigen! Auch wenn es noch so schön ist und die Sonne scheint. In nur 20 Minuten sind wir bei unserem Lkw und verlassen das Wadi im strömenden Regen. Glück gehabt!

Wir nutzen das anhaltende Regenwetter, um uns den Palast in Jabrin anzusehen. Der große Parkplatz vor dem renovierten Wohnschloss ist fast leer. Der Palast ist mit traditionellen Gegenständen und antiken Möbeln eingerichtet, die gemalten Ornamente an den Holzdecken sind wunderschön. Von der Dachterrasse hat man nicht nur einen tollen Ausblick auf die umliegenden Palmenhaine, sondern auch auf den Parkplatz. Unser Fahrzeug ist von Reisebussen umzingelt! Ein Strom von Touristen wälzt sich Richtung Palast, jeder hat einen Fotoapparat in der Hand. Sicher ist das Wohnschloss ein schönes Motiv, doch genauso viele Fotos werden auch von unserem Lkw geschossen. Ein Besuch von Jabrin darf in keinem Reiseveranstalter-Programm fehlen. Wir bleiben am Dach und beobachten die Touristen, wie Ameisen strömen sie aus den Bussen zum Eingang und sie sind mindestens so flott wie die emsigen, kleinen Tiere. Sie haben ein dichtes Programm und nicht sehr viel Zeit.

In der Nähe des Jebel Shams befinden sich die Bienenkorbgräber von Al-Ayn. Wie auf einer Kette aufgefädelt stehen sie auf einem Hügel, dahinter erhebt sich das zerklüftete Gebirge des Jebel Misht. 21 Stück gibt es noch von diesen 3 bis 4 Meter hohen Gräbern, die 5.000 Jahre alt sind. Die Steine sind grob behauen, der einzige Eingang ist jeweils nach Osten gerichtet. Manche dieser Bauten haben sogar mehrere Mauern, die die Grabkammer wie eine Zwiebel umschließen. Außer Keramikscherben wurde nichts in den Gräbern gefunden, doch diese ähneln mesopotamischen Gefäßen, weswegen vermutet wird, dass Handelsbeziehungen bestanden haben. Faszinierend, vor allem wenn man überlegt, wie alt diese Gebäude schon sind und in welch gutem Zustand man sie vorfindet.

Wieder beginnt es zu regnen. Der Himmel ist trüb, die Wolken hängen tief. Es ist das perfekte Wetter zum Autofahren. Das trifft sich gut, denn wir wollen nach Musandam, einer omanischen Enklave an der Nord-Ost-Spitze der Arabischen Halbinsel. Dazu müssen wir kurz in die Vereinigten

Arabischen Emirate ein- und wieder ausreisen. Auf hervorragenden Autobahnen und Straßen lenkt Peter unseren Oldtimer durch die Emirate Abu Dhabi, Sharjah, Umm Al-Quwain und Ras Al-Khaimah. Den einzigen Stopp legen wir im Barracuda Resort ein. Dort gibt es ein Delikatessengeschäft und einen Alkoholladen, wo man zollfrei einkaufen kann. Fast alles, was das Herz begehrt, finden wir hier: Burgenländische Weine, kubanischen Rum, deutsches Bier, russischen Wodka, südafrikanisches Cider, schottischen Whiskey. Nebenan lachen uns französische Käse, österreichische Marmelade, Speck aus Südtirol und griechische Oliven an. Wir schauen uns das Angebot an, bis uns der Mund wässrig wird und fahren dann schnurstracks nach Musandam.

Der erste Strand, wo man nett campen kann, liegt 2 Kilometer vor der Stadt Khasab. Feinen, weißen Sand findet man am Bussa Beach, der von grau-braunen Felsen eingerahmt ist. An der Zufahrtsstraße gibt es einen Picknickplatz mit ein paar Bäumen, die dank Bewässerung gedeihen. Ansonsten ist es hier vegetationslos, das Klima wüstenhaft, die Niederschlagsmenge spärlich. Wir parken am Ende der Bucht, nahe der fast senkrechten Felswand. Beim Frühstück beobachten wir Delfine, beim Schnorcheln haben wir weniger Glück. Einen einzigen Fisch sehen wir, die Sicht ist äußerst schlecht. Kurz darauf zieht ein Schwarm Kormorane vorbei. Es sind Hunderte, wenn nicht Tausende. Die Tage verlaufen beschaulich, wir schwimmen, schauen den Frachtschiffen, Fieberglasbooten und Dhauen zu, die auf dem Weg in den Hafen von Khasab sind. Besonders am Morgen steuern viele kleine Fieberglasboote den Hafen an. Wie wir später erfahren, sind es Iraner, die nur 1,5 Stunden für die Querung der Straße von Hormuz brauchen. 100 Kilometer beträgt die Distanz zwischen der iranischen Hafenstadt Bandar Abbas und dem omanischen Hafen Khasab. Ein Großteil von ihnen strömt sofort in den Souk, um in erster Linie Zigaretten und Unterhaltungselektronik zu kaufen. Heiß begehrte Waren, die in Iran rar und teuer sind. Der andere Teil der Iraner bringt Ziegen nach Khasab, die sie über Oman gewinnbringend in die Emirate verkaufen können.

Die Nächte am Strand von Bussa sind laut. Die Bucht ist auch bei den Omani beliebt. Am frühen Abend wird Fußball gespielt, dann ein Lagerfeuer gemacht, gegessen, getrunken, geraucht, der Musik gelauscht und viel getratscht. Vor dem Wochenende flüchten wir. Unseren neuen Schlafplatz nennen wir Fuchsbaucamp. Von der Straße bis zum Fuße der Berge erstreckt sich eine Geröllebene mit vereinzelten Akazienbäumen. Am Abend vernehmen wir Geräusche, können sie aber nicht einordnen. Morgens finden wir unseren Müllsack, den wir draußen aufgehängt haben, zerfetzt und zerrissen vor. Den bzw. die Übeltäter erspähen wir mit dem Fernglas: Wunderschöne Füchse. Die vielen Höhlen in den Felsen sind der ideale Wohnort für die Tiere.

Mächtige Berge, die steil zum Meer abfallen, dominieren Musandam. An der Küste findet man unzählige, fjordähnliche Buchten, Lagunen und Felszungen. „Norwegen des Mittleren Ostens" tituliert unser Reiseführer diese Landschaft. Den einzigen Fjord, den man mit dem Fahrzeug erreichen kann, ist Khor Najd. Eine steile, aber gute Schotterpiste windet sich den Berg hoch. Nicht nur wir schnaufen vor Hitze, auch unser Lkw plagt sich auf den Pass. Von dort bietet sich ein fantastischer Ausblick auf die Lagune. Kleine Fischerboote liegen am Ufer, einige wenige tanzen auf dem Wasser. In engen Serpentinen windet sich die Piste nach unten in die Bucht. Dort angekommen ist es gar nicht mehr so schön, das Meer ist flach, also nicht zum Schwimmen geeignet, und überall liegt Müll herum. Auch im Wasser. Am Ufer entdecken wir schwarze Klumpen in verschiedenen Größen. Es sind Ölklumpen, vermutlich von einem Schiffsunglück. Schade, dass wir kein Boot dabei haben, um die Lagune zu erkunden. Wir fahren wieder über den Bergrücken und folgen dann dem Wadi Sal al-A'la. Dichter Baumbestand erfreut unsere Augen. Es ist keine künstlich angelegte Plantage, sondern ein natürlicher Akazienwald. Das ist schon etwas Besonderes auf der Arabischen Halbinsel. Dementsprechend beliebt ist dieses Gebiet bei Picknickern und Campern.

In Khasab wollen wir uns einmal etwas gönnen und in ein Restaurant gehen. Keines sagt uns 100%ig zu und zu teuer sind uns die Speisen auch. Die Alternative heißt Lulu Hypermarket, ein Einkaufstempel mit großem Supermarkt und riesigem Parkplatz. Der Komplex ist bunt beleuchtet, nicht einmal zur Weihnachtszeit erstrahlen Gebäude in Österreich derart. Die Klimaanlage läuft auf vollen Touren, wir frieren. Unsere Wahl fällt auf ein ganzes Tandoori-Grillhenderl um nicht einmal 2,50 Euro. Es schmeckt herrlich, vor allem mit frischem Fladenbrot.

Nachdem wir schon in der Stadt sind, schauen wir uns ein bisschen um. Ein Verdauungsspaziergang schadet nie. Die letzte Station auf unserem Rundgang ist der Friseur. Diesmal für Peter. Der Salon könnte aus den 1950er-Jahren sein, zwei Friseurstühle der Marke Belmont dominieren den Raum. Die mit braunen Leder bezogenen Sessel schauen sehr gemütlich aus. Armlehnen und Fußstützen dürfen natürlich nicht fehlen. Die Möbel sind in Blau gehalten, die Vorhänge in Rosa, die Fliesen in Weiß. Spiegel, Uhren, Kalender und Bilder von Sultan Qaboos zieren die Wände. Zwei indische Friseure mit strahlend weißen Mänteln arbeiten darin. Obwohl es nicht üblich ist, dass Frauen das Geschäft betreten, darf ich bleiben. Wir nehmen auf Plastikstühlen Platz und warten. Die Inder nehmen ihren Job sehr ernst. Eine ihrer Hauptaufgaben ist das Rasieren und Trimmen des Bartes. Nur die wenigsten Omani legen selbst Hand an. Mindestens einmal die Woche suchen omanische Männer den Friseur auf.

Peter will allerdings einen Haarschnitt. Er ist als nächster dran. Eine Papiermanschette wird ihm um den Hals gelegt, darüber kommt ein Plastikumhang. Peter erklärt dem Inder, dass er nur die Spitzen wegschneiden soll. Die Haare werden mit einer Sprühflasche angefeuchtet und schon beginnt der Friseur mit Kamm und Schere zu arbeiten. Als nächstes nimmt er eine Haarschneidemaschine zur Hand. Man sieht, dass der Inder darin wirklich Übung hat. Von allen Seiten wird Peter bearbeitet, die Haare werden von links nach rechts und wieder zurück gekämmt. Kurz entsteht ein Seitenscheitel, Peter bekommt plötzlich eine gewisse Ähnlichkeit mit einem Herrn Adolf H. aus Braunau. Dabei haben wir dem Friseur gar nicht gesagt, dass wir aus Österreich kommen ...

Die Schere ist nun wieder im Einsatz, der Inder umkreist Peter mehrmals und greift schließlich zum Rasiermesser. Mit Spitzen-Schneiden hat das alles nichts mehr zu tun. Der Friseur ist erst mit seinem Werk zufrieden, als Peter einen gepflegten – um nicht zu sagen spießigen – Kurzhaarschnitt hat.

Mit einem Besen kehrt er die Haare aus Peters Gesicht und vom Umhang, modelliert mit todernster Miene die Frisur mit Haargel und pudert Peter das Gesicht. Haha! Das gibt es doch nicht! Peter lässt sich alles gefallen, vielleicht gefällt es ihm ja wirklich. Als der Inder zur Parfumflasche greift, wird es Peter dann aber doch zu viel. Mit einem, zumindest optisch, völlig anderen Menschen verlasse ich den Frisiersalon in Khasab.

Wir möchten diese Fjorde Musandams gerne näher kennenlernen und das ist nur auf dem Seeweg möglich. Bootstouren werden von Tourveranstaltern in Khasab angeboten. Wir fahren einfach in den Hafen und wollen uns erkundigen. Es herrscht reger Betrieb, viele Dhauen stehen bereit, auf die Touristen strömen. Auf einem Boot sitzt schon eine Gruppe junger Leute, ich frage, wo sie hinfahren und ob noch Platz für uns sei. Sie schauen mich ein bisschen verdutzt an, meinen aber, dass sei kein Problem. Sie sind zwar eine geschlossene Gruppe und bleiben 2 Tage in den Fjorden, mit Nächtigung an einem einsamen Strand, aber sie haben noch Platz. Der Bootsvermieter mischt sich ein und erklärt, dass wir auch nur einen Tag mitfahren können, denn die Dhau kommt am Abend in den Hafen zurück. Das klingt gut. Schnell packen wir unsere Rucksäcke und klettern an Bord.

Das Boot ist unter dem Sonnensegel mit Teppichen, Matratzen und Polstern ausgelegt. Wir machen es uns gemütlich und erkunden mit der motorisierten Dhau die Fjorde. Wir haben Glück, denn wir sind auf einem Partyboot gelandet. Alina feiert ihren 30. Geburtstag mit Freunden und nun auch mit uns. Es ist eine internationale Gruppe, die jungen Menschen kommen aus Spanien, Frankreich, Indien, den USA, Kanada und Großbritannien. Ihr Arbeitsplatz ist Dubai, das sie für das Wochenende zurückgelassen haben. Die Verpflegung ist hervorragend, wir müssen uns gleich am Anfang zwischen Bier, Gin Tonic und Sangria entscheiden. Bei chilliger Musik erkunden wir Meeresarme, schnorcheln mit bunten Fischen, Sardinenschwärmen und beobachten Delfine. Es gibt wohl keine schönere Abschiedsfeier von Oman!

DUBAI
Do buy!

Wo ist der schönste Strand in Dubai? Wo die beste Wohngegend? In Jumeirah. Genau dort fahren wir hin. Nicht zum „Russenstrand", dem Public Beach, wo wir schon zuvor waren, sondern ein Stück weiter Richtung Südwesten. Unsere Nachbarn sind gutverdienende Expats und die Schwester vom Scheich. Wir parken vor der Absperrung zum Strand, mit Blick auf das Luxushotel Burj al Arab, eines der Wahrzeichen von Dubai, und fragen uns, wie lange wir hier wohl stehen bleiben dürfen. Denn offiziell herrscht Campingverbot in Dubai. Am nächsten Tag kommt tatsächlich die Polizei, doch anstatt uns zu verjagen, plaudern wir freundlich und verbringen noch ein paar Tage hier. Die Anrainer, also unsere Nachbarn, sind äußerst zuvorkommend. Obwohl wir ihnen den Blick aufs Meer rauben, bieten sie uns an, bei ihnen zu duschen und laden uns sogar zu einer Party auf die Dachterrasse ein.

Wir bekommen hier viel Besuch: Meine ehemalige Arbeitskollegin Hannah aus Finnland mit ihren beiden Töchtern Tara und Milla und die Niederösterreicher Silvia und Harald, die hier arbeiten und die wir in Oman getroffen haben. Als Treffpunkt ist der Strand optimal, wir können plantschen und picknicken. Wir treffen noch mehr Österreicher, die in Dubai arbeiten, nette Deutsche, Engländer und Emiratis und vor allem, zu unserer großen Freude: Anita und Leon Du Preez! Wir haben sie 2008 in Nelspruit, Südafrika, kennengelernt, wo Leon als Arzt arbeitete und Anita Safaris veranstaltete. Jetzt leben die beiden in Dubai, Leon leitet ein Krankenhaus und Anita organisiert immer noch Reisen, vorwiegend nach Botswana. Sie ist eine absolut tolle Frau! Voller Energie, direkt, unternehmungslustig, begeisterungsfähig, charmant, geschäftstüchtig, gebildet und noch dazu gut aussehend. Habe ich etwas vergessen? Eine Afrikareise mit Anita muss der absolute Hammer sein. Wer weiß, wer weiß?

Wir kommen mit vier jungen Frauen aus Dubai ins Gespräch. Toll ist, dass Anita dabei ist, es entwickelt sich eine super Dynamik. Die Studentinnen sind zwischen 18 und 21 Jahre alt, sie erzählen gerne, es ist ein offenes

Frauengespräch. Die Themen reichen von Kleidung, Haaren, Familienleben, Heirat, Saudi-Arabien bis hin zu Reisen. Interessant und neu für mich ist, dass sie selber entscheiden können, wen sie heiraten. Sie müssen dabei nur diplomatisch sein. Es ist auch möglich, Bewerber abzulehnen. In Frage kommen ohnehin nur Männer aus den Emiraten oder Qatar. Zudem wollen sie die einzige Frau ihres Mannes sein. Die Haare dürfen sie sich nur schneiden, wenn der Mann es erlaubt. Männer in den Emiraten bekommen von der Regierung ein Grundstück geschenkt, wenn sie nicht genug Geld haben, auch ein Haus. Dafür gibt es Wartelisten. Die jungen Damen haben alle einen Führerschein und ein Auto, sie gehen ins Fitnessstudio, einmal in der Woche ins Kino und oft bummeln oder spazieren – wie eben jetzt gerade. Das Gespräch ist nicht nur interessant, sondern auch witzig.

Auf Kochrezepte hofft Anita vergeblich, denn gekocht wird in den Häusern der Studentinnen von den Bedienerinnen, die natürlich auch putzen und waschen. Anita und Leon haben leider nicht allzu viel Zeit. Wann werden wir sie wiedersehen? Und vor allem wo? Silvia kümmert sich um uns. Sie holt uns vom Strand ab und chauffiert uns in diverse Geschäfte. Wir brauchen Reiseliteratur. Das Buch über Zentralasien habe ich schon in die letzte Ecke gestellt. Wir brauchen Material über Indien und Nepal. Zwischendurch organisieren wir das Visum für Iran. Innerhalb von 24 Stunden bekommen wir ein 10-Tages-Transit-Visum, ganz ohne Probleme, und zum Preis von 44 Euro pro Person. Das Fährschiff kostet dafür erheblich mehr, für die läppischen 100 Kilometer 940 Euro! Jammern nutzt nichts, aber es ist schon verdammt viel Geld.

Sonnenschein, Strandurlaub, Orient-Flair, Luxushotels. All das haben wir in Dubai erlebt. Jetzt fehlt nur noch eines: Rein ins Einkaufsparadies. „Do buy – Kaufen Sie!" lautet ein Slogan. Die Einkaufszentren und Malls sind klimatisierte Wunderwelten, in denen ein Großteil des öffentlichen Lebens stattfindet. Diese Konsumtempel der Extraklasse mit eleganter Atmosphäre und moderner Architektur sind 7 Tage die Woche von morgens bis spät abends geöffnet. The Dubai Mall, Mall of the Emirates, Ibn Battuta Mall, Festival Centre und Wafi Mall sind die größten davon. Dort findet man zwischen 350 und 1.200 Geschäfte, Boutiquen, Cafés, Restaurants, Kinderspielplätze, Kinos, Theater, Eislaufbahnen. Es gibt sogar eine Skihalle und ein Aquarium, in dem man mit Haien und Rochen tauchen kann. Unsere Entscheidung fällt auf die Mall of the Emirates.

Nachdem viele Einheimische in traditioneller Kleidung, also weißer Dishdasha und schwarzer Abaya (eine Art Überkleid oder weiter Mantel), unterwegs sind, haben auch wir beschlossen, uns in die österreichische Tracht zu schmeißen. Und so zwängen wir uns trotz der Hitze ins Dirndl bzw. die Lederhose. Ein Kopftuch setze ich natürlich auch auf. Damit mischen wir uns unter die Kaufwütigen in diese Scheinwelten. Einen halben Tag lang beobachten wir den Konsumrausch und den Geltungsdrang und stellen fest, dass es so unendlich viel gibt, das wir nicht brauchen.

Trotzdem vergnügen wir uns. Wir posieren vor dem Logo der Mall, bewundern exquisiten Schmuck bei den Juwelieren, befühlen feinste Stoffe in den Boutiquen und drücken unsere Nase gegen die Scheiben der Skihalle. Peter überlegt kurz, ob er nicht eine Abfahrt wagen soll. Eine 4er-Sesselbahn und ein Tellerlift erschließen die 1,5 Kilometer langen Pisten in der Skihalle. Zusätzlich gibt es einige Förderbänder für Kinder und Anfänger. Es gibt Abfahrten aller Schwierigkeitsgrade, auch wenn sie nur sehr kurz sind. Eine Tageskarte kostet rund 75 Euro. Die Leihausrüstung ist gepflegt, die Piste gut präpariert und von Sonntag bis Donnerstag so gut wie leer. 21 Schneekanonen berieseln die Piste mit 20 bis 25 Tonnen Puder pro Nacht. Draußen herrschen fast 40 °C, drinnen -2 °C. Die Frage nach dem Energieverbrauch drängt sich bei uns auf.

Für diejenigen, die nicht Ski fahren wollen, hat der größte Indoor-Snowpark der Welt natürlich auch etwas zu bieten. Von der Schneeballschlacht angefangen über das Snow Tubing, einem Spaziergang in der Winterlandschaft mit anschließendem alkoholfreien Glühwein bis hin zur Pinguinbeobachtung. Für viele Besucher ist es das erste Mal, dass sie überhaupt Schnee sehen und fühlen können. Selbst Erwachsene werden wieder zu Kindern. Und damit der Skiurlaub richtig perfekt wird, gibt es sogar Ski Chalets zu mieten. Im 5-Sterne Kempinski Hotel, mit Blick auf die Piste versteht sich. Was für eine verrückte Welt!

Vor der Skihalle werde ich zum ersten Mal auf meine Kleidung angesprochen. Bisher sind mir nur einige versteckte Blicke aufgefallen, die Leute hier sind so beschäftigt mit Einkaufen, ihrem Smart Phone und sich selbst, dass sie gar nicht so viel wahrnehmen. Die zwei jungen Frauen, die wissen wollen woher ich komme, sind aus dem Libanon. Sie machen 5 Tage Urlaub in den Emiraten, heute ist schon ihr letzter, leider. Nach einem gemeinsamen Foto müssen sie weiter, die beiden haben noch einiges auf dem Programm. Wir auch. Unser nächster Stopp ist das Unterhaltungszentrum, wo es nicht nur ein Animationsprogramm für Kinder gibt, sondern auch Schießbuden, Spielautomaten und Ähnliches. Die Geräuschkulisse ist enorm. Und plötzlich will ich nur mehr eines: Raus und weg! Ich möchte wieder die Sonne sehen und spüren, auch wenn sie noch so kräftig ist, den Wind auf meiner Haut fühlen und den Himmel über mir sehen. Ich möchte die Schuhe ausziehen, die Zehen in den Sand buddeln, die Füße vom Meerwasser umspülen lassen. Und ich möchte keine Beschallung von allen Seiten. Was mir jetzt auch bewusst wird, ist, dass ich die Emirate verlassen möchte.

Unser Schiff nach Iran legt am Abend des 1. Mai 2012 von Sharjah ab. Aus unerfindlichen Gründen müssen wir schon um 11 Uhr im Hafen sein, um unser Fahrzeug dort abzustellen. Wir selbst müssen das Hafengelände aber wieder verlassen. 4 Stunden später sind wir wieder in der Abfahrtshalle im Hafen. Es ist nicht viel los. Die Beamten wollen uns das Gepäck abnehmen, aber wir haben gar keines. Langsam kommen mehr Passagiere, wir lösen die Bordkarte und bezahlen die Ausreisesteuer.
Um 17 Uhr dürfen wir zur Ausreisebehörde weitergehen, die Pässe werden ausgestempelt, wir warten im stark klimatisierten Raum und frieren. 1,5 Stunden später sind wir bereits an Bord der „Hormuz 14". Zu unserer Überraschung erblicken wir dieselbe Besatzung wie schon im Jänner auf der Fahrt nach Sharjah. Sie erinnern sich noch an uns, was uns sehr freut. Das Schiff wird mit Fracht und neuen Toyotas beladen, nur August der Reisewagen ist noch an Land. Um 19:30 Uhr bekommen wir einen Sitzplatz zugeteilt. Dummerweise liegen meine lange Hose und das Kopftuch im Wohnmobil, ich fühle mich gar nicht wohl. Die „Hormuz 14" ist ein iranisches Schiff und man sollte sich schon an die iranischen Kleidervorschrif-

ten halten. Aber ich konnte nicht wissen, dass unser Fahrzeug so lange im Hafen stehen würde. Apropos Fahrzeug: Endlich kommt unser Agent und Peter darf sich zu Fuß zu unserem Lkw aufmachen.

In der Zwischenzeit wird das Abendessen serviert. Ich sitze wie auf Nadeln, weiß nicht, was passiert. Appetit habe ich keinen, ich beschließe, mit dem Essen auf Peter zu warten. Eine Stunde vergeht. Peter ist immer noch nicht zurück. Ich vergewissere mich alle paar Minuten, ob wir auch tatsächlich noch im Hafen stehen. Um 21 Uhr ist Peter da und unser Lkw an Bord. Endlich! Kurz darauf legt das Schiff ab, wir verzehren das köstliche Abendessen und freuen uns schon auf Iran. Für mich wird es eine herrliche Nacht auf einer Bank im klimatisierten Raum. Peter wird es zu kalt, er verbringt sie draußen an Deck.

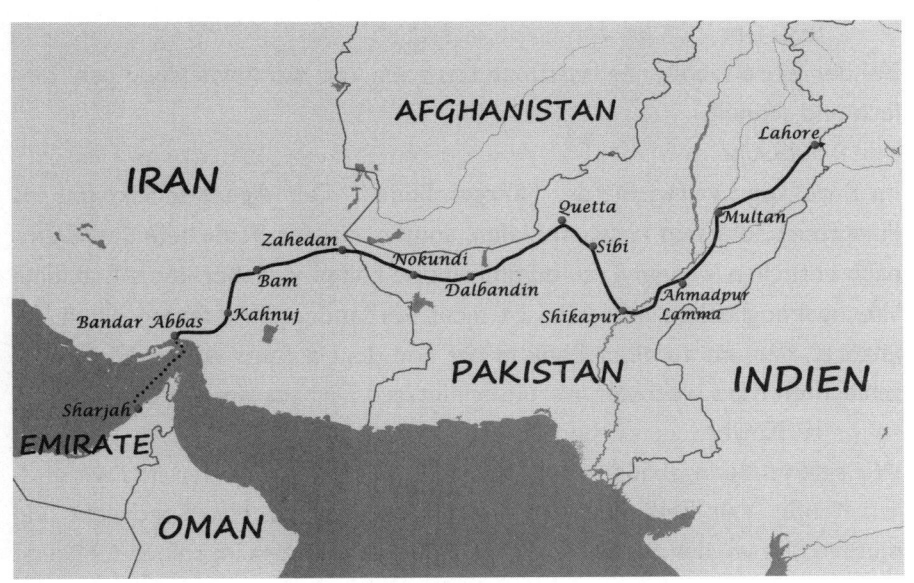

IRAN
Mohammed ist ein Engel

Die Temperatur in Bandar Abbas ist die gleiche wie in Dubai, es ist sehr, sehr heiß! Den ersten Tag verbringen wir im Hafen. August aus dem Zoll zu bekommen, dauert eine halbe Ewigkeit. Hätten wir nicht den äußerst hilfsbereiten Mohammed getroffen, der mit uns schweißgebadet von Büro zu Büro läuft, so wären wir erst tags darauf erfolgreich gewesen. Das Prozedere ist undurchschaubar, sogar für jemanden, der hier aufgewachsen ist und die Landessprache beherrscht. Selbst als wir nach Stunden glaubten, wir hätten endgültig alles erledigt, so fehlte wieder irgendein Stempel auf irgendeinem Dokument, das von irgendjemandem unterzeichnet und anschließend natürlich kopiert werden muss.

Ich habe mir die Mühe gemacht, alles zu dokumentieren:

   9:15 Uhr

Ankunft in Bandar Abbas, Peter darf August vom Schiff runterfahren, er selbst muss aber wieder an Bord.

9:30 Uhr

Bei der Einreisebehörde lässt man uns nach vor, die Abwicklung geht einfach und schnell.

9:45 Uhr

Im Büro von „Valfarj 8", der Fährgesellschaft. Der Agent schickt uns ins Hauptbüro, das sich nicht im Hafen, sondern in der Stadt befindet. Demnach brauchen wir ein Taxi, dummerweise haben wir aber keine Rial. Eine Wechselmöglichkeit im Hafen ist nicht vorhanden. Wir finden einen Taxifahrer, der uns zu einer Bank bringt und dort auf uns wartet. Zu einem schlechten Kurs wechseln wir unsere letzten Dirham aus den Emiraten.

10:30 Uhr

Wir sind im Bürogebäude von „Valfarj 8", im dritten Zimmer sind wir endlich richtig. Wir bekommen einen Zahlschein in die Hand gedrückt und müssen nun wieder zur Bank, die sich glücklicherweise im selben Gebäude befindet. Damit zurück ins „Valfarj 8" Büro, wo ein Stempel auf den Frachtbrief gedrückt wird. Weiter geht es ins nächste Büro im Erdgeschoss, wo wir einen Ausfolgeschein, Tee und Datteln bekommen. Wie viele Rial wir im Hafen noch bezahlen müssen, weiß leider keiner. Schlecht, sehr schlecht sogar. Denn so müssen wir in der Bank nochmals Geld wechseln und verlieren dabei … sehr viel. Rein ins nächste Taxi und zurück zum Hafen.

12:30 Uhr

Wir sind im Hafen beim Zoll, legen alle Papiere vor – es fehlt natürlich etwas: Die warehouse clearance (Lager-Freigabe). Hier treffen wir zwei Reisende aus den Niederlanden, die in Begleitung eines jungen Persers sind. Sie wollen auf die Arabische Halbinsel, sind hier bei den Behördengängen auch planlos, haben aber das Glück, dass ihnen Mohammed hilft, der junge Perser. Ein Beamter gibt uns in gebrochenem Englisch eine Wegbeschreibung zum Büro, wo wir dieses Dokument erhalten. Wir finden es nicht, landen in einem anderen Büro, in dem wir einen gate pass ausgestellt bekommen. Dieser muss natürlich wieder kopiert und abgestempelt werden. Erneut treffen wir die Niederländer und Mohammed, der uns spontan seine Hilfe anbietet. Wir nehmen dankend an.

13:00 Uhr

Die Büros schließen in einer Stunde, wir stehen unter Zeitdruck. Mohammed kümmert sich um die Niederländer, Rini und Ronald, wir versuchen
alleine unser Glück. Wir können die Landessprache Farsi nicht, die wunderschönen Schriftzeichen sind uns ein Rätsel. Wieder hilft uns ein Iraner.
Er kennt sich aber auch nicht gut aus und so landen wir infolge von Verstän-
digungsproblemen bei der Einreisebehörde. Die Zeit drängt. Wir glauben
nicht, dass wir August heute noch aus dem Zoll bekommen. Und dann ein
Geschenk des Himmels: Mohammed! Er begleitet uns ab nun.

13:15 Uhr

Wir sind in der letzten Ecke des Hafengeländes, holen uns erneut einen
Zettel mit Stempel, der danach natürlich kopiert werden muss. Dieses Dokument ist aber nicht die warehouse clearance. Warum brauchen wir diese
eigentlich? August steht doch im Freien, keine 5 Meter neben der Fähre.

13:30 Uhr

Wir sind im richtigen Büro gelandet, doch es fehlt immer noch etwas: Eine
Registrierungsnummer. Peter und Mohammed schwirren aus, die Niederländer und ich bleiben im klimatisierten Büro.

14:30 Uhr

Schweißgebadet kommen die beiden wieder, diesmal in Mohammeds Auto.
Jetzt geht es ans Bezahlen: 177.000 Rial. Das hört sich nach viel Geld an,
sind aber umgerechnet nicht ganz 8 Euro. Wegen dieses Betrages müssen
wir uns so abmühen?? Wir fassen es nicht. Aber es kommt noch besser:
Bargeld wird nicht akzeptiert. Wäre nicht Mohammed an unserer Seite,
der mit seiner Bankomatkarte für uns bezahlt, so müssten wir wieder in die
Stadt in eine Bank und die hätte zu diesem Zeitpunkt wahrscheinlich schon
geschlossen. Mohammed möchte natürlich kein Geld von uns nehmen. Das
ist so typisch persisch, kommt aber nicht in Frage!

15:00 Uhr

Wir sind immer noch nicht fertig. Ein Stempel, eine Kopie, irgendetwas
fehlt. Wir steigen in Mohammeds Auto und er bringt uns in ein weiteres
Büro. Uns wundert es, dass überhaupt noch jemand arbeitet um diese Zeit.
Viele Büros, viele Stempel und viele Kopien folgen.

16:15 Uhr

Wir haben es geschafft! Auch Ronald und Rini haben alles erledigt und können somit heute Abend nach Sharjah. Unser Lkw interessiert niemanden, er wird nicht einmal kontrolliert. Oder haben die Beamten wegen des vielen Papierkrams einfach darauf vergessen? Mohammed lädt uns zum Essen ein, ablehnen ist zwecklos. Wir sind hundemüde und durchgeschwitzt.

Nachdem wir Mohammed durch Bandar Abbas gefolgt sind, landen wir bei seinen Freunden, wo auch die Niederländer einquartiert waren. Samir wohnt mit seiner Frau und dem kleinen Sohn in einer geräumigen Wohnung in einem Hochhaus im Osten der Stadt. Sie freuen sich über Gäste, begrüßen uns aufs Herzlichste, als ob wir alte Freunde wären. Wir lassen uns im Wohnzimmer am Teppich nieder, es ist angenehm kühl in dem klimatisierten Raum. Wir werden mit Fragen überhäuft, zuerst die üblichen: Woher wir kommen, wohin wir fahren, wie lange wir bleiben, wie uns Iran gefällt, ob wir Hilfe brauchen, was wir essen wollen oder ob wir ein Glas Rotwein möchten. Richtig gelesen. Offiziell ist Alkoholverbot in Iran, aber wenn man sich zu helfen weiß, geht alles. Vor allem hier in der Hafenstadt Bandar Abbas, die nur 100 Kilometer von Oman entfernt ist. Und schon steht ein 5-Liter-Kanister mit bestem südafrikanischem Rotwein vor uns. Sofort wird etwas zu essen organisiert. Mohammed verlässt die Wohnung und kommt nach kurzer Zeit vollbepackt zurück: Gebratenes Hühnchen, Fisch, Reis und eine große Wassermelone. Natürlich dürfen wir uns an den Kosten nicht beteiligen.

Samir ist richtig enttäuscht, als wir ihm eröffnen, dass wir schon bald weiterreisen müssen, da wir nur ein Transitvisum haben. Zu gerne hätte er uns seine Heimat gezeigt und einen Ausflug auf die Insel Qeshm gemacht, doch in den kommenden 2 Tagen hat er keine Zeit.

Wir haben uns bei Mohammed schon gefragt, wie er sich die Zeit einteilt. Wie kann er an einem Arbeitstag stundenlang Menschen, die er nicht einmal kennt, bei der Einreise im Hafen helfen? Legt man diese Situation auf Österreich um, so ist es undenkbar, dass jemand einem unbekannten Ausländer einen halben Tag lang unentgeltlich hilft. Noch dazu müsste man sich ja einen Urlaubstag nehmen. Natürlich werden wir eingeladen, in der Wohnung zu nächtigen. Wir bleiben unserem Fahrzeug aber trotz der Hitze treu. Doch die angebotene Dusche, die nehme ich gerne an. Wir versprechen hoch und heilig, unsere Gastgeber das nächste Mal wieder zu besuchen und verabschieden uns.

Obwohl es schon mitten in der Nacht ist, ist die Hitze immer noch drückend. Noch heißer ist es aber in unserem Wohnmobil, wo die Fenster den ganzen Tag geschlossen waren. Hurra! Und noch eine Überraschung gibt es: Moskitos! Viele, und die werden uns noch lange begleiten.

Nichts wie weg von Bandar Abbas! Wir nehmen gleich Kurs auf Pakistan. Die Ebene zwischen den Städten Kahnuj und Jiroft ist fruchtbar und annähernd grün. Emsiges Treiben herrscht auf den Feldern, die Ernte ist gerade im Gang: Erdbeeren, Melonen, Tomaten, Gurken, Zwiebel und Getreide. Östlich davon dominiert die Wüste Lut. Es wird immer karger, trockener, heißer und dünner besiedelt. Auf unserer Fahrt durch die Provinzen Kerman und Sistan-Belutschistan nehmen wir uns aufgrund der Hitze nicht viel Zeit, doch wo auch immer wir anhalten, werden wir freundlich aufgenommen. Die Gastfreundschaft der Iraner ist wohl im ganzen Land gleich groß. Da kann man als Europäer noch viel lernen.

Kurz nach Bam füllen wir unsere Dieseltanks, wir haben gehört, dass es in der Provinz Sistan-Belutschistan schwierig werden könnte, genügend Treibstoff zu bekommen. Viele Lkw-Fahrer sind gerade zugegen, sie suchen das Gespräch mit uns. Auf Farsi versteht sich. Mimik, Gestik und gegenseitiges Verständnis reichen für eine einfache Unterhaltung. Ein Chauffeur mittleren Alters, der ein bisschen englisch spricht, kann gar nicht genug von uns erfahren: Woher, wohin, wie viele Kinder, welcher Beruf, Lkw-Spezifisches, wie uns Iran gefällt und so fort. Sogleich erzählt er unsere Antworten auf Farsi seinen Kollegen und ist dabei mächtig stolz. Der Mann kommt aus Bam, der durch ein Erdbeben großteils zerstörten Lehmstadt. Dass er uns sofort zu sich nach Hause einlädt, brauche ich wohl nicht zu erwähnen. Als wir uns von ihm verabschieden, will er Peter seinen Ring schenken. Als Andenken. Es ist alles andere als einfach, das wertvolle Geschenk nicht anzunehmen, aber es gelingt uns. Peter gibt dem Iraner eine Packung Zigaretten – echte deutsche Marlboro – das ist schon etwas Besonderes hier. Seine Augen leuchten, auch die seiner Kollegen. Genüsslich steckt sich jeder sofort eine an.

In einem kleinen Dorf machen wir Mittagspause. Ich bin zu faul, um etwas zu kochen und so schauen wir uns im Zentrum um. Viel gibt es nicht hier, eigentlich nur ein kleines Geschäft mit wenigen, dafür überreifen Gemüsesorten, Käse, Joghurt, Keksen und Eiern und nebenan den Fleischhauer. Der Appetit vergeht mir sofort. Unter dem Vordach hängen eine braune Kuh und eine schwarz-weiße Ziege, kopflos. Der Fleischer schärft gerade das Messer und beginnt, das Fell abzuziehen. Auf dem zum Teil gefliesten Boden wurde Karton aufgelegt, der allerdings die Blutmenge nicht mehr halten kann. Mehrere Rinnsale bilden sich, das Blut sucht sich seinen eigenen Weg. Ordentlich aufgereiht liegen an der Kante zur Straße die Köpfe der beiden Tiere und auch die Hufe. Dahinter Berge von Därmen, Mägen und was weiß ich noch. Auf den Fleischhauer kommt offenbar einiges an Arbeit zu, denn zwei Ziegen und ein Schaf stehen scheinbar unbekümmert daneben und warten. Zwei Helfer hat der Mann auch, seine Söhne, wohl etwa zwischen 9 und 12 Jahre alt, die kräftig mit anpacken und dabei noch Zeit haben, uns zuzuwinken. Ich winke zurück und beschließe, heute vegetarisch zu essen.

Am späten Nachmittag fahren wir an Palmenhainen vorbei. Wir sind uns beide sofort einig, dass wir hier bleiben und nächtigen wollen. Wir biegen von der Straße ab und folgen einer Schotterpiste in die Pflanzungen. Der Boden muss salzhaltig sein, an der Oberfläche ist eine weiße Kruste ersichtlich. In der Ferne tauchen sandfarbene Inselberge auf. Wir parken unseren Lkw und machen einen Spaziergang. Es ist wunderschön hier und herrlich ruhig. Wir gelangen zu einer Abbruchkante, blicken in ein ausgetrocknetes Flussbett mit spärlicher Vegetation und vielen Höhlen in den senkrechten Wänden gegenüber. Ob hier noch jemals Wasser fließt?

Wir fühlen uns sehr wohl hier und das, obwohl wir bereits in einer Region Irans sind, wo es von Seiten des Außenministeriums Reisewarnungen gibt. Wir sind an der Grenze der Provinzen Kerman und Sistan-Belutschistan. Je weiter man nach Osten, also Richtung Pakistan und Afghanistan fährt, umso kritischer wird es. Immer wieder gibt es Entführungen von Touristen. Auch verlaufen hier wichtige Routen für den Drogenschmuggel aus Afghanistan nach Westen. Wir suchen einen Nächtigungsplatz, der etwas versteckt, abseits der Piste, liegt. Und finden ihn auch. In der Nähe ist ein kleines Haus oder vielleicht eher ein bescheidener Bauernhof. Wir machen uns auf den Weg dorthin, wollen fragen, ob wir eine Nacht hier bleiben dürfen. Vielleicht parken wir ja auf dem Grundstück des Bauern. Ein kleiner, älterer Mann mit sonnengegerbtem Gesicht und großen Händen taucht hinter der Lehmmauer auf. Er ist etwas überrascht, uns hier zu sehen, aber durchaus freundlich. Selbstverständlich können wir bleiben, auch länger als eine Nacht.

Als wir beim Abendessen vor unserem Lkw sitzen, sehen wir den alten Bauern auf uns zukommen. Er entschuldigt sich, dass er uns beim Essen stört und überreicht uns eine Schüssel voller Datteln. Dann ist er auch schon wieder weg, er hat noch zu tun. Es ist wieder so eine kleine Geste, die die Iraner so liebenswert macht. Ich koste die Datteln. Sie sind die besten, die ich je gegessen habe.

Flacher kann eine Landschaft nicht sein, denke ich mir am nächsten Tag. Und grauer auch nicht. Wir durchfahren eine schier endlose Ebene, die Luft flimmert, der Asphalt ist aufgesprungen. Viel sehen wir nicht, genau genommen nur drei Dinge: Große Lkw, einige Wegtürme, die den Karawanen früher zur Orientierung dienten, und eine Eisenbahnlinie. Die Gleise liegen in einer Senke, sind teilweise von beigefarbenem Sand zugeschüttet. Ein Zug dürfte hier schon länger nicht gefahren sein. Die Gegend wirkt ziemlich skurril. Wir freuen uns über jede Kurve in der Streckenführung, eine Abwechslung in der monotonen Landschaft. Am Nachmittag sehen wir in der Ferne ganz vage die Konturen von Bergen, aber auch eine tiefschwarze Rauchwolke. Wir ahnen nichts Gutes. Einige Kilometer weiter stoßen wir auf eine Lkw-Kolonne. Wir halten mit einigem Sicherheitsabstand hinter dem letzten Fahrzeug und marschieren an der Schlange entlang bis wir die ersten Chauffeure treffen. Mittlerweile sind es zwei Kolonnen, eine am Bankett und eine auf der Fahrspur. Es sind Afghanen, die es sich im Schatten ihres Lkw auf einem Kunststoffteppich bequem gemacht haben. Von ihnen erfahren wir, was passiert ist. Ein afghanischer Tankwagen ist von einer Brücke gestürzt. Er muss wohl eingeschlafen sein, konnte die einzige Kurve im Umkreis von vielen Kilometern nicht wahrnehmen und hat so sein Schicksal besiegelt. Wir gehen bis zur Unfallstelle, um uns ein Bild zu machen, wie lange die Straße gesperrt sein wird. Vom Unfallfahrzeug erkennt man nicht mehr sehr viel. Alles brennt. Der Treibstoff ist unter der Brücke durchgelaufen und somit brennt es auch dort. Höchstwahrscheinlich ist sie kaputt und unpassierbar für schwere Fahrzeuge. Für den oder die Fahrer kommt jede Hilfe zu spät. Feuerwehr gibt es hier keine. Die nächste ist vermutlich in der Stadt Zahedan und die liegt 125 Kilometer entfernt.

Am Rückweg zu unserem Reisewagen kommen wir mit vielen Chauffeuren ins Gespräch. Es sind Iraner, Pakistani und Afghanen. Eine ethnische Vielfalt, manche haben für mich eher mongolische Gesichtszüge, andere wiederum sehen für mich fast indisch aus und dann gibt es die Iraner mit westlicher Kleidung, dominanter Nase und gepflegtem Schnauzbart. Eines haben sie alle gemeinsam, sie tragen keine Schuhe, sondern Schlapfen und sind durchwegs nett. Mir fällt auf, dass ich die einzige Frau hier bin. Das Transportwesen ist nun mal eine reine Männerwelt.

Peter sieht sich die Fahrzeuge ganz genau an. Die Bandbreite reicht von modernsten Scania-Lkw bis zu alten Mercedes-Haubern, so wie unser August der Reisewagen. Manche haben noch Firmenaufschriften von deutschen Unternehmen, andere haben an der Innenseite der Türen Bilder von Pin-up-Mädchen oder Porträtmalereien von persischen Schönheiten, mit zartem Kopftuch und kräftigem Make-up.

Wir haben Glück, dass die Gegend ziemlich flach ist. Parallel zur Straße verläuft ein ausgetrocknetes Flussbett. Auf dieser Umfahrung passieren wir nach 2 Stunden die Unfallstelle. Immer noch brennt der Lkw lichterloh und dicke, schwarze Rauchschwaden steigen zum Himmel empor. Bis hierher geht alles problemlos, doch als wir wieder über die Böschung auf die Straße fahren wollen, haben wir plötzlich alle Fahrzeuge gegen uns. In 2er-Reihen stehen die Lkw auf der Fahrbahn und warten, dass sie die Unfallstelle irgendwie passieren können. Für mich eine etwas aussichtslose Situation, denn wo sollen denn die vielen Fahrzeuge hin? Nach vorne gibt es kein

Weiterkommen, nach hinten mittlerweile auch nicht mehr – die Kolonne reicht bis zum Horizont. Ich sehe uns schon im Flussbett warten, bis sich der Stau aufgelöst hat. Nicht so Peter. Solch eine Situation ist für ihn überhaupt kein Problem. Er steigt aus und beginnt sogleich mit Händen und Füßen den Chauffeuren Anweisungen zu geben. Ich weiß bis heute nicht, wie er das für mich Unmögliche innerhalb kürzester Zeit geschafft hat, nämlich eine Fahrspur für unseren Lkw zu erkämpfen. Obwohl Peter ein bisschen ungehalten ist, oder zumindest so erscheint, wenn man ihn nicht kennt, grüßen uns die iranischen Chauffeure freundlich und wünschen uns eine gute Fahrt. Das können wir brauchen. In der Abenddämmerung erreichen wir die für uns letzte Stadt in Iran – Zahedan, die Hauptstadt der Provinz Sistan-Belutschistan. So wie fast jede Grenzstadt, ist auch diese dreckig, gesichtslos und nicht ganz ungefährlich. Der Schmuggel floriert, die iranischen Belutschen haben hervorragende Beziehungen zu ihren Verwandten in Pakistan und Afghanistan. Um 20 Uhr sperren so gut wie alle Geschäfte zu und wir sehen nur noch wenige Autos. Die Lkw stehen auf einem bewachten und ummauerten Parkplatz, die Fahrer schlafen im Hotel. Nur wir bleiben. Der Wachhund schlägt ein paar Mal an, aber ansonsten verläuft die Nacht ruhig. Trotzdem bin ich ein bisschen angespannt. Morgen wollen wir nach Pakistan reisen, in ein Land, das viele Menschen fürchten. Taliban, Terror, Anschläge, Entführungen, fanatische Gläubige. Das sind die gängigen Assoziationen, die der durchschnittliche Mitteleuropäer mit diesem Land verbindet. Was wissen wir eigentlich über Pakistan? Ehrlich gesagt, nicht viel.

Knappe 100 Kilometer sind es von Zahedan zum iranischen Grenzort Mirjaveh. Die Ausreise aus Iran geht recht flott und problemlos, die Gebäude der Einreisebehörde und des Zolls sind modern, sauber, klimatisiert und haben WC-Anlagen. Die Abwicklung verläuft ruhig und ohne Stress, Computer und Scanner sind selbstverständlich vorhanden. Der Beamte, der uns abfertigt, ist ein junger Mann aus Zahedan. Er fragt nach unseren Reiseplänen, seine Augen leuchten. Unbedingt müssen wir ihn besuchen, wenn wir zurück nach Iran kommen. „Bitte", fügt er noch dazu und schenkt uns ein Lächeln.

PAKISTAN
NO FEAR im Industal

Reiseliteratur über Pakistan konnten wir auf der Arabischen Halbinsel keine auftreiben, eine Straßenkarte auch nicht. Für die Provinz Belutschistan, die an Iran und Afghanistan grenzt, brauchen wir aber auch keine, denn es gibt ohnehin nur eine Straße. Und es ist auch gut, dass wir keine Nachrichten hören. 2 Tage vor unserer Einreise wird in Quetta, der Hauptstadt Belutschistans, ein englischer Mitarbeiter des Roten Kreuzes erschossen und ein Sprengstoffattentat verübt. Doch all das erfahren wir erst, als wir in Indien sind.

In Taftan machen wir eine Zeitreise in die Vergangenheit. Die Büros im Grenzort sind schmutzig, spartanisch eingerichtet und, wenn man Glück hat, mit Ventilatoren versehen. Unsere Daten werden mehrmals in Bücher eingetragen, die halb so groß wie der Schreibtisch sind. In wunderschöner Schrift und im Zeitlupentempo. Nichts, was wir in den Büros sehen, ist intakt, vom Sessel angefangen bis zu den Aktenschränken, den Schreibtischen, Fenstern, Türen und dem durchgesessenen, speckigen Sofa, auf dem wir Platz nehmen. Doch das fällt wahrscheinlich nur uns auf, für die pakistanischen Beamten ist das alles völlig normal. Fasziniert beobachte ich die Männer. Der Leiter der Einreisebehörde ist ein älterer Mann, gepflegte Frisur, gepflegter Bart, ausdrucksstarke, schwarze Augen, daneben hat er noch ein perfektes Englisch und alle Zeit der Welt. Er ist äußerst zuvorkommend, ein richtiger Gentleman.

Die erste Nacht in Pakistan verbringen wir in Taftan im Zollhof. Es ist ein richtiges Drecksnest. Alle anderen Lkw stehen auch hier, wenige iranische und viele pakistanische. Wir sind quasi Nachbarn bis zum nächsten Tag und wir haben Glück, denn es sind nette Nachbarn. Dauernd sind wir bei jemand anderem zum Tee eingeladen. Sonst gibt es ja nichts zu tun, Abwarten und Tee trinken. Das Interesse an uns ist groß, dabei bin eher ich die Attraktion, da ich die einzige Frau weit und breit bin.

Während ich warmes Abendessen zubereite, rinnt mir der Schweiß über den Körper. Gut, dass wir zumindest einen funktionierenden Ventilator haben, sonst würde ich die Hitze nicht ertragen. Gute Nachrichten ereilen uns, man verspricht uns für den nächsten Morgen eine Eskorte, noch dazu „early in the morning". Gegen 6 oder 7 Uhr. Wir vermuten, dass es wohl etwas später werden wird. In manchen Bundesstaaten Pakistans, z. B. in Belutschistan, dürfen Individualreisende mit eigenem Fahrzeug aufgrund der angespannten Sicherheitslage nur mit einer Militäreskorte reisen. Diese Eskorte wird organisiert und ist sogar kostenlos. Wir sind schon gespannt. Lieber wäre es uns natürlich, alleine zu reisen. Wir sind ungern von jemandem abhängig, wollen uns den Tag selber einteilen, aber hier geht das nicht. Der Wecker läutet um 5:30 Uhr, doch ich bin ohnehin schon wach. Die Hitze macht mir zu schaffen. Nachdem wir so viele neugierige Nachbarn haben, konnten wir die Türe nicht offen lassen. Wir machen uns einen starken Kaffee und warten. Um 8 Uhr geht es tatsächlich los. Unsere Eskorte entpuppt sich als ein bewaffneter Polizist ohne Fahrzeug, denn das sei gerade kaputt. Welchen Sinn hat es, einen bewaffneten Mann im Auto zu haben? Sollten wir überfallen oder entführt werden, so kann er uns sicher auch nicht helfen.

Aber bevor wir noch eine weitere Nacht in Taftan verbringen, klettere ich nach hinten in den Aufbau und der Polizist nimmt am Beifahrersessel Platz. Es ist ein trüber Tag mit starkem Wind, aber trotzdem heiß. Ich öffne beide Dachluken und stelle die Fenster ein wenig aus, damit ich etwas vom Fahrtwind abbekomme. Unser Wohnmobil hat nur auf der rechten Seite zwei Fenster. Nachdem wir Richtung Osten fahren, sehe ich nur nach Süden hin. Die Fahrt geht durch die Wüste, Geröll und Sand wechseln sich ab. Absolut unspektakulär, flach, vegetationslos und unbesiedelt. Es herrscht extreme Trockenheit, maximal 100 Millimeter Niederschlag fällt hier im Jahr. Im Vergleich dazu hat Österreich eine durchschnittliche Niederschlagsmenge von 1.100 Millimeter pro Jahr, manche Regionen sogar knappe 2.000 Millimeter.

Die Straße ist schlecht, es schüttelt uns ordentlich durch. Lesen ist unmöglich, die Buchstaben tanzen vor meinen Augen auf und ab. Immer wieder sind Kontrollstellen an der Straße, wo unsere Daten aufgenommen werden. Bis Nokundi haben wir drei Kontrollen und das innerhalb von 2

Stunden. Hier müssen wir auf die Polizeistation, damit man unsere Daten in ein großes Buch schreiben kann. Die Eskorte wechselt, d. h., ein anderer Pakistani mit Kalaschnikow sitzt neben Peter. Bei der Ortsausfahrt werden wieder unsere Daten aufgenommen. Was macht das für einen Sinn? Gut, dass wir schon in Afrika die Erkenntnis gewonnen haben, nicht alles verstehen zu können oder zu müssen. Andere Länder, andere Sitten.

3 Stunden und ebenso viele Kontrollen später sind wir in Dalbandin. Erneut müssen wir auf die Polizeistation. Wieder ein Drecksnest, wir können glücklicherweise weiterfahren, da es erst 14 Uhr ist – mit einem anderen Polizisten. Bordverpflegung an diesem Tag sind Wasser und altes Brot, das wir noch in Iran gekauft haben. Aber Hunger haben wir bei diesen Temperaturen ohnehin keinen großen.

Durch den Fahrtwind und den Sturm wird viel Sand und Staub aufgewirbelt, was zur Folge hat, dass ich alle Fenster schließen muss. Um 17 Uhr kommen wir wieder zu einer Straßenkontrolle, die achte an diesem Tag und auch die letzte, wie wir erfahren. Weiterfahren in der Dämmerung sei viel zu gefährlich, die afghanische Grenze liegt keine 30 Kilometer entfernt. Also parken wir August neben dem Polizeihauptquartier, einem einfachen, eingeschossigen Lehmgebäude, und bleiben. Ich bin froh, aussteigen zu können. Meine Hose klebt am Hintern und den Oberschenkeln. Erst jetzt nehme ich die Landschaft wahr. Es ist nett hier, gebirgig und ruhig. Brauntöne, wohin man blickt; die Berge, der Schotter, die Gebäude, die Gesichter der Männer. Ihre Uniform ist blauschwarz und besteht nur aus drei Teilen: Einem Barett, einer Pluderhose und einem langen Hemd darüber. Und natürlich Sandalen.

Sechs Polizisten sind es insgesamt und zwei Männer in olivgrünen Uniformen – die Köche, wie ich später erfahre. Sofort müssen wir uns zum Tee auf einem Plastikteppich einfinden. Kekse steuere ich bei, nachdem sie aus Iran sind, werden sie schnell aufgegessen. Kurze Zeit später kommt noch ein Mann in einem Pick-up. Im Gegensatz zu den anderen ist er in Zivil gekleidet, also weiße Pluderhose, weißes, langes Hemd und eine Belutschenkappe – wunderschön bestickt. Er ist bei Weitem der älteste in der Runde, der Bart ist grau meliert und tiefe Falten durchziehen sein schmales, gütiges Gesicht. Es ist der Postenkommandant und obwohl er 15 Jahre älter aussieht als Peter, so sind sie doch im gleichen Jahr geboren. Ich bin nicht einmal die Jüngste hier, der Polizist neben mir ist um 2 Jahre jünger. Glücklicherweise lassen einen die Menschen hier nicht ihr Alter schätzen. Bis auf den Postenkommandanten sind alle wohlgenährt. Die Haare sind kurz, der Bart ist ordentlich getrimmt und manchmal auch schwarz gefärbt, wie ich bemerke. Zwei Männer haben die Augenränder durch Kohlestriche betont. Zur Feier des Tages wird ein Huhn geschlachtet, dem der Koch aber erst lange nachlaufen muss. Regentropfen fallen! Ich kann es kaum glauben! Am liebsten würde ich mir die verschwitzte und staubige Kleidung vom Leib reißen und das Wasser auf der Haut spüren. Ein Wunschtraum.

Wir essen das Huhn mit Fladenbrot in einem ihrer Häuser, wo es finster und stickig ist. Nur einer der Polizisten spricht etwas Englisch, er ist auch der witzigste von allen. Die anderen Männer sprechen Belutschisch, Brahui und Urdu, die Amtssprache in Pakistan. Der Kommandant auch etwas Arabisch. Insgesamt werden in Pakistan mehr als 50 verschiedene Sprachen gesprochen.

Das Essen schmeckt hervorragend und obwohl wir uns nur schlecht verständigen können, so verstehen wir uns doch gut. Nach dem Essen setzen wir uns wieder hinaus und genießen den sanften Wind bei einer Tasse Tee. Wir sind ziemlich müde und wollen nur noch ins Bett, aber einer der Polizisten macht uns einen Strich durch die Rechnung. Er holt aus einem weiteren Gebäude seine Kalaschnikow. Stolz präsentiert er sie und erklärt, dass er damit jeden Tag auf den Berg hinter der Polizeistation geht. Dort ist ein strategischer Aussichtspunkt. Gerne können wir morgen früh mit ihm hinaufkommen oder -laufen, denn er möchte uns beweisen, dass er schneller ist als wir. Ich habe mit Waffen nicht viel am Hut, bin froh, wenn ich keine sehe und möchte keine angreifen. Das akzeptieren die Männer, wahrscheinlich aber auch nur, weil ich eine Frau bin, eine aus dem Ausland. Nachdem Peter das Gewehr begutachtet hat, dürfen wir uns verabschieden.

Nach einer heißen Nacht gibt es zum Frühstück wieder Tee und noch viele Fototermine. Danach eskortieren uns unsere neuen Freunde Richtung

Quetta, der Hauptstadt Belutschistans. Wieder muss ich im Aufbau sitzen, da sie kein Fahrzeug zur Verfügung haben. Wirklich schade, denn die Gegend wird immer schöner. Lehmdörfer, Felder, Bäume, Berge und wunderschöne Lkw. Ich beschließe, beim nächsten Eskortenwechsel vorne Platz zu nehmen. Das geht einfacher als erwartet, denn beim nächsten Checkpoint steht plötzlich ein Auto für die Eskorte zur Verfügung. 20 Kilometer fährt der Pick-up mit zwei Polizisten vor uns, ständig bedeuten sie uns, schneller zu fahren. Sie geben Gas und sind außer Sichtweite. Kurz darauf fahren wir an ihnen vorbei, sie parken am Straßenrand und symbolisieren uns eindeutig, dass wir aufs Gas steigen sollen. Haha, die sind lustig! August der Reisewagen geht einfach nicht schneller. Und dann sind sie weg. Wie vom Erdboden verschluckt.

Bis kurz vor Quetta sind wir alleine unterwegs. Ich blättere im Iran-Reiseführer, die Landkarte zeigt nur den westlichsten Teil Belutschistans, Quetta ist nicht mehr darauf eingezeichnet. Ich nehme den Indien-Führer zur Hand, auch die Karte darin hilft nicht, denn logischerweise sind nur die Grenzregionen zu Indien abgebildet. Einen Trumpf habe ich noch: Meinen Taschenatlas. Auf den Seiten 108 und 109 finden wir eine Karte, wo Pakistan im Maßstab von 1:16 Millionen abgebildet ist. Also ein Zentimeter entspricht 160 Kilometer. Als Überblick reicht es, wir sehen, dass vor Quetta eine Straße über den Bolan-Pass Richtung Südosten, Richtung Indusebene abzweigt. Als nächste Stadt ist Sibi eingezeichnet. Davon haben uns Verena und Wolfi erzählt, aber was genau, das wissen wir nicht mehr. Da wollen wir hinfahren.

Die nächste Kontrollstelle liegt vor der Kreuzung, wo man entweder nach Quetta fahren kann oder eben Richtung Industal. Nach Quetta wollen wir nicht, denn wirklich jeder hat behauptet, dass es hier zu gefährlich sei. Die Stadt liegt auf knappen 1.700 Meter Meereshöhe nahe der Grenze zu Afghanistan und hat geschätzte 1,1 Millionen Einwohner, die Mehrheit davon gehört der Volksgruppe der Paschtunen an. Obstanbau ist ein wichtiger Wirtschaftsfaktor, der Standort als Militärstützpunkt ebenso.

Das weiß ich zu dem Zeitpunkt alles noch nicht, auch nicht, dass in der Stadt regelmäßig Anschläge verübt werden. Auf ethnische Minderheiten, auf Militär und Polizei, auf NGOs, auf Andersgläubige. Sogar Osama Bin Laden soll 2008 in Quetta gewesen sein. Die Quetta Shura, eine militante, afghanische Organisation der Taliban, hat ihre Basis in Quetta. Wie unbedarft man doch reist, wenn man von manchen Dingen keine Ahnung hat und nicht die Reisewarnungen des Außenministeriums liest:

„Partielle Reisewarnung (Sicherheitsstufe 5)
Wegen häufiger Attentate und Kampfhandlungen zwischen den Sicherheitskräften und Aufständischen wird vor Reisen insbesondere in das afghanische Grenzgebiet, nach Belutschistan sowie Khyber Pakhtunkhwa (KPK - früher Nordwestgrenzprovinz) inklusive die unter Bundesverwaltung stehenden Nördlichen Stammesgebiete (Federally Administered Tribal Areas – FATA) gewarnt. In sämtlichen Distrikten kann es jederzeit zu Terroranschlägen, Entführungen, Geiselnahmen oder Operationen der Sicherheitskräfte kommen.
Hohes Sicherheitsrisiko (Sicherheitsstufe 3) im Rest des Landes! Aufgrund der hohen Terrorgefahr wird von nicht unbedingt notwendigen Reisen abgeraten. Gewalttätige Auseinandersetzungen, insbesondere zwischen rivalisierenden Parteianhängern, sind nicht auszuschließen. Die Taliban haben eine allgemeine Drohung gegen Ausländer und ausländische Firmen ausgesprochen. Es besteht eine hohe Gefahr von Terrorangriffen auf militärische, zivile und ausländische Ziele (z.B. internationale Hotelketten, Fast Food-Ketten, Shopping Malls, diplomatische Vertretungen, Personen westlicher Herkunft usw.) …"

Wir bekommen wieder eine Eskorte. Während Peter sich zum x-ten Mal registrieren muss, sucht ein junger Soldat das Gespräch mit mir. Er spricht nur bedingt Englisch, aber das, was ich zu hören bekomme, ist nicht ohne. Er möchte eine österreichische Frau, aber das sei ein Problem, denn er ist Moslem, die meisten Österreicherinnen aber Christen. Ich möchte wissen, warum er gerade eine meiner Landsfrauen haben möchte, die pakistanischen Damen sind doch sehr hübsch und nett. Seine Antwort haut mich vom Hocker: „Because your sex is lovely!" Ich entgegne: „How do you know??" Keine Antwort. Ich möchte gar nicht wissen, wie viele Pornos er sich schon reingezogen hat. Bei der Stadtausfahrt verlässt uns der Pick-up mit den bewaffneten Polizisten. Mir kommt vor, sie sind immer recht froh, wenn sie uns loswerden bzw. wenn jemand anderer für uns verantwortlich ist.

Die Straße Richtung Bolan-Pass windet sich anfangs durch kleine Dörfer mit einstöckigen Lehmziegelhäusern, in deren Schatten Männer sitzen und tratschen. Der Bolan-Pass ist eine strategische wichtige Verbindung nach Indien. Händler, Nomaden und Invasoren nutzten ihn gleichermaßen. Es geht nun hinunter in ein wunderschönes, teilweise sehr enges Tal mit spektakulären Schluchten. Auch eine Eisenbahnlinie verläuft parallel zu Straße. Gebaut wurde sie von den britischen Kolonialherren im 19. Jahrhundert. 89 Jahre lang existierte Britisch-Indien, eine Kronkolonie, deren Territorium den gesamten indischen Subkontinent und Teile Hinterindiens umfasste. Der Staat Pakistan wurde erst im Jahre 1947 gegründet, als die Kolonialherrschaft zu Ende ging und der indische Subkontinent in die unabhängigen Staaten Indien und Pakistan aufgeteilt wurde. Pakistan entstand aus den überwiegend muslimischen Teilen. Mehr als 10 Millionen Menschen auf beiden Seiten der neuen Grenze mussten umsiedeln, flüchten oder wurden vertrieben. Vermutlich haben mehr als eine Million Menschen durch Gewaltakte und Strapazen ihr Leben verloren. Bis heute sind die Wunden der Teilung immer noch spürbar.

Die entgegenkommenden Lkw sind ein Traum, wahre Kunstwerke, denen man große Liebe zum Detail ansieht. Alles ist bunt, glitzert, glänzt, blinkt und bewegt sich. Aufkleber, Malereien, Blechplatten, Quasten, Lampen, Ketten, Glöckchen und natürlich Hupen aller Art. Kein Teil des Fahrzeuges wird ausgelassen, auch nicht die Scheiben, Spiegel, Felgen, die Halterungen für die Blattfedern, das Armaturenbrett und das Lenkrad. Kein Aufwand scheint zu viel. Die Ladefläche wird über das Kabinendach verlängert, schräg und nach vorne hin ansteigend. Es sieht imposant aus, als ob die Fahrerkabine eine Krone tragen würde. Der Luftwiderstand wird ein bisschen größer, aber was macht das schon? Noch auffälliger ist die riesige Stoßstange, die als Rammschutz verwendet werden könnte, dazu aber viel zu schade ist. Der Fahrzeugrahmen wird dazu bis zu einen Meter nach vorne verlängert. Sie sieht auch deswegen so mächtig aus, weil Plastikperlen, Ketten und Glöckchen fast bis zum Boden hängen. Auch nach oben hin reicht die Verzierung bis zur Hälfte des Kühlers. Genau in der Mitte der Stoßstange entdecken wir bei manchen Fahrzeugen eingebaute Stufen. So kann man bequem hinaufsteigen und die Scheibe putzen oder es sich auch hinter der Verkleidung bequem machen.

Die Lkw sind einfach so schön, wir können uns gar nicht satt sehen. Wir beschließen sofort, unseren Oldtimer auch verzieren zu lassen. Die pakistanischen Fahrer identifizieren sich mit ihren Lkw, sind mächtig stolz auf sie. Bei jeder Pause wird gewaschen, gewischt und geputzt. Kein Wunder, denn ein komplett verzierter Lkw kostet mehrere Tausend Euro! Ein Vermögen für die meisten Pakistani und mehrere Jahresgehälter eines Lkw-Fahrers. Ein kompletter Umbau und die künstlerische Gestaltung eines Fahrzeuges dauern 3 bis 4 Wochen. Die Arbeiten werden von mehreren Männern durchgeführt. Auf den Rastplätzen parken wir uns neben diesen Kunstwerken ein, direkt langweilig wirkt unser Reisewagen dagegen. Fotografieren dürfen wir, was das Zeug hält, auch in der Kabine. Die Chauffeure stehen mit vor Stolz geschwellter Brust daneben.

Manche Fahrzeuge transportieren Schrott, der Kontrast zwischen Ladung und Lkw könnte größer nicht sein. Andere sind Stroh- bzw. Spreutransporter, dazu wurde aus Stoffen ein überdimensionaler Sack genäht, der größer als der Lkw ist. Dieser liegt am Aufbau und damit er nicht herunter fällt, sind Holzstangen senkrecht von der Ladefläche montiert. Mehr geht nicht mehr!

Wir fahren immer bergab, das Flusstal weitet sich, die Temperaturen steigen leider schnell. Hatten wir am Bolan-Pass nur noch 35 °C, so sehe ich jetzt im Augenwinkel die Zahl 48 auf dem Thermometer, dabei ist es schon nach 18 Uhr. Auf den Feldern ist die Ernte voll im Gang: Weizen, Zwiebeln und Tomaten. Das Getreide wird händisch geschnitten, danach gebündelt und erst dann kommt die Dreschmaschine, die aber anders aussieht wie bei uns. Auch Esel, Kamele, Pferde und Büffel sind im Einsatz. Die Haupterntezeit ist zwar erst nach der Regenzeit im Spätsommer und Herbst, in bewässerten Gebieten – so wie hier – ist im späten Frühjahr aber eine zweite Ernte möglich.

Wir beschließen, in Sibi zu nächtigen, biegen von der Hauptstraße ab und kommen kurz darauf bei einem Ziegelwerk vorbei. Das sieht nach einem guten Nächtigungsplatz aus. Zwei Männer bewachen das Gelände, wir fragen, ob wir hier schlafen dürfen. Sie wissen nicht so recht, was sie mit uns anfangen sollen, scheinen aber auch nichts gegen eine Nächtigung zu haben. Als Peter gerade mit dem Einparken beschäftigt ist, kommt die Polizei. Es sei viel zu gefährlich, hier zu nächtigen. Wir müssen sie auf die Polizeistation begleiten. Hinter dem kleinen Polizeiauto geht es quer durch die Stadt. Ganz schön groß ist dieses Sibi, und ganz schön dreckig. Die offenen Abwasserkanäle stinken bestialisch und sind voller Müll – so wie eigentlich alles andere auch.

Die Straße wird zunehmend enger, die Polizeistation liegt im Zentrum. Wir parken im Innenhof. Mehrmals werden unsere Daten aufgenommen. Die Polizisten wollen, dass wir ganz knapp am Gebäude parken, da sei es am sichersten. Das möchten aber wir nicht und können es auch nicht, denn ein Stromkabel ist zu niedrig. Nach mehreren Überredungsversuchen geben die Polizisten auf. Es ist so wahnsinnig heiß und staubig hier. Kein Lüftchen regt sich. Immer wieder kommt ein anderer Beamter, der wissen will, woher wir kommen und wohin wir reisen. Zwischendurch zeigt uns einer das Gefängnis. In einer Zelle hocken sieben Personen, die uns nun alle anstarren. Es riecht etwas streng. Im Innenhof ist ein älterer Mann am Fußgelenk angekettet. Ich frage, warum sie hier sind, was sie getan haben. „Gestohlen oder geschossen", lautet die Antwort. Wollen uns die Polizisten dadurch einschüchtern? Oder sind sie stolz, uns das Gefängnis zu zeigen? Wir wissen es nicht. Ich bin froh, als wir es verlassen.

Bei unserem Lkw wartet schon der nächste Beamte, diesmal ist es der Oberinspektor. Wieder geht die Befragung von vorne los. Zuletzt fragt er uns, was wir jetzt machen werden. „In ein Restaurant gehen, denn wir haben den ganzen Tag nichts gegessen", geben wir zur Antwort. „Okay", meint der Inspektor und so machen wir uns kurz darauf auf den Weg. Mittlerweile ist es dunkel geworden, Straßenbeleuchtung gibt es keine. In den Gassen wimmelt es vor Menschen, Tieren, Müll, aber auch Essen. Ich glaube, wir sind seit Langem die ersten Ausländer hier in Sibi. Die Verkaufsstände sind mit Kerzen beleuchtet, es gibt viele Sachen, die ich nicht einordnen kann, die ich nicht kenne. Es herrscht ein großes Gedränge auf der Straße, die Menschen schieben sich durch. Es scheint, als hätten alle nur darauf gewartet, dass die Sonne untergeht. Manche Pakistani sind unglaublich nett, begrüßen uns freundlich, andere starren uns fast feindselig an. Es herrscht keine allzu gute Stimmung. An einem Stand kaufen wir Samosas (gebackene Gemüsetaschen) und Ähnliches, doch bevor wir abbeißen können, ist die Polizei da. Die Beamten scheinen erleichtert zu sein, uns gefunden zu haben. Mit dem Motorrad eskortieren sie uns zurück zur Polizeistation. Weit sind wir nicht gekommen.

Im Nachhinein betrachtet, war es vielleicht gar keine so kluge Idee, alleine im Dunkeln in Sibi herumzuwandern. Aber wer weiß das schon so genau? Eines war es ganz bestimmt: Unvergesslich. Das ist aber auch die Nacht in Sibi. Lange sitzen wir vor unserem Lkw, erst als uns die Augen zufallen, klettern wir in unser heißes Wohnmobil. Immer noch regt sich kein Lüftchen, dafür schwirren Hunderte von Moskitos. Wir schließen die Tür, legen uns ins Bett und versuchen zu schlafen. Aber es ist einfach zu heiß. Wir benetzen Tücher mit Wasser und legen sie über uns, das hilft. Die Tücher sind im Nu wieder trocken. Bis zum Morgengrauen machen wir sie fünfmal nass, um ein bisschen Schlaf zu finden.

Um 6 Uhr morgens ist die Eskorte bereit. Ein kleiner Suzuki leitet uns durch Sibi. Um diese Uhrzeit ist es deutlich ruhiger. Die Markt- und Essensstände werden gerade aufgebaut, Hühner gerupft und große Töpfe auf die Feuerstelle gehievt. Abgesehen von ein paar Eselskarren, Fahrrädern, wenigen Motorrädern und einer Motorradriksha gibt es noch keinen Verkehr. Was es noch nicht gibt, das sind Frauen. Zumindest auf der Straße sehe ich keine einzige. Als wir die Hauptstraße erreichen, verabschieden sich die Polizisten und fahren zurück nach Sibi. Somit sind wir wieder vogelfrei.

Wir sind nicht die einzigen Reisenden, immer wieder kommen uns Nomaden entgegen. Manche sind mit Kamelkarawanen unterwegs, andere mit Traktoren und Anhängern. Und dann gibt es natürlich noch die pakistanischen Reisebusse, genauso schön dekoriert wie die Lkw, vollgepackt mit Passagieren, auf der Dachgalerie noch mehr Leute, Ziegen und Gepäck. Die Straße ist in einem passablen Zustand, sie führt durch eine fruchtbare Ebene sanft bergab. Nach 2 Stunden erreichen wir die Stadt Jacobabad. Wir stecken im Stau. Ich weiß gar nicht, wohin ich zuerst schauen soll: Auf kuriose Fahrzeuge, buntes und fremdes Warenangebot, Menschen im Bus, am Bus, auf der Straße, in den Läden, auf Kamelen und Eseln. Dazwischen Schaf- und Ziegenherden und noch mehr Menschen.

In Shikapur biegen wir gleich auf die Straße ab, die am Westufer des Indus verläuft. Wir schaffen es ohne Eskorte und belohnen uns dafür mit einem Eis – lecker und wohltuend bei dieser Hitze. Bis zum Nachmittag fahren wir den Indus entlang nach Norden ohne ihn zu sehen, dann stoppt uns eine Polizeikontrolle. Die Männer sagen, diese Straße sei zu gefährlich, dass wir lieber umkehren und den Indus queren sollen. Ist uns auch recht. Als wir 200 Meter zurück und über eine kleine Brücke fahren, hält uns der nächste Posten auf, der uns vor 5 Minuten durchgewunken hat. Wir müssen ins Büro.

Rund um den Schreibtisch sitzen drei Beamte und nun auch wir. Die Befragung beginnt, diesmal aber anders als je zuvor. Der Postenkommandant kommuniziert mit uns, indem er seine Fragen und Anliegen in ein Heft schreibt. Das ist wirklich skurril, da er weder stumm noch taub ist und außerdem gut Englisch kann. Die erste Frage lautet: „Warum hat Sie der andere Polizeiposten nicht durchgelassen?" Wir erklären ihm, dass uns die Polizisten sagten, das Ostufer des Indus sei weniger gefährlich und wir könnten ohne Eskorte reisen. Der Beamte nimmt wieder das Heft und schreibt, dass er uns nicht weiterfahren lassen kann, weil wir zuerst eine Genehmigung von den anderen Polizisten bräuchten. Wie bitte? Wozu?? Er schreibt weiter: „Woher kommen Sie? Wohin fahren Sie? Wie lange sind Sie schon in Pakistan?", alles Fragen, deren Antwort er kennt, da er unsere Pässe schon mehrmals durchgeblättert hat. Ich entscheide mich nun auch fürs Schreiben. Brav notiere ich die Antworten in das Heft und unterschreibe sogar. Das Heft wird noch oft hin und her geschoben. Irgendwie ist die Situation witzig und ich muss aufpassen, dass ich nicht zu lachen beginne. Wir erfahren, dass wir bei dem Polizeiposten, an dem wir umgedreht haben, eine Bundeslandgrenze zwischen der Provinz Sindh und der Provinz Punjab passiert haben. Gut, aber bitte, wo ist das Problem? Mittlerweile hat sich der Postenkommandant in so einen Wirbel geredet, dass er einfach nicht mehr zurück kann, ohne sein Gesicht zu verlieren.

Nach 2 Stunden schlägt der Postenkommandant vor, dass wir den Indus queren und am Ostufer entlang fahren sollen. Genau das wollten wir doch die ganze Zeit!!! Mit einer Eskorte geht es nun also über den Indus und dann heißt es wieder auf den nächsten Begleitschutz warten. In der Zwischenzeit erzählt mir ein Polizist, dass es hier im Indus Delfine gäbe. Ich bin überrascht und begeistert. Nur sehen könne man sie nicht, weil das Wasser so braun ist, fährt der Beamte fort. Wirklich schade.

Bhulan wird der Indus-Delfin von den Einheimischen genannt, was so viel bedeutet wie „der Verirrte". Diese Flussdelfinart lebt nur im Indus, auf einer etwa 170 Kilometer langen Strecke zwischen den Dämmen Sukkur und Guddu in den Provinzen Punjab und Sindh. Also genau da, wo wir jetzt sind. Es ist ein kleiner, graubrauner Delfin mit einer langen, schmalen Schnauze. Die Augen sind ebenfalls sehr klein und können nur Richtung und Helligkeit von Licht wahrnehmen. Um sich in den schlammigen Wassern des Indus zurecht zu finden, haben sie ein ausgeklügeltes Sonarsystem entwickelt.

Die Population wird auf etwa 600 Tiere geschätzt, damit ist der Indusdelfin vom Aussterben bedroht. Die Tiere verenden teilweise als Beifang in den Fischernetzen oder werden von der einheimischen Bevölkerung gejagt, weil diese glaubt, das Öl des Delfins würde die Fruchtbarkeit erhöhen und gegen Gelenkschmerzen helfen. Hinzu kommen noch die Wasserverschmutzung und die vielen Staudämme, die den Lebensraum der bis zu 2,5 Meter großen Delfine stark einschränken. Es gibt Bemühungen von der pakistanischen Umweltorganisation „Adventure Foundation of Pakistan", die letzten überlebenden Indus-Delfine vor dem Aussterben zu retten. Hoffentlich ist es noch nicht zu spät.

Die nächste Eskorte ist da. „NO FEAR" steht groß auf ihren schwarzen T-Shirts. Was soll das nun bedeuten? Die vier Männer sind von großer Statur und sehr muskulös. Und sehr freundlich. Beim nächsten Restaurant bleiben sie stehen und laden uns auf ein Getränk ein. Das nehmen wir gerne an, auf Essen verzichten wir. Die Polizeistation in Ahmadpur Lamma wird unser neuer Nächtigungsplatz, wo uns ein junger Polizist mit süßem Milchtee willkommen heißt. Sehr freundlich von ihm, aber leider überhaupt nicht Peters Geschmack. Allein der Anblick bringt ihn schon zum Würgen. Ich kann ihm leider auch nicht helfen, denn mehr als zwei Schlucke bringe ich nicht runter. Wir wollen aber nicht unhöflich sein, also müssen wir uns etwas einfallen lassen. Während einer von uns beiden den Beamten in ein Gespräch verwickelt, geht der andere hinter unseren Lkw und entsorgt den Tee dort in den Büschen und vice versa.

Danach nehmen wir im Büro des Postenkommandanten Platz. Der Mann ignoriert uns. Nach 15 Minuten stehen wir auf und verlassen das Gebäude. Im August hat es noch 40 °C, dennoch gehen wir hinein, reißen uns die klebrige Kleidung vom Leib und setzen uns nackt vor den Ventilator. Vorher haben wir noch die Tür verschlossen. Wir sind froh, nicht mehr reden zu müssen. Die Nacht ist heiß und voller Moskitos.

Fünfter Tag in Pakistan. Wir brechen vor 8 Uhr auf, die Eskorte ist diesmal eine Spezialeinheit, die Männer noch größer und noch muskulöser als jene vom Vortag. Zweimal wechselt die Eskorte, ehe wir sie verlieren. Endlich sind wir wieder alleine und können in Ruhe den Inhalt unserer Campingtoilette entsorgen. Wir werfen einen Blick in den Taschenatlas und beschließen, nach Multan zu fahren. Vor der Stadt wartet schon die Polizei. Das ist uns diesmal sogar recht, denn wir wollen zum Hotel Sindbad, haben aber keinen Stadtplan. Das Hotel liegt im Zentrum, August passt gerade durch die Einfahrt und schon parken wir im ummauerten Hof, wo sich kein Blättchen rührt. Peter versucht am Nachmittag, ein bisschen Schlaf im August zu finden, was ihm aufgrund der Hitze nicht gelingt. Die nette Dame an der Rezeption empfiehlt uns ein Restaurant, sogleich machen wir uns zu Fuß auf den Weg. Peter ist schon grantig vor lauter Hunger. Diesmal haben wir einen Stadtplan und finden das klimatisierte Restaurant bald. Auf dem Weg dorthin werden wir mehrmals freundlich von Einheimischen begrüßt. Normalerweise kochen wir selbst oder essen in einfachen Restaurants, wo auch die Einheimischen speisen. Doch die Rezeptionistin hat so von diesem Lokal geschwärmt, dass wir dachten, wir gönnen uns mal etwas Besonderes. Beide bestellen wir eine pakistanische Spezialität: Ein cremiges Hühnerragout mit Fladenbrot.

Mit vollem Bauch besteigen wir eine Motorradrikscha und lassen uns in die Altstadt bringen. Wir erklimmen einen kleinen Hügel, wo sich viele Mausoleen von Sufis befinden. Darum wird Multan oft „die Stadt der Heiligen" genannt. Vor einigen dieser Schreine tanzen sich Derwische gerade in Trance. Menschenmassen stehen herum und schauen. Wir auch. Ich komme mir nicht nur vor, als wäre ich in einer anderen Welt, sondern in einem anderen Universum. Alles ist so fremd, so unbegreiflich, so faszinierend. Kinder betteln uns an, werden von Erwachsenen aber sogleich vertrieben. Immer schneller wird der Derwisch, er dreht sich zur Trommelmusik im Kreis. Die Menschen drängen sich enger um uns. Die Atmosphäre ist aufgeladen. Wir werden von Menschenströmen abgedrängt, gehen ein Stück weiter. Zwischen den einzelnen Mausoleen wohnen Menschen in zeltartigen Verschlägen, Kinder in Kleiderfetzen und mit struppigen Haaren kommen auf uns zugelaufen und betteln uns an. Ich habe so viele Eindrücke im Kopf, dass er zu platzen scheint.

Von diesem Hügel blicken wir auf ein Stadtviertel und sind sehr froh, in unserem August zu wohnen. Die Ziegelbauten mit Flachdächern stehen eng aneinander. Auf den Dächern wird die Wäsche getrocknet, Männer sitzen in Kleingruppen herum und plaudern. Manche sogar mit nacktem Oberkörper, was uns überrascht, aber wir können es nur zu gut verstehen. Zwischen manchen Häuserblocks sieht man Wasserflächen. Es handelt sich aber hierbei um keinen Teich, sondern eher um eine grün-graue Kloake mit Algenteppich und Massen von Müll. Den Geruch kann man sich ausmalen. In den meisten Innenhöfen sehen wir Rinder und Hühner, die zwischen Müllbergen dösen. Und über allem ein Gewirr von Stromkabeln.

Von Multan wird behauptet, dass es die heißeste Stadt Pakistans ist. Das können wir spätestens nach dem Besuch des Basars bestätigen. Die Luft steht in den engen Gassen, aber nicht nur uns, sondern auch den Einheimischen tropft bzw. rinnt der Schweiß von der Stirn. Wir sind die einzigen Weißen, werden von allen angestarrt. Aber überhaupt nicht feindselig. Nur ganz wenige Multanis beherrschen Englisch, vorwiegend werde ich von Frauen angesprochen. Alle wollen sie wissen, wie mir Pakistan gefällt. Auf meine Antwort „I like Pakistan" strahlen sie mich an, schütteln mir die Hand. Das Warenangebot ist überwältigend, immer wieder begeistert mich der Basar mit seiner Vielfalt, den Farben, dem geschäftigen Treiben, den intensiven Gerüchen und den vielen verschiedenen Menschen.

In meinem Bauch beginnt es zu rumoren. Auch Peter spürt, dass er bald Durchfall bekommen wird. Jetzt heißt es schnell zurück zu August. Von schnell kann aber keine Rede sein, denn erst nach einer viertel Stunde erreichen wir eine breitere Gasse und entdecken eine Rikscha. Der Verkehr in Multan ist chaotisch. Es ist gerade Stoßzeit, die Bodenwellen und Schlaglöcher machen Peter zu schaffen und mir die stickige, heiße und mit Abgasen geschwängerte Luft. Mir wird übel. Nach einer gefühlten Ewigkeit, die tatsächlich aber nur eine Stunde ist, sind wir wieder beim Hotel, wo unser Lkw steht. Peter schafft es gerade rechtzeitig zu unserer Campingtoilette.

Es ist 20 Uhr und bereits dunkel, die Luft glüht immer noch im Innenhof. Keine Spur von Abkühlung. Während ich im Hof sitze, kommt der Hotelmanager und fragt mich, wo wir gewesen sind. Wir hätten uns abmelden sollen. Bei Dunkelheit sollen wir auf keinen Fall das Hotel verlassen. Daran ist gar nicht zu denken, so schlecht ist mir. Ich klettere auf das Dach unseres Fahrzeuges, dort regt sich ein kleines Lüftchen. Sicherheitshalber habe ich ein Plastiksackerl mitgenommen. Mein Bauch hat den Maximalumfang erreicht, ich sehe aus, als ob ich in den nächsten Stunden entbinden würde. Meine Hose spannt und drückt unangenehm auf den Bauch. Also klettere ich wieder hinunter, lege mich in unserem Wohnmobil nackt vor den Ventilator. Es wird nicht besser, ich kann mich einfach nicht übergeben. Peter benutzt schon regelmäßig das Portapotti, er hat astreinen Durchfall. Dieser tritt bei mir erst später ein, dafür bleibt er länger, nämlich bis zum

Morgengrauen. Noch dazu kotze ich mir die Seele aus dem Leib. Es wird eine schreckliche, heiße Nacht, die heißeste in meinem Leben. Sollte ich das Glück haben, kurz einzuschlafen, so werde ich gleich darauf von unzähligen Moskitos geweckt, die sich an mir laben. Der Wecker läutet um 7 Uhr, wir müssen aufstehen, da für 8 Uhr die Eskorte bestellt ist. Mir ist elend zumute, ich kann mich kaum auf den Beinen halten. Peter geht es besser. Wir wollen nur eines: WEG! Raus aus Multan. Raus aus der Stadt, die – laut einem alten Sprichwort – Gräber, Bettler, Hitze und Staub im Überfluss hat.

Um 9 Uhr ist immer noch keiner da. Der Hotelmanager teilt uns mit, dass wir auch alleine weiterfahren können. Super! Genau das, was ich jetzt brauche: Durch eine pakistanische Millionenstadt navigieren. Es klappt aber besser als erwartet. Relativ schnell sind wir aus der 1,3 Millionen Stadt draußen und erreichen bald die Städte Khanewal und Sahiwal. Peter muss oft anhalten, damit ich nach hinten auf die Campingtoilette gehen kann. Unsere Kost besteht aus Cola und Chapattis (Fladenbrot). Am Nachmittag braucht Peter dringend eine Pause. Wir parken auf einem Wiesenstück neben der Straße, nicht gerade optimal, aber etwas Besseres finden wir nicht. Unseren Plastikteppich breiten wir im Schatten unseres Fahrzeuges aus und versuchen ein bisschen zu schlafen. Wenn es nur nicht so heiß wäre! Nach einer Stunde geben wir auf, es ist nicht auszuhalten. Zur Hitze kommen noch Lärm, Staub, Ameisen und lästige Fliegen.

Wir finden die Abzweigung zum Changa Manga-Naturreservat trotz mehrmaligem Fragen nicht und so sind wir bald kurz vor Lahore, der zweitgrößten pakistanischen Stadt. Hier leben 7,5 Millionen Menschen, also fast so viele, wie in ganz Österreich. Interessant ist die ehemalige Hauptstadt der indischen Mogule ganz bestimmt, doch in unserer Verfassung können wir sie leider nicht besichtigen. Nächtigen wollen wir hier auch keinesfalls, nicht schon wieder in einer Großstadt! Wir beschließen, Richtung Indien zu fahren, die Grenze liegt ca. 60 Kilometer entfernt. Wir kommen aus dem Südwesten nach Lahore, am Stadtrand ist gleich eine Polizeikontrolle, die sechs Fahrspuren werden auf zwei zusammengelegt. Das Verkehrsaufkommen ist enorm, schnell bildet sich ein Stau. Niemand will warten, auf einmal hat keiner Zeit, wie in Österreich. Von einem Reißverschlusssystem hat hier noch niemand etwas gehört. Der Stärkere gewinnt. August der Reisewagen ist im Vergleich zu Pkw mächtig. Ich muss höllisch aufpassen, da Linksverkehr herrscht und Peter aufgrund der Motorhaube nicht sieht, was rechts neben ihm passiert. Die pakistanischen Autofahrer sind ganz schön frech und hartnäckig, ständig drängelt sich einer vor. Ich warne Peter oft, dass er stehenbleiben soll. Als ich beim nächsten Mal „Stopp" rufe, reagiert er nicht und fährt einfach weiter. Unser Lkw touchiert einen Kleinwagen, der Blechschaden ist nicht gravierend. Der Besitzer, ein Anwalt aus Lahore, ist empört und möchte natürlich viel Geld. Und wenn wir nicht bezahlen, so droht er uns, nutzt er seine Beziehungen, damit wir nicht ausreisen dürfen. Der kleine Mann mit Anzug und Krawatte steigert sich dermaßen hinein, dass wir befürchten, er könnte einen Herzinfarkt erleiden. Die Polizei kommt sogleich, ist aber hilflos. Schlussendlich einigen wir uns auf eine Summe, nämlich auf das ganze Bargeld, das Peter in Dollar in der Brieftasche hat und das sind genau 39.

Mittlerweile ist es dunkel geworden, wir fahren quer durch Lahore, die Menschen und der Verkehr werden immer mehr. Breite, begrünte Alleen wechseln mit engen, verstopften Straßen. Die Fahrt ist für uns beide sehr anstrengend. Wie wir es geschafft haben, bei Dunkelheit und ohne Karte diese Millionenmetropole zu durchqueren und noch dazu in unserem Zustand, ist mir bis heute ein Rätsel.

Wir atmen auf, als wir Lahore hinter uns lassen. 3 Kilometer vor der indischen Grenze nächtigen wir in einer Seitenstraße. Neben uns sind Häuser und Felder, wo noch gearbeitet wird. Es dauert nicht lange und unsere Nachbarn kommen. Sie erkundigen sich nur, ob wir etwas brauchen und gehen wieder nach Hause. Obwohl wir normalerweise nie so knapp an einer Grenze nächtigen, ist es hier eine gute Entscheidung. Es ist eine ruhige letzte Nacht im heißen Pakistan. Kaum Verkehr und keine Schüsse, so wie in Multan. Wir kommen bestimmt wieder nach Pakistan, in dieses interessante, unbekannte, auch unberechenbare und für uns etwas wilde Land. 192 Millionen Einwohner zählt es mittlerweile, Tendenz stark steigend. Auch die Analphabetenrate steigt, die Angaben reichen von 50 bis zu 90 %, wobei Frauen stärker betroffen sind. In der Provinz Belutschistan können nur 2 % aller Frauen lesen und schreiben. Der Platz der Frauen ist immer noch zu Hause. Schule und Ausbildung werden als Bedrohung für die pakistanische Machtelite gesehen. Nur ein Volk, das ungebildet ist, kann man manipulieren und missbrauchen.

Pakistan ist eines der korruptesten Länder der Welt, das Wirtschaftswachstum ist gleich null, es gibt fanatische Muslime, der Handel mit Opium bzw. Heroin floriert und im Land selbst gibt es mehr als 3 Millionen Abhängige. Warum sollte man also ausgerechnet Pakistan bereisen?
Weil es zwischen diesen Extremen Menschen gibt, für die es sich lohnt hierher zu kommen. Viele, sehr viele sogar. Weil nie alles so ist, wie man es von anderen vermittelt bekommt. Weil manches ganz anders ist, als es zu sein scheint. Mit eigenen Augen kann man sich immer ein besseres Bild machen.
Aber eines werden wir beim nächsten Besuch sicher besser beachten: Wir kommen bestimmt nicht mehr in der heißesten Jahreszeit!

INDIEN
Flucht in die Berge

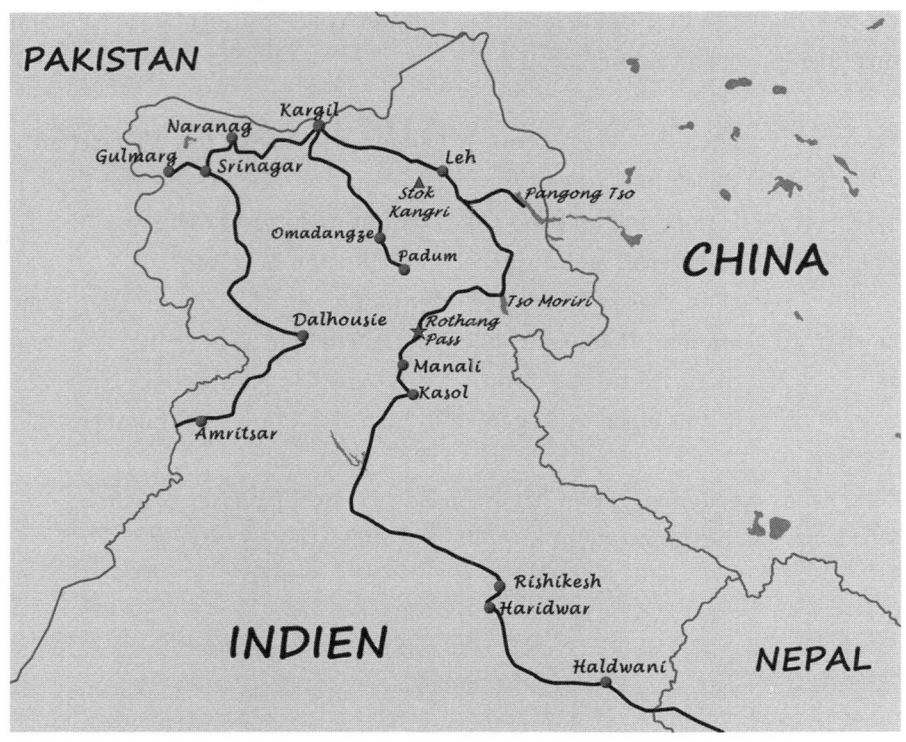

PUNJAB
Erholung bei Mrs. Bhandari

Die letzten Wochen waren anstrengend für uns. Es waren viele gefahrene Kilometer, viele Kontrollen, viele Eindrücke, viele Gelsen und vor allem extrem hohe Temperaturen. So gerne wir auch im August reisen, so ist er doch nicht immer das richtige Fahrzeug. Den Monat, den wir zu spät von zu Hause weggekommen sind, bekommen wir immer wieder zu spüren. Die Temperatur klettert im Führerhaus bis auf 49,8 °C – danach kann man die Anzeige nicht mehr lesen. In unserem kuscheligen Aufbau haben wir nur 40 °C, aber die dafür noch spät abends. Knappe 6 Monate sind wir nun unterwegs, haben 18.000 Kilometer zurückgelegt.

Zeitig am Morgen stehen wir schon auf, noch bevor die Sonne aufgegangen ist. Nach dem Frühstück machen wir uns gleich auf zur Grenze, wo um diese Uhrzeit noch nicht allzu viel los ist. Die Gebäude sind relativ sauber hier und es gibt sogar eine Toilette, was besonders für mich wichtig ist, denn ich leide immer noch an den Folgen des pakistanischen Essens in Multan. Froh sind wir beide, dass die Grenzformalitäten ziemlich rasch über die Bühne gehen. Wahnsinn! Und schon sind wir in Indien!

Die Gebäude auf der indischen Seite sind in einem besseren Zustand als die pakistanischen, noch dazu ist alles extrem sauber. Unseren Lkw haben wir ordnungsgemäß am Parkplatz abgestellt und marschieren zur Einreisebehörde. Auf dem Weg dorthin begegnen wir einem älteren Mann, der uns freundlich anlächelt und uns bedeutet mitzukommen. Wie bei jedem Grenzübertritt sind wir auch hier ein bisschen skeptisch und überlegen kurz, was wir jetzt machen sollen. Nachdem der Mann aber ohnehin Richtung Einreisebüro marschiert, folgen wir ihm. Als wir am ersten Schalter sind, bleibt der Mann beharrlich neben uns stehen, lächelt, sagt aber kein einziges Wort. Wir weisen unsere Pässe vor, diese werden genauestens durchgeblättert, bis die Seite mit dem indischen Visum auftaucht. Nach kurzer Betrachtung bekommen wir die Dokumente zurück und man verweist uns an einen anderen Schalter. Noch ehe sich Peter versieht, nimmt ihn der ältere Mann an der Hand und zieht ihn weiter. Irgendwie eine komische Situation, doch der Inder hat eine spezielle Ausstrahlung und Peter folgt ihm brav durch das ganze Gebäude. Wir beginnen dem Mann Fragen zu stellen, bekommen aber keine einzige Antwort. Er hat ein gepflegtes Äußeres, gute Manieren und wird von allen Beamten respektiert. Die Dame am nächsten Schalter klärt uns über den merkwürdigen Mann auf. Er ist als Waise an der Grenze aufgewachsen, hat sein ganzes Leben hier verbracht. Von Geburt an ist er stumm. Er ist ein intelligenter Kerl und hilft Reisenden bei der Abwicklung der Formalitäten. Als er die Dame sprechen hört, wird sein Grinsen noch breiter und er schüttelt kräftig den Kopf. Und schon nimmt er wieder Peters Hand und schleppt ihn weiter. Die beiden geben ein lustiges Bild ab. Der Mann ist uns extrem behilflich. Bald haben wir den Einreisestempel in unseren Pässen, schütteln dem Inder freundlich die Hand, bedanken uns mehrmals und stecken ihm natürlich ein angemessenes Trinkgeld zu.

Die indischen Zöllner nehmen es ganz genau. Peter muss August auf eine Montagegrube chauffieren, damit sie auch wirklich alles sehen können. Mit einer Taschenlampe bewaffnet begeben sie sich in die Grube und inspizieren das gesamte Fahrzeug. Natürlich brauchen sie auch die Motornummer, um sie mit jener auf unserem Zolldokument zu vergleichen.

ÖLWECH-SEL

Als die Beamten in der Montagegrube verschwinden, gehe ich auch mit nach unten und frage, ob ich bei der Gelegenheit nicht gleich einen Ölwechsel durchführen könnte. Der ältere Beamte straft mich sogleich mit einem bösen Blick, der jüngere hingegen kann sich das Lachen kaum verhalten. Ich zeige den Beamten die Motornummer auf der Aluplatte seitlich am verölten Motor. Die Ziffern kann man aufgrund der Ölschicht nur schlecht lesen, die Beamten wollen sich offensichtlich nicht schmutzig machen. Ein Mechaniker wird gerufen. Dieser fixiert ein Blatt Papier mithilfe seines Speichels über der Motornummer, rubbelt mit seinen öligen Fingern darüber und erzeugt so einen Abdruck der Nummer auf dem dünnen Papier. Danach löst er das dünne, speichelgetränkte Papier von der Aluplatte ab und will es den Zöllnern überreichen. Diese blicken nur angeekelt auf das Stück Papier, bei einem Beamten beginnt der Magen zu rebellieren. Der Mechaniker muss also mit ins Büro kommen, klebt dort den kleinen Zettel mit der Motornummer auf ein sauberes Papier – wieder mithilfe seines Speichels. Danach darf er gehen.

Amüsiert blicken wir in die Runde und händigen den Beamten unser Zolldokument aus, damit sie die abgepauste Motornummer mit jener vom Carnet de Passages vergleichen können. Sie sind identisch und die Inder zufrieden. Wir dürfen den Zollhof verlassen.

Völlig erledigt von den bisherigen Strapazen erreichen wir Amritsar, die heilige Stadt der Sikh, nur 30 Kilometer von der Grenze entfernt. Es ist die größte Stadt im Bundesstaat Punjab, die im Reiseführer durch die Adjektive laut, schmutzig und überfüllt beschrieben wird. Bei Mrs. Bhandari erwartet uns genau das, was wir brauchen – eine Oase. Ein englisches Landhaus mit großem Garten, alten Bäumen und Blumen, vom Rest der Stadt abgeschottet durch hohe Ziegelmauern. Es gibt Duschen, WCs, ein Schwimmbad und zuvorkommendes Personal.

Es ist uns ziemlich egal, wie viel wir für das Campen bezahlen, wir wollen einfach nur Ruhe, genesen, uns erholen und wieder zu Kräften kommen. Und das dauert einige Tage. Normalerweise würde ich in einer fremden Stadt sofort ausschwirren und die Gegend erkunden, doch hier in Amritsar bin ich antriebslos. Ich bin total geschwächt, habe immer noch Durchfall und Krämpfe, bin dauermüde, ohne Energie. Peter geht es ähnlich.

Wir ernähren uns in den ersten Tagen vorwiegend von Reis und Cola, beobachten Papageien und Streifenhörnchen, versuchen viel zu schlafen, was in der Nacht allerdings schwierig ist. Es ist fast genauso heiß wie in Pakistan und unzählige Moskitos finden ihren Weg in unser Wohnmobil. Wie, das ist uns ein Rätsel. Die Moskitonetze an den Fenstern, den Dachluken und der Türe sind intakt. Erst als wir alles zusätzlich mit Klebeband versehen, haben wir eine ruhige Nacht. Das Schwimmbad nutze ich mehrmals täglich, es ist so angenehm kühl.

Am Morgen treffe ich dort die Hausbesitzerin. Jeden Tag schwimmt die Tochter von Mrs. Bhandari, mittlerweile auch schon über 70 Jahre alt, hier ihre Längen. Von ihr erfahre ich mehr über ihre Mutter, Tahmi Bhandari, die dieses Gästehaus in den 1950er-Jahren gründete. Sie war eine Pionierin ihrer Zeit in Indien, hatte einen starken Charakter und viel Durchsetzungsvermögen. Mrs. Bhandari heiratete noch während ihrer Studienzeit den Mann ihres Herzens, einen Hindu, was zu dieser Zeit unerhört war, zumal sie selbst aus einer reichen und konservativen parsischen Familie stammte. Parsen sind eine ursprünglich aus Persien stammende ethnisch-religiöse Gruppe, die der Lehre des Zoroastrismus folgt und als streng geschlossene Gemeinschaft lebt. Unsere Gastgeberin erzählt, dass ihre Mutter vermutlich auch die erste Frau in Indien war, die ein Auto besaß und es auch selber lenkte. Gerne machte sie Spritztouren nach Lahore zum Einkaufen, Kaffee trinken oder ins Kino. Begleitet wurde sie von ihrem Onkel, der ihr später sein Haus vermachte, das sie so liebte. Sie bekam vier Kinder, leider starb ihr Mann, als sie erst 48 Jahre alt war. Mrs. Bhandari beschloss, ihr Anwesen in ein Gästehaus umzuwandeln. Dabei half ihr ein gewisser Herr Kaila, den sie nach 4 Jahren Witwendasein heiratete. Auch das war damals undenkbar: Als Witwe nochmal zu heiraten! Leider starb auch ihr zweiter Ehemann.

Zweifache Witwe, vierfache Mutter, erfolgreiche Gästehausbetreiberin und das als Frau! Das muss man sich einmal zu dieser Zeit in Indien vorstellen! Einfach war es sicher nicht in der männerdominierten Gesellschaft in Punjab. Die Kriege zwischen Indien und Pakistan 1965 und 1971 hatten auch Auswirkungen auf die Geschäfte, viele Gäste blieben aus. Ihre Familie und Freunde wollten sie überreden, während des Krieges an einen anderen, einen sicheren Ort zu ziehen. Das kam aber gar nicht in Frage. Sie hätte auch keine Zeit, meinte Mrs. Bhandari, denn sie müsse das Schwimmbad fertig stellen – für die vielen Gäste, die nach dem Krieg kommen würden. Und diese kamen tatsächlich, das Gästehaus hatte einen hervorragenden Ruf. Die Leute kamen nicht nur wegen des Goldenen Tempels in Amritsar, sondern auch wegen Mrs. Bhandari selbst.

Tahmi Bhandari investierte viel Liebe, Zeit und Geld in ihren Garten und ihr Gästehaus, ein Ziegelbau im englischen Kolonialstil. Und das spürt man hier immer noch. Wir haben Mrs. Bhandari leider nicht mehr kennengelernt, sie verstarb 2007 im Alter von 101 Jahren. Ich kann sehr gut verstehen, dass sie diesen magischen Ort, diesen Ort der Ruhe inmitten einer indischen Großstadt nie verlassen hat. Wir fühlen uns hier wirklich wohl. Abends vor dem Schlafengehen habe ich das Schwimmbad für mich alleine. Ich bleibe so lange regungslos im Pool, bis mir kalt wird. Beim Umziehen muss ich schnell sein, denn die Moskitos lauern zu Hunderten.

Der Besuch des Restaurants in Multan hat uns beiden mindestens 5 Kilogramm Körpergewicht gekostet. Jetzt haben wir endlich wieder Appetit. Vor dem Gästehaus verkauft ein Mann Zuckerrohrsaft. Ganz frisch werden die Stangen durch eine Presse getrieben, heraus kommt ein süßer, grüner Saft. Mmhh! Folgt man der Straße gerade aus, kommt man auf einen kleinen Markt, wo es nicht nur frisches Obst und Gemüse gibt, sondern auch kleine Läden mit Lebensmitteln, Kleidung, Schuhen und Medikamenten – eigentlich alles, was man sich nur vorstellen kann. Wir brauchen Vitamine und kaufen reife Mangos, Bananen, Ananas und Guaven, decken uns mit Gemüse ein und füllen unsere Speicher wieder auf.

Unsere Augen sind größer als der Magen. Wir kaufen gleich sechs große Fladenbrote (Chapattis), können aber nur zwei davon essen. Am nächsten Tag sind sie schon ziemlich trocken und hart, eines verspeisen wir zum Frühstück, den Rest hängen wir zum Trocknen auf den Gartenzaun. Es dauert keine 5 Minuten und das erste Streifenhörnchen kommt angelaufen. Flink und geschickt klettert es auf den Zaun und labt sich an dem Brot. Entzückend ist es anzusehen, einfach putzig, wie es auf den Hinterbeinen sitzt und kleine Stückchen Brot in sich hineinstopft. Für das Hörnchen muss es eine richtige Schlemmerparty sein, denn ein Fladenbrot ist ungefähr sechsmal so groß wie das Tier selbst. Und dann kommt auch schon die ganze Großfamilie angetrappelt, beäugt uns etwas misstrauisch und knabbert an dem herrlichen Brot.

Nach 5 Tagen Erholung fühlen wir uns fit genug für den Goldenen Tempel, das Heiligtum der Sikhs. Wer sind nun aber diese Sikhs? Außer, dass sie eine eigene Religion haben, die Männer ihre langen Haare unter Turbanen verstecken und meistens lange Bärte tragen, wissen wir nur wenig von ih-

nen. Ich blättere im Reiseführer und werde etwas gescheiter:
Gegründet wurde der Orden von Guru Nanak im 16. Jahrhundert. Er war
zwar Hindu, konnte sich aber weder mit dem Hinduismus noch mit dem
Islam anfreunden. Es gab zu viele Dinge, die ihm an beiden Religionen miss-
fielen. Der Islam war ihm zu intolerant, am Hinduismus störten ihn das
Kastenwesen und die Götzenverehrung. Guru Nanak wollte eine Symbi-
ose aus beiden Religionen, wollte das Beste beider Kulturen miteinander
verbinden. Der Glaube an Gott, eine kastenlose Gesellschaft und soziale
Verantwortung sind die Säulen des Sikhismus.
Weitere Gurus haben diese Lehre fortgesetzt und bald lag das Adi Granth,
das heilige Buch der Sikh vor, mit mehr als 1.400 Seiten und 6.000 Versen
ein Koloss von einem Buch. Ein wichtiger Guru war Gobind Singh. Er ver-
lieh seinen Anhängern den Namen Singh (bedeutet Löwe), organisierte die
Sikhs nach militärischem Vorbild und wies sie an, die fünf Ks zu befolgen:
Kesh: Das Haar nicht schneiden und unter einem Turban tragen
Kangha: Einen Kamm in den Haaren befestigen, um sie zu pflegen
Kuchha: Eine Unterhose, die bis zu den Knien reicht, tragen
Kirpan: Mit einem Schwert bewaffnet sein
Kara: Als Zeichen der Armut einen Armreif aus Stahl am rechten Handge-
lenk tragen

Außerdem verhängte er ein striktes Alkohol- und Rauchverbot, um die
Sikhs so kampftüchtig wie möglich zu machen. Muslimische Frauen waren
streng tabu! Die Anzahl der Sikhs nahm stark zu, es waren hauptsächlich
Hindus, die konvertierten. Sie gewannen an militärischer Stärke und be-
herrschten im 19. Jahrhundert den Punjab, das Land der fünf Flüsse. Die
Sikhs sind größtenteils Bauern, von denen in Indien gilt, dass sie am härtes-
ten arbeiten, am meisten essen, dass sie willensstark sind und unbesiegbar
– im Krieg, im Cricket und beim Hockey. Im Zuge der Grünen Revolution
in den 1960er-Jahren wurden sie über Nacht reich, der Ernteertrag ver-
dreifachte sich durch neue Weizen- und Maissorten. Viele Bauern konnten
sich Traktoren leisten. Alles in allem eine positive Entwicklung.
In den späten 1970er-Jahren wurde ein Sikh mit dem Namen Jarnail Singh

Bahindranwale durch seine Predigten bekannt. Er fand, dass der Sikhismus in Gefahr war: Es gab Eheschließungen zwischen Sikhs und Hindus, junge Sikhs schnitten sich die Haare, rauchten und tranken Alkohol. Außerdem wurden die Sikhs seiner Meinung nach bei der Teilung Indiens 1947 stark benachteiligt. Die Hindus bekamen ihr Indien, die Muslime ihr Pakistan, nur die Sikhs bekamen nichts. Bahindranwale musste etwas unternehmen. Er wollte einen eigenen Staat: Khalistan. Und dafür musste er die Hindus bekämpfen. Der Terror begann. 1982 besetzte Bahindranwale den Goldenen Tempel, forderte ein freies Khalistan und den Tod der Regierung, an deren Spitze Premierministerin Indira Ghandi stand. Er schwor, dass für jeden toten Sikh 5.000 Hindus sterben würden. Aus dem Punjab begannen viele Hindus nach Delhi zu flüchten. Die Regierung musste handeln. Zögernd und mit Bedenken gab Indira Gandhi den Befehl zur Militäraktion „Operation Blue Star". Die Kampfhandlungen endeten nach 24 Stunden mit einer traurigen Opferbilanz: 90 Soldaten und 712 Sikhs starben, darunter auch Jarnail Singh Bahindranwale. Doch das war erst der Anfang eines Blutbades, das seinen Höhepunkt wohl erreichte, als Indira Ghandi von zwei ihrer Leibwächter – Sikhs – erschossen wurde. Die Hindus rächten sich fürchterlich. Tausende Sikhs wurden ermordet, Geschäfte geplündert und niedergebrannt.

Ich habe genug gelesen. Bevor meine Stimmung endgültig in den Keller sinkt, lege ich das Buch weg und wir machen uns auf die Suche nach einer Rikscha, die uns in die Altstadt von Amritsar bringt. Gleich am Eingangstor zu Mrs. Bhandaris Gästehaus stehen mehrere Fahrradrikschas, auf denen die Betreiber friedlich dösen. Tief dürfte ihr Schlaf aber nicht sein, denn sie bemerken uns sofort und buhlen um uns. Nachdem wir ohnehin mit jedem über den Preis verhandeln müssen, entscheiden wir uns für den Fahrer, der uns am sympathischsten ist. Ein kleiner, dünner und sehniger Mann mit Schnurrbart und einem spitzbübischen Lächeln. Wir steigen auf und der Inder stemmt sich in die Pedale. Obwohl die Straße flach ist, ist der Start extrem anstrengend für ihn, die Fahrradrikscha hat nämlich keine Schaltung! Wir kommen uns echt komisch vor, sitzen wir doch wie die Paschas auf dem Fahrzeug und der kleine Inder schwitzt und müht sich ab.

Am liebsten würde ich bei manchen Passagen absteigen. Doch man darf nicht vergessen, dass dies seine Arbeit ist. Mit dem Verdienst kann er seine Familie ernähren. Ich krame schon in meiner Tasche nach einem angemessenen Trinkgeld.

Der Goldene Tempel befindet sich im Herzen der Altstadt, die Gassen werden immer enger, der Verkehr immer mehr und das Treiben immer bunter. Das also ist Indien, denke ich mir. Wir steigen ab und werden gleich vom Sog der Menschenmasse mitgerissen, die zum Goldenen Tempel will. Ich bin fast überfordert, so viele Leute, Mopeds und Rikschas, fremde Gerüche, ein Stimmengewirr, Gesänge und überall ein Blickfang.

Der Tempel selbst ist von einem weißen Palast aus Marmor umgeben. Über einem Eingangstor lesen wir schon „Schuhabgabe" auf Englisch und auch auf Hindi, also wissen wir, wo es lang geht. Als wir unsere Sandalen abgeben, fragen wir uns, ob wir sie jemals wiedersehen werden. Ich glaube, hier lagern mehr als 10.000 Paare. Ein Halstuch haben wir dabei, das verwenden wir hier als Kopftuch, eine der Verhaltensregeln, die man im Goldenen Tempel befolgen muss. Sollte man keine Kopfbedeckung haben, so kann man sich ein orangefarbenes Tuch ausborgen. Dann ist es Zeit für eine Fußwäsche, dazu watet man durch ein Becken, das sich unterhalb der Stufen befindet, die in das Innere der Palastanlage führt. Alles ist so wahnsinnig sauber hier! Kein Müll, kein Tierkot, kein Uringestank und auch kein ausgespuckter Betelsaft. Die Marmorfliesen glänzen, welch ein Kontrast!

Als wir durch ein hohes Portal schreiten, sehen wir den Goldenen Tempel zum ersten Mal. Er befindet sich inmitten eines künstlich angelegten Sees, dem Amrit Sarovar, was übersetzt aus dem Sanskrit Nektarteich bedeutet. Daher hat also die Stadt Amritsar ihren Namen.

Der Anblick verschlägt uns fast den Atem. Der Tempel ist mit Blattgold überzogen und schimmert und strahlt in der späten Nachmittagssonne. Die Atmosphäre ist entspannt, wir vernehmen die monotonen Lesungen aus dem Adi Granth, dem heiligen Buch der Sikhs, die von Musik untermalt werden. Viele Besucher sind hier, aber nicht nur Anhänger des Sikhismus, sondern auch Andersgläubige. Das Tor zum Goldenen Tempel steht jedem offen, alle dürfen an den Gebeten teilnehmen, die den ganzen Tag bis 22

Uhr stattfinden. Wer möchte kann sogar 3 Tage lang gratis im Tempel nächtigen. Eine kostenlose Mahlzeit gibt es in der Gemeinschaftsküche, die an manchen Tagen 10.000e Pilger und Besucher verköstigt.

Im Uhrzeigersinn umrunden wir das glitzernde Wasserbecken, bewundern die Menschen hier, die sich entweder geduldig anstellen, um über einen Steg in das Innere des Goldenen Tempels zu gelangen oder tief versunken im Gebet sind oder gerade ein reinigendes Bad im künstlichen See nehmen. Dazu ziehen sich die Sikhs bis auf die Unterhose aus, der Turban bleibt natürlich am Kopf. Rund um den Teich stehen immer wieder bärtige Sikhs in stoischer Haltung, mit einem gelben Turban, einem dunkelblauen Mantel und weißer Hose bekleidet. In der rechten Hand halten sie einen langen Holzstab, dessen Ende eine wunderschön bearbeitete Metallspitze ziert.

Oft werden wir von Indern angesprochen, sie wollen wissen, woher wir kommen und bitten um ein gemeinsames Foto. Und oft sollen wir sie auch vor dem Goldenen Tempel fotografieren, denn der Besuch hier ist ein ganz besonderes Erlebnis. Recht kontaktfreudig kommen sie mir vor und sie fotografieren gerne mit ihrem Mobiltelefon. Auch ohne vorher zu fragen und manchmal aus einer Nähe, dass ich vor Schreck zusammenzucke. Aber nett sind sie alle. Obwohl sich viele Menschen unterhalten, Kinder schreien und man das Geschirr aus der Küche klappern hört, so wird die Geräuschkulisse doch vom Sprechgesang der Verse aus dem Adi Granth übertönt. Es herrscht eine ganz besondere Stimmung, der Tempel ist eine richtige Oase. Ruhig ist es hier inmitten einer lauten indischen Stadt.

Peter denkt krampfhaft darüber nach, bei welchem der vier Eingänge wir den Tempel betreten haben. Wir haben so viel Zeit im Inneren verbracht und den Teich mehrmals umrundet, dass wir uns nicht mehr sicher sind. Unsere Meinungen teilen sich. Normalerweise wäre es ja wirklich egal, in welche Richtung wir gehen würden, wären da nicht unsere Sandalen … Volltreffer! Peter hat die bessere Orientierung von uns beiden und so erblicken wir sehr bald unser Schuhwerk.

Noch immer beeindruckt verlassen wir die heilige Stätte der Sikhs und sind wieder im eigentlichen Indien gelandet. Jetzt haben wir Hunger. Zu essen gibt es an jeder Ecke etwas, wir entscheiden uns für ein kleines Restaurant in der Altstadt. Was sollen wir bloß essen? Bisher haben wir uns in Indien von Reis und Früchten ernährt. Das Angebot ist groß, der Name der Speisen sagt uns überhaupt nichts. Alu mattar, alu gobi, palak paneer, sabzi parantha, bhindi bhaji. Was ist das?? Wir wissen es nicht, bestellen aber trotzdem zwei verschiedene Speisen. Wir haben eine vorzügliche Wahl getroffen, beides sind vegetarische Gerichte, die mit Naan, also Fladenbrot, serviert werden, köstlich riechen und noch besser schmecken. Mit vollem Bauch lassen wir uns wieder von einer Fahrradrikscha zu Mrs. Bhandari chauffieren. Der arme Fahrer, jetzt muss er noch mehr Gewicht bewerkstelligen!

Als wir wieder zurück bei August sind, ist es zwar schon später Abend, aber die Temperaturen sind immer noch die gleichen wie am Nachmittag. Diese Hitze! Sie macht mir echt zu schaffen. Höchste Zeit, Amritsar zu verlassen. Doch wir brauchen noch eine Autoversicherung für Indien. Vor dem Eingang zum Gästehaus lauern die Rikschafahrer, ihr Schreien und Rufen nützt nichts, denn wir nehmen wieder den kleinen dünnen Mann, mit dem wir in den Goldenen Tempel gefahren sind. Wir mögen ihn einfach. Aber trotzdem müssen wir länger über den Preis verhandeln. Mit all unseren Dokumenten setzt er uns vor dem Versicherungsbüro ab und verspricht, auf uns zu warten. Als wir nach 1,5 Stunden zurückkommen, ist er tatsächlich noch da. Die Wartezeit hat er optimal ausgenutzt: Er schläft gemütlich in einer Körperhaltung, in der ich kein Auge zubekommen würde.

Am Nachmittag gehe ich einkaufen. Als ich das Tor von Mrs. Bhandaris Gästehaus öffne, wartet schon wieder „unser" Rikschafahrer und bedeutet mir aufzusitzen. Ich lehne höflich ab, denn der Markt ist nur 500 Meter entfernt. Aber das sei doch viel zu weit für eine Frau wie mich, meint der geschäftstüchtige Inder. Doch ich bleibe hartnäckig und so lehnt er sich gemütlich zurück und schließt die Augen. Voll bepackt komme ich 2 Stunden später zurück, die vielen Taschen streifen fast am Boden, so lang sind meine Arme schon geworden. Die Kleidung ist durchgeschwitzt und ich bin völlig erledigt. Ich dürfte mich noch nicht ganz von meiner Krankheit erholt haben. Hätte ich doch nur die Rikscha genommen!

Doch von all dem lasse ich mir nichts anmerken, als ich an „unserem" Fahrer vorbeigehe. Allerdings bestelle ich ihn für morgen Früh, denn dann können wir schon unsere indische Autoversicherung abholen. Die Versicherung für unser Fahrzeug kostet für ein ganzes Jahr und für ganz Indien 65 Euro. Den Preis finden wir mehr als in Ordnung. Und nun können wir endlich weiterfahren.

Es ist Mitte Mai, die heißeste Zeit im ganzen Jahr, kurz bevor der Monsun kommt. Deshalb haben wir nur ein Ziel vor Augen: Den äußersten Norden Indiens, die Berge, den Himalaja. Ein Blick auf die Landkarte genügt, um festzustellen, dass wir Richtung Nordosten, also in Richtung der Städte Batala und Pathankot fahren. Die Landschaft ist anfangs flach und fruchtbar, denn der Punjab ist der Brotkorb von Indien. Hier wird rund ein Viertel des Weizens von ganz Indien angebaut, zudem kommt auch noch ein Drittel der Milch und der Milchprodukte aus dieser Region. Sicherheitshalber füllen wir unsere Dieseltanks in der Ebene, wer weiß, wie hoch die Preise in den Bergen sind und wie gut die Versorgung ist. Das letzte Mal haben wir in Iran getankt, für umgerechnet 0,16 Euro pro Liter. Mehr als das Dreifache kostet ein Liter Diesel in Indien. Verglichen mit den Preisen in Österreich aber immer noch ein Schnäppchen.

In Pathankot müssen wir uns entscheiden: Fahren wir links Richtung Jammu oder rechts nach Dalhousie und Chamba? Die Topographie macht es uns leicht, Jammu liegt auf 327 Meter Meereshöhe, Dalhousie auf 2.000. Ich möchte endlich einmal durchschlafen, eine kühle Nacht ohne Moskitos verbringen.

Langsam gewinnen wir an Höhe, die Straße ist asphaltiert, hat stellenweise sogar eine niedrige Leitplanke, hinter der ein Abgrund lauert. Die Landschaft ist stark erodiert, zumindest überall dort, wo abgeholzt wurde. Am Nachmittag erreichen wir Dalhousie, ein Erholungsort, der im Reiseführer als ruhig, angenehm temperiert, altmodisch und bestens geeignet für kleine Wanderungen beschrieben wird. Naja, alles trifft hier sicher nicht zu. Von ruhig kann keine Rede sein. Das Verkehrsaufkommen ist enorm und viele indische Touristen aus dem Flachland hatten die gleiche Idee wie wir. Wir beschließen, gleich nach Chamba weiterzufahren, von dort führt auch eine Straße in den nächsten Bundesstaat, nach Jammu und Kaschmir, weiter. Apropos weiter. Genau das geht hier in Dalhousie nur auf Umwegen. Wir folgen der Straße ins Zentrum, die in weiterer Folge nach Chamba führen soll. Sie wird immer enger und enger, die Stromkabel hängen tiefer und tiefer. Ich muss bereits aufs Dach klettern und sie mit einer Astgabel heben. Hunderte Schaulustige beobachten uns dabei. Für mich ist es nervenaufreibend, denn ich habe alle Hände voll zu tun. Kabel heben, Peter anweisen, wie viel Abstand noch zu den Wellblechdächern ist, ihn zu warnen, wenn Menschen einfach ohne zu schauen die Straße überqueren etc. Endlich haben wir die Passage gemeistert und parken am Hauptplatz, wo reges Treiben herrscht. Mopeds, Autos, geschmückte Pferde, die auf die vielen Touristen warten, Menschenmassen, Restaurants, bunte Verkaufsstände und leider noch mehr tiefliegende Stromkabel.

Wir erkundigen uns mehrmals nach dem Weg nach Chamba. Die Antwort ist immer die gleiche: Geradeaus weiter, aber nicht mit einem Lkw machbar. Das glaube ich gerne und so bleibt uns nichts anderes übrig, als umzudrehen und den Weg hinunterzufahren, den wir soeben mühsamst heraufgekommen sind. Trotzdem wollen wir hier bleiben. Der einzige Parkplatz, den wir finden, ist neben der Straße und mit Blick auf einen verwilderten Friedhof am Abhang. Für eine Nacht in Ordnung. Und es wird eine herrlich kühle Nacht, ohne Staub und Moskitos. Ich schlafe wie ein Baby.

Am Vortag ist uns schon der Müll, Dreck und Kot aufgefallen, der hier überall herumliegt, speziell neben der Fahrbahn. Jetzt wissen wir auch, wo das alles herkommt. Gemütlich sitzen wir beim Frühstück und schauen aus dem Fenster. Außer dem alten Friedhof, den Mauerresten und Bäumen sehen wir nichts. Aber dann kommt eine freche Affenhorde, gefolgt von einigen Indern und Millionen von Fliegen. Nachdem es hier keine öffentlichen Toiletten gibt, wird jedes Fleckchen am Waldrand oder neben der Fahrbahn genutzt. Das Frühstück bleibt mir bei dem Anblick im Hals stecken. Aber offenbar gibt es keine Alternative für die Menschen. Beim Aussteigen müssen wir höllisch aufpassen, wo wir hintreten. Glücklicherweise ist unsere Stiege verschont geblieben. Der erste Haufen liegt 5 Zentimeter daneben. Wir machen uns auf den Weg ins Zentrum von Dalhousie, dorthin, wo wir gestern schon mit unserem Lkw waren. Entlang an schönen Hotelanlagen im Kolonialstil führt ein steiler Pfad auf den Hauptplatz, wo schon wieder Trubel herrscht. Viele indische Touristen sind vor der Hitze im Tiefland geflüchtet und machen hier Urlaub. Auch die britischen Kolonialherren wussten das Klima hier zu schätzen und bauten sich in den Bergen ihre Erholungsdörfer, wo sie es sich während der heißen Sommermonate gut gehen ließen.

Es ist ein strahlend schöner Tag, die Luft ist klar und wir genießen die Aussicht auf die umliegende Bergwelt. Einzig der Verkehrslärm ist etwas störend, dutzende Pkw, Taxis und Mopeds bahnen sich den Weg durch die Menschen. Natürlich mit lautem Gehupe und wildem Geschrei. Wir flüchten in einen überdachten Markt und sind plötzlich in einer anderen Welt. Menschen, Waren, einfach alles sieht anders aus. Es sind Exiltibeter, die hier ihre Waren anpreisen, die erste Ansiedlung von Tibetern, auf die wir in Indien stoßen. Viele sollen noch folgen.

Seit 1959, als die Chinesen in Tibet einmarschierten, sind mehr als 100.000 Menschen geflohen. Darunter auch der derzeitige Dalai Lama, Tenzin Gyatsho, der nun in Dharamsala bzw. McLeod Ganj residiert, wo auch die tibetische Exilregierung ihren Sitz hat. Man braucht 7 bis 8 Stunden mit dem Bus von Dalhousie nach Dharamsala im Bundesstaat Himachal Pradesch. Wir haben aber andere Pläne.

Recht viel mehr gibt es in Dalhousie nicht zu sehen, also gehen wir zurück zu unserem Reisewagen und beschließen weiterzufahren. Dort warten schon zwei Inder in Uniform auf uns und wollen uns tatsächlich 200 Rupien (3 Euro) für den Parkplatz abknöpfen. Das kostet uns nur einen Lacher. Ein schöner Parkplatz ist das, ein öffentlicher Abort neben der Hauptstraße. Wir einigen uns auf 50 Rupien und hoffen, dass das Geld für den Bau einer Toilette verwendet wird.

Auf der Weiterfahrt bewundern wir die Bauweise der Häuser. Ebene Flächen gibt es nicht viele und so wird jeder erdenkliche Platz genutzt. Pfahlbauten sind beliebt. Macht ja auch Sinn, aber die Betonsteher sind manchmal besorgniserregend dünn. Material kostet Geld und viel davon haben die Menschen hier nicht, also wird gespart. Ich hoffe nur, dass hier nie ein stärkeres Erdbeben sein wird, die Betonsteher würden wie Zahnstocher wegknicken. Dafür sind die Häuser schön bunt, die Fassaden leuchten in rosarot, lila, mintgrün und hellblau. In einer Haarnadelkurve steht ein besonders mutiger Bau, die Steher sind die längsten und dünnsten, die wir bisher gesehen haben und der Abhang unter dem Pfahlbau der steilste. Es ist ein kleines Geschäft mit Teeladen, vor dem ein paar junge Männer in Plastiksesseln lungern. Zeit für eine Pause. Wir betreten den Laden und hoffen, dass er unter unserem Gewicht nicht zusammenbricht und in die Tiefe stürzt.

Danach wird die Straße schlechter, der Asphalt ist zu Ende, immer wieder rutscht der Hang ab, doch die Inder sind fleißig und räumen das Geröll mit einem Bagger zur Seite und reparieren die Fahrbahn so gut es geht. Wir verlieren langsam an Höhe, die Landschaft wird sanfter, die landwirtschaftlich genutzten Flächen mehr. Die Felder sind schon abgeerntet und werden nun den Rindern zum Abweiden überlassen. Wir haben Kurs auf Kaschmir genommen, den nördlichsten Bundesstaat Indiens, der an Pakistan und China bzw. Tibet grenzt.

Vor der Stadt Udhampur finden wir einen tollen Nächtigungsplatz, in einem Wäldchen unweit eines Tempels. Weit und breit kein Dorf, kein Haus. Im Tempel wird gearbeitet, wir vernehmen ein Hämmern, Klopfen und Sägen. Ansonsten ist es aber herrlich ruhig hier. Erst als es dunkel wird und wir gerade vor unserem Lkw das Abendessen einnehmen, bekommen wir Besuch von den drei Männern, die im Tempel gearbeitet haben. Sie scheinen gar nicht überrascht zu sein, dass wir hier parken, fragen uns, ob alles in Ordnung sei und ob wir etwas benötigen. Nachdem wir uns für ihre Hilfe bedanken, lächeln sie freundlich und marschieren wieder zum Tempel. Wir sind wieder alleine und das in Indien! Einfach unglaublich!

KASCHMIRTAL
Von Halbnomaden, Gondelfahrten und Hausbooten

Die Landschaft und auch die Strecke nach Srinagar, der Hauptstadt von Kaschmir, sind spektakulär. Wir folgen dem Flusslauf und gewinnen wieder langsam an Höhe. Ab Udhampur herrscht starker Verkehr, die Straße ist extrem kurvig und meistens breit genug für zwei Fahrzeuge. Die indischen Lkw haben die Außenspiegel eingeklappt, damit sie überhaupt aneinander vorbeikommen. Für Peter ist die Fahrt sehr anstrengend, denn die Fahrweise der Inder ist gewöhnungsbedürftig. Sie fahren wie die Verrückten, überholen am liebsten vor uneinsichtigen Kurven, hupen unentwegt, sind zu schnell unterwegs und glauben, dass die Straße ihnen alleine gehört. Kurven schneiden ist ganz normal und den Retourgang dürften sie noch nicht entdeckt haben.

Die Gegend ist wunderschön, die Berge ringsum werden immer höher, die Ausblicke immer fantastischer und die Abgründe immer tiefer. Gut, dass in Indien Linksverkehr herrscht, denn so sitzt Peter am äußeren Fahrbahnrand. Ich genieße das Panorama und bemerke nicht, dass es neben August 300 Meter in die Tiefe geht, natürlich ohne Pannenstreifen, Leitplanke oder Ähnliches. Am Abend ist Peter völlig erledigt, beim Abendessen fallen ihm schon die Augen zu und noch bevor er sein Bier ausgetrunken hat, ist er bei Tisch eingeschlafen. Am nächsten Morgen ist strahlender Sonnenschein, wir blicken in einen tiefblauen Himmel und auf schneebedeckte Gipfel. Wunderschön! Und endlich ist es draußen kalt! Ein Blick auf die Karte erklärt die Temperatur, wir befinden uns auf einer Seehöhe von 1.800 Metern.

Wie schon am Vortag überholen wir auch an diesem Tag viele Nomaden mit ihren Schaf-, Ziegen-, Pferde- und Rinderherden. Sie marschieren auf der Hauptstraße Richtung Kaschmirtal. Abgesehen von ein paar Planen, Seilen, Decken und Kochtöpfen haben sie nur wenige Habseligkeiten. Und wir? Könnten wir unsere Sachen auf fünf Pferde packen? Sicher nicht! Wie viel wir doch besitzen, wir sind wirklich reich und äußerst luxuriös unterwegs mit unserem Reisewagen. Wir werden beide sehr nachdenklich und still, sehen vor unserem inneren Auge all die Sachen, die wir in Österreich haben und sind uns einig, dass es einfach zu viel ist. Wie viel ist genug? Wie viel braucht der Mensch, um glücklich zu sein? Oder besser gesagt, was braucht er, um glücklich zu sein? Das sind die Fragen, die uns beschäftigen. Wenn wir auf Reisen sind, sind wir die glücklichsten Menschen, haben das Leben selbst in der Hand und entscheiden, was wir tun und was nicht. Und wir übernehmen auch die Verantwortung dafür. Wir führen ein selbstbestimmtes und freies Leben. Verglichen mit dem mitteleuropäischen Lebensstandard ist es ein bescheidenes und einfaches Leben. Aber genauso fühlen wir uns am wohlsten. Das Leben spielt sich in der Gegenwart ab, im Hier und Jetzt. Wir können uns auf uns selber konzentrieren, auf unser Fahrzeug und auf das, was unmittelbar passiert. Wir müssen nicht viel Geld verdienen, um eine teure Wohnung zu finanzieren, um einen Kredit oder eine Leasingrate für ein neues Auto zu bezahlen. Wir brauchen keine Lebensversicherung, kein Heimkino, keine exklusive Uhr oder einen Kleiderschrank mit Designermode. Für all das brauchen wir nicht zu arbeiten. Wir können unsere Zeit anders nutzen. Wir haben das Privileg, die Welt zu bereisen, andere Menschen, Völker und Kulturen kennenzulernen. Wir sammeln Momente, Erfahrungen und Erkenntnisse. Nirgendwo lernt man so viel wie auf Reisen, in keiner Schule, auf keiner Universität. Dafür sind wir dankbar.

Das Unterwegssein ist nicht immer angenehm und leicht, manchmal ist es mühsam, anstrengend, nervenaufreibend. Auf alle Fälle ist es immer intensiv und unvergesslich und von uns selbst gewählt.

Einfach ist das Leben für die Nomaden hier im Bundesstaat Jammu und Kaschmir sicher nicht. Aus dem Tiefland ziehen sie jedes Jahr im späten Frühjahr hinauf ins Kaschmirtal auf die Sommerweiden. Mit der ganzen Familie. 5 Wochen lang. Die Gesichter der Nomaden sind regelrecht verwittert, sie haben kein Gramm Fett am Körper, ihr Gewand steht vor Dreck und sie riechen nach ihren Tieren und nach Rauch. Wir sehen ihre Lager überall neben der Straße, nur in den Jawalhar-Tunnel, eine 3 Kilometer lange, enge, nicht belüftete Röhre, lässt man sie nicht. Sie marschieren über die Passhöhe hinunter ins Kaschmirtal.

Auch ich bin froh, als wir den Tunnel verlassen. Wir blicken in eine grüne und fruchtbare Region, durchzogen vom Jhelum-Fluss, umrahmt von schneebedeckten Gipfeln. Auf rund 1.700 Meter Meereshöhe wachsen Reis, Mais, Weizen, Gerste, Äpfel, Kirschen, Marillen, Walnüsse und Mandeln. Sogar einen Verkaufsstand mit Erdbeeren sehen wir neben der Straße. Da müssen wir einfach stehen bleiben und zuschlagen. Safran wird in großen Mengen produziert bzw. geerntet und überall zum Verkauf angeboten. Obwohl es uns hier so gut gefällt, fahren wir trotzdem weiter nach Srinagar. Hier ist es verdammt schwer, einen halbwegs ruhigen Parkplatz für unseren Lkw zu finden. Wir landen mitten im Zentrum, da ist vielleicht was los! Fast jeder Einwohner scheint auf der Straße zu sein. Also nichts wie weg. Wir biegen rechts in eine asphaltierte und von alten Bäumen gesäumte Straße ab. Eine Fehlentscheidung, denn hier in der Allee ist eine Fahrbahn mit Verkaufsständen belegt, die andere ist mit Fahrzeugen aller Art zugeparkt und Massen von Menschen tummeln sich dazwischen. Aber es gibt kein Zurück, unser Reisewagen bahnt sich vorsichtig im Schritttempo einen Weg durch das Chaos – noch dazu ohne Feindberührung.

Wir beschließen Richtung Westen weiterzufahren, Richtung Gulmarg. Die Straße ist asphaltiert und abseits davon wird fleißig gearbeitet. Die Menschen pflanzen gerade Reis an. Bloßfüßig und mit aufgekrempelten Hosenbeinen stehen sie in den bewässerten Feldern und setzen jede Pflanze einzeln in die fruchtbare Erde. Was für eine Plackerei! Allein vom Hinsehen bekommt Peter schon Rückenschmerzen. Die ganze Familie hilft mit. In Kaschmir leben 80 % der Bevölkerung von der Landwirtschaft, die überwiegend auf den Eigenbedarf ausgerichtet ist.

Beim Pflügen hilft ein Pferd mit einem einfachen Gerät. Manche Felder sind bereits fertig bestellt, andere liegen noch brach und wieder andere werden gerade bepflanzt. Die Kaschmiris arbeiten unglaublich schnell und geschickt. Manche gönnen sich eine kleine Pause im Schatten der hohen, alten Bäume, die die meisten Felder säumen. Auch viele Berghänge bestehen aus Wäldern, die wertvolle Hölzer liefern, vorwiegend Zedern, Fichten, Kiefern, Platanen, Ahorn, Birken und Walnussbäume. Als wir stehen bleiben, legen einige die Arbeit nieder und kommen auf uns zu. Ich habe noch nie beim Reisanbau zugesehen, bin daher dementsprechend neugierig. Mit den meisten kann ich mich leider nicht verständigen, sie sprechen Kashmiri, einer mit dem Urdu verwandten Sprache, die in persischen Schriftzeichen geschrieben wird. Doch dann stößt eine ganze Familie zu uns, Eltern und drei Kinder. Der Familienvater übersetzt für mich, während mein Blick von einem Gesicht zum anderen wechselt. Die Felder, die für mich schon fertig bestellt aussahen, sind es eigentlich nicht. Denn dort wurde der Reis zwar ausgesät und steht nun etwa 25 Zentimeter hoch, aber nun müssen die Pflanzen in den gefluteten Feldern vereinzelt werden. Fasziniert lausche ich den Ausführungen und schaue in interessante Gesichter, die von wunderschönem, dichtem und schwarz glänzendem Haar umrahmt sind.

Kurz darauf parken wir etwas abseits der Hauptstraße, nahe dem Dorf Wussan. Nach einem Mittagsschläfchen spazieren wir durchs Dorf, vorbei an Feldern, Weiden und Obstgärten. Alles ist saftig grün. In Wussan war anscheinend noch nie ein Tourist, teilweise werden wir neugierig angestarrt, teilweise fühlen wir uns nicht gerade willkommen, sondern eher wie Eindringlinge. Also drehen wir wieder um und gehen an Gebäuden entlang zurück, die an Fachwerkshäuser erinnern. Aber Rauchfänge sehen wir nirgends.

Ein älterer Mann, der Getreidegarben auf dem Rücken schleppt, lädt uns zu sich nach Hause ein, kurz darauf auch eine verhüllte Frau. Wir bedanken uns herzlich, lehnen aber ab. Bei unserem Fahrzeug erwartet uns natürlich auch eine Delegation. Wir lernen Umar kennen, einen Schottergrubenbesitzer. Er ist jung, nett und spricht hervorragendes Englisch. 2 Stunden plaudern wir mit ihm, trinken Tee im Geschäft seines sympathischen Freundes Fayaz und erfahren viel Interessantes. Unter anderem, dass die Häuser nicht geheizt sind, sondern dass sich die Kashmiris unter ihre dünnen Wollmäntel (Feren) kleine Öfchen, sogenannte Kangris, schieben. Das sind gebrannte, runde Tongefäße, um die ein Weidengeflecht gespannt ist und an dessen Oberseite sich ein geflochtener Griff befindet. Glühende Kohle wird in diese Kangris gelegt und so halten sich die Menschen warm.

Zum Nächtigen fahren wir näher ans Dorf und finden einen tollen Platz gleich neben einem Bach. Kaum sind wir ausgestiegen, kommen schon die ersten Schaulustigen und es werden immer mehr. Es sind zum Teil wild aussehende Kerle und alle wollen sie in den August reinschauen. Sie sind eigentlich alle nett, wir werden wieder zum Tee und auch zum Abendessen eingeladen. Ich möchte gerne mitgehen, aber Peter will heute seine Ruhe haben. Schade. Und so muss ich heute selber kochen.

Als es dunkel wird, gehen wir in unseren Reisewagen und ich beginne das Abendessen zuzubereiten. Die Gemüsesuppe ist fast fertig ist, als Peter meint, dass es ihn nicht wundern würde, wenn heute noch die Polizei auftaucht. Keine Minute später klopft es an der Tür. „Police. Open door!", hören wir draußen jemanden rufen. Wir schauen beim Fenster raus und erblicken drei Polizisten, die uns erklären, dass es hier viel zu gefährlich ist. Wir stünden zu knapp am Waldrand, die pakistanische Grenze sei auch nicht allzu weit entfernt. Wir müssen hier weg und zwar sofort.

Da hat uns wohl einer im Dorf verpfiffen. Die Beamten sind freundlich, aber bestimmt. Wir können sie nicht überreden, wenigstens für eine Nacht bleiben zu dürfen. Zumindest lassen sie uns noch die Suppe essen. Am besten wäre es, wenn wir bei ihnen am Polizeiposten parken würden, der ca. 10 Kilometer entfernt ist. Das wollen wir aber partout nicht und so fahren wir Richtung Gulmarg. Im Dunkeln und bei Regen. Einen geeigneten Parkplatz zu finden ist ein Ding der Unmöglichkeit. Die einzigen Stellen wären genau neben der Straße, die sich in Serpentinen durch den Wald bergauf windet. Und so landen wir schneller, als es uns lieb ist, auf der Blumenwiese, denn das ist die Bedeutung des Ortes Gulmarg, der zudem noch das Top-Skigebiet von Kaschmir bzw. ganz Indien ist.

Neben der Straße finden wir einen asphaltierten Parkplatz, keinen Meter weiter wollen wir fahren. Hundemüde fallen wir ins Bett und schlafen bis zum Morgengrauen.

Geweckt werden wir durch Verkehrslärm und permanentes Gehupe. Wir riskieren einen Blick aus dem Fenster. Der Himmel ist wolkenverhangen, Hochnebel fällt gerade ein, es nieselt leicht und es ist kalt. Wir blicken auf grüne Wiesen und Wälder und davor auf Müll und Schlamm. Der Parkplatz füllt sich mit Geländeautos und Kleinbussen. So schnell, dass wir gar nicht mehr wegfahren können. Wir sind umzingelt. Aus den Fahrzeugen strömen Hunderte indische Touristen. Hektisch wirken sie, sie scheinen nicht allzu viel Zeit zu haben. Rasch huschen sie hinter die Fahrzeuge, um sich zu erleichtern. Der Chauffeur steigt mit den schmutzigen Fußmatten aus dem Bus und wäscht sie im naheliegenden Bach. Einigen Touristen dürfte auf der kurvigen Strecke schlecht geworden sein, ob da vielleicht die Fahrweise daran schuld gewesen ist?

Heute wollen wir Gulmarg erkunden. Wir ziehen uns Wanderschuhe an, einen dicken Pullover und eine Regenjacke. Über letzte sind wir besonders froh, denn es beginnt bald zu schütten und hört bis zum Abend nicht mehr auf. Die armen Touristen aus dem Flachland! Sie kommen mit Flipflops, Sandalen, Saris, dünnen Hemden und Hosen, haben keine warme und schon gar keine wasserdichte Kleidung.

Jetzt kommen die geschäftstüchtigen Kaschmiris ins Spiel. Sie haben alles, was die Touristen brauchen: Hauben, Handschuhe, Schals, Winterjacken, Mäntel, Gummistiefel und Regenschirme. Das alles kann man sich ausborgen. Natürlich kann man sich auch einen Kaschmirschal oder eine neue Wolldecke kaufen. Fliegende Händler bieten dampfenden Tee oder Kaffee an, Kekse, Schokolade, Knabberzeug, gekochte Eier und noch hundert andere Sachen.

In der Zwischenzeit sind unzählige, gesattelte Pferde aufgetaucht. Auch diese werden an die oft übergewichtigen, indischen Touristen vermietet, damit sie bequem Gulmarg besichtigen und zu den Schneefeldern transportiert werden können. Wir lassen uns von der Menge mitreißen und betrachten amüsiert die Inder in der ausgeborgten Winterausrüstung. Es ist ihnen egal, was sie tragen, Hauptsache es hält sie irgendwie warm. Ich würde gerne wissen, wo die Kaschmiris die Sachen herhaben. Wollhauben in allen erdenklichen Farben, Formen und Mustern, die Größe ist nebensächlich. Plüschmäntel im Leopardendesign oder in lila mit Puffärmeln, die besonders den Indern gut stehen. Einfach herrlich anzusehen!

Die Einheimischen sind mit ihren Wollmänteln auf alle Fälle besser ausgerüstet.

Wir wandern an einem Golfplatz vorbei, am Sahara Hotel und stehen dann vor einem kleinen Ski Resort, das als solches leicht zu erkennen ist, denn am Vorplatz liegt ein großer Haufen alter Ski. Die meisten sind von Atomic und Kneissl, doch fahren kann man mit diesen nicht mehr, es sind weder Kanten noch Belag vorhanden. Die Einheimischen verwenden sie als Zaunlatten auf dem Weg zum Eingang.

Wir marschieren in die „Global Ski Lodge", ein etwas rustikales Holzhaus, das einen ziemlich feuchten Eindruck macht. Der Geruch darin ist dementsprechend gewöhnungsbedürftig. Wir erkundigen uns nach den Schneeverhältnissen und der Wetterprognose. Beides ist nicht gut. Der Schnee ist weich, es hat bis in hohe Lagen geregnet. Außerdem ist die Gondel gestern aufgrund von Regen und Wind nicht gefahren. Besser wir kommen im Winter wieder. Im Jänner und Februar gibt es den besten Pulverschnee der Welt. Jetzt geht es nicht, es ist ja Sommer! „Where from you are?", fragt der junge Kaschmiri bevor wir gehen. „Austria", antworten wir zugleich. „Ah, Australia!"

Als wir uns der Gondelstation nähern, werden die Menschen immer mehr. Heute wollen wir nicht hinauffahren, man würde ohnehin nichts sehen. Aber am Informationsschild lesen wir, dass die Bahn ab 9 Uhr morgens in Betrieb ist. Gut zu wissen.

Obwohl unsere Kleidung ganz passabel ist, wird uns langsam kalt. Der Regen lässt auch nicht nach, also gehen wir lieber nach Hause. Wie schön, dass wir eine Heizung in unserem Reisewagen haben! Wir machen es uns gemütlich, trinken Tee und kochen uns eine Kleinigkeit. Draußen werden die Menschen immer mehr, es gibt ein Hupkonzert und einige Alarmanlagen sind losgegangen. Richtige Aufbruchsstimmung herrscht. Die indischen Touristen müssen zurück in ihre Hotels, entweder nach Gulmarg oder nach Srinagar. Zuvor müssen sie sich wieder erleichtern, das geht am besten hinter dem Bus, neben dem Bus oder noch besser neben unserem Lkw. Dabei habe ich sogar eine (!) Toilettenanlage gesehen. Nachdem diese aber kostenpflichtig ist, benutzt sie fast niemand. Tropfnass und durchgefroren steigen die Inder in die Busse, es dauert nicht lange und die Scheiben sind total angelaufen. Im Blindflug setzt sich die Kolonne in Bewegung und langsam kehrt etwas Ruhe am Parkplatz ein. Gut, dass es immer noch regnet, denn so wird der Urin und sonstige Dreck fortgeschwemmt.

Am nächsten Morgen haben wir ein Déjà-vu. Regen, Wolken, Unmengen von Touristen, Ponys, umtriebige Kaschmiris, Hupen und Geschrei. Die Gondel lassen wir links liegen und marschieren stattdessen auf einer Art Forststraße bis zu den ersten Schneefeldern. Wir sind natürlich nicht alleine, aber die Einzigen, die zu Fuß gehen. Alle anderen reiten, abgesehen von den Einheimischen, die die Pferde führen. Manche Ponys tun uns richtig leid. Obwohl sie kleinwüchsig und zart gebaut sind, müssen sie doch enorme Lasten schleppen.

Auf dem Schneefeld tummeln sich unzählige Touristen. Endlich können sie den Schnee hautnah erleben! Die Einheimischen haben schon gewartet, sie vermieten Schlitten und auch Skiausrüstung, die zwar etwas nostalgisch ist, doch in einem ganz guten Zustand: Kästle-Ski aus den 1960er-Jahren mit Marker Bindung und schwarze Lederskischuhe der Marke Humanic.

Viele Inder fragen uns, ob wir tatsächlich bis hierher zu Fuß gegangen sind. Immerhin sind es ja 6 Kilometer bis Gulmarg! Noch dazu bergauf. Und natürlich wollen sie wissen, woher wir kommen. Aus Österreich. Das kenne er sogar, meint ein Inder. Dort wohnen die meisten Deutschen! Aha, sehr interessant.

Die Inder aus dem Flachland haben hier richtig Spaß, ganz egal, wie alt sie sind. Bis zu vier Personen klettern auf einen Schlitten und sausen das schmutzige Schneefeld hinunter. Sie kugeln im Schnee rum, machen eine Schneeballschlacht, rutschen permanent aus und fotografieren sich pausenlos.

Und täglich grüßt das Murmeltier … Pünktlich um 7 Uhr kommen die vielen Busse und Pkw mit den indischen Touristen. Es wird laut gehupt, Ponys und Winterbekleidung werden vermietet und auf geht es zum Schneefeld oder zur Gondel. Diesmal sind wir auch dabei. Nachdem es 2 Tage lang gewittert und geregnet hat, ist der Himmel nun wie ausgeputzt. Es sieht traumhaft aus. Wir erblicken schneebedeckte Berge, saftige Wiesen, Blumen, kleine Seen und Wälder.

Sollen wir heute gleich die Tourenskiausrüstung mit zur Gondel nehmen? Oder zuerst die Lage sondieren? Wir entschließen uns für Letzteres. Und gut war es. Die Gondel fährt ab 9 Uhr. Um 8 Uhr sind wir bei der Liftkassa, die allerdings auch erst um 9 Uhr öffnet. Vor uns ist eine Schlange von rund 50 Personen, alles halb so wild. Doch es tut sich nichts. Keinen Meter kommen wir weiter, ganz im Gegenteil. Der Kartenverkauf beginnt, doch es sind nur Touristenführer und Agenten, die stapelweise Tickets kaufen. Wenn das so weiter geht, sind wir erst zu Mittag am Berg. Peter wird schon leicht ungehalten.

Ich tratsche in der Zwischenzeit mit den Indern, was nicht schwer ist, denn wir sind die einzigen nicht indischen Touristen hier. Dementsprechend neugierig sind die Urlauber. Aber um nicht immer die gleichen Fragen zu beantworten, drehe ich den Spieß um und frage sie aus. Eine Reisegruppe aus Bombay steht hinter uns – 40 Personen! Mit dem Zug sind sie von Bombay nach Amritsar und haben dort eine Nacht verbracht. Ob es recht heiß dort war, möchte ich wissen. Nein, nein, ein ganz angenehmes Klima, nicht heiß, nicht kalt, meint der junge Inder. Ich wäre in Amritsar fast gestorben vor Hitze! Wie sind denn momentan die Temperaturen in Bombay, frage ich. Zwischen 40 und 45 °C lautet die Antwort von Gavel, also genau das Gegenteil von Gulmarg.

Mit dem Bus ist die Reisegruppe nach Srinagar und weiter nach Sonamarg, wo sie einen Ausritt gemacht haben. Der junge Inder kommt so richtig in Fahrt, er erzählt mir aufgeregt die bisherige Reise. „Große Angst haben wir auf den Pferden gehabt, die Wege waren so rutschig, aber den Tieren kann man vollauf vertrauen. Es war so kalt gestern, wir haben fast nicht überlebt, so viel Regen, alles war nass! Für die Nomaden ist das kein Problem, für uns allerdings schon", sagt Gavel.

Gavel bedeutet „der Einzige" klärt mich der Inder auf. Ob er etwa ein Einzelkind wäre, möchte ich wissen. Er beginnt zu lachen und verneint. Einzigartig würde es besser treffen. Ich mag den kleinen, quirligen Inder. Den indischen Akzent, wenn er Englisch spricht, finde ich sehr lieb.

Die Menschen werden immer mehr, das Gehupe der Fahrzeuge auch und zwischen drin hört man immer die einheimischen, fliegenden Händler:

„Chai, coffee, chai, coffee! Chocolate, chocolate!" Dauernd drängen sich Männer vor, komischerweise müssen sie genau vor mir durchgehen. Die Einheimischen kaufen die Tickets in größeren Mengen und verkaufen sie dann gewinnbringend an die Touristen. Und das, obwohl es verboten ist. Das können wir überall auf den Schildern lesen. Auch Autowaschen im Bach ist verboten, trotzdem macht es jeder. Genauso verhält es sich mit der Müllentsorgung. Gavel klärt uns wieder auf: „Das ist eben Indien. Regeln werden gemacht, um gebrochen zu werden."

Mehr als eine Stunde stehen wir nun schon hier, Peters Geduld wird auf die Probe gestellt. Wir haben Glück, andere Touristen verkaufen uns zwei Karten bis zur Mittelstation. Noch dazu zum Normalpreis von 300 Rupien (4,30 Euro). Bis zur Bergstation sind keine erhältlich, diese muss man erneut kaufen und zwar auf der Mittelstation! Egal, Hauptsache wir kommen ein Stück hinauf, um zu sehen, ob wir unsere Tourenski am nächsten Tag einsetzen können. Jetzt müssen wir uns aber beeilen, denn das Ticket ist nur begrenzte Zeit gültig und so marschieren wir flotten Schrittes mit den anderen glücklichen Besitzern einer Liftkarte zu den Gondeln.

„The ride of your lifetime", lesen wir auf einem Schild in der Kabine. Haha! Stimmt, denn dieses Erlebnis werden wir sicher nie vergessen.

Kurz vor 10 Uhr sind wir bereits auf der Mittelstation, dort heißt es erneut anstellen. Vor uns sind in etwa 20 Leute, aber die Kassa sperrt erst um 10:30 Uhr auf. Es ist das erste Mal, dass wir uns fragen, ob denn alle verrückt geworden sind.

2 Stunden später stehe ich immer noch dort, mittlerweile sind aber schon 50 Menschen vor mir. Die Karten sind anscheinend an Führer verkauft worden und dementsprechend viele, laute Schreiduelle gibt es. Sogar die Polizei ist schon da, aber die Beamten sind nutzlos. War es anfangs noch witzig, die Touristen in der ausgeborgten Winterbekleidung zu betrachten, so ist mir der Spaß dann doch vergangen. Um 12:15 Uhr kapitulieren wir und picknicken auf einer Wiese ganz in der Nähe.

Peter erspäht etwas später einen Inder mit Funkgerät. Endlich ein Verantwortlicher, mit dem man reden kann! Der Mann erklärt uns, dass die Gondel bis zur Mittelstation eine Kapazität von 1.000 Menschen pro Stunde hat, bis zur Bergstation allerdings nur 700 pro Tag. Und bisher wurden schon 600 Karten verkauft, der Löwenanteil ging an Touristenführer. Das wissen die ahnungslosen indischen Urlauber, die seit Stunden an der Kasse stehen, alles noch nicht. Die meisten sind extrem geduldig, doch ein paar sind verärgert und grantig, weil sich ständig Personen vordrängen und einfach nichts weitergeht.

Peter sagt zu dem Verantwortlichen, dass die Lage aber ziemlich gefährlich werden könnte, wenn er verkündet, dass es keine Karten mehr gibt. Darauf meint der Manager, dass er deswegen schon die Polizei verständigt hat. Was sagt man dazu?

Ein einheimischer Führer spricht uns an und empfiehlt uns, im Winter wieder zu kommen. Dann gäbe es nämlich keine indischen Touristen, nur 300 bis 400 Ausländer täglich. Alles ginge viel schneller und es gäbe traumhaften Pulverschnee mit einer 17 Kilometer langen Abfahrt. Die Gondel würde schon um 8 Uhr in Betrieb sein und um 9 Uhr wäre man bereits auf der Bergstation.

Der nächste Führer behauptet, dass wir um 9:30 Uhr am Berg wären, ein anderer um 10 Uhr, sofern es natürlich nicht stürmisch ist oder ein Gewitter anzieht oder Ähnliches. Komisch, am Schild neben der Liftkassa habe ich gelesen, dass die Gondel im Winter erst um 11 Uhr von der Mittelstation losfährt. Wir fragen genauer nach, denn wir überlegen wirklich, im Winter zum Skifahren herzukommen. Ein älterer Kaschmiri erzählt uns, dass man mit einer organisierten Tour früher auf den Berg darf. Nebenbei erwähnt er häufige Stromausfälle, schlechte Sicht und Wetterkapriolen im Winter. Das klingt alles nicht sehr verlockend. Unsere anfängliche Euphorie ist verflogen. Abgesehen davon, dass wir einfliegen müssten – die Straße von Jammu nach Srinagar ist im Winter gesperrt – bräuchten wir natürlich auch eine Unterkunft und Vollverpflegung. Nach den paar Gästehäusern oder Hotels, die wir bisher in Gulmarg gesehen haben, sind wir, was den Komfort anbelangt, ein bisschen skeptisch. Und was, wenn die Gondel aufgrund von Schlechtwetter, Stromausfall etc. ein paar Tage nicht fährt? Oder wir es erst am Nachmittag auf den Berg schaffen würden? Nein, nein. Da gehen wir lieber in Europa Ski fahren.

Der nächste Führer pirscht sich an. Warum wir nicht jetzt Ski fahren würden, möchte er wissen. Ganz einfach, bis wir am Berg oben sind, ist es mit viel Glück Mittag und bis dahin ist der Schnee butterweich, von Firn keine Spur. Wie schaut es eigentlich mit Skitouren aus, fragen wir ihn. Die Auskunft ist eher vage, Karten gibt es keine genauen und außerdem müssten wir dafür im Winter wiederkommen. Dabei lacht der sogenannte „sunshine mountain" mit einer dicken Schneedecke zu uns herüber. Echt schade.

Bevor wir uns wieder anstellen, um mit der Gondel hinunter zu fahren, gehen wir lieber zu Fuß. Die Skitouren haben wir abgeschrieben. Wir kommen an niedrigen Blockhäusern mit begrüntem Flachdach vorbei. Wunderschön und unauffällig schmiegen sie sich in die tolle Gebirgslandschaft. Einige Frauen sind gerade dabei, die Fassade mit Lehm zu verputzen. Bei manchen Hütten ist die Fassade sogar bemalt, in Weiß- und Erdtönen, die Muster erinnern uns an westafrikanische Malereien.
Der Weg verläuft mehr oder weniger unterhalb der Gondelbahn. Unterwegs treffen wir einige Inder, die uns stark schnaufend entgegen kommen. Sie wandern zur Mittelstation, weil seit 12 Uhr keine Karten mehr bei der Liftkassa verkauft werden. Wir muntern sie ein bisschen auf und sagen ihnen, dass es nicht mehr weit ist.
Wir schauen in die aufwärtsfahrenden Gondeln, in denen laut Manager immer sechs Personen sitzen, sehen aber nur maximal vier pro Gondel. Das erklärt auch die immense Schlange an der Kasse im Tal. Ob die Leute, die sich hier anstellen, wissen, dass es keine Karten mehr gibt? Das ist alles so unglaublich! Aber das ist eben Indien.
Es gefällt uns so gut in Gulmarg, dass wir noch bleiben. Zum Wandern ist es herrlich hier. Noch dazu sind wir die Einzigen! Die indischen Touristen bevorzugen die Gondelbahn oder die Ponys. Das Panorama ist unglaublich schön, überall sind schneebedeckte Berge und wir sind uns auch ziemlich sicher, dass wir den Nanga Parbat sehen können. Gulmarg liegt auf 2.700 Meter Seehöhe, die Mittelstation der 2005 von den Franzosen erbauten Bahn auf 3.045 und die Bergstation auf knapp 4.000 Meter. Schnee liegt bis auf etwa 3.100 Meter, dort wollen die indischen Urlauber wieder hin! Wir

halten uns abseits, picknicken auf einer Wiese, die mit Blumen übersät ist: Gänseblümchen, Vergissmeinnicht, Glockenblumen, Hahnenfuß. Und herrlich ruhig ist es hier!

Für den Abstieg wählen wir eine andere Route und hier ist es schon wieder vorbei mit der Ruhe. Auf einem kleinen Aussichtsplateau haben die Kaschmiris ein paar Restaurants aufgebaut. Einen Architekturpreis gewinnen sie damit nicht, aber funktionstüchtig sind sie. Für die Konstruktion haben sie alle möglichen Materialien verwendet, in erster Linie Wellblech, Plastikplanen, Seile und Holz. Die Sitzgelegenheit für die Urlauber besteht aus Plastikstühlen, die um einen Plastiktisch aufgestellt sind, auf dem ein Plastiktischtuch liegt und worauf in einer Blechdose Plastikblumen stehen. Richtig stilvoll!

Die Inder treten auch hier in Massen auf, eine richtige Karawane kommt aus dem Tal herauf. Es müssen mehrere hundert Ponys sein, die hier tagtäglich die Urlauber von Gulmarg auf ihrem Rücken tragen. Der Pfad ist dermaßen ausgetreten und noch dazu schlammig, dass es für die meisten sicher besser ist, wenn sie reiten. Zu Fuß gehen nur die Einheimischen, die die Pferde führen.

Bewegung an der frischen Luft macht bekanntlich hungrig, auch wenn man nur ein paar Stunden auf einem Pferderücken sitzt. Die Restaurantbesitzer reiben sich schon die Hände. Interessant zu beobachten ist, dass die Urlauber sehr viel ungesundes Essen zu sich nehmen: Chips, Knabberzeug, Zuckerlimonaden, extrem süßen Tee, Fertignudelsuppen etc. Doch wenn ich darüber nachdenke, so ist es in Österreich ja auch nicht viel anders: Wenn man schon einmal im Urlaub ist, so will man sich ja auch etwas gönnen. Nutella zum Frühstück, ein Stück Torte zwischendurch, zum Abendessen ein Schnitzel und ein Cola dazu und vor dem Fernseher noch eine Packung Erdnüsse. Was mich aber auch interessiert, das sind die Küchen. Als ich eine betrete, lande ich in einer reinen Männerwelt. Rund um einen selbst gebauten Lehmofen stehen drei ältere Kaschmiris und kochen Tee, Nudeln, Reis und Linsen. Ein Mann befeuert den Ofen mit Holz, darüber liegt eine Eisenplatte mit zwei runden Löchern und darauf stehen rußgeschwärzte Töpfe und Pfannen. An der Wand stehen ein paar selbstgezimmerte, rustikale Holzregale und das war's auch schon. Unglaublich, was die Männer hier auf engstem Raum und mit primitiven Mitteln vollbringen.

4 Tage später sind wir immer noch in Gulmarg. Peter hat sich eine ordentliche Verkühlung zugezogen und jetzt, wo er wieder halbwegs gesund ist, hat es mich erwischt: Kopfweh, Halsweh und ein angehender Schnupfen. Das kann ich gar nicht brauchen! Langsam reicht es, zuerst haben wir uns in Pakistan den Magen und Darmtrakt ordentlich beleidigt und nun ein weiteres Mal, hier in Gulmarg. Das Kaschmiri-Brot war schuld, es hat gar nicht so schlecht geschmeckt, ein bisschen, als wäre es geräuchert. Doch es dürfte durch zu viele Kaschmiri-Hände gegangen sein. Mit der Lebensmittelhygiene nehmen sie es hier nicht so genau. Immer noch habe ich Bauchkrämpfe, Blähungen und Durchfall. Der arme Peter!

Unser Parkplatz ist noch derselbe, gleich neben der Straße bei den Restaurants. Peter arbeitet gerade am August, er tauscht den Dieselfilter und schmiert das Fahrzeug ab. Ich gehe ein bisschen frische Luft schnappen und fotografieren. Der 500ste Suzuki Maruti fährt heute schon an unserem Lkw vorbei. Er wird langsamer, der Fahrer verrenkt sich fast das Genick vor lauter Schauen, einige Meter hinter unserem Fahrzeug bleibt er dann doch stehen. Zwei junge Männer steigen aus und fragen: „Was ist das??" „Ein Lkw, das sieht man doch", lautet meine Antwort. Sie gehen mit großen Augen an uns vorbei und das nächste, was sie machen, ist, einfach die Beifahrertüre zu öffnen. Ja hat man da noch Worte! Wir stehen keine 2 Meter daneben, wie dreist ist denn das!

Dumm für sie, dass zugesperrt war. Ich war so baff, dass ich gar kein Wort herausgebracht habe. Die zwei Inder haben sich entschuldigt, doch ich bin mir sicher, dass sie es das nächste Mal nicht anders machen würden.

Schnell stellen wir fest, dass die Inder zu den neugierigsten Menschen der Welt gehören. Egal, wo wir stehen bleiben, es dauert nicht lange und einige erklimmen August, sind fasziniert, dass das Lenkrad auf der linken Seite ist und bemerken jedes Detail. Nur zu gern würden sie ALLE in den Aufbau reinschauen. Liebe Inder, wäret ihr nur nicht so viele! Sie betteln wie kleine Kinder, nur um einen Blick in unser Haus zu werfen. Wenn wir ihnen erklären, dass es nicht möglich sei, kommen sie mit allen erdenklichen Argumenten, wie z. B.: „Aber ich bin doch Arzt!". Es ist witzig und anstrengend zugleich. Entzückend sind auch die Fragen vieler Kaschmiris: „Darf ich reinschauen?" Fragen wird man doch noch dürfen ... Nachdem jeden Tag Hunderte Inder auf unseren August hinaufkraxeln, um einen Blick ins Führerhaus werfen zu können, schreibt Peter einen äußerst netten Zettel, den er auf die Fahrertüre klebt. Darauf steht: No climbing! Please. Only monkeys climb on cars. Look with your eyes not with your hands. Thank you. Der Zettel bringt aber nichts. Wir müssen uns eben daran gewöhnen. Jedoch ist es äußerst lästig, wenn wir krank im Bett liegen und unser Lkw dauernd wackelt. Zuvor wird natürlich noch alles abgeklopft und angegriffen: Die Sandbleche, die Boje, der Tank und natürlich der Aufbau. Dass alles laut kommentiert werden muss, versteht sich von selbst. Das kann ja noch lustig werden, denn bisher haben wir erst einen Bruchteil der indischen Bevölkerung kennengelernt.

Wir beschließen, einen anderen Parkplatz zu suchen und werden fündig. Zwar führt hier auch eine Straße vorbei, aber sie ist nicht so stark befahren. Es ist viel ruhiger hier, wir hören Vogelgezwitscher, beobachten unzählige Schmetterlinge, genießen den Wald um uns herum und den Blick auf die schneebedeckten Berge.

Das Mittagessen nehmen wir in unserem Fahrzeug ein. Aus dem Nichts taucht ein indischer Tourist auf. Wir grüßen aus dem Fenster, essen weiter und ignorieren den Mann. Das nächste, was wir hören, sind Schritte auf der Treppe und wie die Türschnalle mehrmals nach unten gedrückt wird. „Oh, es ist ja zugesperrt!", ruft der Inder erstaunt aus. „Kann ich reinkommen?" Als wir verneinen und das Lachen dabei unterdrücken, geht er genauso schnell, wie er gekommen ist.

Kurz darauf bleibt ein Auto stehen. Zwei Männer steigen aus, gehen an Peter vorbei, der gerade die Abflussrohre reinigt. Direkt vor unserer Türe bleiben sie stehen und starren hinein. Ich sitze neben dem Lkw und frage, ob ich ihnen helfen kann. „Nein", lautet die knappe Antwort. „Wollt ihr nur schauen?", frage ich weiter. „Ja", sagen die beiden unisono. Darauf mischt sich Peter ein: „Na gut, dann schaut!" Ganz schön cool sind wir schon geworden.

Am späten Nachmittag kommt ein alter Kaschmiri mit weißem Vollbart, der ein Pferd am Zügel führt. Er setzt sich ein Stück entfernt in die Wiese und schaut. Ich lese, Peter arbeitet. Wir bemerken ihn erst wieder, als er seinem Pferd im Bach den Kopf wäscht, was diesem gar nicht gefällt. Danach geht er in den Wald, einen schmalen Pfad entlang. Bevor er endgültig verschwindet, ruft er uns zu: „Ich gehe nach Hause! In mein Dorf." Dabei zeigt er in den Wald und bedeutet uns, mitzukommen. Wie unglaublich nett ist denn das?? Unter den vielen einheimischen Touristenführern und Pferdevermietern sind viele Gauner, aber eben auch ein paar sehr liebe Menschen.

Jetzt sitzen drei Kaschmiris auf der Böschung und schauen. Das tue ich auch. Ich bemerke einige Parallelen zu den Amharen in Äthiopien. Der Geruch ist ähnlich, die Menschen riechen nach Rauch und etwas, das ich nicht definieren kann. Beide haben gerne einen Stock mit dabei. Anstatt der Wolldecke tragen die Bewohner von Kaschmir dünne Wollmäntel. Beide Völker sind extrem abgehärtet, denn die Winter sind hart, die Kleidung für meine Begriffe nicht ausreichend und die Häuser bzw. Hütten nicht beheizt und relativ ungemütlich. Sowohl die Amharen, als auch die Kaschmiris züchten Pferde als Reit- und Lasttiere, doch die Reitkünste selbst sind eine andere Geschichte.

Einige Kaschmiris faszinieren mich ganz besonders, nicht weil sie auffallend schön sind, sondern weil sie eine gewaltige Ausstrahlung haben, eine Ruhe und Zufriedenheit. Wie z. B. Fayaz, mit dem wir gemeinsam mit dem Schottergrubenbesitzer Umar im Dorf Wussan Tee getrunken haben. Peter fand ihn genauso besonders und einzigartig wie ich. Und wir waren mit ihm auf einer Wellenlänge, die Verabschiedung war sehr herzlich, er legte seine rechte Hand aufs Herz.

Von Umar haben wir auch erfahren, dass die Kaschmiris von den Persern und Zentralasiaten abstammen (Kirgisen, Tadjiken, Turkmenen und Usbeken). Das finde ich sehr interessant. Daraufhin habe ich mir die Gesichter nochmals genauer angesehen, die meisten sind wirklich sehr ausdrucksstark. Eine kräftige, lange Nase, hervorstehende Backenknochen, manchmal wunderschöne grüne oder grün-grau-braune Augen, immer ein kräftiger Bartwuchs und zumeist dichtes, schwarzes Haar. Ihr Teint deckt alle Arten von Brauntönen ab, die Haut ist verwittert, sie sehen alle älter aus, als sie tatsächlich sind. Oft verwenden die Männer auch Henna, um die ergrauten Haare und den Bart zu färben. Die Farbe der Lippen variiert sehr stark, manchmal ist sie extrem dunkel.

Als die Sonne langsam hinter den riesigen Pinien versinkt, sind wir alleine. Ganz still ist es um uns herum, wir genießen die letzten Sonnenstrahlen und den wunderbaren Geruch des Waldes. Wieder geht ein schöner Tag zu Ende und morgen kommt schon der nächste.

Nach knappen 2 Wochen lassen wir Gulmarg hinter uns. Auf dem Weg nach Srinagar machen wir wieder einen Stopp im Dorf Wussan. Genauer gesagt im Geschäft und Teehaus von Fayaz, dem sympathischen Kaschmiri, den wir durch Umar kennengelernt haben. Er freut sich sehr, uns zu sehen – uns geht es genauso. Wir schlürfen heißen Tee aus Plastikbechern und plaudern entspannt. Er ist ein sehr intelligenter Mann, er weiß, was in der Weltgeschichte passiert und hat gute Ansichten. Selten habe ich einen Mann kennengelernt, der solch eine Ruhe ausstrahlt. Er zieht uns richtig in seinen Bann. Fayaz zeigt uns sein Teehaus, das er gemeinsam mit seinem Bruder betreibt. Im Nebenzimmer sehen wir einen Kangri, diesen speziellen, portablen Lehmofen. Fayaz zeigt und erklärt uns genau, wie sich die Einheimischen damit im Winter warmhalten. Je nach Qualität der Kohle bleibt der Ofen bis zu 6 Stunden warm. Man stellt ihn entweder unter den Wollmantel, unters Bett oder man hält ihn in der Hand, wenn man unterwegs ist. Bis auf kleine Kinder haben alle Kaschmiris einen solchen Kangri. Eigentlich eine wirklich gute Idee, dass man immer nur jenen Bereich heizt oder warm hält, den man unmittelbar braucht. Auf alle Fälle energiesparend. Trotzdem muss ich an zu Hause denken, an den knisternden Holzofen im Winter, der im ganzen Raum wohlige Wärme spendet.

Stundenlang oder besser gesagt tagelang könnte ich diesem Mann zuhören, der uns auch erzählt, dass ein Teil seiner Familie im heutigen Pakistan lebt. Denn die Landesgrenzen wurden willkürlich gezogen und sind immer noch umstritten.

Großbritannien entließ Indien und Pakistan 1947 in die Unabhängigkeit, doch pakistanische Freischärler sickerten in Kaschmir ein, um den Anschluss des vorwiegend muslimischen Landes an Pakistan voranzutreiben. Der damalige Herrscher Singh erklärte daraufhin den Anschluss Kaschmirs an Indien und rief indische Truppen zur Hilfe, wodurch es zum ersten indisch-pakistanischen Krieg kam. 1949 gab es schließlich Waffenstillstand, Kaschmir wurde geteilt und eine Waffenstillstandslinie festgelegt, die heute noch die Grenze zwischen den beiden Staaten darstellt. Ein Drittel von Kaschmir wird von Pakistan kontrolliert, der Großteil allerdings von Indien. 1962 verlor Indien einen kleinen Teil von Kaschmir an China.

1965 wurde Kaschmir erneut von Pakistan angegriffen, was zum zweiten indisch-pakistanischen Krieg führte. Die Stimmen nach einem unabhängigen Kaschmir wurden immer lauter. Die Region wurde zu einem permanenten Unruheherd. Als die indische Regierung die Teilautonomie der Provinz aufhob, war die Katastrophe perfekt. Innerhalb kürzester Zeit wurde die boomende Touristenregion zum Bürgerkriegsgebiet. Der Terror erreichte 1990 einen Höhepunkt. Bombenanschläge, Mord und Entführungen standen an der Tagesordnung.

Danach verstärkten Indien und Pakistan ihre Truppen an den Grenzen. Entlang der 720 km langen Waffenstillstandslinie standen sich etwa 125.000 indische Soldaten und ähnlich viele Angehörige der pakistanischen Armee gegenüber. 1999 kam es zum Kargil-Krieg, einem Grenzkrieg im Hochgebirge an der Nordgrenze. Seitdem ist es in Kaschmir zwar wieder ruhiger geworden, aber die Situation ist dennoch angespannt. Immer wieder kommt es zu Massendemonstrationen und Auseinandersetzungen von Radikalen mit der Polizei, die zahlreiche Todesopfer fordern. Die Ansprüche der verschiedenen Gruppierungen in Kaschmir reichen von mehr Autonomie, über ein unabhängiges Kaschmir bis hin zu einem Anschluss an Pakistan. Die Touristenzahlen steigen wieder jährlich, obwohl es laut Auswärtigem Amt mit der Ausnahme von Ladakh eine partielle Reisewarnung für Kaschmir gibt.

Die absurdeste Geschichte, was Grenzstreitigkeiten und Kriege anbelangt, ist aber die des Siachen-Gletschers in Kaschmir. Es ist das höchstgelegene Schlachtfeld der Welt.

Experten schätzen, dass Indien rund 5.000 Soldaten und Pakistan rund 2.500 Soldaten auf dem Siachen stationiert haben. Bevor die Truppen dort auf rund 4.500 Meter Höhe Posten bezogen, war der Siachen, der übersetzt „Platz der Rosen" heißt, unbewohnt. Der unzugängliche, 77 Kilometer lange Gletscher liegt quer über der Waffenstillstandslinie, die den indischen vom pakistanischen Teil Kaschmirs trennt. Der höchste Punkt liegt 6.600 Meter über dem Meeresspiegel.

Bisher sind nur rund 150 Mann auf beiden Seiten im Kampf gefallen, aber fast 9.000 auf andere Weise ums Leben gekommen. Die Männer erfrieren, sterben in Lawinen oder werden von verheerenden Eisstürmen in Gletscherspalten geschleudert. Die Wintertemperaturen in diesem unwirtlichen Gelände fallen auf bis zu -50 °C. Schneestürme entwickeln Stärken von bis zu 300 km/h. Im Schnitt stirbt alle 3 Tage ein pakistanischer Soldat auf dem Siachen, auf indischer Seite gibt es sogar jeden zweiten Tag ein Opfer.

Obwohl der Siachen-Einsatz den Nuklearmächten Indien und Pakistan Unsummen kostet, will keines der beiden Länder seine Truppen zurückziehen und das Feld dem Gegner überlassen. Jeder Zentimeter zählt. Indien, so schätzen Verteidigungsexperten, gibt am Tag über 40 Millionen Rupien für den Einsatz aus, das sind umgerechnet über 500.000 Euro. Pakistan zahlt täglich rund ein Viertel davon.

Wir machen ein Abschiedsfoto von uns allen und versprechen, es Fayaz zukommen zu lassen. Da fällt uns ein, dass wir noch ein Bild von uns beiden in österreichischer Tracht dabei haben. Wir schenken es Fayaz, der es sofort im Teehaus aufhängt. Plötzlich verschwindet sein Bruder Mustak. Minuten später taucht er wieder auf mit einem Foto in seinen großen Händen, es zeigt ihn als Skifahrer in Gulmarg. Und nun gehört es uns. Fayaz ist beim Abschied den Tränen nahe, so einen Mann kann man einfach nur mögen!

Und schon sind wir wieder in Srinagar. Wo sollen wir bloß parken und nächtigen? Jeder Zentimeter wird hier genutzt, für den Verkehr, für Geschäfte, Restaurants, fliegende Händler, Tierherden. Schließlich landen wir auf einem öffentlichen und kostenpflichtigen Parkplatz am Ufer des Dal-Sees.

Das Gelände ist übersät mit Wasserlachen, kleinen Schlammteichen, Müll und Exkrementen. Aber wir finden nichts Anderes. Wir spazieren gleich zum See, der sich im Zentrum der Stadt befindet. Glatt und dunkel liegt er vor uns, umrahmt von Bergen, von einigen strahlt eine weiße Schneekuppe zu uns herüber. Das Ufer ist gesäumt von wunderschönen, hölzernen Hausbooten. Die englischen Kolonialherren durften in Kaschmir kein Land erwerben. Nachdem das Klima hier aber so angenehm war, wollten sie sich ansiedeln – zumindest in der heißesten Jahreszeit. Und so kamen sie auf die Idee, Hausboote in den See zu stellen. Sehr schlau! Eines ist schöner als das andere. Dicht liegen sie nebeneinander, die geräumigen Veranden sind mit Holzschnitzereien verziert. Manche der Hausboote wirken wie Paläste.

Um einen besseren Überblick zu bekommen, nehmen wir uns eine Shikara, ein Wassertaxi, das einer venezianischen Gondel ähnelt. Die hölzernen Langboote sind bunt bemalt, haben einen Baldachin und Vorhänge, die man zuziehen kann, sollte die Sonne blenden oder ein bisschen Privatsphäre gewünscht sein. Ausgelegt mit Pölstern und Matratzen sind diese Boote äußerst bequem. Wie die Prinzessin auf der Erbse liege ich in der Abendsonne in der Shikara und lasse mich mit leisen Paddelschlägen auf dem See herum rudern. Wir lehnen uns beide zurück und genießen die Stimmung, bewundern die Hausboote auf diesem See, der inmitten einer wunderschönen Bergkulisse liegt. Wir fühlen uns fast wie ein Königspaar.
In Ufernähe herrscht reger Betrieb. Viele indische Touristen sind mit dem Wassertaxi unterwegs, entweder zu ihren Unterkünften, den gemieteten Hausbooten, oder so wie wir, nur zum Vergnügen. Zahlreiche Händler halten Ausschau nach Touristen, verkaufen von ihren Booten aus Getränke, Knabberzeug, Stoffe, Schmuck, Safran und Blumen. Einige preisen Fotoshootings in traditioneller Kaschmiri-Kleidung an. Unser Fährmann sticht gleichmäßig mit dem herzförmigen Paddel in das Wasser, nahezu geräuschlos gleiten wir an den Hausbooten vorbei, die teilweise witzige Namen tragen, wie z. B.: Almost Heaven Deluxe, Rolex, Sansouci, Buckingham Palace, New Lucky Flower oder New Australia. Von ihm erfahren wir auch, dass mehr als 1.200 Hausboote am Dal-See und auf dem kleineren Na-

geen-See liegen. Wahnsinn! Gerne möchten wir eines davon besichtigen. Kaum haben wir unseren Wunsch geäußert, legt der Fährmann auch schon bei einem an. Wir klettern auf die geräumige Veranda des Hausbootes, die aufwendig mit Holzschnitzereien verziert ist. Als wir eintreten, haben wir den Eindruck, in einem Palast gelandet zu sein. Kostbare Teppiche liegen auf den Böden, ein schwerer Kronleuchter hängt von der holzvertäfelten Decke, dicke Polstermöbel und ein reich verzierter Tisch mit sechs Stühlen befinden sich im ersten Raum. Dahinter sind zwei Schlafzimmer mit allen sanitären Einrichtungen. Natürlich im britischen Kolonialstil, das versteht sich von selbst. Wir sind wirklich beeindruckt.

Zurück in der Shikara lassen wir uns wieder Richtung Uferpromenade rudern und genießen vom See aus einen herrlichen Sonnenuntergang.

Aber auch in der Dunkelheit machen die Hausboote etwas her. Sie leuchten in allen erdenklichen Farben, eines schöner als das andere. Wir sind so begeistert vom See und den Booten, dass wir beschließen am nächsten Morgen gleich wieder ein Wassertaxi zu mieten. Die Preisverhandlungen sind etwas zäh, doch mit genug Ausdauer und Verhandlungsgeschick erzielen wir einen Betrag, der für alle Beteiligten in Ordnung ist. Diesmal wollen wir auch zu den schwimmenden Gärten. Der Fährmann bahnt sich einen Weg zwischen den Hausbooten hindurch. Je weiter wir uns von der Uferpromenade entfernen, umso weniger Händler sehen wir, die auf Touristenfang sind. Die kolonialen Hausboote weichen schwimmenden Geschäften, wo man zum Einkaufen anlegt. Nicht überall muss man aussteigen, die Menschen rufen den Verkäufern einfach zu, was sie brauchen und diese liefern die Ware ins Boot.

Wir sind in einem Labyrinth aus lauter kleinen Wasserwegen, die Orientierung haben wir längst verloren. Ist uns aber auch egal. Wir beobachten das alltägliche Leben der Einheimischen. Immer mehr Pfahlbauten tauchen auf und dann auch richtige Häuser aus Ziegeln. Frauen waschen die Wäsche am Ufer oder bestellen ihre Gemüsegärten. Händler sind mit flachen Holzbooten unterwegs und verkaufen ihre Ware direkt vom Boot aus. Riesige Berge von Kohlrabi und Karfiol sehen wir auf den Booten, ganz vorne sitzen die Kaschmiris im Schneidersitz und stechen das Paddel sanft ins Wasser. Das Ufer ist gesäumt von großen Weidenbäumen, das Vogelgezwitscher ist so laut, dass wir kaum miteinander reden können.

Die Holzboote sind das Fortbewegungsmittel Nummer eins, jeder nutzt sie, um in die Arbeit oder die Schule zu kommen, um Waren, Holz oder Dung zu transportieren oder um Besorgungen zu machen. Sowohl Männer als auch Frauen sind unterwegs und sie sind alle äußerst geschickt im Umgang mit den Booten.

Wir genießen die Ruhe sehr, denn es gibt hier kein lautes Hupen, keinen Verkehrsstau und kein lautes Geschrei. Wie im Paradies fühlen wir uns. Zumindest bis zu dem Zeitpunkt, als wir wieder am Ausgangspunkt, an der Promenade anlegen. Das Verkehrschaos hat uns wieder. Wir machen uns auf den Weg in das Stadtzentrum. Srinagar ist lebendig und geschäftig. Viele alte Kolonialgebäude haben schon bessere Zeiten gesehen, sie sind dem Verfall preisgegeben. Die schönen, hölzernen Veranden und Erker sind desolat, die Farbe blättert ab und manche Fensterflügel hängen etwas schief im Rahmen, schauen so aus, als könnten sie jeden Moment herunterfallen. Wo die alten Gebäude zusammengebrochen oder verschwunden sind, sind neue entstanden. Zweckbauten aus Beton und Ziegeln mit Wellblechverkleidungen. Ein bunter Mix eben.

Wir haben eine Mission heute. Wir brauchen beide eine Regenjacke, einen Wanderführer für Kaschmir und auch Ladakh und ich noch eine neue Jeans. Ein Geschäft reiht sich neben das andere, aber Outdoor- oder Wanderbekleidung gibt es nirgends. Schließlich landen wir in der Residency Road. Wir erkennen die breite Allee wieder, die zur Hälfte mit Verkaufsständen für den Verkehr gesperrt ist. Vor ein paar Wochen musste sich unser Reisewagen hier mühsam einen Weg durch die Stände bahnen. Auf niedrigen Betten und hölzernen Handkarren stapeln sich die Waren. In erster Linie Decken, Pölster, Schlafsäcke und Kleidung. Die Kaschmiris wühlen sich durch das Warenangebot. Ich auch und ich werde fündig, eine Jeanslatzhose hat es mir angetan, der Zustand ist gut, der Preis verhandelbar. Auch zwei Regenjacken finden wir, alles andere als atmungsaktiv, aber besser als nichts. Wir finden einen Wanderführer für ganz Kaschmir, drucken die

Fotos aus, die wir von Fayaz gemacht haben und schlendern zufrieden in Richtung unseres Fahrzeuges.

Eines haben wir noch vergessen, nämlich uns zu erkundigen, ob es irgendwo Bier zu kaufen gibt. Srinagar ist zwar mehrheitlich muslimisch, aber nachdem viele Touristen hier sind, muss es doch ein Geschäft mit Alkoholika geben. Nachdem wir mehrmals in Hotels und Restaurants gefragt haben, sind wir gescheiter geworden. Es gibt tatsächlich einen Laden, wenn auch nur einen einzigen in ganz Srinagar. Ein schmaler Weg führt uns in einen Hinterhof, auf dem sich einige betrunkene Männer tummeln. Das Geschäft selbst kann man nicht betreten, man sagt dem Verkäufer hinter dem vergitterten Fenster, was man gerne möchte. Das Gedränge ist groß, die Situation eigenartig. Wir kommen uns vor, als ob wir etwas Verbotenes, etwas Illegales machen. Die Stimmung ist aggressiv. Fast vergeht uns schon die Lust auf den Gerstensaft, wir fühlen uns wie Alkoholiker. Schnell kaufen wir ein paar Flaschen Bier und verlassen diesen Ort der „Sünde".

Am Abend haben wir eine Verabredung mit Umar, dem jungen Schottergrubenbesitzer, den wir vor rund 2 Wochen im Dorf Wussan getroffen haben. Er kommt mit drei Freunden in das Kaffeehaus, wo wir uns im Garten niederlassen und Tee bestellen. Umar ist westlich gekleidet, seine Freunde – alle Studenten – traditionell kaschmirisch in Pluderhosen und Kurtas, knielange, weit geschnittene Hemden. Rasch entsteht eine interessante, wirtschaftsorientierte Diskussion über Österreich und Indien bzw. Kaschmir. Peter ist der Hauptreferent, Umar und seine Freunde lauschen aufmerksam seinen Ausführungen über die wirtschaftliche und finanzielle Lage in Europa und das Steuersystem. Immer wieder greifen die Kaschmiris politische Themen auf. Doch über Politik reden wir nicht gerne, versuchen es eigentlich immer zu vermeiden. Die Studenten sind Patrioten, wollen ein unabhängiges Kaschmir. Wie sie sich das genau vorstellen, fragen wir sie. Ob sie wirtschaftlich eine Verbesserung sehen, wenn sich Kaschmir von Indien abspaltet, wollen wir wissen. Konkrete Vorstellungen haben die jungen Männer keine, Hauptsache Kaschmir wird ein eigener Staat. Wir sind etwas überrascht, denn die vier wirken auf uns sehr gebildet.

Plötzlich sagt einer von ihnen, dass sie nun gehen müssen. Es ist erst 21:30 Uhr, deswegen frage ich nach dem Grund. Die Antwort lautet: „Weil das eben Kaschmir ist." Ich weiß nicht recht, was ich denken soll. Mein Sitznachbar meint, dass sogar schon seine Mutter angerufen hätte. Ich habe das Gefühl, dass sie mich verarschen wollen, denn die jungen Männer sind zwischen 21 und 23 Jahre alt. Glücklicherweise unterdrücke ich einen Lacher, denn es ist ihr voller Ernst. Andere Länder, andere Sitten. Und so verabschieden wir uns von den Jungs, die alle 10 Jahre älter aussehen, als sie sind. Umar übergeben wir die Fotos und bitten ihn, sie an Fayaz weiterzuleiten.

Der Hunger treibt uns in eine geschäftige Dhaba, ein indisches Restaurant. Erstmalig probieren wir ein Masala Dosa, eine Art Palatschinke mit Erdäpfelfülle, zu der es scharfe Soßen gibt. Ich bin neugierig, möchte wissen, wie man diese Speise zubereitet und schaue dem jungen Koch genau zu. Nachdem er etwas nervös wird und das zweite Dosa misslingt und somit im Mistkübel landet, wende ich mich ab, um ihn nicht weiter zu verunsichern. Leider bekommen wir keinen Platz im Restaurant und so schneidet der junge Koch das Masala Dosa in Stücke und packt es in Alufolie. Wir essen im Stehen und sind vom Geschmack wirklich begeistert.

Müde und satt erreichen wir unseren Lkw und gehen gleich ins Bett. Ich schlafe diese Nacht so gut, dass ich nicht einmal bemerke, wie Peter schleunigst über mich drüber kraxelt und das Abendessen als Suppe in unserem Campingklo landet. Ewig schade!

Am nächsten Morgen ist es Zeit für uns, Srinagar zu verlassen. Am Ufer des Dal-Sees im Nordosten der Stadt liegen prachtvolle Gartenanlagen aus der Zeit der Mogule. Zumindest einen wollen wir uns ansehen, den Shalimar-Bagh. Die Gärten sind terrassenförmig an den Hängen der Hügel angelegt und führen bis zum Ufer des Sees. Paradiesisch ist diese große Parkanlage, alte Bäume bilden schattige Alleen, Wasserläufe sind von bunten Blumen umrahmt, kunstvoll getrimmte Hecken schmiegen sich an Springbrunnen, die leise vor sich hinplätschern und die Rosenbeete erstrahlen in voller Pracht.

Der Shalimar-Bagh ist extrem beliebt bei den Indern. Viele indische Touristen sind hier unterwegs, Familien picknicken im Schatten der Bäume und posieren vor den Springbrunnen. Paare liegen im Gras und werfen sich verliebte Blicke zu. Der Garten dürfte eine besondere Stimmung ausstrahlen, denn immerhin wurde er von Jahangir, einem Mogulherrscher, für seine Frau errichtet. Eine Hommage an die Liebe. Das spüren anscheinend viele junge Paare. Dazwischen kommen uns Gruppen von einheimischen Schülerinnen und Studentinnen entgegen, mit großen, weißen oder schwarzen Kopftüchern verhüllt. Genauso bunt wie die Blumen, sind auch die vielen verschiedenen Menschen hier.

Mit dem Shalimar-Bagh lassen wir nun auch Srinagar endgültig hinter uns. Keine 40 Kilometer weiter finden wir einen tollen Nächtigungsplatz. Unglaublich ruhig ist es hier. Wir hören die Grillen zirpen, den Sind-Fluss rauschen und das Lagerfeuer der Nomaden auf der anderen Flussseite knacken. Der Mond ist fast voll und die Luft angenehm kühl. Wir blicken in den wunderschönen Nachthimmel, freuen uns, auf dem Land und auch endlich wieder einmal alleine zu sein.

Eine befestigte Piste entlang des Wangath-Flusses führt in das Dorf Naranag. Auf der ganzen Strecke begegnen wir nur drei anderen Fahrzeugen. Das ist auch gut so, denn die Piste ist meistens zu schmal für zwei einander begegnende Autos. Tiefblau strahlt der Himmel über uns an diesem Tag, wir nehmen Kurs auf die schneebedeckten Berge im Norden. Die Bergflanken sind aufgrund der Rodung von Erosion bedroht, immer wieder rutschen Hänge ab. Die Dörfer liegen in der Talsohle, die Felder sind terrassenförmig angelegt und man sieht bereits zartes Grün darauf. Die Straße endet in Naranag oder besser gesagt am Ortsende von Naranag, wo sich ein Parkplatz befindet. Aber nicht nur das, nein, hier ist auch eine alte Tempelanlage! Die Gebäude sind ziemlich verfallen, es ist schwer festzustellen, wie viele es einst gewesen sind. Die Tempel wurden aus riesigen Granitquadern errichtet, dazwischen sehen wir Bewässerungskanäle und sogar Wasserbecken. Eines ist noch intakt bzw. wurde renoviert und ist randvoll mit Wasser, das aus einer Quelle gespeist wird, die über Steinstufen leise in das

Becken plätschert. Wer hat den Tempel wohl errichtet? Und wer hat hier gewohnt? Auf einer Hinweistafel erfahren wir mehr. Die Anlage stammt aus dem 8. Jahrhundert und wurde zu Ehren des Gottes Shiva erbaut.

Es ist ein Ort zum Wohlfühlen, zum Sinnieren, zum Energietanken. Wir haben die Tempelanlage ganz für uns alleine, inspizieren die einzelnen Gebäude, deren Dächer zum Teil eingestürzt sind, hocken uns auf die heruntergefallenen Steinquader und lassen die Zeit verstreichen.

Ein schmaler Fußweg führt weiter flussaufwärts. Nach der ersten Biegung sehen wir in Ufernähe eine Ansammlung von Zelten. Und gleich darauf vernehmen wir Kindergeschrei, es wird immer lauter und plötzlich sind wir umzingelt von Nomadenkindern, die uns aus großen, dunklen Augen anschauen und nach Süßigkeiten oder Kugelschreibern fragen. Die Kinder sind entzückend, zeigen reges Interesse an unserer Kamera. Sie posieren für Fotos und amüsieren sich köstlich, als sie sich selber am Display entdecken. Natürlich eskortieren sie uns bis zu unserem Lkw, wo sich dann auch die Männer dazugesellen. Englisch können sie leider nicht und wir nicht Urdu oder Hindi oder Kaschmiri. Dennoch verbringen wir eine angenehme Zeit miteinander.

In der Nähe des Parkplatzes ist auch ein Haus, am Abend lernen wir den Besitzer kennen. Ashraf spricht ganz gut Englisch und ist noch dazu Wanderführer. Oh, wie praktisch, denn genau das wollen wir in den nächsten Tagen tun. Der junge Kaschmiri erzählt uns von einer dreitägigen Tour zu einem Bergsee, wir sind gleich begeistert. Ashraf hat auch ein Pferd, er müsste am nächsten Tag nur Proviant besorgen und dann kann es am Tag darauf losgehen. Ich freue mich sehr! Peter wirft mir einen eigenartigen Blick zu, den ich nicht deuten kann. Er versucht mich zu überzeugen, dass es angesichts meiner Erkältung besser wäre, noch ein paar Tage zu warten. Warten! Das ist nicht gerade meine Stärke und kommt überhaupt nicht in Frage. Auch wir besorgen am kommenden Tag Essensvorräte, denn unser Wanderführer ist nur für das Abendessen und den Tee zuständig. Im einzigen Geschäft erstehen wir Brot, Kekse, Eier und Nüsse.

Rosie heißt das Pferd von Ashraf. Er nennt es ein Pony und genau das ist es

auch. Die zarten Beine der schwarzen Stute sind kürzer als meine, Rosies
Kopf endet ungefähr in der Höhe meiner Achsel. Auf dem Rücken des bra-
ven Tieres landen unser Zelt, die Schlafsäcke, Decken und Proviant. Alles
wasserdicht in Müllsäcke verpackt, sollte es in den nächsten Tagen regnen.
Es geht gleich einmal steil bergauf durch den Wald. Der Pfad ist ausgetreten
und staubtrocken. Ashraf legt eine Geschwindigkeit vor, mit der wir nicht
mithalten können. Immer wieder wartet er auf uns, ohne Rosie. Das Pferd
kennt den Weg, somit lässt er es einfach laufen. Je höher wir kommen, -
umso mehr ringe ich nach Luft. Wir sind zwar erst auf knappen 2.500
Meter über dem Meeresspiegel, aber meine Lunge ist total verschleimt.
Ich röchle nur noch und muss oft stehen bleiben. Super, und das schon am
ersten Tag der Wanderung!

Als wir am frühen Nachmittag ein Hochplateau erreichen, beginnt es zu
regnen. Also, nichts wie rein in die neuen Regenjacken, die wir in Srinagar
erstanden haben. Dicht sind sie und sie speichern die Körperwärme, was
angesichts der Temperaturen gut ist. Doch leider lassen sie auch keine
Flüssigkeit nach außen und so ist die Jacke innen bald feucht. Der Weg führt
wieder in einen lichten Wald mit hochgewachsenen Nadelbäumen. Dazwischen stehen einfache Häuser aus Stein und Holz gebaut und mit Grasdä-
chern versehen. Der hintere Teil der Häuser wird in den Hang gebaut, ist
also wie eine Höhle. Ein tolles System, das noch dazu gut aussieht. Wir
fragen Ashraf, wer hier wohnt und er erzählt, dass die Häuser den Halbnomaden von Jammu gehören, die hier die Sommermonate verbringen.

Jetzt ist niemand da und so können wir die Häuser besichtigen. Unsere Au-
gen gewöhnen sich nur langsam an die Dunkelheit, die im Inneren herrscht.
Die Hütte besteht aus einem Raum, im hinteren Teil sind normalerweise
Tiere untergebracht, das sehen wir an dem verrotteten Mist aus dem Vor-
jahr. Die Wände sind verrußt, verraucht und noch dazu nicht dicht. Von
Gemütlichkeit keine Spur. Kamine gibt es keine, was wir nicht verstehen.
Es wäre so leicht, einen zu mauern. Unsere europäische Denkweise schlägt
wieder zu.

Sobald wir stehen bleiben, wird uns kalt. Die Temperatur bewegt sich
knapp über dem Gefrierpunkt, alles ist nass und feucht. Wir schlagen unser

Zelt auf dem Grasdach einer Hütte auf, Ashraf bereitet sein Lager in der Hütte und beginnt sofort ein Feuer zu machen. Uns kommt es vor, als ob er uns ausräuchern möchte, denn das Holz ist alles andere als trocken. Dankbar nehmen wir eine Tasse von dem dampfenden Tee, den er zubereitet hat. Der Rauch kratzt in der Lunge und brennt in den Augen. Wir haben die Wahl: Entweder wir gehen an die frische Luft und setzen uns dem strömenden Regen aus oder wir trotzen dem Rauch. Wir entscheiden uns für Letzteres, sind aber trotzdem froh, nach dem Abendessen in unser Zelt zu kriechen. Ashraf scheint der Rauch nicht so viel anzuhaben oder er ist einfach nur daran gewöhnt. Obwohl es draußen noch hell ist, liegen wir schon in den dicken Schlafsäcken. Langsam wird uns warm.

Der Blick aus dem Zelt am nächsten Morgen verheißt nichts Gutes: Dichter Nebel. Wir lassen das Zelt stehen, denn wir kehren am Nachmittag wieder hierher zurück. Ashraf wird in unserem Lager bleiben, während wir zum Gangabal-See aufsteigen. Der Weg dorthin sei eindeutig zu erkennen, meint unser Wanderführer. Und genauso ist es auch. Wir überqueren erste Schneefelder und erblicken bald den auf ca. 3.500 Meter liegenden See. Der hintere Teil des Sees ist noch mit Eis bedeckt, Schneezungen reichen bis zum Ufer, die Wolkendecke hängt so tief, dass wir die eis- und schneebedeckten Gipfel rund um uns nur erahnen können. Ein ungemütlicher Wind kommt auf, wir ziehen uns die Wollhaube tiefer in die Stirn, setzen uns windgeschützt hinter einen Felsvorsprung und verzehren unsere Jause. Auf der anderen Seite des Sees nähert sich eine einzelne Person dem Ufer. Knapp davor entledigt sich der Mann nicht nur seines Rucksackes, sondern auch seiner Kleidung. Wir fassen es nicht! Mit einer Boxershort bekleidet geht er Richtung Wasser, steckt seine Füße vorsichtig in den See und kurz darauf taucht er unter. Brr! Mich fröstelt es schon alleine beim Zuschauen. Nach ein paar Sekunden ist das Ritual beendet, der junge Mann läuft zu seinen Sachen, trocknet sich ab und zieht seine Kleidung wieder an.
Wir steigen in voller Montur wieder ab und erreichen am Spätnachmittag bei leichtem Regen unser Nachtlager. Ashraf heißt uns mit Tee willkommen. Herrlich! Genau das brauche ich jetzt, denn ich zittere am ganzen

Körper. Dazu gesellt sich noch Kopfweh, Hustenreiz und Müdigkeit. Verdammt! Vielleicht hatte Peter ja doch recht und wir hätten die Wanderung erst in ein paar Tagen machen sollen. Jetzt ist es auf alle Fälle zu spät, sich darüber Gedanken zu machen. Zeitig liegen wir wieder in unserem Zelt, das den Regen gerade noch abhält.

Am nächsten Morgen sehe ich aus, als ob mich ein Auto überrollt hätte und genauso fühle ich mich auch. Dunkle Ringen zieren meine Augen, die Lider sind so verschwollen, dass ich die Welt nur durch Schlitze wahrnehme. Nach dem Frühstück bauen wir unser Zelt ab, packen zusammen und wollen Rosie beladen, doch das Pony ist nicht da. Ashraf hat sie am Morgen zum Grasen vom Strick losgebunden und seitdem haben wir sie nicht mehr gesehen. Der arme Ashraf! Jetzt kann er sich bei strömenden Regen auch noch auf die Suche nach seinem Pony machen.

Nachdem unser Führer verschwunden ist, vernehmen wir Hufgetrappel und Stimmen. Doch es ist nicht Ashraf, sondern eine Karawane von Nomaden. Die mit Decken und Planen beladenen Pferde und Maultiere marschieren trittsicher über die schmalen, rutschigen Wege. Nur diejenigen Tiere, auf denen kleine Kinder sitzen, werden von Erwachsenen geführt. Die größeren Buben kümmern sich um die Tierherden, in erster Linie Schafe und Ziegen. Jede Nomadenfamilie besitzt auch einen Hund, den sie immer an der Leine oder Kette führt. Es sind super Wachhunde, denen man am besten nicht zu nahe kommt.

Die kleinen Kinder sind trotz ihrer Plastiksandalen unglaublich geschickt im Gelände unterwegs, Socken trägt niemand. Auch keine Regenkleidung. Wenn es hoch hergeht, haben manche eine Decke oder einen Schal um den Körper gewickelt. Wie viele Tage marschieren sie wohl schon im strömenden Regen? Völlig durchnässt und durchgefroren. Welch ein hartes Leben sie doch führen. Manche von ihnen sind stark erkältet, kein Wunder. Eine Frau kommt auf mich zu und redet mich in einer mir nicht bekannten Sprache an. Dennoch verstehe ich sie und weiß, was sie will. Ihre Augen glänzen und sie greift sich auf die Stirn. Anscheinend hat sie starke Kopfschmerzen, vermutlich auch Fieber. Ich krame in meinem Rucksack und finde ein leichtes Schmerzmittel, das ich ihr gebe. Ein Lächeln huscht auf ihr Gesicht und dann marschiert sie auch schon weiter, schleppt einen schweren Kochtopf am Rücken. Hut ab vor diesen Halbnomaden, ich habe großen Respekt vor ihnen. Außer Atem kommt Ashraf nach einer Stunde mit seinem Pony zurück. Es kann losgehen. Der Regen begleitet uns bis Naranag, das wir schon nach 3 Stunden erreichen. Erst jetzt fällt mir auf, dass entlang des Wanderweges keine jungen Bäume stehen, sondern nur Altbestand. Alles andere wird von den abertausenden Ziegen und Schafen der Nomaden abgefressen. Das Gras auf den Weiden hat keine Zeit nachzuwachsen, zumindest nicht jetzt, im Frühsommer. Es sind einfach viel zu viele Tiere unterwegs. Was stehen bleibt, sind Lilien und Rhododendren. In einigen Jahrzehnten wird entlang des Weges, der auf die Hochweiden führt, wohl alles kahl sein. Ob nur wir dieses Problem sehen?

Dreckig, nass und durchgefroren, aber glücklich erreichen wir unseren Ausgangspunkt. Immer noch ist unser Lkw das einzige Fahrzeug auf dem Parkplatz beim Tempel. Doch wir haben viele Nachbarn bekommen. August ist umzingelt von Nomadenzelten! Wir begrüßen die Leute freundlich und sind froh, dass noch genug Platz ist, um unsere Stiege zu montieren. Ashraf geht mit seinem Pony nach Hause und wir in unseren Wohnaufbau. Wir drehen die Heizung auf, verstauen die geräucherte Kleidung fürs Erste im Führerhaus, nehmen eine warme Dusche und kochen uns etwas Feines. Zufrieden sitzen wir auf den gepolsterten Bänken im 20 °C warmen Lkw, lauschen dem Trommeln der Regentropfen und sehen immer wieder Einheimische und Halbnomaden ohne Regenschutz vorbeimarschieren. Welch ein Luxus unser August doch ist! Und wie unglaublich reich wir sind! Mit diesem Bewusstsein kuscheln wir uns in das weiche Bett und reisen ins Land der Träume.

Die folgenden Tage verbringen wir in Naranag. Das Wetter wird besser und so können wir bei Sonnenschein kleine Wanderungen entlang des Wangath-Flusses unternehmen und uns ein bisschen erholen. Und jeden Tag besuchen wir die Halbnomaden. Immer mehr kommen mit ihren Tierherden, auch Wasserbüffel sind dabei. Sie wählen ihre Nächtigungsplätze gut aus, am liebsten nahe dem Flussufer. Die Pferde sind viel größer als Ashrafs Pony, sie sind wohlgenährt, gepflegt und wunderschön geschmückt, tragen selbst geflochtene Halfter und Stricke, die mit bunten Wollquasten verziert sind.

Bei ihrer Ankunft laden die Nomaden zuerst die bepackten Pferde ab, danach wird sofort das Zelt aufgebaut. Das System ist einfach, aber gut. Ein Zelt besteht im Normalfall aus sechs Holzstangen, zwei bilden das Dachgestänge und jeweils zwei die Steher. Verbunden werden sie mit Laschen und Spitzen, die aus Eisen gefertigt sind und sich an den jeweiligen Enden befinden. Darüber wird das Zelt geworfen, meist ein weißer Baumwollstoff, der mit Heringen und Seilen nach allen Seiten abgespannt wird. Im Eingangsbereich wird das Zelt zurückgeschlagen und aus Steinen eine Kochstelle gebaut. Die älteren Mädchen sammeln Holz und dann wird gleich das Feuer entfacht. Immer wieder sind wir verblüfft, wie ordentlich und sauber Zelte, Geschirr, Decken und Tiere der Halbnomaden sind.

Es ist leicht, mit den Menschen Kontakt aufzunehmen, obwohl wir keine gemeinsame Sprache haben. Manchmal ist jedoch ein Mann dabei, der ein bisschen Englisch spricht. Die Halbnomaden kommen aus Jammu, dem Tiefland, und ziehen jeden Sommer auf die Hochweiden ins Kaschmirtal und in die Berge nördlich davon. Dort haben sie Hütten errichtet, so wie jene, die wir auf unserer Wanderung zum Gangabal-See gesehen haben. 5 Wochen lang sind sie unterwegs.

Was im Gespräch immer gelingt, ist der Austausch unserer Namen, ob und wie viele Kinder man hat, ob man verheiratet ist, wo man herkommt und wo man hingeht. Die Frage nach dem Alter kann fast niemand beantworten, die Menschen wissen auch nicht, wie alt ihre Kinder sind. Aber das ist bei vielen Kaschmiris auch so. Ashraf, unser Wanderführer, weiß nicht, wie alt seine Mutter ist und auch das Alter seiner Frau schätzt er auf „vielleicht 22", wobei ich überzeugt bin, dass sie noch keine 18 Jahre alt ist.

Während der Unterhaltung hat jeder genügend Zeit, sein Gegenüber zu betrachten. Ich finde, dass die Leute alle sehr interessante Gesichter haben, die meisten sind von der Körperstatur zart und feingliedrig, sehr schlank und die Haut ist stark vom Wetter gegerbt. Alle haben eine raue und faltige Haut, auch die Kinder. Und ich bin mir ziemlich sicher, dass alle älter aussehen als sie tatsächlich sind. Alles ist natürlich und alles ist echt. Jede Hautfalte erzählt eine Geschichte.

Natürlich werde auch ich von den Frauen und Kindern genauestens betrachtet. Manche fragen, ob ich nicht Kleidung für sie hätte. Ich könnte natürlich ein paar T-Shirts oder einen Pulli entbehren, aber es sind immer so viele Menschen. Wo fange ich an und wo höre ich auf? Ich zeige auf die Löcher an meiner Hose und schon ist das Thema erledigt. Ich denke, sie würden mich auch nach Schmuck fragen, doch bis auf meinen Armreif trage ich keinen. Die Frauen hingegen haben alle goldene Ohrringe, viele Armreifen, goldene Nasenstecker und an vielen Fingern Ringe. Sie können es nicht ganz verstehen, dass ich ungeschmückt bin. Die Nomadenfrauen tragen ihr Vermögen an sich. Eine Sache fällt ihnen immer auf, nämlich meine relativ zarte und gepflegte Haut. Denn die Hände der Frauen sind extrem trocken, die Haut aufgesprungen und rissig. Sie fragen mich nach Cremen. Glücklicherweise habe ich meinen Vorrat schon aufgestockt und so kann ich ihnen einige Tuben schenken. Die Frauen laden mich ein, bei ihnen zu sitzen, Tee zu trinken und Jamilla möchte sogar, dass ich bei ihnen im Zelt nächtige. Die Einladung zum Tee nehme ich gerne an, aber zuvor hole ich Kekse aus unserem Fahrzeug.

Wenn sie nicht gerade weiterziehen, können die Kinder fast den ganzen Tag herumtollen, das gilt jedenfalls für die jüngeren. Für die älteren gibt es eine mobile Schule, erzählt mir Jamilla. Ob ein Lehrer mit dabei ist, kann ich aber nicht herausfinden. Die Männer und älteren Buben weiden die Tiere, die älteren Mädchen sammeln Feuerholz und holen Wasser und die Frauen kochen, waschen, flicken, flechten Körbe und wärmen sich zwischendurch in der Sonne auf.

Die Tierherden sind der ganze Reichtum der Halbnomaden. Im Sommer vermehren sie sich, teilweise sehen wir jetzt schon Fohlen und Lämmer. Es ist ausschließlich die Aufgabe der Männer, sich um die Tiere zu kümmern, auch um verletzte. Erst im Herbst, auf dem Weg zurück ins Tiefland von Jammu, werden einige Tiere verkauft. Für ein Schaf bekommen sie 2.500 Rupien, das entspricht 36 Euro. Während ich bei Jamilla und ihrer Familie sitze, Tee schlürfe und mit den Kindern Kekse teile, denke ich mir, dass es

eine unglaubliche Erfahrung wäre, mit ihnen den ganzen Weg auf die Hochweiden zu marschieren und den Sommer inmitten des Familienverbandes
zu verbringen. Es wäre wahnsinnig interessant und unvergesslich! Ich wäge
meine Gedanken ab und die anfängliche Euphorie legt sich langsam. Ich denke an die kalten Regentage, die langen Tagesetappen, die rauchigen Hütten,
die Erkältungen, die fehlende Privatsphäre über Monate. Und ich werde
leise. Ich habe noch größere Achtung vor diesen Menschen, vor den harten
Lebensbedingungen und ihrer Lebensfreude, die sie ausstrahlen. Und ich
bin froh, sie kennengelernt zu haben, die Halbnomaden aus Jammu und
Kaschmir.

Als ich zurück zum Parkplatz komme, warten Peter und Ashraf schon auf
mich. Ashraf möchte uns zu sich nach Hause zum Tee einladen. Gerne
nehmen wir die Einladung an, zuvor bekommt er aber noch eine Führung in
unserem August. Der junge Mann ist wirklich beeindruckt und auch stolz,
dass er, als einer der wenigen hier, unser Zuhause besichtigen darf.

Als Gastgeschenk nehmen wir für Ashraf ein Paar Wandersocken und
Schuhcreme mit, denn bei der Wanderung haben wir bemerkt, dass seine
Schuhe nicht mehr wasserabweisend sind. Seiner Frau und seiner Mutter
bringen wir jeweils eine Tube Hautcreme. Zu dritt bewohnen sie ein relativ neues Haus, das Ashraf mit Hilfe seiner Brüder selbst gebaut hat.
Seine Mutter, eine sehr hübsche Frau, lernen wir auf der Veranda kennen. Gekleidet in eine dunkelrote Kurta mit passender Hose darunter und
beigen Kaschmirschal, begrüßt sie uns freundlich und bittet uns sogleich
in die Küche, einem großen gemauerten Raum mit Holzdecke und tür-
kisfarbenen Wänden. Das Herzstück ist ein gemauerter Ofen mit Kamin,
daneben befinden sich gemauerte Regale mit Geschirr: Teller, Töpfe, Löffel,
Schüsseln und Becher. Wir nehmen auf einer ebenfalls gemauerten Bank
Platz und warten auf den Tee, den Ashrafs junge Frau zubereitet. Ashraf
nutzt die Wartezeit, um uns vom Fischreichtum des Wangath-Flusses zu
erzählen. Forellen soll es viele geben, doch leider hat er keine gute Angel.
Eine Schweigeminute tritt ein. Ob wir nicht vielleicht eine hätten, fragt er
vorsichtig. Es tut uns aufrichtig leid, aber wir haben tatsächlich keine Angel
mit dabei. Doch wir versprechen, ihm eine zukommen zu lassen, falls es

uns gelingt, in nächster Zeit eine aufzutreiben. Und außerdem werden wir ihn als Wanderführer weiterempfehlen, denn wir waren wirklich zufrieden mit ihm.

In Kangan erreichen wir wieder die Hauptstraße, die Srinagar mit Leh verbindet. Verglichen zu Naranag ist es eine Stadt, dementsprechend gut ist auch das Warenangebot am Markt. Wir decken uns mit viel frischem Obst und Gemüse ein, mit Joghurt, Käse und köstlichem Fladenbrot. Das Einzige, was wir jetzt noch brauchen, ist Wasser. Im nächsten Dorf werden wir fündig. Der Wasseranschluss, den wir neben der Straße entdecken, ist zwar nicht der beste, dafür aber der einzige und wir dürfen auch daraus tanken. Ungefähr 1,5 Stunden brauchen wir für 200 Liter Wasser, Zeit genug für das halbe Dorf, um uns einen Besuch abzustatten. Und natürlich wollen alle in unseren August hineinschauen. Ab und zu muss ich in den Aufbau klettern, um den Wasserstand im Tank zu kontrollieren. Wäre die Türe nicht auf einer Höhe von 130 Zentimeter, wären sicher einige Kaschmiris mit mir eingestiegen. So begnügen sie sich mit einem Blick in unser Wohnmobil. Aufgeregt berichten die Einheimischen, was sie alles gesehen haben.
Wenn man die Tür unseres Aufbaus öffnet, sieht man auf der rechten Seite in Augenhöhe das Schuhregal, das auch gleichzeitig als Bank fungiert. Seit ein paar Tagen haben wir dort einen kleinen Vorhang montiert, damit man die Schuhe nicht sieht. Warum? Ganz einfach, die Kaschmiris können nicht verstehen, dass eine Person mehr als ein Paar Schuhe besitzt. Wir hingegen haben jeder ein Paar Wanderschuhe, ein Paar Laufschuhe, ein Paar Straßenschuhe, ein Paar Sandalen und ein Paar Flipflops! Speziell unsere Wanderschuhe könnten alle gebrauchen, denn diese sind in Kaschmir nicht erhältlich.
Plötzlich nimmt mich eine ältere Frau an der Hand, lächelt mich an und zieht mich hinter sich her. Sie zeigt mir ihr Haus, das sich ganz in der Nähe befindet, und auch den Stall und den Garten. Stolz zeigt sie auf die Marillen- und Kirschenbäume, auf blühende Ringel-, Mohn- und Kornblumen, wunderschöne Rosen, Zwiebel, Kohlrabi, Tomaten, Mais, Kartoffeln und sogar auf Weinreben. Alles Pflanzen, die auch bei uns in Österreich heimisch sind.

Kalte und triste Fahrtage, Ungarn

Batman in Südostanatolien, Türkei

Dorf in West-Aserbaidschan, Iran

Ski fahren in Dizin, Iran

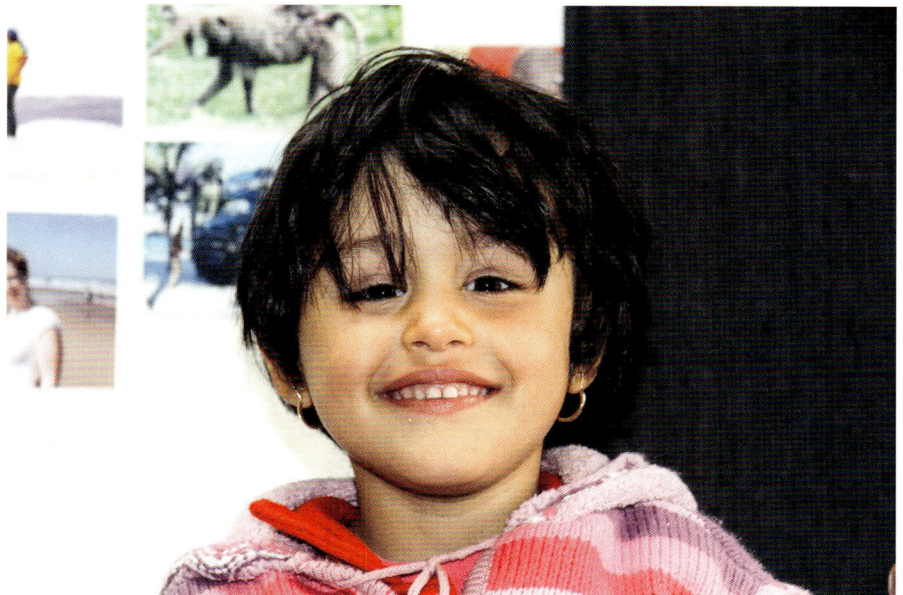

Meine kleine Freundin Sadat, Iran

Isfahan, Iran

Isfahan, Iran

Fitnessparcours in Bandar Abbas, Iran

Skyline von Dubai, Emirate

Holzdhauen in Dubai, Emirate

Dubai mit Blick auf das Luxushotel Burj al Arab, Emirate

Peter der Sammler, Oman

Bärbel und Bernd, Oman

Aissa in Salalah, Oman

Bewohnerin von Dhofar, Oman

Hussein und Peter im Souk von Salalah, Oman

Sandsturm in der Wüste Rub al-Khali, Oman

August der Reisewagen im leeren Viertel, Oman

Überholverbot in der Rub al-Khali, Oman

Kleiner Kauz als blinder Passagier, Oman

Ras Mirbat, Oman

Holzdhau in Sur, Oman

Stierkampf in Sohar, Oman

Ras al-Jinz, Oman

Wadi Bani Khalid, Oman

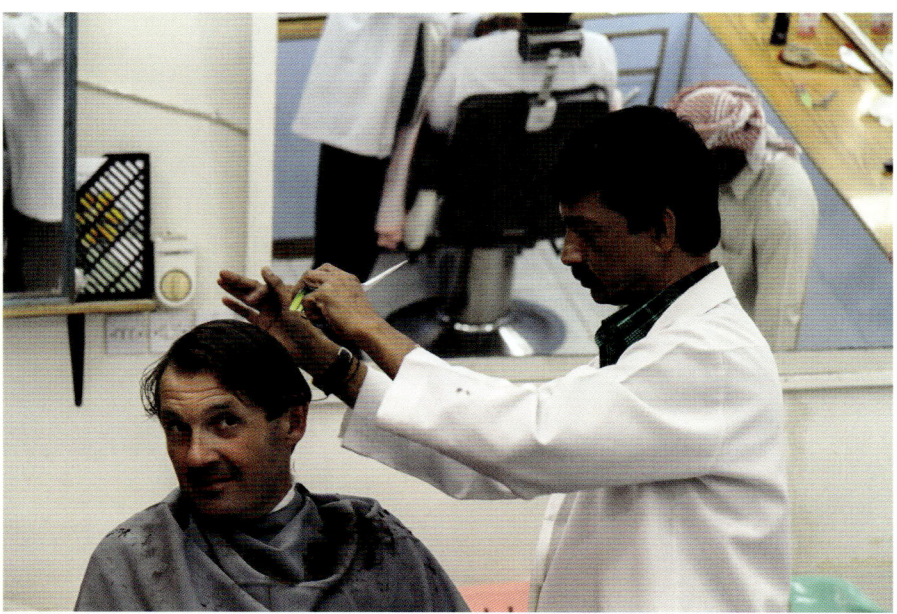

Beim Friseur in Khasab, Oman

Polizeistation in Belutschistan, Pakistan

Lkw in Belutschistan, Pakistan

Straße Richtung Kaschmir, Indien

Dal-See in Srinagar, Indien

Ankunft in Ladakh, Indien

Bei Rexingjangdol in Zanskar, Indien

Rexingjangdol bei der Buttererzeugung, Zanskar (Indien)

Besuch von Frauen aus Reru, Zanskar (Indien)

Lesestunde in Zanskar, Indien

Lieblingsplatz am Zanskar-Fluss, Indien

Blick auf Phuktal und das Tsarap-Tal in Zanskar, Indien

Maskentanz im Karsha-Gompa, Zanskar (Indien)

Buddhistischer Mönch in Karsha, Zanskar (Indien)

Unsere Freunde Verena & Wolfi in Choglamsar, Ladakh (Indien)

Einer der höchsten befahrbaren Pässe der Welt, Indien

Badeurlaub am Pangong Tso in Ladakh (Indien)

Abmarsch auf den Stok Kangri in Ladakh, Indien

Overlander-Treffen am Tso Moriri, Ladakh (Indien)

Über den Rohtang-Pass Richtung Manali, Indien

Blick auf Namche Bazaar, Nepal

Yakkaravane in der Everest-Region, Nepal

Eisiges Gästehaus am Everest-Trek, Nepal

Am Kala Pattar, im Hintergrund der Mt. Everest, Nepal

Bub in Namche Bazaar, Nepal

Erotiktempel in Khajuraho, Indien

Abenteuer Autofahren, Indien

Kinder in Mandu, Indien

Overlander-Camp in Goa, Indien

Virupakshar-Tempel in Hampi, Indien

Schulklasse in Ellora, Indien

Das größte religiöse Fest der Welt in Allahabad, Indien

Sadhu am Maha Kumbh Mela in Allahabad, Indien

Aufgeputzt bei Mr. Singh in Bikaner, Rajasthan (Indien)

Polizeieskorte in Belutschistan, Pakistan

Nur noch 60 km bis zur pakistanisch-iranischen Grenze, Pakistan

Im Land der Hauber, Iran

Werkstattkollegen in Täbris, Iran

Urlaub am Orange Beach, Griechenland

Einzig die Reisfelder gibt es bei uns nicht. Der Reis wird ganz eng gesät und nach etwa einem Monat werden die giftgrünen Pflanzen, die aussehen wie Grashalme (was sie ja eigentlich auch sind), aus dem Feld genommen, gebündelt und dann auf anderen, größeren Äckern vereinzelt. Alles ohne Maschinen und in erster Linie Arbeit der Frauen. Danach bekomme ich eine Tasse Tee serviert und gehe mit frischen Kohlrabi und Zwiebeln Richtung August. Dort komme ich aber nicht an, denn ein junger Einheimischer zeigt mir seine Ochsen und führt mich durch mehrere Geschäfte im Dorf. Viele Menschen starren mich heute an, in erster Linie Männer. Oder ist vielleicht nur meine Jeanslatzhose der Grund für die Neugier?

Wir folgen dem Sind-Fluss Richtung Zoji La, dem ersten Pass auf der Strecke nach Ladakh. Langsam, aber stetig gewinnen wir an Höhe, die ersten Schneefelder reichen bis zur Straße, die bis zur Ortschaft Sonamarg asphaltiert und in einem ganz passablen Zustand ist. Bis hierher fahren etliche Kleinbusse und Pkw. Sie transportieren indische Touristen zum nahegelegenen Gletscher und zu Ausgangspunkten für Wanderungen. Sonamarg liegt auf über 2.700 Meter Meereshöhe und der Name bedeutet Goldwiese. Ähnlich wie in Gulmarg wachsen auch hier unzählige Blumen im Frühsommer. Früher waren die saftigen Wiesen im Sommer Weidegebiet für die Nomaden, doch inzwischen sind viele sesshaft geworden.
Auffallend ist hier auch die Militärpräsenz. Wir sehen unglaublich viele Armeefahrzeuge in Sonamarg, in erster Linie Lkw. Da die Straße auf den Zoji La größtenteils einspurig ist, wird der Verkehr so geregelt, dass ein Einbahnsystem entsteht. Anscheinend dürfen leichte Fahrzeuge am Vormittag von Leh Richtung Srinagar fahren und am Nachmittag in die entgegengesetzte Richtung. Aber eine genaue Information erhalten wir nicht. Und was versteht man eigentlich unter einem leichten Fahrzeug? Wir sind um 11 Uhr beim Checkpoint und man lässt uns passieren.
Kurz darauf ist am rechten Straßenrand ein Tumult, einige Fahrzeuge parken auf der Fahrbahn. Wir werden langsamer und sehen, dass eine verletzte Ziege am Straßenrand liegt. Das arme Tier hat alle Beine gebrochen, daneben stehen zwei Nomadenmädchen, weinen und schreien hysterisch.

Wir vermuten, dass die Ziege angefahren wurde. Als wir nachfragen, sagt man uns, das Tier sei abgestürzt. Die Ziege tut uns wirklich leid. Kurz entschlossen sucht Peter das große Messer im Führerhaus, findet es unter dem Fahrersitz und gibt es dem Mann, der neben der Ziege steht. Das Tier wird ein Stück weg von der Straße gezerrt, die beiden Mädchen schreien fürchterlich beim Anblick des Messers. Endlich schneidet der Mann der Ziege die Kehle durch und das Leiden hat ein Ende. Die zwei Mädchen lassen sich nicht beruhigen, wahrscheinlich war es ihre Lieblingsziege. Doch ohne das Messer wäre das Tier elendig zu Grunde gegangen, denn als Moslems dürfen die Nomaden Tiere nur schächten. Der Mann gibt das grob gereinigte Messer zurück, bedankt sich bei Peter und dann können wir weiterfahren.

Schon bald ist der Asphalt zu Ende, die Straße wird zur Piste und auch kurviger und enger. Und – wie könnte es anders sein – uns kommen indische Lkw entgegen. Die Ausweichplätze sind spärlich und obwohl in Indien Linksverkehr herrscht und wir somit an der Bergseite entlangfahren müssten, kommen uns die indischen Lkw zuvor und kuscheln sich an den Berg. Somit müssen wir an der Abbruchkante fahren. Leitschiene gibt es natürlich nicht, dafür einen Abgrund, der einem den Atem raubt. Mehrere 100 Meter geht es neben unserem Fahrzeug in die Tiefe. Meine Hände sind schweißnass, mein Puls erhöht. Am liebsten mag ich diese Frage von Peter, die lautet: „Wie weit kann ich noch nach rechts fahren?" Vorsichtig schaue ich aus dem Fenster und meine Antwort ist eigentlich immer dieselbe: „Gar nicht mehr!" Peter glaubt mir nicht ganz, denn er lenkt unser Fahrzeug daraufhin immer etwas weiter an den Abgrund heran, obwohl ich panisch die Augen aufreiße. Ganz lässig meint er: „Wenn du sagst, dass ich nicht mehr weiter nach rechts fahren kann, dann sind sicher noch 5 bis 10 Zentimeter möglich."

Das Material, aus dem die Piste besteht, ist sehr unterschiedlich. Teilweise ist es nur Geröll, und man weiß nie, ob es dem Gewicht der Fahrzeuge standhält. Vorsicht ist die Mutter der Porzellankiste, denke ich mir. Doch an manchen Passagen muss Peter unseren Lkw wirklich an den äußersten Fahrbahnrand lenken. Nicht weil uns ein Fahrzeug entgegenkommt, sondern weil wir mit unserem 3,70 Meter hohen Aufbau nicht an den Felsvorsprüngen vorbeikommen würden. Meine Nerven liegen blank. Aber es gibt kein Zurück. Stur schaue ich gerade aus und hoffe, dass alles gut geht.

Wir biegen um die nächste Kurve und dann ist Schluss. Vor uns steht eine Kolonne mit Lkw und Kleinbussen, wir haben das Glück, auf einem bergseitigen Ausweichplatz zu parken. Ein hängengebliebener Lkw ist der Grund für den Stau.

Unter dem Führerhaus des TATA-Lkw steigen Rauchschwa- *den empor, der Geruch verheißt nichts Gutes. Vermutlich ist die Kupplung abgebrannt. Die zwei Chauffeure haben bereits mit den Reparaturarbeiten begonnen und bauen innerhalb von nur einer Stunde das Getriebe aus. Eine neue Kupplungsscheibe liegt schon bereit und wartet auf den Einbau. Sämtliche, dafür notwendige Werkzeuge und Ersatzteile haben die Inder mit. Sogar einen Einstelldorn! Auf diesen Straßen mit ihren starken Steigungen ist der Verschleiß an Kupplungen generell sehr hoch. Die viel zu schwere Beladung tut ihr Übriges. Nach nur 4,5 Stunden ist der Lkw wieder abfahrbereit. Das würden österreichische Mechaniker nicht einmal in einer gut ausgestatteten Werkstatt schaffen.*

Während Peter den Indern bei der Reparatur ihres TATA-Lkw zusieht, lasse ich meinen Blick in die Ferne schweifen und was ich sehe, gefällt mir gar nicht. Der weitere Streckenverlauf wird nicht besser, im Gegenteil. Die Piste, die sich den steilen Berghang entlang schlängelt, scheint aus viel losem Material zu bestehen. In einer Serpentine ist ein Teil der Straße weggebrochen und vor einiger Zeit ein Lkw abgestürzt. Glücklicherweise ist der mit Bauholz beladene TATA-Lkw nach etwa 100 Metern liegengeblieben. Der Fahrer dürfte mit dem Schrecken davongekommen sein. Ich sehe außerdem rund 25 Fahrzeuge, die sich vor uns bewegen, aber nicht alle fahren in unsere Richtung zum Pass. Wir können uns auf Gegenverkehr gefasst machen und natürlich sind es Lkw!

Zumindest mit dem Wetter haben wir Glück, abgesehen von ein paar harmlosen Wolken ist der Himmel strahlend blau. Im Schritttempo geht es weiter, der Gegenverkehr nähert sich. Peter fährt schön brav an der bergnahen Seite, ich entspanne mich ein bisschen und nutze die Gelegenheit, die indischen TATA-Lkw zu betrachten. Schön bunt sind sie angemalt, die Stoßstange mit Aufklebern oder Malereien verziert: Mit Herzen, Lotusblüten, Kreisen und Blumen. Darunter baumeln Glöckchen. Manche Fahrertüren bestehen aus ziselierten Aluminiumplatten, unglaublich detailliert und wunderschön.

Am nächsten lese ich „Super fast". Bitte nicht! Am folgenden steht in großen Buchstaben: „No drugs, no war, only love". Dagegen kann man nichts einwenden, genauso wie bei: „Slow drive, long life".

Was ich auch schon sehr oft auf den Lkw gelesen habe, ist: „Use dipper at night" und „Blow horn!" Also, das Aufblendlicht in der Nacht einschalten und die Hupe betätigen! Daran halten sich wirklich alle indischen Chauffeure. In Srinagar hat uns ein Busfahrer aus Delhi erklärt, was man in Indien fürs Autofahren braucht: 1. Eine gute Hupe, 2. Gute Bremsen und 3. Viel Glück! Die Reihenfolge kann man beliebig ändern, meinte der sympathische Inder, wobei ich glaube, dass Glück das Wichtigste ist.

Die Piste wird zunehmend holpriger, die Schlaglöcher größer, die Schneewände neben der Fahrbahn immer höher. Es kann nicht mehr weit auf den Zoji La sein. Die Kleinbusse vor uns sind alle stehen geblieben. Aufgeregt springen die indischen Touristen aus dem Flachland aus den Bussen und hasten zum Schneefeld, posieren wie Stars in Bollywoodfilmen. Die Schneewände neben der Piste erreichen bereits eine Höhe von über 3 Metern. Wir schreiben den 14. Juni. Da bekommt man eine gute Vorstellung, wie es hier im Winter aussieht. Jedes Jahr fallen große Schneemengen, es ist stürmisch und stark lawinengefährdet hier. Die Straße ist im Winter gesperrt, rund 2 Monate wird an der Schneeräumung im Bereich des Zoji La gearbeitet. Die 434 Kilometer lange Straße, die Srinagar und Leh verbindet, wird meistens Mitte Mai geöffnet.

LADAKH
Zweite Heimat

Endlich erreichen wir die Passhöhe mit 3.540 Meter! Wir sind wirklich erleichtert, ohne Zwischenfälle nach Ladakh gekommen zu sein. Nur mehr sehr wenige Nomaden passieren den Pass. Einerseits ist er sehr weit vom Tiefland entfernt und andererseits liegt hier oben noch so viel Schnee. Es gibt keine Wälder, keine saftigen Wiesen. Nach Osten, Richtung Dras, wird die Landschaft schlagartig karg und rau. Nur entlang des Flusses gibt es Vegetation, Getreidefelder, Marillen- und Weidenbäume. Heckenrosen allerdings wachsen überall, sogar auf Geröllfeldern.

Nicht nur die Vegetation ist in Ladakh anders, sondern auch die Menschen. Im Gegensatz zu den Kaschmiris haben die Ladakhis hohe, ausladende Backenknochen und schmale, mandelförmige Augen.

Entlang der pakistanischen Grenze reisen wir der Kleinstadt Kargil entgegen. Es ist die letzte Bastion der Muslime, weiter Richtung Osten ist der Buddhismus vorrangig. Kargil liegt nur 10 Kilometer von der Waffenstillstandslinie, der willkürlich gezogenen Grenze zu Pakistan, entfernt. Das erklärt auch die hohe Militärpräsenz.

Unser Reiseführer empfiehlt, hier nochmals Lebensmittel einzukaufen, da es in den entlegenen Tälern kaum etwas zu erwerben gibt. Und so landen wir beim Fleischhauer, ein Rind wurde heute Morgen geschlachtet, frischer geht es nicht. Da nehmen wir gleich 2 Kilogramm. Das Rind hängt bereits ausgenommen und abgezogen mit den Hinterbeinen von der Decke des kleinen Holzverschlages. Geschickt schwingt der nette Mann mit dicker Wollhaube sein geschwungenes Beil und hackt uns das gewünschte Teil heraus. Der hölzerne Hackstock hat schon bessere Zeiten gesehen, ist nach den vielen Jahren aber immer noch gebrauchsfähig. Das Stück Fleisch kommt in die Waagschale und dann wird der Taschenrechner zur Hand genommen. Auf dem Display lesen wir die Zahl 375, das sind umgerechnet ca. 5 Euro. Der Preis ist mehr als fair!

Jetzt brauchen wir natürlich noch weitere Zutaten und diese finden wir am Markt im Zentrum von Kargil. Obwohl es mit rund 80.000 Einwohnern die zweitgrößte Stadt in Ladakh ist, kommt es uns doch eher vor wie ein Dorf. Die Distanzen im Zentrum sind so kurz, dass wir alles zu Fuß erledigen können. In einem der größeren Geschäfte erstehen wir einen indischen Druckkochtopf. In Kaschmir kochen viele Menschen damit, denn er hat einige Vorteile, vor allem auf dieser Meereshöhe. Man spart Energie und Zeit. Geld haben wir damit nicht gespart, denn für indische Verhältnisse ist er relativ teuer. Am Abend probieren wir den Druckkochtopf gleich aus. Das Fleisch landet mit viel Gemüse und Gewürzen darin und siehe da, im Handumdrehen ist der Eintopf fertig und schmeckt noch dazu hervorragend.

Von Kargil aus führt eine 240 Kilometer lange Piste nach Zanskar. Dort wollen wir hin. Der erste Abschnitt führt durch das Suru-Tal. Der graue Suru-Fluss windet sich durch eine fruchtbare Landschaft und muslimisch geprägte Dörfer. Ein sattes Grün strahlt uns von den Feldern entgegen. Dahinter erheben sich die schnee- und eisbedeckten Berge, am höchsten sind die Zwillingsberge Nun und Kun, beide über 7.000 Meter. Es ist ein herrliches, saftiges Weideland für Pferde, Ziegen, Schafe und Yaks.
Wir fahren direkt an den Geröllfeldern der Gletscherausläufer dieser beiden Berge vorbei und die Piste wird zunehmend enger und holpriger. Bäume und Felder sind verschwunden, die Dörfer ebenso. Wir sind in einer einsamen Gegend gelandet, menschenleer, aber wunderschön. Wir parken auf einer Wiese mit Blick auf den Suru-Fluss und beschließen zu bleiben.

Am nächsten Morgen werden wir zeitig von Pfeiftönen geweckt. Neugierig blicken wir aus dem Fenster und entdecken dutzende Murmeltiere. Wenn schon ein Wecker, dann so einer! Es ist ein herrlicher Tag, Sonnenschein, tiefblauer Himmel, schneebedeckte Berge, blühende Blumen, tolle Felsen und Tierherden. All das umgibt unser Fahrzeug und begleitet uns bei der Wanderung entlang des Flusses. Der Boden ist teilweise sandig und durch den Schiefergehalt glitzert alles golden. Traumhaft! 2 Tage lang hören wir keine Hupen, sehen keine Menschen und nur eine Handvoll Fahrzeuge.

Gebetsfahnen und ein Stupa (Tempel) kündigen uns bei der Weiterfahrt an, dass wir den buddhistischen Teil des Suru-Tales erreicht haben. Auch die Häuser sehen plötzlich anders aus. Im Unterschied zu den muslimischen sind diese weiß getüncht, am Flachdach stapelt sich Brennmaterial und darüber flattern wiederum Gebetsfahnen. Der erste Pass über 4.000 Meter liegt vor uns und vor allem vor August. Die Piste ist nicht die beste, doch bergauf fahren wir ohnehin nur im Schritttempo. Die Berge um uns sind faszinierend, alles 5.000 bis 6.000er! Von der Passhöhe des Penzi La haben wir nicht nur einen tollen Ausblick auf eine Gletscherzunge, sondern nun endlich auch Zanskar erreicht.

Ein Gebiet so entlegen wie sonst fast keines auf dieser Welt. Auf den ersten Blick wirkt es karg, trocken und baumlos. Die wenigen Bewohner trotzen im Winter großen Schneemassen und Temperaturen von -40 °C. Die Pässe sind 7 bis 8 Monate im Jahr gesperrt, dann ist der einzige Weg in den Rest der Welt der zugefrorene Zanskar-Fluss. Wir sind im Herzen des Himalajas. Die Piste führt in vielen Kurven hinab ins Tal des Stod-Flusses, rund 300 Höhenmeter verlieren wir, sind aber trotzdem noch auf 4.100 Meter. Peter geht es nicht gut, wir nehmen daher die erste Möglichkeit zum Parken in Anspruch. Peter legt sich gleich ins Bett, er hat Bauchkrämpfe und sein linker Hoden schmerzt so sehr, dass er entgegen seiner Art eine Schmerztablette nimmt. Glücklicherweise schläft er bald ein. Ich hingegen mache mir Sorgen. Ich blättere im Reiseführer und informiere mich schon mal, wie viele Flüge wöchentlich von Leh nach Delhi gehen. Aber wie kommt Peter nach Leh, wenn er nicht fahren kann? Ich kann August zwar lenken, aber nur auf einfachem Terrain. Nicht auf engen Bergstraßen und Pisten! Und auch nicht durch Städte! Ich kann die Abmessungen des Aufbaus nicht einschätzen, dazu fehlt mir die Erfahrung. Ich hoffe, dass es ihm morgen besser gehen wird. Hier ist ein denkbar schlechter Ort, um krank zu werden und einen Arzt zu benötigen. Ich schicke ein Stoßgebet in den Himmel, schlafe unruhig und schlecht. Als Peter am nächsten Morgen wach wird, geht es ihm besser, um nicht zu sagen: Gut. Hurra! Wir sind beide erleichtert und beschließen, in Zanskar zu bleiben, also weiter Richtung Padum zu fahren, ans Ende der Sackgasse.

Es ist früher Nachmittag, mitten in Zanskar. Neben der Straße sehen wir eine Frau, die gerade mit einem Fläschchen ein Kalb füttert. Es ist ein winziges, braunes Ding mit strubbligem Fell und wirklich entzückend. Wir bleiben stehen, grüßen und nähern uns. Die Frau lächelt uns an, wir hocken uns neben sie und schauen zu. Als sie fertig ist, bedeutet sie uns, ihr zu folgen. Etwas oberhalb stehen ein paar Steinhäuser, vor denen weitere Frauen sitzen, Tee trinken und die Sonne genießen. Auch wir bekommen eine Tasse Tee. Es ist der erste Buttertee, den wir in unserem Leben kosten. Er ist sehr gewöhnungsbedürftig, schmeckt eigentlich gar nicht nach Tee, sondern eher wie eine Suppe. Wenn man ihn mit dieser Einstellung trinkt, schmeckt er gar nicht so schlecht. Als ich Peter ansehe, merke ich sofort, dass ihm der Buttertee gar nicht mundet. Die Frauen sprechen Ladakhi, wir leider nicht. Eine jüngere Frau kann ein bisschen Englisch. Sie heißt Rexingjangdol, hat ein bezauberndes Lächeln und strahlt pure Zufriedenheit aus. Ich setze mich zu den Frauen, mitten in den Kuhdreck, und bekomme frisches Joghurt, das sie hier selber machen und in das geröstetes Gerstenmehl, tsampa genannt, eingerührt wird. Echt lecker!

Neben mir ist eine dzomo (eine Kreuzung aus Kuh und Yak) angebunden, die ihr winziges Kalb leckt. Irgendetwas irritiert mich, das Kalb bewegt sich nicht. Bei genauerer Betrachtung sehe ich, dass hier nur das Fell des Kalbes liegt. Vor 3 Tagen ist das Kalb geboren worden, entweder tot oder es ist kurz darauf gestorben. So genau verstehe ich Rexingjangdol nicht. Mir ist auch nicht ganz klar, warum sie das Kalb abgezogen und sein Fell der Mutter gelassen haben. Vermutlich damit das Tier weiterhin Milch gibt.

Rexingjangdol fragt mich nach einer Hautcreme. Ich betrachte kurz ihre Hände und bitte Peter, eine zu holen. Auch das Wanderbuch über Ladakh nimmt er mit, wo im Anhang ein paar Phrasen Ladakhi angeführt sind. Die Frauen amüsieren sich köstlich, als ich mein erstes Ladakhi versuche. Dazwischen essen sie Chapatti (Fladenbrot) mit Joghurt und tsampa. Ich fühle mich absolut wohl in ihrer Gesellschaft. Sie bieten mir noch mehr Tee, Brot und Joghurt an, ich lehne jedoch dankend ab. Die Frauen gehen wieder ihrer Arbeit nach, füttern die Kälber und melken die Kühe.

Rexingjangdol lädt mich in ihr Haus ein. Ich muss mich tief bücken und schmal machen, um überhaupt eintreten zu können. So wie die Ladakhis selbst, so ist auch ihr Haus, nämlich klein. Es gibt zwei Räume, der vordere ist gleichzeitig Küche und Schlafzimmer, der hintere Arbeits- und Lagerraum. Hier stehen ein großes Butterfass und einige Vorräte. Im vorderen Raum befindet sich ein Ofen, der mit Kuhdung beheizt wird und auf dem ein großer Topf steht, um die Milch abzukochen. Alles ist aus Stein gebaut, auch die Ablageflächen und Regale. Dort sind Tassen, Schüsseln, ein Druckkochtopf, einige Löffel und ein paar Vorräte. Ich sehe Zwiebel, Tomaten, Salz, getrocknete Linsen, Mehl, Öl und Gewürze. Neben dem Ofen ist der Schlafplatz, ordentlich zusammengerollt liegen hier ein paar Wolldecken. Türen gibt es keine, Fenster auch nicht. Wolldecken fungieren als Türen.

Rexingjangdol hat ihr Haus selbst gebaut und ist sichtlich stolz darauf. Als ich an die Decke blicke, kann ich Teile des Himmels sehen. Das Dach besteht aus Steinplatten und Holzzweigen. Wie kalt muss es hier wohl im Winter sein?? Sie erlaubt mir, Fotos zu machen. Gut so, denn so kann ich sie später Peter zeigen. Er darf nämlich nicht ins Haus.
Die Nachbarin macht gerade Butter, auch dieses Haus darf ich betreten, zusehen und auch gleich mitarbeiten. Anders als in Österreich wird die Butter hier nicht gestampft, sondern gerührt. Im Butterfass steckt eine Art überdimensionaler, hölzerner Schneebesen. Um den Stil wird ein dicker Stoffstreifen, an dessen Enden sich Holzgriffe befinden, gewickelt. Dann greift man die Holzgriffe und zieht einmal am linken an und dann am rechten und schon wird die Milch gerührt. Das sieht bei den Ladakhis einfach aus, ist es aber gar nicht. Wieder ernte ich schallendes Gelächter und muss selber einstimmen.
Peter darf dieses Haus auch betreten, wahrscheinlich weil die Frau verheiratet ist. Ich möchte frisches Joghurt kaufen, Peter holt eine Schüssel aus unserem Wohnmobil und nimmt auch noch ein Stück selbst gebackenes Brot und ein Foto von uns beiden in österreichischer Tracht mit. Die Frauen teilen das Brot untereinander auf. Es scheint ihnen zu schmecken, im Nu ist es verdrückt. Das Foto studieren sie genau, sofort fallen ihnen die saftigen Wiesen und Felder im Hintergrund auf. Kein Wunder, es ist ein gewalti-

ger Unterschied zu ihrer kargen Heimat. Ich zeige ihnen noch mehr Fotos, jene von Ladakh, die im Wanderbuch abgebildet sind. Ganz aufgeregt sind die Frauen, wenn sie ein Dorf, ein Kloster oder eine Brücke erkennen. Minutenlang betrachten sie Kinderfotos oder die Innenansicht des berühmten Phuktal Gompas (Phuktal-Klosters), auf dem man viele Details erkennen kann. Rexingjangdol füllt unsere Schüssel randvoll mit Joghurt und gibt mir noch ein halbes Kilo tsampa. Geld nimmt sie keines von mir, ganz egal, wie oft ich es ihr anbiete. Ich habe das Gefühl, es sind immer diejenigen am großzügigsten und gastfreundlichsten, die am wenigsten haben.

Statt des Geldes gebe ich ihr meine Sonnenbrille, die nimmt sie gerne. Rexingjangdol meint, wir sollen am Rückweg unbedingt wieder bei ihr vorbeikommen. Das machen wir mit Sicherheit! Ich überlege schon, was ich ihr aus Padum mitnehmen könnte. Hühner haben wir keine bei den Frauen gesehen, vielleicht sind Eier etwas Besonderes. Oder Nüsse und getrocknete Marillen. Und Butter möchte ich ihr das nächste Mal abkaufen, jetzt haben sie keine, denn sie haben alles verkauft. 300 Rupien bekommen sie für ein Kilo, das nach Leh, der Hauptstadt von Ladakh, transportiert wird. Also etwas mehr als 4 Euro. Das ist gar nicht so viel, wenn man die harte Arbeit bedenkt. Joghurt verkaufen sie nicht, das essen sie selber.

Die Atmosphäre in dem kleinen Dorf ist für uns äußerst angenehm, entspannt, ruhig, zufrieden und fröhlich. Die Frauen tratschen gerne, lachen und singen. Und ich mitten unter ihnen lache mit, weil es einfach ansteckend ist. Peter streichelt die Kälber, die überhaupt nicht ängstlich sind. Völlig entspannt liegen sie neben ihm, lassen sich kraulen und genießen. Glücklich und mit einem weiteren unvergesslichen Erlebnis kehren wir zu unserem Fahrzeug zurück. Noch oft werden wir an das Dorf Omadangze (oma bedeutet Milch) denken, auch der Geruch unserer Kleidung wird uns daran erinnern: Eine Kombination aus Kuh, Yak, Dzomo, Mist und saurer Milch.

Abrang heißt das nächste Dorf. Beim Polizeiposten bittet man uns stehenzubleiben und uns zu registrieren. Ein kleiner faltiger Mann begrüßt uns, er grinst bis über beide Ohren. Viele Male bedankt er sich für den Zettel mit unseren Daten, den wir ihm aushändigen. Die Unterhaltung ist einfach, aber herzlich. Seine Heiterkeit steckt an. Er kommt mit zu unserem Lkw, schaut in das Führerhaus und ist begeistert. Als Peter ihm eine von den Plastikrosen schenkt, die in der Blumenvase in der Mittelkonsole stecken, wird sein Grinsen noch breiter. „Haha!", lacht er laut auf und bedankt sich. Auch wir beginnen zu lachen und fahren fröhlich weiter.

Auf einer Wiese neben der Piste parkt ein weißes Wohnmobil. Das letzte haben wir, so glaube ich, in Oman gesehen. Jetzt sind wir natürlich neugierig. Es ist ein Iveco mit Wohnmobilaufbau aus Frankreich. Auf dem Alkoven ist ein Aufkleber angebracht, darauf steht: GYPSY. Daneben das „Peace-Zeichen". Sehr sympathisch. Wir klopfen an die Eingangstüre, die auf der Rückseite eingebaut ist und sogleich wird sie geöffnet. Nun ja, nicht die ganze Türe, denn sie ist zweigeteilt, wie bei einer Pferdebox. Aus dem geöffneten oberen Teil schaut ein bärtiger, älterer Mann mit Brille und lacht. So lernen wir Jean-Claude kennen. Und gleich darauf seine Frau Jenny. Wir verstehen uns auf Anhieb gut mit dem englisch-französischem Paar und entdecken einige Parallelen zu uns. Sie führen ein unkonventionelles Leben, haben 2 Jahre in einem Wohnwagen gelebt, waren Schafzüchter, hatten einen Bauernhof und waren viel im Ausland unterwegs. In ihrem typisch französischen Wohnmobil erzählen sie uns von ihrem Leben. Kennengelernt haben sich die beiden in Togo, Westafrika. Jenny hatte damals schon drei Kinder und war 35 Jahre alt. Jetzt ist sie knappe 70 und Jean-Claude 62. Lustig sind sie beide. Jenny hat viel erlebt, sie war insgesamt dreimal verheiratet. Der dritte Ehemann ist Jean-Claude, mit dem sie einen gemeinsamen Sohn hat. Jenny liebt das Reisen über alles, aber auch immer mehr ihren Rosengarten in den französischen Alpen. „Ich glaube, ich werde jetzt langsam alt", sagt Jenny.
Es ist Zeit für das Abendessen, jeder kocht für sich und so verschwinden wir in unseren Lkw und verabreden uns für später. An diesem Tag gibt es etwas Besonderes zu essen – Marillenknödel. Die Marillen habe ich in Kargil gekauft, jetzt sind sie reif und süß. Semmelbrösel habe ich noch aus Österreich. Es kann also losgehen! Zwölf Stück werden es insgesamt, also genug, um Jenny und Jean-Claude eine Nachspeise mitzubringen. Belohnt

werden wir mit Geschichten. Jenny ist in Fahrt und der Abend bzw. die Nacht kurz und extrem lustig.

Eine Geschichte aus ihrer Jugend: Jenny ist in London. Sie fährt mit dem Auto von einer Nachtkluberöffnung nach Hause, es ist 3 Uhr früh und es regnet. In einer 90-Grad-Kurve fährt sie gerade aus weiter und landet in einem Schaufenster. Ein Polizist ist sofort zur Stelle und fragt: „Have you been late night shopping?" (Waren Sie noch ein bisschen einkaufen in der Nacht?). Er bestellt Jenny ein Taxi und lässt ihr Auto in die Werkstatt bringen. Ich kann mir ausmalen, wie hübsch Jenny damals gewesen sein muss ...

Noch eine Geschichte, diesmal aus Frankreich. Jenny und Jean-Claude wollen eines ihrer Schafe schlachten. Da es ihnen leid tut, betäuben sie es mit Äther. Jedes Mal, wenn sie das Messer am Hals ansetzen, erwacht das Schaf. Das wiederholt sich ein paar Mal. Sie schaffen es irgendwann doch, das Tier zu schlachten und es landet in der Gefriertruhe. Als sie es Wochen später herausnehmen und zubereiten wollen, riecht es total nach Äther, so wie auch die gesamte Gefriertruhe.

Viele Geschichten folgen noch in dieser Nacht, am nächsten Tag haben wir alle vom Lachen einen Muskelkater im Bauch. Die beiden verlassen uns jedoch, denn sie brauchen eine Internetverbindung und die gibt es nur im Hauptort von Zanskar, in Padum. Ihr Reiseziel ist Tibet, wir drücken ihnen die Daumen, dass es ihnen gelingt.

Als wir 2 Tage später in Padum ankommen, dauert es nicht lange und wir entdecken den weißen Iveco, der am Straßenrand parkt. Der Fahrersitz ist leer, aber Jenny sitzt vorne, vertieft in ein Buch. Wir klopfen an ihre Scheibe und was macht sie? Sie hält schützend das Buch vor die Seitenscheibe und schreit: „Go away! I don't like you here!" Wir sind sprachlos. Als sie bemerkt, dass es wir sind, kurbelt sie die Scheibe runter und entschuldigt sich. Zur Erklärung sagt Jenny, dass sie schon seit über 3 Stunden hier sitzt und auf Jean-Claude wartet und während dieser Zeit redet sie alle 2 Minuten jemand an, um zu fragen, wer sie ist, woher sie kommt, ob sie etwas braucht usw. Sie hält diese Fragen einfach nicht mehr aus!

Wir erledigen unsere Einkäufe, Gemüse, Obst, Brot und sogar Bier gibt es wieder zu kaufen. Das war im Übrigen Peters erste Reaktion, als wir im

Suru-Tal den ersten buddhistischen Stupa gesehen haben: „Dort, wo die Buddhisten sind, gibt es vielleicht auch Bier!" Als wir unsere Einkäufe bei unserem Lkw abladen, sehen wir, dass der französische Iveco immer noch am selben Platz steht. Wir schleichen uns an und stellen gleichzeitig mit verstellten Stimmen die Frage: „Where are you from?" Sogleich ertönt es in schriller Stimme: „Go away!" Weiter kommt Jenny nicht, denn wir müssen so laut lachen, dass sie uns sofort erkennt.

Nördlich von Padum, nahe dem Dorf Tsazar, bleiben wir ein paar Tage. Stille und Ruhe umgibt uns. Und viele Berge. Hohe Berge. Die Berge des Himalajas. Gewaltig sind sie und doch nicht monströs. Die Atmosphäre hier ist entspannt und entschleunigt. Kaum Verkehr, sieht man von den fünf Autos am Tag ab. Die Zanskaris sind einzigartig, genau wie die Landschaft hier. Sie lächeln und lachen, sind offen, abgehärtet durch das Klima, aber nicht hart. Sind spirituell und religiös, durch und durch Buddhisten. Sie wirken zufrieden und ich glaube, dass sie es wirklich sind. Sie sind bewundernswert. Hier wollen wir bleiben, die Ruhe tut uns gut.

Nach 3 Tagen kommt die erste Besucherin, eine ältere Schafhirtin. Wie alle Zanskaris strahlt auch sie. Ich schüttle ihre kleine, raue Hand. Sie lässt meine nicht mehr los, weil sie kalt ist. Sie möchte mich wärmen. Ich nehme die alte Frau mit zu unserem August, zeige ihr außen die Fotos und Malereien aus Afrika und wie man unsere Stiege zusammenklappen kann. Das gefällt ihr. Ganz beiläufig zeigt sie mir die Sohlen ihrer Wollstiefel. Löcher, nichts als Löcher. Ich ziehe meine Schlapfen aus und gebe sie ihr zum Probieren. Sie lacht, zieht sie an, wieder aus und stellt sie vor meine Füße. Ich nehme sie und drücke sie der alten Frau in die Hand. Wieder lacht sie, bedankt sich mehrmals. „Juleh, juleh!", sagt sie fröhlich und marschiert mit ihren Wollstiefeln in der Hand davon. Ich liebe Zanskar! Die Menschen, die Berge, die Tiere, die Stimmung und die Ruhe! Es fühlt sich an wie meine zweite Heimat. So etwas habe ich noch nie erlebt.

Wir wollen wissen, wie weit die Straße entlang des Zanskar-Flusses Richtung Norden schon fertiggestellt ist und fahren bis zu ihrem Ende. Es ist das Ende der Straße, das Ende der Welt, aber einer sehr schönen Welt. Es ist der Ort, den wir nicht gesucht, aber gefunden haben.

August parkt am Ufer des Zanskar-Flusses, der sich schnell und grau-braun seinen Weg durch die Berge zum Indus bahnt. Gegenüber, am anderen Ufer, wohnt eine Familie, Bauern, mit einer kleinen Gruppe Yaks und Dzo. Und das war es schon. Der Himmel ist dunkelblau, Rosenbüsche blühen überall, Kräuter – in erster Linie Thymian – entwickeln ihr volles Aroma, eine traumhafte Bergkulisse umgibt uns und dazu eine unglaubliche Stille. Der Mond wird bald voll und taucht den Zanskar-Fluss in eine an Quecksilber erinnernde Farbe. Es ist einer der schönsten Plätze auf dieser Erde! Hier haben wir die Muße, unsere Aufzeichnungen zu vervollständigen und uns endlich unserem Buchprojekt (über Afrika) zu widmen. Auch August hat wieder Pflege verdient, kleine Reparatur- und Servicearbeiten sowie Verschönerungen. Dazwischen wandern wir durch diese fantastische Bergwelt und bestaunen die vielen Sternschnuppen in den klaren Nächten. Herrlich! Die Natur kann einfach nichts übertreffen!

In erster Linie aber genießen wir den Tag, das Leben. Und das ist wunderbar. Dadurch, dass wir keine fremden Einflüsse haben, sind wir nur auf uns konzentriert. Sind nicht abgelenkt. Es geht nur um uns und um das Leben. Und das genießen wir. Zanskar färbt auf uns ab, wir sind tief entspannt. Wer hier innerlich nicht zur Ruhe kommt, der schafft es nie. Stundenlang sitzen wir auf den von der Sonne aufgeheizten Felsen, lesen, sinnieren, plaudern und stellen wieder einmal fest, welch ein Glück es doch ist, dass wir uns gefunden haben.

Viele Menschen zu Hause fragen uns, wie wir es bloß aushalten, zu zweit auf 9,5 m² zu leben. Ob wir uns nicht auf die Nerven gehen auf so engem Raum. Unsere Antwort lautet immer gleich: NEIN. Wir haben den richtigen Partner für das Reisen und – was noch wichtiger ist – den richtigen Partner für das Leben gefunden.

Langsam wird unser Wassertank leer, wir sparen wo es nur geht, um länger an diesem wundervollen Ort bleiben zu können. Ich überlege, was ich kochen kann, das wenig Wasser braucht. Zum Abwaschen, Haare waschen und zur Körperpflege gehen wir in den Fluss. Brr, sogar jetzt im Sommer ist er eiskalt. Also verlegen wir diese Tätigkeiten auf den frühen Nachmittag, wo die Sonne noch viel Kraft hat.

Es hilft alles nichts, irgendwann ist der Tank leer und so fahren wir zurück nach Padum, der Hauptstadt von Zanskar, die auf 3.550 Meter liegt. Obwohl Padum in unserem Reiseführer nicht gut wegkommt, mag ich es. Es ist ein kleines Nest mit vielen Geschäften und netten Leuten. Es gibt eine einzige Bäckerei und diese mag ich sehr! Die zwei Vitrinen sind voller Leckereien, verschiedene Fladenbrote, Milchbrote und Konditorware. Es gibt Kekse, Kuchen, Blätterteigtaschen und zanskarische Schaumrollen. Ich glaube, ich muss in meinem vorigen Leben ein Hamster gewesen sein. Peter schüttelt nur den Kopf, als ich das Geschäft mit zwei Taschen voller Gebäck verlasse. Dafür schlägt Peter beim Fleischhauer zu. Wir haben Glück, denn heute gibt es frisches Hammelfleisch, das Peter voller Vorfreude in die Kühlbox legt. Als wir in eine schmale Seitengasse einbiegen, steht eine alte Frau vor mir. Ich begrüße sie und frage, wie es ihr geht, auf Ladakhi selbstverständlich: „Juleh. K'amzangleh?" Sie antwortet, grinst und legt mir einen Arm und die Hüfte. Ich lege meinen um ihre Schulter. So gehen wir ein paar Schritte, bis wir vor einem Geschäft stehen bleiben, ihrem Geschäft. Es ist eine kleine Greißlerei, wo man so ziemlich alles kaufen kann. Öfen, Töpfe und Besen bis hin zu Gewürzen, Lampen und Kleidung. Und bunte, handgestrickte Schafwollsocken. Die haben es mir angetan. Ich suche mir zwei Paar aus, probiere sie und frage nach dem Preis. Uff, ich glaube, da muss ich länger feilschen. Doch handeln lässt die alte Frau nicht mit sich, sie schneidet Grimassen und meint, sie brauche ja auch etwas zu essen. Recht hat sie, also bezahle ich den gewünschten Betrag.
Sogar ein Touristenbüro gibt es hier. Der Leiter ist ein bemerkenswerter Mann. Obwohl wir nur ein paar Fragen bezüglich Trekkingtouren haben, bleiben wir länger als 2 Stunden in seinem Büro. Nebenbei bekommen wir eine kurze Einführung in den Buddhismus und das Leben der Zanskaris. Die Menschen leben ihre Religion, ich bin zutiefst beeindruckt. Alles ist positiv, friedlich, gewaltlos. Als Beispiel nennt er die Aussage des Dalai Lamas bezüglich Bin Laden: „Tötet ihn nicht, denn es werden viele andere nachkommen. Der Mensch ist immer das Ergebnis seiner Erziehung, es kommt darauf an, wie er aufgewachsen ist. Wäre Bin Laden buddhistisch erzogen worden, so wäre er heute ein guter Mensch."

„Was machen die Zanskaris eigentlich im Winter?", möchte ich wissen. Der nette Mann im Touristenbüro beantwortet uns die Frage sofort: „Viel lesen, schlafen, meditieren und Gerstenbier trinken. Zanskar ist im Winter ein schönes, weißes Land." Das klingt doch gar nicht schlecht. Die Einheimischen leben fast autark hier. Sie betreiben Viehzucht mit Yaks, Schafen und Ziegen und erzeugen Produkte aus der Milch (Joghurt, Butter und getrockneten Käse). Auf ihren Feldern bauen sie Gerste, Weizen und Erbsen an, seit der Klimaerwärmung auch Gemüse wie z. B. Kartoffeln und Tomaten.

Es gibt hier genügend Wildkräuter, aber die Menschen haben schon viel von dem Wissen über deren Verwendung und ihre Heilkräfte verloren – ähnlich wie in Europa. Dafür haben sie Amchis. Ein Amchi ist ein Arzt der traditionellen tibetischen Medizin. Dieser stellt aus allen möglichen Pflanzen Medizin her, ganz ohne unerwünschte Nebenwirkungen. „Besonders wichtig ist der Magen und der gesamte Verdauungstrakt. Ist dieser Bereich schwach oder kränklich, so bist du als ganzer Mensch nicht gesund und vice versa", erzählt uns der Mann aus dem Touristenbüro. Wie wahr!

Nächstes Thema: Der Schneeleopard.

An und für sich erbeutet der Schneeleopard in den Bergen genügend Futter (Steinböcke, wilde Schafe), doch wenn er einmal nichts findet, so kommt er im Winter in Dörfer und tötet Schafe. Er frisst sie aber nicht, sondern trinkt nur das Blut, dafür aber gleich von mehreren Tieren, und zwar bis zu zwölf auf einmal! In so einem Fall wurde der Leopard früher von den Menschen getötet. Heute wissen sie, dass der Schneeleopard vom Aussterben bedroht ist und dass sie ihn verschonen sollen. Eine Organisation hat die Aufklärungsarbeit übernommen. Ob sie finanziell unterstützt werden, wenn ihre Tiere der Raubkatze zum Opfer fallen, möchte ich wissen.

Darauf hat der Mann leider auch keine Antwort.

Dieselbe Organisation bildet die Zanskaris in den kleinen Dörfern auch für den Umgang mit Touristen aus. Entlang der Wanderwege bieten nun Familien Unterkünfte und Verpflegung bei sich zu Hause an oder eröffnen kleine Imbissbuden, um das Einkommen ein bisschen aufzubessern. Denn nur in den kleinen Dörfern kann man auch Yakbutter, tsampa, Jos (geröstete Gerse) und Tschurpe (getrockneten Käse) kaufen. In den Geschäften in Padum sind diese Lebensmittel nicht erhältlich. In ein paar Tagen werden wir mehr wissen, wenn wir zu unserer Wanderung aufbrechen.

Wir sind in Reru gelandet, einem Dorf am Lungnak-Fluss, 23 Kilometer südlich von Padum. Am Ortseingang steht ein Stupa und genau hier parken wir, mit Blick aufs Dorf und die Berge. Am späten Nachmittag erklimme ich einen kleinen Hügel, um zu fotografieren und sehe, dass Peter Besuch bekommt. Eine alte Frau mit Rückentrage geht auf ihn zu, bestaunt unser Fahrzeug und redet ununterbrochen auf Peter ein – natürlich in ihrer Muttersprache Ladakhi. Zweimal umrundet sie unseren Lkw, palavert was das Zeug hält und lacht. Für sie ist das, was sie macht, das natürlichste auf der Welt: Kontakt aufnehmen, tratschen und kurz darauf weitermarschieren.

Als ich zurückkomme, beginne ich gleich mit dem Kochen, denn heute gibt es ein Festessen. Das Hammelfleisch, das Peter in Padum erstanden hat, ist vom hinteren Rücken, hat Knochen und viel Fett, wie ich jetzt sehe. Wir freuen uns schon wahnsinnig, haben wir doch ewig schon kein Fleisch mehr gegessen. Als ich das Fett entferne, bleibt gar nicht mehr so viel übrig von dem Kilo. Am besten, ich koche das Stück im Ganzen mit dem Knochen, natürlich im neuen Druckkochtopf. Wieder ein Experiment. Ich fülle den Topf mit Gemüse, Gewürzen, Kräutern, Wasser und natürlich dem Fleisch voll und 45 Minuten später sitzen wir schon bei Tisch und speisen.

Als Peter herzhaft das Fleisch vom Knochen nagt, taucht ein rot gekleideter Mönch vor unserem Fenster auf und lädt uns zum Meditieren ein. Zumindest interpretieren wir das so. Sehr gerne, aber ein bisschen später. Er geht. Wir sind noch nicht einmal mit dem Essen fertig, ist der Mönch wieder da. Mit gepflückten Rosen steht er vor der Tür. Jetzt muss ich natürlich rausgehen. Auch die Kinder, die mitgekommen sind, schenken mir Blumen, die sie neben mir abrupfen. Was für eine liebe Geste! Der Mönch bedeutet mir, ins Dorf mitzukommen, heute wird eine Hochzeit gefeiert. Ein Mädchen aus Pipcha und ein Mann aus Reru geben sich heute das Ja-Wort. Da kommen wir natürlich mit! So ein Glück, dass wir zur richtigen Zeit in diesem netten Dorf angekommen sind.

Je wohlhabender die Familie des Bräutigams ist, umso länger dauert die Hochzeit. In Reru sind es 4 Tage. Am ersten Tag wird getrennt gefeiert, also die Braut in ihrem Heimatdorf Pipcha und der Bräutigam in Reru. Am zweiten Tag wird das Mädchen vom Bräutigam abgeholt. Heutzutage mit dem Auto, noch vor einigen Jahren geschah dies mit Pferden, denn Straße gab es damals noch keine. Heute ist Tag 2.

Neben dem Haus des Bräutigams wurde eine Feldküche aufgebaut. Wir kommen am frühen Abend dorthin und überall herrscht geschäftiges Treiben. Wir setzen uns auf ein paar Decken und bekommen sofort Tee serviert. Rund um uns wird gegessen und getrunken. Wir haben ja erst gespeist, lehnen daher dankend ab. Unglaublich, was die Leute alles auftischen. Berge von Reis, Linsen, tsampa und sogar Hammelfleisch! Gegessen wird mit den Fingern. Auf den Buttertee folgt Chang, selbstgebrautes Gerstenbier. Das kosten wir natürlich auch. Es schmeckt ähnlich wie Sturm in Österreich, also sehr gut. Ich bin trotzdem vorsichtig damit, denn ich habe keine Ahnung, wie viel Alkohol darin steckt. Das ist aber gar nicht so einfach, denn die Gastgeber sind sehr aufmerksam und schenken mir andauernd nach. Am besten, ich esse etwas, ich koste Gur, das sind frittierte Teigstangen, sozusagen Grissini, aus Zanskar. Schmecken auch lecker! Es ist ein ständiges Kommen und Gehen, nur wir bleiben sitzen. Schauen und staunen.

Inmitten der Menschenmenge entdecken wir auch ein junges, europäisch aussehendes Mädchen, das sich angeregt mit einigen Dorfbewohnern unterhält. Wir kommen kurz mit ihr ins Gespräch und erfahren, dass sie aus Deutschland kommt und hier an der Schule unterrichtet. Sehr interessant! Wir verabreden uns für den nächsten Tag, sie verspricht, zu unserem Lkw zu kommen.

Dann verlassen die Mönche das Haus des Bräutigams, man gibt uns zu verstehen, ihnen zu folgen. Wir landen auf dem Dorfplatz, wo noch mehr Menschen versammelt sind. Auch sie essen, trinken und singen. Die Braut ist gekommen, komplett verhüllt in weißem Stoff, mit Blumen und Quasten geschmückt. Die vier angesehensten Männer im Dorf tragen gelbe und orange Mäntel sowie extravagante Hüte, die einem Geschenkkorb ähneln.

Sie beginnen zu tanzen, machen kleine Schritte und bewegen die Arme dazu. Einer schlägt die Trommel, alle singen. Nach etwa 10 Minuten zieht die Gesellschaft ein Stück weiter auf einen anderen Platz, wo die Mönche vom Kloster Mune warten. Die Formation ist u-förmig. Auf der Stirnseite stehen die Mönche in ihren roten Gewändern und orangefarbenen Hauben. Zwei haben allerdings eine gelbe Mütze auf. Sie ist riesig und imposant, die Form erinnert an eine Schlumpfhaube.

Das Brautpaar steht an der Längsseite dieses Hufeisens und in dessen Mitte werden nun Geschenke deponiert: Kisten, Säcke und davor ein flacher Stein. Die Mönche beginnen zu beten, ein Sprechgesang begleitet von Trommeln und Tschinellen (Paarbecken). Junge Mönche halten Papierstreifen in der Hand, von denen die Mönche die Texte ablesen können. Der älteste Mönch tritt in die Mitte und wirft einen Gegenstand, den wir nicht erkennen können, gegen den flachen Stein und plötzlich gehen die Menschen zu den Geschenken und treten mit den Füßen dagegen oder besser gesagt, sie tun so als ob.

Danach macht sich die Gesellschaft auf den Weg zum Haus des Bräutigams. Die Braut bleibt auf den Stiegen vor der Haustüre stehen, die vier Männer mit den Hüten leiten die weitere Zeremonie. Ich vermute, sie erbeten Einlass für die Braut ins neue Heim. Aus dem lauten Gemurmel der Menschen ertönt nun wieder Sprechgesang. Wir stehen mitten in der Menge und das scheint niemanden zu stören. Wir fühlen uns willkommen und sind einfach nur fasziniert, die Leute und die Zeremonie beobachten und erleben zu können. Nach etwa 10 Minuten verschwinden das Brautpaar, die Familie und die Lamas im Haus. Gefeiert wird aber im ganzen Dorf bis in die Morgenstunden. Als wir nach Hause gehen, sehen wir einen alten Mann mitten auf dem Dorfplatz liegen. Wir helfen ihm auf, er bedankt sich lallend und torkelt gleich Richtung Feldküche – weiter geht das Fest!

Obwohl alle fröhlich sind, ist die Stimmung doch eine ganz andere als auf einer Hochzeit in unserer Heimat. Es ist ruhiger, die Bewegungen bei den Tänzen sind langsam und bedacht, die Mantras und Gebete der Mönche klingen für unsere Ohren ein wenig traurig. Eine gänzlich andere Kultur, die dank der Abgeschiedenheit Zanskars noch sehr ursprünglich ist. Geprägt vom tibetischen Buddhismus und von dieser einzigartigen Landschaft, einer Wüste eingebettet zwischen den Hochgebirgen des Himalajas im Norden und der Zanskarbergkette im Süden. Erst seit 1978 ist dieses einstige Königreich über eine Straße erreichbar, nämlich jener Piste, die wir von Kargil aus befahren haben. „Wenn ein Tal nur über einen hohen Pass zu erreichen ist, kommen lediglich gute Freunde oder schlimme Feinde!", lautet eine tibetische Weisheit. Ich finde sie äußerst treffend. Mit tausend neuen Eindrücken im Kopf legen wir uns ins Bett und schlafen glücklich ein.

Am nächsten Vormittag besucht uns die deutsche Lehrerin. Kurz vor Mittag ist ihr Arbeitstag heute schon beendet. Sie kommt ins Staunen, als sie unser Wohnmobil betritt und all die Annehmlichkeiten sieht, die wir haben. Ihr Leben hier in Reru ist sehr einfach und bescheiden. Nur noch 3 Wochen wird sie hierbleiben, denn ihr indisches Visum läuft ab. Gekommen ist sie im Winter. Mit dem Flugzeug von Delhi nach Leh und dort war gleich einmal Schluss. Kathrin wurde krank, hat die Höhe nicht gut vertragen, immerhin liegt die Hauptstadt von Ladakh auf 3.500 Meter. Eine Familie hat sie aufgenommen und sie so lange gepflegt, bis sie bereit war, weiterzureisen. Eine kleine Delegation aus dem Dorf Reru holte sie ab, gemeinsam bestiegen sie den Bus, der sie in 5 Stunden nach Chilling brachte. Von dort ging es zu Fuß weiter, über den zugefrorenen Zanskar-Fluß, der einzigen Möglichkeit, im Winter nach Zanskar zu gelangen. Und das geht nur in der kältesten Jahreszeit, im Jänner und Februar, wenn die Temperaturen nachts unter -20 °C sinken und der Fluß zuzufrieren beginnt. „Chadar" wird diese Route von den Einheimischen genannt, was so viel wie „Decke aus Eis" bedeutet. Es ist ein traditioneller Handelsweg, um die in Zanskar hergestellte Butter nach Leh zu transportieren und dort zu verkaufen.
3 Tage lang war Kathrin auf dem Fluss unterwegs. Es war eine anstrengende und abenteuerliche Tour, die sie gemeinsam mit ihren Begleitern, anderen Zanskaris und Mönchen meisterte. Sie nächtigten in Höhlen entlang des Flusses, wo sie sich mit Feuer warm hielten und dann in der Nacht eng beieinander lagen. Manchmal so eng, dass sie sich nur mit dem Kopf zu den Füßen des Nachbarn legen konnten. Wir lauschen gebannt, sind fasziniert

von ihrer Geschichte und der bescheidenen Art, mit der sie erzählt.
Wir laden Kathrin zum Mittagessen ein, es sind noch Reste von gestern da: Hammeleintopf mit Polenta. Jetzt beginnen ihre Augen zu leuchten, denn ihr Speiseplan ist wenig abwechslungsreich hier in Reru und nach Padum kommt sie nicht oft. Es ist ein Genuss, ihr beim Essen zuzusehen. Ich krame in meinen Vorräten und schenke Kathrin Polenta und ein paar Gewürze.
Den Tee trinken wir bei ihr zu Hause. Sie bewohnt ein Zimmer neben der Schule, es hat große Glasfenster, ein Bett, einen Tisch, eine Vitrine und, was das Wichtigste ist, einen Ofen. Ziemlich kalt war es im Winter, erzählt Kathrin, aber man gewöhnt sich daran, die Kleidung legt man nie ab. Zur Toilette hat sie es nicht weit. Es ist ein Plumpsklo, aber das System ist anders als in Österreich. Das Klohäuschen steht nicht auf einer Grube, sondern es ist erhöht und an einem Hang platziert, sodass darunter eine Art Kellerraum entsteht, den man durch eine Tür betreten kann. Die Luft in Zanskar ist so trocken, dass die Flüssigkeit in den Exkrementen sofort verdunstet. Zurück bleibt wertvoller Dünger. Und man kann sich sicher sein, dass das Plumpsklo im Winter nie lange besetzt ist.
Als wir zu unserem Lkw zurückkehren, wartet schon Besuch. Ein paar Kinder aus dem Dorf haben sich versammelt, sie möchten unbedingt in unser Fahrzeug hineinschauen. Kein Problem, es sind ja nur sieben Kinder. Ganz aufgeregt klettern sie die Stiegen hinauf, am meisten ziehen sie unsere Fotos in den Bann, die an der Wand hängen. Ich würde so gern verstehen, was sie die ganze Zeit reden. Wieder draußen setzen wir uns auf den Boden und ich zeige ihnen einen Bildband von Österreich. Am liebsten schauen sie sich die Menschen an, die Seen, Flüsse und die saftig grünen Wiesen. Welch ein Kontrast zu Zanskar. Ich spiele mit ihnen Mensch ärgere dich nicht (Ludo), die Kinder lieben es! Wir haben viel Spaß miteinander und schlussendlich schenke ich ihnen das Brettspiel.
Die nächsten Besucher nahen, diesmal sind es Frauen, die von der Feldarbeit kommen. Nachdem die Tür unseres Wohnmobils offen steht, schauen sie neugierig herein. Peter bittet sie, einzusteigen. Interessiert begutachten sie alles, besonders die Küche mit dem vierflammigen Gasherd und dem Spülbecken. Lange höre ich noch reges Tratschen in unserem Lkw. Als es

dunkel wird, sind wir wieder alleine, genießen die Ruhe und freuen uns auf den morgigen Ausflug nach Mune.

Die Nachbarortschaft Mune liegt nur 1,5 Stunden entfernt, zu Fuß natürlich. Bei strahlendem Sonnenschein marschieren wir an der Piste entlang und erreichen schon bald das Kloster von Mune. Wir wollen den Mönch besuchen, der uns zur Hochzeit in Reru eingeladen hat. Verdächtig ruhig ist es im Gompa (Kloster), aber wir hören Stimmen und Geschrei, das von einer Wiese neben dem Kloster zu uns dringt. Wir sehen drei Mönche und viele junge Novizen. Sie winken uns heran, grüßen uns, schenken uns eine Tasse Tee ein und widmen sich wieder ihren Spielen. Es ist wohl eine zanskarische Turnstunde.

Die Buben messen ihre Kräfte. Mehrere rote Stoffbahnen sind zu einer großen Schlaufe zusammengebunden, die Enden liegen jeweils um den Hals von zwei Jungen, die sich gegenüberstehen. Auf das Kommando „Chig, nyis, sum", also „Eins, zwei, drei", versuchen sie den Gegner über die Mittellinie zu ziehen. Ihre langen roten Roben sind dabei nicht unbedingt von Vorteil. Eine Variante ist, diesen Wettkampf in der Bankstellung auszuführen, eine andere, den Stoff nur in der Hand zu halten und zu ziehen. Von den Mitschülern werden die Buben natürlich lautstark angefeuert. Am meisten Stimmung kommt auf, als die Novizen in zwei Gruppen aufgeteilt werden und gegeneinander beim Seilziehen antreten. Sie sind mit vollem Ernst bei der Sache, total konzentriert, der Schweiß rinnt unter den dicken orangefarbenen Hauben hervor. Die Siegermannschaft schreit und jubelt.

Der nächste Bewerb ist der Hochsprung, auch hier dient die rote Stoffbahn als zu überwindendes Hindernis. Der lange dunkelrote Rock, den die Novizen tragen, wird einfach hochgerollt und um die Hüfte gebunden. Die Jungs sind wirklich talentiert. Ich habe den Eindruck, dass es ihnen genauso viel Spaß macht wie den Mönchen.

Am Nachmittag bereiten wir alles für die bevorstehende Wanderung zum Phuktal Gompa (Kloster) vor. Wir sollten es in 4 Tagen von Reru aus schaffen, inklusive Rückweg. Da es am Tag recht heiß ist, in der Nacht jedoch stark abkühlt, brauchen wir relativ viel Kleidung. Auch die dicken Schlafsäcke packen wir ein und eine Unterlagsmatte. Nüsse, getrocknete

Marillen, geröstete Gerstenkörner und was wir sonst noch an Jause haben verschwindet im Gepäck. Puhh! Der Rucksack ist schon ganz schön schwer. Wir beschließen, das Zelt nicht mitzunehmen, es gibt im Sommer in Zanskar ohnehin keinen Niederschlag. Wir wollen auf dem Weg bei Einheimischen im Garten nächtigen und auch bei ihnen essen. Als wir draußen die Karte studieren, nähern sich zwei Wanderer. Von Weitem hören wir sie plaudern und der Dialekt der beiden kommt uns sehr bekannt vor. Sie stellen sich als Moni und Buddy aus Reichenau/Rax vor und sie sind auf Trekkingurlaub.

Im Vergleich zu uns sind sie sehr luxuriös unterwegs. Im Rahmen einer organisierten Tour wandern sie 3 Wochen lang quer durch Zanskar, begleitet von zwei örtlichen Führern, einem Koch, acht Packpferden und zwei Pferdeführern. Mit von der Partie sind noch zwei Freunde von Moni und Buddy, Margit und Smokey. Jedes Paar hat ein eigenes Zelt, außerdem gibt es noch ein Küchenzelt und ein Speisezelt. Die beiden zeigen uns ihr Lager. Ihr Wanderführer, Chamba, hat im Speisezelt schon Campingtisch und Sessel aufgestellt, ein Tischtuch darübergebreitet und ist gerade dabei, die Servietten zu falten! Wir fassen es nicht. Wir sind zum Abendessen eingeladen. Als Chamba zur Nachspeise einen frisch gebackenen Kuchen mit Glasur und der Aufschrift „Happy Zanskar Trekking Group" auf den Tisch stellt, fehlen mir die Worte. Es wird ein sehr netter und witziger Abend mit den Reichenauern, doch wir verabschieden uns bald, denn morgen wird ein langer Tag.

Der Pfad folgt der Schlucht des Lungnak-Flusses, der von Gletscherwässern gespeist silbern und meist geräuschvoll Richtung Norden fließt. Wir wandern am Westufer entlang, rechts von uns ragen steil die Felsen empor und links brodelt der Fluss, viel Platz für den Weg bleibt da nicht. Unser Trainingszustand und das Gewicht des Rucksackes, immerhin 13 Kilogramm, zwingen uns in die Knie. Wir reduzieren das Tempo, legen mehr Pausen ein, weiden unsere Augen an der fantastischen Landschaft. Mehrmals an diesem Tag treffen wir die Niederösterreicher, die im Vergleich zu uns locker daher marschieren, sie haben allerdings auch nur ihren Tagesrucksack zu tragen. Am Nachmittag entdecken wir die blauen und gelben Zelte ihres Lagers bei einem Bergbauern. Eine richtige Oase ist der Bauernhof mit seinen grünen Feldern und Wiesen inmitten dieser graubraunen Bergwelt. Hier wollen auch wir nächtigen, müde genug sind wir nach 6,5 Stunden Wanderung schon. Wir begrüßen die Bauern und checken ein. Das ist gar nicht so leicht, denn ihr Englisch ist sehr vage. Mit Hilfe von Chamba vereinbaren wir Halbpension und Nächtigung.

„Ein Bier wäre jetzt ein Traum", meint Peter. Buddy stimmt ihm zu. Hier gibt es leider keines, aber am anderen Flussufer steht noch ein Hof und da könnten wir Glück haben. Eine abenteuerliche Hängebrücke führt über den reißenden Fluss. Keine zehn Pferde bringen mich da hinüber. Anhalten kann man sich auf Seilen, die in Oberschenkelhöhe verlaufen und die Brücke selbst besteht aus Holz. Man geht auf geflochtenen Weidenmatten und das über eine Länge von ca. 12 bis 15 Metern. Chamba und Smokey, einem der Reichenauer, scheint die Überquerung nicht allzu viel auszumachen, 20 Minuten später sind sie mit vier Bierflaschen wieder zurück.

Es ist ein traumhaftes Plätzchen hier, doch sobald die Sonne sinkt, wird es sehr kühl. Da gehen wir gleich zu unseren Gastgebern ins Wohnzimmer, bald darauf wird das Abendessen serviert. Reis mit Gemüseeintopf. Gut und reichlich. Danach rollen wir unsere Matten auf der untersten Wiesenterrasse aus, kriechen mit vollem Bauch in die Schlafsäcke, blicken in einen fantastischen Sternenhimmel. Bald fallen die Augen zu und wir in einen tiefen Schlaf. In der Nacht werde ich munter, es ist windig und kalt, maximal 5 °C und noch dazu stark bewölkt. Doch der Regen bleibt glücklicherweise aus.

Am nächsten Morgen trübt keine einzige Wolke den Himmel. Nach dem Frühstück (Milchtee, Fladenbrot und Yak-Joghurt) wird es schon sehr warm in der Sonne. Ich bezahle bei der Bäuerin und stelle fest, dass ich gar nicht viel Geld dabeihabe. Dummerweise hat Peter auch wenig in der Börse, was untypisch für ihn ist. Wir überschlagen kurz, wie viel wir auf dieser Tour noch brauchen werden und kommen überein, dass es genug sein müsste. Wir Esel, Hauptsache gestern haben wir uns zwei Bier geleistet!

Das Gepäck der Niederösterreicher wird auf die Pferde gepackt, wir hingegen schultern unsere Rucksäcke und marschieren etwas müde vom Vortag los. Es geht rauf und runter, rauf und runter, rauf und runter. Vor allem bergauf schnaufen wir wie eine Dampflok, wir sind aber auch auf 4.000 Meter Seehöhe. Der Pfad ist meistens schmal, ausgesetzt und von Geröllhalden durchbrochen. Dazwischen sind Staub, Sand, blühende Heckenrosen, Mani-Mauern mit eingravierten heiligen Schriften, weiße Tschorten – die glockenförmigen Reliquienschreine –, fruchtbare Felder, Schluchten und wenige, nette Dörfer.

Es ist der 8. Juli 2012, ein Sonntag. Pünktlich um 10 Uhr kommen wir nach Kalbok, wo es ein kleines Geschäft mit kaltem Bier gibt. Frühschoppen! Auf dieser Höhe begnügen wir uns aber mit einem Cola. Buddy setzt sich auf die Steinbank im Schatten des Hauses neben zwei alte Frauen und beginnt, mit ihnen zu schäkern. Zur Feier des Tages spendiert er eine Runde Buttertee.
Die ausgelassene Stimmung soll sich jedoch bald ändern. Einer der Pferdeführer kommt zerknirscht daher und berichtet, dass ein Pferd abgestürzt und gestorben ist. Es war das Pferd, das die Küchenutensilien aufgeladen hatte. Ein Fehltritt genügt, das wird uns jetzt auch wieder bewusst. Das Pferd ist die Lebensgrundlage des Mannes gewesen, sein Geschäft, sein Kapital, seine Zukunft, sein Reichtum. Der Mann ist verzweifelt. Die Reichenauer versuchen ihn zu trösten, ihm gut zuzureden. Kurzerhand beschließen sie, ihm das Pferd finanziell zu ersetzen. Ein großmütiger Entschluss, ihr habt das Herz am rechten Fleck! Wir können nichts für sie tun, nachdem sich unsere Wege bald trennen, verabschieden wir uns von den sympathischen Niederösterreichern und auch von Chamba, ihrem sehr netten Führer.

In Purne überqueren wir den Lungnak-Fluss und folgen von nun an dem Tsarap-Fluss. Nach weiteren 2 Stunden erreichen wir müde Phuktal. Beim weißen Tschorten vor dem Kloster ist ein Gästehaus und davor eine kleine Wiese oder besser gesagt, ein paar Rasenziegel. Wir fragen die Mönche, die das Gästehaus leiten, ob wir hier schlafen dürfen. Gegen ein kleines

Entgelt haben sie nichts dagegen. Ein Abendessen bekommen wir auch von ihnen serviert. Jetzt warten wir nur noch, bis die jungen Mönche ins Kloster gehen, damit wir in den Schlafsack kriechen und die Augen schließen können.

Ich schlafe gut, wache ein paar Mal auf und sehe Tausende Sterne über mir und einmal spüre ich ein Krabbeln im Schlafsack, ignoriere es aber.

Um 5 Uhr ist es bereits hell, wir bleiben aber noch im warmen Schlafsack, denn das Frühstück haben wir erst für 7 Uhr bestellt.

Als ich aufstehe, weiß ich auch, was das Krabbeln in der Nacht war. Wir liegen auf Hunderten von Asseln, die sich ihren Weg zu uns und unter unsere Matten gebahnt haben. Allein aus meiner Jacke schüttle ich 30 Tiere heraus! Noch Tage später finden wir sie im Schlafsack, im Rucksack und in der Kleidung. Aber sie sind ja harmlos, weder giftig, noch beißen sie. Dafür schmeckt das Frühstück im Asselcamp hervorragend: Frische Chapatti mit Butter und Marmelade sowie heißem Milchtee, der Peter nicht besonders mundet. Um 8 Uhr soll eine Zeremonie im Kloster stattfinden, erklären uns die Mönche. Super! Wir sind dabei. Die Lage des Phuktal-Klosters ist spektakulär. Die Gebäude des Gompas kleben wie Schwalbennester an den Felsen, der Tempel selbst befindet sich in der Höhle.

Steil windet sich der Pfad nach oben, es ist ziemlich bunt hier. Auf den Felsen liegt gewaschene Kleidung zum Trocknen, Gebetsfahnen flattern geräuschvoll im Wind und die Küchenabfälle werden anscheinend einfach in den Abgrund gekippt.

Was von Weitem wunderschön aussieht, entpuppt sich aus der Nähe als doch etwas heruntergekommen und wegen der offenen Abwasserkanäle vor allem als übelriechend. Beeindruckend und imposant ist das Kloster, das zum Gelbmützenorden gehört, aber dennoch. In den dunklen Gassen kommen uns Mönche in roten, schon ziemlich abgenutzten Roben entgegen. Auf der ersten Dachterrasse sitzen 20 Novizen im Schneidersitz in einer Reihe. Die Schuhe haben sie ausgezogen und vor ihnen dampft bereits heißer Buttertee in Aluminiumtassen, die Schüsseln daneben sind noch leer. Sie sind sehr jung, ich schätze zwischen 6 und 8 Jahren. Mönchsgewänder haben sie noch keine, aber dafür mindestens ein rotes Kleidungsstück.

Ihnen gegenüber sitzt ein Lama mit orangefarbenem Filzhut. Wir wollen nicht weiter stören und gehen auf die nächste Dachterrasse, wo das Morgengebet der erwachsenen Mönche stattfindet. Wir halten uns dezent im Hintergrund und beobachten. Die Männer sitzen ebenfalls im Schneidersitz auf Wolldecken, die im Rechteck aufgelegt sind. Der älteste Lama beginnt das Gebet, ein monotoner Sprechgesang und alle anderen stimmen ein. Dabei wiegen sie sich sanft von links nach rechts. Nur die Bergdohlen sind lauter als ihre Stimmen. Dazwischen stärken sie sich mit Buttertee, der von einem Novizen ständig nachgeschenkt wird. Auch wir bekommen wieder eine Tasse Tee – zu Peters „Freude". Schade, dass wir nicht verstehen, was die Mönche sagen.

Nach einer halben Stunde stehlen wir uns davon, verlassen den Tempel und gehen weiter hinauf zu einem Tschorten, von dem aus wir einen wunderbaren Ausblick in das Tsarap-Tal haben. Von hier könnte man Richtung Padum wandern, eine etwas schwierige Tour, die rund 5 Tage dauert. Wie eine silberne Schlange windet sich der Fluss durch die karge, graubraune Gebirgslandschaft. Eine traumhafte Bergkulisse, ich kann mich gar nicht satt sehen.

Peter ist schlecht drauf, weil es ihm nicht gut geht. Er hat Kopfweh, Kreuzweh, Hüftschmerzen und ist abgeschlagen. Vielleicht sind wir zu schnell gegangen? Oder zu viele Stunden am Tag? Oder er verträgt die Höhe nicht gut, wir sind auf 4.000 Meter. Trotzdem schultern wir unsere Rucksäcke und marschieren zurück nach Purne. Ich sehe Peter von hinten an, dass er verbissen wandert. Das ganze schöne Wegstück mit den rotbraunen Felsen kann er nicht genießen, nimmt es vermutlich gar nicht wahr. Er tut mir leid, aber beim Gehen kann ich ihm nicht helfen. Auf einem Campingplatz in Purne nimmt Peter ein starkes Schmerzmittel und ruht sich auf der Matte aus. Ich zähle bereits zum zweiten Mal unser verbliebenes Geld und rechne aus, was wir uns hier zu essen kaufen können. Drei dicke Fladenbrote aus Gerstenmehl und zwei Flaschen Cola zum Aufputschen.

Nach dem Mittagessen geht es Peter besser, ich habe schon nicht mehr damit gerechnet, dass wir heute noch weiterwandern. Ich bin erleichtert, denn wären wir hiergeblieben, so hätten wir noch zwei Nächtigungen und noch zwei weitere Abendessen gebraucht. Unser Geld hätte dafür nicht gereicht. Peter ist ausgepumpt und noch immer hungrig. Wir legen viele Pausen ein. In meinem Rucksack finde ich Traubenzucker, ein paar Nüsse und getrocknete Früchte, die ich alle Peter gebe. Und so erreichen wir tatsächlich am frühen Abend Tsetang, jenen Bauernhof, wo wir die erste Nacht verbracht haben.

Die Campingwiese ist leider etwas feucht, da die Bauern oberhalb den Acker bewässert bzw. geflutet haben. Macht nichts, wir breiten unsere Rettungsdecke unter den Matten auf und gehen ins Haus essen. Wieder sitzen wir in ihrem Wohnzimmer auf gemütlichen Matratzen, auf dem kleinen Holztischchen vor uns werden zwei Teller mit viel Reis und Gemüseeintopf abgestellt. Es duftet herrlich und schmeckt noch besser! Genau wie beim ersten Mal. Während wir essen, bewundere ich die restliche Einrichtung. Viel ist es ja nicht. Eine Wand wird von einer Vitrine aus dünnem Sperrholz dominiert. Darin stapeln sich fein säuberlich Tassen, Teller, bunte Thermoskannen, Töpfe aus Aluminium und Kupfer sowie ein Momo-Dämpfer (Dampfgarer für tibetische Teigtaschen). Hinter uns sind zwei Fenster, auf deren Bänken Geranien aus abgeschnittenen Plastikkanistern wachsen. Die Wände sind bis zur Fensterbank dunkelgrau, darüber weiß. Am Boden liegen ein paar Teppiche, mehr gibt es nicht. Einfach, aber gemütlich.

Kurz nach 20 Uhr liegen wir schon in unseren Schlafsäcken. Als die ersten Sterne am Himmel erscheinen, können wir unsere Augen schon nicht mehr offen halten und schlafen selig ein. „Bini! Schnell!", so weckt mich Peter wenig später. Ich kenne mich gar nicht recht aus, höre neben meinem Kopf aber ein Wasserplätschern. Das gibt es doch nicht, die Bauern bewässern das Gerstenfeld oberhalb von uns und fluten die Wiese, auf der wir schlafen! Ohne Rettungsdecke unter den Matten, wären die Schlafsäcke schon nass. „Blöde Weiber!", schreit Peter. Zum Glück versteht ihn niemand. Wir haben vor dem Schlafengehen eine Frau mit Spaten auf dem Feld gesehen, die für die Bewässerung zuständig ist. Schnell ziehen wir unsere Sachen zur Seite, aber das Wasser rinnt überall. „Sorry! Sorry!", hören wir von den Einheimischen, die gerade Bier brauen. Das Wasser können sie nicht aufhalten, bieten uns aber einen anderen Schlafplatz an: Zwischen zwei Rinnsalen auf einer schiefen, dreckigen Wiese, gleich neben den zum Trocknen aufgelegten Dungfladen der Yaks. Nein, danke. Peter leitet das Wasser mit Hilfe von Steinen und Stofffetzen um, aber die Wiese ist einfach schon so nass, dass wir tatsächlich auf den vorgeschlagenen Platz umsiedeln, da es der einzig trockene ist. Etwas unwohl liegen wir in den Schlafsäcken. Bei der ersten Sternschnuppe wünsche ich mir eine ruhige Nacht und schlafe tatsächlich ein. Peter hingegen sieht bis zum Morgen noch unzählige Sternschnuppen am Himmel.

In der Früh weiß ich auch, warum meine Hüfte so schmerzt, wir liegen auf hartgepresster Erde, buckelig und ohne einen einzigen Grashalm. Dafür ist meine Matte ja 1,6 Zentimeter dick! Peter kriecht wie ein alter Mann aus dem Schlafsack, sein Körper ist ganz steif. Nach dem Frühstück schaut die Welt aber schon wieder anders aus. Mit dem Geld sind wir auch durchgekommen, für den Rest kaufe ich noch Fladenbrote als Wegzehrung. Vor 8 Uhr sind wir schon unterwegs – mit müden Beinen. Und es geht wieder rauf und runter, rauf und runter ... Wir machen viele Pausen an diesem heißen Tag. Peter geht es wieder besser, nur ausgepowert ist er, aber das bin ich auch. Unangenehm drücken die Rucksäcke uns auf den Schultern, doch es ist ja der letzte Tag der Wanderung.

Nur zwei Menschen treffen wir an diesem Tag. Es ist ein Wanderer mit Führer und zwei Packpferden. Oder soll ich besser sagen, dass es ein Mountainbiker ist? Ein Rad hat er mit dabei, aber das trägt das Pferd. Und das ist auf diesem Terrain und bei diesen Pfaden auch gut so.

Als wir am Nachmittag den Anfang der Piste erreichen, hoffen wir auf ein Auto, das uns mitnimmt. Vergeblich, wir marschieren schier endlos in der prallen Sonne auf der staubigen Straße. Peter hat keine Lust mehr. Es ist schwer, ihn zu motivieren, aber mit Essen geht es immer. Wir verdrücken die letzten Chapattis und ungefähr 2 Kilometer vor Reru nimmt uns tatsächlich ein Einheimischer, den wir schon auf der Hochzeit getroffen haben, auf seinem Pick-up mit. Hurra! Runter mit den Rucksäcken und raus aus den Wanderschuhen! Kurz darauf sitzen wir mit einem Glas Bier vor unserem Lkw in der Sonne. Sehr fein. Jetzt ist auch Peter wieder glücklich und zufrieden.

Was machen wir die nächsten 2 Tage? Essen, schlafen und essen. Dazwischen schüttle ich die letzten Insekten, vorwiegend Asseln, aus den Rucksäcken und der Kleidung. An den Händen, am Hals und im Gesicht habe ich lauter Dippel bekommen, ob das von den Asseln ist? Es beginnt auf jeden Fall stark zu jucken. Wir gönnen uns eine heiße Dusche, ich wasche die Wäsche und versorge uns mit Essen. Nachdem Peter bei der Wanderung zu wenig Nahrung aufgenommen hat, koche ich zu Mittag gleich einen halben Kilo Nudeln mit Gemüsesoße. Den Rest verdrücken wir am Abend und als Nachspeise noch eine Packung Kekse. Dann sind wir schon wieder müde, immerhin ist es bereits 21 Uhr. Der Wind pfeift draußen und die Sterne leuchten. Gute Nacht!

Bei einem Spaziergang in Mune finde ich Unmengen von Thymian, gerade richtig zum Ernten. Ich bin in meinem Element. Ein Mann mit seiner Tochter kommt vorbei und grüßt freundlich. Wir setzen uns gemütlich hin und tratschen, sicher länger als eine Stunde. Lotus hat zwei Kinder und wohnt mit seiner Frau und seinem Vater in einem alten Haus in Mune. Er baut sich aber gerade am Dorfrand ein neues. Ich frage ihn, ob er das ganz alleine macht. „Nein, nein", lautet die Antwort, drei Nepalesen arbeiten für ihn, denn zum Hausbauen habe er keine Zeit. Er muss so viel arbeiten, die Felder bewässern, sich um die Tiere kümmern usw. Ich muss schmunzeln. Stress und Hektik, das gibt es hier nicht in Zanskar.

Heute macht Peter die Buchhaltung. Als ich zurückkomme, hat er einen Taschenrechner in der Hand und bombardiert mich mit Zahlen. „Weißt du, wie viel Geld wir bisher in Indien ausgegeben haben?", fragt er mich. Ich habe natürlich keine Ahnung, aber sehr viel kann es nicht gewesen sein. „269 Euro pro Monat und Person", sagt Peter mit einem Grinsen im Gesicht. Das ist doch wirklich in Ordnung! Seit 2 Monaten sind wir in Indien, da haben wir aber echt sparsam gelebt.

Und es kommt gleich noch eine Zahl: 15 Euro. Soviel haben wir auf der viertägigen Wanderung zum Phuktal-Kloster gebraucht. Drei Nächtigungen, dreimal Halbpension, einmal Mittagessen und vier Getränke. Doch wenn ich daran zurückdenke, hätte ich gerne mehr Geld für Essen gehabt.

Über Padum fahren wir nach Karsha, das nur wenige Kilometer nördlich der Hauptstadt liegt. Hier soll ein zweitägiges Klosterfest stattfinden. Wir finden einen Parkplatz am Dorfrand, nehmen unsere Kameras und das Tonaufnahmegerät und machen uns auf den Weg zum Gompa. Verdächtig ruhig ist es rundherum. Mitten im Dorf erfahren wir, dass das Fest erst am nächsten Tag beginnt. Macht nichts, so erkunden wir eben das Dorf selbst und genießen die warme Nachmittagssonne. Das Abendlicht beleuchtet gerade noch die Bergspitzen, uns fällt auf, dass der Schnee in den letzten Wochen ziemlich geschmolzen ist.

Wie überall in Zanskar ist der Weg zum Kloster etwas beschwerlich und steil. Bevor wir das größte Kloster von Zanskar betreten, drehen wir an einer riesigen Gebetsmühle, die vor dem Eingang aufgestellt ist. Die zumeist weiß getünchten Gebäude, in denen mehr als hundert Mönche des Gelbmützenordens leben, kleben auch hier an den Felsen, so wie beim Phuktal-Kloster. Wunderschöne Wandmalereien sehen wir in den Tempeln. Gut, dass wir so früh am Morgen hier sind, es ist noch relativ ruhig.

Langsam kommt Bewegung in den Tempel. Es sind zwar viele Touristen hier, aber in erster Linie sind Zanskaris anwesend. Sie nehmen oft einen mühsamen, tagelangen Marsch in Kauf, um dem Fest beiwohnen zu können. Sie kommen aus den entlegensten Dörfern und Tälern und sind einfach so interessante Menschen für mich. Am meisten begeistern mich ältere Leute, deren Gesicht vom Leben gezeichnet ist. Jeder Mensch ist absolut einzigartig. Es gibt keine Schönheitsoperationen, kein Botox und kein Lifting. Der Mensch ist so wie er ist und genauso ist er schön.

Die langen Haare der Frauen sind zu zwei Zöpfen geflochten, die ihnen zum Teil bis zur Hüfte reichen und die am Ende nochmals zusammengebunden werden. Auf dem Kopf sitzt entweder eine Wollhaube oder eine gefilzte Mütze, meistens in Orange, Rot oder Braun gehalten. Daran ist zumeist ein Anstecker befestigt, der ein Foto eines bedeutenden Mönches oder des Dalai Lama zeigt. Erstaunlich ist, dass die Frauen kaum weiße Haare haben. Die Übermäntel, die in der Taille eng gebunden sind, sind entweder violett oder dunkelgrau, aus Wolle oder einer Art Loden. Darunter tragen die Zanskaris noch einige Kleiderschichten und das, obwohl es um die Mittagszeit heiß ist. Alle haben sich wirklich herausgeputzt, sind geschmückt mit Ohrringen, Halsketten und Armreifen, alles besetzt mit türkisen Steinen. Das Fest dauert 2 Tage und findet jedes Jahr im Sommer statt. Der genaue Termin berechnet sich nach dem tibetischen Mondkalender, klärt mich ein Mönch auf, der mir irgendwie bekannt vorkommt. Natürlich! Jetzt dämmert es mir, es ist ein Lama vom Mune-Kloster. Als ich mich umblicke, entdecke ich auch einige Kinder bzw. Novizen von Mune, die mir freundlich zuwinken. Der Innenhof füllt sich. Wir setzen uns zu den Einheimischen, die alle am Rand Platz genommen haben. Die Mitte des Hofes bleibt frei für die Darbietungen. Die Musiker legen los. Trommeln, Trompeten, Tschinellen und eine Art Alphorn werden gespielt. Für europäische Ohren gewöhnungsbedürftig, aber ich bin fasziniert. Und schon kommen die ersten Tänzer über die Stiegen herunter. Mit bunten seidenen Gewändern und großen Masken auf den Köpfen, die entweder Tiere oder Geister darstellen. Die Lamas bewegen sich tranceartig, drehen sich im Kreis und hüpfen dabei ab und zu von einem Bein auf das andere. Manchmal tanzen sie zu zweit, manchmal in großen Gruppen. Die Zuseher schauen gebannt zu, von der Dachterrasse, dem Innenhof, durch die Fenster der oberen Räume. Die Tänze symbolisieren den Sieg des Guten über das Böse.

Die Zanskaris sind extrem gläubig, sie murmeln Mantras vor sich hin, drehen eine Gebetsmühle oder betasten die einzelnen Glieder ihrer Gebetskette. Einzig manche Touristen, darunter professionelle Fotografen, sind respektlos. Sie schießen Fotos in den unpassendsten Momenten, noch dazu ohne vorher zu fragen. Selbst wenn die Erlaubnis zum Fotografieren nicht erteilt wurde, drücken sie den Auslöser. Da schäme ich mich oft, die gleiche Hautfarbe zu haben.

Das Programm am zweiten Tag ist ähnlich, zumindest für uns Unwissende. Neu hinzugekommen sind ein Yak, ein Pferd, ein Schaf und ein Hund. Sie werden vom höchsten Lama geweiht. Der Andrang der Besucher ist heute noch größer, viel mehr Einheimische und weniger Touristen. Drei außergewöhnlich gekleidete junge Frauen sitzen vor den Lamas. Es sind frisch vermählte Bräute, deren Kopfschmuck mit Türkisen übersät ist und der ziemlich schwer aussieht. Perakh nennt man diese Kopfbedeckung. Die

Frauen werden von vielen Männern begrüßt, die ihnen einen weißen Seidenschal, den sogenannten Katha, um den Hals legen, ihnen gratulieren und Glück wünschen. Die jung Verheirateten strahlen über das ganze Gesicht und fühlen sich sichtlich wohl. Genau das tun wir hier auch.

Und dennoch ist es Zeit aufzubrechen, Zeit, Zanskar zu verlassen, wenn auch schweren Herzens. Obwohl jetzt Hochsommer ist, wissen wir, wie schnell der Wintereinbruch in dieser Gegend kommen kann, wie schnell die Pässe gesperrt sein können. Wir haben noch viel vor in Ladakh, dem Land hinter den Pässen, das oft Kleintibet oder Westtibet genannt wird. Dass uns die Zeit in diesem wundervollen Land zu kurz werden wird, wissen wir schon jetzt. Seit Langem verbringen wir wieder mehrere Stunden im Führerhaus unseres Lkw. Kurz bevor wir Omadangze, wo Rexingjangdol wohnt, erreichen, brettert ein Reisebus in einem Höllentempo Richtung Padum an uns vorbei. Im Dorf selbst ist es verdächtig ruhig. Als wir laut „Juleh!" schreien, kommen ältere Frauen aus den Steinhäusern. Ich bin mir nicht sicher, ob sie mich wiedererkennen. Unsere Freundin, Rexingjangdol, ist nicht da. Sie ist vor 5 Minuten mit dem Bus losgefahren. Pech gehabt. Eine der Frauen ist Rexingjangdols Mutter, ich gebe ihr die Fotos, die wir vor rund 5 Wochen von hier gemacht haben. Ganz aufgeregt sind die Frauen und freuen sich von Herzen. Meine Gastgeschenke überreiche ich Rexingjangdols Mutter: Frische Eier, getrocknete Marillen und Nüsse. Und schon haben wir zwei Tassen Buttermilch in der Hand. Sehr lecker! In meiner mitgebrachten Schüssel landet sogleich ein Kilo frisches Joghurt.

Rexingjangdol ist nach Abrang gefahren, nach Hause, in ihr Heimatdorf. Nanu? Wir dachten, sie würde hier in Omadangze leben. Wir finden heraus, dass die Frauen nur den Sommer hier verbringen, sich um ihre Tiere kümmern und Butter erzeugen. Sobald es kalt wird, ziehen sie wieder ins Dorf. Ich habe mich ohnehin schon gefragt, wie man im Winter in diesen primitiven Steinhäusern überleben kann. Unsere Freundin wurde nach Abrang gerufen, um Hilfe zu leisten. Sie ist nämlich ein Amchi, eine Medizinfrau. Sehr interessant, nur zu schade, dass sie nicht hier ist.

Gerne möchte ich noch Butter kaufen, doch irgendwie verstehen mich die Frauen nicht. Schließlich kommt eine Frau mit einem gelben, etwas dreckigen Butterknödel. Gut, den nehmen wir. Jetzt geht es ums Bezahlen, die Frauen verstehen wieder nicht, was ich will. Als ich einen Geldschein zücke, schütteln sie die Köpfe. Irgendwie schaffe ich es doch, dass sie den 100-Rupien-Schein annehmen. Herzlich verabschieden wir uns und diesmal riechen wir nur ein bisschen nach Yak und Dzo.

Mit der Überquerung des Penzi La haben wir Zanskar nun endgültig verlassen. Kurz darauf kommen uns zwei Radfahrer entgegen, es sind Anna und Dimytro aus der Ukraine. Seit Kargil sind sie 4 Tage unterwegs, ohne sich Zeit zum Akklimatisieren genommen zu haben. Ihr Ziel ist das Dorf Darcha, das an der Hauptverkehrsroute von Leh in Richtung Tiefland liegt. Ob sie wissen, dass man auf den Wanderwegen nicht mit dem Rad fahren kann? Ich erzähle ihnen von dem Schweizer, den wir getroffen haben und der sein Rad auf ein Pferd geladen hat und gewandert ist. Sie lächeln nur. Ich wünsche den beiden Ukrainern viel Glück!

Der Mensch ist ein Gewohnheitstier und somit parken wir im Suru-Tal wieder genau auf demselben Platz wie schon vor 5 Wochen. Es ist immer noch sehr schön hier, etwas grüner, weniger Schnee, aber genauso viele Murmeltiere! Nach 100 Kilometer Fahrt haben wir uns aber wirklich eine Pause verdient. Die Pause dauert länger, nämlich 3 Tage. Wir können uns nicht trennen von dieser grandiosen Landschaft. Außerdem ist der folgende Tag ein Sonntag. Wir haben mit unseren Freunden, Verena und Wolfi, vereinbart, dass wir zwischen 12 und 13 Uhr unser Satellitentelefon einschalten, damit sie uns kontaktieren und wir einen Treffpunkt vereinbaren können.
Viele Besucher bekommen wir an diesem Tag: Neugierige Yaks, die unser Fahrzeug beschnüffeln, eine große Herde Pferde und in einem gewissen Sicherheitsabstand auch Murmeltiere. Einige Motorräder knattern vorbei, es sind indische Fabrikate: Royal Enfield. Die meisten Fahrer sind indische Touristen. Auf dem Motorrad von Srinagar nach Leh oder von Leh nach Manali zu reisen, ist der letzte Schrei. Abenteuer pur. Das erzählt uns ein

junger Mann aus Delhi, der seine Enfield neben uns einparkt und sich betont lässig gibt. Er sei mit einer Gruppe unterwegs, die habe er aber schon lange abgehängt. Er sei nun mal der beste Fahrer von allen. Sehr bescheiden! Plötzlich ruft er ganz aufgeregt: „Look! There's a golden beaver!" Gemeint ist natürlich ein dickes Murmeltier, doch der Inder beharrt darauf, dass es sich um einen Biber handelt und wir ohnehin keine Ahnung hätten. Bitte, wenn es ihn glücklich macht. Keine 5 Minuten später hören wir wieder Motorräder, es ist die Gruppe unseres Besuchers. So viel zum Thema „lange abgehängt".

Plötzlich kommt ein Fahrzeug der indischen Armee direkt auf uns zu. Peter ist enorm geistesgegenwärtig, er kombiniert sofort. In Windeseile schaltet er das Satellitentelefon aus, das zwecks besseren Empfangs am Trittbrett steht und stopft es in einen Wanderschuh. Bei der Einreise nach Indien mussten wir versichern, dass wir kein Satellitentelefon mitführen, denn das ist in Indien verboten. Spionage- und Terrorgefahr!

Wir haben nicht daran gedacht, dass wir uns nicht allzu weit der pakistanischen Grenze befinden und dieses Gebiet aufgrund der Grenzstreitigkeiten natürlich eine große Militärpräsenz aufweist. Wie dumm von uns! Die indische Armee hat unser Signal empfangen und sofort einen Trupp losgeschickt, der nun vor uns steht. Wir beteuern, dass wir kein Telefon haben, wozu auch? Wir sind doch bloß Touristen, die die Natur und die Berge genießen. Ich glaube, wir haben wirklich so unschuldig und naiv ausgesehen, dass die Beamten uns Glauben geschenkt haben. Ob in letzter Zeit ein Fahrzeug hier vorbeigekommen sei, wollen sie wissen. „Selbstverständlich", lautet Peters Antwort, „Zwei sogar, sie sind Richtung Zanskar gefahren." Die Soldaten bedanken sich, steigen in ihr Fahrzeug und nehmen die Verfolgung auf. Da haben wir wirklich Glück gehabt!

Die Straße von Kargil nach Leh ist zeitweise asphaltiert, oft eine gute Schotterpiste und manchmal besteht sie aus nichts als Staub und Schlaglöchern. Ständig wird an der Straße gearbeitet, ganze Kolonien sind am Werken. Es sind aber keine Ladakhis, sondern Inder aus dem Tiefland, vorwiegend aus Bihar, einem der ärmsten Bundesstaaten. Hier ist Straßenbau reine Handarbeit, vom Steine-Zerhacken bis zum Asphaltieren. Und das für wenig Geld (ca. 100 Rupien, das entspricht 1,50 Euro) am Tag. Am Straßenrand sehen wir die Lager der Arbeiter, die glücklicheren sind in Zelten untergebracht, die anderen in Verschlägen, die aus alten Teerfässern, Eisenstangen und Planen gebaut sind. Und das auf einer Höhe von fast 4.000 Metern, wo die Nächte wirklich kalt werden. Ein harter Job für die dunkelhäutigen Biharis, die diese dünne Luft nicht gewohnt sind.

Nach drei Tagesetappen mit wenig Verkehr und tollen Ausblicken auf die Berge und einige wunderschöne Klöster kommen wir in Leh an. Wahnsinn! Wir sind schockiert. Auf so viele westliche Touristen waren wir nicht vorbereitet! Menschenmassen schieben sich durch die Gassen im Zentrum, vorbei an Souvenirständen, Restaurants, Bäckereien und den Bäuerinnen, die frisches Gemüse und wunderbare Marillen verkaufen. Es wimmelt vor Menschen, nur Verena und Wolfi können wir nicht finden. Das Zentrum der Stadt ist für den Verkehr gesperrt, die Straßen gesäumt von Hunderten von Leuten, die am Gehsteig sitzen, vor den Geschäften stehen und warten. Aber worauf? Wir fragen bei den Einheimischen nach und erfahren, dass seine Heiligkeit, der Dalai Lama, im Tempel ist! Also warten wir auch. Das Sicherheitsaufgebot im Vergleich zu Papst- oder Präsidentschaftsbesuchen in Europa oder den USA ist lächerlich, eigentlich kaum vorhanden. Nach 2 Stunden kommt der erste Mönch aus dem Kloster und wir müssen herzhaft lachen, denn von der nahegelegenen Moschee beginnt genau in diesem Moment der Muezzin zu rufen.

Als der Dalai Lama wenig später erscheint, wird es ganz still. Die Menschen, darunter viele Ladakhi und Exiltibeter, stehen auf, drehen ihre Gebetsmühlen oder falten ihre Hände und sind erfüllt von Respekt und Freude. Auch wir sind ganz angetan von diesem faszinierenden Menschen. Allein sein Gesicht zu betrachten, ist etwas ganz Besonderes. Es ist gütig, freundlich und herzlich. Er lacht, auch wenn er nicht lacht. Wir sind ergriffen von seiner Präsenz, zutiefst beeindruckt.

Wir können es noch gar nicht fassen, den Dalai Lama tatsächlich gesehen zu haben! Sofort kaufen wir eine Autobiographie von ihm, wollen mehr über diesen faszinierenden Mann wissen. Und wir möchten seinen Unterricht im nahegelegenen Choglamsar besuchen.

Wir schlendern weiter durch Leh, immer noch sind viele Leute auf der Straße, die den Dalai Lama sehen wollen. In diesem Gewimmel entdecken wir doch tatsächlich zwei bekannte Gesichter. Es sind unsere Kärntner Freunde Verena und Wolfi. Wegen ihnen sind wir eigentlich nach Indien gekommen. Wir freuen uns wahnsinnig! Das letzte Mal sahen wir sie vor genau einem Jahr in Österreich, damals sind sie mit ihrem Mercedes-Lkw Richtung Indien aufgebrochen.

Wir übersiedeln vom Poloplatz zu ihnen ins Goba Gästehaus, wo genug Platz zum Parken ist. Sehr entspannt und nett sind die beiden, die Zeit verfliegt. Wir erzählen uns stundenlang von unseren Erlebnissen auf der Reise und schmieden Pläne für die nahe Zukunft. Wir beschließen, gemeinsam nach Choglamsar zum Unterricht des Dalai Lama zu fahren und danach den Stok Kangri, den über 6.000 Meter hohen Hausberg von Leh, zu besteigen. Zumindest versuchen wollen wir es. So wie Verena und Wolfi wollen auch wir an den Tso Moriri und Tso Kar, zwei Seen an der tibetischen Grenze, und danach über den Rohtang-Pass ins Spiti-Tal. Von dort soll es weiter ins Tiefland und dann nach Nepal gehen. Unsere Visa sind 10 Tage länger gültig als die der Kärntner, wir werden sehen, wie viel Zeit wir miteinander verbringen werden.

Doch vorerst trennen wir uns, nach 2 Tagen reisen Peter und ich an den Pangong Tso, einen Gebirgssee auf 4.300 Metern Seehöhe, der sich bis China bzw. Tibet erstreckt. Dafür brauchen wir allerdings eine Genehmigung, die wir in Leh bekommen. Man darf nur 7 Tage bleiben und die Gruppe muss mindestens vier Personen umfassen. Wir sind aber nur zwei. Alles kein Problem, im Büro treffen wir auf andere Reisende und so schließen wir uns zu einer Gruppe zusammen, zumindest auf dem Formular.

Die Bordverpflegung besteht heute nur aus Obst, das wir in der Außenklappe unseres Aufbaus verstaut haben. Dort drinnen ist es nämlich kühl, wie in einem Eisschrank. Als Beifahrer kommt mir die Aufgabe zu, Nachschub zu holen. Ich sperre das Schloss der Klappe auf, hole Bananen und Marillen heraus, verriegle wieder und steige ein. Als wir beim Kloster Tak

Tok anhalten, um ein Fest zu besuchen, suche ich meinen Autoschlüssel. Vergeblich. Ich durchforste alles, von meiner Tasche angefangen bis zum Handschuhfach, die ganze Kabine stelle ich auf den Kopf. Und dann dämmert es mir. Als ich das Obst aus der Außenklappe geholt habe, habe ich meinen Schlüsselbund auf die Ablage für das Reserverad gelegt, weil meine Hose keine Taschen hat, wo ich ihn hätte einstecken können. Ich springe aus und laufe ans hintere Ende unseres Lkw, doch der Schlüsselbund liegt nicht mehr da. Das wäre auch zu schön gewesen. Wir haben zwar alle Schlüssel in doppelter Ausfertigung, aber an meinem Schlüsselbund ist ein Anhänger mit einem Bild unseres Fahrzeuges dran. Also jeder, der den Bund findet, weiß gleich, wo die Schlüssel passen.

Wir fahren die Strecke zurück und suchen den Straßenrand ab, aber es ist die Suche nach der Stecknadel im Heuhaufen. Wir wissen ja nicht mehr genau, wo wir angehalten haben, es gibt auch keine markanten Häuser, Bäume, Sträucher oder sonstiges. Nach einer halben Stunde geben wir auf und Peter tauscht mit viel Fluchen und Schimpfen das Schloss an unserer Eingangstüre aus. Sicher ist sicher. Sicher ist auch, dass Peter das Klosterfest in Tak Tok nicht besuchen möchte. Unter diesen Umständen sage ich lieber nichts. Um an den See zu gelangen, müssen wir über den Chang La, mit 5.360 Metern einer der höchsten befahrbaren Pässe der Welt. Auf knappen 5.000 Metern läuft unser Fahrzeug wie eine Luftpumpe, August beginnt zu ruckeln und zu stottern. Grauer Rauch kommt aus dem Auspuff und die Geschwindigkeit beträgt maximal 5 km/h. Es wird doch nicht die Kopfdichtung kaputt sein? Oder bekommt der Motor zu wenig Diesel? Peter ist etwas besorgt, entfernt einen Dieselfilter, doch das ändert kaum etwas. Irgendwie schafft es August bis an den See, wo Peter schließlich die Motoreinstellung ändert.

Bei meiner Ausbildung zum Landmaschinenmechaniker wurde das Thema Sauerstoff in größeren Höhen zwar erwähnt, aber nur im Zusammenhang mit Motorkettensägen. Deren Vergaser muss man entsprechend der jeweiligen Höhe genauestens justieren. Auch die Zündung sollte verstellt werden, daran erinnere ich mich noch. Und so beginne ich an der Einspritzpumpe am Motor die Einstellung zu ändern. Und siehe da: Mit mehr Voreinspritzung läuft August wieder rund und der graue Rauch verschwindet. Ich bin sehr erleichtert und kann wieder sorgenfrei weiterfahren.

Als wir am Pangong Tso ankommen, ist der Himmel bewölkt, ein starker Wind bläst und der macht es richtig kalt. Die Landschaft ist karg, die Farben schal. Wir sind fast ein bisschen enttäuscht, denn wir hatten hohe Erwartungen. Am nächsten Tag hingegen ist das Wetter perfekt, strahlend blauer Himmel, windstill, heiß und der See schimmert türkisfarben. Perfektes Badewetter! Gemeinsam mit den ukrainischen Radfahrern, die wir hier wieder treffen, stürzen wir uns in die Fluten. Es ist ein sehr erfrischendes Bad, ich brauche danach 2 Stunden, um mich wieder aufzuwärmen.

Wir fahren den See entlang, bis wir zu einer kleinen Lagune kommen. Der Platz ist wie geschaffen für uns. Das Wasser des Pangong Tso ist salzhaltig, glasklar und kalt. Die Farbe variiert von dunkelblau bis türkis – in allen möglichen Schattierungen. Die Kulisse ist einzigartig, die Fernsicht so gut, dass wir bis Tibet hinübersehen können. Die Stimmung hier ist unglaublich schön, egal ob wir den glitzernden See betrachten, den funkelnden Sternenhimmel, dunkelgraue Gewitterwolken oder einen Regenbogen. Außer dem Plätschern der Wellen hören wir nichts. Tagelang kein Fahrzeug, kein Mensch. Die Stille und die Weite dieser Landschaft tun uns gut. Als dann noch der Vollmond über den tibetischen Bergen aufgeht und die wenigen Wolken sich rosarot verfärben, da wird uns wieder einmal bewusst, wie schön unsere Welt und unser Leben ist.

Die Overlander-Gruppe im Goba Gästehaus in Leh ist gewachsen. Neben Verena und Wolfi sind nun auch Iris und Roland aus den Niederlanden und Mathias aus Deutschland hier. Alle mit dem eigenen Fahrzeug auf dem Landweg angereist. Eng parken wir nebeneinander, eine richtige Wagenburg ist entstanden. Zwar nicht ganz nach meinem Geschmack, aber es geht einfach nicht anders hier. Die Besitzer des Gästehauses, Dana und ihr Mann, sind sehr nette Menschen – herzlich, gastfreundlich und großzügig.

Für rund einen Euro am Tag dürfen wir hier nicht nur parken, sondern auch WC, Dusche, das Wohnzimmer und den traumhaften Garten nutzen, aus dem ich mir auch Salat und Schnittlauch nehmen darf. Für kurze Zeit werden wir hier sesshaft, entwickeln eine gewisse Routine. Ich besuche den Yoga-Kurs am Morgen, während Wolfi frisches Brot vom Bäcker holt und Verena und Peter sich noch ausschlafen. Danach wird gemeinsam gefrühstückt und geplaudert, was das Zeug hält.

Peter zeigt Wolfi, wie man die Ventile an seinem 450 PS starken Mercedes-Lkw einstellt und Roland ist gleich so motiviert, dass er sofort an seinem Buschtaxi, einem alten Toyota Landcruiser Stationwagon, zu schrauben beginnt. Verena schneidet mir die Haare, die Frisurenberatung kommt von Iris. Wir haben großen Spaß dabei und das Ergebnis kann sich sehen lassen. Die Damen vom Gästehaus schauen uns neugierig zu. Als wir sie fragen, ob sie nicht auch am Friseursessel Platz nehmen wollen, brechen sie in lautes Gelächter aus und verschwinden wieder im Haus.

Leh ist zwar sehr touristisch, aber trotzdem angenehm. Es gibt viele Leckereien am Markt, die für uns sehr erfreulich sind: Apfelstrudel, Zimtschnecken, Nepalesische Schokobällchen, Yakkäse, Gouda und Müslibrot. Hier essen wir die besten Marillen der ganzen Welt, sie sind klein, süß und haben rote Backen. Gegessen werden hier auch die Marillenkerne bzw. das, was sich im Inneren des Kerns befindet. Sieht aus wie eine Mandel und schmeckt auch so. Köstlich ist der Sanddornsaft, der in vielen Geschäften verkauft wird. Dank Verena und Wolfi weiß ich nun, wie man Topfen erzeugt: Man kocht einfach Joghurt auf, bis sich die Molke trennt, und seiht danach durch ein Tuch ab, bis nur noch der feste Bestandteil übrig bleibt. Daraus lässt sich ein herrlicher Liptauer (Brotaufstrich) machen oder auch Marillenknödel à la Verena.

Die meiste Zeit kochen wir selber, wenn wir mal in ein Restaurant gehen, dann ist das wirklich etwas Besonderes. Aus diesem Anlass putzen wir uns fein heraus, ich ziehe mein Dirndl an, Peter schlüpft in seine Lederhose und das weiße Trachtenhemd. Jetzt verschwindet auch Mathias in seinem Unimog und kommt kurz darauf mit einer bayrischen Lederhose und Wollgilet wieder heraus. In dieser Aufmachung gehen wir nicht nur in ein schickes chinesisches Restaurant, sondern anschließend auch zu einem pan walla, einem Betelbissenverkäufer. Diese „Betelbissen" werden frisch zubereitet und bestehen aus zerhackten Betelnussstückchen, die mit angefeuchtetem, gebranntem Kalk (Löschkalk), Gerbstoffen und Gewürzen in ein Betelpfefferblatt eingewickelt werden. Das Ganze steckt man dann in den Mund und beginnt zu kauen. Sofort tritt ein roter Saft aus dem Happen, den man aber nicht schluckt, sondern ausspuckt. Gar nicht so einfach! Deswegen sieht man in Indien überall rote Flecken am Boden und an den Wänden. Auch die Zähne und das Zahnfleisch färben sich mit der Zeit rot bis rotbraun.

Warum macht man sowas? Was uns betrifft, so sind wir einfach nur neugierig auf den Geschmack und die Wirkung gewesen. Angeblich soll der Bissen vorübergehend den Geschmackssinn betäuben. Deshalb und auch weil er die Verdauung anregt, wird er oft nach dem Essen gekaut. Die psychische Wirkung der Betelnuss ähnelt der des Nikotins. Der Appetit wird reduziert, ein Gefühl der Entspannung macht sich breit, die Stimmung wird aufgehellt und die Müdigkeit lässt nach. Im Kopf stellt sich ein Gefühl der Leichtigkeit ein. Die Leistungsfähigkeit für lange und anstrengende Tätigkeiten soll etwas erhöht sein. Von all dem haben wir nichts bemerkt, vielleicht haben wir auch zu wenig lange gekaut. Aber der Happen schmeckte ganz gut, erfrischend, ein bisschen scharf und auch bitter.

Jetzt bekommt man vielleicht den Eindruck, dass wir in Leh nichts machen, außer zu essen. Das stimmt aber nicht. Jeden zweiten Tag marschieren wir zum Shanti-Stupa, nicht nur, um den Ausblick zu genießen, sondern auch, um für die bevorstehende Tour auf den Stok Kangri zu trainieren. Mehr als 500 Stufen führen hinauf zu dieser Friedenspagode und nachdem Leh auf 3.500 Meter Meereshöhe liegt, kommen wir ganz schön außer Atem. Auch mit dem Fahrrad sind wir fleißig unterwegs, wenngleich wir oft nur Kurzstrecken damit zurücklegen. Wie z. B. ins Medizinische Zentrum zu den Amchis, den tibetischen Ärzten, die hier noch dazu alle Mönche sind. Schon seit Langem habe ich Probleme mit dem Verdauungstrakt, besonders wenn ich auf Reisen bin. Verstopfung, Blähungen, Krämpfe, seltener Durchfall. Auch Verena klagt manchmal über Beschwerden. Ein frauenspezifisches Problem? In dem Gebäudekomplex herrscht reges Treiben, wir beide sind die einzigen Ausländer hier. Die Wartezeit vergeht dennoch schnell, denn ich beobachte interessiert die Menschen und die Prozedur. Endlich bin ich an der Reihe. Ein Mönch in roter Robe begrüßt mich in sehr gutem Englisch und fragt, warum ich hier bin. Kurz erkläre ich ihm meine Beweggründe. Er fühlt zuerst meinen Puls, dann muss ich die Zunge herausstrecken. Danach stellt er sich neben mich hin, legt mir eine Hand an den Rücken und die andere auf den Bauch. Plötzlich presst er beide Hände gegen meinen Körper, drückt mir die eine Hand so fest in den Magen, dass ich aufschreie.

„Ein schwacher Magen und eine schwache Verdauung", lautet sogleich die Diagnose. Ich habe zu wenig Feuer in mir, um die Nahrung zu verbrennen. Der tibetische Arzt fragt mich, wie ich mich ernähre und gibt mir anschließend Tipps, was ich wann essen oder lieber weglassen sollte. Es gibt sogenannte kalte und warme Nahrungsmittel. Ich hänge an seinen Lippen, verstehe aber viel zu wenig. Alles ist so komplex!

Der Mönch drückt mir ein Rezept in die Hand und zeigt mir, wo ich die Medizin bekomme. In großen Glasbehältern sind runde Pillen gelagert, es sind mindestens 25 verschiedene. Als ich mein Rezept abgebe, werden drei verschiedene Pillen, die nur aus Kräutermischungen bestehen, in kleine Tüten abgefüllt. Davon muss ich jeden Tag eine vor dem Frühstück nehmen. Aber nicht schlucken, sondern lange zerkauen, einspeicheln und danach mit Wasser runterspülen. Die zweite Tüte enthält Pillen, die ich vor dem Mittagessen nehmen soll und die dritte solche, die ich vor dem Abendessen einnehmen soll. Immer brav zerkauen. Kein Problem, denke ich mir.

Während ich auf Verena warte, schaue ich mich noch um, es gibt Bücher und Broschüren über tibetische Ernährungsweisen. Das Thema interessiert mich wirklich, ich kaufe ein Buch und beginne darin zu lesen: Die Traditionelle Tibetische Medizin (TTM) sieht den Menschen als Ganzes und behandelt nicht nur Symptome. Grundlage ist die Konstitutionslehre gemäß der drei Körperenergien Wind (tibetisch Lung), Galle (Tripa) und Schleim (Päken). Jeder Mensch trägt die drei Energien in sich, sie stehen in einem individuellen Verhältnis, aber eine Energie ist meist stärker ausgeprägt. Der Mensch hat also konstitutionelle Stärken und Schwächen. Kommt diese individuelle Zusammenstellung aus dem Lot, entstehen Krankheiten. In dem Buch gibt es auch einen Test, bei dem man feststellen kann, welcher Typ man ist. Das mache ich natürlich sofort. Kein eindeutiges Ergebnis. Ich bin ein Mischtyp. Die Lektüre ist nicht nur interessant, sondern auch wirklich anspruchsvoll, noch dazu auf Englisch. Bald lege ich sie beiseite.

Am nächsten Morgen zerkaue ich vor dem Frühstück brav die erste Kräuterpille. Pfui Teufel! Die schmeckt echt grauenvoll! Die Masse wird durch den Speichel immer mehr im Mund. Peter bekommt einen Lachanfall, als er mich beobachtet. Endlich spüle ich alles mit Wasser runter. Danach habe ich nicht einmal mehr Lust auf Kaffee. Die Pillen, die ich zu Mittag und am Abend nehme, schmecken etwas angenehmer. Die Wirkung dieser drei Kugeln ist enorm: Bauchkrämpfe, Blähungen und eine unmenschliche Duftnote. Ich habe das Gefühl, innerlich zu verwesen. 4 Tage lang halte ich durch, Peter auch. Ein Wunder, dass wir beide noch leben! Dann beschließe ich, den tibetischen Arzt nochmals aufzusuchen, vielleicht stimmt ja die Dosis nicht. Oder vielleicht reagiert mein Körper so extrem auf die Wirkstoffe und ich muss mich einfach in Durchhaltevermögen und Geduld üben. Ich radle ins Medizinische Zentrum und stehe vor verschlossenen Türen. Am nächsten Tag versuche ich erneut mein Glück, es ist wieder niemand zugegen. Also setze ich die Medikamente selbst ab, denn ich fühle mich miserabel. Und Peter gebührt ein Orden dafür, dass er meine Abgase aushält. Verena ergeht es ähnlich, auch sie beendet die Therapie, die Pillen behalten wir jedoch. Lustigerweise entsorgen wir sie zeitgleich Monate später!

Mittlerweile ist es Anfang August, wir wollen in das kleine Dorf Choglamsar, wo der Dalai Lama 3 Tage lang unterrichtet. Wir, das sind Verena und Wolfi, Iris und Roland, Mathias, Peter und ich. Es gibt einen großen Parkplatz außerhalb des Geländes, wo wir sofort größte Aufmerksamkeit erregen. Wir sind wieder einmal umzingelt von neugierigen, aber liebenswerten Ladakhis. Zeitig begeben wir uns ins Bett, denn der Unterricht soll sehr früh beginnen. Um 5 Uhr morgens reißen wir die Augen auf. Motoren heulen auf, Hupen werden betätigt und unzählige Menschen plappern aufgeregt. Tausende Menschen sind angereist, bepackt mit Proviant und Matten machen sie sich schon auf den Weg zum Gelände. Auch für uns ist Tagwache. Das Areal ist in verschiedene Sektoren eingeteilt: Einen für ältere Menschen, einen für Ausländer, einen für Inder, einen für Einheimische, einen für Mönche. Es wimmelt vor Menschen, angeblich sind 15.000 hier versammelt. Auf dem Gelände steht ein kleiner Tempel mit goldenem Dach, der nach drei Seiten offen ist. Darin befindet sich ein Thron, auf dem Seine Heiligkeit sitzt, der 14. Dalai Lama Tenzin Gyatso. Überall flattern tibetische Landesflaggen, der Tempel ist mit Girlanden und Blumen geschmückt. Noch bunter wird es, als es zu regnen beginnt und die Besucher ihre Schirme aufspannen.

Der Tag beginnt um 7 Uhr mit einem Gebet, gefolgt vom sehr humorvollen Unterricht. Der Dalai Lama spricht tibetisch, seine Muttersprache. Er wird aber über Lautsprecher simultan auf Englisch, Hindi und Ladakhi übersetzt, deswegen also die verschiedenen Sektoren. Das Lachen des Dalai Lamas ist ansteckend, auch wenn man den Grund dafür nicht genau kennt. Im Unterricht geht es um die Lebensweise, Alkoholkonsum und um die Erlangung von „body chitta", was so viel wie gutes Herz oder Nächstenliebe bedeutet. Es ist faszinierend, diesen bescheidenen, liebevollen, intelligenten und spirituellen Mann aus nächster Nähe zu sehen!

Die Stimmung ist friedlich und ruhig. Die Buddhisten sind extrem gläubig, lesen in den Schriftrollen, drehen Gebetsmühlen und murmeln Mantras. Dauernd sind Frauen mit großen Teekannen unterwegs und schenken Buttertee aus. Dazu braucht man allerdings einen eigenen Becher, Peter ist gar nicht so traurig, dass er seinen vergessen hat.

Es ist anstrengend und schwierig, dem Unterricht den ganzen Tag zu folgen, vom Buddhismus weiß ich viel zu wenig, noch dazu sind die Ausführungen auf Englisch und wir sind ständig abgelenkt von den einzigartigen Menschen, die sich mit ihren traditionellen Trachten richtig herausgeputzt haben. Wir erleben hier eine sehr intensive Zeit, haben viele unvergessliche Begegnungen und können spätestens jetzt behaupten, dass wir die Einwohner von Ladakh so richtig ins Herz geschlossen haben.

Zurück in Leh ist es mit der Ruhe vorbei, denn wir stecken mitten in den Vorbereitungsarbeiten für die Besteigung des Stok Kangri, des Hausberges von Leh. Wir sind eine nette, kleine Gruppe: Verena, Wolfi und ihr Hund Apollo – ein Rottweiler-Dobermann-Rüde, Mathias mit seiner Hündin Paula – eine fuchsfarbene Promenadenmischung, Peter und ich. Sogar Steigeisen brauchen wir für den 6.153 Meter hohen Gipfel, die wir uns in einem Geschäft in Leh ausborgen. Am Tag vor dem Abmarsch sind wir mit dem Packen der Rucksäcke und dem Einstellen der Steigeisen beschäftigt. Letzteres ist eine reine Männersache. Wolfi, Mathias und Peter sind seit einiger Zeit mit dem Anpassen der Eisen an unsere Wanderschuhe beschäftigt. Es scheint gar nicht so leicht zu sein. Der Verkäufer im Geschäft hat sie noch gefragt, ob sie denn kein Foto von den montierten Eisen machen wollen, damit sie wissen, wie es funktioniert. „Nein, das brauchen wir nicht. Wir sind ja nicht dumm", lautete die Antwort unserer Männer. Jetzt hocken sie im Kreis und geben ihr Bestes. Wir alle sind Erstlingstäter, haben noch nie einen 6.000er bestiegen und scheitern schon an der Montage der Steigeisen. Wolfi ist der Erste, der ein Eisen auf seinem Schuh montiert hat und scherzt, dass er das gleich so lässt, weil er es kein zweites Mal schaffen würde.

Mathias hat wenig Durchblick, aber viel Spaß, so wie wir alle eigentlich. Wolfi hat das erste Eisen schon wieder abmontiert und macht sich an das zweite. Relativ rasch hat er es angepasst und will nun seine zwei Steigeisen im Rucksack verstauen. Nanu? Nur wo ist das erste hingekommen? Das gibt es doch nicht! Seelenruhig passt Mathias ein Eisen an seinen Schuh an, nämlich genau jenes, das Wolfi schon vorher an seinen eigenen Wanderschuh montiert hatte. Haha, die Schildbürger machen eine Bergtour!

Als Mathias etwas später seinen fertig gepackten Rucksack abwiegt, schauen wir nicht schlecht: 12 Kilo! Wir müssen lachen, als er uns erzählt, was er alles eingepackt hat. Wir überreden ihn, eine Decke, einen Minikocher, Hausschuhe und noch ein paar Kleinigkeiten, die er sicher nicht brauchen wird, wieder auszuladen. Am nächsten Morgen treten wir fünf zum Abwiegen an. Die Rucksäcke haben zwischen 11 und 16 Kilo. Meiner ist der Spitzenreiter, knapp gefolgt von Peters Rucksack. Obwohl wir uns in Zanskar geschworen haben, bei der nächsten Wanderung ein Pferd zu nehmen, schleppen wir jetzt wieder alles selbst, diesmal sogar noch das Zelt! Und über das Gewicht von Mathias' Rucksack haben wir am Vortag noch gelacht!

Die Wanderung ist traumhaft, immer am Fluss entlang, über zwei Pässe und vorbei an einer riesigen Herde blauer Schafe und einem toten Esel, der erst vor Kurzem gerissen wurde. Später erfahren wir, dass ein Wolfsrudel ihn getötet hat.

In meinem schon etwas in die Jahre gekommenen Wanderbuch ist ein Camp auf rund 4.400 Meter eingezeichnet, da wollen wir nächtigen. Nach 5,5 Stunden kommen wir auch tatsächlich an einem Lagerplatz vorbei, doch Wolfi meint, es sei der Platz einer organisierten Wandergruppe und so marschieren wir weiter, in dem Glauben, dass das nächste Camp bald auftauchen wird. Wir sind schon ziemlich müde, die Rucksäcke fühlen sich doppelt so schwer an wie am Morgen und von einem Campingplatz ist auch nach einer weiteren Stunde Fußmarsch keine Spur. Anscheinend war das Lager, das wir gesehen haben, doch das Basislager. So ein Mist! Absteigen wollen wir aber auch nicht mehr und so schlagen wir unser Lager in einer aufgelassenen Sennerhütte auf. Damit jetzt keine falschen Bilder von einem gemütlichen Chalet entstehen, möchte ich das Gebäude ein bisschen näher beschreiben. Es handelt sich um ein niedriges Steinhaus mit Flachdach und vier Räumen, ohne Fenster und ohne Türen. Davor sind mit Steinen eingezäunte Pferche, wo normalerweise die Tiere eingesperrt werden, in unserem Fall werden sie unser Zeltplatz. Verena, Wolfi und Apollo schlafen in ihrem nagelneuen 2-Mann-Zelt, das sie bei einem Diskonter in Österreich gekauft haben und das für die drei doch etwas zu klein ist. Mathias und seine Hündin Paula entscheiden sich nach langem Hin und Her für den mittleren Raum des Steinhauses, der noch in einem ganz passablen Zustand ist, und wir stellen unser Zelt auf altem Kuhdung auf.

Das Abendessen fällt dürftig aus, wir wollten ja in einem Camp nächtigen, wo man Essen kaufen kann. Wir legen alles, was wir an Jause haben, in die Mitte: Fladenbrot, gekochte Eier, Karotten, Schokolade. Richtig satt wird keiner, denn wir müssen uns für das Frühstück auch noch etwas zurückbehalten. Peter geht es nicht gut, er hat Kopfschmerzen und legt sich gleich nach dem Essen ins Zelt. Wolfi versucht vergeblich, mit nassem Holz Feuer zu machen und räuchert uns alle dabei. Für einen lauwarmen Tee reicht es dank getrocknetem Yakdung dennoch. Als es zu regnen beginnt, muss ich leider feststellen, dass die neu gekaufte Outdoorjacke nicht wasserdicht ist. Ich bin ohnehin schon müde und begebe mich ins Zelt.

Am nächsten Morgen trinken wir kalten Kaffee und essen dazu altes Brot. Peter geht es wieder gut und so können wir unsere Wanderung fortsetzen. Zu unserer Überraschung kommen wir nach nur 1,5 Stunden im nächsten Camp an. Laut Buch gibt es noch ein Basislager auf 5.200 Meter und dort wollen wir hin. Allerdings teilt man uns mit, dass es dieses seit 2 Jahren nicht mehr gibt. Angeblich wurde es wegen mangelnder Hygiene geschlossen. Ich möchte gar nicht wissen, wie es dort ausgesehen hat, denn wenn ich mich hier umblicke, sieht es auch nicht gerade einladend aus. Nachdem dieses Camp die letzte Versorgungsmöglichkeit bietet, schlagen wir unser Zelt hier auf knappen 5.000 Metern auf. Für Trainingszwecke und zur Erleichterung der Akklimatisation steigen wir am Nachmittag auf die nächste Passhöhe und nehmen im Versorgungszelt das Abendessen ein, auf das wir uns sehr gefreut haben. Endlich eine warme Mahlzeit! Reis mit Linsen und Gemüse, ausreichend und gut. Leider bekomme ich davon Bauchweh und Blähungen und kann die ganze Nacht nicht gut schlafen. Wobei das ohnehin nicht möglich gewesen wäre, denn kurz vor Mitternacht kommt Bewegung ins Lager. Die ersten Wanderer sind schon wach und machen sich zum Abmarsch bereit. Nachdem alle von unserer Gruppe munter sind, beschließen auch wir aufzubrechen. 0:30 zeigt die Uhr. Wir freuen uns auf warmen Tee, das Küchenpersonal hat uns versprochen, eine Thermoskanne ins Küchenzelt zu stellen. Wir finden sie leider nicht und begnügen uns mit kaltem Wasser. Wir sind so ziemlich die letzten von den etwa 45 Wanderern, die das Lager verlassen. Vor uns tanzen die Stirnlampen in der Dunkelheit. Mir ist immer noch ein bisschen übel vom Abendessen, aber das Gehen tut mir gut. Nach etwa 2 Stunden erreichen wir die Gletscherzunge und ziehen uns die restliche Kleidung an, denn es ist unangenehm kalt. Meine Finger und

Zehen sind eisig, noch dazu ist ein garstiger Wind aufgekommen und es beginnt zu schneien. Lange können wir nicht stehen bleiben.

Wir füllen unsere Wasserflaschen, stapfen weiter durch den Schnee und überqueren Gletscherspalten. Wir sehen einige Wanderer mit Stirnlampen vor uns, die in Serpentinen die Südwand des Stok Kangri erklimmen. Verena fühlt sich nicht wohl, Bauchkrämpfe plagen sie. Nach 4 Stunden gibt sie auf. Zu den Krämpfen sind noch Schwindel und Schüttelfrost gekommen. Sie lehnt an einem Felsen, wir wärmen ihre eiskalten Hände durch Reiben und reden ihr gut zu. Es hat keinen Sinn, weiterzugehen. Wir müssen absteigen, das ist uns klar. Die Besteigung eines 6.000ers ist eben kein Kinderspaziergang.

Doch wir sind nicht die Einzigen, die umkehren müssen. Eine Gruppe mit sechs Personen drängt sich an uns vorbei, weitere folgen. Langsam beginnt es zu dämmern, Verena marschiert tapfer Richtung Basislager. Die ersten Sonnenstrahlen beleuchten den Gipfel des Stok Kangri, auf den wir ein bisschen wehmütig blicken. Beim Pass oberhalb des Basislagers machen wir Pause. Verena sieht nicht gut aus, aber das Schokobällchen, das ich für den Gipfel mitgenommen hatte, schmeckt ihr zumindest schon. Um 7 Uhr sind wir zurück und verschwinden in unseren Zelten. 2 Stunden später heizt uns die Sonne heraus. Wir frühstücken und beratschlagen bis zum Mittag, wie es denn nun weitergeht. Verena und Peter wollen absteigen, Wolfi ist gipfelgeil und möchte in der nächsten Nacht unbedingt noch einen Versuch wagen, Mathias und ich sind unschlüssig. Der Berg reizt mich enorm, aber ich weiß nicht, ob Wolfi und ich ein gutes Team sind. Er hat ein anderes Tempo, ich möchte ihm nicht zur Last fallen, mich aber auch nicht übernehmen. Steigeisen habe ich auch noch nie benutzt. Die Entscheidung fällt mir schwer. Die Vernunft siegt, ich verzichte auf den Gipfel, obwohl ich glaube, dass ich es schaffen könnte. Schließlich bleibt Wolfi als einziger im Basislager, um es am nächsten Tag nochmals zu versuchen.

Es wird ein langer Abstieg zu unseren Fahrzeugen. Erst um 18:30 Uhr sind wir mit schweren Beinen zurück in Stok. Wir kaufen uns noch eine Maggi-Suppe, bevor wir müde und grußlos in unseren Lkw verschwinden. Am nächsten Tag bleiben wir hier und warten auf Wolfi. Wir erwarten ihn gegen Abend oder erst am Tag darauf. Als wir am Nachmittag Wolfis Stimme vernehmen, tut er uns leid, denn anscheinend hat das Wetter umgeschlagen und eine Gipfelbesteigung unmöglich gemacht. Doch er strahlt über das ganze Gesicht und berichtet völlig überdreht von seinem Gipfelsturm. Dieser wahnsinnige Kärntner war nach nur knappen 5 Stunden, also rechtzeitig zum Sonnenaufgang, am Stok Kangri, ist ins Basislager abgestiegen und hat dort kurz geschlafen. Und ist am gleichen Tag noch den weiten Weg bis zu den Fahrzeugen gegangen. Absolut verrückt! Hut ab, Wolfi! Und Gratulation zum ersten 6.000er! Und ich bin froh, dass ich nicht dabei gewesen bin.

Ein letztes Mal kehren wir nach Leh zurück. Eigentlich wollen wir nur ein paar Tage bleiben, um unsere Abreise vorzubereiten, Lebensmittel aufzustocken und die Genehmigung für den Tso Moriri, einen Gebirgssee nahe der tibetischen Grenze, zu beantragen. Wenn man sich an einem Ort wohl fühlt, dann scheint die Zeit zu fliegen. Unsere Gastgeber, die Familie des Goba Gästehauses, werden langsam zu unserer Familie. Wir kennen die Bäcker, von denen wir morgens das Brot holen, die Betreiberin des kleinen Ladens, wo man frischen Sanddornsaft bekommt, einige Frauen, die am Straßenrand frisches Gemüse und Obst verkaufen. Zurzeit gibt es Mangold, Kohlrabi, Brokkoli, Karfiol und Blattsalate und natürlich Marillen. Es wird aber nur ein Teil der Ernte verkauft, der Rest wird auf den Hausdächern getrocknet und für den Winter aufbewahrt. Wie einfach das Leben doch in Österreich ist, fast alles ist fast immer erhältlich. Wir konservieren unsere Nahrungsmittel zu Tode, damit wir auch jederzeit alles erhalten können. Doch so einiges geht dabei verloren …

Langsam müssen wir uns abnabeln, Abschied nehmen vom Goba Gästehaus, von Leh und auch bald von Ladakh. Der Sommer neigt sich dem Ende zu, in wenigen Wochen wird der erste Schnee auf den Passtrassen fallen und es wird wieder Ruhe einkehren in diesem wundervollen Teil der Erde. Abschied nehmen ist immer schwer, andererseits öffnet man sich wieder neuen Eindrücken und Möglichkeiten und das ist gut so.
Von Verena, Wolfi und Mathias müssen wir uns nicht verabschieden, denn

wir reisen gemeinsam weiter. Weit kommen wir allerdings nicht, unser nächster Halt ist Thikse, nur 20 Kilometer von Leh entfernt. Mächtig thront das Kloster auf einem Berg, die Fassaden strahlen in Weiß, Gelb und Rot in der Abendsonne. Ein sehr beliebtes Ziel von Touristen, wie wir erfahren. Jeden Morgen findet eine Messe statt, eine Puja, und daran wollen wir gerne teilnehmen. Parkplätze gibt es genügend in der Umgebung und so verbringen wir am Fuße des Klosterbergs einen ruhigen Abend. Bereits um 6:30 Uhr hören wir die Mönche vom Flachdach ihre Muschelhörner blasen. Als wir näher kommen, vernehmen wir den monotonen Sprechgesang der Mönche. Wir sind willkommen und dürfen uns im Kloster frei bewegen, besichtigen vor der Messe die Bibliothek, in der heilige Schriften in Stoffe eingewickelt sind, mehrere Gebetsräume, bewundern Wandmalereien, Buddhastatuen und genießen den traumhaften Ausblick von den Dächern des Klosters. Dank der vielen Touristen, die natürlich auch Geld bringen, ist die Tempelanlage in einem sehr guten Zustand. Dafür nehmen die Mönche in Kauf, dass ihre Morgenmesse oft von eher rücksichtslosen oder unwissenden Touristen gestört wird, die schamlos fotografieren und sich lautstark unterhalten.

Wir folgen dem Indus-Fluss Richtung Südosten, die Landschaft wird wieder karger, die Besiedlung spärlicher. Iris und Roland, das nette niederländische Pärchen, stößt erneut zu uns und gemeinsam geht es offroad weiter zum Tazang Tso und tags darauf zum Tso Moriri, wo wir direkt am Ufer parken. Eingebettet in eine traumhafte Bergkulisse liegt der See auf 4.500 Meter Meereshöhe. Das Wasser ist glasklar, salzhaltig und natürlich kalt – wie der Pangong Tso. Das Wetter ist ähnlich dem österreichischen Aprilwetter, bis zum frühen Nachmittag Sonnenschein und Hitze, danach ziehen dunkelgraue Wolken auf, ein Gewitter nähert sich mit Blitz und Donner, sodass man glaubt, die Welt geht unter. Dann zeigt sich wieder kurz die Sonne und wir bestaunen wunderschöne Regenbögen.

So wie Iris und Roland, wage auch ich mich ins Wasser. Rund 100 Meter sind es von unserem Lkw bis zum Ufer, dazwischen sind Sand, Tümpel und Grasbüschel, von denen unzählige schwarze Mücken aufsteigen, die glücklicherweise nicht stechwütig sind. Mit Blick auf die schneebedeckten

6.000er stürzen wir uns in den See, in dem es kleine Garnelen gibt, die neugierig herankommen. Lange halte ich es im Wasser nicht aus, ich laufe zurück zu unserem Fahrzeug, nehme noch schnell eine Außendusche. Das Wasser ist mindestens genauso kalt wie das des Sees, aber das spüre ich gar nicht mehr, ich habe die Temperatur eines Fisches und meine Haut ist marmoriert wie eine Krakauerwurst. Mittlerweile ist die Sonne hinter den dunklen Gewitterwolken verschwunden. Kaum bin ich im Fahrzeug, frischt der Wind auf und eine Minute später sind wir inmitten eines Sandsturmes. Ich koche Kaschmiri-Tee und langsam beginnt meine Haut zu prickeln. Es blitzt und donnert rundherum, schwere Regentropfen fallen. Ein Wolkenfenster tut sich auf und mit ihm erscheint ein doppelter Regenbogen. Im Hintergrund sehen wir schon wieder die Berge, es hat tief herunter geschneit. Wobei tief auf dieser Höhe vielleicht nicht das richtige Wort ist.

Am Abend wird es ungemütlich kalt, wir treffen uns daher in unserem Fahrzeug, drehen die Heizung auf, kuscheln uns zu siebent zusammen, schauen uns Filme an und veranstalten ein Quiz.

Die Piste Richtung Tso Kar ist kaum befahren. Auch dieser Gebirgssee liegt im südöstlichen Teil Ladakhs, auf dem Changthang-Plateau, einer riesigen Hochebene, die sich bis nach Tibet erstreckt. Es ist eine fast unüberblickbare, einsame, karge und weite Landschaft, gesäumt von Bergen mit nur sehr wenigen festen Siedlungen. Die anderen Ladakhis nennen diese Gegend „irgendwo da draußen“. Hier ist die Heimat der Changpas, eines Nomadenstammes, der mit seinen Kaschmirziegen, Schafen und Yaks über die Hochebenen von Rupshu zieht. Wir haben das Glück und begegnen einer Nomadenfamilie mit ihrer großen Schafherde. Sie haben einen bestimmten Wanderrhythmus, der den jahreszeitlichen Bedingungen genau angepasst ist. Jetzt im Sommer gibt es hier genug Futter für die Tiere und wegen der Schneeschmelze auch ausreichend Wasser.

Was haben alle Seen in Ladakh gemeinsam? Starken Wind. Das Wasser vom Tso Kar ist wegen des Salzgehaltes nicht zum Trinken geeignet. Bis vor wenigen Jahren wurde von den Changpas noch Salz abgebaut und sogar bis nach Tibet verkauft. Am Ufer ist das Wasser schaumig, trüb, riecht faulig und ein bisschen nach Fisch. Zum Schwimmen ungeeignet, aber ein Traum, um Vögel zu beobachten. Viele Enten, Gänse, Haubentaucher und Möwen sehen wir, sogar einen schwarzen Kranich und zudem auch noch wilde Esel, die äußerst wohlgenährt sind. Mit dem domestizierten, europäischen Esel haben sie wenig gemein; das Fell ist am Rücken rotbraun, am Bauch weiß, sowohl Schweif als auch Mähne sind kurz. Sogar Wölfe soll es hier geben, wir bekommen leider keine zu Gesicht.

Dafür taucht ein niederländisches Wohnmobil auf. Es sind Marya und Paul mit einem alten Kastenwagen, der schon von Weitem speziell aussieht. Es ist ein Mercedes L207D, den die beiden für rund 1.000 Euro auf einem Schrottplatz in den Niederlanden gekauft haben. Und genauso sieht das Gefährt auch aus: Ziemlich verbeult und regelrecht zerknittert. Das Fahrzeug selbst ist weiß, der Aufbau ist dunkelgrau gestrichen und darauf sind farbige Hand- und Fußabdrücke zu sehen. Damit haben sie 1,5 Jahre Afrika bereist, anschließend das Fahrzeug nach Mumbai verschifft, mittlerweile einen neuen Motor eingebaut und sind jetzt im Himalaja unterwegs. Unglaublich! Verena und Wolfi kennen die beiden schon vom Vorjahr, wo sie in Goa gemeinsam ein paar Wochen verbracht haben.

Der ziemlich ramponierte Mercedes 207 fällt mir sofort auf. Das Fahrzeug stottert völlig kraftlos daher und raucht grau aus dem Auspuff. Mir ist sofort klar, dass die Einstellung der Einspritzpumpe geändert werden muss. Das Fahrzeug, das die Niederländer treffenderweise Wobbel (Englisch für wackeln, eiern, wanken, schlenkern) nennen, parkt sich neben uns ein und so lernen wir Marya und Paul

LASST MICH RAN!

kennen. Ich biete den beiden sogleich meine Hilfe an, denn sie sind nur mehr im ersten Gang unterwegs. Sie sind begeistert. Ich verschwinde mit Werkzeug unter dem Mercedes-Kastenwagen. Und was sehe ich? Das Fahrzeug ist total verrostet! Ein Wahnsinn! Der Rahmen hat große Löcher und ist im Bereich des Kühlers gar nicht mehr vorhanden. Hinter der Kabine ist der Rahmen schon abgebogen und die Kabine berührt bereits den Kofferaufbau. Egal, wo ich hinsehe, überall gibt es nur Provisorien. Dass dieses Auto überhaupt noch fährt, grenzt an ein Wunder! Ich verstelle die Einspritzpumpe und nach mehreren Versuchen haben wir die

richtige Voreinspritzung erreicht. Der Motor läuft nun ganz passabel und hat
auch wieder Kraft. Die vielen Kabel und Leitungen, die zu nahe am Auspuff und
Motor hängen, fixiere ich mit Kabelbinder. Marya und Paul bedanken sich bei
mir und überreichen mir eine Flasche Old Monk-Rum, die wir am Abend gleich
verkosten.
Übrigens: Marya und Paul sind mit Wobbel in Folge quer durch Indien gereist,
waren in Myanmar und Thailand und haben es bis Malaysien geschafft. Wer
hätte das gedacht?

Wir parken am Ufer des Tso Kar. Am Nachmittag schlüpft Peter in seinen Overall, denn er muss den Filter tauschen. Kaum ist er damit fertig,
tauchen zwei Einheimische auf. Sie sind mit dem Auto aus dem Nachbardorf gekommen und dieses hat leider einen Platten. Praktisch, dass ein
österreichischer Mechaniker zugegen ist. Peter hilft ihnen, den Schlauch
zu tauschen, leider hat der andere auch ein Loch. Die zwei Männer bitten
Peter, den Schlauch zu kleben, während sie schnurstracks zu unserem Lkw
marschieren und fragen: „See inside?". „Sehr gerne", antworte ich, aber
zuvor sollen sie doch bitte Peter beim Reifenflicken helfen.
Nach 2 Tagen machen wir uns auf den Weg Richtung Hauptstraße, dem
Leh-Manali-Highway. Unter Highway darf man sich allerdings keine mehr-
spurige Autobahn vorstellen, auch keine normale Asphaltstraße, es ist vielmehr eine Piste, die in ihrer Beschaffenheit sehr abwechslungsreich ist. Von
Iris, Roland und Mathias heißt es nun Abschied nehmen, denn sie fahren
zurück nach Leh. Verena, Wolfi, Marja, Paul und wir nehmen Kurs auf das
indische Tiefland. Lange und anstrengende Fahrtage stehen uns bevor, bis
Manali sind es ungefähr 300 Kilometer. Wir fahren durch eine spektaku-
läre Landschaft, eine menschenleere Gegend, die durch ihre Kargheit be-
sticht. Über Pässe, die 5.000 Meter hoch sind, auf Serpentinenstraßen bis
uns fast schwindelig wird und über nicht ganz ungefährliche Brücken aus
abenteuerlichen Stahlkonstruktionen, die immer wieder unter den heillos
überladenen Lkw zusammenbrechen. Auf manchen ist ein kleines Schild
montiert, darauf ein Totenkopf und „DANGER" geschrieben. Sehr nett,
dass die Straßenbaubehörde auf die Gefahr aufmerksam macht. Auf an-

deren Brücken finden wir den Hinweis „weak bridge". Was heißt das nun genau? Zu schwach für welches Fahrzeug?

Der Appetit vergeht uns trotzdem nicht, zudem ist jede Pause eine willkommene Abwechslung zur Rüttelei auf der Piste. Es sind nur äußerst wenige Ortschaften auf der Strecke und manche sind einfach nur saisonale Zeltstädte, wo Einheimische ein paar Monate im Jahr durch den Verkauf von Essen und Trinken Geld verdienen.

Immer noch hat uns die Hochgebirgswüste fest im Griff, es sind gewaltige Schluchten und eine stark erodierte Landschaft aus goldfarbenem Gestein. Atemberaubend und grandios!

Über den gefährlichsten Pass der Welt Richtung Nepal

Jetzt liegt nur noch der Rohtang-Pass vor uns, der letzte, der uns endgültig in eine Gegend mit höherem Sauerstoffanteil bringt. Nur knappe 4.000 Meter hoch, aber einer der gefährlichsten. Allein der Name spricht für sich, denn Rohtang bedeutet Leichenhaufen. Der Pass ist eine Klimascheide, Richtung Manali fällt erheblich mehr Niederschlag als Richtung Leh. Deshalb ist der Rohtang La auf der gesamten Strecke der Pass mit dem meisten Schnee und damit ausschlaggebend für die Sperrung der Straße. Schlammig, weich, rutschig, schräg, viele Serpentinen, starker Verkehr und eine viele zu enge Fahrbahn. Afrikanische Zustände! Ständig wird an der Straße gearbeitet, entweder gehen Muren oder Steinlawinen ab. Fahrzeuge stürzen ab oder bleiben stecken, so auch Wobbel, der Mercedes von Marja und Paul, der sehr wenig Bodenfreiheit hat. Für den Mercedes-Lkw von Verena und Wolfi ist es eine leichte Aufgabe, das Fahrzeug mit Hilfe des Abschleppseils nicht nur aus dem Schlamm, sondern auch gleich bis fast auf die Passhöhe zu schleppen.

Wir beide hingegen haben Mitleid mit den indischen Motorradfahrern. Sie sind schwer bepackt unterwegs, noch dazu zu zweit auf einer Royal Enfield und mit viel zu wenig Erfahrung und Fahrpraxis. Mehrmals nehmen wir eine Beifahrerin auf unserem Trittbrett mit. Dabei habe ich Angst, ob die Inderinnen sich noch festhalten können, sie sind völlig ermüdet und kraftlos. Dieser Urlaub wird ihnen sicher ewig in Erinnerung bleiben.

Auf der Passhöhe begrüßen uns keine buddhistischen Gebetsfahnen, sondern ein hinduistischer Schrein. Der Rohtang-Pass ist nicht nur die Wetterscheide zwischen den feuchten und fruchtbaren Ebenen Indiens und dem trockenen Ladakh und Tibet, sondern er trennt auch gleichzeitig das hinduistisch geprägte Kullutal von den höher gelegenen Tälern Spitis und Ladakhs, in denen sich durch ihre Abgeschiedenheit und die extremen Wetterbedingungen die ursprüngliche tibetisch-buddhistische Kultur erhalten hat. Wir blicken hinunter ins Tal und der Blick verheißt nichts Gutes: Dunkle Regenwolken verhüllen den Himmel und einen Großteil der Berge.

Aber die Hänge, die wir sichten, sind grün und bewaldet! Eine herrliche Abwechslung. Doch zunächst heißt es nochmal, sich voll auf die Piste zu konzentrieren, die Fahrt gleicht einer regelrechten Schlammschlacht. Tagelang hat es durchgeregnet. Wir müssen quasi um den Berg herumfahren, die Felsvorsprünge sind manchmal so enorm, dass wir aufpassen müssen, sie nicht mit unserem Aufbau zu streifen. Für unsere Kärntner Freunde ein noch größeres Problem, denn ihr Lkw ist um 20 Zentimeter breiter als unserer. Der Gegenverkehr nimmt zu, leider sind die Inder nicht die besten Autofahrer.

Einen halben Tag nimmt die Strecke in Anspruch. Seit der Türkei hat August vorne ein gebrochenes Federblatt, nun hat er drei. Das ist der Tribut, den wir dem Rohtang La zollen müssen. Die abgebrochenen Mittelstücke haben wir unterwegs verloren. Wir freuen uns auf den erstmöglichen Schlafplatz. Peter und auch die anderen Fahrer sind nach der Fahrt erledigt. Das Bier haben sie sich redlich verdient, danach verschwindet jeder sofort im eigenen Fahrzeug. Nachtruhe ist angesagt.

Am nächsten Tag sehen wir neben der Straße ein großes Schild mit der Aufschrift „STRABAG AG". Was macht ein österreichisches bzw. deutsches Bauunternehmen hier in Indien? Ganz einfach, wie der Name schon sagt: Straßen bauen. Oder besser gesagt einen Tunnel. Die STRABAG bekam den Zuschlag für den Bau des 8,8 Kilometer langen, hufeisenförmigen, zweispurigen Rohtang-Pass-Highway-Tunnels. Damit soll der Manali-Leh-Highway eine ganzjährig befahrbare Straße werden, was die wirtschaftliche Entwicklung in Ladakh beschleunigen soll. Geplante Bauzeit ist ca. 5,5 Jahre, der Tunnel soll also Ende 2015 fertig gestellt werden. In der Tageszeitung „The Hindu" vom 19. Februar 2017 habe ich gelesen, dass es bei diesem Projekt zu Verzögerungen gekommen und die Fertigstellung nun für 2019 geplant ist.

Seit wir den letzten Pass bewältigt haben, sind wir in einer anderen Welt, in einer grünen Welt. Die Berghänge sind wieder bewaldet und die Wiesen nach dem vielen Regen saftig grün. Immer noch ist Monsunzeit, in den letzten Wochen haben Wolkenbrüche verheerende Schäden angerichtet. Teile der Asphaltstraße und Brücken wurden weggerissen, Erdrutsche haben die Straße verschüttet. Im Konvoi geht es immer noch bergab, es ist aber nicht mehr so steil. Verena und Wolfi fahren an erster Stelle, danach kommt August, gefolgt von Wobbel. Plötzlich legt Wolfi eine Vollbremsung hin! Peter schafft es gerade noch so zu bremsen, dass wir dem Kärntner nicht hinten draufknallen. Was ist passiert? War vielleicht ein Kind auf der Straße? Oder ein Tier? Weit gefehlt. Wolfi hat am Straßenrand hohe Nadelbäume entdeckt, auf denen große Zapfen hängen. Da musste er natürlich sofort anhalten, um sie zu begutachten. Er springt aus seinem Lkw, ruft dabei: „Ane Tschurtschln, ane Tschurtschln!" Was so viel heißt wie: „Zapfen! Da sind Zapfen!" Als er sieht, dass das Harz regelrecht aus den Zapfen rinnt, wird sein Grinsen noch breiter und er beginnt sofort, welche einzusammeln. Damit will Wolfi einen Schnaps ansetzen. Das war also der Grund für die Vollbremsung! Auch ich nehme einen Kübel voller Zapfen mit, denn ich will es Wolfi gleichtun.

In den letzten 5 Tagen sind wir vom Tso Moriri bis ins Parvati-Tal gefahren, für uns ungewohnt viel, obwohl es tatsächlich nur rund 320 Kilometer waren. Wir haben Ladakh bzw. Kaschmir verlassen und sind im Bundesstaat Himachal Pradesh angekommen. Drei ganze Fahrtage auf teilweise mühsamen Pisten waren es, dazwischen haben wir die Kleinstadt Manali besichtigt, sozusagen zum Ausrasten. Zum Vergleich: In den vergangenen 3,5 Monaten in Indien haben wir 3.500 Kilometer zurückgelegt, im Schnitt also etwa 30 Kilometer pro Tag.

Aufgrund des milden Sommerklimas und seiner berühmten Tempel ist Manali vor allem bei indischen Touristen beliebt, als Ausgangspunkt für Bergtouren aber auch bei ausländischen Urlaubern. Es ist Ende August, die großen Touristenmengen haben Manali schon verlassen, trotzdem ist es fast unmöglich, einen Parkplatz zu finden. Uns bleibt nichts anderes übrig, als neben der Hauptstraße zu parken. Der neue und moderne Stadtteil von Manali interessiert uns nicht, wir wollen ins ursprüngliche „Old Manali", das etwa 3 Kilometer nordwestlich davon malerisch auf einem Hügel liegt. Sehr ruhig und beschaulich geht es hier zu, wir spazieren an alten Bauernhäusern aus Stein und Holz vorbei, bewundern die mächtigen Steindächer und die schön geschnitzten und bemalten Holzbalkone. Dazwischen laufen Kühe, Schafe und Hühner herum, Frauen sitzen vor dem Haus an Webstühlen, produzieren wunderschöne Stoffe, aus denen ihre Kleidung gemacht ist. Auch die traditionellen an der Vorderseite wunderschön bestickten Kullu-Kappen, die die Männer tragen, sind aus dieser Wolle hergestellt.

In Manali leben heute viele tibetische Flüchtlinge. Nachdem die meisten fleißige und geschickte Händler sind, sind sie auf jedem Basar zu finden. Aber auch viele Restaurants werden von ihnen geleitet, in denen es unter anderem köstliche Momos – tibetische Teigtaschen – gibt, die wir uns hier gönnen.

Was wir in Manali aber noch finden, ist der indische Ersatzteilhändler unseres Vertrauens. Mr. Singh vertreibt Original TATA-Ersatzteile. TATA ist ein Lizenzprodukt von Mercedes Benz und die Teile des Modells 1210 sind mit Augusts Teilen kompatibel. Da unser Lkw momentan mit drei gebrochenen Federblättern unterwegs ist, braucht Peter drei neue für die Vorderachse. Der Preis überzeugt Peter sofort und anstatt der drei Stück kauft er gleich sechs Federblätter. Verständlich, denn ein Blatt kostet umgerechnet etwa 8 Euro. In Österreich hätten wir 120 Euro hingeblättert. Danach machen wir uns wieder auf den Weg.

Wir parken am Ortsende von Kasol unter riesigen, alten Nadelbäumen. Der Parvati-Fluss ist reißend und laut, dennoch hören wir die vielen stimmkräftigen Zikaden. Glücklicherweise sind sie tagaktiv. Die Landschaft ähnelt den österreichischen Alpen, tief eingeschnittene Täler, bewaldete, steile Hänge und Berge. Es gibt Almwiesen, Apfelgärten, Nussbäume, Farne, Moose und jede Menge Marihuana – der einzige Unterschied zu Österreich. Die grüne Pracht tut unseren Augen gut, an die Luftfeuchtigkeit müssen wir uns aber erst wieder gewöhnen. Im Parvati-Tal sind wir erstmals wieder unter 2.000 Meter Seehöhe. Die Luft am Morgen ist herrlich frisch, die Nächte angenehm kühl. Wir sichten erste, große, schwarze Gelsen. Sie sind aber sehr träge und nicht stechwütig. Dennoch erinnern sie uns daran, dass wir unsere Moskitonetze reparieren müssen.

Meine Hände riechen nach Weihnachten. Zuerst habe ich Nussschnaps angesetzt und danach Zirbenschnaps. Die Zapfen, die wir unterwegs gesammelt haben, sind violett und voller Harz, das nun an meinen Fingern klebt. Zusammen mit Zimt, Gewürznelken und Zucker gebe ich die geschnittenen Zapfen in große Gläser, fülle alles mit Alkohol auf (indischer Wodka war der billigste Alkohol, den wir finden konnten) und stelle sie in die Sonne. Jetzt heißt es, ein paar Wochen warten.

Ein paar Tage Pause tun allen gut, auch unseren Fahrzeugen. Peter tauscht drei Federblätter, Wolfi wechselt die Reifen und repariert die Markisenhalterung. Uns geht es nach diesen vielen Fahrtagen besser, wir verbringen eine erholsame Zeit mit Spazierengehen, Lesen und Baden in den heißen Quellen im Tempel des Nachbardorfes. Den Sonntagnachmittag verbringen wir wie Pensionisten in Österreich, Verena bittet zu Tisch: Es gibt Wiener Kaffee mit frischem Apfelstrudel und Vanillesauce. Es ist schön, mit Verena und Wolfi zu reisen, auch Marja und Paul passen gut in die Gruppe, wobei Peter die ständige Gesellschaft mehr genießt als ich. Ich bin gerne alleine, dann kann ich alles intensiver erleben. Wenn es mir zu viel wird, gehe ich einfach. Nicht alleine zu reisen, hat aber auch Vorteile, z. B. geteilte Aufmerksamkeit bei Menschenansammlungen oder ein einfacheres Navigieren bzw. Fahren. Wenn wir uns hinter Wolfi einreihen, brauchen wir nicht auf die Höhe der Stromkabel, auf die Fahrbahnbreite oder auf den Zustand der Brücken zu achten, denn der Lkw der Kärntner ist nicht nur höher und breiter, sondern auch schwerer.

Sehr angenehm sind auch die Gespräche zwischendurch, speziell am Abend, wenn wir gemütlich beieinander sitzen. Mit Verena und Wolfi verstehen wir uns wirklich gut, sie sind richtige Freunde geworden. Wir sind auf einer Wellenlänge, müssen uns kein Blatt vor den Mund nehmen, können einfach so sein, wie wir sind. Und dabei haben wir auch noch jede Menge Spaß. Wir reden aber auch über ernste Themen, erst gestern Abend haben wir über Angst gesprochen. Verena meinte, dass jeder Mensch Angst habe. So frage ich Wolfi, wovor er denn Angst hätte. „Dass ich zu wenig zu essen bekomme", ist seine spontane Antwort mit einem schelmischen Grinsen. Man muss dazu wissen, dass unser Freund mindestens fünfmal am Tag über

Essen spricht. In Rishikesh kann er uns ein gutes Lokal empfehlen, in Kathmandu müssen wir unbedingt Steaks essen, in Goa kennt er ein billiges und gutes Restaurant, in Pokhara …

Ich bin schon gespannt, was die Zukunft bringt, wo es uns hin verschlagen wird. Nach Nepal und wieder zurück nach Indien, das ist klar. Aber danach? Auch Verena und Wolfi sind in der Planungsphase. Sie wollen nach Südostasien. Das ist aber gar nicht so leicht, denn Indien entpuppt sich irgendwie als Sackgasse, wenn man Richtung Osten möchte. Nach Tibet dürfen Österreicher zurzeit nicht einreisen, quasi als Rache Chinas, weil der Dalai Lama zu Gast in unserem Heimatland war. Über China und Laos ist es alleine zu teuer, da man in China nicht unbegleitet mit dem eigenen Fahrzeug reisen darf und einen Führer braucht, den man natürlich pro Aufenthaltstag bezahlen muss. Außerdem braucht man eigene Fahrzeugpapiere, die mindestens 1.200 Euro kosten und Apollo müsste wahrscheinlich 3 Wochen in Quarantäne. Eine Verschiffung kostet auch immer viel, zu viel. Und auch nach Myanmar darf man mit dem eigenen Fahrzeug nicht einreisen. Also was tun?

Es gibt einen deutschen Reiseveranstalter, der geführte Touren mit Wohnmobilen organisiert. Angeblich gibt es eine Gruppe, die plant, Anfang März, also in etwa 6 Monaten, von Deutschland aus nach Indien und weiter über China und Myanmar nach Thailand zu fahren. Verena und Wolfi warten noch auf genauere Informationen. Oder man findet andere Reisende, die zur gleichen Zeit die gleiche Route nehmen wollen, was aber auch extrem schwierig ist. Südostasien, das klingt gut, sehr gut sogar! Vielleicht sollten wir mitfahren? Wir könnten wieder in Thailand arbeiten, so wie schon 1999. Obwohl ich mir damals geschworen habe, nie wieder länger in Bangkok zu leben, reizt es mich jetzt wieder. Zeit heilt alle Wunden! Damals hat Peter als Techniker am Skytrain für Siemens gearbeitet, später auch für die U-Bahn in Bangkok. Der Vertrag von Siemens für Service- und Instandhaltungsarbeiten ist verlängert worden, die Thailänder sind mit der Qualität sehr zufrieden. Projektleiter sind alte Bekannte von Peter, er hat schon Kontakt aufgenommen. Der Verdienst bei diesem Job ist verlockend, unsere Reisekasse wäre im Nu wieder voll. Und ich würde schon einen Job finden, aber 48 Stunden pro Woche Englisch unterrichten, so wie 1999, möchte ich nicht mehr. Fitness- und Wellnesstrainerin für Siemens, das würde mir Spaß machen. Erfahrung in diesem Bereich habe ich schon ausreichend gesammelt. Wir könnten August natürlich auch in Thailand stehen lassen, nach Österreich fliegen und dort Geld verdienen. Oder sollen wir doch im nächsten Frühjahr die Heimreise antreten und Zentralasien einen Besuch abstatten? Wir wissen es einfach nicht. Aber es ist schön, wenn man so viele Möglichkeiten hat.

Willkommen in Punjab, willkommen im Flachland. Die Straße ist gut, die Temperatur und die Luftfeuchtigkeit hoch und der Fahrer eines Kleinwagens fasziniert von unserem August. Er überholt, blickt ungläubig zu mir hoch, denkt er doch, ich sei der Chauffeur, und lenkt zu früh nach links, synchron mit der Kopfbewegung. Peter sieht den kleinen TATA nicht, ich erst, als es fast zu spät ist. Ich schreie: „Bremsen!", was Peter auch sofort macht. Der Kleinwagen hat die Seitenfläche von Augusts rechtem Vorderrad gestreift und ist vor unser Fahrzeug geraten. August schiebt den Pkw mindestens 10 Meter vor sich her, quer zur Fahrbahn. Ich befürchte schon, dass er sich überschlagen könnte, Horrorszenarien entstehen in meinem Kopf. Nach der Vollbremsung springen wir sofort aus und wie durch ein Wunder steht das Auto vor unserem Lkw und sieht fast unversehrt aus. Die Türen auf der Fahrerseite sind leicht verbeult. Der Fahrer, ein junger Sikh, bleibt im Auto sitzen, er hat einen Schock. Sein Beifahrer steigt aus und beginnt sogleich, zu telefonieren. Wir machen uns Sorgen um den Fahrer, bieten ihm kaltes Wasser an und fragen, ob er einen Arzt braucht. Er verneint.
Die Menschenansammlung wird immer größer, die Polizei ist schon verständigt. Wir begutachten unser Fahrzeug, die Stoßstange wurde so weit zurückgebogen, dass sie am linken Vorderreifen streift und ein Scheinwerfer ist kaputt. Wir fotografieren alles, auch den Führerschein und den Fahrer, der nun endlich ausgestiegen ist. Uns trifft keine Schuld, der Unfall wurde nicht durch uns verursacht. Nur gut, dass niemandem etwas passiert ist! In indischer Manier sichern wir die Unfallstelle ab. Von den Bäumen am Stra-

ßenrand brechen wir Äste und Zweige ab und stecken sie fahrbahnseitig vorne in die Stoßstange und hinten in die Halterung des Reservereifens. Fertig! Die Schaulustigen diskutieren fleißig, bleiben aber ruhig. Nach einer halben Stunde kommt die Polizei, keiner der Beamten spricht Englisch. Sie sind mit der Situation überfordert und bitten uns, auf die Station mitzukommen. Zuvor muss Peter noch die Stoßstange zurechtbiegen, was er mit Hilfe von Brecheisen und Hammer macht. Recht viel Bewegungsraum hat er nicht, denn der Kreis der Schaulustigen wird immer enger, manche wollen helfen, indem sie mit bloßen Händen an der Stange ziehen. Schnell ist die provisorische Reparatur erledigt und wir folgen dem Polizeiwagen. Verena und Wolfi schließen sich an, wir können Hilfe sicher gebrauchen.

Auf der Polizeistation werden wir sehr freundlich behandelt, leider ist auch hier niemand der englischen Sprache mächtig. Wir warten. Unsere Taktik: Wir wollen 5.000 Rupien (70 Euro) als Schadenersatz. Angriff ist die beste Verteidigung. Das sagen wir dem Polizeichef auch, der etwas später kommt. Es wird diskutiert. Nach kurzer Zeit meint der Kommandant, dass wir doch froh sein sollen, dass jeder wohlauf ist. Recht hat er! Was nützen uns die 5.000 Rupien? Für den jungen Sikh ist das ein Vermögen! Außerdem muss er noch das Auto reparieren lassen, das seiner Tante gehört. Der Polizist sagt dem Burschen, dass er sich bei uns entschuldigen soll, was er sofort macht. Als er sich dann noch vor uns niederknien soll, greifen wir ein. Der Polizeichef verpasst dem jungen Sikh eine schallende Ohrfeige und damit ist die Sache erledigt. Auch Peter darf ihm eine versetzen, was er natürlich nicht macht. Wir schütteln uns die Hände und wünschen dem Fahrer, dass ihm hoffentlich kein weiterer Unfall passieren wird.

An diesem Abend liegt unser Schlafplatz in einem kleinen Mangogarten. Der Nachbar kommt zu uns und fragt, ob wir etwas brauchen. Wir können auch bei ihm duschen und ihn jederzeit besuchen. Weitere Anrainer tauchen auf, darunter auch der Dorflehrer, doch zum Abendessen sind wir alleine. Nur die Gelsen plagen uns. Als wir schon bei einem Gläschen Rum sitzen, nähert sich ein Pkw und blendet uns mit den Scheinwerfern. Ein Sikh mit dunkelblauem Turban und weißem Gewand steigt aus, grüßt auf Englisch und fragt, ob wir Italienisch sprechen. Irgendwie eine absurde Frage, auf die wir frech mit „Ja, sicher" antworten. Auf einmal redet der Mann was das Zeug hält – auf Italienisch. Da schauen wir ganz schön blöd. Wir verstehen aber zumindest so viel, um herauszufinden, dass er mit seiner Familie seit mehr als 20 Jahren in der Nähe von Venedig lebt, Lederwaren verkauft und nun auf Heimaturlaub ist. Schon in 8 Stunden fliegt er zurück nach Europa. Na dann, gute Reise!

Eine Stunde später taucht er nochmals mit seiner ganzen Familie auf. Sein ältester Bruder ist ein stattlicher Mann und spricht Englisch. Ich mag ihn auf Anhieb. Er mich auch. Wir sollen doch bitte auf Besuch kommen, sie würden uns gerne zum Abendessen einladen. Sollten wir irgendetwas benötigen, sollen wir nicht zögern, bei ihnen anzuklopfen, ganz egal zu welcher Uhrzeit. Der ältere Sikh, der leicht beschwipst ist, möchte uns am nächsten Morgen das Frühstück servieren, er würde uns alles bringen, was wir haben wollen. Er drückt sich sehr gewählt aus, spricht ein altes Englisch, das uns an die britische Kolonialzeit denken lässt. Sein Blick wandert immer wieder zu der Rumflasche auf dem Tisch. Ob er sich einen kleinen Schluck genehmigen könne, fragt er verschmitzt und greift schon nach der Flasche. Über den sogenannten kleinen Schluck muss ich herzhaft lachen, denn sein Glas ist fast bis unter den Rand voll. Den Rest füllt der mit Wasser auf und trinkt das Glas zügig aus. Ob uns das Frühstück morgen um 6 Uhr genehm wäre? Sicher nicht. Wir vereinbaren 10 Uhr und bezweifeln, dass er sich am nächsten Tag noch daran erinnern kann. Zum Abschied machen wir noch ein paar Fotos und wünschen der netten Familie eine gute Nacht. Am nächsten Morgen warten wir vergeblich auf das versprochene Frühstück.

In Rishikesh stoßen wir zum ersten Mal auf den heiligen Fluss Ganges. Jetzt, am Ende der Regenzeit, ist er ein reißender Fluss, der hier aus den Bergen kommt. Rishikesh ist ein Pilgerort, Indiens Meditations- und Yogazentrum schlechthin. Hier trifft man auf eine bunte Mischung von Personen: Yogis, Gurus, Sadhus, Hindu-Pilger, Individualtouristen, Yogastudenten, Langzeitreisende und einige Exiltibeter. Auch die Beatles haben hier im Jahre 1968

geraucht und meditiert. Als Nächtigungsplatz finden wir ein im Bau befind-
liches Parkhaus im Stadtteil Laxmanjula. Sofort sind unzählige Kinder da,
sie wohnen in einfachen Hütten oder Verschlägen entlang des Bachbettes
hinter dem Parkhaus. Puspa, die Mutter von sechs Kindern, taucht auf und
beginnt zu plaudern. Sie lädt mich zu sich nach Hause ein, doch es passt mir
jetzt überhaupt nicht, ich vertröste sie auf morgen.

Mit einer Motorradrikscha fahren wir in das Stadtzentrum und speisen vor-
züglich. Der Restauranttipp kommt natürlich von Wolfi, er erinnert sich
sofort an das köstliche Essen im Chotiwallah, als sie das letzte Mal in Rishikesh waren. Die Einrichtung ist spartanisch, die Gerichte ein Traum. Auf
Wolfi ist eben Verlass!

Es ist viel los in der Stadt, unzählige Touristen und noch mehr Pilger aus
ganz Indien. Es sind so viele verschiedene Menschen, die im Ganges ein Bad
nehmen und den Göttern Gaben opfern. Dazwischen Bettler, Verkäufer
und Sadhus, die heiligen Männer Indiens. Das sind Menschen, die sich einem religiösen Leben verschrieben haben. Einem asketischen, besitzlosen
und völlig gottergebenen. Manche sind auf ständiger Wanderschaft, andere
leben in Höhlen und wieder andere in Ashrams (Gebets- und Meditations-
häuser), von denen es hier besonders viele gibt. Dort widmen sie sich dem
spirituellen Leben, studieren heilige Schriften, leben enthaltsam, meditieren, oft mit Hilfe von Marihuana oder Haschisch, und sind auf der Suche
nach Erlösung.

Auf den ersten Blick scheint sich alles um Glaube, Spiritualität, Yoga und
Meditation zu drehen. Und um Marihuana, ganja, charas oder wie man es
sonst noch nennt. Und natürlich um Geld. Darauf haben sich auch ein paar
Sadhus spezialisiert: Gerne posieren sie für ein Foto und halten anschließend die Hand auf.

Auf dem Weg zu einer Puja, einem Hindu-Gottesdienst, überqueren wir
den Ganges auf einer Fußgängerbrücke. Dort liegen nicht nur Kühe, son-
dern es tummeln sich auch Makaken und diese Affen werden ziemlich frech.
Ich habe Gaben für die Götter gekauft, kleine Teigbällchen, die man in den
Ganges wirft. Darauf haben es die Affen abgesehen. Einer sitzt vor mir am
Boden, zeigt mir seine Zähne. Ich werfe ihm ein Bällchen zu, er kommt

näher. Erst jetzt bemerke ich auf dem Brückengeländer hinter mir einen zweiten. Er ist auf meiner Augenhöhe. Auch dieser fletscht die Zähne. Ein Inder kommt mir glücklicherweise mit einem Stock zu Hilfe, doch am Ende der Brücke wartet schon die nächste Meute. Schnell werfe ich die übrigen Gaben in den Ganges, hoffe, dass mich die Götter erhören und die Affen verschonen.

Am nächsten Ghat, einem treppenförmig angelegten Badeplatz am Ufer des Ganges, findet schon eine Zeremonie statt. Mit Sprechgesängen, Musik, Tanz, vielen Kerzen und Öllampen, die von fünf jungen Männern geschwenkt werden. Es dämmert bereits, als dicke Nebelschwaden vom Ganges über den Ghat ziehen und Abkühlung bringen. Jeder Anwesende erhält Blütenblätter, die wir am Ende der Puja in den heiligen Fluss streuen. Danach bekommen die Hindus, zumindest die Frauen, noch einen roten Punkt (Bindi) auf die Stirn und wir ein leckeres Essen in einem Restaurant. Als wir zurück zu unseren Fahrzeugen kommen, ist alles erleuchtet. In jedem Baum scheinen Lichterketten angebracht zu sein. Doch in Wirklichkeit sind es Glühwürmchen, es müssen Tausende sein!

Am nächsten Tag besuche ich Puspa. Ihre Hütte ist die letzte, ganz hinten im Tal. Auf dem Weg dorthin erzählt sie mir, dass ihr Mann säuft – ein großes Problem. Ihr Gatte sitzt vor der Hütte und kocht, daneben ist eine Plane gespannt, unter der drei Kühe stehen. Rundherum sieht es sehr ordentlich aus. Ein weiteres, großes Problem sei der Bach, erzählt mir die Inderin, der in der Regenzeit zum Fluss anschwillt und immer wieder Behausungen wegreißt. Puspa hat zu wenig Geld für einen Schutzwall und zeigt auf eine niedrige Ziegelmauer. Es ist heiß und schwül. Meine Kleidung klebt am Körper, ich fächle mir Luft zu. Da nimmt Puspa mich bei der Hand und führt mich in ihre Hütte, die von einem Doppelbett dominiert wird. Darüber hängt ein Ventilator, den sie für mich einschaltet. Sie bittet mich, Platz zu nehmen. Als ich ein bisschen zögere, drückt sie mich unsanft aufs Bett. Ich schaue mich um in ihrem Heim, entdecke noch ein Bett, viele Leinen, die von einer Wand zur anderen gespannt sind und auf denen die gesamte Kleidung der Familie hängt. In einer Ecke sind Lebensmittel und Kochutensilien gelagert, es gibt kein Fenster, eine einzige Glühbirne baumelt von der

Decke. Ganz schön eng für acht Personen. Ich bitte Puspa, mir ihre Adresse aufzuschreiben, damit ich ihr die Fotos schicken kann. Puspa ist Analphabetin, daher diktiert sie mir ihre Anschrift. Zum Schreiben ist es viel zu finster in der Hütte, ein guter Vorwand, um wieder ins Freie zu gelangen. Die Verständigung ist schwierig, die Adresse unvollständig. Aber was soll sie auch angeben: Letzte Hütte am Bach hinter dem neuen Parkhaus in Laxmanjula, Rishikesh? Nachdem die anderen auf mich warten, verabschiede ich mich von dieser heiteren Frau, die hier kein einfaches Leben führt. Ich habe viel gelacht mit Puspa, sie hat mir einen Einblick in ihr Leben gewährt, mir mehrmals auf die Schulter geklopft und meinen Arm gestreichelt. Alles Gute, Puspa, du kleine, tapfere Frau aus Rishikesh!

Noch mehr Pilger als in Rishikesh sehen wir am nächsten Tag an den Ghats von Haridwar. Es müssen wohl mehrere Tausend sein! Uns genügt der Anblick von Weitem und so lassen wir die Stadt, deren Namen übersetzt „das Tor Gottes" bedeutet, links liegen. Hier erreicht der Ganges endgültig die Ebenen und bewegt sich nun langsam Richtung Golf von Bengalen.
Wir sind unterwegs zur nepalesischen Grenze. Auf der Karte sieht alles so einfach und vor allem sehr nahe aus. Bis Haldwani brauchen wir einen ganzen, sehr heißen Tag. In Indien weiß man nie, wie groß eine Stadt tatsächlich ist und die, die wir schlussendlich auf kleinen Straßen erreichen, ist winzig, eigentlich mehr ein Dorf. Bei einem Geschäft fragen wir, wo es nach Sitarganj, also Richtung Nepal geht. Man schaut uns mit großen Augen an. Im x-ten Geschäft kann man uns weiterhelfen: Wir sollen rechts in die nächste Straße abbiegen und dann nochmals fragen. Gesagt, getan. Jetzt sind wir es, die große Augen bekommen. Wir nähern uns nämlich dem Zentrum von Haldwani, und es ist, entgegen unserer Annahme, alles andere als eine kleine Stadt. Noch dazu ist es kurz vor 18 Uhr, das bedeutet noch mehr Verkehr, Stau und Lärm. Wir haben keine Ahnung, wo wir fahren sollen. Das ist eben Indien! Endlich finden wir eine Ausfallstraße und siehe da, nach ein paar Kilometern ist Sitarganj ausgeschildert. Wir folgen der Stadtumfahrung, die uns durch wilde Wohngebiete führt und die plötzlich im Nirvana endet. Die Brücke über den Fluss wurde vor vielen Jahren

weggeschwemmt. Langsam wird es dunkel. Wir drehen um, rund um uns ist nur Müll. In einer Schottergrube finden wir einen Nächtigungsplatz und essen draußen auf unserem Plastikteppich. Kein Lüftchen regt sich und es ist immer noch heiß. Als es stockdunkel ist, nehmen wir nackt und ungestört eine Außendusche.

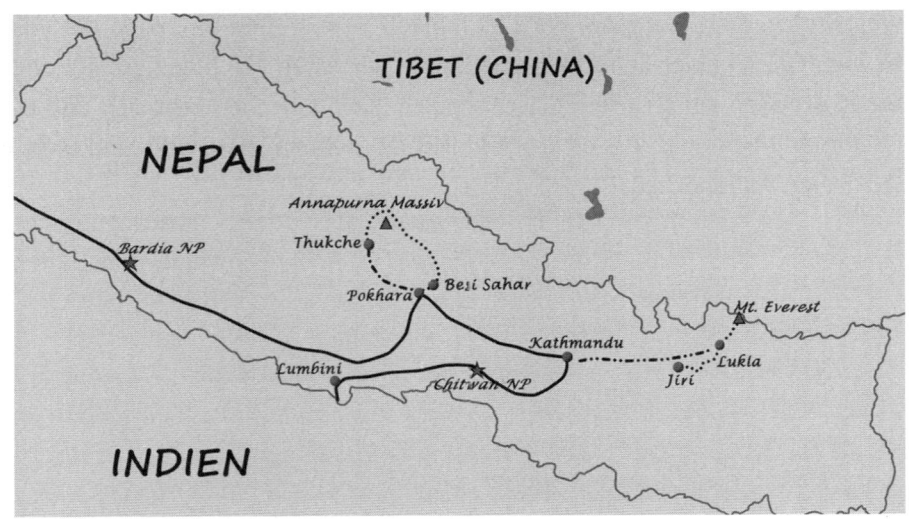

NEPAL
Geburtstagsfeier auf 3.600 Meter

Was fällt einem ein, wenn man an Nepal denkt? Der Himalaja, das Dach
der Welt, schneebedeckte Gipfel, Bergsteiger, Sherpas und buddhistische
Gebetsfahnen, die im Wind flattern. Assoziationen, die genauso unvollständig sind, wie das Klischee, Österreich würde nur aus Bergen, Skifahrern,
Mozartkugeln und Kaiserin Sisi bestehen. Die Realität sieht anders aus:
Wir reisen im Westen des Landes ein und alles ist grün. Reisfelder, wohin
man auch schaut. Dazwischen schöne Lehmdörfer, Bananen- und Bambus-
stauden. Regenwald. Unzählige Flüsse durchziehen das Land, alles leuchtet
in satten Farben. Es ist heiß, schwül und es regnet jeden Tag. Der Monsun
hat auf uns gewartet. Terai nennt sich dieses fruchtbare Tiefland, wo ein
Großteil der Bevölkerung lebt und sie sind keine Buddhisten, sondern Hindus. Es gefällt mir hier auf Anhieb, was auch an den Menschen liegt. Bisher
hatten wir nur mit freundlichen, unkomplizierten Nepalesen zu tun, auch
an der Grenze in Gaddachauki. Das 3-monatige Visum hatten wir gleich in
der Tasche.

Die Strecke zum Bardia-Nationalpark ist malerisch, es gibt kaum Verkehr, denn die meisten Nepalesen können sich kein Auto leisten. Dafür sind die öffentlichen Busse übervoll. Im Vergleich zu Indien ist das Fahren richtiggehend angenehm. Nur die Schlafplatzsuche ist nicht einfach, denn abseits der Straße ist alles sumpfig, matschig oder unter Wasser gesetzt.

Hier ist der Volksstamm der Tharu ansässig, der von Ackerbau und Fischfang lebt. Zudem halten sie noch Ziegen, Hühner, Schweine und Büffel. Letztere genießen den Monsun in vollen Zügen, sie suhlen sich in Pfützen, um sich abzukühlen.

Wir fahren langsam, denn die Piste ist sehr eng. Auf der rechten Seite stehen zwei Wasserbüffel, die sich langsam auf zur Böschung machen, sie wollen die Piste überqueren. Einer ist zu langsam, Peter übersieht ihn und touchiert den Büffel leicht mit der Stoßstange. Das Tier läuft nun in Windeseile über die Böschung hinunter. Ich hoffe, dass er außer einem Schock und einem Bluterguss keine weiteren Schäden genommen hat. Unsere Stoßstange dagegen ist schon wieder ziemlich verbogen ...

Ausgangspunkt für die Touren, die man im Nationalpark machen kann, ist ein kleines Dorf. Wir sind die einzigen Touristen hier, niemand sonst wagt sich im Monsun hierher. Der Besitzer des Gästehauses vermittelt uns auch eine geführte Wanderung durch den Park, der zum Großteil aus Wäldern mit Sal-Bäumen, einer Hartholzart, besteht. Neben dem Wald gibt es noch offenes Grasland, Savanne und Auwald. Insgesamt leben im Bardia-Nationalpark über 30 Säugetier- und über 230 Vogelarten. Dazu kommen noch Schlangen, Echsen und Fische. Wir freuen uns schon!

Zeitig am nächsten Morgen starten wir mit Verena, Wolfi und zwei Führern. Wir überqueren mehrere schlammige Flüsse auf wackeligen Brücken und tauchen tief in die Wälder ein. Es ist unglaublich heiß und schwül, ein Paradies für Moskitos und Blutegel. Im Gänsemarsch folgen wir einander auf schmalen Pfaden, wobei der Hintermann immer Alarm schlägt, wenn er einen Egel am Schuh, Socken oder Hosenbein des Vordermanns entdeckt. Denn wenn sie sich noch nicht festgesaugt haben, lassen sie sich durch ein Fingerschnippen leicht entfernen. Das Dumme ist, dass man sie überhaupt nicht spürt. Ich finde sie wirklich ekelig. Komischerweise will niemand als letzter gehen. Außer Egeln und Gelsen bekommen wir noch einige Böcke zu Gesicht, Affen, Vögel, viele Schmetterlinge, Käfer und Tausendfüßler. Von der Aussichtsplattform sichten Verena und Wolfi sogar kurz ein Nashorn, bevor es wieder im Gebüsch verschwindet.

Keine wirklich fette Ausbeute, wenn man bedenkt, dass wir 7 Stunden unterwegs waren. Nur zu gern hätten wir noch mehr Nashörner beobachtet oder einen Tiger, Elefanten oder Leoparden. Wir haben einfach Pech gehabt und sind zu einer ungünstigen Jahreszeit hier, aber schön war die Tour trotzdem.

Zu unserer Überraschung sehen wir dann doch noch ein weibliches Panzernashorn. Beim Parkeingang gibt es eine Krankenstation, wo dieses gerade gepflegt wird, es leidet unter einer Augenverletzung. Wir können es aus nächster Nähe betrachten. Nebenan gibt es auch eine Zuchtfarm für die beiden hier vorkommenden Krokodilarten: Den Gavial und das Sumpfkrokodil. Müde kehren wir zu unseren Fahrzeugen zurück und machen eine letzte Blutegelkontrolle. Glück gehabt, es hat sich keiner angesaugt!

Am nächsten Morgen werde ich munter, weil schwere Regentropfen auf unser Lkw-Dach fallen. Kurz darauf schüttet es wie aus Kübeln. Wenn ich aus dem Fenster blicke, sehe ich die unter Wasser stehende Wiese. Aus den Gehwegen sind kleine Bäche geworden. Die Regenzeit ist immer noch nicht vorbei. Wir beschließen deswegen, nach Pokhara zu reisen, hoffen dort weniger Luftfeuchtigkeit und kühlere Nächte zu haben.

Bis Butwal befahren wir den Mahendra Highway und wechseln dann auf den Siddharta Highway, der Richtung Norden führt. Darunter darf man sich aber keine Autobahn vorstellen, sondern eine mehr oder weniger gut asphaltierte, zumeist zweispurige Straße mit vielen Kurven. Für nepalesische Verhältnisse gleicht das aber tatsächlich einem Highway. Die Straße ist auf diesem Abschnitt glücklicherweise ganz passabel zu befahren, es gibt keine Murenabgänge oder größere Überschwemmungen.

Wir parken an einem Flussufer etwa 50 Kilometer südlich von Pokhara. Die Dorfkinder klettern gerade über die Stufen unseres Wohnmobils zu mir herauf. Neugierig schauen sie in mein Tagebuch. Dann kommt Peter mit seiner lauten und tiefen Stimme und sie laufen davon. Im Vergleich zu den Indern sind sie extrem diskret. Gerade haben sie sich verabschiedet: „Good night, sleep well!", und manche haben mir ein Busserl geschickt. Ich genieße den sanften Wind hier, das Vogelgezwitscher und das Rauschen des Flusses. Vor allem aber die gemäßigte Temperatur und die geringere Luftfeuchtigkeit. So stark wie im Terai habe ich schon lange nicht mehr geschwitzt. Ein Schwarm Seidenreiher fliegt gerade vorbei, am Fels vor mir sitzt ein blitzblauer Eisvogel. Das war wieder einmal ein genialer Tag. Unsere Bäuche sind noch vom Mittagessen voll, wir sind in ein einfaches Restaurant neben der Straße gegangen. Speisekarte gab es keine, dafür durften wir in die Töpfe schauen. Mmmh! Es sah gut aus, roch gut und schmeckte auch so. Es war das nepalesische Nationalgericht: Dal Bhat. Linsen mit Gemüse und Reis, dazu gab es noch Pickle und Fladenbrot, und das alles um 70 nepalesische Rupien (0,60 Euro).

Peter geht gerade zum Fluss und wäscht sich, ich glaube das mache ich dann auch. Und hoffentlich kommen dann gleich die Glühwürmchen. Seit Rishikesh haben wir Millionen von ihnen gesehen.

Am nächsten Tag ist die Straße gesperrt. Warum? Die erste Antwort auf diese Frage bekommen wir von den Kindern: „Der König ist gestorben". Die zweite Antwort kommt von den Erwachsenen: „Eine politische Demonstration." Und Nummer drei liefert uns ein Jugendlicher beim Mittagessen: „Studenten demonstrieren gegen die Erhöhung der Spritpreise." Also, wir können es uns aussuchen. Demonstrationen gibt es allerdings wirklich viele, seitdem die Maoisten an der Macht sind. Sie sind um keinen Deut besser als der König, der im Exil lebt. Den Machthabern scheint es am wichtigsten zu sein, die eigenen Taschen zu füllen.

Die Straßensperre ist aufgehoben, wir begeben uns Richtung Pokhara, fahren gemütlich auf der kurvenreichen Bergstraße hinter dem Mercedes unserer Freunde her. Plötzlich legt Wolfi eine Vollbremsung hin. Was ist los?? Peter reagiert schnell und gut, so kommen wir hinter ihnen zu stehen. Wir hätten es uns ja denken können. Warum bleibt Wolfi abrupt stehen? Genau, weil er etwas zu essen entdeckt hat. Diesmal ist es ein Wasserbüffel, der gerade neben der Straße zerlegt wird. Ich glaube, unser Freund kann schon förmlich das Gulasch und die Rindsrouladen riechen. Mindestens zehn Männer sind am Arbeiten, eine blau-weiß karierte Plastikplane ist neben dem Kadaver aufgelegt und das frische Fleisch wird portionsweise darauf gelegt. Auch der Darm wird gereinigt und zerstückelt, der Magen aufgeschnitten und der Inhalt mit bloßen Händen herausgenommen. Was damit geschieht, möchte ich gar nicht so genau wissen. Neugierig schauen wir zu, wie die Männer ihrer Arbeit nachgehen, entweder bloßfüßig oder mit Flipflops. Wir möchten auch Fleisch kaufen, aber leider ist für uns nichts mehr übrig. Der ganze Büffel wird unter den Dorfbewohnern aufgeteilt. Wolfi steht die Enttäuschung ins Gesicht geschrieben.

Zu seinem Trost halten wir in Pokhara zuerst beim Fleischhauer, wo Wolfi nun doch einige Kilo Büffelfleisch ergattert. Anscheinend gibt es in ganz Nepal nur einen Campingplatz und der ist in Pame Bazar bei Pokhara. Es ist ein Familienbetrieb, der von Deepak, dem ältesten Sohn, geführt wird. Ihm helfen auch seine junge Frau, seine Eltern und seine Schwester, die mit einem Schweizer verheiratet ist und der auch der Finanzier ist. Allerdings lebt der Schweizer in seiner Heimat, wo er auch arbeitet und Geld verdient. Zweimal im Jahr fliegt er zu seiner Frau nach Nepal.

Da es seit Tagen regnet, ist die 7 Kilometer lange Zufahrtsstraße zum Campingplatz in einem ziemlich desolaten Zustand. Die tiefen Schlaglöcher sind mit Wasser gefüllt. 100 Meter vor dem Campingplatz müssen wir einen halben Meter tiefen Fluss queren. Das müssen auch die Dorfbewohner, denn die Fußgängerbrücke ist ebenfalls weggerissen worden. Der halbe Campingplatz steht unter Wasser, wir parken uns dennoch ein und bleiben. Ich verkrieche mich in unserem Wohnmobil, arbeite am Laptop, koche oder putze.

Alles, was ich angreife, artet in Arbeit aus. Eigentlich wollte ich nur mal schnell die Rollbox neben der Abwasch putzen. Ich bemerke, dass Gewürze nachgefüllt werden müssen und die Leiste abgeschmirgelt gehört, weil sie rostig ist. Aus dem Korb in der Dusche will ich das Schwammerl holen und greife in etwas Feuchtes, Schmieriges. Das Shampoo ist ausgeronnen. Super! Als das erledigt ist, ziehe ich die erste Kiste unter dem Bett heraus, weil ich Nahrungsmittel nachschlichten möchte. Pfui Teufel! Was sehe ich da? Schimmel. Also alles raus und reinigen. Ich verstaue alles in luftdichten Gefäßen, habe aber natürlich zu wenige. Gut, dann muss der Reis, den ich eben von Käfern befreit habe, in Marmeladegläser. Muss ich noch weiter schreiben??? Ach ja, die Wanderschuhe habe ich auch schon zweimal gewaschen, sie werden aber nicht trocken, weil eben Regenzeit ist und wir den Fluss durchqueren mussten und nun schimmeln sie vor sich hin. Vielleicht heize ich heute das Backrohr ein …

Jedes Mal, wenn ich rausgehen möchte, überlege ich es mir zweimal. Ich habe keine Gummistiefel, draußen steht alles unter Wasser und bei jedem fünften Schritt hat man einen Blutegel auf den Füßen. Nicht gerade meine Lieblinge … Gelsen gibt es auch, aber nicht viele. Besonders Apollo, der Hund von Verena und Wolfi, leidet unter den Egeln. Sie verschwinden zwischen seinen Zehen, in den Nasenlöchern und Ohren und landen dann vollgesaugt auf dem Teppichboden im Lkw der Kärntner.

Ich war so beschäftigt, dass ich gar nicht bemerkt habe, dass in der Zwischenzeit andere Reisende gekommen sind: Zwei Franzosen und ein Israeli. Auch im Dorf bin ich noch nie gewesen.

„Und wenn's genug geregnet hat, dann hört es wieder auf", sagen wir laut vor uns hin, nachdem wir bereits eine Woche in Pokhara sind. Wir scharren schon förmlich in den Startlöchern für die Umrundung des Annapurna-Massivs. Doch die Natur lehrt uns Geduld. Wir nutzen die feuchten Tage für die Pflege unseres Fahrzeuges. Peter tauscht die Reifen und greift zum Pinsel. Die Abschleppstange und die Felgen werden knallrot bemalt, jetzt sieht unser Lkw aus wie ein Zirkuswagen. Auf die Abdeckung des Reserverads schreibt er in großen, gelben Buchstaben „Caution. Left hand drive" und darunter wird ein Schild mit der Aufschrift „Super de luxe" montiert. Jetzt ist es offiziell, August der Reisewagen ist ein Luxusschlitten! Endlich wird das Wetter besser und wir sehen die ersten schnee- und eisbedeckten Gipfel. Drei 8.000er befinden sich nördlich von Pokhara: Der Dhaulagiri, die Annapurna und der Manaslu. Die Berge wirken so nahe, am markantesten sticht der Machapuchare heraus, das Matterhorn des Himalajas. Es ist atemberaubend schön. Pokhara ist die zweitgrößte Stadt

Nepals, sie liegt auf knapp 900 Meter Seehöhe, doch keine 100 Kilometer Luftlinie weiter steigen die Berge bis auf 8.000 Meter! Das ist unglaublich. Dieser Gegensatz sorgt während des Monsuns für eine der höchsten Niederschlagsmengen im Lande.

10 Minuten sind es vom Campingplatz bis zum Milchbauern. Der älteste Sohn, ich schätze ihn auf 10 Jahre, begrüßt uns und führt uns in den Innenhof, wo die Mutter abgekochte Milch in unsere Flaschen füllt. Verena war vor 3,5 Monaten regelmäßig hier und bezahlte 60 Rupien für einen Liter Milch. Nun möchte der Bub 70 Rupien. Warum, wollen wir beide wissen. „Ihr wisst doch, wegen der politischen Instabilität", lautet seine Antwort. Ich fasse es nicht, muss laut lachen und drücke ihm die 70 Rupien in die Hand.

Am Campingplatz repariert Wolfi inzwischen den Duschkopf im Sanitärblock und sorgt dafür, dass die Gasflasche wieder für das Warmwasser verwendet wird und nicht für die Küche unserer Gastgeber. Als er die Gasflasche von der Küche holt, bemerkt Wolfi einen grausigen Geruch. Er glaubt, dass irgendwo Aas liegen muss. Doch Deepaks Vater, der alte Tikka, beruhigt ihn und sagt, sie hätten nur eben kurz den Kühlschrank geöffnet. Aufgrund des Klimas wachsen die Schwammerl wie verrückt, auch die narrischen. Der Nachbar vom Milchbauern legt sie zwecks Konservierung in Honig ein. Gerne möchten wir einmal zum Frühstück ein solches Honigbrot essen. Aber irgendwie gelingt es uns nicht, an den Honig heranzukommen. Entweder ist der Mann nicht zu Hause oder wir finden ihn nicht oder wir sind zu faul, nochmals hinzugehen ... wie sagt man so schön: Wer weiß, wofür es gut war.

Ein bisschen Training kann nicht schaden, ich borge mir Apollo aus und gehe mit ihm spazieren. Entlang des Flusses, durch kleine Dörfer, Reisfelder und Bambuswälder. Ich begegne wenigen Menschen, diese falten die Hände zum Gruß und murmeln „Namaste". In den Bäumen sitzen unzählige Käfer, die solch einen Lärm machen, dass man das eigene Wort nicht versteht. Ganz viele Vögel gibt es hier, auch auf dem Campingplatz. Um 6 Uhr morgens werde ich vom Gezwitscher geweckt. Seidenreiher, Eisvögel, Schwalben und Bachstelzen sind nur einige von ihnen. Traumhaft ist es hier, abgesehen von den täglichen Regenschauern, Blutegeln und Moskitos. Aber jedes Paradies hat eben einen Haken. Wir erledigen unsere Einkäufe mit dem Rad. Gut, dass sich Peter einen neuen Rucksack gekauft hat, der 90 Liter fasst. Darin verschwinden problemlos ein ganzes Huhn, 1,5 Kilo Büffelfleisch, kiloweise Gemüse, eine Ananas, eine Papaya, zwei Sektflaschen und zum Drüberstreuen noch sechs Flaschen Bier. Die 7 Kilometer auf der holprigen Piste entlang des Phewa-Sees erscheinen endlos und natürlich beginnt es zu regnen. Nach kurzer Zeit schüttet es wie aus Kübeln, ein guter Test für unsere neuen Regenjacken. Zumindest meine Jacke ist dicht.

Kulinarisch lassen wir es uns richtig gut gehen, dank unserer Freunde werde ich noch zur Haubenköchin. Vorgestern habe ich das erste Mal in meinem Leben ein Huhn zerlegt. Gestern gab es Hühnersuppe, auch das war eine Premiere. Den Höhepunkt stellt aber die Einladung bei Verena und Wolfi dar. Peters und auch mein Geburtstag stehen vor der Tür, an unserem Ehrentag werden wir aber schon auf unserer Wanderung sein, weswegen wir ein bisschen verfrüht feiern. 2 Tage lang bekommen wir die Kärntner kaum zu Gesicht, sie sind äußerst beschäftigt und verraten uns natürlich nichts. Dann ist es endlich soweit, wir wurden angehalten, während des Tages nicht allzu viel zu essen und nehmen nun bei ihnen am gedeckten Tisch Platz. Verena hat gebastelt, ein großer 50er und ein 38er aus rotem Papier liegen auf unseren Plätzen, daneben eine Glückwunschkarte und sogar zwei Päckchen! Peng! Schon knallt der Sektkorken und Verena serviert die Vorspeise: Kärntner Nudeln. Als Hauptgericht haben die beiden Schweinebraten mit Semmelknödeln gezaubert, als Nachspeise gibt es Obstsalat, der mit leuchtenden Sternderlspritzern serviert wird. Damit der Magen restlos voll ist, füllen wir die Löcher mit Sekt und Bier. Prost, Mahlzeit! Danke, Verena und Wolfi! Es ist nicht nur ein toller Abend, sondern auch vorläufig der letzte mit unseren Freunden. Die Wanderung rund um das Annapurna-Massiv werden wir ohne die beiden machen, denn sie waren schon vor Jahren dort unterwegs. Vielleicht werden wir uns in der Everest-Region wieder treffen oder spätestens in Goa, Indien.

Wir schreiben bereits den 1. Oktober 2012. Nachdem wir nun ein paar Mal einen Blick auf die Berge erhaschen konnten, sind wir nicht mehr zu halten. Annapurna, wir kommen! August lassen wir auf dem Campingplatz in Pame Bazar zurück, der alte Tikka versichert uns, ihn im Auge zu behalten. Das hat er allerdings die letzten Tage bzw. Nächte auch schon gemacht, weswegen jetzt der Haussegen schief hängt. Der alte Nepalese hat sein Schlafzimmer verlassen und sich sein Bett im Gartenpavillon gerichtet, unweit unserer Fahrzeuge. Nachdem der Holztisch im Pavillon zu kurz für Tikka ist, stellt er den Schubkarren als Verlängerung daneben und legt eine dünne Sperrholzplatte darüber. Jetzt noch ein Teppich und eine Decke auf die Platte und fertig ist das neue Schlafgemach. Dass er dort wirklich entspannt ausschlafen kann, hören wir jede Nacht.

Mit dem Bus geht es zuerst nach Pokhara, wo wir die letzten Einkäufe tätigen und für den nächsten Tag den Weitertransport zu unserem Ausgangspunkt der Tour organisieren. 4,5 Stunden fährt der überfüllte Bus nach Besi Sahar. Für Peters Geschmack 4,5 Stunden zu lange, er hasst es, mit öffentlichen Verkehrsmitteln zu reisen, noch dazu bei den speziellen Fahrkünsten und waghalsigen Überholmanövern. Am liebsten würde er selber fahren, das sehe ich ihm an. Ich unterhalte mich prächtig mit einigen nepalesischen Wanderführern, die mit Kundschaft unterwegs sind und die vorhaben, die gleiche Strecke wie wir zurückzulegen. Wir sind ohne Führer und ohne Zelt unterwegs, denn beides ist nicht notwendig. Teahouse Trek wird diese Annapurna-Tour auch noch genannt, weil man auf der ganzen Strecke Gästehäuser, kleine Geschäfte und Restaurants findet, bei denen man sich verköstigen kann.

Wir starten auf 800 Meter Seehöhe, gehen durch Reisfelder, Bananenhaine und kleine Dörfer. So geschwitzt haben wir selten, die Luftfeuchtigkeit ist unglaublich hoch, doch der Regen fällt glücklicherweise in den frühen Abendstunden und in der Nacht. Zu dieser Zeit liegen wir schon in einfachen Behausungen auf harten Pritschen unter dem Moskitonetz. Der Bauch ist voll mit Dal Bhat, wir lauschen dem Donner, den schweren Regentropfen und einem anfangs undefinierbaren Geräusch. Nach ein paar Nächten ist uns das Trappeln der Ratten unter dem Dach aber schon vertraut.

Die ersten Wandertage verlaufen durch eine üppige und sehr fruchtbare Gegend. Die Ernte ist bereits im Gang, Mais und Bohnen liegen vor den Häusern zum Trocknen auf. Die Berge sind von dichten Wolken umhüllt, keinen einzigen Gipfel konnten wir bisher noch erspähen.

Wir folgen dem Marsyandi-Fluss stromaufwärts und gewinnen langsam an Höhe. Teilweise ist das Tal eine enge Schlucht, dann wieder eine Hochebene, auf der Gerste, Buchweizen und Erdäpfel angebaut werden. Der erste Blick auf den Manaslu ist unvergesslich, er präsentiert sich uns majestätisch im Morgenlicht. Und dann tauchen die nächsten Gipfel auf: Annapurna II und Annapurna IV. Das Wetter könnte besser nicht sein, jeden Tag Sonnenschein! Die Mittagspausen verbringen wir lieber inmitten von Enzian entlang des Weges als in einem Teehaus. Der Ausblick wird immer schöner, wir können uns an den Bergen nicht satt sehen.

Mit zunehmender Höhe verändert sich nicht nur die Landschaft, sondern auch die Menschen und Dörfer. Anfangs war die Vegetation noch subtropisch, die Leute waren Hindus und ihre Häuser gemauert, die Dächer entweder mit Reisstroh oder Wellblech gedeckt. Jetzt sind wir im buddhistischen Teil angekommen, die Häuser sind aus Stein und haben ein Flachdach, am Dorfeingang stehen ein Tschorten und eine Mani-Mauer mit Gebetsmühlen, Gebetsfahnen flattern im Wind. Das Klima ist gemäßigt, es gibt ausgedehnte Nadel- und Mischwälder.

Ab dem Dorf Pisang ändert sich die Landschaft nochmals, diese Region befindet sich bereits im Regenschatten der Annapurnakette, es ist viel trockener, karger und auch kühler. Das Dorf liegt schon auf knappen 3.300 Metern. Am nächsten Morgen haben wir zum ersten Mal Frost, aber es ist wieder ein traumhafter, sonniger Tag. Wir gehen durch lichten Nadelwald, vorbei an einem kleinen türkisen Bergsee mit Blick auf die Annapurna II. Seit geraumer Zeit sehen wir vor uns zwei Lastenträger, können aber nicht genau erkennen, was sie tragen. Sie sind zu weit weg und wir können nicht mit ihnen Schritt halten. Im nächsten Dorf haben wir sie endlich eingeholt, inzwischen haben sie abgeladen. Es ist ein Hühnertransport! Die Männer trugen vierstöckige Käfige mit sechs lebenden Hühnern pro Etage. Die unteren zwei sind allerdings schon leer. Jetzt stehen sie mitten am Dorfplatz und schon eilen ein paar Frauen aus ihren Häusern. Die Hühner werden herausgenommen, genauestens begutachtet und dann wird um den Preis gefeilscht. Auch Peter mischt sich ein, nimmt eine Henne in die Hand und betrachtet sie von allen Seiten. Kaufen kann er sie leider nicht, denn wir haben ja nicht einmal einen Kochtopf mit dabei. Alle Lasten werden auf dem Buckel in die Dörfer getragen, nicht nur das Lebendvieh. Glücklicherweise führt noch keine Straße bis in die Bergdörfer, aber seit mehreren Jahren ist eine von Besi Sahar bis Manang im Bau. Bisher sind nur kurze Teilstücke gebaut worden, immer wieder gibt es Erdrutsche und Murenabgänge, die die Arbeiten behindern. Die endgültige Fertigstellung ist ungewiss.

Nachdem wir an unzähligen Pferden und Yaks vorbei marschiert sind, erreichen wir am frühen Abend des sechsten Tages Manang, ein relativ großes, zweigeteiltes Dorf. Der östliche Teil ist der moderne mit vielen Unterkünften, Restaurants und kleinen Geschäften, der westliche ist das alte Dorf mit etwa 500 Häusern, die nur durch enge Gassen voneinander getrennt sind. Viele Wanderer treffen wir hier. Gut, dass es genug Gästehäuser gibt und wir bald ein freies Zimmer gefunden haben.
Zwecks Akklimatisierung legen wir einen Ruhetag ein. Der Zeitpunkt ist perfekt, es ist Peters 50. Geburtstag. Wir packen unsere Rucksäcke mit Leckereien (Yakwurst und -käse, frischem Brot, Bier und Apfelschnaps) und finden einen windstillen Platz unweit eines Stupas. Es gibt fast keinen schöneren Ort als die Berge, um Geburtstag zu feiern. Besonders, wenn man einen lieben Menschen an der Seite hat und noch dazu eine gute Jause im Rucksack! Faul liegen wir in der Wiese, schlemmen, feiern und sind glücklich. Vor uns, zum Greifen nahe, sind die eis- und schneebedeckten Riesen: Die Annapurna, der Gangapurna, der Glacier Dome – alle über 7.000 Meter hoch! Es ist so gewaltig und schön, dass wir vor lauter Freude gleichzeitig lachen, schreien und weinen könnten.
Wir haben Zeit und bleiben noch einen weiteren Tag. Der Kicho-See bietet sich für eine Wanderung an. Ich bin überrascht, wie schnell Peter einwilligt, diesen Ausflug zu machen. Wieder packen wir den Jausenrucksack. Noch in Manang überholen uns ein paar einheimische Männer mit Stöcken in der

Hand, laufend und laut schreiend. Sehr eigenartig, denn normalerweise sind die Manangis nicht aus der Ruhe zu bringen und eher sanftmütig. Als die nächsten vorbeilaufen, fragen wir, was passiert ist. Wutentbrannt schauen sie uns an, fast habe ich ein wenig Angst. Drei Wanderer haben sich heimlich aus einer Lodge davon gemacht und ihre große Zeche nicht bezahlt. Drei Nächtigungen und neun Mahlzeiten pro Person, viel Geld für die Einheimischen. Ich möchte nicht in der Haut der Israelis stecken, wenn die Männer sie finden. Nachdem wir 3 Stunden bergauf gegangen sind, schwindet Peters Interesse an dem Eissee schon ein bisschen. Als wir den See nach 4 Stunden und fast 1.200 zurückgelegten Höhenmetern erreichen, ist Peter nur noch an der Yakwurst interessiert. Erst danach hat er Augen für das atemberaubende Panorama.

Zurück in unserem Gästehaus wollen wir uns eine Dusche genehmigen. Das Badezimmer im Erdgeschoss ist frei. Ich ziehe mich aus, stelle mich unter die Dusche und versuche vergeblich den Warmwasserhahn aufzudrehen. Er bewegt sich einfach nicht. Also ziehe ich mich wieder an. Auf dem Weg zur nächsten Dusche gehe ich auf die Toilette. So schnell wie ich die Türe aufgemacht habe, schließe ich sie wieder. Das Klo ist total verstopft, ich möchte nicht näher darauf eingehen, was ich alles gesehen habe. Im ersten Stock benutzt gerade jemand die Dusche. Nach 10 Minuten frage ich durch die Türe, ob das Wasser denn noch warm sei. Kurz darauf kommt ein Nepalese heraus und meint, das Wasser sei noch heiß. Es ist der nette Guide, mit dem ich im Bus getratscht habe. Ich schaue in die Dusche, darin steht 10 Zentimeter Seifenwasser. Der Nepalese sagt, er sei fertig, ich könne die Dusche nun benutzen. Die Lust ist mir allerdings vergangen, denn in diese Brühe steige ich niemals hinein!

Und so gehe ich, wie auch viele Manangis, zur Wasserstelle im Dorf und gönne mir zumindest eine Katzenwäsche. Dabei sind die Einheimischen wirklich ordentlich, zuerst putzen sie sich lange die Zähne, dann wird die Zunge mit vier Fingern geschrubbt. Danach ziehen sie den Schleim geräuschvoll aus der Lunge, husten und spucken ihn aus. Das gleiche passiert mit dem Inhalt der Nase. Zum Schluss waschen sie sich noch Gesicht und Ohren.

Müde von der sehr anstrengenden, 7-stündigen Wanderung fallen wir ins Bett und freuen uns auf das Frühstück. Das erste nehmen wir im Gästehaus ein, das zweite in der Bäckerei, wo mir die Entscheidung schwerfällt: Nehme ich ein Schokocroissant, eine Zimtschnecke oder einen Apfelkuchen? Hier erfahren wir auch, wie die Geschichte mit den zechprellenden Israelis ausgegangen ist. Die Manangis haben sie erwischt und zur Rede gestellt, worauf die drei Touristen meinten, sie hätten in ihrem Heimatland eine Nahkampfausbildung genossen und die Nepalesen sollten lieber aufpassen. Diese Aussage ließ das Fass überlaufen, die Einheimischen verprügelten die Wanderer, und zwar so, dass einer mit dem Hubschrauber in das nächstgelegene Krankenhaus gebracht werden musste.

Erst um 9:30 Uhr machen wir uns auf den Weg, das Ortsende von Manang ist gesäumt von Verkaufsständen mit Schmuck und Wollschals. Manche Verkäufer sind ganz schön hartnäckig und sie haben Erfolg, zumindest bei mir. Eine Kette verschwindet in meinem Rucksack.
Viele Wanderer sind unterwegs. Je näher wir uns dem Thorung-Pass nähern, desto mehr wird es zu einem Rennen um freie Betten. Die Gästehäuser sind einfach, aber in Ordnung. Die Speisekarten lesen sich wie in einem internationalen Restaurant: Pizza, Lasagne, Spaghetti, Nudelsuppe, Gebratener Reis, Yak Steak, Bratkartoffel, Apfelkuchen und natürlich Dal Bhat – das Nationalgericht Nepals. Das Einzige, was fehlt, ist eine Heizung. Selbst wenn Öfen vorhanden sind, so werden sie nicht betrieben, da es kein Holz gibt. Wir schaffen Abhilfe, trinken Tee und verfeinern ihn mit Apfelschnaps. Um 20 Uhr liegen wir im Bett. Skiunterwäsche, Jacke, Wollhaube, Schlafsack und eine dicke Decke drüber. So lässt es sich aushalten.
Den letzten Tag vor der Passüberschreitung verbringen wir gemeinsam mit vielen anderen Bergfreunden am High Camp. Wir waren so schlau und haben am Vortag telefonisch ein Zimmer reserviert. Abgesehen von der Kälte, geht es uns hervorragend. Peter hat in seinem ganzen Leben noch nie so viel Tee getrunken. Zur Feier des Tages – heute ist mein Geburtstag – gönnen wir uns frischen Apfelkuchen und dampfenden Tee. Die Nacht ist kurz, denn um 3 Uhr stehen die ersten Wanderer auf, um den Sonnenaufgang

am Thorung La zu erleben. Die dicke Wolldecke über meinem Schlafsack wiegt sicher ein paar Kilo, aber sie hat sehr gute Dienste geleistet. Mir ist warm, obwohl rundherum alles gefroren ist und wunderschöne Eisblumen am Fenster sind. Es ist fast Neumond, daher ist der Sternenhimmel noch berauschender. Bald sitzen auch wir im Frühstücksraum, um 5 Uhr brechen wir auf, immer noch ist es sehr kalt. Wir sind auf 4.900 Meter. Langsam beginnt es zu dämmern, die letzten Sterne verschwinden, auch der schmale Sichelmond verabschiedet sich. Die ersten Sonnenstrahlen tauchen die Gipfel in ein warmes, sanftes Licht. Karawanen von Wanderern ziehen Richtung Passhöhe, auch Pferde stehen unterwegs zur Verfügung für jene, die sich nicht wohl fühlen oder nicht mehr weiterkönnen. Am Berg gegenüber gehen lautstark mehrere Lawinen ab. Ich bin ganz bei mir, setze einen Fuß nach dem anderen und konzentriere mich auf meine Atmung. Nach einer knappen Stunde wärmt uns schon die Sonne, wir legen die erste Kleiderschicht ab. Langsam, aber stetig gewinnen wir an Höhe. Es geht uns gut, mir sogar noch besser als Peter.

Nach 2,5 Stunden und ein paar kleinen Pausen erreichen wir auf 5.416 Meter die Passhöhe, den Thorung La. Der starke Wind lässt die Gebetsfahnen laut flattern, keine Wolke trübt den Himmel. Glückliche, teilweise sehr erschöpfte Touristen treffen wir hier oben. Auch wir sind glücklich, dankbar und auch ein bisschen stolz, es bis hierher geschafft zu haben. Wir genießen den Ausblick und gehen immer noch lächelnd steil bergab Richtung Kali Gandaki-Tal. Gut, dass wir die Runde gegen den Uhrzeigersinn gehen, denken wir uns beide. 1.600 Höhenmeter haben wir heute noch vor uns, bis wir den heiligen Pilgerort Muktinath erreichen. Kaum auszudenken, wie es einem ergeht, wenn man Knieprobleme hat.

In weniger als 4 Stunden erreichen wir Muktinath, wo es einen großen, ummauerten Tempelkomplex gibt, eine Pilgerstätte sowohl für Hinduisten als auch Buddhisten. Für die Hindus sind die 108 Quellen heilig, welche aus einer Wand entspringen, für die Buddhisten ist es eine brennende Erdgasflamme. Im Tempelbezirk gibt es sowohl Tempel für Hindus, als auch für Buddhisten, zudem noch Gebetsmühlen und Tschorten. Alles im friedlichen Nebeneinander. Doch all das interessiert uns im Moment wenig.

Wir sind hundemüde und wollen nur ein Zimmer in einem Gästehaus und viel zu essen. Wir schlafen wie Steine, sind am nächsten Tag ganz gut erholt und marschieren durch nette Dörfer immer bergab. Die Landschaft ist karg und trocken, ähnlich wie in Ladakh. Die Felder und Obstgärten müssen teilweise bewässert werden, da es hier nur selten regnet. Auf den Feldern wird brav gearbeitet, wir kommen gerade rechtzeitig zur Buchweizen- und Apfelernte. Wir gehen vorwiegend auf der Piste, die bereits bis Muktinath fertiggestellt ist. Mehrmals kommen uns allradgetriebene Fahrzeuge entgegen, voll besetzt mit Touristen und Pilgern.

Wir blicken hinunter in das Kali Gandaki-Tal. Der Fluss entspringt an der Grenze zu Tibet, im ehemaligen Königreich Mustang, das man leider nur mit Genehmigung bereisen darf. Ein Besuch ist in unserem Budget nicht drinnen: Für 10 Tage muss man 700 Dollar pro Person hinblättern. Der Kali Gandaki fließt nach Süden und durchquert dabei den Hauptkamm des Himalajas, auf der einen Seite erhebt sich der Dhaulagiri, gegenüber die Gipfel der Annapurna. Somit ist es das tiefste Tal der Welt, mit einem Höhenunterschied von bis zu 5.500 Metern. Jahrhunderte lang verlief entlang des Flusses eine wichtige Handelsroute. Karawanen brachten Salz aus Tibet und tauschten es gegen Zucker, Tee, Reis, Gewürze und Tabak aus Indien.

Kurz vor der Ortschaft Kagbeni, wo wir zum ersten Mal auf den Kali Gandaki stoßen, frischt der Wind auf. Das Dorf liegt am Zusammenfluss vom Kali Gandaki und dem Dzong Kola, an einem strategisch wichtigen Punkt. Es ist ein verwinkeltes Dorf mit engen, finsteren Gassen und einem orangefarbenen Kloster. Es gefällt uns und wir beschließen zu bleiben.

Im Schatten der Berge wandern wir am nächsten Morgen bis Jomson, wo sich die meisten Touristen zum Flugplatz begeben und nach Pokhara oder Kathmandu fliegen. Viele Pilger kommen uns entgegen, die meisten zu Fuß. Aber auch der Verkehr nimmt stark zu. Um 10 Uhr vormittags beginnt der Wind. Als wir in der nächsten Ortschaft ankommen, ist es bereits ein Sturm, der zusammen mit den Fahrzeugen viel Staub aufwirbelt. Anscheinend ist der Wind jeden Tag ein Thema. Das Kali Gandaki-Tal ist wie ein Tunnel, am Morgen bläst der Wind von Norden, am späten Vormittag dreht er nach Süd und frischt auf. Obwohl wir durch wunderschöne Dörfer kommen, gehen uns der Wind, der aufgewirbelte Staub und vor allem der Verkehr auf die Nerven. Das Leben in diesem Tal beginnt sich durch die Anbindung an das Straßennetz von Grund auf zu ändern. Wir beschließen, das letzte Stück nach Pokhara mit dem Bus zurückzulegen. Das geht nur in Etappen, wir marschieren weiter Richtung Thukche, halten unterwegs mehrere Busse auf. Zuerst wollen wir nach Tatopani. Die Preise steigen ins Unendliche und so latschen wir bis Thukche. Es ist mühsam, staubig und stürmisch – natürlich Gegenwind.

2 Tage brauchen wir von hier mit Bussen nach Pokhara und dabei werden wir ordentlich durchgeschüttelt. Meistens sitzen wir auf dem Mittelgang, da sonst kein Platz frei ist. Wir hoffen, dass uns die Chauffeure gut ans Ziel bringen, was aufgrund der kurvigen, steilen und schlechten Pisten nicht selbstverständlich ist. Wir leiden mit den Einheimischen mit, die selten mit Fahrzeugen unterwegs sind und denen ungeheuer schlecht wird, und lassen uns von der fröhlichen nepalesischen Musik, die aus den Lautsprechern dröhnt, mitreißen. Bis Pokhara müssen wir fünfmal umsteigen und gehen zu Fuß bis zum Campingplatz, weil einfach kein Bus kommt. Und wie könnte es anders sein: Es beginnt zu regnen.

Glücklich kommen wir in Pame Bazar an und freuen uns auf das eigene, weiche und warme Bett. Rückblickend war die 15-tägige Tour rund um das Annapurnamassiv doch ganz schön anstrengend.
Wir bleiben eine Woche im Overlander Camp. Wäsche waschen, Wanderschuhe putzen und Augustpflege ist angesagt. Marya und Paul sind auch da, jeder wahrt Distanz und das ist gut so. Auch beim Besitzer des Campingplatzes, Deepak und seiner Familie, ist es momentan ruhig. Es gibt keine Auseinandersetzungen mit der Schwester, die sehr gerne trinkt und dann leider aggressiv wird. Die beiden Niederländer erzählen uns beim gemeinsamen Abendessen wilde Geschichten von unseren Gastgebern. Deepaks junge und sehr nette Frau ist während unserer Abwesenheit davongelaufen, weil sie die Familie nicht mehr aushält. Deepaks betrunkene Schwester ist eines Abends völlig durchgedreht, hat getobt, geschrien, um sich geschla-

gen und sich mit allem Möglichen bewaffnet. Sie wurde in ihrem Zimmer eingesperrt und tobte dort weiter. Das blaue Auge, das sie am folgenden Tag hatte, stammt von ihrem Bruder. Die Mutter ist ein Griesgram und raucht den ganzen Tag zur Beruhigung. Deepak ist schlussendlich zu den Overlandern geflüchtet. Einer von den Hunden ist vor ein paar Tagen verschwunden, angeblich von einem Tiger oder von sonst einer großen Katze geholt worden, meint der alte Tikka. Tja, da haben wir echt was verpasst.

2 Tage verbringen wir in Pokhara, parken direkt an der Hauptstraße, weil Peter nicht mehr fahrtüchtig ist. Wir sind in der Busy Bee-Bar gelandet, haben einen extrem lustigen Abend mit anderen Reisenden verbracht und ein bisschen zu tief ins Glas geschaut. Eigentlich wollen wir zum Shanti-Stupa (Friedens-Stupa), der auf einem Bergrücken an der Südseite des Phewa-Sees liegt und von wo aus man eine herrliche Aussicht auf die Bergwelt hat. Doch leider regnet es jeden Tag. Auch der Bootsausflug auf dem See fällt ins Wasser. Und daran ist nicht nur der Regen schuld. Es ist ein Feiertag in Nepal, deswegen werden wieder einmal die Preise erhöht. Die Bootsvermieter bitten uns um einen schwarzen Marker und schreiben vor unseren Augen die neuen Tarife auf die Tafel. Eine Stunde Bootsfahrt wird gleich um 200 Rupien teurer, immerhin fast 2 Euro, das ist für nepalesische Verhältnisse nicht wenig.

Vergeblich versuchen wir in Pokhara die Erlaubnis für die nächste Wanderung zu bekommen: Wir wollen zum Fuße des höchsten Berges der Welt! Die Eintrittskarte für diesen Nationalpark bekommen wir aber nur in der Hauptstadt Kathmandu. Mehrere Reisende haben uns erzählt, Autofahren in Kathmandu sei Wahnsinn und grenze an Selbstmord. Deswegen nächtigen wir kurz vor Kathmandu und sind am folgenden Tag schon vor 6 Uhr an der Stadtgrenze. Alles halb so wild. Je näher wir dem Zentrum kommen, umso weniger wird der Verkehr. Wir haben die Straßen fast für uns alleine. Da stimmt doch etwas nicht, ist das wirklich Kathmandu?

Problemlos finden wir das Touristenbüro, wo wir die Eintrittskarte für den Sagarmatha-Nationalpark kaufen wollen. Es ist verdächtig ruhig, aber es ist ja auch erst 8 Uhr. Nachdem wir den Zettel an der Tür gelesen haben, wissen wir nun auch, warum heute so wenig Verkehr ist. Es ist wieder einmal

Festivalzeit in Nepal, das Durga Puja, die größte Feier des Jahres, findet gerade statt. Während dieser 10 Tage besuchen die nepalesischen Hindus ihre Verwandten im ganzen Land und holen sich deren Segen. Alles kommt zum Erliegen. Behörden, Banken, Schulen und viele Geschäfte haben geschlossen – und damit auch das Büro, das für den Nationalpark des Mount Everest zuständig ist. Die Büros der anderen Nationalparks sind hingegen geöffnet. Warum? Das weiß keiner so genau. Aber man versichert uns, dass wir die Eintrittskarte zum gleichen Preis an der Nationalparkgrenze kaufen können. Toll, so sind wir umsonst nach Kathmandu gekommen.

Kurzerhand ändern wir unsere Pläne. Anstatt mit August nach Jiri zu fahren und dort die Wanderung zu beginnen, wollen wir nun in die Everest-Region einfliegen. Es ist Hauptsaison, die Flüge sind ausgebucht, sagt man uns in den ersten Reisebüros. Doch wir geben nicht auf und siehe da, im achten Büro verkauft man uns ein einfaches Ticket nach Lukla. Abflug ist in 2 Tagen. Perfekt für uns. In Lalitpur finden wir für unser Fahrzeug ein Plätzchen in Irvings Werkstatt. Beruhigt können wir August dort gegen eine geringe Gebühr stehen lassen, es ist ein sicherer Platz mit Wachmann und -hund.

Am 28. Oktober 2012 besteigen wir aufgrund des schlechten Wetters mit viel Verspätung ein entzückendes kleines Flugzeug, eine 15-sitzige Dornier 228. Außer uns sind noch vier andere Personen an Bord, drei nepalesische Wanderführer, und eine Flugbegleiterin. Dennoch gibt es keinen freien Sitzplatz, überall liegt Gepäck. Das meiste beim Notausgang, etwa Reissäcke und Kartons mit Lebensmittel. Natürlich ungesichert. Wir müssen grinsen. So trimmt man also ein Flugzeug in Nepal. Noch vor dem Start marschiert die hübsche Flugbegleiterin durch und bietet Watte auf einem Tablett an. Die Nepalesen stopfen sich diese brav in die Ohren. Dann geht's los. Wir fliegen relativ tief über die Bergwelt Nepals. Zuerst sind es nur Hügel, auf denen wir überall kleine Wege, Dörfer und bewirtschaftete Terrassenfelder sehen. Vermehrt tauchen Wolken auf, die uns die Sicht nehmen. Das Bordservice besteht aus einem Bonbon. Reicht aber auch für die knappe halbe Stunde. Die Landebahn am Tenzing-Hillary Flughafen auf 2.800 Meter ist kurz und 12 Grad bergauf geneigt. Eine interessante Landung. Sollte der Pilot das Flugzeug nicht von alleine bremsen und auf die Parkposition fahren können, so gibt es am Ende der Landebahn glücklicherweise eine Betonmauer, die den Flieger mit Sicherheit zum Stehen bringt.

Noch interessanter sind aber die Reifen des Flugzeuges. Beim Aussteigen bemerkt Peter, dass auf der Seitenwand das Gewebe hervorschaut. Das kennt er aus seiner Motorradzeit, man gehört zu den besonders guten und lässigen Fahrern, wenn man das Bike so weit umlegt, dass die Reifen auf der Seitenwand abgenutzt werden. Aber bei einem Flugzeug? Ein genauerer Blick auf die Start- und Landebahn liefert die Erklärung: Schleuderspuren!

Am nächsten Morgen geht die Wanderung los. Bald kommt uns ein Strom von Touristen entgegen. 90 % von ihnen sehen abgekämpft aus, sie sind sonnenverbrannt, manche hinken. Einen glücklichen und zufriedenen Eindruck macht kaum einer. Was ist da los? Ist diese Tour Richtung Mount Everest wirklich so anstrengend? Haben wir die Wanderung etwa unterschätzt? Bisher war es ja ein Spaziergang am Fluss entlang, den wir mehrmals über einige Stahlhängebrücken querten. Unfassbar, dass Yaks und Maultiere so problemlos darüber gehen. Wir machen für Pferde und Reiter Platz, einige von ihnen galoppieren über die Hängebrücken. Ein Wahnsinn! Denn erstens ist es rutschig und zweitens schwingt die Brücke erheblich. Es geht durch malerische Dörfer mit netten Einheimischen und Wäldern mit wenigen Anstiegen. Bereits am zweiten Wandertag erspähen wir den Mount Everest. Ganz klein zeigt er sich uns in der Ferne, dahinter ein dunkelblauer Himmel.

Die größte Ansiedlung in der Region Solukhumbu ist Namche Bazaar, wo fast alle einen Ruhetag einlegen. Viele Wanderer, viele Geschäfte, viele Gästehäuser und noch mehr Händler. Hier kann man so richtig schön Geld ausgeben. Ein Apfelstrudel, von dem man vielleicht zweimal abbeißen kann, kostet 3 Euro, der Kaffee dazu ist ab 2 Euro erhältlich. Ein paar Tage später und 1.000 Meter höher hätten wir uns über solche Preise allerdings gefreut. Sie steigen nämlich fast proportional mit der Meereshöhe. Was man von der Temperatur nicht behaupten kann. Die ersten Eisblumen tauchen an den Fensterscheiben auf.

In dem kleinen Dorf Khumjung nächtigen wir bei einer Sherpa-Familie, sehr liebe Menschen. Wir erfahren, dass der Hausherr dreimal am Mount Everest war, zweimal hat er ihn von Süden aus, einmal von Norden bestiegen, also von Tibet. 2010 war er das letzte Mal auf dem Gipfel und dabei wird es auch bleiben. Ngawang Karsang hat sich hochgearbeitet; vom Träger zum Koch und weiter zum Guide. Ein äußerst sympathischer und lebenslustiger Mann, ich bin beeindruckt von ihm und seiner Bescheidenheit. Zudem ist er auch Glocknerkönig. Vier Sommer verbrachte der Nepalese in Österreich, bekam eine Ausbildung bei der Bergrettung und arbeitete im Glocknerhaus. Er nutzte natürlich die Gelegenheit, den höchsten Berg Österreichs zu besteigen, der auf der gleichen Seehöhe wie sein Dorf liegt. Seine älteste Tochter ist gerade in Österreich.

Mit so viel Bezug zu unserer Heimat bekommen wir eine Sonderbehandlung. Ngawang Karsang und seine Frau Mingma verwöhnen uns so richtig. Sie servieren uns den köstlichen Sherpa-Eintopf in den Garten, geben uns eine Matratze fürs Nachmittagsschläfchen in der Sonne, heizen am Abend gut im Speisezimmer ein und meinen es etwas zu gut mit dem Abendessen. Auf unseren Tellern liegen jeweils ein halbes Kilo Bratkartoffeln, Gemüse und Nakkäse. Mit vollen Bäuchen schleppen wir uns ins kalte Zimmer. In unsere Trinkflaschen haben wir heißen Tee eingefüllt und sie in die Isolierhüllen gesteckt. So kommen die improvisierten Wärmeflaschen in die Schlafsäcke und wir können gut einschlafen. Die Technik behalten wir nun jede Nacht bei. Der Schlafsack wird bis auf eine winzige Öffnung zugezogen, damit keine Wärme verloren geht und darüber legen wir noch eine Decke.

Wir genießen den Familienanschluss hier und sie lassen uns an ihrem Leben teilhaben. In Khumjung gibt es nur einen kleinen Laden, wo man das Nötigste kaufen kann. Alles andere muss man sich in Namche Bazaar holen oder man kauft es den fliegenden Händlern ab. So wie Mingma. Als erstes kommt der Geschirrhändler vorbei. Er trägt seine Ware in einer Rückentrage und hat zusätzlich noch ein großes Netz, in dem sich Plastikgeschirr stapelt. Die Hausfrau interessiert sich für ein Set aus rot-weißen Kunststoffschüsseln mit Deckel. Aber einfach so gekauft wird gar nichts. Alles wird bis ins letzte Detail betrachtet, angegriffen und geprüft und zwar von der ganzen Familie. Das dauert natürlich. Aber Zeit haben die Menschen hier genug. Wobei – Zeit haben wir alle gleichviel zur Verfügung, nur packen die Leute hier weniger hinein und wirken bzw. sind deshalb nicht so getrieben. Und schon kommen die nächsten Händler, diesmal Fleischtransporteure. In geflochtenen Körben tragen die Männer Büffelfleisch auf ihrem Rücken. Die Büffel können nur bis auf eine Höhe von etwa 2.500 Meter selber gehen, dann werden sie geschlachtet, grob zerlegt und in diesen Körben weitertransportiert. Durch die geringe Luftfeuchtigkeit trocknet das Fleisch außen aus und reift innen weiter. Der große Fleischbrocken wird auf eine Plastikplane im Garten gelegt und nun von unseren Gastgebern begutachtet. Dabei wird schon angeregt mit den Händlern diskutiert. Ein großes Stück wird herunter geschnitten, in ein Plastiksackerl verpackt und anschließend auf eine kleine Federwaage gehängt. Ungläubig schaut Mingma auf das Gewicht, die Waage scheint auf „Verkauf" eingestellt zu sein. Der Vorgang wird mehrmals wiederholt, anschließend feilscht man über den Preis. Wir freuen uns schon auf ein leckeres Abendessen.

Doch zuvor machen wir noch einen Spaziergang durch das Dorf, vorbei an der Hillary-Schule, die von Sir Edmund Hillary 1961 gegründet wurde, 8 Jahre nachdem dem Neuseeländer und dem Sherpa Tensing Norgay die Erstbesteigung des Mount Everest gelang. Es ist nur eine von vielen Schulen und Krankenhäusern in dieser Region, die Edmund Hillary gegründet und finanziert hat.

Unser nächster Stopp ist beim Gompa, beim Kloster von Khumjung, wo man angeblich einen Yeti-Kopf besichtigen kann. Wir haben Glück, es ist jemand da, der uns den Raum aufsperrt, wo der Schädel in einem Schrein liegt. Er sieht eigentlich aus wie eine Perücke. Eine Erklärung zum Yeti-Kopf bekommen wir auch gleich mitgeliefert. Der Sherpa erzählt uns, dass die vier Dörfer Thame, Namche, Khumjung und Khunde ein Fest miteinander feierten. Jahrelang wurde es in Thame abgehalten, doch plötzlich gab es Streitigkeiten wegen der Organisation. Die Orte Namche, Khumjung und Khunde beschlossen, das Fest ohne Thame zu feiern und zwar in Khumjung. Jedoch wollten sie ein religiöses Andenken vom Dorf Thame, wie z. B.

Schriftrollen, Gebetsfahnen oder Ähnliches. Als sie von den Einwohnern von Thame den Yeti-Schädel bekamen, waren sie verärgert und beförderten ihn mit Fußtritten nach Khumjung. Erst durch Touristen und Bergsteiger erhielt der Kopf Bedeutung und schließlich einen eigenen Schrein.

Später erfahre ich, dass der Totenkopf in Amerika untersucht und analysiert wurde. Die Tests ergaben, dass es sich bei den Haaren um die einer speziellen Bergziege handelt. Man kann also glauben, was man will. Geschichten ranken sich viele um den Yeti, den Schneemenschen, und immer noch gibt es Expeditionen, um endlich der Wahrheit über die Yeti-Legende auf die Spur zu kommen.

Der weitere Weg ist von einem lichten Rhododendronwald gesäumt. Nur zu schade, dass in dieser Jahreszeit keine Blüten zu sehen sind. Dafür tauchen immer neue Berge auf, einer der schönsten ist der Ama Dablam. Viele Yakkarawanen kommen uns entgegen. Schwer beladen sind sie, manche müssen regelmäßig eine Rast einlegen. Die Tiere hecheln und die Zunge hängt aus dem Maul. Sie dürften schon länger unterwegs sein, zumindest länger als wir.

Das Mittagessen haben wir fast immer dabei: Brot, Käse und Erdnussbutter. Jeden Tag finden wir ein herrliches, windstilles Plätzchen in der Sonne, wo wir uns während des Essens vom Panorama verzaubern lassen. 5 Tage sind wir nun unterwegs, an diesem Abend gönnen wir uns die erste Dusche. Herrlich! Das Wasser ist angenehm warm, wir fühlen uns wie neu geboren. Beim Abendessen lernen wir Per kennen, einen schwedischen Bergsteiger, der soeben von einer Expedition vom Ama Dablam zurückgekehrt ist. Interessiert und mit großen Augen lauschen wir seinen Erzählungen und mir wird wieder einmal klar, dass ich nie ein Bergsteiger werden könnte. Erstens habe ich etwas Höhenangst und zweitens kann ich mir nicht vorstellen, solche Entbehrung zu meistern, so den Elementen und der Natur ausgeliefert zu sein. Per berichtet, dass ein paar Expeditionsteilnehmer umkehren mussten und manche leider zu lange gewartet haben. Sie werden ein paar Zehen verlieren, nachdem diese abgefroren sind.

Am nächsten Tag erreichen wir auf knappen 4.000 Metern die Baumgrenze und treffen viele andere Wanderer. Viel los ist in Dingboche, denn hier zweigt auch der Weg zum Island Peak ab, der bei Bergsteigern sehr beliebt ist. Es ist das letzte permanent bewohnte Dorf, wir steigen beim geschäftstüchtigsten – um nicht zu sagen geizigsten – Gästehausbesitzer ab. Normalerweise bestellt man sich Dhal Bat (Reis mit Linsen), wenn man richtig satt werden will, denn man bekommt mindestens einen Nachschlag. Auf der Speisekarte steht aber ausdrücklich, dass man nur einen Teller bekommt. So frage ich den über 70-jährigen Besitzer, was man denn bestellen soll, wenn man sehr hungrig ist. „Zwei Portionen", ist die prompte Antwort und in seinen Augen blitzen schon die Rupien-Scheine. Über so viel Unverfrorenheit müssen wir trotzdem lachen. Auch über seine Aussage, dass Zucker sehr, sehr teuer sei. Da nehmen wir gleich noch einen extra Löffel in unseren Tee. Worauf der alte Sonam meint, ich würde ihn betrügen, denn normalerweise müsste ich auch für den Zucker bezahlen. Ich schaue ihn nur an und sage ihm, dass er sich angesichts der Preise für Speisen und Getränke den Zucker sicher leisten könne. Somit ist das letzte Wort gesprochen und Sonam würdigt mich keines Blickes mehr.

Ständig haben wir die Karte in der Hand, um den einen oder anderen Gipfel zu identifizieren. Die Namen klingen wir aus einem Märchen: Cholotse, Tabuche, Pumori, Kongma Tse, um nur ein paar zu nennen. Die Natur ist gewaltig, mächtig und unberechenbar, daran erinnern uns viele Gedenkstätten von verunglückten Bergsteigern. Für viele wurde ein Stupa errichtet. Und überall flattern buddhistische Gebetsfahnen. Die meisten Unfälle passieren im Monat Mai und fast immer beim Abstieg. Wir werden nachdenklich und ruhig. Wie zerbrechlich das Leben doch ist. Ein unachtsamer Moment oder eine Selbstüberschätzung und du hast verspielt. Obwohl die Wanderung zum Fuße des Mount Everest technisch einfach ist, so spielt die Höhe eine entscheidende Rolle. Man muss sich unbedingt Zeit zum Akklimatisieren nehmen. Wir haben uns bisher 2 Tage dafür gegönnt, eigentlich sollten wir eine zweite Nacht bei Sonam bleiben, doch ich fühle mich da nicht wohl.

Vor dem Gedenkstein eines Österreichers bleiben wir stehen und lesen lange den Spruch, der darauf eingraviert ist.

> „Do not stand at my grave and weep.
> I'm not there. I do not sleep.
> I'm a thousand winds that blow.
> I'm the diamond glints on snow."

Lobuche ist eine Ansammlung von Gästehäusern auf fast 5.000 Metern. Unseres ist eine Bretterbude. Als man uns das Zimmer zeigt, bekommen wir große Augen. Aber immerhin haben wir ein Dach über dem Kopf und wählerisch können wir ohnehin nicht sein bei der Anzahl von Wanderern jeden Tag. Die Außenwand ist eine Sperrholzplatte, der Boden aus Stein. Beim Umziehen muss man sich beeilen, damit die Beine nicht einfrieren. Eine Katzenwäsche gibt es trotzdem und zwar am Flussufer: Gesicht, Hände und Füße, das muss reichen. Der Ofen im Esszimmer wird um 17:30 Uhr mit Yakfladen beheizt und alle rutschen näher, bilden einen engen Kreis um die Wärmequelle, die 2 Stunden später schon wieder kalt ist. Das Essen schmeckt gut und ist mehr als ausreichend. Kurz darauf liegen wir im Bett, den Schlafsack bis auf ein Guckloch zugezogen und die Wärmflasche neben den Füßen platziert. Schlafen können wir nicht sehr gut, wir haben ein bisschen Herzklopfen, hören das Getrappel der Ratten am Dach und blicken in der Früh in leicht verschwollene Gesichter. 9 °C hat es im Zimmer, allerdings unter null! Zum Frühstück wird der Ofen im Esszimmer nicht geheizt, das Einzige, was uns wärmt, ist der Tee und der heiße Haferbrei, den Peter aber verweigert.

Sobald die Sonne scheint, ist es angenehm warm. Viele Menschen sind auf dieser Strecke unterwegs. Nach einer knappen Stunde haben wir Empfang auf unserem Telefon und reservieren ein Zimmer für die kommende Nacht. Nun können wir uns Zeit lassen, brauchen keine Bedenken haben, ohne Schlafplatz zu bleiben. Über Geröllfelder am Khumbu-Gletscher entlang, von dem die gesamte Region ihren Namen hat, erreichen wir die letzte Nächtigungsmöglichkeit vor dem Everest-Basis-Lager. Gorak Shep liegt auf 5.200 Meter. Den Everest können wir von hier nicht sehen, er wird vom gewaltigen Nuptse verdeckt, und so machen wir uns bei Kaiserwetter gleich auf zum Kala Pattar (5.545 Meter), dem Aussichtsberg schlechthin auf den höchsten Gipfel dieser Erde. Der Ausblick ist atemberaubend. Wir sind glücklich und dankbar, es bis hierher geschafft zu haben. Und vielleicht auch ein bisschen stolz. Jetzt stehen wir tatsächlich vor dem höchsten Berg der Welt!

Langsam beginnt die Sonne zu sinken und taucht die Berge in ein weiches, warmes Licht. Wir bestaunen das Glühen der Gipfel, die letzten Sonnenstrahlen fallen natürlich auf den Mt. Everest oder Chomolungma, wie ihn die Einheimischen nennen. Der Anblick ist spektakulär und wir können uns nur schwer vom höchsten Berg der Welt trennen. Immer wieder drehen wir uns beim Abstieg um, wollen einen letzten Blick erhaschen. Mit einem Lächeln im Gesicht erreichen wir müde das Gästehaus, nehmen das Abendessen ein, fallen ins Bett und schlafen bald ein. Es wird jedoch eine unruhige Nacht, ich wache mit leichtem Kopfschmerz, beschleunigter Atmung und erhöhtem Puls auf. Peter ist auch munter, ihm geht es schlechter als mir. Ich schaue auf die Kamera, es ist erst 23 Uhr! Der Kopfschmerz wird stärker, das Herzklopfen bleibt. Kein schönes Gefühl. Erst gegen Morgen schlafe ich gut und tief, Peter bemerkt mein schnelles Schnaufen im Schlaf.

Ich gehe alleine frühstücken, Peter sieht nicht gut aus und fühlt sich auch so. Auf die Wanderung zum Everest-Basislager verzichten wir. Da momentan keine Expedition unterwegs ist, sieht man ohnehin nur leere Zelte.

Wir marschieren also den gleichen Weg zurück, den wir gekommen sind. Zumindest bis kurz nach Lobuche, denn hier zweigt die Route über den Cho La ins Gokyo-Tal ab, von wo aus man auch nach Namche Bazaar weiter wandern kann. Eine hervorragende Idee, finde zumindest ich. Peter sagt nichts. Das Stillschweigen interpretiere ich als Zustimmung. Wunderschön ist die Wanderung, ein türkisblauer See liegt linker Hand, eingebettet in ein traumhaftes Bergpanorama, dahinter ein tiefblauer Himmel. In Dzongla ergattern wir das letzte Zimmer, haben eine dicke Matratze und super Decken. Die brauchen wir aber auch. Unsere Daunenschlafsäcke sind relativ dünn, angeblich geht die Komfortzone bis zu -10 °C, in Wahrheit liegt sie aber bei +10 °C. Dafür wiegen sie aber auch nur ein halbes Kilo. Wir spüren in der Nacht kurz ein Erdbeben und erfahren später, dass das Epizentrum in Tibet war und die Stärke 5,8 betrug. Wenn man schon mal wach ist, dann geht man gleich aufs Klo oder ins Freie, auch wenn es schwerfällt, den warmen Schlafsack zu verlassen. Dafür entschädigt der Sternenhimmel, binnen kurzer Zeit sehe ich drei Sternschnuppen.

Die Strecke über den 5.420 Meter hohen Cho La ist bei Weitem nicht so touristisch wie die Everest-Strecke. Der Weg hinauf ist steil und felsig. Mir taugt es, obwohl es sehr anstrengend ist. Nachdem wir vorsichtig den Gletscher überquert haben, sind wir endlich oben angelangt. Das Wetter ist hervorragend, wie auch der Ausblick vom Pass. Unbeschreiblich, wie von jeder Passhöhe, von jedem Berg in dieser Region.

Wenn schon der Aufstieg steil war, wie nennt man dann den Abstieg? Wir sehen nichts als Fels und Stein, klettern über Geröllfelder, die einfach kein Ende nehmen wollen. Nachdem wir beide nicht 100%ig fit sind, wird es ein anstrengender Tag. Wir sind müde, haben beide Schnupfen und ich noch dazu Halsweh. Das Zimmer ist wieder eine Eishöhle, die Decke diesmal sehr dünn. Immer wieder bekomme ich Schübe von Gänsehaut. Einschlafen kann ich lange nicht, bekomme manchmal Panik im geschlossenen Schlafsack, den ich bis zu einem golfballgroßen Loch zugezogen habe. Dann muss ich sofort den Kopf raus stecken, worauf mir schon wieder kalt wird. Ich beschließe noch in der Nacht, den Gokyo Ri zu streichen.

Als ich am nächsten Tag vorschlage, abzusteigen, stimmt Peter freudig zu. Wir sehen beide nicht gut aus, haben gerötete Rotznasen und verschwollene Augen. Im Frühstücksraum ist es saukalt, die Kälte kriecht uns trotz der vielen Kleiderschichten bis in die Knochen. Wir sind froh, raus in die Sonne zu kommen und auf unter 4.000 Meter abzusteigen. Ein eisiger Wind weht uns entgegen, nicht sehr förderlich für unsere Erkältung.

In meinem Zustand sollte ich eigentlich das Bett hüten, aber wir wollen einfach nur hinunter, dorthin, wo es wärmer ist. Bald haben uns die Bäume und Wälder wieder, vorwiegend Rhododendron mit Flechten dazwischen. Richtig herbstlich ist es geworden, die Laubbäume haben alle Blätter abgeworfen. Der Himmel ist bewölkt und trüb. Nach knappen 6 Stunden Wanderung erreichen wir Phortse Tenga, sind müde, erledigt und durchgefroren. Glücklicherweise wird der Ofen im Essraum bald eingeheizt, die Backen glühen, die Augen brennen und die Nase rinnt. Schon um 20 Uhr liegen wir in den angenehmen Betten, es ist merklich wärmer als die Nächte zuvor. Wir bleiben einen Tag, frühstücken spät, duschen, betreiben Körperpflege, waschen ein wenig Kleidung, essen und schlafen. Ich bin dauermüde und krank, sehe auch so aus. Wieder einmal habe ich Bronchitis.

Der Weg nach Namche Bazaar scheint kein Ende zu nehmen, ich huste ständig, pfeife aus dem letzten Loch und muss viele Pausen einlegen. Erster Stopp ist gleich bei der Apotheke, die Preise sind horrend: Acht Lutschtabletten kosten fast 5 Euro! Die Antibiotika und den Hustensaft nehme ich dann aber doch, beides brauche ich dringend.

Wir finden ein nettes Gästehaus mit einem warmen Zimmer, das gleich über der Küche liegt und dessen Fenster der Sonne zugewandt sind. Keine zehn Pferde bringen mich da wieder hinaus. Müde und schlapp bin ich, die Antibiotika tun das Übrige: Meine Ohren rauschen, ich bin irgendwie gefühllos und alles läuft wie in einem Film ab. Peter geht ohne mich in den Ort, aber er bleibt nicht lange alleine. Er trifft Karin, eine gemeinsame Freundin aus Salzburg! Das gibt es doch nicht! Sie ist mit einer organisierten Tour unterwegs und hat den Großteil der Wanderung noch vor sich. Die beiden gönnen sich ein Bier in einer Bar und stoßen auf den Himalaja an.

Karin muss am nächsten Tag aufbrechen, wir hingegen bleiben in Namche Bazaar, denn es ist Markttag und da ist wirklich viel los. Die Straßen des Ortes sind gesäumt von Waren aller Art: Kunststofffässer mit Butter und getrocknetem Käse, Keksen, Chips, Bier, Säften, Kochtöpfen, Kleidung, Schuhen, ein eigener Raum mit Rinderhälften und überall einheimische Kinder mit gefrorenen Backen, Rotznasen und, wenn sie Glück haben, einem Bonbon oder Fruchtsaft.

All diese Waren müssen natürlich hierher transportiert werden. Das meiste wird von Trägern geschleppt. Wir treffen auf Biertransporteure, Gastransporteure, Fleischtransporteure, Lebensmitteltransporteure und

Baustofftransporteure. Die Technik ist immer dieselbe, die Hauptlast trägt der Kopf, gefolgt vom Rücken. An den Gütern bzw. Körben ist ein Riemen befestigt, der über die Stirn gelegt wird. Hauruck! Aufstehen – oft mit Hilfe von Kollegen – und Abmarsch. Für uns unvorstellbar! Erstens das Gewicht, zweitens die Tagesetappen und drittens die Höhenlage. Viele der Träger sind blutjung und schleppen ein Gewicht von bis zu 125 (!) Kilogramm. Unser Rucksack hat dagegen ein lächerliches Gewicht. Die Vorräte haben wir alle aufgegessen und so wiegt Peters nur noch 13 Kilogramm und meiner 11. Wir haben uns mittlerweile total an unsere Lasten gewöhnt und spüren sie kaum mehr.

Als wir nach diesen 2 Wochen wieder in Lukla sind, hat das Wetter ein bisschen umgeschlagen. Wolken sind aufgezogen. Am Flughafen warten viele Passagiere, manche schon seit Tagen in der Hoffnung, bald nach Kathmandu zu kommen. Nachdem es mir wieder viel bessergeht, beschließen wir, zu Fuß nach Jiri zu gehen, wo die Straße beginnt, um von dort aus den Bus in die Hauptstadt zu nehmen. Ist man in dem Glauben, nun locker bergab zu wandern, so hat man sich gewaltig getäuscht. Ständig geht es rauf und runter. Wir brauchen 7 Tage bis Jiri, und die haben es in sich. Dabei legen wir genauso viele Höhenmeter zurück wie zum Fuß des Mount Everest. Es wird wärmer und es ist dichter besiedelt. In Kharikola ist die ganze Bevölkerung am Dorfplatz versammelt. Musik dröhnt aus den Lautsprechern, eine Gruppe tanzt und der Rest trinkt. Alle Häuser sind mit Blumengirlanden geschmückt. Die nächste Feierlichkeit in Nepal. Die Hindus begehen das Diwali Fest, das zweitwichtigste im Lande, das 5 Tage dauert. Nach einigen Gläsern Chang (Hirsebier) schlafen wir trotz der lauten Musik sehr gut, auch auf der harten Pritsche.

Wir begegnen wenigen Wanderern, dafür umso mehr Eseln und Mulis, die alle schwer mit Kanistern und Säcken beladen sind. Zwischen 6 und 7 Stunden marschieren wir jeden Tag. Die Landschaft ist herbstlich, die Blätter verfärbt, die Temperaturen sehr angenehm. Je näher wir an Jiri herankommen, umso moderater werden die Preise. Zu Peters Freude ist auch das Bier wieder leistbar. Noch etwas gönnen wir uns: Eine heiße Dusche. Es ist die dritte in insgesamt 3 Wochen. Zur Feier des Tages trinken wir Tongba,

Hirsebier. Ein Plastikkrug wird vor uns auf den Tisch gestellt, darin ist aufgeweichte Hirse, die bis zu fünfmal mit heißem Wasser aufgegossen und mit einem Strohhalm getrunken wird. Schmeckt wirklich nicht schlecht!

Der letzte Wandertag ist angebrochen. Im T-Shirt schwitzen wir bereits um 8 Uhr früh, denn es geht steil bergauf, vorbei an Bananenstauden, Orangenbäumen, Gemüse- und Getreidefeldern. Wir sind in einer anderen Welt gelandet. Oh, wie herrlich! Es geht bergab und bergab und – wie könnte es anders sein – danach wieder bergauf und noch ein bisschen weiter bergauf. Noch einmal sehen wir die schneebedeckten Gipfel des Himalajas. Doch die Strecke nach Jiri erscheint uns endlos. Peter beginnt schon zu raunzen und zu schimpfen, er mag partout nicht mehr weitergehen! Nach vielen Pausen, insgesamt 22 Tagen und über 10.000 Höhenmetern kommen wir endlich müde in Jiri an. Sofort umgibt uns hektisches Treiben, Verkehrslärm, unablässiges Hupen und so viele Menschen! Auch die Preise haben sich wieder normalisiert: Eine Rolle Klopapier kostet hier 20 Rupien, in Gorak Shep kostete sie 250!

Mit einem Kleinbus geht es weiter nach Kathmandu. Einen ganzen Tag lang brauchen wir für diese Strecke. Peter denkt sehnsüchtig an die kleine Propellermaschine, die uns in nur 25 Minuten von Kathmandu nach Lukla gebracht hat. Da wird einem wieder bewusst, wie unwegsam dieses Land ist: Sieben Tagesmärsche und einen Tag lang Bus fahren entsprechen einer knappen halben Flugstunde!

Jetzt schlafen wir wieder im August, im eigenen weichen und warmen Bett. Herrlich! Ruhe gönnen wir uns am nächsten Tag bei Irving nicht, denn der Ort ist optimal, um die Wäsche zu waschen. Es gibt genug Wasser und genügend Platz zum Aufhängen. Dazwischen essen und tratschen wir, mit Irving und mit Marya und Paul, die wir zuletzt in Pokhara gesehen haben. Die zwei Niederländer wirken etwas zerknirscht und auch verärgert. Sie haben einen Flug nach Sri Lanka gebucht und wollten die nächsten 2 Monate dort verbringen. Das Ticket ist allerdings verfallen, denn sie wurden gar nicht mitgenommen! Die Flugroute verlief von Nepal über Indien nach Sri Lanka. Für den kurzen Zwischenstopp in Delhi brauchten die beiden ein

Transitvisum für Indien, was ihnen aber niemand erzählte und welches sie natürlich nicht hatten. Schade um das Geld für das Flugticket!

Die Inder und Visa, keine gute Kombination. Das haben wir zumindest schon von vielen Reisenden gehört. Bald werden wir mehr wissen, denn auch wir brauchen Visa für Indien und die bekommt man im Zentrum von Kathmandu.

Es ist gar nicht so leicht, in der nepalesischen Hauptstadt einen Platz für August zu finden. Entweder sind die Straßen zu eng, der Verkehr zu dicht oder die Kabel zu nieder. Oder wir dürfen nicht am Hotelparkplatz bleiben, weil Hochsaison ist – wobei wir uns ernsthaft fragen, wie viele Touristen mit dem eigenen Fahrzeug anreisen. Und so landen wir auf einem Busparkplatz, der laut und staubig ist. Am Morgen werden wir entweder von dem Geschrei des Karateklubs, von den vielen Schulglocken oder auch von begnadeten Busfahrern geweckt, die, bevor sie den Motor abstellen, noch kräftig aufs Gas steigen. Der allgemeine Verkehrslärm und das ständige Gehupe tragen zum hohen Lärmpegel bei. Welch ein Kontrast zu den Bergen!

Am frühen Morgen sind wir adrett gekleidet auf der indischen Botschaft, die Unterlagen fein säuberlich in einer Mappe und ein freundliches Lächeln auf den Lippen. Doch das soll uns bald vergehen. Es herrschen Chaos und lange Wartezeiten. Kombiniert mit einem arroganten und unfreundlichen Personal ergibt das einen tollen Mix. Erst vor einem Tag wurde das gesamte System auf Computerbearbeitung umgestellt, die Beamten sind überfordert, würden das aber nie zugeben. Als wir endlich an der Reihe sind, erklären wir dem Beamten, dass wir ein 6-monatiges Visum benötigen. „Das geht nicht. Es gibt nur ein Visum für 3 Monate mit einmaliger Einreise", meint der Mann kurz angebunden. „Warum?", frage ich ihn. Das war anscheinend schon zu viel des Guten. Der Inder wirft mir einen bösen Blick zu und lässt mich einfach links liegen. Das Gespräch ist beendet. Was ich mit dem Mann am liebsten gemacht hätte, sage ich an dieser Stelle lieber nicht. Stattdessen habe ich ihn nur angegrinst, mir auf die Lippen gebissen und gedacht: „Im Leben kommt alles zurück."

3 Monate in Indien sind uns viel zu wenig! Wir brauchen unbedingt 6. Das scheint momentan aber nicht so einfach zu sein. Viele Touristen, die den Pass abholen schauen ungläubig auf den Sichtvermerk darin, der sie nur zu 3 Monaten Aufenthalt berechtigt. Jetzt ist guter Rat teuer. Für heute hat sich die Visaangelegenheit erledigt, wir können nichts mehr tun, außer neue Passfotos anfertigen zu lassen. Die Inder machen es uns nicht einfach. Aber wir geben nicht auf und beschließen, eine Agentur mit der Visabeschaffung zu beauftragen. Das kostet zwar ein bisschen mehr, aber die Chancen für ein 6-monatiges Visum sind ungleich höher. Und das Angebot ist fair. Harry, der sympathische Nepalese, kann uns nicht garantieren, dass er 6 Monate Aufenthalt für uns bekommt, aber er wird sein Bestes tun. Sein Preisangebot ist gestaffelt: Bekommen wir 3 Monate, verdient er fast nichts, bei 4 Monaten etwas mehr usw. Jetzt heißt es abwarten. In einer Woche sollen wir wiederkommen.

2 Minuten gehen wir zu Fuß nach Thamel, dem Touristenviertel schlechthin in Kathmandu. Hier findet man alles, was das Herz begehrt: Wanderausrüstung, Souvenirs, Internet-Cafés, Bücher, Kuchen und Baguettes, internationales Essen, Live-Musik und Bier. Und viele Medikamente. Leider brauche ich schon wieder Antibiotika, die Bronchitis, die ich mir beim Wandern zugezogen habe, werde ich sonst nicht los. Meine Darmflora wird es mir danken … 6 Tage dauert die Therapie, die Hälfte davon verbringe ich im August, weil ich unglaubliche Blähungen und Bauchschmerzen habe. Noch dazu ist mir ständig übel. Eine Schwangerschaft kann ich glücklicherweise ausschlagen! Vielleicht ist auch ein Restaurantbesuch nicht ganz unschuldig daran? Seit Langem rufen wir wieder unsere E-Mails ab. Zu unserer Freude sehen wir eine Nachricht von Verena und Wolfi. Wir haben in letzter Zeit oft über die beiden geredet und uns gefragt, wo sie sich herumtreiben. Unsere Freunde waren ebenso am Everest-Trek unterwegs. Nachdem sie aber mit ihrem Hund Apollo nicht nach Lukla fliegen konnten, sind sie mit ihrem Lkw bis nach Jiri gefahren und haben die Wanderung von dort begonnen. Sie waren insgesamt 4 Wochen zu Fuß unterwegs! Danach fuhren sie nach Kathmandu, das sie vor wenigen Tagen verlassen haben. Mist! Wir haben sie nur kurz verpasst!

Am staubigen Busparkplatz gibt es eine Toilette oder zumindest so etwas in der Art. Glücklicherweise muss ich dort nicht hingehen, weil wir unser Portapotti benutzen, das Peter regelmäßig am Klo ausleert. Bei der letzten Entleerung hat Peter die ekelhafte Toilette des Busparkplatzes grob gereinigt. Aber kaum ist er damit fertig, kommt ein Busfahrer, öffnet die Klotüre, bleibt jedoch draußen stehen und pinkelt von dort in das ganze Klo! Das Putzen hätte sich Peter somit sparen können.

Als es mir wieder ein bisschen bessergeht, besichtigen wir endlich die Stadt. Die engen Gassen der Altstadt sind mit Abgasen geschwängert. Es ist laut, Menschenmassen, Verkehrslärm und ständiges Hupen begleiten uns zum Durbar Square, dem historischen Herz der Stadt. Hier befindet sich der Palast der Könige und etwa 50 Pagoden und Hindutempel, meist aus Holz im Baustil der Newaren, einer nepalesischen Ethnie.

Da ich nicht gerne Taxi fahre, gehen wir die meiste Zeit zu Fuß, was aufgrund der enormen Luftverschmutzung aber nicht sehr angenehm ist. Ich mache es so wie die Einheimischen und kaufe mir einen rosaroten Mundschutz. Damit gelangen wir mit weniger Husten zum wichtigsten hinduistischen Heiligtum der Stadt, zum Pashupatinath. Die dem Gott Shiva gewidmete Tempelanlage liegt am Ufer des Bagmati-Flusses. Sie ist wirklich imposant, in ihr wandern Pilger, Sadhus und Touristen herum und zwischen ihnen eine freche Affenhorde.

Zum ersten Mal in meinem Leben wohne ich einer Leichenverbrennung bei. Am Flussufer sind hohe, überdachte Plattformen errichtet, auf denen sich die Scheiterhaufen befinden. Die Toten werden in dottergelbe Tücher gewickelt, mit dem Wasser des heiligen Flusses bespritzt und auf den Haufen gelegt. Der Leichnam wird mit feuchtem Stroh bedeckt, danach geht der älteste Sohn oder ein Priester fünfmal im Uhrzeigersinn um den Scheiterhaufen und entzündet diesen anschließend mit einem in Butter getränkten Strohbüschel. Sobald die Leiche verbrannt ist, werden Asche und Überreste in den Fluss geschüttet. Eine schaurige, weil ungewohnte Angelegenheit für uns, die wir vom gegenüberliegenden Ufer mit Respektabstand beobachten. Mit kleinen Booten werden die Holzstämme, die noch zu verwenden sind, wieder aus dem heiligen Fluss geholt, wo schon unzählige Blumenketten, Holzstäbe, Tücher und Plastiksäcke schwimmen. Etwas weiter flussaufwärts sehen wir Pilger an den Badeplätzen rituelle Waschungen vornehmen und noch etwas weiter waschen einige Frauen die Wäsche.

Zum buddhistischen Stupa nach Bodnath gehen wir auch zu Fuß. Eine kleine Pilgerreise, wenn man die Kilometeranzahl in Betracht zieht. So lernt man eine Stadt gut kennen. Auch wenn viele Stadtteile nicht so sehenswert sind, bekommt man einen guten Eindruck, wie die Menschen hier leben. Der fast 40 Meter hohe, weiße Stupa ragt aus dem Zentrum eines großen Platzes, der von Geschäften und Restaurants umgeben ist. Unzählige Gebetsfahnen flattern im Wind. Die sanften Augen des Buddhas wachen über das Zentrum der Exiltibeter in Nepal und unsere Augen richten sich auf die Gläubigen, die den Stupa im Uhrzeigersinn umkreisen.

Zurück zu unserem Lkw fahren wir aber doch mit dem Taxi. Das hat mehrere Gründe. Erstens sind wir müde, da wir den ganzen Tag unterwegs waren, zweitens haben wir eingekauft. Ich habe wunderschöne tibetische Türvorhänge erstanden und Peter zwei große, blaue Kunststofffässer. Wie durch ein Wunder finde ich auch noch Platz in dem kleinen Taxi.

Den Gewichtsverlust, den wir bei den Wanderungen erlitten haben, machen wir während unseres Aufenthaltes in Kathmandu wieder wett: An jeder Ecke locken Kuchen, Brot, Obst, Samosas, Eintöpfe, Dal Bhat und Fleisch. Dazu gibt's ein Gorkha- oder Everest-Bier. Das Wort Tee darf ich in Peters Gegenwart gar nicht mehr erwähnen. Darauf ist er allergisch, hat er doch am Everest-Trek so viel Tee wie überhaupt noch nie in seinem Leben getrunken. Und ein Teeliebhaber wird er nie werden …

Es ist gerade Mandarinen-Zeit. An jeder Ecke sitzen Verkäufer vor kunstvoll aufgestapelten Früchten. Wir brauchen ohnehin Vitamine und wollen gleich 2 Kilo kaufen. Die Verkäuferin lässt mich kosten und reicht mir eine orangefarbene Mandarine. Mmmhh! Sehr lecker! Danach empfiehlt sie mir, die Früchte mit der grünen Schale zu nehmen, denn diese seien viel süßer. Schaue ich wirklich so blöd aus?!

Bereits in Pokhara hatte unser Freund Wolfi einen kulinarischen Tipp für uns: Der Bauernmarkt in Kathmandu. Allein beim Gedanken daran begann sein Speichel schon vermehrt zu fließen. Nachdem der Kärntner so davon geschwärmt hat, sind unsere Erwartungen also hoch. Der Bauernmarkt ist auf einem sehr netten Platz mit einem tollen Kaffeehaus in einer alten Villa. Wir finden ungefähr 15 Verkaufsstände vor, die Verkäufer sind ausschließlich Europäer, die in Kathmandu leben und sich auf landesspezifische Produkte spezialisiert haben. Es ist wie in Europa. Alles. Überteuerte Biokräuter und Gemüsesorten, diverse Käsesorten, Weinverkauf, Grillhenderl, Selch- und Wurstwaren, Brot- und Backwaren, z. B. von Walter aus Graz. Das Publikum ist alternativ, hochschwangere Frauen im engen Strickkleid, Männer in eleganten Schlabberhosen, viele Kinder und noch mehr Frauen. Da passe ich mit meiner Latzhose eigentlich ganz gut dazu. Optisch zumindest. Der Bauernmarkt findet jeden Samstag statt und ist der Treffpunkt schlechthin. Die Leute amüsieren uns. Würde ich in Kathmandu leben, ich hätte sicher auch einen Stand hier. In einem halben Tag kann man hier viel Geld verdienen, die Kundschaft hat Kaufkraft, das sieht man an den Fahrzeugen am Parkplatz. Es sind auch Autos von der UN dabei.

Wir sind auf der Suche nach einem Gästehaus im Viertel Thamel. Ein Zimmer brauchen wir allerdings nicht, sondern nur eine Dusche. Unsere Wasserreserven im August sind schon äußerst knapp, das Leitungswasser in Kathmandu ist schlecht, nicht einmal die Einheimischen können es trinken. Gegen geringes Entgelt gönnen wir uns eine heiße Dusche, was nach 8 Tagen auch wirklich Zeit wurde. Herrlich! Trinkwasser kaufen wir in 20-Liter-Kanistern und das macht das Leben im August ein bisschen einfacher. Auch Kochen ist wieder möglich.

Ich glaube, ich vertrage die Luft in Kathmandu schlecht. Ich mache meinem Alter alle Ehre. Die weißen Haare sprießen wie verrückt, die Falten vermehren sich rasend schnell. Und dann ist mir auch noch ein Zahn ausgefallen! In Goa werde ich einen Zahnarzt aufsuchen und mir einen neuen kaufen.

Nach einer Woche besuchen wir Harry in seinem Büro und hoffen, unsere Pässe mit dem indischen Visum vorzufinden. Sie sind leider noch nicht da, wir müssen uns also noch ein paar Tage gedulden. Täglich durchstreifen wir die Altstadt und kaufen viele Sachen, wie z. B. nepalesische Wollhauben, tibetische Gebetsfahnen, Katas (weiße, buddhistische Seidenschals) und einen Momo-Dämpfer für die köstlichen tibetischen Teigtaschen. Ich möchte unbedingt noch diese kitschigen, tibetischen Thermoskannen mit Drachenmuster. Beim Wandern haben wir sie in fast jedem Gästehaus gesehen, nur hier in Kathmandu sind sie nicht aufzutreiben. Es gibt zwar Unmengen von Thermoskannen, aber alle mit modernen Mustern oder Blumen darauf. Es ist auch schwierig zu erklären, was ich möchte. Viele Verkäufer verstehen mich nicht. Aber ich gebe nicht auf, ich habe eine Mission. Am späten Nachmittag entdecke ich endlich eine blaue in einem Schaufenster. Ab nun wird es leichter, weil ich ein Musterexemplar habe. Insgesamt brauche ich aber 3 Tage, um drei Kannen zu finden. Ich glaube, es waren die letzten in der ganzen Stadt.

Wir freuen uns schon aufs Weiterfahren und auf wärmere Temperaturen im Tiefland. Nach 12 Tagen halten wir unsere Pässe mit dem indischen Visum in der Hand. Die Rechnung ist aufgegangen, wir haben 6 Monate Aufenthalt bekommen!
Zeitig am nächsten Morgen verlassen wir Kathmandu, wählen eine traumhaft schöne Strecke nach Hetauda. Sehen noch einmal die schneebedeckten Berge und klettern noch einmal in unzähligen Kurven und Kehren mit unserem Fahrzeug auf über 2.000 Meter und in mindestens genauso vielen wieder hinunter auf 200 Meter Meereshöhe. Durch das andauernde Lenken schmerzt Peters Rücken stark. „Bitte, jetzt kein Bandscheibenvorfall", denke ich insgeheim. Mit Tabletten bekommt er alles wieder in den Griff, auch der Muskelkater im gesamten Oberkörper lässt ein paar Tage später nach, als wir schon im Dorf Saurala beim Chitwan-Nationalpark parken. Der Besuch des Parks ist uns zu teuer, wir lehnen das Angebot, das eine Bootsfahrt und eine Walking Safari inkludiert, ab. Letztere würde ich ohnehin nicht durchhalten, ich bin nicht bei Kräften und mir ist wieder einmal schlecht. Wir gehen alleine am Fluss entlang, der den Park abgrenzt. Im Laufe des Nachmittags sehen wir drei Nashörner, einen Pfau, unzählige Vögel, Arbeitselefanten und natürlich Massen von Touristen. Damit geben wir uns zufrieden.

In ein paar Tagen läuft unser Visum ab, daher machen wir uns auf den Weg nach Lumbini. Doch davor wollen wir einkaufen. Peter möchte gerne Bier. Im Geschäft haben sie keines, aber der Verkäufer bittet mich, zu warten, während er welches aus einem anderen Laden holt. Kein Problem. Ich warte mit der Geldbörse in der Hand, als plötzlich der Ladenbesitzer auf mich zukommt und mir die Börse aus der Hand nimmt, um meinen Studentenausweis zu betrachten. Das interessiert den Rest der Familie natürlich auch. Sie klappen die Börse auf und fragen, wer die Personen auf den Passfotos sind. Fehlt nur noch, dass sie mir sagen, wie viel Geld ich in der Börse habe! Mich amüsiert die Situation.

Zum Mittagessen bleiben wir in einem kleinen Restaurant an der Straße nach Lumbini stehen. Peter bestellt ein Cola. Die Wirtin öffnet die Flasche, wischt mit einem schmutzigen Tuch den Flaschenhals ab und steckt ihren Finger zwecks Reinigung in den Hals. Haha! Ob das mal gut geht? Wird Peter das Essen behalten?

Vor rund 2.700 Jahren wurde in Lumbini ein Mann mit dem Namen Siddharta Gautama geboren – besser bekannt als Buddha. Wir parken in der Pilgerstätte beim Shanti-Stupa, einem der vielen Tempel in der parkähnlichen Anlage. Die Erlaubnis dafür haben wir uns bei dem japanischen Mönch eingeholt, der hier lebt (die Pagode wurde von Japan erbaut). Er lädt uns gleich zur Messe ein, die erste beginnt um 4:30 Uhr morgens, die zweite um 17 Uhr. Ich würde gerne teilnehmen, aber ich kann nicht, denn ich habe fürchterlichen Durchfall. Seit 2 Tagen kann ich kein Essen behalten und schlecht ist mir auch. So schön die Tempel hier alle sind, sie interessieren mich im Augenblick überhaupt nicht. Nachdem meine Lage nicht besser wird, wollen wir einen Arzt aufsuchen. In Siddhartanagar werden wir fündig. Es gibt ein Krankenhaus mit Labor. Zuerst muss ich bezahlen, ganze 2,50 Euro, und danach darf ich in den Behandlungsraum, wo mich schon ein Arzt erwartet. Er fragt nach meinem Befinden, drückt mir den Bauch und schreibt folgende Untersuchungen auf: Blut-, Stuhl- und Urintest und auch ein Leberfunktionstest. Ich schaue auf den Preis und beschließe, dass meine Leber super funktioniert, den Test spare ich mir. Die Blutabnahme ist kurz und schmerzlos, den Stuhl habe ich mit, noch frisch im Schraubglas. Für die Urinprobe bekomme ich ein entzückendes Glasfläschchen! Es ist etwa 5 Zentimeter hoch, 3 Zentimeter im Durchmesser und die Öffnung ist noch kleiner. Wie soll man da als Frau hinein pinkeln?? Gut, dass meine Blase fast leer ist. Wie durch ein Wunder landet mein Urin im Glas!

Jetzt heißt es warten. Nach einer Stunde bittet mich der Arzt in die Ordination. Ich habe Parasiten, genauer gesagt Amöben. Sehr schön! Es sei nichts Ernstes, meint der Arzt und stellt mir ein unfassbares Rezept aus. Gleich sechs verschiedene Medikamente soll ich einnehmen. Natürlich als erstes Antibiotika, zweimal täglich und das 14 Tage lang. Ein Medikament gegen die Parasiten, eines gegen Bauch- und Magenkrämpfe, Vitamintabletten, ein Elektrolyt und was der Teufel noch alles. Ich begnüge mich mit dem Parasitenmittel und dem Elektrolyt, was dem Arzt überhaupt nicht gefällt. Wie kann ich seiner Verordnung widersprechen? Er ist doch der Arzt!

Wir fahren zurück nach Lumbini, in den Tempelbezirk, der wie eine Oase ist. Herrlich ruhig, weitläufig und entspannt. Genau der richtige Ort, um ein paar Tage zu rasten und sich auszukurieren. Ich liege nur im Bett, schlafe oder sitze auf dem Klo. Aber langsam geht es mir besser, ich versuche es mit einem kleinen Spaziergang. Erst, als ich mir die Hose anziehe, merke ich, wie viel Gewicht ich verloren habe! Ohne Gürtel hält sie gar nicht mehr an mir. Mit der Bewegung kommt glücklicherweise auch der Appetit zurück. Ich bewundere die vielen verschiedenen Tempelanlagen, die von diversen Ländern hier gebaut bzw. gestiftet worden sind, unter anderem auch von Österreich. Die Geburtsstätte Buddhas befindet sich im Mayadevi-Tempel und ist mit einer Steintafel gekennzeichnet. Drumherum flattern Hunderte Gebetsfahnen, der Andrang der Pilger ist groß.

Beim Friedens-Stupa ist es ruhiger geworden, die Sonne steht tief am Himmel und taucht den Tempel in ein ganz weiches Licht, lässt die goldenen Schriftzeichen und Skulpturen glänzen. Ich setze mich und genieße. Und beginne nachzudenken.

Mittlerweile sind wir über ein Jahr unterwegs. Die Zeit vergeht sehr schnell, sie rieselt uns durch die Finger. Wir haben Pläne geschmiedet und beschlossen, die Heimreise anzutreten. Unser Reisebudget neigt sich bald dem Ende zu und der Zustand meines Vaters ist schlecht. In einem guten halben Jahr werden wir vermutlich zurück sein. Hoffentlich hält mein Vater bis dahin durch. Alles lastet auf Mama. Obwohl sie nie jammert, weiß ich anhand ihrer Stimme, wie es ihr geht. Das belastet mich dann immer, wenn wir telefoniert haben. Wir werden jede Menge zu tun haben, sobald wir zu Hause sind, wie viel, das hängt von meinem Vater ab. Doch diese Gedanken schiebe ich gleich wieder zur Seite.

Wir verlassen Nepal in der Stadt Sonauli, durch deren Mitte die Staatsgrenze verläuft. Die Abwicklung auf nepalesischer Seite erfolgt sehr einfach und schon sind wir wieder in Indien!
Shuva yatra! – Gute Reise!

INDIEN
Die Hand an der Hupe

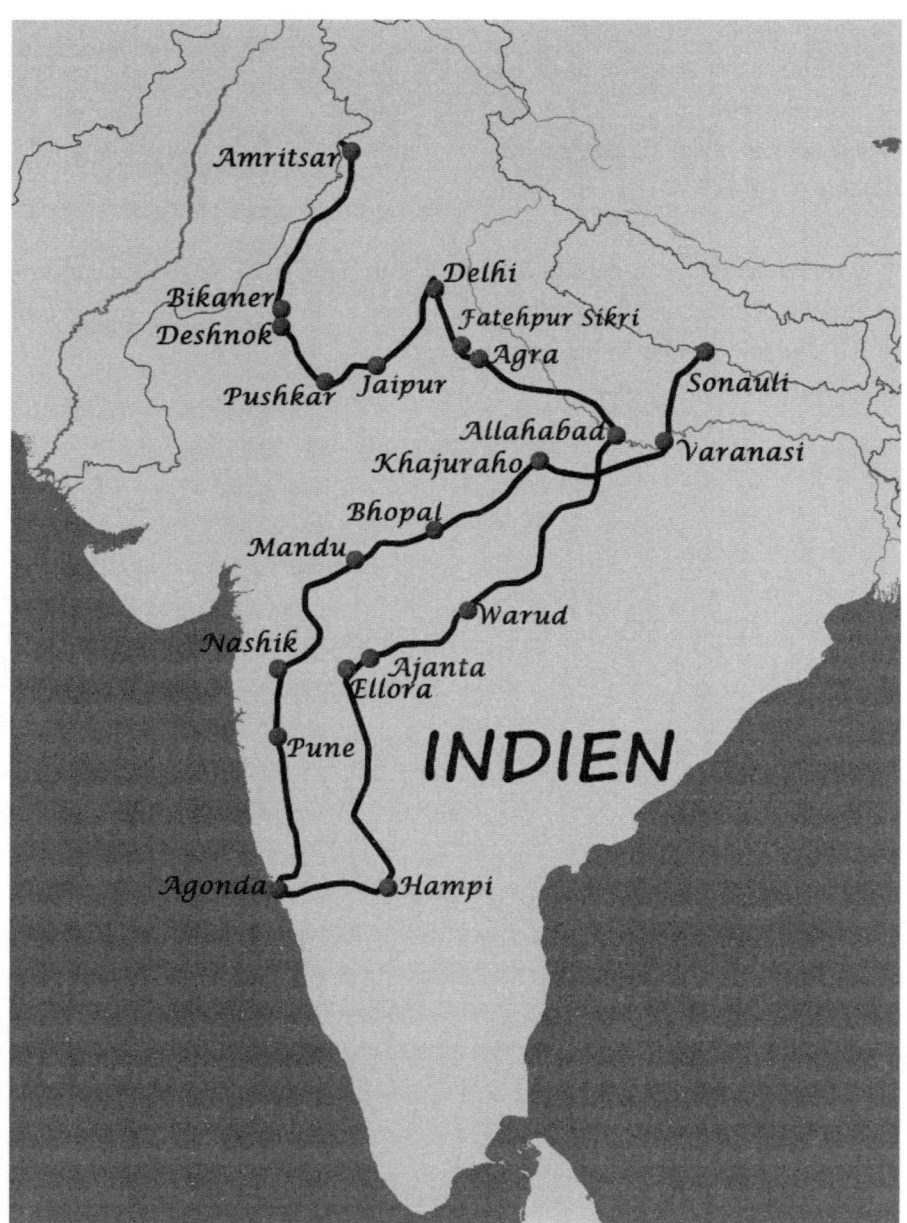

VARANASI
Von Nasen- und Herzensbrechern

Willkommen in Indien! Willkommen in jenem Land, wo alles anders ist. Das erfahren wir gleich in der Grenzstadt, wo es keine Parkplätze vor dem Zollgebäude gibt, das wir erst nach mehrmaligem Fragen gefunden haben. Wie so viele andere auch, bleiben wir eben am Straßenrand stehen. Das wiederum ist sehr förderlich für den Stau, wodurch auch wieder fleißig die Hupen bedient werden. Peter erledigt die Formalitäten, ich bleibe im Lkw sitzen. Die Zöllner umkreisen unser Fahrzeug, sind äußerst grantig und unentspannt, weil ich nicht wegfahre. Sie fuchteln mit ihren Armen wild in der Luft hin und her, schimpfen und benutzen brav ihre Trillerpfeifen. Als ich darauf hinweise, dass unser Lkw linksgesteuert ist und ich somit nicht der Fahrer bin, ändert das gar nichts. Außer, dass ich mich köstlich amüsiere und lachen muss.

Unser nächstes Ziel ist Varanasi, die heilige Stadt am Ganges. Viele Namen hat diese Pilgerstätte der Hinduisten. Das frühere Kashi oder Benares – auch die Stadt des Lichtes genannt – wurde im 6. Jahrhundert vor Christi angeblich von Gott Shiva gegründet und ist somit eine der ältesten Städte dieser Welt. Manche Inder nennen sie aber auch Varansi. Das lernen wir, als wir an einer Straßenkreuzung nach dem Weg nach Varanasi fragen. Keiner scheint uns zu verstehen, obwohl wir den Namen der Stadt immer anders betonen und aussprechen. Das gibt es doch nicht! Es kann doch nicht sein, dass die Menschen diese heilige Stadt nicht kennen! Erst als wir uns versprechen und anstatt Varanasi Varansi sagen, geht den Indern ein Licht auf und sie weisen uns die Richtung. Typisch Indien!

In Varanasi schlafen wir auf der Straße. Nun ja, nicht direkt. August parkt auf der Straße vor einem Hotel, denn wir dürfen nicht in den Innenhof. Eine Hochzeitsgesellschaft wird erwartet. Es dürfte Hochsaison für Eheschließungen sein, denn dieses Hotel ist schon das dritte, wo wir aus diesem Grund nicht nächtigen können. Egal, wir wollen ohnehin nur 2 oder 3 Tage bleiben und Ohrenstöpsel haben wir auch dabei.

Mit einer Rikscha lassen wir uns in die Altstadt bringen, die sich an der Westseite des Ganges erstreckt. Es ist ein faszinierender Anblick, wenn man zum ersten Mal an das Flussufer kommt, das von Steinstufen, Tempeln und Palästen gesäumt ist. Und natürlich mit Tausenden von Pilgern. Jeder Hindu versucht, einmal im Leben nach Varanasi zu kommen, um sich mit dem heiligen Wasser des Ganges reinzuwaschen. Das Wasser wird Amrita, Lebenselixier, genannt. Der Fluss hat mit diesen Bezeichnungen aber nichts zu tun. Graubraun und träge zieht er an Varanasi vorbei, und vor allem schmutzig. Dabei sind die Leichenteile nicht das Hauptproblem, sondern die Chemikalien und Schwermetalle aus den Fabriken im Oberlauf und die Abwässer der vielen Städte, die ungefiltert in den Fluss laufen.

Den rund 10 Millionen Pilgern, die jährlich zum rituellen Bad hierherkommen, scheint das aber nichts auszumachen. Wasserproben belegen, dass der Wert an Kolibakterien hier mehrere zehntausendmal so hoch ist, wie in anderen Gewässern, aber das stört die Pilger nicht bei ihrem Bad. Die Wissenschaft verliert gegen die Religion, denn wie könnte der Ganges, auch Mata Ganga – also Mutter Ganges – genannt wird, schmutzig sein? Eine Mutter kann nur rein sein.

Rund 100 Ghats, die treppenförmigen Badeplätze, gibt es am Westufer des Ganges in Varanasi. Wir spazieren den Fluss entlang und sehen den Hindus bei ihrem Gottesdienst und dem reinigenden Bad zu. Tief versunken sind sie in ihr Gebet, stehen im kühlen Wasser und tauchen mehrmals unter, um sich von ihren Sünden reinzuwaschen. Die Herren tragen Unterhosen oder auch Dhotis (indisches Beinkleid) und die Frauen bunte Saris. Zitternd und tropfnass sitzen manche auf den Stufen und lassen sich in der Sonne trocknen. Und glücklich sind sie, strahlen über das ganze Gesicht. Viele Menschen haben seit Jahren, wenn nicht ihr Leben lang, für die Reise nach Varanasi gespart. Sie haben eine anstrengende und lange Fahrt hinter sich und nun, da sie ihr Ziel erreicht haben, sind sie selig.

Heilige Kühe bahnen sich ihren Weg durch die Menge, werden von Menschen gestreichelt und gefüttert oder holen sich die Blumendekoration und Gaben aus den Tempeln. Sadhus sitzen an Mauern gelehnt, manche meditieren, andere warten auf Touristen, um sich mit ihnen fotografieren zu lassen und danach zu kassieren. Auf den Sandbänken zwischen den Ghats sind Müllhaufen, dort tummeln sich streunende Hunde, Ziegen und Kühe und streiten um Essensreste. Einige Menschen kommen auch aus profaneren Gründen an den Fluss, etwa um Wäsche zu waschen. Knietief stehen sie im Wasser und schlagen die nassen Kleidungsstücke minutenlang gegen einen Stein. Wie Wäsche in dieser Brühe auch nur halbwegs sauber werden soll, ist mir ein Rätsel.

Wir tauchen in die Altstadt ein, ein Labyrinth aus engen Gassen. Manche sind düster, stinkend und zugemüllt, andere gesäumt von unzähligen, kleinen Geschäften und Verkaufsständen. Für heute haben wir genug, wir machen uns auf den Weg zurück zu unserem Lkw. Die Rikschafahrer in Varanasi können ganz schön anstrengend und penetrant sein. Um ihre Ausdauer, nicht nur die auf dem Fahrrad, sind sie zu beneiden. Ungefähr ein Dutzend haben wir schon abgeschüttelt, jetzt steuert der nächste auf uns zu. Mehrmals lehnen wir sein Angebot ab, aber er will einfach nicht aufgeben. Der Mann schaut Peter tief in die Augen und sagt: „Sie brechen mir das Herz!" Worauf Peter schlagfertig entgegnet: „Ich habe noch niemandem das Herz gebrochen, aber ich kann Ihre Nase brechen, wenn Sie wollen." Im Nu ist der Rikschafahrer verschwunden, er hat Peters Aussage wirklich ernst genommen. Ich mache mir vor Lachen fast in die Hose.

Mittlerweile ist es dunkel geworden, wir haben die Distanz etwas unterschätzt. Plötzlich hören wir ohrenbetäubenden Lärm, ein Baraat kommt uns entgegen, ein indischer Hochzeitsumzug. Auf einem Karren wird ein großes Stromaggregat transportiert, dahinter gehen Männer in der Formation eines Rechteckes. Sie tragen große, bunte Lampen in allen möglichen Formen auf dem Kopf, die mit Kabeln mit dem Aggregat verbunden sind. In der Mitte entdecken wir Musiker in rot-goldenen Uniformen mit Trommeln, Trompeten, Rasseln, Klarinetten, die zu ihrem Spiel inbrünstig singen. Dazwischen tanzen, johlen und singen junge Männer, darunter auch der Bräutigam, der auf Schultern getragen wird und einen wunderschönen Turban am Kopf hat. Dahinter fährt ein Kleinlastwagen mit DJ, Lautsprecher und Scheinwerfer, gefolgt von tanzenden, gut gelaunten Männern. Wieder dahinter marschieren nochmals Musiker und jetzt erst kommen die Frauen und Kinder, herausgeputzt in ihren schönsten Saris. Die Straße ist keineswegs gesperrt, es herrscht ganz normales Verkehrschaos mit unzähligen Menschen, Rikschas, Mopeds und mitten auf der Straße liegenden Kühen. Wir erfahren, dass die Gesellschaft nur aus der Familie und den Freunden des Bräutigams besteht, die unterwegs zum Festzelt ist, wo die Braut mit ihrer Gefolgschaft wartet. Heute Abend wird geheiratet!

Keine halbe Stunde später kommt uns abermals ein solcher Festzug entgegen! Genauso laut, bunt und schrill. Die Hochzeitssaison dauert in Indien von Dezember bis Februar, jetzt ist uns auch klar, warum wir in keinem Hotel Platz bekommen haben. Die Nächte in Varanasi werden für uns wohl laut und kurz.

Der Tag beginnt früh. Mit einer Motorradrikscha lassen wir uns zum Ganges bringen und nehmen noch vor Sonnenaufgang ein kleines Ruderboot, um uns an den Ghats, den Badeplätzen, vorbeirudern zu lassen. Unser Bootsmann ist ein hagerer, alter Inder mit grauem Schnurrbart und einer dicken Wollmütze auf dem Kopf. Gesprächig ist er nicht, aber das passt uns ganz gut. Gleichmäßig tauchen seine bunten Paddel in das ruhige Wasser des Ganges. Kerzen treiben auf kleinen Schälchen flussabwärts, gefolgt von orangefarbenen Blumen, Holzstämmen und Plastikmüll. Viel ist noch nicht los auf den Badeplätzen, vielleicht ist es den Pilgern zu kalt? Mich friert auf alle Fälle, wenn ich den badenden Hindus zusehe. Ruhig ist es hier, die Stimmung fast mystisch. Die Sonne will sich heute nicht zeigen, Dunst hängt über der Stadt, das Licht ist schal. Ob die Pilger das überhaupt merken?

Das Boot bewegt sich langsam stromaufwärts, vorbei an Ghats mit klingenden Namen wie Choushotti, Dashaswamedh, Prayaga und Tripurabhairavi. Begleitet werden wir von Glockengeläut und dem Krächzen der Krähen. Die Vögel begrüßen den Tag während sich gleichzeitig Tote auf den Verbrennungsplätzen beim Manikarnika Ghat vom irdischen Dasein verabschieden. Dort hält unser Bootsmann an.

Varanasi ist nicht nur das Ziel vieler Pilger, sondern auch von unzähligen kranken und alten Menschen, die hier sterben wollen. Hat man das Glück, hier das Zeitliche zu segnen, dann erlangt man die Erleuchtung und scheidet somit aus dem Kreislauf der Wiedergeburt aus. Blauweißer Rauch steigt in den trüben Morgenhimmel, zwei große Feuer lodern, daneben Holzstöße, Männer und Kühe. Bei einer Leichenverbrennung zuzusehen ist für uns eine eigenartige Situation. Das sind wir als Mitteleuropäer nicht gewohnt, bei uns zu Hause ist der Tod oft ein Tabuthema, das Begräbnis und der Verlust traurig und schmerzhaft. Einen Leichnam auf einem Scheiterhaufen zu verbrennen ist bei uns undenkbar. In Indien dagegen wirkt es, als sei dieser Vorgang das Normalste auf der Welt. Die Stimmung ist anders, als bei einer Beerdigung in Österreich. Es scheint, als wären die Angehörigen nicht traurig, jedenfalls zeigen sie keine derartigen Gefühle. Das hier ist kein ein Ort des Schreckens, sondern einer des Friedens: Endlich ist der Tote dem Kreislauf der Reinkarnation entkommen.

Unserem Bootsmann können wir keine Information entlocken, er spricht nicht gut Englisch und ist wahrscheinlich froh, wieder zum Ausgangspunkt zu rudern. Als wir nach 2 Stunden aussteigen, ist auch die Sonne da. Unsere Mägen krachen schon, wir gönnen uns zuerst ein verspätetes Frühstück. Die Leichenverbrennung beschäftigt uns, wir möchten gerne mehr über dieses Thema erfahren und beschließen zum Manikarnika Ghat zu wandern. Rauchschwaden und ein eigenartiger Geruch kündigen diesen Platz an. Jeder darf bei der Verbrennung zusehen, auch Touristen, vorausgesetzt, sie fotografieren nicht. Sogleich werden wir von einem Mann angesprochen, der sich als Führer anbietet. Er erzählt uns, dass die Feuer Tag und Nacht lodern. Mindestens 3 Stunden dauert die Verbrennung eines Leichnams, abhängig von seiner Größe und der Holzmenge und -art. Nicht einmal Tote sind alle gleich. Sandelholz ist das teuerste von allen, nicht jeder kann es sich leisten, vor allem keine 260 bis 300 Kilogramm, die für eine komplette Verbrennung benötigt werden. Die ärmsten Menschen haben kein Geld, um ihre Toten zu verbrennen, sie werden unverbrannt in den Ganges befördert.

Mir fällt auf, dass keine einzige Frau hier ist. Unser Führer klärt mich auf: Frauen haben am Manikarnika Ghat keinen Zutritt, sie trauern und weinen zu sehr, was an einem Ort wie diesem schlecht für ihre Seele ist. Wenn jemand stirbt, so wird zu Hause getrauert und geklagt. Die Trauerkleidung ist weiß, eine Witwe trägt bis zu ihrem Lebensende einen weißen Sari.

Weiß ist die Farbe für verlorenes Glück und das Leben einer Witwe soll farblos sein. Diese Aussage haut mich fast vom Hocker.

Der kleine Inder erzählt weiter. Ich muss ganz nahe bei ihm bleiben, um ihn zu verstehen, denn es ist wirklich laut hier. Viele Männer tummeln sich an diesem Ort, reden und diskutieren lautstark, dauernd werden Glocken geläutet und dazwischen muhen Kühe.

Dom heißt der Leichenverbrenner, mit ihm wird der Holzpreis verhandelt, er wirft die Asche und Knochenreste in den Ganges, aber erst, nachdem er sie nach Ringen, Goldzähnen und Schmuckstücken durchsucht hat. Dann bereitet er den nächsten Scheiterhaufen vor. Die Leichen sind in bunte Tücher gehüllt, sie werden kurz im Ganges gewaschen und dann von den männlichen Angehörigen in weißen Trauerkleidern zu den Plattformen getragen, wo die Verbrennungen stattfinden. Der Leichnam wird behutsam mit dem Kopf nach Norden auf den Scheiterhaufen gelegt und mit Butterfett und Blüten bestreut. Der älteste Sohn nimmt eine brennende Fackel, geht fünfmal um den Toten herum und entzündet das Feuer im Mund. Danach zieht er sich zurück und wartet bis nur mehr Asche und Knochen übrig geblieben sind. Nun muss er die Seele des Toten befreien, indem er den übrig gebliebenen Schädel zertrümmert.

Schwangere Frauen, Kinder, Leprakranke und Tiere, die Götter verkörpern, werden nicht verbrannt, sondern mit Steinen beschwert und so dem heiligen Fluss übergeben. Ich muss an die vielen Menschen denken, die im Ganges baden, sich waschen, die Zähne putzen und sogar daraus trinken. Es ist unglaublich.

Unser Führer zeigt auf ein kleines Gebäude ohne Dach, das etwas oberhalb der Verbrennungsplätze steht. Dort werden Angehörige hoher Kasten aus Varanasi verbrannt, ohne dass sie von Menschen niedriger Kasten berührt werden. Drei Verbrennungsghats gibt es in der Stadt, aber der Manikarnika Ghat ist der wichtigste und größte, erzählt uns der Inder.

Dahinter stehen mehrstöckige Häuser, in einem davon warten Alte und Kranke aus ganz Indien auf den Tod. Im Hospiz werden sie notdürftig versorgt, bis sie endlich erlöst sind. Dann trägt man sie die wenigen Stufen zu den Verbrennungsplätzen hinab. Die letzte Reise dauert nicht lange. 78

Menschen warten hier gerade aufs Sterben. Unser Führer bittet uns um eine Spende fürs Hospiz, das wäre gut für unser Karma. Gerne wollen wir Feuerholz kaufen, die Frage ist nur, wie viel. „Geld kommt und Geld geht. Das Karma bleibt aber", meint der Inder. Eine schlaue Aussage, die bei vielen Menschen die Börse öffnet. Er fragt uns, wie viele Kilo Holz wir denn kaufen möchten. Ein Kilo koste nur zwischen 180 und 300 indischen Rupien, das sind in etwa 2,50 bis 4,30 Euro. Spätestens jetzt werden wir ein bisschen misstrauisch. Wieso Holz in Indien bzw. in Varanasi um ein vielfaches teurer ist als in Österreich, fragen wir uns bis heute. Wir kaufen 2 Kilo, der kleine Inder segnet uns und verspricht, die Spende gleich weiterzuleiten, denn sonst wäre das schlecht für sein Karma.

Am Abend landen wir am Dashaswamedh Ghat. Hier findet jeden Abend bei Sonnenuntergang ein Gottesdienst statt, aarti oder puja nennt man diese Zeremonie. Fünf junge Religionsgelehrte, sogenannte Pandits, führen die aarti durch. Sie sind in safranfarbene Gewänder gekleidet, das Gelände ist von hellen Scheinwerfern ausgeleuchtet. Als Musik und Gesang beginnen, verstreuen die Pandits Blütenblätter und klatschen zur Musik. Das Publikum, in erster Linie Inder, stimmt mit ein. Die jungen Männer betreten ihre kleine Bühne und blasen in eine Muschel. Glockengeläut setzt ein und Räucherstäbchen werden geschwenkt. Butterlampen, Räuchergefäße und große, helle Feuerlampen kommen zum Einsatz, effektvoll abgestimmt auf die Musik und den Gesang. Magische Momente.
Verkäufer mit großen Körben sind unterwegs und machen gute Geschäfte mit Kerzen und Blüten. Als Abschluss des Gottesdienstes bringt man der Göttin Ganga ein Opfer. Die Kerze und einige Blüten werden auf einem Schiffchen platziert und auf den Fluss gesetzt. Das machen wir auch und schauen dem leuchtenden Schiffchen noch lange nach, wie es gemächlich stromabwärts treibt.

MITTEN DURCH INDIEN
Abenteuer Autofahren

Keine 400 Kilometer weiter stoßen wir auf die Hindu-Tempelanlage von Khajuraho aus dem 10. Jahrhundert. Sie ist aus Sandstein gebaut und reich verziert mit Ornamenten und Skulpturen. Wir sind absolut beeindruckt von den Bauwerken. Unglaublich, was die Künstler damals vollbracht haben. Nach dem Niedergang der Chandela Dynastie wurden die Tempel nicht mehr benutzt, der Dschungel überwucherte die Tempelbauten. Sie waren vergessen und blieben deswegen auch von Zerstörungen verschont. Erst im 19. Jahrhundert wurden sie von einem jungen britischen Offizier zufälligerweise wiederentdeckt. Die Darstellungen, die er auf den Tempelanlagen gesehen hat, waren für ihn schockierend, höchst unanständig, obszön und befremdlich. Seine einheimischen Träger dagegen waren hingerissen, so wird es zumindest überliefert. Die Reliefs zeigen Göttinnen, Himmelstänzerinnen und vor allem viele Pärchen beim freizügigen Liebesakt in allen nur erdenklichen Positionen.

Der britische Offizier sah Szenen von Oralsex, Gruppensex, Masturbation, gleichgeschlechtlichem Sex und Sodomie auf den Bauwerken. Ich kann mir sein Gesicht sehr gut vorstellen. Erst Jahre später wurden genaue Pläne und Zeichnungen von den Erotiktempeln angefertigt. Königin Victoria soll gar nicht begeistert gewesen sein. Das muss ein Schlag gewesen sein in dieser stockkonservativen Zeit! Damals wurde sogar in Erwägung gezogen, die Tempelanlage zu zerstören, doch glücklicherweise ist das nicht eingetreten.

Ursprünglich gab es in Khajuraho etwa 80 Tempelbauten, heute sind davon nur noch etwa 20 erhalten, die um das gleichnamige Dorf verstreut sind. Der Großteil ist den hinduistischen Hauptgöttern geweiht. Im 20. Jahrhundert wurden sie saniert und renoviert und können nun in einem gepflegten, parkähnlichen Gelände besichtigt werden. Warum es gerade hier bei den Tempelanlagen von Khajuraho so viele erotisch-sexuelle Darstellungen gibt, fragen sich nicht nur Wissenschaftler, sondern auch Touristen. Man findet sie nicht auf allen Tempeln und sie sind ausschließlich an den Außenwänden. Im Tempelinneren, also in der Welt der Götter, sind keine derartigen Szenen zu sehen. Dort entdeckt man nur einander zärtlich umarmende Liebespaare oder vollbusige, halb nackte Mädchen. Die größte Menschenansammlung finden wir beim Kandarya Mahadev-Tempel, dem größten und zugleich prachtvollsten. Es ist der Tempel mit den meisten Sexszenen. Englisch- und französischsprachige Reisegruppen bewundern die akrobatischen Posen, ein deutsches Pärchen steht mit großen Augen davor und zeigt mit dem Finger immer wieder auf neu entdeckte erotische Darstellungen. Eine Gruppe junger indischer Männer nähert sich lautstark. Andächtig bleiben sie vor den kunstvollen Reliefs stehen und studieren jedes noch so kleine Detail. Indischer Aufklärungsunterricht im Selbststudium.

Warum all diese Sexszenen? In unserem Reiseführer finden wir ein paar Thesen. Eine besagt, dass die Chandelas tantrische Kulte pflegten, bei dem Sex der zentrale Teil der Gottesverehrung war. Eine andere These ist, dass die Reliefs vom Kama Sutra inspiriert wurden und sozusagen ein Handbuch für die Liebe sind. Und eine weitere besagt, dass die Skulpturen schlicht und einfach die Götter unterhalten und besänftigen sollen.

Wie auch immer, die Tempelanlagen sind herrliche Kunstwerke, die dichte Anordnung der Skulpturen atemberaubend. Über 800 sollen es am Kandarya Mahadev-Tempel sein, jede einzigartig, sinnlich, harmonisch, wunderschön und lebendig wirkend. Große Liebe zum Detail hatten die Steinmetze vor über 1.000 Jahren bei der Schaffung der Erotiktempel von Khajuraho.

Im Inneren der Tempel trifft man kaum westliche Touristen, dafür aber umso mehr Inder. Obwohl es drinnen relativ finster ist, bemerke ich, dass mich ein Mann schon die längste Zeit anstarrt. „Guten Morgen. Kann ich Ihnen irgendwie weiterhelfen?", frage ich ihn. Zur Antwort bekomme ich „MPM!" Nanu? Was heißt denn das nun wieder? Das kann wahrscheinlich nur ein Einheimischer verstehen, wenn überhaupt. Mehr sagt er nicht, dreht sich um und geht. Lässt mich stehen und lachen.

Als wir den Tempelkomplex verlassen, werden wir sogleich von Souvenirhändlern, Kindern und Einheimischen umringt, die sich als Führer oder sonst was anbieten. Vorbei ist die Ruhe. Seit die Tempel in die Liste des UNESCO-Weltkulturerbes aufgenommen wurden, sind sie nach dem Taj Mahal in Agra die meist besuchte Sehenswürdigkeit in Indien. Der verschlafene Ort hat sogar einen eigenen Flughafen und eine gute touristische Infrastruktur.

Reist man auf dem Landweg an, dann braucht man gutes Sitzfleisch und viel Zeit, denn die Straßen hier sind in einem schlechten Zustand. Khajuraho liegt abseits der Hauptverkehrsadern. In 10 Tagen ist Weihnachten, da wollen wir bereits in Goa sein. Wir befragen die Landkarte, wie weit es denn bis in den kleinsten Bundesstaat Indiens ist. Etwa 2.200 Kilometer lautet die Antwort. Eine Distanz, die man in Mitteleuropa leicht in 2,5 Tagen bewältigen kann. Nicht so in Indien.

Zeitig am Morgen brechen wir auf, um uns zumindest ein paar Stunden den Wahnsinnsverkehr zu ersparen. Die Landstraße ist bzw. war einmal durchgehend asphaltiert. Nun ist sie mit Schlaglöchern übersät. Kein Problem, wenn kein Gegenverkehr kommt und man ausweichen kann. Angenehm kühl ist es in der Früh, langsam erwacht Indien zum Leben. Die ersten Lkw und Busse kommen uns entgegen, in den Dörfern werden die Geschäfte aufgesperrt, Kinder in Uniformen sind unterwegs zur Schule, Radfahrer, Rikscha- und Motorradfahrer werden mehr und natürlich wird fleißig die Hupe bedient. Dieses Geräusch hat mir fast schon gefehlt. In einem Dorf wird doch tatsächlich die Straße, oder besser gesagt, das, was von ihr übrig ist, von zwei Männern gekehrt. Besser wäre es, gleich die Straße zu erneuern. Aber der Versuch ehrt die Inder.

In der nächsten Stadt stockt der Verkehr bereits, an einer Kreuzung gibt es Stau und Chaos. Alles normal in Indien. Auf einmal hat keiner mehr Zeit, jeder fährt zur gleichen Zeit. Und irgendwie geht es dann doch für alle weiter. Peter stellt kurz eine Frage in den Raum: „Mein Gott, wo sind wir denn nun wieder gelandet?" In einer ganz gewöhnlichen, indischen Kleinstadt. Wir fahren geradeaus, wie die meisten Fahrzeuge. Den Stau nutzen wir, um unsere Einkäufe zu erledigen. Neben der Straße sind Verkaufsstände mit frischem Gemüse und Obst, August parkt am Straßenrand und ich schwirre aus. Schwer bepackt komme ich zurück. Um unseren Lkw hat sich schon eine neugierige Menschenmenge versammelt, lauter Männer. Ich bahne mir den Weg durch die Leute und beginne den Einkauf zu verstauen. Das ist für die Inder die Sensation schlechthin! Sie beobachten jeden Handgriff von mir, mustern mich aus ihren großen, dunklen Augen und bringen mir dabei gleich die Namen der Gemüsesorten auf Hindi bei. Nicht schlecht, wenn man Gratisunterricht bekommt, noch dazu von 60 Indern gleichzeitig.

Unser nächster Stopp ist in einer Schmiede. Ohrenbetäubender Lärm hat Peter dorthin gelockt. Zwei Hämmer werden von Männern bedient, die glühendes Eisen platt schmieden. Die Arbeitskleidung besteht aus einer löchrigen, dünnen, weißen Baumwollhose, einem Hemd und Lederschlüpfern. Handschuhe gibt es keine. Es ist so laut, dass wir das eigene Wort nicht verstehen. Gleich daneben sitzen zwei Frauen auf dem Boden vor einem Lehmofen, vermutlich die Gattinnen der Schmiede. Sie befeuern den Ofen mit Kohle und bringen die Eisenstücke zum Glühen. Eine der Frauen hat ihr Baby auf dem Schoß liegen. Unfassbar! Bei dieser Lärmbelastung und Rauchentwicklung! Hoffentlich bleiben die glühenden Kohlen ausschließlich im Ofen.

Wir nähern uns Bhopal, der Hauptstadt des Bundesstaates Madhya Pradesh, dem zweitgrößten Indiens. Auf einer Tankstelle am Stadtrand erkundige ich mich nach dem Dieselpreis. 67 Rupien soll er hier kosten! Das ist fast ein Euro und somit viel zu teuer. Also frage ich noch einmal und bekomme wieder dieselbe Antwort. Das muss wohl der Preis für einen Liter Benzin sein. Ich starte einen dritten Anlauf. Diesmal lautet die Antwort, dass Diesel gar nicht erhältlich sei.

An der vierten Tankstelle gibt es Diesel um 52 Rupien pro Liter und es werden sogar Kreditkarten akzeptiert. Ich versichere mich beim Tankwart, ob sie auch VISA akzeptieren und zeige ihm noch dazu meine Karte. Ja, ja, alles kein Problem. Super! Dann tanken wir doch gleich 300 Liter. Danach gehe ich ins Büro, um zu bezahlen, doch meine Karte funktioniert nicht. „Restricted card" steht auf der Anzeige. Unmöglich, denn meine Kreditkarte ist gültig, ich habe sie erst in Kathmandu benutzt und der Rahmen ist auch noch nicht überzogen. Ich probiere es mit Peters Karte, doch diese funktioniert ebenso wenig. Der Manager wird angerufen und er weiß, woran es liegt. Es ist ja ganz logisch, dass unsere Karten nicht funktionieren, denn hier werden nur indische VISA-Karten akzeptiert. Das gibt es auch nur in Indien!

Bargeld haben wir nicht genug dabei und auspumpen dauert zu lange. Der nächste Bankomat ist 15 Kilometer entfernt, leider in der Richtung, aus der wir gerade gekommen sind. Nachdem ich nicht mit dem Tankwart am Moped mitfahren will, folgen wir ihm in unserem Fahrzeug ins Zentrum von Bhopal. Jackpot! Es ist 18 Uhr, es dämmert bereits und der Verkehr wird immer schlimmer. Noch dazu finde ich meine Bankomatkarte nicht, muss also die von Peter benutzen, obwohl er nicht mehr allzu viel Geld am Konto hat. Beim vierten Automaten habe ich Glück, er funktioniert. Ich gehe im Finstern zurück zu unserem Lkw, der von Menschenmassen umgeben ist und übergebe dem Tankwart das Geld. Im Stockdunkeln fahren wir los und bemerken bald einen Reifenschaden. August fährt wie eine Lokomotive auf kaputten Schienen, sehr unrund. Die Lauffläche unseres schlechtesten Reifens, den wir jedoch schon vor 6 Jahren in Afrika montiert hatten, hat sich aufgelöst. Seine Lebensdauer bisher: 100.000 Kilometer. Jetzt bitte keinen Reifenschaden auf der Autobahn! Denn einen Pannenstreifen gibt es hier natürlich nicht und wir wollen auf keinen Fall eine Nacht an der Straße verbringen. Wir probieren mehrere Stichstraßen bis wir schließlich müde auf einer Weide parken. Schemenhaft sehen wir eine nahe Fabrik. Hoffentlich keine Chemiefabrik!

Im Dezember 1984 ereignete sich in Bhopal die größte Chemiekatastrophe aller Zeiten. Der Tank einer Pestizid-Fabrik explodierte und innerhalb weniger Stunden starben Tausende Menschen. Nach wenigen Tagen waren es 25.000 Tote und bis zu 500.000 erlitten schwerwiegende Gesundheitsschäden. Die Fabrik lag inmitten eines Elendsquartiers der Millionenstadt, mehr als eine halbe Million Menschen lebten in unmittelbarer Nachbarschaft. Das Unglück geschah, weil das Unternehmen aufgrund von Absatzschwierigkeiten in den 1980er-Jahren sparen musste. Doch Union Carbide tat dies am falschen Platz: Wartungsintervalle wurden nicht eingehalten, weniger Kontrollen durchgeführt und billige Ersatzteile eingebaut. Fahrlässigkeit, eine

Verkettung unglücklicher Umstände und unsachgemäße Reinigungsarbeiten waren die Gründe für den Unfall. Erst 15 Jahre nach der Katastrophe wurde das Unternehmen zur Zahlung von 470 Millionen Dollar verurteilt. Der Löwenanteil davon verschwand aber in Politik und Verwaltung, viele Opfer warten noch heute auf Entschädigungszahlungen. Zumindest wurden sieben Krankenhäuser gebaut, die die Betreuung der Versehrten übernahmen. Heute leben in den Slums um die verfallene Fabrik 100.000 Menschen. Der Boden ist noch immer verseucht, das Grundwasser nicht trinkbar. Pläne, die Menschen umzusiedeln, wurden nie realisiert. Jede vierte Geburt in Bhopal ist eine Totgeburt. Auch der Giftmüll lagert seit über 30 Jahren auf dem Gelände. Was damit geschehen soll, ist nach wie vor ungeklärt.

Autobahnen in Indien sind gebührenpflichtig. Mautstellen findet man alle 20 bis 80 Kilometer, die Höhe der Maut richtet sich nach Fahrzeugtyp. Man unterscheidet zwischen Pkw, Jeep oder Kleinbus, leichtem Nutzfahrzeug, Lkw mit zwei, drei oder vier Achsen und Bussen. Obwohl August wie ein Lkw aussieht, ist er keiner. Laut Papieren ist er ein caravan, private car oder auf Deutsch: Pkw Aufbauklasse Wohnmobil. Jedes Mal, wenn wir zu einer Mautstelle kommen, halte ich schon den Betrag für die Pkw-Maut bereit, die auf der Tafel ausgeschildert ist. Jedes Mal sieht mich der Kassier daraufhin mit großen Augen an und wackelt mit dem Kopf.
Der Inder möchte 249 Rupien, also den Tarif für einen Lkw. Ich halte ihm 49 Rupien hin und sage, dass wir kein Lkw sind. „Nein, nein", entgegnet der Inder, „249 Rupien!" Ich erkläre ihm, dass unser Fahrzeug ein Wohnmobil ist, ohne Beladung und mit nur zwei Sitzen. Der Kassier beharrt auf den 249 Rupien. Ich starte nochmals einen Versuch und sage ihm, dass wir nichts transportieren. Das Fahrzeug ist rein privat, es ist unser Haus.
Der Manager wird gerufen und alles geht von vorne los. Ich zeige unsere indische Versicherung für ein privates Fahrzeug, das Zolldokument für ein Wohnmobil und die letzte Quittung von der vorangegangenen Mautstelle, die auf ein Privatauto ausgestellt wurde.
Der Manager überlegt kurz und entgegnet, dass es sich vielleicht um ein privates Fahrzeug handle, aber um ein großes. In Indien sei das ein Lkw.

Nochmals betone ich, dass unser August ein privates Wohnmobil ist. Die Zulassung, das Kennzeichen und die Versicherung sind für einen Pkw. Der Manager weist darauf hin, dass August große Reifen hat, noch dazu sechs Stück. Interessant, denke ich mir und zeige ihm, dass ich, abgesehen von den Reservereifen, nur vier Reifen sehe. „Na, gut", meint der Inder „dann ist es eben ein leichtes Nutzfahrzeug." „Nein, das ist es nicht. Wir sind Touristen und unser Fahrzeug ist kein Nutzfahrzeug, es ist unser Haus!", lautet meine Antwort. Peter mischt sich ein und lässt den Manager in unseren Aufbau reinschauen. Das hilft, allerdings nicht bei jeder Mautstelle.

Wir entwickeln verschiedene Taktiken, am besten funktioniert folgende. Ich springe mit einem breiten Grinsen aus dem Fahrzeug und sage: „Namaste, Hallo! Wir sind Touristen aus Österreich und sind mit unserem privaten Wohnmobil nach Indien gekommen. Sind wir hier schon im Bundesstaat Madya Pradesh (oder Maharashtra oder Karnataka etc.)? Es ist wunderbar, hier zu sein. Wie heißen Sie, mein Lieber? Kommen Sie aus dieser Gegend?" Ich lege also das Benehmen eines Durchschnittsamerikaners an den Tag und das wirkt oft Wunder. Haben wir allerdings einen langen Fahrtag mit vielen Mautstationen, bin ich am Abend wie gerädert.

Die Autobahnen in Indien darf man sich nicht so vorstellen wie in Österreich oder Europa. Meist sind sie zweispurig und asphaltiert. Wir sind auf dem National Highway Nummer 3 Richtung Mumbai unterwegs. Plötzlich sehen wir eine Geschwindigkeitsbegrenzung von 20 km/h. Die Strecke ist zwar kurvig und leicht abschüssig, aber warum darf man hier nur so langsam fahren? Nach der nächsten Kurve wissen wir mehr, vor uns taucht eine weiß-schwarz schraffierte Fläche am Boden auf, gefolgt von zwei Bodenschwellen – zur Verkehrsberuhigung sozusagen. Und das auf der Autobahn! Speed breaker werden sie auf Englisch genannt, passender wäre spring breaker (Federblattbrecher). Wenn man sie übersieht, sind sicher einige Federblätter gebrochen. Es gibt auch Versionen mit vier betonierten Bodenschwellen hintereinander, selbst wenn man im Schritttempo darüber fährt, wird man ordentlich durchgeschüttelt.

Oft fehlt die Absperrung zur Fahrbahn in die Gegenrichtung, die meist aus einem bepflanzten Bankett besteht. Oder ist es Absicht? Praktisch für so manche Fahrzeuge ist es auf alle Fälle, denn man erspart sich einen kilometerlangen Umweg. Dass man dafür kurz zum Geisterfahrer wird, scheint hier niemanden zu stören.

Manchmal gibt es sogar einen Pannenstreifen. Wir nutzen ihn, um Essensnachschub und Wasser aus dem Aufbau zu holen. Verkehr herrscht gerade nicht sehr viel, aber von Weitem hören wir Musik, die langsam lauter wird. Sie kommt in schlechter Qualität von Außenlautsprechern, die an einem Mähdrescher angebracht sind. Auf dem „hurricane harvester" sitzen fröhlich lachend sechs Männer und brausen winkend und hupend an uns vorbei. In einem Tempo, das man von einem Mähdrescher nicht erwarten würde. Vielleicht liegt das daran, dass er auf der Autobahn unterwegs ist.

In erster Linie sind aber Autotransporter unterwegs, die meisten aus dem Bundesstaat Haryana. Und alle sind sie von der Firma TATA, dem größten Automobilhersteller Indiens. Die etwas älteren Modelle gefallen mir am besten. Durch die geteilte Windschutzscheibe und die aufwendige Beklebung, Bemalung und bunte Dekoration wirken sie besonders freundlich. Sie sind der ganze Stolz der Chauffeure, ähnlich wie in Pakistan, wenn auch nicht ganz so reich verziert. Geladen wird so viel, wie nur möglich ist. Höchstes zulässiges Gesamtgewicht – was ist das? Manchmal übertreiben es die Inder aber wirklich ein bisschen. Die Fahrbahn vor uns ist gesperrt, weil sie von zwei Lkw blockiert wird. Einer davon ist leider umgekippt und liegt auf der Überholspur. Grund für den Unfall war ein aus Planen zusammengenähter, riesiger Sack auf dem Aufbau des TATA-Lkw, der randvoll mit Spreu gefüllt ist. Dadurch wird das Fahrzeug nicht nur breiter, sondern auch höher. Ein kleines Schlagloch genügte, um den Lkw zum Umkippen zu bringen. Nun liegt er da und sieht aus, also ob er schlafen würde. Der Spreusack dient ihm dabei als Kopfpolster.

In Mandu machen wir 2 Tage Pause. Die ist auch notwendig, denn Autofahren ist ganz schön anstrengend in Indien. Die mittelalterliche Geisterstadt liegt vor dem zerklüfteten Vindhya-Gebirge auf fast 700 Meter Seehöhe. Mandu ist ziemlich abgelegen und daher angenehm ruhig. Die Festungsanla-

ge ist riesig, die Bauten liegen weit verstreut und befinden sich in allen erdenklichen Zuständen. Mystisch ist es hier und wunderschön! Wir bewundern verfallene, elegante, islamische Paläste, Moscheen und Mausoleen,
Wasserbecken, Zisternen und Teiche. Obwohl der Himmel etwas trüb ist,
ist die Aussicht auf die Schluchten, die weiten Ebenen und die kleinen Dörfer traumhaft. Besonders der Sonnenuntergang über dem Narmada-Tal ist
atemberaubend. August parkt beim Nil Kanth-Palast und das stört hier
niemanden. Abends hören wir die Stimmen aus dem nahegelegenen Dorf,
grüne Papageien fliegen von Baum zu Baum, darunter auch Affenbrotbäu-
me, und die ersten Fledermäuse sind aktiv geworden.

Die Ruhe ist am nächsten Tag dahin. Es ist Wochenende und viele Inder
machen einen Tagesausflug nach Mandu. Ein Bus folgt dem anderen, jeder
ist besetzt bis auf den letzten Platz. Laut und aufgeregt sind die Menschen.
Die Kinder aus dem Dorf kommen angerannt und strecken ihre kleinen,
schmutzigen Hände nach oben, in Richtung der offenen Busfenster und hoffen, dass etwas für sie abfällt. Sie haben Glück, original verpackte Kleidung
wird ihnen gereicht, eine richtig fette Beute. Die Häuser in den Dörfern
sind sehr einfach, um nicht zu sagen primitiv. Mit Lehm verputzt, die Dächer
mit Ziegeln, Wellblech oder irgendeinem anderen Material gedeckt – was
auch immer die Menschen zur Hand haben. Sehr oft auch Plastik, das hier
überall herumliegt. Dafür entdecken wir an manchen Hütten sogar eine
Satellitenschüssel. Unterhalten können wir uns mit den Kindern nur durch
Körpersprache, wir sprechen kein Hindi und sie kein Englisch. Ziemlich
verwahrlost sehen sie aus, struppige, verstaubte Haare, die nackten Füße
und Beine zerkratzt und verdreckt, die wenige Kleidung verschlissen und
schon etliche Male geflickt. Ihre Haut ist übersät mit Pusteln und Pickeln.
Aber dennoch können wir sie zum Lachen bringen und ihre Augen leuchten
als wir ihnen Kekse schenken.

Peters Augen hingegen beginnen zu leuchten, als wir uns der Stadt Nashik
im Bundesstaat Maharashtra nähern. 14 Kilometer westlich davon liegt das
Weingut Sula und Peter, als Sohn eines Winzers, interessiert sich bren-
nend dafür. Inmitten dieser indischen Weinregion könnte man fast glauben,

in Kalifornien zu sein. Auf bestem Asphalt und vorbei an gepflegten und bewässerten Weingärten gelangen wir zum größten Weingut des Landes. Rosen und Drillingsblumen (Bougainvilleen) in kräftigen Farben säumen die Gärten. Wir melden uns für eine Führung an, haben das Glück, den jungen, kompetenten Inder Biraj für uns alleine zu haben. Die Weinpresse italienischen Fabrikats steht unter einem Vordach und ist in einem Top-Zustand. Weiter geht es in das Tanklager. Die riesigen Behälter aus Niro stehen ordentlich in Reih und Glied, haben allerdings einige Beulen und Kratzer. Die Verarbeitung ist nicht erste Qualität, meint Peter, man könnte sagen, sie haben einen indischen Touch. Im nächsten Raum lagern importierte Eichenfässer aus Frankreich, um den Rotweinen einen herrlichen Barriquegeschmack zu verleihen. Eine halbe Stunde dauert die Führung, die im Verkostungsraum endet.

Biraj erzählt uns nicht nur von der Weinerzeugung, sondern auch von der Geschichte des Unternehmens. Gegründet wurde Sula Vineyards 1996 von Rajeev Samant, der in Kalifornien studiert hat und 1993 zurück nach Indien gekommen ist. Sein Vater stammt aus Nashik, hatte dort ein wenig Ackerland, das Rajeev bewirtschaften wollte. Zuerst produzierte er Mangos in ökologischer Bauweise, doch leider wollte keiner den Mehrpreis bezahlen und so kam er auf die Idee, Weinbau zu betreiben. Im Jahr 2000 kamen seine ersten Weinflaschen auf den Markt. Seitdem hat das Gut eine rasante Entwicklung durchgemacht. Aus den anfänglichen 12 Hektar wurden mit der Zeit 600 Hektar Rebfläche, vorwiegend mit den Sorten Cabernet Sauvignon, Merlot, Shiraz, Zinfandel, Chenin Blanc und Sauvignon Blanc bestockt.

Biraj schenkt uns den nächsten Wein ein, ein herrlicher Weißwein. Mmmh! Wie lange haben wir schon kein so gutes Tröpfchen getrunken? Während der sechs verschiedenen Kostproben lauschen wir den Ausführungen des jungen Mannes. Das Klima hier ist heiß, die Reben müssen also bewässert werden, noch dazu gibt es keinen Winter. Die Reben tragen daher zweimal im Jahr Trauben.

Indien ist kein traditionelles Weinland, der Pro-Kopf-Verbrauch liegt bei gerade einmal einem Teelöffel. Das liegt zum einen am Preisniveau. Eine

Flasche Wein kostet zwischen 400 und 700 Rupien, das sind umgerechnet 7 bis 12 Euro, also für die meisten Inder unbezahlbar. Importweine sind noch teurer, die Einfuhrzölle betragen 160 % und jedes indische Bundesland verlangt zusätzlich Weinsteuer für ausländische Ware. Dadurch ist Importwein mindestens doppelt so teuer als indischer. Das Interesse an indischen Weinen steigt, das sehen wir auch bei den Besuchern hier, die genüsslich auf der Terrasse mit Blick auf die Weingärten und den Gangapur-Teich Wein trinken. Die indische Oberklasse ist hier vertreten, angereist mit Luxusbussen der Marke Mercedes mit der Aufschrift „Travelling with a star", schick gekleidet und top gestylt. Bemerkenswert ist auch die Nachfrage im Ausland, wohin inzwischen mehr als 15 % der Gesamtproduktion verkauft werden.

Biraj verabschiedet sich von uns und wir nehmen auf der Terrasse Platz. Wir sind in Weinlaune, helfen, dass der Pro-Kopf-Verbrauch in Indien steigt. Eine Flasche Sauvignon Blanc landet auf unserem Tisch, der Wein steigt uns langsam zu Kopf. Nachdem man ja nach ein paar Gläsern Wein nicht mehr fahren soll, bleiben wir eben hier. Nach einem kurzen Spaziergang im Garten, der einem Amphitheater gleicht und wo Rosen und Frangipanibäume blühen, landen wir erneut zwischen betuchten Indern auf der Panoramaterrasse. Unsere Weinverkostung geht weiter. Diesmal probieren wir einen Chenin Blanc, auch nicht schlecht! Wir erfahren, dass man hier auch nächtigen kann, z. B. in einer Luxusvilla um etwa 300 Euro die Nacht. Gut, dass wir kein Zimmer brauchen. Mittlerweile ist es dunkel geworden, nur unsere Backen glühen. Nachdem Weihnachten vor der Tür steht, wollen wir uns etwas gönnen. Im angegliederten Shop kaufen wir sechs Flaschen Wein und torkeln damit zu unserem Fahrzeug. Gute Nacht Indien!

Am nächsten Tag machen wir uns auf den Weg Richtung Süden. Pune, die neuntgrößte Stadt Indiens, ist das nächste Ziel. Nur irgendwie finden wir die Straße nicht, die dort hinführt. Ob das etwas mit Sula Vineyards zu tun haben kann? Wir fragen also nach dem Weg.

„Geht es hier nach Pune?", frage ich einen Mann, der mich nur verwundert ansieht.

„Pune. Wo ist Pune?", frage ich weiter. Schweigen.

„Puna?", probiere ich als nächstes. Große Augen blicken mich an.

Ich versuche es mit „Punée?", bekomme aber wieder keine Antwort.

„PunePune?", platzt es aus mir heraus. Und siehe da, der Mann kann sprechen: „Ah, Pune!"

Ja, genau. Das sage ich doch die ganze Zeit.

Der Inder zeigt nach rechts und sagt: „This way, Sir!".

Ich bedanke mich herzlich, worauf der Mann kräftig mit dem Kopf wackelt.

Was lernen wir daraus? Am besten den Ortsnamen immer zweimal hintereinander aussprechen.

Ein langer Fahrtag liegt hinter uns und wir versuchen schon seit geraumer Zeit einen Nächtigungsplatz ausfindig zu machen, doch es ist wie verhext. Heute wollen wir sicher nicht bei Dunkelheit fahren. Wir biegen in eine kleine Nebenstraße ein, sie wirkt nicht sehr vielversprechend, nirgends ist Platz für unseren Lkw. Außer auf einem abgeernteten Zuckerrohrfeld. Es wird noch gearbeitet, ein Traktor und ein Trupp von Männern sind dabei, die restlichen Zuckerrohrstangen einzusammeln. Ich gehe zu ihnen und frage, ob wir hier eine Nacht verbringen dürfen. Der Besitzer des Feldes ist nicht dabei und die anderen Männer dürfen keine Entscheidung treffen. Sie senden gleich einen Boten ins Dorf und kurz darauf lernen wir nicht nur den Besitzer des Ackers kennen, sondern gleich das halbe Dorf. Wir dürfen bleiben, unter der Voraussetzung, kein Feuer zu entfachen. Das lässt sich machen. Während Peter sich mit dem Grundbesitzer unterhält, beginne ich im Freien mit den Vorbereitungsarbeiten für das Abendessen. Ich setze mich gemütlich auf einen Sessel und beginne Karotten, Zwiebeln und Erdäpfel zu schälen und dann zu schneiden. Mindestens zehn Augenpaare folgen meinen Bewegungen. Ich pulle Erbsen aus, gebe alle Zutaten in den Topf, füge Gewürze, Salz, Öl und Wasser hinzu und schließe den Deckel. Die Vorstellung ist beendet, denn kochen muss ich drinnen. Die Menschen sind wirklich zuvorkommend, bevor sie nach Hause gehen, fragen sie, ob wir noch etwas brauchen.

GOA
Urlaub von Indien

Rechtzeitig vor Weihnachten kommen wir in Goa an. Nach 10-stündiger Fahrt auf indischen Straßen finden wir einfach keinen geeigneten Schlafplatz. Also fahren wir weiter und weiter und noch ein Stück weiter – bis zur Abzweigung nach Agonda, unserem Urlaubsziel. Die Straße ist schmal, die Äste der Cashewnussbäume tief und es dämmert bereits. Angestrengt halten wir Ausschau nach möglichen Hindernissen, ein paar kleinere Äste inklusive riesiger, roter Ameisen müssen dran glauben. Und in Agonda ein Stromkabel. Peng! Licht und Musik im Dorf fallen schlagartig aus. August rollt langsam weiter, wir werden die Sache am nächsten Tag regeln. Kurz darauf erreichen wir das Südende der Bucht. Schemenhaft können wir Palmen und das Meer erkennen und davor parkt Amigo, der Lkw von Verena und Wolfi!

Wir haben uns nicht nur auf Meer und Strand gefreut, sondern auch auf unsere Freunde, neben denen wir uns nun einparken. Erledigt steigen wir aus unserem Fahrzeug und bekommen sogleich zwei kalte Biere in die Hand gedrückt. Es gibt so viel zu erzählen, aber zuvor möchte ich unbedingt noch ins Meer. Es ist fantastisch! Abgekühlt und erfrischt verlassen wir das Wasser und sind nun bereit für den gemütlichen Teil.

Insgesamt sind neun Overlander hier, die wir am nächsten Tag kennenlernen. Ein junges Pärchen aus Deutschland mit einem Mercedes Bus 613, eines aus der Schweiz, unterwegs mit einem Toyota Landcruiser, ein etwas durchgeknallter Franzose mit einem 1120 Mercedes Lkw, ein Motorradfahrer aus Polen, eine schwedische Familie mit zwei Kindern im Landrover Defender, ein junges niederländisches Paar mit einem Nissan Petrol und noch zwei Niederländer, Ellen und Wim. Sie sind unsere unmittelbaren Nachbarn und wir verstehen uns prächtig mit ihnen. Gleich am ersten Tag erzählt uns Wim, der in Holland einen Motorradhandel betrieb und selbst aussieht wie einer von den Hell's Angels, dass sein Wohnmobil der Marke Iveco ein ehemaliges belgisches Polizeiauto ist, das er selbst umgebaut hat. Schmunzelnd fügt er hinzu: „Früher musste ich immer hinten sitzen, heute nehme ich hinter dem Lenkrad Platz." Verena und Wolfi erzählen uns, dass heuer viel weniger Overlander hier sind als letztes Jahr. Die beiden sind schon zum dritten Mal in Agonda. Immer weniger trauen sich am Landweg nach Indien. Pakistan ist nicht so ungefährlich, wenn man mit dem eigenen Fahrzeug unterwegs ist. Hinzu kommt, dass das Visum nicht so leicht erhältlich ist und eine Überlandreise im Vergleich zur Hippie-Zeit in den 1960er- und 1970er-Jahren teuer geworden ist. Man braucht für jedes Fahrzeug ein Zolldokument, für das man entweder Bargeld beim Automobilklub hinterlegen muss oder eine Bankgarantie benötigt. Dafür muss man mit mindestens 5.000 Euro rechnen, hinzukommen die Anschaffungskosten für das Gefährt und für die Reise braucht man natürlich auch noch Geld. Möchte man das Fahrzeug verschiffen, dann steigen die Kosten in astronomische Höhen.

Wie einfach und billig war das noch in den 1960er-Jahren! Viele reisten damals per Anhalter oder mittels günstiger, privater Busverbindungen. Vereinzelt machten sich aber auch Leute mit dem Auto, Motorrad oder Wohnmobil auf den Weg nach Indien. Der VW-Bus T1, auch Bulli genannt, wurde zum klassischen Hippie-Bus. Ende der 1960er-Jahre brachen Tausende junge Globetrotter nach Asien auf. Die Blumenkinder suchten spirituelle Erleuchtung, die Erweiterung ihres Bewusstseins und das ursprüngliche Leben, sie wollten dem Spießbürgertum entkommen und frei sein. Und auch high sein, sozusagen Ferien machen im Anbaugebiet.

Reiseführer gab es damals noch nicht, also wurden die Tipps mündlich weitergegeben und die Routen verliefen sehr ähnlich. Von Europa über Istanbul nach Teheran, weiter nach Kabul in Afghanistan und Peshawar und Lahore in Pakistan bis nach Goa in Indien und weiter nach Kathmandu oder Bangkok. Bis 1979 tummelten sich viele auf dem Hippie-Trail, dann war es schlagartig vorbei. Die Russen marschierten in Afghanistan ein, und im selben Jahr stürzten die Ayatollahs den Schah von Persien. Aus der Traum, die alte Seidenstraße war nicht mehr passierbar. Die Ausweichroute verläuft seit den 1990er-Jahren über Iran und Pakistan nach Indien, Afghanistan wird so im Süden umgangen. Aber 100%ig sicher ist diese Strecke auch nicht.

Man kann aber auch nach Indien einfliegen, sich eine billige Unterkunft und ein Motorrad mieten. So wie Markus aus Deutschland, ein Freund von Verena und Wolfi. Er besucht sie jeden Winter, egal wo sie gerade sind. Mittlerweile ist er auch ein Freund von uns geworden. Er kommt gerade rechtzeitig zum Weihnachtsfest und Goa ist der perfekte Ort, um dieses zu feiern. Seit wir angekommen sind, haben wir schon viele Vorboten entdeckt: Aufgeputzte Christbäume vor den Häusern, Krippen vor der Kirche, Weihnachtsmänner in manchen Vorgärten, an jeder Ecke bunte Girlanden und leuchtende Sterne zur Dekoration. Das machen die Einheimischen aber nicht nur für die Touristen, sondern in erster Linie für sich selbst. Denn über ein Viertel der Einwohner Goas sind Katholiken, eine Folge der Kolonialzeit. 451 Jahre lang, bis 1961, herrschten hier die Portugiesen und das hat Spuren hinterlassen. Angefangen von der Religion bis hin zur Architektur, der Sprache und dem Essen.

Die Overlander-Gemeinschaft beschließt, am Weihnachtsabend am Strand zu grillen. Jeder schleppt seinen Tisch und die Sessel hinunter und es entsteht eine lange Tafel. Wir missbrauchen ein Fischerboot, um das Salatbuffet dort aufzubauen. Wolfi kümmert sich um den Grill, darauf landen Unmengen von Meeresfrüchten, Fisch und Fleisch. Ein herrliches Fest mit köstlichem Essen. Zur Verdauung machen wir einen Spaziergang ins Dorf Agonda und landen in der Kirche, die bis auf den letzten Platz besetzt ist. Sogar die 20 Sesselreihen vor der Kirche sind belegt. Donnerwetter, die Einheimischen haben sich wirklich herausgeputzt! Die Frauen tragen glitzernde Ballkleider und hohe Stöckelschuhe, die Männer Anzug und Krawatte. Wir kommen uns fast fehl am Platz vor, obwohl wir uns auch hübsch gemacht haben.

Sogar Engel sehen wir an diesem Abend in der Kirche. Es wird gerade die Geburt des Jesuskindes nachgespielt. Eine Gruppe junger Mädchen in strahlend weißen Kleidern schreitet andächtig nach vorne zum Altar. Eines hat weiße Flügel am Rücken montiert, sie darf das Jesuskind tragen – eine weiße Puppe mit knallroten Haaren. Die eigentliche Messe soll erst um Mitternacht beginnen und 2 Stunden dauern, aber das werden wir nicht mehr miterleben. Vor der Kirche ist eine Krippe aufgebaut, sehr aufwendig mit viel Liebe zum Detail gestaltet. Und sie sieht ein bisschen anders aus wie zu Hause. Maria, Josef und das Jesuskind sind in einem Strohzelt untergebracht, davor liegen eine Kuh und ein Schaf. Soweit, so gut. Der Weg zum Zelt ist aus Sand gebaut und mit Steinen eingefasst, dahinter erheben sich kleine Hügel, auf denen Löwen sitzen. Im Arrangement entdecken wir die Heiligen Drei Könige und im Gras versteckt auch einen Elefanten, ein Zebra und eine Giraffe. Warum nicht?

Zum Jahreswechsel haben wir ein ähnliches Programm wie zu Weihnachten. Mit den anderen Reisenden essen und trinken wir am Strand und Markus zaubert zur Nachspeise noch eine flambierte Ananas. Wir beobachten das Feuerwerk im Dorf und tanzen, begleitet vom Donauwalzer, bloßfüßig ins neue Jahr. Wir blicken auf ein ereignisreiches Jahr zurück, ein Jahr unterwegs. Und uns wird wieder einmal bewusst, wie schön das Leben ist, wie frei wir sind, wenn wir unterwegs sind. Wie wenig wir zum Leben brauchen, und wie wenig, um glücklich zu sein.
Wir führen hier in Goa ein Luxusleben, wir machen Urlaub. So wie viele andere auch. Gerade in den Weihnachtsferien ist hier einiges los. Die meisten Touristen kommen für 2 Wochen, wollen Sonne tanken, im Meer planschen, gut essen und shoppen. Alles ist einfach, alles ist erhältlich. Goa ist nicht Indien. Eine Zeit lang genießen wir das sehr, auch den Kontakt zu anderen Reisenden. Will man seine Ruhe, so zieht man sich in das eigene Fahrzeug zurück, geht schwimmen oder spazieren oder setzt sich einfach an den Strand. Wir haben eine lange Liste an Reparaturen und Arbeiten, von der wir fast noch nichts erledigt haben. Was machen wir eigentlich die ganze Zeit? Ganz einfach: Leben. Noch dazu sehr gut.

Hier ein Beispiel von einem Tagesablauf in Agonda:
Schon vor 8 Uhr kommt der Bäcker Matthew, ein älterer, dicker, tollpatschiger, aber liebenswerter Mann aus dem Dorf. Er bringt frisches Brot, noch warme Apfel- und Gemüsetaschen und duftenden Kokosnusskuchen. Er besucht uns jeden zweiten Tag, wir sind gute Abnehmer für den Inder. Matthew hat 20 Jahre als Bäcker in Dubai gearbeitet hat, durfte nur je-

des zweite Jahr auf Heimaturlaub und ist nun in wohlverdienter Pension. Was er nicht bei uns verkauft, landet bei Fatima, einem kleinen Restaurant, das bei Langzeitreisenden sehr beliebt ist. Wenn Matthew nicht zu uns kommt, radle ich am zeitigen Morgen oft dorthin, um die leckeren Fladenbrote zu besorgen. Herrlich kühl ist es um diese Tageszeit noch. Bis wir mit dem Frühstück beginnen, scheint bereits die Sonne auf unseren Stellplatz. Danach müssen wir uns entscheiden: Entweder einen langen Strandspaziergang unternehmen oder doch mit dem Rad ins 11 Kilometer entfernte Chaudi auf den Fischmarkt fahren. Die Strecke verläuft durch wunderschöne Wälder und kleine Dörfer, vorbei an abgeernteten Reisfeldern. Man muss vor 9 Uhr am Markt sein, dann hat man noch eine gute Auswahl. Garnelen, Tintenfische, Muscheln, Sardinen und Krabben gibt es immer. Meistens auch Thunfisch und Königsmakrelen, seltener Red Snapper und Seebrassen. Hinter den Ständen mit den Fischen liegt ein kleiner Gemüse- und Obstmarkt, auf der anderen Seite des Marktes gibt es nicht nur Hühner- und Ziegenfleisch, sondern auch Rind. In Goa dürfen Kühe geschlachtet werden, wahrscheinlich ein Erbe der Portugiesen. Vielen Dank nochmal! Ein Kilogramm Rinderfilet kostet in etwa 4 Euro. Am besten kommt man samstags nach Chaudi, wenn der große Gemüsemarkt stattfindet. Dann bekommt man jede Art von Obst und Gemüse, und sogar frische Kräuter, wie Petersilie, Schnittlauch, Basilikum und Rosmarin.

Man radelt eine halbe Stunde schwer beladen zurück nach Agonda, putzt die Fische, verstaut das Grünzeug und schmeißt sich dann in den warmen Indischen Ozean. Bis 11 Uhr ist das Wasser meistens ruhig, danach kommt ein relativ starker Wind auf.

Lautes Hupen kündigt den Getränkehändler an, der regelmäßig mit seinem Pick-up vorfährt. Die Overlander-Gemeinschaft ist ein guter Kunde, braucht ständig Getränke. Bier, Wein, Portwein, Rum, Gin, Tonic und Wasser hat er im Angebot. Zu Mittag gibt es nur leichte Kost, entweder Salat oder Joghurt mit Früchten. Danach heißt es rasten, lesen, tratschen, schwimmen, später vielleicht Beachvolleyball spielen, laufen oder mit einem vollen Rucksack zum Sunset Point marschieren. Dort oben kann man mit einem Gin Tonic auf den Tag anstoßen und den Sonnenuntergang genießen, und manchmal zeigen sich sogar Delfine. Ab und zu machen wir dort aber auch Yoga oder Gymnastik. Dann gehen wir ein letztes Mal schwimmen, bevor wir kochen oder grillen und anschließend chillen. Am besten unten am Strand mit der Shisha von Verena und Wolfi. Und schon ist wieder ein Tag vorüber.

In der nächsten Bucht Richtung Süden liegt Palolem, der perfekte Urlaubsort für viele Touristen. Ein feiner Sandstrand mit bunten Sonnenschirmen und Liegen, dahinter ein Palmenhain, in dem sich ein Resort an das andere reiht. Es gibt Souvenirläden, Restaurants, Ausflugsboote, Live-Musik und WLAN. Jeden Tag Sonnenschein und sommerliche Temperaturen – was will man mehr? Hier befindet sich auch das Art Resort von den Neulengbachern Valerie und Horst Springer. Bereits vor einem halben Jahr hat uns Horst kontaktiert. Er wusste, dass wir auch in Indien sind und hat nachgefragt, ob Peter nicht für ihn im Art Resort arbeiten möchte. Wir haben das Angebot dankend abgelehnt, sind aber nun neugierig auf die Anlage. 15 Strandhütten bzw. Cottages umfasst das gepflegte Art Resort am Südende von Palolem. Der Standard ist hoch, jedes Gebäude verfügt über ein modernes Badezimmer mit Warmwasser, eine Klimaanlage und eine eigene Veranda. Es gibt ein Restaurant, eine Bar und eine Kunstgalerie – daher der Name Art Resort. Regelmäßig finden hier Workshops, Vernissagen und Dauerausstellungen indischer Künstler statt.

Voller Stolz zeigt uns Horst sein Resort, schlendert mit uns über feinsten, weißen Sand durch den schattigen Garten an den liebevoll gestalteten, bunten Cottages vorbei und lädt uns auf ein Getränk ein. Er erzählt, dass die Saison von Anfang November bis Mitte Mai dauert. Die Auslastung ist gut, seine Gäste sind vorwiegend Europäer, ab April jedoch kommen betuchte Inder. Was er uns dann erzählt, lässt uns alle staunen: Alle Hütten müssen jedes Jahr zum Ende der Saison abgebaut und im Herbst wieder aufgebaut werden. Warum? Weil im Mai der Monsun einsetzt und die Hütten dem vielen Regen nicht standhalten würden. Alles wird also fein säuberlich zerlegt, in Containern gelagert und im Oktober wieder zusammengebaut. Was für ein Aufwand! Nur gut, dass Arbeitskräfte in Indien billig sind.

Im Art Resort lernen wir auch einen ORF-Korrespondenten kennen. Er interessiert sich für unsere Reise, möchte eine kleine Reportage machen. Da ORF Niederösterreich und ORF Wien kein Budget mehr haben, machen Verena und Wolfi das Rennen. Das ORF Landesstudio Kärnten macht Geld locker und so erscheint im Frühjahr 2013 ein 3-minütiger Beitrag über unsere Freunde im Fernsehen.

Am nächsten Tag tauschen wir die Fahrräder gegen einen Roller und erkunden die Gegend, fahren durch Wälder im Landesinneren und zu traumhaften Buchten nördlich von Agonda. Als wir zurückkommen, stehen einige indische Reisebusse ganz in unsere Nähe, der Lärmpegel ist gewaltig. Party ist angesagt. Die Inder nutzen das Wochenende für einen Ausflug, haben viele Getränke, eine bombastische Musikanlage und Essen ohne Ende dabei. Sie vergnügen sich am Strand und im Meer. Singen, tanzen, lachen, essen, trinken und tratschen. Kurz, sie feiern. Das finden wir super, einzig der Müll, den sie bei ihrer Abfahrt zurücklassen, ist eine Katastrophe. Nachdem es hier kein öffentliches WC gibt, kann man sich vorstellen, wie der Strand und der dahinterliegende Wald nach so einem turbulenten Wochenende aussehen.

Interessanterweise bekommen wir am nächsten Tag Besuch von der Polizei. Die Beamten sind unfreundlich, sie beschuldigen uns Overlander, den gesamten Strand mit Müll und Exkrementen zu verschmutzen und wollen sogar einige von uns des Platzes verweisen. Das können sie aber leider nicht, denn das Land, auf dem wir parken, ist in Privatbesitz und ohne Weisung des Grundstückseigentümers ist die Exekutive machtlos. Vor Jahren wurde eine Hotelanlage gebaut, allerdings nicht am Strand, sondern in Hanglage, mit Blick aufs Meer. Fertiggestellt wurde sie allerdings nie, mittlerweile ist sie eine Ruine, die sich der Dschungel zurückerobert. Ein Glück für uns, denn somit ist der Strandabschnitt noch unverbaut, wahrscheinlich der einzige in ganz Goa. Wir bezahlen hier einen geringen Betrag für unseren Stellplatz, das Wasser holen wir mit einem Kübel aus dem Brunnen, unseren Müll verbrennen wir oder verfüttern ihn an die Hunde, Schweine oder Kühe, die uns am Strand besuchen. Bisher gab es noch nie Probleme. Eine Woche später erscheint in der Lokalzeitung ein Artikel samt Foto über unsere Gemeinschaft von Overlandern. Dabei kommen wir nicht gut weg. Die Anschuldigungen reichen von Verschmutzung des Strandabschnittes bis zu der Tatsache, dass wir keinen Nutzen für das Dorf haben, da wir weder eine Unterkunft brauchen, noch Einkäufe tätigen. Haltlose Beschuldigungen, die hoffentlich keine Konsequenzen für uns haben. Wer weiß, vielleicht ist es das letzte Mal, dass Overlander hierbleiben dürfen.

Schon wieder kommt Besuch! Diesmal von weiteren Reisenden. Angela und Uwe mit einem umgebauten Kastenwagen treffen ein, von Berlin bis Agonda waren sie ganze 19 Tage unterwegs! Für uns unvorstellbar! Die beiden sind dementsprechend erledigt und sehr glücklich, endlich angekommen zu sein. Glücklich sind auch Verena und Wolfi, denn die beiden Berliner haben ein Fresspaket für unsere Freunde mitgebracht. Die Familien der Kärntner haben Lebensmittel an Angela und Uwe geschickt, die so nett waren, diese nach Indien zu bringen. Freudestrahlend zeigt uns Wolfi Salami, Speck, Käse, Leberstreichwurst, Kürbiskernöl und Schokolade. Österreich lässt grüßen!

Endlich kann sich Peter aufraffen und mit den dringenden Reparaturen an unserem Lkw beginnen. Er montiert den linken Hinterreifen ab, um an die Bremse zu gelangen und was er dort entdeckt, gefällt ihm ganz und gar nicht. Die Bremstrommel ist zerstört, die Simmerringe kaputt und der Radbremszylinder verschlissen. Ich frage ihn, ob wir die Bremse unbedingt brauchen. Darauf antwortet Peter: „August fährt seit mehr als 2.000 Kilometern ohne Hinterradbremse. Was sagst du dazu?"

Er macht sich an die Arbeit, treibt Ersatzteile auf und repariert die Bremse. Anscheinend sind die Reparaturarbeiten ansteckend. Sowohl Wolfi, als auch Wim beginnen zu arbeiten. Wie gut, dass Peter Mechaniker, Schlosser und Schmied ist und unseren Nachbarn mit Rat und Tat zur Seite steht. Das spricht sich schnell herum. Lami, der durchgeknallte Franzose, steht plötzlich da und fragt, ob Peter bei seinem Lkw nicht das Getriebe ausbauen und die Simmerringe tauschen könnte. Fragen kann man ja.

Ich nutze die Zeit, um Wäsche zu waschen, für Näh- und Computerarbeiten und die allgemeine Reinigung unseres Lkw. Dazwischen kaufe ich ein, koche, hole Wasser, schlichte Getränke nach und tausche Infos mit den anderen Reisenden aus. Den ganzen Tag bin ich am Arbeiten und Werken.

Abends bin ich erledigt, Peter fragt, was los sei. „Mir wird der Haushalt zu viel!", lautet meine Antwort. Peter bricht in schallendes Gelächter aus. Dabei habe ich die Aussage zu diesem Zeitpunkt wirklich ernst gemeint. Die Gesichter unserer Freunde, die zu Hause berufstätig sind, zwei Kinder haben und vielleicht noch ein Haus bauen, kann ich mir an dieser Stelle sehr gut vorstellen. Peter amüsiert mein Statement dermaßen, dass er sofort einen Zettel nimmt und es notiert. Seither hängt diese Notiz in unserem Lastwagen und bringt uns immer wieder zum Lachen.

Wenn jemand behauptet, Zeit könne fliegen, so würden wir das sofort bestätigen. Diese 4 Wochen an dem herrlichen Strand mit dem Regenwald im Rücken und der Meeresbrise am Bauch kommen uns vor wie ein Augenzwinkern. Wir bezweifeln langsam, dass ein Tag wirklich 24 Stunden hat. Das Leben ist gut zu uns, es ist bunt, voller Süße und Müßiggang, dem wir uns gerne hingeben. Wir kosten das Leben in vollen Zügen aus, genießen jeden Tag und lernen viele liebe und interessante Menschen kennen.
Die Zeit des Abschieds ist gekommen. Ellen und Wim brechen nach einem fulminanten Fest als Erste auf. Abschiede sind immer schwer, tun manchmal weh. Besonders, wenn man jemanden ins Herz geschlossen hat. Ellen und Wim sind Freunde geworden, ob wir sie jemals wiedersehen werden? Die Verabschiedung ist herzlich, unsere gedämpfte Stimmung hellt Wim aber mit seinem einzigartigen Humor wieder auf. Angelika und Uwe verabschieden sich von den Niederländern mit den Worten: „War schön, euch kennengelernt zu haben." Worauf sich Wim schmunzelnd zu uns umdreht und meint: „Schon wieder eine Lüge."
Kaum sind die beiden weg, kommen schon die nächsten: Silvana, Werni und Michi rollen in ihrem blauen Renault Estafette heran. Der umgebaute Möbelwagen aus den 1970er-Jahren ist mit Abstand das lässigste Fahrzeug hier in Agonda. Die Schweizer Familie ist uns von Anfang an sympathisch. Gut so, denn sie werden unsere neuen Nachbarn, allerdings nur für einen Tag. Denn auch wir sind im Aufbruch. Eigentlich wollten wir an diesem Tag losfahren, aber wegen der Schweizer bleiben wir noch eine Nacht. Der 5-jährige Michi ist ein Energiebündel, er fischt gerne. Leider hat er

keine Angel, aber wir haben eine in Goa erstanden und die schenken wir ihm jetzt. Peter erklärt, dass die beste Zeit zum Angeln um 4 Uhr in der Früh ist, woraufhin Werni ihn mit einem bösen Blick straft. Michi ist ganz aufgeregt, ich glaube, er bekommt in der Nacht kein Auge zu. Als der Bub die Angel in Empfang nimmt, muss ich lachen, denn Michi ist kleiner als die Reifen von August.

Nur schwer können wir uns von diesem wunderbaren Platz trennen, aber Indien ist riesengroß und wir möchten noch mehr von diesem einzigartigen Subkontinent sehen. Wir beschließen, in den Norden von Goa zu fahren, nach Little Vagator, also wieder an die Küste. Verena und Wolfi sind vor ein paar Tagen abgereist und warten dort schon auf uns. Sie kennen sich aus und wissen, wo man am besten parken kann, da sie schon dreimal hier waren. Auf dem staubigen Parkplatz ist ganz schön was los. Viele indische Reisebusse und noch mehr Pkw. Es ist Wochenende und auch die Inder wollen Urlaub machen, viele nutzen den Tag, um endlich wieder einmal ans Meer zu fahren. Unsere Fahrzeuge erregen große Aufmerksamkeit, die Menschen kommen neugierig näher und fragen uns Löcher in den Bauch. Und wie könnte es anders sein – in die Lkw wollen sie auch schauen. Nachdem unsere Türe offen ist, ergreifen viele sofort die Gelegenheit. Zumindest bleiben die Inder auf der obersten Stufe stehen, als wir sie darum bitten, und werfen nur einen Blick ins Innere. Danach stellen sich ganze Busladungen vor unserem Wohnmobil für ein Foto auf. Sie haben richtig Spaß dabei. Eine Frau hat ein Baby auf dem Arm, allerdings ein weißes. Verdutzt schaue ich sie an. Die Inderin beginnt zu lachen und erklärt, dass das Kind zu einer deutschen Frau gehört, die hier wohnt. So lernen wir Amelie und Till mit ihren zwei Kindern kennen.

Die beiden sind 2009 mit einem Mercedes Rundhauber, genannt Froschlaster, nach Indien und Nepal aufgebrochen. Sie blieben länger in Goa, denn hier wurden sie zum ersten Mal Eltern. Mit dem kleinen Theo ging es zurück nach Deutschland, denn sie brauchten ein anderes Reisegefährt, ihr zweites Baby, Hugo, war unterwegs. Mit einem zum Wohnmobil ausgebauten Omnibus sind sie nun zurück in Goa. Ihr Bus fungiert auch als Begleitfahrzeug für Motorradfahrer, die auf dem Landweg nach Indien reisen.

Sie bleiben bis zum 1. April, dann geht es mit Motorradbegleitung auf dem Landweg zurück nach Deutschland.

Sowohl die Kärntner, als auch wir borgen uns einen Roller aus, um damit auf den Saturday Night Market nach Arpora zu fahren. Der Markt findet jeden Samstag in der Hauptsaison statt, es scheint, als ob sich halb Goa auf diesem Nachtmarkt trifft. Das Gelände ist groß und voller Verkaufsstände. Die Produktpalette umfasst nahezu alles, was man sich vorstellen kann, Schmuck, Designermode, kitschige Souvenirs, Möbel und natürlich Essen. Die ganze Welt ist hier versammelt, zumindest kulinarisch: Italienische Pizza, griechisches Gyros, österreichische Schweinshaxe, deutsche Brezen, japanisches Sushi, nepalesische Momos, indisches Curry, französische Crêpes etc. Interessant sind die Menschen, die wir hier sehen, auch hier ein bunter Mix: Pauschaltouristen, Langzeitreisende, hängen gebliebene Althippies, Geschäftsleute. Jedes Alter, jede Nation scheint hier vertreten zu sein. Es gibt zwei Open-Air-Diskos und Live-Musik auf der Bühne in der Mitte des Marktes – eine gewaltige Geräuschkulisse. Um Mitternacht haben wir genug gesehen, wie durch ein Wunder finden wir inmitten von Hunderten von anderen unsere Roller und fahren in der lauen Nacht zurück zu unseren Wohnmobilen. Immer noch rauscht es in unseren Ohren.

Jetzt verabschieden wir uns auch von Verena und Wolfi. Die Kärntner brechen am Morgen Richtung Norden auf. Die Zeit mit ihnen ist wie im Flug vergangen. Wann werden wir sie wiedersehen, und vor allem wo? Vielleicht in Thailand. Wir geben ihnen unser altes Zelt mit. Falls sie in den nächsten Jahren besuchen kommen, haben wir dann schon eine Unterkunft. Ich bin richtig traurig, als ich die beiden an mich drücke und Lebewohl sage. Ich kämpfe gegen Tränen an und schluchze, denn ich mag sie wirklich sehr gerne. So, und jetzt eine gute Fahrt nach Südostasien! Ein kleines bisschen neidisch bin ich schon auf die zwei, obwohl ich mit unserer eigenen Reise absolut zufrieden bin. In 4,5 Monaten werden wir wahrscheinlich schon zu Hause sein, schießt es mir durch den Kopf. Das Geld könnte knapp werden, aber irgendwie wird es sich schon ausgehen. Und plötzlich bin ich mit meinen Gedanken zu Hause, bei meinen Eltern. Ich nehme mir vor, sie morgen anzurufen. 14 Monate sind wir nun unterwegs. Kein Grund zum Feiern, oder doch? Alles kann ein Grund zum Feiern sein! Es ist schön, wieder alleine zu sein. Ich habe wieder mehr Zeit, um zu schreiben und mich um das Fotomaterial zu kümmern, zu planen und zu organisieren. Wir sind im Arbeitsmodus, denken weit voraus, planen die nächste Vortragssaison, schreiben Angebote für Sponsoren.

Der Platz hier ist schön, wenn auch nicht mit Agonda zu vergleichen. August parkt auf einer Wiese an der Abbruchkante, mit Blick aufs Meer und den Strand. Vor uns stehen hohe Kokosnusspalmen und der Wind lässt deren Blätter rascheln. Morgens kommen viele Vögel, Papageien, Bienenfresser, Krähen, Pfaue und einige, deren Namen ich nicht kenne. Und es ist angenehm ruhig, speziell vor 8 Uhr morgens. Ich treffe oder sehe nur wenige Menschen, wenn ich um diese Uhrzeit einen Spaziergang mache. Ein paar beleibte Inderinnen sitzen auf der Terrasse vor ihrem Haus und trinken Tee. Ihr Gewand erinnert mich an das Nachthemd meiner Großmutter. Zwei Frauen fegen vor ihren Häusern das Laub weg, die Geschäfte haben noch geschlossen, Hunde strecken sich genüsslich und gähnen dabei herzhaft. Wie beschaulich das Leben doch sein kann. Es nimmt seinen Lauf, gemächlich und langsam.

Goa ist wirklich ein spezieller Platz, deswegen leben auch viele Europäer hier: Das Klima ist herrlich, die Kosten niedrig, die Atmosphäre entspannt. Vielleicht gefällt es den Europäern hier auch so gut, weil die Portugiesen einst da waren und ihre Spuren hinterlassen haben. Etwa wunderschöne Villen mit ausladenden Terrassen, umgeben von riesigen Gärten mit Schatten spendenden Bäumen und üppiger Vegetation. Besonders im Morgenlicht, wenn die Sonnenstrahlen fast waagrecht einfallen und die ganze Pflanzenwelt zu dampfen beginnt, gefällt es mir am besten. Die Gebäude sind in allen möglichen Zuständen des Verfalls. Ich mag diesen morbiden Charakter, die verrosteten Eisentore, die überdachten Veranden, die sich die Vegetation zurückholt. Jedes dieser Häuser erzählt eine Geschichte.

Am Vormittag erwacht Vagator Beach zum Leben, es ist touristisch und laut, das Wasser schmutzig und die Gäste vorwiegend russisch. Werbetafeln und Speisekarten sind auf Kyrillisch geschrieben. Es herrscht reger Betrieb, der Strand ist voll mit Touristen, welch ein Unterschied zu Agonda! Irgendwie fühlen wir uns fehl am Platz. Wir gehen wieder hinauf zu unserem Lkw, essen gemütlich zu Abend, bewundern den traumhaften Sonnenuntergang und hoffen, dass wir heute Nacht keine Musik hören. Die letzten Nächte waren mühsam, bis in die Morgenstunden dröhnte lauter Bass. Da helfen nur Ohrenstöpsel oder Gegenangriff, also selber Musik aufzulegen. In spätestens 2 Tagen wollen wir endgültig vom Indischen Ozean Abschied nehmen. Zuvor erkunden wir jedoch die umliegenden Dörfer mit dem Roller und besuchen Morjim, Kerim, Arambol und Anjuna. In den letzten beiden treffen wir noch ein paar alte Hippies, die hier hängengeblieben sind. Von außen betrachtet, führen sie ein recht skurriles Leben.

HAMPI, ELLORA, AJANTA
Kultur, Kultur, Kultur

Wir sind bereit aufzubrechen und ins „richtige" Indien weiter zu fahren. Karnataka heißt der nächste Bundesstaat, ich mag den Namen. Die Landschaft entlang des NH 63, zwischen den Städten Hubli und Hospet, wird als landschaftlich schön beschrieben. Wir blicken aus dem Fenster. Es ist flach und von Ackerbau geprägt: Baumwolle, Hirse, Weizen, Zuckerrohr, Chilis, all das wächst prächtig auf wunderschöner, roter Erde. Peters Kommentar: „Naja, schaut aus wie im Tullnerfeld. Wenn man die Ebene und die Intensivkultur mag, ist es sicher schön."

Hampi stand fix auf meiner Route, als ich in Nepal im Indien-Reiseführer schmökerte. Eigentlich wollten wir die ehemalige Hindu-Hauptstadt noch vor Goa besuchen, aber der Wunsch nach Meer und Urlaub war größer. Während unseres Aufenthaltes in Goa habe ich Hampi schon von meiner Liste gestrichen, es sind immerhin 400 Kilometer bis dorthin und die Küste Maharashtras lockte uns auch. Doch wir haben unsere Pläne umgestoßen und das war gut. Hampi bzw. Vijaynagar, die Stadt des Sieges, war jeden Umweg wert.

Das Areal ist etwa 26 km² groß, wir parken August am Cricket-Platz beim Krishna-Tempel und schwirren mit den Fahrrädern aus. Es ist einfach umwerfend, wie groß, mächtig und pompös die Stadt einmal gewesen ist. Allein die Stallungen für die Elefanten geben darüber Aufschluss. Die Ställe sind eine lange Reihe von Gebäuden mit Kuppeldächern, die an einer Seite durch einen großen Bogen betreten werden können. Jedes Tier hatte einen eigenen Stall, denn die Dickhäuter hatten damals einen sehr hohen Stellenwert.

Egal, wohin wir radeln, überall sehen wir Überreste Vijayanagars, der 1565 untergegangenen Hauptstadt des mächtigsten hinduistischen Königreiches, welches sich einst über die ganze Südhälfte des Subkontinents erstreckte. Die Landschaft ist wunderschön, leicht hügelig und mit Granitbrocken übersät. Entlang des Thungabhadra-Flusses liegen kleine Ortschaften, Tempelruinen, Felder, Palmen- und Bananenhaine, eine Unzahl alter Paläste und noch mehr Tempel. Viele davon thronen auf einem Hügel, man kann sie nur erreichen, wenn man steile Felsstufen emporsteigt oder ein bisschen klettert. Der Ausblick von hier oben ist magisch, speziell wenn die Sonne hinter Palmen und Tempelruinen untergeht und der Himmel in einem kräftigen Orange leuchtet.

Mitten im Dorf Hampi steht der Virupakshar-Tempel, eine Anlaufstelle für indische Pilger. Schon das Eingangstor ist sehr imposant, gopura nennt man es auf Hindi. Es ist ein neunstufiger, nach oben schmaler werdender Turm mit fein gemeißelten Säulen und Wänden. Darauf sieht man Tempeltänzerinnen, Krieger, Elefanten und immer wieder Gott Shiva, dem der Tempel geweiht ist. Im Tempelareal gibt es nicht nur freche Makaken, sondern auch einen Elefanten. Die Affen werden von den Pilgern gefüttert, denn im Hinduismus sind diese Tiere heilig. Die Elefantendame heißt Lakhsmi und ist hervorragend dressiert. Die Pilger legen ihr eine Ein-Rupien-Münze in den Rüssel, worauf sie der Elefant segnet, indem er ihnen den Rüssel kurz auf den Kopf legt. Danach liefert das Tier die Münze brav beim Mahut, dem Elefantenführer, ab. Die grauen Dickhäuter sind meine Lieblingstiere, ich möchte mich natürlich auch von der Elefantenkuh segnen lassen. Nachdem ich Lakhsmi die Münze gegeben habe, passiert nichts. Ich schaue den Mahut an und bedeute ihm, dass ich noch nicht gesegnet wurde. „Ausländer 10 Rupien", lautet die knappe, aber unmissverständliche Antwort des Elefantenbetreuers. Incredible India, denke ich mir wieder einmal. Egal, ich will den Segen des Elefanten, möchte den Rüssel von Lakhsmi auf meinem Kopf spüren und bezahle gleich zweimal. Und ich bereue es nicht. Der Rüssel lastet kurz und schwer auf meinem Kopf und ich strahle über das ganze Gesicht.

Apropos Incredible India: In der Nähe des Tempels ist ein WC-Wagen mit jeweils fünf Kabinen für Frauen und Männer aufgestellt. Auf der linken Seite sind zwei Schilder montiert, auf dem oberen steht „Men's Toilet" und auf dem anderen „Incredible India". Wie passend, denke ich mir, als ich den Klo-Wagen genauer betrachte. Bereits die Stufen sind mit einzelnen Häufchen markiert. Wie es im Inneren des Wagens aussieht, möchte ich gar nicht beschreiben.

Vom Tempel führt eine breite, von zweistöckigen Pfeilerhallen gesäumte Straße ins Dorf. Die 500 Jahre alten Gebäude sind ziemlich desolat, doch das scheint den heutigen Bewohnern nichts auszumachen, sie haben zu Pinsel und Zement gegriffen und ihre Geschäfte in die Relikte gebaut. Der Andrang an Touristen ist groß, vor allem von Rucksacktouristen, und so sind Internet-Cafés, Gästehäuser, Reisebüros, Schmuck- und Kleiderstände, ayurvedische Massagestudios und kleine Läden entstanden, wo man vom Klopapier bis zum Nutella-Glas alles bekommt.

All das brauchen die indischen Pilger, die mit Bussen angereist sind, nicht. Denn sie haben alles selber mitgebracht: Feuerholz, Kochutensilien, Lebensmittel und Plastikplanen. Sie lagern neben den Bussen, backen Brot, kochen Tee und Currys, waschen Wäsche und rasieren sich zur Vorbereitung des Tempelbesuchs. Es ist unglaublich laut. Neugierig schaue ich in die Pfannen und Töpfe und werde gleich zum Essen eingeladen, was ich aber dankend ablehne. Die Inder haben keine Scheu, keine Hemmungen. Bereitwillig zeigen sie mir alles und nehmen mich in ihrer Mitte auf.

Immer noch parken wir beim Krishna-Tempel, unweit der Statue, die Gott Vishnu in seiner vierten Inkarnation, als Narasimha, darstellt. Halb Löwe, halb Mensch mit großen, zornigen Glubschaugen sitzt er im Schneidersitz – der einfachen Yogaposition – auf der heiligen Schlange, deren sieben Köpfe als Kapuze für ihn dienen. Fast 7 Meter hoch ist diese Statue, die im 16. Jahrhundert aus nur einem Granitblock gehauen wurde. Ein Meisterwerk der damaligen Baukunst.

Um 20:30 Uhr liegen wir schon im Bett, es war ein anstrengender Tag. Völlig zufrieden sind wir gerade am Einschlafen, als es klopft. Zwei Beamte stehen vor unserem Fenster und erklären in forschem Ton, dass wir hier nicht bleiben können, da wir neben einem heiligen Monument parken. Ja, ja, alles kein Problem, morgen fahren wir weiter, beruhigen wir die zwei. Doch sie lassen nicht locker, entdecken eine leere Bierdose hinten am August und beginnen zu schimpfen: „Das ist ein heiliges Monument! Und Sie trinken und rauchen hier!" Beruhigt euch mal, ihr zwei. Die Männer geben keine Ruhe, Peter muss raus und sie zeigen ihm den Platz, wo wir parken dürfen, nämlich 50 Meter weiter. Ok, das machen wir. Morgen.

Zum Sonnenaufgang bin ich schon mit der Kamera unterwegs. Die Inder sind gerade bei der Morgentoilette, sie waschen das Gesicht und putzen sich intensiv die Zähne. Trotzdem haben sie genug Zeit, mich zu fragen, woher ich komme. Vom Krishna-Tempel in Richtung des Königsbezirkes gibt es einen wunderschönen Torbogen, der sich über die Straße spannt. August passt nicht darunter durch, das haben wir gleich erkannt. Die indischen Buschauffeure können die Höhe entweder nicht richtig einschätzen oder es ist ihnen schlichtweg egal und sie vertrauen auf eine der vielen Gottheiten.

Bereits kurz nach 7 Uhr morgens herrscht reger Verkehr. Ein voll besetzter Bus aus dem Bundesstaat Karnataka mit hoher Beladung am Dach möchte nach Hampi Bazaar. Der Torbogen ist für ihn kein Hindernis. Die Straße führt leicht bergauf, das vordere Viertel des Busses passt durch, der Rest nicht. Egal, rechts ist das Gas! Krawumm! Sämtliches Gepäck auf dem Dach leidet extrem unter der Durchfahrt, aber die Insassen nehmen es gelassen hin. Und schon kommt der nächste Bus, der alsbald im Torbogen stecken bleibt. Jetzt muss es schnell gehen, die Hupen der anderen Busse liefern sich einen Wettkampf: Welche ist die lauteste? Sobald die Inder im Auto sitzen, haben sie nämlich keine Zeit mehr. Das Gepäck wird vom Dach des steckengebliebenen Busses abgeladen – Feuerholz, Decken, Taschen und Koffer, und der Bus fährt, wenn auch ein bisschen zerknittert, weiter. Viele Schaulustige beobachten in typisch indischer Manier – mit verschränkten Armen hinter dem Rücken – das Geschehen. Niemand scheint es zu kümmern, dass die Fahrzeuge oder das Gepäck beschädigt werden. Was für ein amüsantes Unterhaltungsprogramm am frühen Morgen!

„India is great!", „Thank you India!", "I love my India", steht oftmals auf indischen Lkw geschrieben. Und heute bin ich der Meinung, dass alles stimmt. Wir haben einen langen Fahrtag hinter uns. Um 6:30 Uhr aufgestanden, Fotosession mit August in der Morgensonne in Hampi und danach 373 Kilometer gefahren. Ohne Plan durch die Millionenstadt Sholapur, was komischerweise sehr entspannt war. Wir sind unserem Gefühl und der Himmelsrichtung gefolgt und haben dreimal nach dem Weg gefragt.

Vielleicht sollten wir das in indischen Großstädten immer so machen? Jetzt stehen wir auf einer trockenen Wiese in einem kleinen Tal. Kein Verkehr, ein angenehmes Lüftchen regt sich und rechtzeitig zum Sonnenuntergang lässt sich doch tatsächlich eine Gazelle blicken. Sind wir in Indien?? Weit und breit ist kein Mensch, es ist ruhig, sauber und wir sehen wilde Tiere. I love India!

Kultur, Kultur, Kultur. Die Festung von Daulatabad lassen wir links liegen, unser Ziel sind die Höhlentempel von Ellora. Insgesamt sind es 34 Tempel, die zwischen dem 5. und 12. Jahrhundert aus dem Basaltfelsen gemeißelt wurden. Über eine Strecke von 2 Kilometern findet man diese Tempel der Buddhisten, Hindus und Jains direkt in der Felswand. Überhänge und kleine natürlichen Höhlen boten früher Einsiedlern und Mönchen Schutz vor starken Monsunregenfällen, wilden Tieren und Banditen. Als die Zahl der Mönche stieg, nahmen auch die Bauten zu. Sie wurden von unzähligen Steinmetzen errichtet und mit der Zeit immer reicher mit Skulpturen, Reliefs, Fresken und Malereien verziert.

Zuerst besichtigen wir die ältesten Anlagen, das sind die buddhistischen. Wie viele Menschen haben damals, also vor rund 1.500 Jahren, wohl hier gearbeitet und die Tempel und Statuen aus dem Fels gehauen? Dunkel und kühl ist es im Inneren der zwei- bis dreigeschossigen Bauten. Manche sind ganz schlicht, andere sind regelrechte Säulenhallen, reich verziert mit Friesen und Ornamenten. In wieder anderen finden wir Tonnengewölbe, Buddhastatuen oder die indischer Götter. Das Licht- und Schattenspiel begeistert mich, die Akustik ist sensationell. Der Geruch aber auch – in den Höhlentempeln von Ellora haben sich Hunderte Fledermäuse angesiedelt.

Es ist ein trüber Januartag, genau genommen der letzte. Das einzig farbenprächtige hier sind die indischen Touristen, die in rauen Mengen auftreten. Der Kontrast ist perfekt und die Inder betteln regelrecht darum, fotografiert zu werden. Genauso oft hören aber auch wir die Bitte: „Madam, one photo please!" Ich möchte gar nicht wissen, in wie vielen indischen Haushalten ich nun vertreten bin und wie viele Freunde der Fotografen mich auf den Mobiltelefonen betrachten.

Mittags gehen wir zu unserem Fahrzeug, um das Stativ zu holen. Als wir es das zweite Mal aufbauen, kommt der indische Wachmann und fragt, ob wir eine Genehmigung dafür hätten. Wie bitte? Er erklärt, dass man ein Stativ nur mit Genehmigung des Büros im 30 Kilometer entfernten Aurangabad benutzen darf. Alles klar, dann packen wir es eben ein und beim nächsten Tempel wieder aus. So einfach geht das in Indien.

Je später die Stunde, umso anstrengender wird es für uns. Immer noch kommen Busladungen von indischen Schülern und Touristen, die lieber ein Bild von uns, als von den Tempeln machen. Die meisten treffen wir beim Kailash-Tempel, dem Prachtstück unter den Höhlentempeln. Er ist dem Gott Shiva geweiht und repräsentiert den pyramidenförmigen Berg Kailash, den Wohnsitz von Shiva. Über 100 Jahre dauerte der Bau des größten monolithischen Hindutempels. Ich kann mir nur schwer vorstellen, wie die Menschen damals mit primitiven Mitteln solch ein wundervolles und zudem riesiges Werk vollbracht haben. Die Arbeiter hatten nur Holzstangen und -planken sowie Spitzhacken. Damit haben sie drei tiefe Gräben in den obersten Teil des Hügels gegraben bzw. gehauen, lange Holzplanken hineingestopft und diese mit Wasser getränkt. Durch die Ausdehnung des Holzes wurde der Felsen gesprengt und die Steinmetze konnten ans Werk gehen. Der Kailash-Tempel ist mehrgeschossig, reich verziert mit Skulpturen und Ornamenten, sogar ein paar Wandmalereien sind noch sichtbar. Der Sockel ist mit lebensgroßen Elefanten dekoriert. Wir sind beeindruckt.

Als letztes machen wir uns auf den Weg zu den Jain-Tempeln, wir haben fast alle Höhlen abgeklappert. Unsere Aufmerksamkeit und das Interesse schwinden allmählich, unser Kopf ist voller Eindrücke, es hat nichts mehr Platz.

Wir nehmen uns einen Tag Pause vom Kulturprogramm. Das machen auch Olivia und Olivier, zwei französische Overlander, mit denen wir einen äußerst amüsanten Vormittag verbringen. Am Nachmittag bin ich im August fleißig und mache Chikoo-Marmelade. Chikoos, mein neues Lieblingsobst, sind kleine, eiförmige, braune Früchte, deren hellbraunes Fleisch weich und extrem süß ist. Der Geschmack erinnert an Karamell. Leider halten sie sich nicht allzu lange. Meine Augen waren beim Einkaufen wieder einmal größer als der Magen und nachdem Peter von den Früchten nur wenig begeistert ist, verarbeite ich sie eben. Aus einem Kilo werden gerade einmal zwei Gläser mit klebrigem, aber sehr schmackhaftem, braunem Inhalt. Der Pürierstab ist nach dem dritten Reinigungsversuch immer noch wie mit Kleister beschmiert und vermutlich lassen sich die Marmeladegläser nie wieder aufschrauben. Ich habe keine Ahnung, wie diese Früchte auf Deutsch genannt werden. Erst jetzt, beim Schreiben dieser Zeilen, finde ich heraus, dass es sogenannte Breiäpfel sind. Der Baum, auf dem sie wachsen, wird auch Sapotillbaum oder Kaugummibaum genannt. Ein treffender Name! Der Milchsaft wird zur Gewinnung von Naturgummi und Kaugummi verwendet und somit habe ich eine Karamell-Kaugummi-Marmelade produziert.

Der Himmel ist trüb, die Temperaturen in Ajanta dennoch so hoch, dass wir schwitzen. Die Bäume sind jetzt im Februar dürr und haben fast ihr ganzes Laub abgeworfen, der Waghora-Fluss ist ausgetrocknet. Im Laufe von Hunderten von Jahren hat er eine sehr tiefe, halbmondförmige Schlucht gegraben. In der Monsunzeit führt der Fluss jedoch Wasser und verwandelt die Schlucht in ein grünes Paradies mit Wasserfällen und üppiger Vegetation. Ab dem 2. Jahrhundert wurden 30 buddhistische Höhlentempel in die fast senkrechte Felswand gebaut. Ähnlich wie die Hindutempelanlagen in Khajuraho wurden die total verwachsenen Bauten von britischen Soldaten, die auf Tigerjagd waren, wiederentdeckt. Welch ein Anblick muss das vor 200 Jahren gewesen sein!

Wie in Ellora sind die Tempel auch hier in Ajanta mit Reliefs, Fresken und Skulpturen ausgestattet. Zusätzlich findet man hier aber auch Malereien, die Szenen aus dem Leben Buddhas zeigen. Manche Höhlen sind schwach beleuchtet, in anderen tut man gut daran, seine Taschenlampe einzuschalten. Es wimmelt von westlichen und asiatischen Touristen, die sich von Trägern auf Sesseln von einer Höhle zur nächsten schleppen lassen. Viele gläubige Buddhisten sind zugegen, auch Mönche. In einem der Tempel hält eine japanische Pilgergruppe einen Gottesdienst ab. Die Menschen knien vor den Buddhastatuen und beten ihre Mantras, verfallen in einen monotonen Sprechgesang. Die Akustik ist ebenso zum Niederknien.

Peter hat genug, nicht nur von den Höhlentempeln, sondern von meinem gestaffelten Kulturprogramm. Es ist nicht das erste Mal, dass wir darüber reden. Ich will anscheinend zu viel, zu viel besichtigen, zu viel erleben, zu viel fahren. Peter kommt sich vor wie auf einer geführten Studienreise, er möchte aber einfach nur reisen. Er hat Recht, ich nehme mir vor, einen Gang zurückzuschalten. Wir müssen wirklich nicht so viele Sehenswürdigkeiten besuchen und wer weiß, vielleicht kommen wir ja noch einmal nach Indien ...

Auf Nebenstraßen durch Maharashtra

Rund 1.100 Kilometer sind es bis nach Allahabad. Befragt man den Routen-
planer im Internet, so wird für diese Distanz eine Fahrtzeit von 21 Stunden
angegeben. Haha! Da muss ich wirklich herzhaft lachen. Das geht sich auf
indischen Straßen mit indischem Verkehrschaos nie und nimmer aus. Da
wir spätestens am 7. Februar in Allahabad sein wollen, fahren wir jeden Tag
sehr früh morgens los. So auch am 3. Februar. Um 7 Uhr ist es noch relativ
kühl und dunstig. Die Inder sind gerade bei der Morgentoilette und damit
meine ich nicht beim Zähne putzen oder Gesicht waschen. Ganz egal, wohin ich schaue: Überall hocken mit Wasserflaschen bewaffnete Menschen
neben der Straße. Die Kinder erledigen ihr Geschäft überhaupt in Gruppen, vorzugsweise im Kreis. Ist ja logisch, denn dann kann man sich besser
unterhalten. Erwachsene sieht man nur alleine, Frauen überhaupt selten.
Überall sind dampfende Haufen, bei diesem Anblick beginnt das Frühstück
in meinem Magen zu rebellieren. Gut, dass es in Indien Schweine gibt, die
von fast niemandem verspeist werden. Sie fressen nämlich fröhlich schmat-
zend die menschlichen Ausscheidungen. Bei 1,3 Milliarden Indern wohl allerdings nicht alles. Die Landschaft und die Häuser lenken glücklicherweise
ab. Wir sehen supergepflegte Häuser aus Lehm oder Ziegeln, immer zwei-
farbig bemalt, meist weiß, mit grün oder blau kombiniert. Sie sind klein und
niedrig, haben einen teilweise überdachten Vorhof. Eckige Säulen stützen
das Vordach, das aus Ziegeln besteht. Der Hof ist aus gestampftem Lehm
und von einer niedrigen Mauer umgeben. Alles ist sauber, zumindest im
eigenen Haus. Der Dreck wird auf die Straße, ins Rinnsal oder sonst wohin
gekehrt und manchmal auch gleich verbrannt.

Was auch noch von der Morgentoilette ablenkt, sind die indischen Auto-
und Mopedfahrer. Sie bringen sogar mir das Fluchen und Schimpfen bei,
das Peter anscheinend angeboren ist. „So ein Idiot!", „Die sind ja komplett
deppert!", „Volltrottel!" und Ähnliches kommt mir über die Lippen. Der
indische Verkehr orientiert sich nur nach vorne. In den Spiegel wird nie
geschaut, die meisten Fahrzeuge haben auch keinen mehr. Manche Motorräder klappen die Spiegel einfach zurück, damit sie schmäler sind und

sich besser durchquetschen können. Das Wichtigste ist und bleibt aber die Hupe. Du musst auf dich aufmerksam machen, alles andere ist nicht so wichtig. Kommst du aus einer Seitenstraße, so beschleunige, schau nach vorne und hupe. Die anderen Verkehrsteilnehmer werden schon ausweichen. Beim Aus- oder Einparken verhältst du dich genauso.

Der Blinker: Wenn du rechts blinkst, kann er dazu dienen, anderen Fahrern anzuzeigen, dass sie überholen können. Nur in den seltensten Fällen bedeutet es, dass du tatsächlich in die Richtung abbiegst, die der Blinker vorgibt. Angst scheint es keine zu geben, gefahren wird auf Tuchfühlung oder mehr, das sieht man an den zahlreichen Kratzern und Dellen der Fahrzeuge. Hinzu kommt, dass die wenigsten einen Führerschein haben und so manche in der Mittagshitze gerne ein Fläschchen indischen Whiskey trinken. Denn sie wissen nicht, was sie tun, wäre eine kurze, aber treffende, wenn auch sehr europäische Beschreibung des indischen Verkehrs.

Auf Nebenstraßen fahren wir durch den Bundesstaat Maharashtra. Wo die Erde fruchtbar ist, wird intensiv Landwirtschaft betrieben: Vorwiegend Weizen, Baumwolle, Orangen, Chilis und Hirse werden angebaut. Die Menschen hier besitzen nicht viel, das Warenangebot ist verhältnismäßig dürftig, es gibt weit mehr Ochsenkarren als Traktoren. In einem Dorf findet gerade der Wochenendmarkt statt. Ich bin mit Sicherheit die einzige westliche Person hier, vielleicht sogar die erste überhaupt. Endlich gibt es wieder frisches Gemüse, mehr als Zwiebeln und Erdäpfel. Mit meinen paar Brocken Hindi komme ich ganz gut durch, immer wieder hilft mir ein Mann, der auch ein bisschen Englisch spricht. Die Waren sind entweder auf einer Plane am Boden ausgebreitet oder liegen in Körben. Ich gehe in die Hocke, um das Gemüse auszuwählen und zu bezahlen. Von vorne starren mich die Verkäufer an, von der Seite die Kinder und von hinten der Rest der Passanten. Aber sie sind einfach nur neugierig, es ist eine harmlose Situation, die ich genieße. Die Preise sind niedrig, einkaufen ist so leicht in Indien. Ich drehe mit vollen Einkaufstaschen noch eine Runde. Es gibt frischen Fisch, Huhn, Haushaltswaren, Kleidung, Schmuck, Gewürze und viele Süßigkeiten in allen möglichen Formen, die allesamt wahnsinnig klebrig sind. Ich sehe einen großen cremefarbenen Laib und glaube schon, dass es Paneer, also

Käse, ist. Aber ich liege falsch, denn es handelt sich um die indische Variante von Fudge (Milchkaramell), milchig und extrem süß. Um 10 Rupien erstehe ich 100 Gramm. Schmeckt gar nicht schlecht, mega süß. Ich verdrücke den Rest auf der Weiterfahrt und frage mich, ob ich es behalten werde, denn die Leckerei ist durch viele indische Hände gegangen.

Die Stadt Nagpur liegt genau in der Mitte des indischen Subkontinentes, im Hochland von Dekkan, und wird auch die Hauptstadt des Landes der Orangen genannt. Wir umfahren die Industriestadt in nördlicher Richtung, in der es unzählige Baumwolle verarbeitende Betriebe gibt. Die Gegend um die 2,5 Millionen Einwohner zählende Stadt ist auch die Kornkammer von Maharashtra. Frauen in bunten Saris schneiden auf endlosen Weizenfeldern mit einer Sichel Getreide, pflücken Baumwolle oder Orangen und sortieren Chilis. Die Männer kutschieren Ochsenkarren oder fahren Traktoren.

In Warud fragen wir nach dem Weg. Als wir losfahren, deutet man uns von der anderen Straßenseite, stehen zu bleiben, was wir aber nicht tun. Auf einem Schild neben der Straße lese ich noch „border control", denke mir aber nichts und winke freundlich zurück. 10 Kilometer später überholt uns ein Pkw und stoppt uns. Wir mögen die Herren doch bitte zurück nach Warud begleiten, zum Chef der RTO, der Road and Transport Organisation. Kommt nicht in Frage! Die zwei Inder sind sehr freundlich, sie fühlen sich in ihrer Rolle gar nicht wohl. Dreimal sagen sie schon „Welcome to India!", dann rufen sie ihren Supervisor an, der anschließend mit Peter spricht. Ausgeschlossen, wir fahren nicht zurück, wenn er etwas von uns will, soll er herkommen oder den Diesel fürs Zurückfahren bezahlen. 15 Minuten später ist er da, er trägt eine schicke Uniform, die drei fette Streifen auf der Schulter hat. Sympathisch sieht er nicht gerade aus, das wird sicher lustig werden. Wir fragen, wer er ist und was er von uns will. Kontrolle. Führerschein, Fahrzeugpapiere, Versicherung. Beim Führerschein wird der Beamte stutzig, er ist natürlich auf Deutsch. Er möchte den internationalen Führerschein sehen. Peter erklärt, dies sei der internationale, denn auf der ersten Seite steht doch das Wort Führerschein auf Deutsch, Englisch und Französisch. Nur nicht auf Hindi. Der Beamte kennt sich überhaupt nicht mehr aus. Nachdem alle anderen Papiere in Ordnung sind, fragt er nach der Road Tax. Wir erklären zum x-ten Mal, dass wir Touristen sind und dass unser Fahrzeug ein Wohnmobil und kein Lkw ist. Wir transportieren nichts. Der Beamte versteht unsere Erklärung erst, als Peter ihn einen kurzen Blick in den Aufbau werfen lässt. Jetzt müssen wir dem Inder allerdings die Möglichkeit zum Rückzug geben, ohne dass er sein Gesicht verliert. Es gelingt. „Tikhe. Acha." – „Okay, gut." Und „Happy travel!", wünscht er uns bei der Abfahrt. Wir erreichen den National Highway 7, bezahlen Maut und freuen uns auf bessere Straßenbedingungen. Vorfreude ist bekanntlich die schönste Freude. Die Straße wird jedoch immer schlechter, den Asphalt kann man zwischen den Schlaglöchern nur noch erahnen. Dafür herrscht reger Lkw-Verkehr, der viel orange-braunen Staub aufwirbelt und der bald alles unter sich bedeckt. Keinen Cent ist die Benützung dieser Straße wert! In Dörfern oder Städten wird die Fahrbahn noch enger, denn sie wird benutzt, um Verkaufsstände aufzustellen oder Waren abzulegen. Die Straße wird zum Marktplatz, dazwischen tummeln sich nicht nur Menschenmassen, sondern auch Hunde und Kühe. Und plötzlich geht überhaupt nichts mehr weiter, wir stecken mitten in einer Kleinstadt vor einer Kreuzung im Stau. Was ist los? Vielleicht ein Unfall? Wir stehen bereits in dritter Spur, eingepfercht zwischen anderen Lkw, Pkw und Kleinbussen. Dazwischen zwängen sich Fußgänger, Radfahrer, Rikschafahrer und Motorradfahrer durch. Wir sehen nicht weit nach vorne, so hoch sind manche Busse und Lkw beladen. Also klettere ich aufs Dach und sehe die Ursache des Staus. Bei einem Bahnübergang weiter vorne ist eine Baustelle, zwei Polizisten versuchen den Verkehr zu regeln, ein Holzstab dient ihnen als Hilfsmittel. Wir haben „vollstes Vertrauen" in die indische Exekutive. Doch in diesem Land regelt sich der Verkehr immer irgendwie von selbst. Der Gegenverkehr setzt ein, es wird noch enger, was eigentlich gar nicht möglich ist. Das Hupkonzert nimmt Dimensionen an, die unbeschreiblich sind. Im Kolonnenverkehr passieren wir den Bahnübergang und nutzen die Chance, mehrere Lkw zu überholen. Ich glaube, es waren mehr als 50. Doch niemand regt sich darüber auf. In der gleichen Situation in Österreich hätten uns die anderen Fahrer gelyncht.

MAHA KUMBH MELA
Zwischen Sadhus, Gurus und Pilgern

Am 7. Februar 2013 erreichen wir die Stadt Allahabad und somit das größte religiöse Fest der Welt: Das Maha Kumbh Mela. Als wir ankommen, ist es bereits seit über 3 Wochen im Gange. Es dauert insgesamt 55 Tage und findet nur alle 12 Jahre statt, abwechselnd in den Städten Nashik, Ujjain, Haridwar und eben Allahabad. Der Legende nach ist in diesen vier heiligen Städten jeweils ein Tropfen des Nektars der Unsterblichkeit gelandet, den Götter und Dämonen bei einem Streit aus einem Krug verschüttet haben. Dieser Nektar verleiht den Städten eine mystische Kraft, durch den Besuch des Khumb Mela kann man daran teilhaben. Die Besucherzahlen des wichtigsten Hindufestes gehen in die Millionen – allerdings täglich. Erwartet werden 100 Millionen Menschen oder schenkt man dem indischen Arzt Glauben, mit dem wir am ersten Tag plaudern, 3 Milliarden. Die Pilger kommen nicht nur aus allen Teilen Indiens, sondern auch aus dem Ausland: Mit Autos, Bussen oder auch zu Fuß. Viele haben eine lange Reise und große Strapazen hinter sich, schleppen Decken, Nahrungsmittel und Kochutensilien inklusive Feuerholz. Begegnet man in indischen Städten schon Unmengen von Leuten, so ist das Maha Kumbh Mela mit Abstand der Höhepunkt. Der Strom der gläubigen Hindus reißt nicht ab. Alle haben das gleiche Ziel: Eine rituelle Waschung, ein Bad im heiligen Fluss, um sich von den Sünden zu befreien und dem Nirwana ein Stück näher zu kommen. Allahabad nimmt eine besondere Stellung ein, denn hier münden die Flüsse Yamuna und Saraswati in den heiligen Ganges. Sangam nennt man diesen Zusammenfluss, der das Ziel der Pilger ist.

Egal, wohin wir blicken – überall sind Menschenmassen, dennoch ist die Stimmung friedlich und relativ ruhig. Jeden Tag legen wir weite Strecken auf dem 50 Quadratkilometer großen Gelände zurück. Wir sind überrascht, wie gut alles organisiert ist. Das gesamte Areal ist in Sektoren gegliedert, Pontonbrücken wurden über die Flüsse Ganges und Yamuna errichtet, es gibt viele Polizei- und Feuerwehrstationen, Garküchen, Geschäfte, Müllentsorgungsplätze, Umkleidekabinen und sogar Toilettenanlagen. Eigentlich ist es eine Stadt innerhalb der Stadt. Die Vorbereitungsarbeiten dauern ein halbes Jahr. Zeltstädte werden errichtet, Straßen gebaut, Wasserleitungen verlegt, Sickergruben gegraben. Die Anrainer sind geschäftstüchtig, eröffnen kleine Dhabas, in denen man hervorragend speisen kann.

Am Tag vor dem Bad der Königin, dem Hauptbadetag, ist das Gedränge am Größten. Wir sind Teil einer riesigen Menschenmasse, schwimmen sozusagen durch das Gelände, beantworten tausendmal die Frage nach unserer Herkunft, werden unzählige Male fotografiert und fotografieren selbst. Werden angebettelt, von Babas gesegnet und mit dem roten und gelben Farbpulver auf der Stirn versehen. Wir beobachten die Badenden, die heiligen Männer mit ihren Chillums (Haschpfeifen), nackte Sadhus, die Pilger segnen und dafür Geld bekommen.

Am frühen Abend landen wir am westlichen Ufer des Ganges, wo wir eine große Gruppe von kahlgeschorenen Männern in selbstgemachten, weißen Unterhosen sehen, die in Reihen am Boden kauern. Außer dem spärlichen Stück Stoff um die Lenden haben sie noch ein dünnes weißes Stoffband wie eine Schärpe um den Oberkörper drapiert. Zu dieser Gruppe gehören auch drei weiße Männer. Geduldig und frierend warten die Männer darauf, dass sie zum Fluss gehen dürfen. Babas in orangefarbener Kleidung und mit langen Bärten schreien Anweisungen. Die Reihenfolge wird von den Priestern festgelegt, die ziemlich zugedröhnt wirken. Die Männer erheben sich, gehen zum Gangesufer, opfern Blüten, Blätter und Räucherstäbchen, nehmen einen Schluck vom heiligen Wasser und hocken sich wieder ans Ufer. Danach kommen die Frauen dran, sie sind in ein weißes Tuch gehüllt und sind wie ihre männlichen Kollegen bis auf ein kleines Haarbüschel kahl rasiert. Ich versuche von einem Baba zu erfahren, wer diese Menschen sind und welche Bedeutung diese Zeremonie hat, scheitere jedoch kläglich. Der Mönch ist ein lieber, sanfter Mann, aber total zugekifft. Zum Abschied drückt er mir einen Kuss auf die Stirn. Incredible India! Da ist er schon wieder der Slogan, der auch perfekt zum Maha Khumb Mela passt.

Der wichtigste Tag des Maha Kumbh Mela ist der 10. Februar, der Hauptbadetag, das Bad der Königin. Astrologen haben diesen Zeitpunkt aufgrund der Stellung der Gestirne errechnet. Laut Hindu-Priester reinigt ein Bad an diesem Tag nicht nur die Pilger selbst für alle Zeit, sondern auch alle Angehörigen für eine Zeitspanne von 88 Generationen. Da nimmt man doch gerne allerhand Strapazen in Kauf.

Wir treffen hier Mathias, den deutschen Unimogfahrer, den wir zuletzt in Ladakh gesehen haben. Gemeinsam mit ihm und seiner australischen Begleiterin Angela nehmen wir an diesem Morgen ein Boot und lassen uns zeitig zum Sangam und weiteren Sandbänken rudern. Die Sonne geht gerade auf, Möwen kreischen laut und ziehen über dem Ganges ihre Kreise. Kalt ist es noch um diese Tageszeit, doch das macht den Gläubigen nichts aus. Die Männer waten in Unterhosen, die Frauen in bunten Saris ins kühle Wasser, tauchen mehrere Male komplett unter, nehmen Wasser mit beiden Händen auf und verspritzen die heiligen Tropfen für ihre Vorfahren. Die Badeplätze sind nummeriert und dort, wo das Wasser zu tief ist, gibt es Absperrungen. Zusätzlich sind Patrouillenboote unterwegs, die Wasserrettung sozusagen. Die Männer sind mit Trillerpfeifen ausgestattet, die sie auch gerne benutzen. Der Lärmpegel wird noch von lautem Geschwätz und Lautsprecherdurchsagen vervollständigt. Wie sich die Pilger auf ihren Gottesdienst und die Waschungen konzentrieren können, ist mir ein Rätsel. Manche waschen zusätzlich ihre Wäsche im Fluss, vielleicht bleibt sie dann ewig schön und unversehrt? Blüten werden in den Fluss gestreut und Plastikflaschen mit dem heiligen Wasser gefüllt.

Die Zeit vergeht wie im Flug, der Bootsmann setzt uns am Ufer ab und wir mischen uns unter die vielen indischen Pilger, machen uns auf die Suche nach den zwei Babas, die seit 10 Jahren auf einem Bein stehen. Sie sollen im Sektor 4 sein, doch dieser ist riesengroß. Wir fragen uns von Zelt zu Zelt durch, endlich treffen wir einen Baba, der uns wirklich weiterhelfen kann. Er schickt uns in ein Zelt, in dem ein wohlgenährter Baba mit langem Bart und Dreadlocks hinter einem Pult steht. Ich versuche auf seine Beine zu schauen, aber es ist schwer, denn erstens ist es finster und zweitens ist der Priester in lange orangefarbene Stoffbahnen gehüllt. Ich falte die Hände, führe sie zu meiner Stirn und lege dem Mann einen 10-Rupien-Schein hin. Dafür segnet er mich und drückt mir kleine weiße Zuckerkugeln in die Hand. Das war's. Der Nächste, bitte!

Im Zelt nebenan sitzt ein Naga Baba am Boden, ein nackter Mönch, der seine Haut mit Asche einreibt. Er bearbeitet seinen Penis mit einem Holzstab, wickelt ihn regelrecht um den Stab herum, verdreht dabei die Augen und verharrt in dieser Position. Er lässt locker, beginnt zu lachen, zieht an seinem besten Stück und winkt mich zu sich. Eine komische Situation, was will er von mir? Ich bin die einzige Frau hier und beschließe weiterzugehen. Beim nächsten bin ich schon mutiger. Der Naga Baba kniet in einem mit Teppichen ausgelegten Zelt, vor ihm liegen schon mehrere Geldscheine. Er segnet die Pilger, indem er ihnen Asche auf die Stirn streicht. Jetzt bin ich an der Reihe, ich kniee mich vor den nackten Sadhu hin, deponiere den Geldschein, falte die Hände und neige den Kopf. Und schon werde ich vom singenden Baba gesegnet, er hebt lässig die Hand zum Gruß und ich bin quasi erleuchtet.

Manche Sadhus strecken seit mehreren Jahren einen Arm nach oben, andere buddeln sich bis zum Kopf im Boden ein oder wohnen jahrelang in einsamen Höhlen und wieder andere hängen sich Ziegelsteine an den Penis. Einige verharren tagelang in den absurdesten Körperhaltungen oder liegen auf Nagelbrettern. Warum machen sie das? Und wer sind diese Männer überhaupt? Sadhus sind heilige Männer, die mehr oder weniger mit diesem Leben abgeschlossen haben. Durch Selbstkasteiung (tapas) erlangen sie schneller die Erlösung (moksha). Durch ihre Lebensform soll ihre Lust, ihr Verlangen unterdrückt werden, das Leiden ist Teil ihres Lebens, genauso wie die Meditation. Ein echter Sadhu ist Asket, hat keine Verbindung zur Familie, ist besitzlos und völlig gottergeben. Er lebt von Almosen, darf keinen Alkohol trinken und keinen Sex haben.

Sadhus sind die Einzigen, die in Indien offiziell Drogen konsumieren dürfen und das tun sie auch zur Genüge. Aus ihren Zelten steigen Rauchschwaden auf, die mit Hasch oder Marihuana gefüllte Lehmpfeife ist allgegenwärtig. Ihre Augen sprechen Bände. Anscheinend gibt es etwa 6 Millionen Sadhus aus allen Bevölkerungsschichten in Indien. Nicht alle haben religiöse Motive. Die heiligen Männer gelten als unantastbar, auch für Polizei und Gläubiger. Am Maha Kumbh Mela sind sie die Ersten, die im heiligen Fluss ein Bad nehmen dürfen. Allerdings gibt es bis zu 80 Untergruppierungen und somit viel Konfliktpotenzial bei der Reihenfolge. Wir haben das Bad der Naga Babas leider nicht miterlebt. Es ist hier gar nicht so einfach, brauchbare Informationen zu bekommen. Im nächsten Zelt werden wir von den Babas eingeladen in der Runde Platz zu nehmen. Ein Apfel wird herumgereicht, in ihm stecken fünf qualmende Joints und ein Ansaugrohr. Eine super Idee findet Angela, die den Apfel alsbald in ihren Händen hält und die Joints zum Glühen bringt. Beschwingt und bester Laune verlässt sie mit uns das Zelt. Krishna Anhänger ziehen unsere Aufmerksamkeit auf sich. Sie folgen einem Auto mit riesengroßen Lautsprechern aus denen „hariram, harikrishna" dröhnt, dabei tanzen sie, drehen sich im Kreis, schlagen das Tamburin und sind zufrieden mit sich und der Welt.

Mir kommt das Maha Kumbh Mela vor wie ein großer Jahrmarkt – bunt und laut. Das ganze Areal pulsiert. Es wird gebadet, gesungen, gegessen und den Gurus gelauscht. Beschallung kommt von allen Seiten, Hauptsache laut. Jedes noch so kleine Fleckchen wird genutzt: Zum Schlafen oder Betteln, zum Verkauf von Waren und um der Notdurft nachzugehen. Müde schleppen sich die neu angekommenen Pilger über die Pontonbrücken, doch wenn sie das reinigende Bad im Fluss nehmen, ist alle Mühe vergessen, die Augen strahlen, das Ziel ist erreicht. Als wir den langen Heimweg über die Naini-Brücke antreten, ist es bereits stockfinster. Aber ruhig ist es nicht geworden, immer noch führen Tausende Pilger die rituellen Waschungen im Ganges durch, viele sind unterwegs zu ihrem ganz persönlichen Guru. Das Festgelände ist mit Scheinwerfern beleuchtet, die Zelte, in denen die Gurus predigen, sind mit bunten und glitzernden Stoffen dekoriert und an der Außenseite mit kitschigen, blinkenden Lampen und Lichtern versehen. Durch die zahlreichen Lautsprecher hören wir Gebete, Gesänge und Musik. Alles fließt ineinander.

Auch wo unser Lkw steht, am großen Parkplatz am Südufer des Yamunaflusses, herrscht noch reger Betrieb. Viele Pilger lagern vor den Reisebussen, die neben uns parken, kochen, essen, tratschen und sind dabei ziemlich laut. Einige stehen vor unserem Wohnmobil und analysieren alles, was sie sehen. Danach wird diskutiert. Ich frage mich oft, was es da so viel zu reden gibt. „Tschari Afrika", hören wir oft. Die Inder lesen den Schriftzug auf unserem Plakat „2 ½ Jahre Afrika“ und sprechen das Wort „Jahre“ englisch aus. Es ist zum Schreien komisch!

Die Inder sind zwar irrsinnig neugierig, aber nett. Ein Polizist nähert sich: „Namaste. I see your van!“ Jaja, alle wollen sie in unseren August reinschauen, aber nur die wenigsten dürfen. Und um diese Uhrzeit sicher nicht, denn wir sind hundemüde und wollen nur mehr schlafen.

Eine knappe Woche verbringen wir hier am Maha Kumbh Mela, legen zahlreiche Kilometer auf dem großen Festgelände zurück und versuchen die vielen Eindrücke festzuhalten. Bunt, laut, schräg, staubig, religiös und mystisch sind die Wörter, die das größte Fest der Welt wohl am besten beschreiben. Wir sind fasziniert, beobachten und versuchen zu begreifen. Aber Indien wird man nie verstehen können, das hat auch schon Jawaharlal Nehru, der erste Premierminister Indiens und Vater von Indira Ghandi behauptet, indem er sagte: „Ich habe versucht, Indien zu verstehen. Leider muss ich zugeben, dass mir das nie gelungen ist.“

Indien ist eben anders. Man kann nur staunen und das haben wir gemacht.

TAJ MAHAL
Eine Hommage an die Liebe

Ein Besuch Indiens ist nicht komplett, ohne das Taj Mahal gesehen zu haben, welches das schönste Gebäude der Welt sein soll. Wir betrachten das Mausoleum am späten Nachmittag von einer Dachterrasse, die Sicht ist ein wenig durch Dächer und Bäume beeinträchtigt, aber dennoch imposant. Wir nächtigen am Parkplatz zwischen Müllcontainern und Toilettenanlagen, die aber noch nicht in Betrieb sind. Das macht den Indern nichts aus, sie verrichten ihr Geschäft ohnehin überall. Geöffnet wird das Taj Mahal mit Sonnenaufgang, also kurz vor 7 Uhr morgens. Es gibt eine eigene Kasse für Ausländer, die Eintrittskarte kostet stolze 750 indische Rupien, für die meisten Einheimischen ein kleines Vermögen. Man darf weder Essen und Getränke, noch Bücher, Taschenlampen, Messer oder Stative mitnehmen. Dafür bekommt man einen halben Liter Wasser und Überzieher für die Schuhe. Die indischen Behörden haben nach den Bombendrohungen im Jahre 2006 die Sicherheitsvorkehrungen erhöht. Außer Toiletten gibt es am Gelände keine Infrastruktur, die Karte gilt für den einmaligen Eintritt, es ist also fast unmöglich, den ganzen Tag darin auszuharren.

Vor uns sind in etwa 80 Personen in einer Reihe angestellt. Wir nehmen einfach die nächste Kasse und passieren das Eingangstor kurz nach 7 Uhr. Wir sehen das wohl bekannteste Gebäude Indiens zum ersten Mal aus der Nähe und sind sprachlos. Die Morgenstimmung ist wunderschön. Alles ist taunass, Dunst steigt vom Yamuna-Fluss empor, die Sonne zeigt sich als roter Ball am Himmel und taucht die Ostfassade in ein weiches Licht, lässt die Halbedelsteine in den Einlegearbeiten funkeln. Egal, von welcher Seite man das Taj Mahal betrachtet, es ist immer harmonisch und wunderschön. Je höher die Sonne steigt, umso strahlender wird das Gebäude, das Weiß schmerzt fast in den Augen. Das Mausoleum thront auf einer Marmorplattform, flankiert von vier Minaretten und einem länglichen Wasserbecken im Zentrum des 18 Hektar großen Gartens. Der Großmogul Shah Jahan ließ es 1631 zum Gedenken an seine Lieblingsfrau, Mumtaz Mahal, errichten, die bei der Geburt ihres vierzehnten Kindes gestorben war. Das Gebäude ist eine Hommage an eine wunderbare Frau und an eine große Liebe. Deshalb ist das Taj Mahal auch ein beliebtes Ziel für frisch vermählte Inder, denn der Besuch soll die Liebe dauerhaft machen und bestärken.

Ich muss dem persischen Architekten und den über 20.000 Arbeitern aus ganz Asien, die das Taj Mahal in 21 Jahren erbaut haben, ein großes Kompliment aussprechen. Persische Architektur wurde perfekt mit indischen Elementen verschmolzen, ein Höhepunkt der Mogul-Baukunst. Dennoch sind wir vom Mausoleum enttäuscht. Das hat aber nichts mit der Architektur zu tun, sondern mit den Menschen. Das Aufsichtspersonal jagt die Besucher mit Trillerpfeifen durch das Taj Mahal, die Besucher sind rücksichtslos, unterhalten sich lautstark und fotografieren verbotenerweise. Schilder mit der Aufschrift „Bitte um Ruhe" beachtet hier niemand. Wie kann man an solch einem Ort, der Respekt und Ruhe verdient, so einen Lärm zulassen? Hoffentlich sind die Seelen des einstigen Liebespaares schon lange weggeflogen.

Wir machen zahlreiche Fotos vom Taj Mahal und den vielen indischen Touristen. Nachdem Peter und ich in Lederhose und Dirndl unterwegs sind, erregen wir natürlich große Aufmerksamkeit. Wir werden von etlichen Österreichern und Deutschen angesprochen: „Na, das ist aber lieb! Wie seid ihr denn auf diese Idee gekommen?" Aber auch die Inder sind neugierig. Sie wollen wissen, wer wir sind und woher wir kommen. Und ich komme mir schon vor wie ein Fotomodell oder ein Bollywoodstar, dauernd muss ich mit anderen Leuten vor dem Taj Mahal posieren.

Wir haben großen Spaß, auch beim Besuch der Fotoausstellung im Museum. Berühmte Politiker, die schon einmal hier waren, wurden abgelichtet. Unter den Bildern lesen wir ihre Namen: Ladimir Putin, am nächsten Foto auch Bladimir Putin genannt, Prince Charls, der Präsident von Botsmawana, der Präsident von Normay usw. Die Inder haben eine flexible Rechtschreibung, das gilt auch für das am meisten besuchte Gebäude ihres Subkontinents.

Wir genießen die Stimmung, bewundern das schönste Gebäude der Welt aus verschiedenen Blickwinkeln und lassen es auf uns wirken. Einen halben Tag lang. Dann treibt uns der Hunger beim südlichen Ausgang hinaus und

weiter zum Samosa-Stand. Mmmmh, lecker sind die scharf gefüllten Teigtaschen, aber auch die Fladenbrote mit Linsen- und Kartoffeleintopf. An
einem Souvenirstand kauft Peter ein kitschiges Taj Mahal in einer Plastik-
schneekugel, parkt unseren Lkw mühsam aus, prellt die Parkwächter um
eine Tagesgebühr und lotst August in das Verkehrschaos der Stadt Agra.
Vorbei an der roten Festung aus Sandstein, finden wir glücklicherweise bald
die richtige Ausfallsstraße Richtung Fatehpur Sikri.

Weit wollen wir heute nicht mehr fahren, es war ein anstrengender und
langer Tag. Wir finden einen Parkplatz zwischen Feldern und kleinen Fels-
hügeln, der Untergrund gefällt uns zwar nicht – es ist Feshfesh, also feins-
ter Staub –, aber wir bleiben trotzdem. Nachdem erst später Nachmittag
ist, kommen viele Männer aus dem Nachbardorf. Die Verständigung ist
schwierig, denn nur einer kann ein bisschen Englisch. Dennoch bleiben sie,
bis es fast dunkel wird. Kurz darauf kommt ein Moped mit zwei Polizisten angeknattert. Anscheinend waren wir den Dorfbewohnern doch nicht
ganz geheuer. Wir haben gerade einen Sundowner in der Hand: Gin mit
Soda, Limettensaft und braunem Zucker. In erster Linie interessieren sich
die Beamten für unser Getränk. „Was ist das?", fragen sie. „Orangen- und
Limettensaft", antworte ich. „Ich brauche viele Vitamine, denn ich habe
mich in Allahabad am Maha Kumbh Mela verkühlt." Dabei muss ich das
Lachen unterdrücken. Und schon reden wir vom Pilgerfest und von ihrem
neuen Motorrad. Wir versichern, dass wir keine Probleme haben, uns nur
ein bisschen vom Trubel in Agra ausruhen und Abendessen wollen. Aha.
Danach sollen wir aber das Fahrzeug in der Stadt Fatehpur Sikri parken
und uns ein Hotelzimmer nehmen. Klar, machen wir. Wir lassen die zwei
Polizisten noch unser Wohnmobil besichtigen, worauf einer der Beamten
meint: „Das ist wie im Himmel!" Vielen Dank und auf Wiedersehen, meine
Herren!

Als wir beim Essen sitzen, meint Peter, dass es an diesem Nächtigungsplatz besser nicht regnen sollte, sonst bleiben wir sicher stecken. Um 3
Uhr morgens werden wir von Donner und ersten schweren Regentropfen
geweckt. Wir sind unschlüssig, was wir tun sollen. Zu faul um aufzustehen,
bleiben wir im Bett und warten ab. Von einem tiefen und entspannten

Schlaf ist aber keine Rede mehr. Als es dämmert, brechen wir auf. Obwohl der Untergrund ordentlich schmierig ist, schaffen es Peter und August locker auf die Asphaltstraße.

Kurz darauf erreichen wir die einstige Hauptstadt des Mogulreiches, die König Akbar im 16. Jahrhundert aus rotem Sandstein bauen ließ. Nur 14 Jahre residierte er hier, danach zog er nach Lahore und anschließen nach Agra. Fatehpur Sikri wurde verlassen und vergessen, wurde zur Geisterstadt. Der Palastbezirk und die Freitagsmoschee befinden sich auf einer Anhöhe, die Gebäude sind mit Steinmetzarbeiten, Einlegearbeiten und Malereien wunderschön verziert. 12 Jahre lang hat der Bau gedauert, der einst einen riesigen Harem beherbergte. Bis zu 5.000 Frauen sollen damals hier gewesen sein: Konkubinen, Tänzerinnen und Sklavinnen aus ganz Asien und sogar eine aus Portugal und mehr als 300 Ehefrauen. Akbar hatte aber nicht nur Gefallen an Frauen, sondern auch an Alkohol (vor allem an persischem Wein und Arrak) und Drogen (Opium und Haschisch). Warum heißt es dann immer „leben wie Gott in Frankreich"??

Durch das von wilden Bienenvölkern angesiedelte, große Eingangstor bei der Freitagsmoschee, verlassen wir den Palastbezirk, der gleich an die gleichnamige Stadt Fatehpur Sikri grenzt. Hinweisschilder säumen den Weg: Die Ablagerung von Müll innerhalb des Palastbezirkes ist strafbar. Die Inder sind in diesem Fall wirklich gesetzeskonform, das muss man ihnen schon lassen. Denn im Palast war es tatsächlich sauber, aber kaum verlässt man das UNESCO-Weltkulturerbe, weist einem der Abfall den Weg in die Stadt. Fatehpur Sikri ist ein furchtbares Drecksnest. Pfui Teufel! Müll, Schlamm, Exkremente und dazu auch noch die Abwässer von den Stofffärbern, denn hier werden Flickenteppiche hergestellt.

Eigentlich wollten wir früh morgens nach Delhi. Nach dem Frühstück kontrolliert Peter die Bremsflüssigkeit, denn die Hinterbremse funktioniert nicht mehr gut. Verdammt! Die Flüssigkeit ist ausgeronnen, die Manschetten des Bremszylinders sind kaputt. Der Platz, an dem wir parken, ist schlecht. Er ist nass und dreckig, dennoch versucht Peter eine Reparatur. Kurzerhand entfernt er den Schlauch vom Bremszylinder, verschließt diesen und entlüftet das Bremssystem. August ist mit nur drei Bremsen von Österreich bis in die Türkei gefahren, da wird das kurze Stück bis nach Delhi auch kein Problem sein. Und in Delhi muss Peter nur die Ersatzmanschette einbauen. Alles wird gut!

Nachdem ich ihm nicht helfen kann, mache ich einen Spaziergang und entdecke wunderschöne, niedrige Lehmbauten neben der Straße. Was ist das? Ein Stück weiter sehe ich drei Frauen an so einem Bau arbeiten. Getrocknete Kuhfladen werden zu einem Quadrat aufgeschlichtet und mit Lehmputz ummauert, um sie vor Regen zu schützen. Die Fladen werden zum Befeuern des Ofens verwendet, somit sparen die Menschen Holz und Geld. Bevor der Lehm trocken ist, verzieren die Frauen das Gebäude noch mit Hilfe eines Stockes und ritzen symmetrische Muster ein.

DELHI
Fingerabdrücke in der 17-Millionenmetropole

Regen begleitet uns bis in die Hauptstadt Delhi. Die Inder frieren. Wir auch. An Sonntagen ist der Verkehr in der 17-Millionen-Metropole harmlos und so landen wir relativ schnell im Botschaftsviertel in Neu Delhi. Nehru Park nennt sich unser Vorgarten, in dem sich Papageien und Streifenhörnchen zwischen bunten Blumen tummeln. Der einzige Grund, um nach Delhi zu kommen, sind Visaangelegenheiten. Obwohl man von vielen Seiten hört, dass es schwierig ist, ein Visum für Iran zu bekommen und ein Ding der Unmöglichkeit, das Pakistanische zu erhalten, sind wir guter Dinge.

Mit der bereits beantragten, bezahlten und erhaltenen Referenznummer, Passfotos – meines davon mit Kopftuch –, genügend Bargeld und der ausgedruckten Flugreservierung erscheinen wir kurz nach 10 Uhr morgens auf der iranischen Botschaft. Wir füllen den Antrag aus und warten auf ein Interview. Die zweite Frage ist gleich, ob wir diesmal nicht mit dem eigenen Fahrzeug einreisen würden. Nein, das lassen wir in Indien. Diese Strategie haben wir uns zugelegt, weil Gerüchte kursierten, man dürfe als Individualtourist nicht mit eigenem Vehikel nach Iran einreisen. Der Beamte ist ein sehr netter Perser, alles läuft wie geschmiert. Fingerabdrücke brauchen wir allerdings noch, obwohl unsere elektronischen schon im Pass sind. Er erklärt uns, wo wir diese machen lassen können und „kontrolliert" nochmals unsere Pässe, indem er sie mit der offenen Seite nach unten kräftig schüttelt. Tja, mein Guter, Geld haben wir keines drinnen versteckt. Er habe ja nur geschaut, ob nicht noch ein Foto im Pass sei.

Wir nehmen eine Motorradriksha zum Patiala-Haus, dem Bezirksgericht, dort kann man Fingerabdrücke anfertigen lassen. Bald finden wir uns in einem winzigen Büro wieder. Zwei ältere, weißhaarige, gepflegte Inder im Anzug klären uns auf, dass die Abdrücke vom Außenministerium, danach von ihnen und weiß der Teufel noch von wem bestätigt werden müssen. Das dauert 1,5 Tage und kostet 6.000 Rupien für uns beide. Umgerechnet 86 Euro! Da kann etwas nicht stimmen. Ein Anwalt mischt sich ein und erklärt, der Beamte würde sich auf die Hälfte runterhandeln lassen, wenn wir auf den Stempel vom Ministerium verzichten. Wir nehmen unser Geld zurück und wollen die Angelegenheit mit der Botschaft abklären. Leider nimmt keiner das Telefon ab, also fahren wir dorthin. Gut so, denn einen Stempel vom Ministerium brauchen wir nicht, versichert man uns auf der iranischen Botschaft.

Und wieder nehmen wir eine Motorradrikscha zum Patiala-Haus, wir gehen aber in die Polizeistation, die im Gebäude nebenan untergebracht ist. Dort wollen wir unsere Fingerabdrücke machen. Das geht nicht, eröffnet uns ein Beamter, wir müssten ins Patiala-Haus. Dort sind Hunderte von Anwälten vertreten, doch wir wollen in jenes Büro, wo man unsere Fingerabdrücke abnimmt. Endlich finden wir jemanden, der uns hilft und in ein kleines, dreckiges Büro im ersten Stock bringt. Man ist dort sehr beschäftigt, ein Polizist spielt Solitär am Computer, der andere spricht nicht mit uns, sondern nur mit unserem Helfer; langsam und lange. Nach 15 Minuten gehen wir. Man kann uns hier nicht helfen, denn es werden nur Fingerabdrücke von Verbrechern abgenommen. Ich wünsche dem Beamten noch ein erfolgreiches Solitär-Spiel und knalle die Türe zu. Am Gang meint unser Helfer, dass er gegen 2.000 Rupien pro Person schon etwas machen könne. So ein korruptes Pack!

Nein, danke, da bekommen wir es beim Anwalt ja noch billiger. Gesagt, getan. Der findige Anwalt lässt seinen Helfer unsere Abdrücke nehmen. Zack! Finger rein ins neue Stempelkissen und unprofessionell auf das Formular gedrückt. Unglaublich! Unsere Unterschrift darunter und eine Menge Stempel darauf. Fertig. Die iranische Botschaft hat inzwischen allerdings geschlossen. Am nächsten Tag geben wir eine Kopie der Fingerabdrücke bei den Iranern ab. Abgeblitzt, sie merken es sofort und bestehen auf das Original, das sie ungläubig ansehen, aber schlussendlich doch akzeptieren. Nun müssen wir auf eine Bank, um jeweils 100 Euro einzuzahlen. Mit der Bestätigung wieder auf die Botschaft und 2 Tage später um 13 Uhr können wir die Pässe abholen. Außer wir bezahlen 25 Euro pro Person extra, dann können wir die Pässe am gleichen Tag haben. Sicher nicht!

Zurück bei unserem Lkw beginne ich, das Abendessen zuzubereiten. Einige Inder sind noch sportlich unterwegs im Nehru Park, die Herren in modischen Trainingsanzügen, die Damen entweder mit Sari oder Kurta und Laufschuhen. Es ist noch hell draußen, Peter sitzt auf einer Bank, beobachtet das Treiben und sagt plötzlich: „Pass auf, wir bekommen Besuch!" Ich nehme Schritte auf unserer Stiege wahr, die Tür geht auf und eine Inderin schaut mit großen Augen herein. Ich frage sie, ob sie mir beim Kochen helfen möchte. „Nein, ich suche die Toilette!", lautet ihre Antwort. Haha! Ja, gibt es denn sowas! „Tut mir leid, aber das ist mein Haus", erkläre ich der Frau. Sie schaut sich nochmals um, schließt die Tür und weg ist sie. August der Klowagen, auch nicht schlecht!

Die Wartezeit nutzen wir, um uns die Stadt anzusehen. Neu Delhi wurde von den Briten entworfen, denn die Kolonialherren wollten eine neue Hauptstadt für Britisch-Indien, eine noch größere Metropole als es Kalkutta bis dahin war. Es sollte die größte und schönste Gartenstadt der Welt werden, erklärte König George V. 1911 auf einem Bankett in Delhi.

2 Jahre später begann der britische Stararchitekt Edwin Lutyens mit seiner Arbeit. Er plante breite Boulevards, große Festplätze, viele Parkanlagen und schnörkellose, aber repräsentative Gebäude. So entstand südlich des historischen Stadtkerns von Delhi ein planmäßig angelegtes Regierungsviertel, eine Reißbrettsiedlung. 18 Jahre lang dauerte der Bau und er verschlang Unsummen, fast 15 Millionen britische Pfund.

Die einst paradiesische Gartenstadt hat aber viel von ihrem Charme und Flair eingebüßt. Mittlerweile ist sie zersiedelt und teilweise verbaut mit Betonwohnblocks und Bürotürmen. Neu Delhi ist die Stadt mit dem weltweit höchsten Feinstaubgehalt in der Luft. Hauptursache ist der extreme Schadstoffausstoß von Kohlekraftwerken und anderen Industriebetrieben und natürlich der starke Verkehr. Altertümliche Autos, Motorräder, Rikschas und auch Ochsenkarren kämpfen sich durch die Stadt. Die Bevölkerung ist seit der Unabhängigkeit Indiens 1947 durch Flüchtlingswellen (resultierend aus dem blutigen Bürgerkrieg zwischen Muslimen und Hindus), Geburtenüberschuss und Landflucht explodiert – und zwar von rund einer Million auf geschätzte 17 Millionen Einwohner. Mindestens 7 (!) Millionen Inder wohnen in Slums und es werden täglich mehr. Die Metropole wuchert, ein Drittel der Strukturen sind ohne Genehmigung entstanden. Die Stadtverwaltung lässt regelmäßig Gebäude und ganze Slumviertel mit Bulldozern abreißen. Was geschieht mit den Bewohnern, die ohnehin schon von Armut geplagt sind? Sie werden sich wohl ein anderes Stück Land suchen müssen, wo sie illegal ihre Plane auflegen, ihren Verschlag errichten. Bis der nächste Bulldozer kommt. Armut, Erniedrigung und Perspektivenlosigkeit, auch das ist Indien.

Wie können Menschen solch extreme Lebensbedingungen verkraften? Wie gehen sie mit dem Chaos um? Solche und ähnliche Fragen beschäftigen mich. Eine große Stütze ist der Glaube, die Religion. Nehmen wir z. B. die hinduistische Göttin Kali, die in ganz Indien verehrt wird. Sie ist die Göttin der Geburt und des Todes, des Werdens und Vergehens, der Fruchtbarkeit und Zerstörung. Kali wird aber auch unter anderen Namen, also anderen Erscheinungsformen angebetet, etwa als Durga, Bhairavi, Chamundi, Mahishmardini. Ist das nicht ein Widerspruch? Verwirrend? Chaotisch? Für uns Mitteleuropäer ganz sicher, denn wir haben einen anderen Blickwinkel. Diese Gegensätze und dieses Lebensgefühl haben in Indien eine lange Tradition. Denn die bäuerliche indische Gesellschaft machte immer schon extreme Erfahrungen: Reicher Erntesegen und Dürrekatastrophen oder Überschwemmungen. Diese Unterschiedlichkeiten liegen eng beieinander: Bedrohung und Rettung, Zerstörung und Aufblühen. Für die Gläubigen sind es kosmisch gewollte Gegensätze, denn für sie ist klar, dass auf Zerstörung und Chaos wieder neues Aufblühen und Ordnung folgt, dass Untergang in einer neuen Schöpfung mündet. Und aus diesem Glauben schöpfen sie Kraft und ertragen somit psychisch die extremen Lebensbedingungen. Auch hier in Delhi, in der Megastadt mit den unglaublichen Gegensätzen und dem alltäglichen Nebeneinander von unermesslichem Reichtum und lähmender Armut. Der Mensch jedoch ist ein Gewohnheitstier. Manchmal ist es unheimlich, was man alles ertragen kann. Es kommt darauf an, wie man aufgewachsen ist, denn diese Form erscheint einem ja als „normal". Vor allem dann, wenn man wenig anderes kennt.

Die Stadt ist zu weitläufig, als dass man sie zu Fuß erkunden könnte, also nehmen wir entweder eine Rikscha oder auch die U-Bahn, die es seit 2002 gibt. Durch das Zentrum von Neu Delhi verläuft der Rajpath, die königliche

Prachtstraße, die von palastartigen Ministerien, großzügig angelegten Rasenflächen und Parkanlagen und dem Präsidentenpalais gesäumt ist. Letzter besteht aus 340 Räumen und einem Innengarten, der größer ist, als der Schlosspark von Versailles, erzählt uns der Motorrikschafahrer. Am Connaught Place steigen wir aus. Der kreisförmige Platz liegt im Norden von Neu Delhi und ist ein belebtes Geschäftszentrum mit Restaurants, Banken, Bars, Kinos, Büros von Fluglinien und eher hochpreisigen Geschäften.

Unweit davon liegt der Stadtteil Paharganj mit einem großen Basar. Er wirkt ein wenig wie die Khao San in Bangkok, nur kleiner. Billige Gästehäuser, Bars, Cafés, Souvenirläden, Geschäfte und kleine Restaurants liegen hier dicht an dicht. Nachdem hier viele Touristen – vorwiegend Backpacker – unterwegs sind, müssen wir beim Einkaufen hart verhandeln. Aber wir haben ohnehin zu wenig Geld dabei, konzentrieren uns daher aufs Schauen und Sondieren. Mit der Motorrikscha geht es zurück zum Nehru Park, durch enge Gassen, Stau und Verkehrschaos. Die Rikscha bleibt stehen, Motorräder überholen, ein Auto wird ausgeparkt. Ein Touristenpaar steht wie verloren in der Mitte. Ich rufe ihnen warnend zu: „Passt auf das Auto auf!" Worauf sie sich bedanken und kopfschüttelnd sagen: „Dieses Land ist verrückt!"

Im Nehru Park lernen wir Herbert, auch Enzo genannt, kennen. Er kommt aus Bad Gastein und arbeitet als Polizist für die österreichische Polizei am Flughafen von Delhi. Ein wirklich netter Kerl, mit dem wir lange plaudern und irgendwann einmal auch auf Wein zu sprechen kommen. Zack! Und schon ruft er seinen Kollegen Toni an und bittet ihn, vom Shop der kanadischen Botschaft ein paar Flaschen österreichischen Weins mitzunehmen. Eine knappe Stunde später steht Toni mit vier Flaschen Wein vor uns. Es ist Grüner Veltliner und Riesling vom Winzer Steininger in Langenlois. Herrlich! Die Heimat lässt grüßen.

Am nächsten Tag kommen die Österreicher mit Verstärkung wieder. Die Polizisten haben abermals Wein mitgenommen und Monica, Enzos indische Bekannte, hat Hühnchen nach einem Rezept ihrer Oma mitgebracht, das schon von Weitem wunderbar duftet. Mit dabei ist auch Werner, der in der österreichischen Botschaft arbeitet und mir anfangs gar nicht so sympathisch ist. Es wird ein lustiger und feucht-fröhlicher Abend im Nehru Park. Gemütlich lümmeln wir auf unserem Plastikteppich, den wir auf der Wiese vor unserem Lkw ausgebreitet haben und genießen die gemeinsame Zeit.

In der Zwischenzeit haben wir unsere mit dem Visum ausgestatteten Pässe von der iranischen Botschaft abgeholt und machen uns nun auf den Weg zur pakistanischen Botschaft. Man kann nur durch ein kleines Fenster in der Außenmauer mit den Beamten der pakistanischen Botschaft sprechen, vorausgesetzt, sie lassen es zu. Ich lasse Peter vor, das ist eine reine Männersache. Sie wollen ihn abwimmeln, erklären, wir müssten das pakistanische Visum in Österreich beantragen. Peter meistert die Situation bravourös, bleibt freundlich, aber bestimmt. Plädiert auf ein Transit Visum. Ich schirme die Leute ab, Peter redet und redet, das kann er wirklich gut. Nach 15 Minuten haben wir die Antragsformulare in der Hand und gehen auf die österreichische Botschaft, um uns das verlangte Empfehlungsschreiben zu holen. Echt genial, dass wir am Vorabend Werner kennengelernt haben. Er arbeitet auf der Botschaft und erledigt die Sache gerne für uns. 2 Stunden und ein Glas Chardonnay später kehren wir mit dem Schreiben zum August zurück. Es ist Freitag, nun heißt es bis Montag warten.

Am 22. Februar 2013 sind wir eingeladen. Enzo schmeißt auf seiner Dachterrasse eine Abschiedsparty, zu der wir sehr gerne kommen. Es sind fast ausschließlich Botschaftsangestellte zugegen, es ist sehr international und sehr witzig. Wir lernen den österreichischen Botschafter und seine britische Frau kennen. Sehr umgängliche Menschen, mit Charme und Witz. Irgendwie erinnern sie mich an Althippies. Bei Wiener Schnitzel, Liptauerbroten, Käsekrainern und Unmengen von Bier, Wein und Schnaps unterhalten wir uns prächtig. Getanzt wird bis 6 Uhr früh, dann gehen wir in den August schlafen. Dicke Regentropfen begleiten uns zu unserem Wohnmobil. Mittags helfen wir beim Aufräumen und freuen uns schon wieder auf die Käsekrainer, die Enzos Nachfolger und dessen Frau Barbara servieren. Ich unterhalte mich kurz mit ihr und kann voll verstehen, warum ich am Vorabend der Weinflasche mehr Aufmerksamkeit geschenkt habe als ihr.

Die Steirerin ist eine nette, junge Frau, aber wir haben nur wenig gemeinsam. Barbara ist erst seit wenigen Tagen in Indien, es ist alles noch ein bisschen viel für sie. Ich verbringe den ganzen Tag mit den Jungs und stelle fest, dass ich sehr anders bin. In ihrer Welt möchte ich nicht leben. Toni hat seine Meinung zu meiner Person von Tussi (weiß der Teufel, wie er darauf kommt) zu hinterwäldlerisch geändert. Grund dafür war, dass ich noch nie ein I-Phone in der Hand hatte und die aktuelle Tanzmusik nicht kenne. Das kann ja noch lustig werden!

Kurz vor 10 Uhr am Montag geben wir alle Dokumente auf der pakistanischen Botschaft ab. Der Beamte erklärt, der Boschafter würde entscheiden, ob wir das Visum bekommen. Entweder werden wir noch heute telefonisch kontaktiert oder wir sollen am nächsten Tag um 9 Uhr wieder hier sein. Pünktlich sind wir am Dienstagmorgen wieder in der Botschaft, man bittet uns, draußen beim Tor zu warten. Das ist verriegelt, die Menschen spähen durch alle möglichen Ritzen in den Innenhof. Ob wir hier wirklich richtig sind? Nach einer halben Stunde öffnet sich eine kleine, ca. 140 Zentimeter hohe Türe. Die Menschen drängen hinein und heraus. Auch Peter macht sich bemerkbar, aber wir müssen warten. 15 Minuten später dürfen wir hinein, werden in einen Raum geführt und warten abermals, diesmal auf ein Interview.

Als wir in das Büro des Konsuls gebracht werden, führt dieser gerade ein Telefongespräch. Was für ein Zufall, dass er just in diesem Moment mit einem Deutschen telefoniert, der in Delhi ein pakistanisches Visum beantragen will. Ich identifiziere das Gespräch sofort als fake, als erfunden. Erstens hört man keine Stimme am anderen Ende der Leitung und zweitens geht es eindeutig um uns. Ich finde das richtig peinlich, wage Peter gar nicht anzusehen. Der Konsul möchte uns zittern und schwitzen sehen, er erklärt dem „Deutschen", dass er ihm höchstwahrscheinlich nicht helfen könne und er das Visum in Deutschland beantragen müsse. Endlich legt er auf und wendet sich uns zu. Um es kurz zu machen: Er genehmigt uns ein Transitvisum, weil wir schon ein pakistanisches Visum im Pass haben, das auch nicht in unserem Heimatland ausgestellt worden ist und freut sich über unser Kompliment über seine Landsleute und deren Gastfreundschaft. Erst dann fällt ihm ein, uns Tee anzubieten, den wir aber dankend ablehnen. Ein Beamter teilt uns nach abermaligem Warten den Einzahlungsbetrag (je 2.000 Rupien, ca. 29 Euro) mit und auch die Bank, wo wir die Zahlung leisten können. Mit der Bestätigung kommen wir am nächsten Tag zur pakistanischen Botschaft und können uns 2 Tage später unsere Pässe mit dem 7-tägigen Transitvisum abholen. Super! Vielen Dank!

Die Wartezeit nutzen wir, um uns nochmals in Delhi umzusehen, diesmal im alten Stadtteil. Hier sind wir wieder so richtig in Indien angekommen: Enge, verschmutzte Gassen mit vernachlässigten Gebäuden, wo sich Basare, Werkstätten und Wohnhäuser aneinanderreihen. Viele Bauten im indisch-orientalischen Stil sind noch erhalten, aus jener Epoche, in der die islamischen Mogule herrschten. Allen voran Shah Jahan, der das Taj Mahal in Agra errichten ließ. Ursprünglich umgab dieses Stadtviertel eine 8 Kilometer lange Mauer, von der nicht mehr viel erhalten ist. Auch die größte Moschee Indiens ist hier zu finden, die Jama Masjid, die von Weitem zu sehen ist und alle anderen Gebäude überragt. Im Innenhof sollen bis zu 25.000 Gläubige Platz haben. Von hier ist es nicht mehr weit bis zum Roten Fort, das von einem Burggraben umgeben ist und einst die Residenz von Shah Jahan war. Viele Pauschaltouristen treffen wir vor der aus rotem Sandstein erbauten Anlage. Wir begnügen uns mit der Betrachtung des Forts von außen und versuchen, anschließend irgendwie nach Paharganj zu kommen, wo wir Einkäufe erledigen wollen. Der Verkehr ist ein Horror in dem labyrinthartigen Gassengewirr, die Abgase und die Luftverschmutzung auch. Für mein Gefühl leben hier viel zu viele Menschen auf zu engem Raum, dazwischen sind Müllberge, streunende Hunde, heilige Kühe, Verkaufsstände, Handkarren und Rikschas. Es ist irgendwie chaotisch und doch herrscht eine gewisse Ordnung, so wie in jeder indischen Megastadt. Es gibt eigene Hindu- und Moslemviertel, ethnische Gruppen leben getrennt voneinander, Zuwanderer ziehen immer in die Viertel, wo schon Leute aus dem gleichen Bezirk, dem gleichen Dorf oder dem gleichen Klan angesiedelt sind. Also klare Strukturen in dem vermeintlichen Chaos.

In der nächsten Gasse entdecken wir die Ohrenputzer, in Indien ein eigener Berufszweig. Fasziniert und auch etwas angeekelt sehen wir den Männern mit roten Turbanen oder Kappen bei ihrem Handwerk zu. Die Kundschaft stellt oder hockt sich vor dem Ohrenreiniger hin, hält den Kopf etwas schief und schon kann es losgehen. Gegebenenfalls streicht der Ohrenputzer die Haare weg und dann benutzt er eine lange Metallnadel zum Reinigen der Ohren. Eventuell werden ein paar Tropfen Flüssigkeit verwendet, wahrscheinlich, wenn die Ohren sehr schmutzig sind. Zum Abschluss wird ein Wattestäbchen oder ein Stück Stoff verwendet, sozusagen als Endreinigung. Mit uns machen die Ohrenputzer kein Geschäft.

In Paharganj haben wir viel zu tun, die Einkaufsliste ist lang: Räucherstäbchen und Halterungen, Stoffe, Schlüsselanhänger, Dekorationsmaterial, getrocknete Linsenfladen etc. Nach langem Feilschen schnappen wir uns eine Motorradriksha, in die wir mit all unseren Sachen gerade noch hineinpassen, und lassen uns zu unserem Lkw bringen, wo wir die vielen Sachen verstauen müssen.

RAJASTHAN
Unter den Fittichen von Mr. Singh

Als wir nach 2 Wochen Delhi verlassen, haben wir nur einen Wunsch: Einen ruhigen und ungestörten Platz am Land zu finden. Auf dem National Highway 8 verlassen wir die Hauptstadt Indiens, fahren durch den Bundesstaat Haryana nach Rajasthan. Anfangs durch Industriegebiete und danach durch große, landwirtschaftliche Anbauflächen. Dazwischen sind immer wieder Mautstellen, wo ich lange Verhandlungen führe, oft beim Manager lande und immer erfolgreich bin: August wird in die Kategorie „Auto, Jeep oder Kleinbus" eingestuft. Wir sind auf der Suche nach einem Nächtigungsplatz, fahren von der Autobahn ab und landen wieder auf einer Autobahn, die auf meiner Karte gar nicht eingezeichnet und die selbstverständlich gebührenpflichtig ist. Toll! 15 Kilometer sind es nur mehr bis Jaipur, dort wollen wir heute aber auf keinen Fall hin. Kurz bevor es dunkel wird, finden wir einen Schlafplatz. Wie auch schon in Delhi, kühlt es hier stark ab. Wir brauchen einen Pullover und fallen nach dem Abendessen müde ins Bett.

Am nächsten Morgen steht die Polizei vor der Tür. Die Beamten sind freundlich, wollen nur wissen, wer wir sind und was wir hier machen. Anscheinend hat sie jemand in der Nachbarschaft alarmiert. Als sie gerade unsere Pässe kontrollieren, taucht eine ältere Frau auf und redet auf die Polizisten ein. Sie wohnt ganz in der Nähe und hat die Beamten gerufen, weil sie einfach Angst hatte. Als ich aussteige, ist die Inderin erleichtert, eine Frau zu sehen, beginnt aber dennoch zu weinen und redet wie ein Wasserfall. Ich beruhige sie, die ältere Frau lässt meine Hand erst wieder los, als die Polizisten sie nach Hause schicken. „Chello!", rufen sie mehrmals. Kaum sind die Beamten weg, kommt die Inderin wieder, lädt uns zu sich nach Hause ein und besteht darauf, dass wir mitgehen. Peter verweigert und so folge ich Likshmi allein über die abgeernteten Felder zu ihrem Haus. Sie erzählt mir, dass ihr Mann vor einigen Jahren gestorben sei, der Sohn zwar bei ihr wohne, aber momentan nicht da sei. Sie zeigt mir ihr Haus, eine Getreidemühle läuft auf vollen Touren in einem Raum, ein Eckzimmer ist der Lagerraum für Kuhfladen, in einem kleinen Schlafzimmer stehen zwei Betten und der Fernseher läuft auf voller Lautstärke. Ein Nebengebäude gibt es auch noch, genauso wie Wasser und Strom. Likshmi pflückt für mich ein paar Zitronen vom Baum und zeigt mir ihren Gemüsegarten. Dabei redet sie ständig auf mich ein, selbstverständlich auf Hindi. Sie beginnt zu ernten: Spinat, Zwiebel- und Karottengrün, kleine Schoten, Bockshornklee und Minze. Alles für mich! Danach begleitet sie mich zu unserem Lkw, wo ich ihr Mandarinen und Breiäpfel schenke. Likshmi strahlt über das ganze Gesicht, die Welt ist für sie wieder in Ordnung. Eine wirklich sehr liebe Frau, an die ich noch lange denke:

Beim Central Park in Jaipur finden wir einen Parkplatz für unseren Lkw, wo wir laut dem Parkwächter auch über Nacht bleiben dürfen. Außer unserem Fahrzeug sind viele Pkw hier, deren Insassen sich in der Parkanlage vergnügen, entweder turtelnd auf einer schattigen Bank, sportlich als Läufer oder gemütlich auf einer Picknickdecke. August der Reisewagen wird wieder zum Magneten. Viele Inder umkreisen ihn, bevor sie uns mit Fragen bombardieren: „Woher kommen Sie? Was ist der Zweck Ihrer Reise? Wie lange bleiben Sie in Jaipur? Wie alt ist der Lkw? Ist es ein Diesel? Wie ist er im Inneren ausgestattet? Gibt es eine Klimaanlage? Eine Toilette? Ein Bett? Eine Küche? Wasser? Wer lenkt den Lkw? Wie viele PS hat der Motor?" Danach übersetzen sie alles den Schaulustigen, die kein Englisch verstehen. Das ist wirklich amüsant, denn ein paar Wörter verstehen wir, z. B.: pani (Wasser), gari (Auto), diesel und washing machine. Aha, sehr interessant, eine Waschmaschine haben wir nun also auch. Fehlen nur noch ein Schwimmbad am Dach und ein Weinkeller unter dem Aufbau.

Wir beenden die Vorstellung, indem wir uns auf den Weg in die Altstadt machen. Jaipur ist nicht nur die Hauptstadt von Rajasthan, sie ist auch die „Rosarote Stadt", denn fast alle Fassaden in der von einer Mauer umgebenen Altstadt sind mit einem rosaroten Anstrich versehen. Die Straßen sind gitternetzartig angelegt, daher kann man sich gut orientieren und noch dazu sind sie relativ breit und sauber. Im Zentrum befindet sich der Stadtpalast, umschlossen von hohen Mauern, mit wunderschönen Höfen und

Gärten dazwischen. In Teilen davon lebt noch immer die ehemalige Herrschaftsfamilie. Hier kann man in die geheimnisvolle Welt der Paläste und Maharadschas eintauchen. Durch eine Reihe von reich verzierten Toren gelangt man in das Innere des Maharadschapalastes, der nichts vom ursprünglichen Glanz und Prunk eingebüßt hat. Aufwendige Wandmalereien mit floralen Mustern wechseln sich mit verzierten Toren und bunten Balkonen ab. Die Sockel sind aus Marmor gefertigt, die Tore zum Teil aus Gold. Alles blitzt, alles glänzt.

Beim Ausgang sitzt ein Schlangenbeschwörer auf einem kleinen Teppich. Der Mann mittleren Alters hat einen Schnurrbart und trägt einen typisch rajasthanischen Turban, er spielt auf einer Flöte, die aus einem getrockneten Kürbis und einem daran befestigten Metallrohr besteht. Davor erhebt sich eine Kobra aus einem runden Korb. Wie gebannt bleiben die Touristen vor dem Duo stehen und bewundern die Schlange mit einem gewissen Sicherheitsabstand. Einige stecken dem Schlangenbeschwörer Geldscheine zu, die er rasch in seinem Gilet verschwinden lässt. Als der Geldstrom versiegt, legt er die Flöte beiseite, drückt die Kobra sanft am Kopf nach unten in den Korb zurück und verschließt ihn mit dem Deckel. Vorstellung beendet.

Der Palast des Windes ist unser nächstes Ziel. Das fünfstöckige, rosarote Bauwerk ist eigentlich nur eine Fassade, die es den Hofdamen damals ermöglichte, Festzüge auf der Straße zu beobachten, ohne selbst gesehen zu werden. Ihren Namen erhielt das Hawa Mahal wegen der ausgeklügelten Luftzirkulation, die stets eine frische Brise durch die Räume ziehen ließ und das Leben für die Damen angenehmer machte. Die unteren drei Stockwerke sind gerade mit filigranen Bambuskonstruktionen eingerüstet, was dem Palast der Winde ein besonderes Aussehen verleiht und was viele Touristen ärgert, denn wie sieht denn das auf den Fotos aus?!

Mich stört es nicht, Peter noch weniger. Er hat schon wieder einen ganz eigenen Gesichtsausdruck bekommen, den ich mittlerweile zu deuten weiß. Will heißen, er hat genug von der Kultur und, wie er es so schön nennt, „schon ein Loch im Bauch". Wobei er damit nicht den Nabel meint. Jetzt heißt es schnell etwas Essbares aufzutreiben. Glücklicherweise werden wir bald fündig. Vor einem der Stadttore steht ein Inder neben einem Fahrrad, auf dem ein großes Tongefäß befestigt und mit einem roten Tuch eingewickelt ist. Der Mann zieht das Rad schnell an sich heran und drückt es wieder von sich weg. Es sieht so aus, als wollte er so den Inhalt des Tongefäßes verrühren. Dabei bewegt er sich viel mehr als das Fahrrad und verfällt in eine Art Trance. Minutenlang steht er so da und wiederholt diesen Vorgang. Wir sind neugierig geworden. Den Mann stört es nicht, dass Peter sich neben ihn hinstellt, ihn beobachtet und in das Gefäß blickt. Unbeirrt macht er weiter. Schließlich finden wir heraus, was im Gefäß ist: Ganz normales Speiseeis. Warum er es bzw. sich selbst so vehement schüttelt, bleibt allerdings ein Rätsel.

Überteuerte Souvenirläden mit Kunsthandwerk aus Rajasthan sind überall Richtung Central Park zu finden. Kaum verlassen wir die Altstadt, ändert sich das Stadtbild. Die Gassen werden enger, Verkehr und Menschen mehr, ebenso Verkaufsstände und Handkarren. Und auch der Müll. Die ganz schmalen Gassen fungieren als Müllhalde, bis zu einem halben Meter hoch türmen sich alter Hausrat, Plastiksäcke, Essensreste und Schutt. Hinzu kommen Abwässer von den Häusern. Alles in allem ein wunderbarer Cocktail, der noch dazu einen unglaublichen Duft verbreitet.

Vor einem Krankenhaus werden Heilbehelfe verkauft: Rollstühle, Krücken in allen nur erdenklichen Ausführungen und auch Toilettensessel. Diese faszinieren uns. Es sind Klappsessel aus Metall, die Sitzfläche ist eine Klobrille. So einen brauchen wir unbedingt! Äußerst praktisch stellen wir uns die Klosessel vor, nicht nur um sein Geschäft zu erledigen, sondern auch als Gästesessel. Wir entscheiden uns für das blaue Modell. Peter montiert eine Halterung an der Innenseite der Eingangstüre unseres Wohnmobils. Ein perfekter Platz, wie wir finden. Denn ist die Türe offen, kommt der Sessel sehr gut zur Geltung und jeder zweite Passant bleibt stehen und fragt, ob das tatsächlich unsere Toilette sei. Auch heute noch. Peter kommt auf die glorreiche Idee, etwas Nutella auf die Klobrille zu streichen. Den Gesichtsausdruck der Menschen, die das entdecken, kann man sich nur allzu gut vorstellen. Bis zum heutigen Tag haben wir den Sessel nie zu seinem eigentlichen Zweck verwendet.

Ein Montag in Jaipur. Die Sonne versinkt gerade hinter Strommasten, Wasserspeichern und ein paar Bäumen. Laut schreiende Papageien landen auf dem Dach, Hunde bellen und viele Motorrikschas, Autos und Busse machen sich auf den Weg nach wohin auch immer. Die Temperaturen werden angenehm, doch ich vermisse die Ruhe. Die Stille. Das Leben in Indien pulsiert an fast jeder Ecke. Das macht mich müde, manchmal auch gereizt. Ich habe Hunger auf Natur, großes Verlangen nach Langsamkeit und Einfachheit. Peter hat recht, wenn er sagt, dass wir zu viel in diese Reise packen. Wir leben zu wenig und erleben zu viel, sind auch schon abgestumpft von den Tempeln, Palästen, Burgen, Märkten und der Buntheit Indiens. Alles ist laut und schrill. Manchmal bebt mein Kopf und mein Körper vibriert. Es ist schwer, zur Ruhe zu kommen. Momentan ist unser größter Wunsch, irgendwo fernab der Zivilisation einen stillen Platz zu finden. Wir brauchen wieder Luft zum Atmen, Zeit zum Leben. Das ist gar nicht so einfach in Indien.

Am Ufer eines kleinen Salzsees zwischen Jaipur und Pushkar gelingt es uns, ein paar Tage zu entspannen. Wir parken unter einem riesigen Baum, zu dem abends Hunderte von Papageien kommen. Wir beobachten Enten, Gänse, Stelzen, Flamingos, Käuze und sehen sogar Antilopen und Nilgais, sogenannte Blaue Bullen. Ein kleiner Tempel befindet sich in unmittelbarer Nähe und auch ein Haus, dessen Bewohner sich um den Tempel kümmern. Unsere neuen Nachbarn sind eine nette Familie, die uns regelmäßig besuchen kommt und uns auch einlädt. Mathias aus Deutschland hat sich zu uns gesellt und parkt nun mit seinem Unimog neben uns. Während er und Peter sich um die Fahrzeuge kümmern, besuche ich die Nachbarn. Parvati zeigt mir ihr Haus, das einfach, aber sehr gepflegt ist. Endstation ist die Küche, wo sie gerade den Teig für das Brot fertiggestellt hat. Ich finde zwar nicht heraus, welches Mehl sie verwendet, aber das Fladenbrot schmeckt herrlich! Es ist auf alle Fälle Vollkornmehl, aber sicher kein Weizen. Auch Peter und Mathias freuen sich über diese Köstlichkeit. Es tut gut, am Land zu sein, wir laden unsere Batterien auf.

Die Stadt Ajmer liegt in einem Talkessel am Fuße der Aravalliberge, die als Klima- und Wasserscheide fungieren. Die Berge trennen die fruchtbaren

Ebenen im Osten und Südosten von der Thar-Wüste. Die Stadt ist ein wichtiger Pilgerort, allerdings nicht nur für Hindus, sondern auch für Muslime, denn hier liegt das Grabmal eines bedeutenden Sufis. Doch das interessiert uns wenig, wir haben ein anderes Vorhaben: Wir brauchen dringend Gas. Wir haben zwei Gasflaschen, die beinahe leer sind. Peter hat eine gute Vorahnung, in welchem Gebiet, in welchem Stadtteil Gas erhältlich ist. Im fünften Geschäft werden wir fündig, müssen aber das Gas aus der indischen Flasche in unsere beiden österreichischen umfüllen. Eine nicht ganz ungefährliche Aktion, die in Österreich sicher verboten wäre. Zumindest so, wie wir es machen. Am Stadtrand parken wir neben der zweispurigen Fahrbahn. Peter stellt die indische Flasche mit dem Hals nach unten etwas erhöht neben der Straße ab, schließt den Schlauch an und verbindet so die indische mit der österreichischen Flasche. Er öffnet die Ventile und schon geht es los. Und wie könnte es anders sein: Die Passanten gehen nicht einfach weiter, sondern kommen neugierig auf uns zu. Zu Fuß, mit dem Rad und Motorrad. Wegen der Explosionsgefahr beauftragt mich Peter, die Menschen zum Weitergehen zu bewegen, was wirklich schwer ist. Ich lotse sie auf die andere Seite unseres Lkw und plaudere fleißig mit ihnen. Nervös werde ich erst, als sich einige Männer locker und lässig Zigaretten anzünden. „Chello!" Abfahrt, aber schnell, meine Herren!

Auch wir reisen ab, heute haben wir nur eine kurze Tagesetappe. Etwa 15 Kilometer sind es bis nach Pushkar, einem wichtigen Hindu-Pilgerort. Rund um einen See liegen unzählige weiße Tempel – in der ganzen Stadt gibt es mehr als 500 – und Ghats, die stufenförmigen Badeplätze. 52 sind es insgesamt, für jeden Maharadscha von Rajasthan einen. Das ganze Jahr über kommen Pilger aus ganz Indien, um ein reinigendes Bad im See zu nehmen. Der wichtigste Termin aber ist zu Vollmond im November, denn dann kann man sich von allen Sünden reinwaschen. Und zu diesem Zeitpunkt findet hier auch der größte Kamelmarkt der Welt statt, der eine Woche andauert und auf dem mehr als 40.000 Tiere zugegen sind. Es ist ein großes Fest, eine farbenprächtige Veranstaltung mit Kamelrennen und einem Schnurrbartwettbewerb. Ein Highlight für die Rajasthanis, die während dieser Woche die Arbeit ruhen lassen und ausgiebig feiern. Die Ernte ist dann schon eingefahren, das überschüssige Vieh verkauft und der Erlös in der Tasche. Die Frauen erscheinen in ihren schönsten Kleidern, in bunten, bestickten Saris, mit kleinen eingenähten Spiegeln und mit Goldfäden verziert. Mit Hals- und Fußketten aus Silber oder Gold und vielen Armreifen. Die Männer hingegen tragen hohe Turbane, die vor Wind und Sonne schützen, aber auch Auskunft über Beruf, Herkunft, vorherrschende Jahreszeit und noch mehr geben.

Schade, dass wir im März hier sind. Das hat aber den Vorteil, dass nur wenige Touristen unterwegs sind, auch die Anzahl der Pilger ist gering. Nur eine Handvoll tummelt sich um den See, dafür gibt es umso mehr freche Affen. Verglichen mit dem Rest Indiens ist Rajasthan wegen der ausgedehnten Wüstenflächen relativ dünn besiedelt. Nur 68 Millionen Menschen wohnen auf einer Fläche, die viermal so groß wie Österreich ist. Der Verkehr am Land ist harmlos, es scheint hier weniger Fahrzeuge zu geben, dafür kommen uns viele Karren entgegen, die von Kamelen gezogen werden. Darauf sitzen hagere Männer mit prächtigen Schnurrbärten in weißer Kleidung und mit bunten Turbanen. Die Landschaft ist trocken und karg, die Felder liegen brach, Grashalme sucht man vergeblich. Vereinzelt sehen wir Bäume, direkt neben der Straße auch ein paar Stauden. Die Temperaturen am Rande der Thar-Wüste können sehr hoch werden. Im Mai oder Juni stehen über 45 °C an der Tagesordnung.

Und hier befindet sich auch der Karni Mata-Tempel, besser bekannt als Rattentempel von Deshnok. Karni Mata lebte im 14. Jahrhundert als Inkarnation der Göttin Durga und war eine Heilige. Sie vollbrachte Wunder, konnte Tote wieder auferstehen lassen. Der Legende nach kam eines Tages eine Mutter zu ihr, weil deren Sohn schwer krank war. Als die beiden den Buben aufsuchten, war er schon tot. Karni Mata ging zu Yama, dem Gott der Unterwelt und verlangte den Jungen zurück, jedoch vergeblich. Sie wusste, dass Ratten die einzigen Lebewesen der Welt waren, auf die Yama keinen Einfluss hatte. Karni Mata beschloss deshalb, dass die Angehörigen der Kaste, zu der die Mutter des Buben gehört (Charan-Musiker), zukünftig als Ratten wiedergeboren werden sollten. Durch ein üppig verziertes, weißes Marmorportal gelangen wir in den Innenhof des Tempels. Betrachtet man das Portal genauer, wird man schon auf die Bewohner des Tempels vorbereitet, denn neben Elefanten, Blumen und Göttern bekommt man hier bereits Ratten zu Gesicht. Im Tempel selbst kann man die Tiere hautnah erleben. Überall kreucht und fleucht es. Aus jeder Nische, aus jeder Ritze schauen uns mindestens zehn Augenpaare der braunen Nager an. Die Pilger bringen Gaben für die heiligen Ratten mit: Vorwiegend Milch, Nüsse und Süßigkeiten, denn es könnten ja ihre wiedergeborenen Verwandten sein. Große Schüsseln sind aufgestellt, an deren Rändern Ratten sitzen und genüsslich Milch schlürfen. Die Leckereien und Nahrungsmittelreste sind eigentlich überall im Tempel verteilt. Die Schuhe muss man natürlich ausziehen und so gehen wir vorsichtig zwischen dem vielen Kot, den Speiseresten, toten Kakerlaken, Müll und den Ratten im Tempel herum. Zart besaitet darf man hier nicht sein.

Die Pilger bleiben lange und hoffen, die einzige weiße Ratte zu sehen. Es wäre ein besonderes Glück, wenn sie einem über die Füße laufen würde. Scheu sind die Tiere nicht, neugierig kommen sie herangelaufen und beschnuppern die Füße und wenn man Pech hat, wird man – so wie ich – sogar gebissen. Oder ist das ein Zeichen von Glück oder besonderer Ehre? Die Ratten führen ein regelrechtes Lotterleben im Tempel: Futter im Überfluss, Schutz vor Greifvögel durch ein gespanntes Netz im Hof, tägliche Huldigung und Anbetung durch die Hindus und musikalische Untermalung während der Mahlzeiten durch eine Musikgruppe. 20.000 Exemplare soll es hier geben und das glaube ich gerne. Die meisten schauen gut genährt aus, manche machen aber den Eindruck, als ob sie krank wären und wir sehen auch einige tote Ratten. Ob sie hier liegen bleiben oder begraben oder verbrannt werden, wissen wir nicht genau.

Ein äußerst skurriler Tempel, der für Nicht-Inder gewöhnungsbedürftig, wenn nicht ekelerregend ist. Hier noch ein kleines Detail: Besonders glücksbringend soll es sein, die gesegnete Nahrung aus dem Hauptschrein zu essen, nachdem eine heilige Ratte daran genagt hat. Dorthin dürfen allerdings nur Hindus und so bleiben uns die geweihten Lebensmittel verwehrt.

Die Nacht des Gottes Shiva verbringen wir in Bikaner. Shivaratri wird sie genannt und ist für die Verehrer dieses Gottes das wichtigste Fest des Jahres. Angeblich ist es der Hochzeitstag von Shiva und der Göttin Parvati. Shiva ist eine der populärsten Formen des Göttlichen im Hinduismus und steht für Zerstörung im Universum, aber auch für Neuschöpfung. Bevor das Alte nicht vergeht, kann nichts Neues kommen. Dargestellt wird er mit blauem Gesicht, auf einem Tigerfell sitzend. Um seinen Hals rollt sich eine Schlange, in seinem Haar hockt Ganga, die Göttin des heiligen Flusses Ganges und in der Hand hält er einen Dreizack.

So wie viele gläubige Hindus wollen auch wir in den Shiva-Tempel. Doch wo ist dieser in der Wüstenstadt Bikaner? Wir parken vor dem Chandar Niwas Gästehaus bei der Familie Singh. Diesen Tipp haben wir von den Holländern Ellen und Wim in Goa bekommen und er stellt sich als sehr wertvoll heraus. Nach der Begrüßung erklären wir Mr. Singh, dass wir gerne zum Shivaratri-Fest in einen Tempel möchten. Er setzt alle Hebel in Bewegung, telefoniert, holt Erkundigungen ein und organisiert. In der Zwischenzeit werden wir von seiner Frau Hansha mit indischem Gewürztee und Kuchen verwöhnt. Ihr Sohn Kapil weicht uns nicht von der Seite, der 12-Jährige bestaunt unser Fahrzeug von außen und innen und möchte mehr von unserer Reise erfahren. Es ist auch eine gute Gelegenheit für ihn, sein Englisch zu verbessern. Als es bereits dunkel ist, werden wir von Anil, einem Handlanger von Mr. Singh abgeholt. Wir quetschen uns zu fünft in eine Motorrikscha und lernen so die halbe Stadt kennen, denn der Tempel liegt am anderen Ende. Laute Musik plärrt aus den Lautsprechern und der beleibte junge Inder textet uns während der gesamten Fahrt zu.

Schon von Weitem sehen wir den Shiva-Tempel. Er leuchtet in grellen Farben, vorwiegend in Grün und Lila, viele gelbe Lichterketten sind an der Fassade angebracht. Der Menschenauflauf ist gewaltig, wir steigen aus der Rikscha und werden vom Strom mitgerissen, regelrecht in den Tempel geschwemmt. Gläubige huldigen ihrer Gottheit, sie verehren Shiva mit Blumen, Reis und Früchten. Statuen von ihm und der Lingam – das Symbol für das Göttliche und die Schöpferkraft von Shiva in Form eines Phallus – werden mit Honig und Milch übergossen, Glocken werden geläutet, der Duft von Räucherstäbchen liegt in der Luft. Mantren werden gesungen, es wird gefastet und die ganze Nacht durchgewacht. Nach 2 Stunden haben wir genug, der Schädel brummt von der Geräuschkulisse, wir sind alle müde und wollen ins Bett. Anil winkt eine Rikscha heran und schon geht es über staubige Straßen zurück ins Gästehaus. Er redet wie ein Wasserfall, zählt auf, was er uns in den kommenden Tagen nicht alles zeigen möchte und beginnt uns langsam auf die Nerven zu gehen. Wir verabschieden uns von dem Inder und bedanken uns. Danke für deine Hilfe, Anil. Vielen Dank für die viele Info. Und Gott sei Dank, dass wir jetzt schlafen dürfen. Alleine. Gute Nacht!

Wir brauchen viel Energie in der Wüstenstadt. Wir lernen Nachfahren des Maharadschas von Bikaner kennen, einer davon ist unser Gastgeber, ein sehr guter, vielleicht sogar ein zu guter. Mr. Singh nimmt uns unter seine Fittiche, zeigt uns das Palasthotel, Havelis, den Krishna-Tempel und Stadtteile, die wir sonst nie zu Gesicht bekommen hätten. Er geht mit uns ins Fotolabor, um Bilder auszudrucken und hat überall Freunde und Verwandte. Nirgends müssen bzw. dürfen wir bezahlen. Wenn wir abends in seinem Gästehaus Essen bestellen wollen, meint er, dass alles schon organisiert sei. Leider essen die Rajputen erst sehr spät. Vorher wird getrunken: Bier, Gin, Whiskey, Rum, um nur ein paar Getränke aufzuzählen. Um 21 Uhr kracht uns schon der Magen, um 22 Uhr sind wir gar nicht mehr hungrig, weil wir schon so viel geknabbert haben. Nach weiteren 1,5 Stunden wird das Essen serviert: Tandoori-Huhn, Lamm-Masala, Reis und Chapatti. Und morgens drückt wieder der Bauch!

Alles kommt anders. Nämlich wirklich alles. Kein gemütlicher Abend mit einem Glas Wein auf der Dachterrasse des Chandar Niwas Gästehauses, sondern wieder volles Programm mit Mr. Singh. Ablehnen ist unmöglich, alles ist natürlich schon organisiert. Wir sind nicht sehr glücklich, denn Peter hat den ganzen Tag unseren August repariert und ist müde. Der Rahmen der Windschutzscheibe wurde geschweißt, gerade rechtzeitig, bevor wir die Scheibe verloren hätten. So nebenbei hat Peter auch „Lüftungslöcher" in meinem Fußraum entdeckt. Auch diese hat er bearbeitet. Schade eigentlich, denn bei den momentanen Temperaturen von fast 40 °C hätte mir ein bisschen Wind schon gut getan. 20 Minuten später sitzen wir alle in einer Rikscha, die uns ins Hotel Bhairon Vilas bringt. Der Besitzer, Harsh, ist ein Cousin von Mr. Singh. Wir haben auch gar nichts anderes erwartet. Der Mann ist eine richtige Erscheinung, schön kann man ihn nicht bezeichnen, aber interessant, humorvoll, weltoffen und mit einer besonderen Ausstrahlung. Sein Urgroßvater war der Maharadscha von Bikaner. Blaues Blut fließt also in den Adern von Harsh, der viel Einfluss und auch viel Geld hat. Sein Hotel ist ein Palast, jedes Zimmer anders eingerichtet. In der Bar gibt es so viele Antiquitäten zu betrachten, dass man tagelang bleiben könnte. Die Musik, die uns vorgespielt wird, ist uns fremd, aber fasziniert uns von Anfang an. Es ist Musik aus Rajasthan und Sufi-Musik aus Pakistan. Auch Fahrzeuge sammelt der Maharadscha-Nachkomme, vorwiegend Chevrolets und Willys. Wir lernen auch seine derzeitige Freundin Charlotte aus Frankreich kennen. Eine faszinierende und witzige Frau, mit der ich mich gleich auf Anhieb verstehe. Wider Erwarten wird es ein toller Abend, noch dazu in einem wunderschönen Ambiente!

Nach einer Woche sind wir immer noch im Gästehaus bei Mr. Singh, der Hauptgrund dafür ist der Internetzugang hier. Jeden Tag sitzen wir auf der Dachterrasse, recherchieren, schreiben E-Mails und telefonieren. Es gibt Probleme mit dem iranischen Visum. Ellen und Wim haben keine Referenznummer bekommen und somit auch kein Visum. Das hängt vielleicht mit den Präsidentschaftswahlen zusammen, die am 14. Juni 2013 stattfinden werden. Anscheinend werden für die Monate Mai und Juni überhaupt keine Sichtvermerke ausgestellt. Seit einigen Tagen soll es Restriktionen geben, wenn man auf dem Landweg nach Iran einreist. Angeblich braucht man einen Führer, sagt der iranische Reiseveranstalter Touranzamin und verweist auf das Außenministerium. Sonst weiß aber niemand von solch einer Regelung, weder die iranische Botschaft in Wien, noch Nasser Khan, unser Vertrauensmann in Täbris. Peter hat soeben mit der iranischen Botschaft in Delhi telefoniert, um genauere Informationen zu bekommen. Wir haben bei der Visabeantragung angegeben, dass wir mit dem Flugzeug einreisen werden. Jetzt kursieren Gerüchte, dass an der pakistanisch-iranischen Grenze das Visum mit dem Antragsformular kontrolliert wird und die Angaben verglichen werden. Im schlimmsten Fall kann man deportiert werden. Und das Fahrzeug? Gute Frage ...

Wir suchen nach Antworten und Alternativen, haben mit allen möglichen Reisenden Kontakt aufgenommen. Mit den Deutschen Amelie und Till, Angela und Uwe, Mathias sowieso, dem Schweizer Marco. Die Aussagen sind alle unterschiedlich. Parallel dazu haben wir schon bezüglich Myanmar die Fühler ausgestreckt. Die meisten Reisenden, die wir in Goa getroffen haben, wollen dorthin. Die Schweden Milan und Pia, die Tschechen Lenka und Jan, die Franzosen Olivia und Olivier und die Schweizer Nicole, Roy, Silvana und Werni sind gerade in Nepal und wollen nach Thailand. Die Preisverhandlungen mit Reiseveranstaltern laufen, denn Myanmar darf man als Individualtourist mit eigenem Fahrzeug nicht bereisen. Am 15. Mai wollen sie einreisen, das ist in weniger als 2 Monaten. Was sollen wir nur machen? Ständig sind wir hin- und hergerissen. Wir müssen uns entscheiden, die Zeit läuft und unsere Reisekasse wird zunehmend leerer.

Unsere Stimmung ist im Keller, die Augen brennen von der gleißenden Sonne und dem Staub. Kapil kommt regelmäßig zu uns und fragt, was wir jetzt vorhaben, wie lange wir noch bleiben wollen. Wir wissen es selber nicht. Je mehr Erkundigungen wir einholen, umso komplizierter wird die Angelegenheit. Das Internet ist nicht immer ein Segen und der Computer nicht immer unser Freund.

Mathias hat soeben eine E-Mail geschickt und uns mitgeteilt, dass er wahrscheinlich morgen in Delhi sein Visum für Iran bekommen wird. Alles sei im Lot. Das klingt gut, dann werden wir die Einreise nach Iran also doch versuchen. Das ist unsere endgültige Entscheidung. Irgendwie sind wir erleichtert.

Hansha serviert uns wieder einmal Chai, den ich sehr gerne annehme. Genauso wie die Einladung zu Harsh ins Hotel Bhairon Vilas am Abend, die uns Mr. Singh überbringt. Heute ist mir alles recht. Am Nachmittag setzen wir uns in den Garten und erleben einen Besuchermarathon. Zuerst erscheint Anil mit ein paar Freunden und gibt sich wieder einmal lässig-cool, um Eindruck zu schinden. Er begrüßt Peter mit den Worten: „Peter! Good?" Nachdem Anil diese Floskel besonders kreativ erscheint, wiederholt er sie alle paar Minuten. Ich habe Nachsicht mit ihm heute. Verwandte der Familie Singh kommen auf Besuch und wollen unser Wohnmobil besichtigen. Kein Problem. Wir wussten gar nicht, dass so viele Menschen auf einmal in unserem Lkw Platz haben.

Freundinnen der Frau des Hauses kommen, gönnen sich einen Tee auf der Hollywoodschaukel. Wunderschön sind sie und die Kleider so herrlich farbenfroh. Sie laden mich ein, bei ihnen Platz zu nehmen, ich komme mir mit meiner olivgrünen Hose und der karierten Bluse zwischen den roten, orange- und pinkfarbenen Saris wie ein Mauerblümchen vor. Hansha ist richtig stolz, dass sie Fernreisende in ihrem Haus beherbergt und so bei ihren Freundinnen Eindruck machen kann. Ich werde mit Fragen bombardiert, bei jeder Geste scheppern unzählige bunte Armreifen bei den Inderinnen. Kapil löst mich ab, ich müsse mir unbedingt die Wandmalereien ansehen, die gerade im Garten angefertigt werden. An der Wand zum Nachbarhaus entsteht ein lebensgroßes Gemälde einer Prozession der Maharadschafamilie mit Elefanten. Ein einziger Mann arbeitet hier für mehrere Wochen an dem Kunstwerk, dessen Fertigstellung Wochen dauern wird. Das würde auch auf unserem Wohnmobil toll aussehen, aber so lange wollen wir dann auch wieder nicht in Bikaner bleiben.

Mr. Singh sorgt wieder für eine Überraschung. Eine halbe Stunde vor der Abfahrt ins Hotel bittet er uns zu sich. Er zaubert Peter einen Turban aus einem orange-gelben Stoff auf den Kopf, während Hansha mich an der Hand nimmt und in ihr Schlafzimmer führt. Dort zieht sie mir einen pinkfarbenen Sari mit goldenen Rosen an, behängt mich mit Schmuck und schminkt mich. Ich lasse alles über mich ergehen. Unsere Gastgeber sind mit dem Ergebnis zufrieden und in diesem Aufzug fahren wir zu Harsh. Bis in die Nacht wird gefeiert, gegessen, getrunken und zwei Musikern gelauscht, die uns in dem wunderschönen Garten unterhalten. Wir können uns gut vorstellen, wie die Maharadschas damals in Rajasthan, dem Land der Könige, residiert haben. Die Gastfreundschaft von Mr. Singh und seiner Familie kennt keine Grenzen, er macht unseren Aufenthalt in Bikaner unvergesslich.

FLAGGENPARADE AN DER GRENZE
Incredible India!

Im Bundesstaat Punjab kaufen wir einen Traktor und einen Lkw. In einer Kleinstadt werden diese Blechspielzeuge in jedem Geschäft verkauft, da müssen wir einfach zuschlagen. Es gibt auch noch Anhänger und Flugzeuge in allen möglichen Farben und Größen. Wunderschön bemalt sind die Fahrzeuge, von den Traktoren gibt es Ford, John Deere, HMT und Arjun im Angebot. Wir möchten gerne einen blauen Ford-Traktor ohne Kabine, die Preisverhandlungen laufen gut, die Schaulustigen werden immer mehr. Als wir dem bärtigen Inder das Geld überreichen, nimmt er uns den Ford-Traktor aus der Hand und gibt uns stattdessen einen roten Arjun, der etwas größer ist. Als Geschenk sozusagen, ohne Aufpreis. Was für eine nette Geste! Kurzerhand beschließen wir, noch einen Lkw zu erstehen, natürlich einen indischen TATA, Modell 2615, Dreiachser mit National Permit, in Blau. Bis heute leistet der Lkw gute Dienste, er steht auf unserer Toilette und ist mit Klopapierrollen beladen.

Unsere Zeit in Indien ist abgelaufen, wir begeben uns nach Wagah zur indisch-pakistanischen Grenze. Zwischen den beiden verfeindeten Ländern gibt es nur einen einzigen Grenzübergang und dieser liegt in Punjab, in einer flachen und etwas trostlosen Landschaft. Indien und Pakistan. Vor 70 Jahren ein und dasselbe Land. Heute getrennt durch elektrische Grenzzäune, Stacheldraht, Wassergräben. Auf beiden Seiten stehen einander mehr als eine Million bis an die Zähne bewaffnete Soldaten gegenüber. 1947 wurde Sir Cyril Radcliffe, ein britischer Anwalt, damit beauftragt, das bevölkerungsreichste Land der Welt in zwei Hälften zu teilen. Für diese Aufgabe hatte Radcliffe, der noch nie zuvor in Indien gewesen war, einen Monat Zeit. Genau bis zum 15. August 1947, dem Unabhängigkeitstag. Einen Monat, um den ganzen Subkontinent zu entzweien. Die Grenze sollte mehr oder weniger zwischen den Religionen verlaufen, zwischen Hindus und Muslimen. Auf einer riesengroßen Karte zog der Brite mit Lineal und Füllfeder eine Linie und somit war das Schicksal der neuen Länder besiegelt. Dass es zu Problemen, gewaltigen Ausschreitungen und Protesten, Forderungen, Beschuldigungen und einer Flüchtlingswelle kommen würde, war vorprogrammiert. Grenznahe Dörfer verloren den Zugang zu Brunnen, Bauern wurden von ihren Feldern getrennt, Muslime von ihrer Moschee und Hindus von ihren Tempeln. Familien wurden entzweit, Nachbarn gingen verloren. 12 Millionen Menschen flohen in beide Richtungen, Hindus und Sikhs gen Osten und Muslime nach Westen, eine Orgie der Gewalt brach aus. Bis heute hält diese Feindschaft zwischen Pakistan und Indien an und auch an der Grenze in Wagah ist sie allgegenwärtig und spürbar.

Eine letzte Nacht wollen wir noch in Indien verbringen, wollen uns die Flaggenzeremonie, die Feier zur Schließung der Grenze, ansehen. Jeden Spätnachmittag reisen Tausende Inder aus dem ganzen Land nach Wagah an die Grenze. Und so auch die Pakistanis auf der anderen Seite. Fixe Tribünen sind sowohl in Indien, als auch in Pakistan aufgebaut und auf einer Strecke von etwa 50 Metern marschieren Uniformierte im Stechschritt bis zum Grenzgatter und wieder zurück. Die hochgewachsenen Inder in khakifarbenen Uniformen mit rot-goldenem Kopfschmuck, der an einen Hahnenkamm erinnert, und die strammen Pakistanis in dunkelgrauen Uniformen mit roter Schärpe, einer fächerartigen Kopfbedeckung, blank polierten Stiefeln und grimmigem Blick. Ein paar Mal öffnen sich die Grenztore, die Soldaten schlagen die Fersen aneinander, vollführen groteske Bewegungen, schleudern die Beine in die Höhe, schütteln dem Nachbar bzw. Feind kurz die Hand, eilen im Laufschritt wieder zurück ins eigene Land und dann geht das Tor zu. Eine absurde, überspitzte Militärparade, mit einer bis ins letzte Detail synchronisierten Choreografie, um dem Nachbarland vermeintliche Stärke zu demonstrieren.

Die Zuschauermenge wird angefeuert, die Stimmung angeheizt. Auf der indischen Seite gibt es ohrenbetäubende Musik, tanzende Frauen, Parolen und sogar einen Animateur in einem schicken, weißen Trainingsanzug. Zu den Pakistanis sehe ich nur schlecht hinüber, aber auch dort tobt die Menge und lärmt die Musik. „Hindustan Zindabad!" – „Lang lebe Indien!", plärrt es aus dem indischen Lautsprecher. Die Massen schreien mit, strecken die Arme nach oben und ballen die Fäuste, um es „denen da drüben" so richtig zu zeigen. Ähnlich auf der westlichen Seite des Grenzbalkens: „Pakistan

Zindabad!" – „Lang lebe Pakistan!" Nach einer Stunde ist die Parade beendet. Langsam werden auf beiden Seiten gleichzeitig die Nationalflaggen eingeholt. Mit todernster Miene stehen die Soldaten in der Abendsonne, auf ihrer stolzgeschwellten Brust blitzen Orden und Abzeichen. Ein indischer und ein pakistanischer Offizier schütteln sich kurz die Hände, die Flaggen werden fein säuberlich zusammengelegt und wie ein Heiligtum ins eigene Land gebracht. Die Grenztore werden nun endgültig geschlossen, natürlich hat jedes Land ein eigenes, das pakistanische, grün mit weißem Sichelmond und Stern, kracht laut ins Schloss. Ebenso das indische, safrangelb mit grünem und weißem Streifen. Krawumm! Die Zeremonie ist beendet. Langsam kehrt Ruhe ein. Zurück am Grenztor bleiben wenige Wachposten, die sich feindselig anstarren.

Das Ganze ist einfach unfassbar! Nationalismus und Hass werden auf beiden Seiten der Grenze, der Zero Line, in einer Partyatmosphäre geschürt. Jeden Abend eine Stunde lang. 365 Mal im Jahr. Ob das für das Verhältnis der beiden Länder und deren Zukunft förderlich ist, möchte ich bezweifeln. Dabei sind sich die Menschen so ähnlich, die Parade ist gleich, ebenso die Mentalität und sie sprechen sogar die gleiche Sprache, nämlich Punjabi. Der Bundesstaat auf indischer Seite heißt Punjab, der auf pakistanischem Staatsgebiet auch. Grund zur Hoffnung?

Jetzt heißt es Abschied nehmen von diesem schrillen, lauten, bunten und einzigartigen Land. Wir köpfen die letzte Flasche Sekt, stoßen auf den indischen Subkontinent mit seinen 1,3 Milliarden Einwohnern, den heiligen Kühen und Männern, dem Verkehrschaos, dem köstlichen Essen, dem einsamen Bergland im Norden, den quirligen Städten und bunten Märkten an. Wir lassen die Erlebnisse und Bekanntschaften nochmals Revue passieren und wieder einmal wird uns bewusst, dass es vor allem die Menschen sind, die unsere Reise so besonders und unvergesslich machen. Und noch etwas fällt uns ein: Incredible India! Unglaubliches Indien! Einen besseren Slogan hätte man für dieses Land nicht finden können.

Um 9 Uhr am nächsten Tag stehen wir bereits im Zollhof der Inder. Peter führt Small Talk mit ein paar Beamten, das kann nicht schaden. Erst um 10Uhr sind die Beamten im Dienst, aber schon um 16 Uhr ist die Arbeit beendet, denn dann bereitet man sich wieder auf die Zeremonie vor. Die Tore werden geschlossen, nichts geht mehr. In nur 2 Stunden haben uns die Inder abgefertigt. Beim Zoll sind wir etwas nervös, denn wir waren während der letzten 12 Monate mehr als 7,5 Monate in Indien. Es gibt eine Regelung, die besagt, dass man sich nur 180 Tage pro Jahr in Indien aufhalten darf. Angeblich pro Kalenderjahr und pro Zolldokument für das Fahrzeug. Aber so genau weiß das dann doch wieder keiner. Noch dazu bekommen wir ein neues Formular vorgelegt, in dem man sich auf die erste Einreise nach Indien bezieht. Wir sind am 12. Mai 2012 das erste Mal eingereist, beharren aber auf den 7. Dezember, als wir aus Nepal nach Indien gekommen sind. Die Zollbeamtin ist sehr nett, aber auch sehr schlau. Ständig lenken wir sie von dieser heiklen Thematik ab und schlussendlich gelingt es uns. Vielleicht hilft auch unsere Aufmachung, ich habe mir in Amritsar noch eine schöne bunte Kurta und schwarze Pluderhosen gekauft. Endlich wird unser Zolldokument abgestempelt und wir verlassen Indien ohne Probleme.

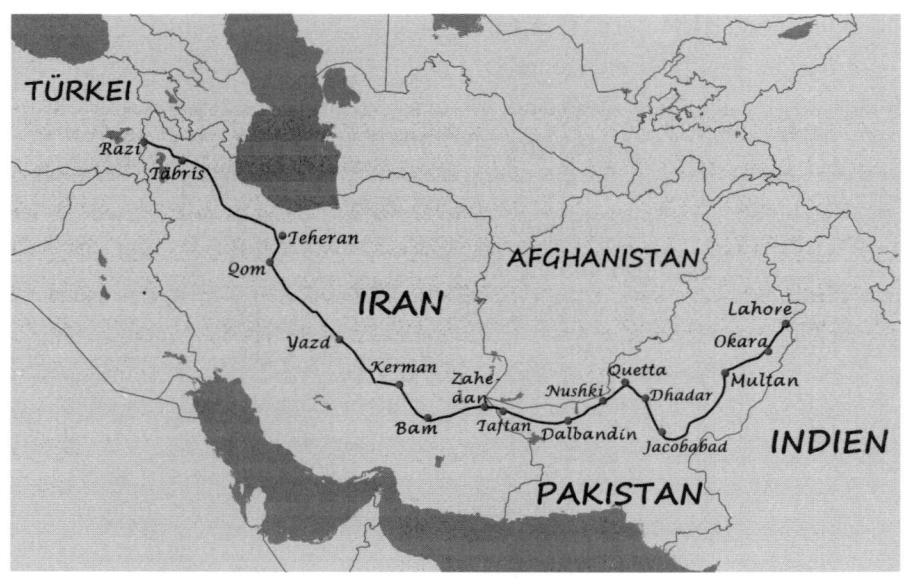

PAKISTAN
Unterwegs mit Abdullah und Paula

Wir haben 7 Tage Zeit, Pakistan zu durchqueren, länger ist unser Transitvisum nicht gültig. Länger wollen wir auch nicht bleiben, denn es stehen Präsidentschaftswahlen vor der Tür und das verheißt in einem Land wie diesem nichts Gutes. Die Grenzformalitäten sind in 20 Minuten erledigt, der Einreisestempel wird in unsere Pässe gedrückt und schon sind wir beim Zoll. Drei Beamte sitzen auf einer Bank vor dem Büro, rauchen und tratschen. Sie ignorieren uns, keiner will sich um uns kümmern, sie sind alle zu beschäftigt oder zu faul. Die Männer diskutieren und zeigen jeweils mit dem Finger auf den anderen. Nach kurzem Gelächter erhebt sich der mittlere und schleppt sich ins Büro. Er trägt uns in ein riesiges Buch ein und schaut dann planlos auf das Zolldokument unseres Fahrzeuges. Peter beobachtet jeden seiner Schritte mit Adleraugen Er mischt sich aber nicht ein, der Beamte soll ja sein Gesicht nicht verlieren. Englisch kann er kaum, dafür ist er sehr nett. Ein weiterer Kollege kommt und beugt sich über das Dokument, das mit Peters Hilfe rasch ausgefüllt ist. Jetzt müssen wir nur noch Geld wechseln und uns dann nach Lahore begeben. Um 13 Uhr haben wir uns mit dem deutschen Unimogfahrer Mathias beim Shalimar-Garten verabredet, denn wir wollen gemeinsam durch Pakistan reisen.

Mathias ist äußerst nervös. Er war in Islamabad auf der deutschen Botschaft und die Beamten waren entsetzt, als er ihnen eröffnete, auf dem Landweg nach Iran zu fahren. Um Gottes willen! Belutschistan sei viel zu gefährlich, es herrsche Bürgerkrieg zwischen den einzelnen Stämmen. Vor rund einer Woche wurden zwei junge Tschechinnen entführt und nach Afghanistan verschleppt. Nachdem noch keine Lösegeldforderungen gestellt worden sind, vermutet man, dass ein Stammesführer zwei europäische Frauen für seinen Harem haben wollte. Es gibt aber nur eine Straße nach Iran und die führt eben durch dieses Gebiet. Noch dazu stehen Präsidentschaftswahlen an, sie sollen in 5 Wochen stattfinden und die Lage im ganzen Land ist angespannt.

Wir beruhigen ihn ein bisschen und pochen darauf, loszufahren, denn wir haben nur ein Transitvisum, Mathias hingegen darf einen Monat in Pakistan bleiben. Wir müssen quer durch Lahore, glücklicherweise ist Sonntag und somit gibt es weniger Verkehr. Wir nehmen die Straße Richtung Multan, sie ist von Textil- und Chemiefabriken gesäumt und von stinkenden, schwarzen, toten Flüssen. Die Straße ist gut, sogar zweispurig, die Pakistanis benutzen den Blinker ordnungsgemäß, schauen beim Wegfahren sogar in den Spiegel und achten auf den Verkehr.

In regelmäßigen Abständen gibt es Mautstellen, so auch in Okara. Ich steige aus und spreche mit dem Mann am Schalter. Plötzlich werde ich grob zur Seite gestoßen. Augenblicklich steigt Zorn in mir auf, meine Augen funkeln, als ich den pakistanischen Beamten ansehe, der mir diesen Rempler verpasst hat. Was soll das?? Am liebsten würde ich dem Mann eine verpassen, reiße mich aber am Riemen und zische ihn stattdessen wie eine Schlange an. Sein Kollege entschuldigt sich mehrmals bei mir und glücklicherweise ist Mathias zur Stelle, der den Mann ordentlich zurecht weist. Peter hat den Vorfall gar nicht mitbekommen. Fazit: Ich bleibe von nun an im Fahrzeug sitzen und trage schon im Punjab ein Kopftuch. Mathias erklärt mir, dass ich als allein reisende Frau ohne Kopfbedeckung als Prostituierte gelte. Sehr schön. Ich ärgere mich noch lange über den Vorfall, doch den Appetit lasse ich mir nicht verderben. In einer Dhaba verdrücken wir eine Portion Linsen, zwei Portionen Kartoffeleintopf mit Erbsen, sechs Fladenbrote, einen Salat und ein Cola um 220 pakistanische Rupien, das sind nicht einmal 2 Euro.

Von Harapa bis Khanewal ist die Straße gut. Ich sehe viele Frauen, 95 % davon in bunten Kurtas und Schleiern. Die Stadt Multan lassen wir diesmal aus und nehmen die etwas holprige Straße nach Lodhran. Die Landschaft ist flach und grün, hier wird vorwiegend Weizen angebaut. Alle Felder sind bewässert und je näher wir an den Fluss Indus herankommen, desto dichter wird die Besiedlung. Die vielen Mangobäume stehen in voller Blüte und duften herrlich. Wir dürfen in einem Ziegelwerk nächtigen, es wird eine ruhige und kühle Nacht. Mathias schmeißen wir nach dem Essen raus, seine Paranoia nervt mich. Ständig redet er von Überfällen und Waffen und meint, dass wir Kontakt mit den Stämmen aufnehmen, uns als Muslime ausgeben und eventuell sogar bewaffnen sollten. Dazwischen erzählt er uns wieder haarsträubende Reisegeschichten. Ich bitte ihn, damit aufzuhören, denn er macht mir Angst. Manchmal habe ich das Gefühl, Mathias hat den Bezug zur Realität verloren.

Auf unserer ungenauen Straßenkarte entdecke ich eine Abkürzung nach Jacobabad, nach unzähligem Fragen finden wir tatsächlich die Abzweigung. Wir reisen mitten durchs ländliche Pakistan und durch viele, stark bevölkerte Kleinstädte. Eine davon ist Mirpur. Es herrscht Trubel pur. Noch mehr, als wir anhalten und einkaufen gehen. Angestarrt werden wir überall, besonders ich als Frau. Wir kommen uns vor, als wären wir von einem anderen Planeten. Eine staubige Straße führt durch die Stadt, die von niedrigen Ziegelbauten und Geschäften gesäumt ist. Die Farben sind schal, alles erscheint beige, braun und grau, alles ist eingehüllt in Staub. Nur die pakistanischen Lkw sind eine Augenweide. Allerdings beherrschen hier eher Eselskarren das Ortsbild. Aber mich fasziniert diese Gegend, die Menschen. Alles wirkt archaisch, nicht von dieser Welt, jedenfalls nicht von der, die ich kenne. Ich fühle mich gleichzeitig angezogen und abgestoßen. Um tiefer einzutauchen, fehlt uns leider die Zeit. 4 Tage bleiben uns noch in Pakistan. Unsere Abkürzung stellt sich als Umweg heraus, soviel zu Theorie und Praxis. Wir wundern uns, dass wir noch keine Polizeikontrollen und keine Militäreskorte bisher gehabt haben.

Nach den Überschwemmungen im Sommer 2012 war die Nationalstraße 65 Richtung Quetta unpassierbar. Der ganze Verkehr wurde damals über Karachi umgeleitet, jene Stadt, die ganz im Süden von Pakistan liegt. Mehrere 100 Kilometer Umweg mussten die Fahrer in Kauf nehmen. Noch jetzt, 7 Monate später, liegt Schlamm am Straßenrand und Zelte der UNHCR und UK-AID sind neben der Fahrbahn aufgebaut. Die Menschen hier haben alles verloren, manche auch ihr Leben. Ein paar Kilometer weiter sehe ich dann richtig arme Leute. Sie haben nicht einmal ein Zelt oder eine Plane. Keine Tiere, nichts. Wie kann man so leben und vor allem wie lange?

Wir kommen gut voran, die Gegend wird immer karger, wir sind in der Kacchi-Wüste. Doch auch hier muss es in letzter Zeit viel geregnet haben, denn neben der Straße steht das Wasser, spärlich wachsen Hirse und Weizen. Wir sehen viele Tierherden, vorwiegend Ziegen, Schafe und Kühe, aber auch eine große Gruppe Kamele. Bei Sibi wird es grüner, auch Dattelpalmen sind hier beheimatet. Wir haben immer noch keine Eskorte, obwohl wir schon im Bundesstaat Belutschistan sind.

Am frühen Abend erreichen wir Dadhar und beschließen, hier zu nächtigen, denn danach geht es hinauf in die Berge. Ein Gästehaus der Armee mit Blick auf den Fluss und die Berge scheint der ideale Platz dafür zu sein. Kein Problem, wir dürfen bleiben, die Beamten schicken noch bewaffnete Verstärkung von der nächsten Polizeistation. Als es dunkel wird, ist immer noch niemand da. Und plötzlich sei es auch zu gefährlich für uns, hier die Nacht zu verbringen. Ein freundlicher Polizist begleitet uns bis zur Straßensperre, unsere Daten werden aufgenommen und man will uns bis zur nächsten Polizeistation eskortieren. Ich frage einen Beamten, wie weit es denn zur Polizeistation sei. 150 Kilometer lautet die Antwort auf Urdu, die ich allerdings verstehe. Die Hauptstadt Belutschistans liegt etwa in dieser Distanz. „Quetta??", frage ich und der Pakistani nickt. Das kommt gar nicht in Frage, es ist dunkel und wir wollen unter keinen Umständen nach Quetta. „Haram" höre ich von einem der Polizisten, was so viel wie Teufel bedeutet. Demnach bin ich eine Hexe, weil ich ihnen widersprochen habe. Ist mir auch recht.

Wir bestehen darauf, nach Dhadar zu fahren und dort die Nacht zu verbringen. Auf der Polizeistation werden wieder einmal unsere Daten aufgenommen. Ein Beamter blättert in unseren Reisepässen wie in einem Bilderbuch. Mehrmals haben wir für ihn schon die Seite mit dem pakistanischen Visum aufgeschlagen, aber er blättert weiter. Als wir bemerken, dass er Peters omanisches Visum abmalt, mischen wir uns ein und bekommen prompt unsere Pässe zurück. Nachdem unsere Fahrzeuge nicht durch das Einfahrtstor passen, wollen wir wissen, was wir tun sollen. Angeblich gibt es noch eine Hintereinfahrt. Peter und Mathias sehen sich diese an und sind sich einig: Viel zu niedrig. Die Beamten diskutieren wieder und lotsen uns zu einer anderen Polizeistation, Peter fährt hinter das ummauerte Gebäude, doch dort dürfen wir natürlich nicht parken. Auf engstem Raum wendet er unseren Lkw und flucht dabei wie ein Rohrspatz. Langsam reißt ihm die Geduld. Kurz vor 22 Uhr haben wir die endgültige Parkposition erreicht, 4 Stunden nachdem wir das Gästehaus der Armee verlassen haben.

Die Strecke am nächsten Tag ist landschaftlich ein Höhepunkt. Stetig geht es sanft bergauf Richtung Bolan-Pass. Am Fluss entlang, durch eine immer karger werdende Gegend, die uns schon auf dem Hinweg gut gefallen hat. Und dazu diese fahrenden Kunstwerke! In der Morgensonne glitzern die vielen kleinen Spiegel und Lichter an den Lkw und Bussen. Dieser Teil Belutschistans ist kaum besiedelt, aber es gibt viele Kontrollstellen, an denen unsere Daten aufgenommen werden. Den 1.786 Meter hohen Pass haben wir nach knappen 3,5 Stunden erreicht und somit auch die Hochebene von Quetta. Nach Quetta wollen wir auf keinen Fall, da es dort immer wieder zu Attentaten und Unruhen kommt. An der Umfahrung werden wir angehalten und müssen auf eine Polizeieskorte warten. Nach 1,5 Stunden ist sie da, aber nach 200 gefahrenen Metern ist Schluss. Wir erfahren, dass alle Straßen in Belutschistan an diesem Tag aufgrund von politischen Demonstrationen gesperrt sind. Es gibt Streiks, da der frühere Präsident im Land ist und für die kommende Wahl im Mai nochmals kandidieren möchte. Die Taliban haben geschworen, ihn umzubringen.

Hier ist es zu gefährlich, um zu warten, also eskortiert man uns nach einer Stunde zur nächstgelegenen Polizeistation am Stadtrand von Quetta. Dort passen unsere Fahrzeuge abermals nicht in den Innenhof. Wir müssen also doch nach Quetta! Die Polizei schleppt uns quer durch die 3 Millionen Einwohner zählende Stadt, die Eskorte wechselt dabei neunmal. Es kommt uns vor, wie bei einem „Stille-Post-Spiel", denn mittlerweile fragen uns die Polizisten, wo wir denn eigentlich hinwollen. Nach einer Stunde und 15 zurückgelegten Kilometern haben wir das Ziel erreicht. Es schüttet wie aus Kübeln, es ist kalt und der große Innenhof des Polizeihauptquartiers besteht aus Matsch und Dreck, aber wir fühlen uns hier halbwegs sicher. Peter und Mathias schwirren aus, um jemanden zu finden, der uns Information über die Lage geben kann bzw. der für morgen Früh eine Eskorte für unsere Weiterfahrt organisiert.

Wir haben 2 Tage in Quetta gewonnen, eröffnen mir die beiden, als sie zurückkommen. Auf einmal brauchen wir für Belutschistan eine Reisegenehmigung. Wir haben schon geahnt, dass es besser sein würde, einen großen Bogen um diese Stadt zu machen. Peter soll um 8 Uhr in der Früh abgeholt werden, um die Genehmigung bei der Behörde, die für Touristen und deren Schutz zuständig ist, zu beantragen. Mathias hat schlechte Laune und Kopfschmerzen und zieht sich in seinen Unimog zurück. Auch wir verkriechen uns im Lkw, denn wir dürfen das Gelände ohnehin nicht verlassen.

Am nächsten Morgen wartet Peter vergeblich bis 9:30 Uhr auf den Polizisten, der ihn abholen soll. Dann macht er sich selber auf den Weg, schafft es, einen Transport zur Behörde zu organisieren. Mittags ist er schon wieder da, er wurde mehrmals interviewt, um nicht zu sagen verhört. Nun wollen die Beamten noch Mathias kennenlernen und befragen. Peter glaubt, sie wollen ihn sehen, weil er sich als Muslim ausgibt. Mathias nennt sich noch Abdullah und ist laut eigenen Angaben Hobbymuslim. Vor einigen Jahren wollte er zum Islam konvertieren, doch als man ihn beschneiden wollte, hat er das Weite gesucht. Peter erzählt, was am Vormittag alles passiert ist und erwähnt nebenbei, dass die Behörde Kopien unserer Pässe angefertigt hat. Plötzlich flippt Mathias völlig aus. Wir befürchten, dass er beim Amt Probleme machen könnte und reden ihm ins Gewissen. Denn die Reisegenehmigung wird für uns drei als Gruppe ausgestellt und Peter und ich haben keinen Tag mehr in Reserve für Pakistan. Unser Visum ist nur noch 2 Tage gültig.

Mathias ist wie ein kleines Kind: Stur, trotzig und verbohrt. Ich bewundere Peter für seine Geduld, doch irgendwann ist sie zu Ende und er fragt den Deutschen, ob er jetzt komplett verrückt geworden sei. Er müsse sich jetzt entscheiden, ob er mit uns fahren möchte oder nicht. Ja, möchte er schon, aber dann schlägt seine Paranoia wieder durch: „Was ist, wenn …?" Ich kann diese Frage nicht mehr hören. Ich glaube langsam, dass Mathias schizophren ist. Einerseits hat er Angst in Belutschistan und redet von Panzerfäusten, Überfällen und Kampfansagen, andererseits will er abends in Quetta herumstreunen und alleine in die Wüste reisen. Abschließend meint Peter, dass er um 15 Uhr fit sein soll, denn dann werden sie abgeholt. Und das ist er auch. Noch dazu hat Mathias westliche Kleidung angelegt, seine Pluderhosen, Kopftücher und die Gebetskette bleiben im Unimog. Bald sind die beiden wieder zurück, haben die Genehmigung in der Tasche und für den nächsten Tag um 6 Uhr morgens eine Eskorte organisiert. Wir sind alle erleichtert und verbringen wider Erwarten einen netten Abend miteinander im August, speisen Lammhaxe, Gemüse und Rosmarinerdäpfel und trinken dazu Wodka aus dem Altai, den Mathias schon seit 3 Jahren spazieren fährt.

Der Wecker läutet kurz vor 5 Uhr früh und reißt mich aus dem Tiefschlaf. Es ist stockfinster und kalt draußen. Bald werden die vielen Muezzine zu rufen beginnen. Wir haben beide nicht durchgehend geschlafen, immer wieder wurden wir von Hundegebell und Schüssen aufgeweckt. Dementsprechend sehen wir aus. Die Eskorte ist pünktlich da, wir sind bereit. Leider springt der Pick-up nicht an, die Männer schieben ihn an und der Motor läuft sofort. Als Peter den Motor anwirft, sagt ein Beamter, dass wir doch vorausfahren sollen. Was für eine tolle Idee, ganz ohne Ortskenntnisse und Plan! Die erste Eskorte begleitet uns bis zum westlichen Stadtrand von Quetta. Es ist schon hell draußen, nur wenige Menschen sind unterwegs, die meisten kauern frierend am Straßenrand. Wir warten eine halbe Stunde auf die nächste Eskorte, es ist wieder ein Pick-up, nur sitzt diesmal niemand auf der Ladefläche. So macht unser Begleitschutz wirklich Sinn, so fühlen wir uns absolut sicher! Laut Polizei in Quetta soll der gefährlichste Teil der Strecke jener rund um Nushki sein. Wir sind die ganze Zeit aufmerksam, sehen aber nichts Auffälliges. Nach zwölf Eskortenwechsel und einer kurzen Mittagspause bei unseren Freunden am Kontrollposten, an dem wir auf dem Weg nach Indien genächtigt haben, erreichen wir nach knappen 11 Stunden Fahrtzeit Dalbandin. Und hier bleiben wir auch, denn bei Mathias' Unimog stehen ein paar kleine Reparaturen an. Als wir am Nachmittag eine kurze Pause am Straßenrand machten, löste sich die Handbremse des Unimog, der hinter uns parkte. Der Unimog rollte auf unseren Lkw auf, bei August ist das „SUPER DELUXE"-Schild verbogen, beim Unimog der linke Blinker und der Ladeluftkühler kaputt, die Motorhaube und der Kotflügel eingedrückt. Im Hinterhof des Dawood-Hotels biegt Peter die Haube wieder zurecht. Mathias ist nicht recht von Nutzen, er lässt sich dauernd von den Belutschen ablenken.

Das Hotelgelände dürfen wir nicht verlassen, die mit einer Kalaschnikow bewaffneten Polizisten lassen mich nicht einmal um die Ecke ins Geschäft. Ich bestelle im Restaurant für 19 Uhr das Essen: Drei Portionen Hühnchen, eine Portion Linsen für unseren Beschützer und Fladenbrote dazu. Um 20:30 Uhr sitzen wir immer noch um den leeren Tisch, während rund um uns alle Gäste essen. Ich schicke Peter in die Küche, keine 20 Minuten später stehen die dampfenden Teller vor uns. Die Nacht verläuft zwar ruhig, aber schlafen können wir trotzdem nicht allzu gut. Wir sind unruhig und angespannt. Unsere Bewachung schläft nahe der Fahrzeuge auf einer Matratze, die Waffe griffbereit. Ein komisches Gefühl.

Die Eskorte erscheint am nächsten Morgen zur vereinbarten Zeit. Obwohl wir schon zeitig aufgestanden sind, kommen wir etwas unter Zeitdruck. Wir wollten am Vorabend für die Nächtigung und das Essen bezahlen, doch man verwies uns auf heute. Aber um 7 Uhr Früh schlafen noch alle Hotelangestellten. Peter ist leicht verärgert, findet schließlich jemanden, der den Manager weckt. 10 Minuten später steht dieser völlig verschlafen auf der Matte.

Die Asphaltstraße ist sehr gut, warum fährt Mathias nur so langsam? Und warum kommt er dauernd aufs Bankett? Hoffentlich ist bei seinem Unimog alles in Ordnung. Wir bleiben stehen und fragen, was los sei. „Mensch, das Wichtigste! Ich finde es nicht!", schreit er. „Was? Was meinst du?", wollen wir beide wissen. „Paulas Impfpass!", antwortet er. Paula ist die Hündin von Mathias. Geht's noch?? Peter und ich sind geladen, ich noch mehr als Peter, der sich wie ein Idiot fühlt. Immerhin hat er den Polizisten die letzte halbe Stunde gedeutet, dass sie schneller fahren sollen. Und jetzt das. Ich bin äußerst gereizt, möchte mit Mathias reden. Peter meint, es wäre besser, wenn er mit ihm spricht, denn ich wäre momentan zu emotional. Er hat recht. Wahrscheinlich würde das die Situation noch verschlechtern. Ich bin so aufgeregt, dass ich richtig Herzklopfen habe. Die letzte Woche war anstrengend, vor allem psychisch. Ich brauche jetzt nicht noch zusätzliche Aufregung. Peter redet kurz mit Mathias und bittet ihn, sich auf das Fahren zu konzentrieren. Abdullah alias Mathias hört jetzt aber ein Klackern am Getriebe und meint, Peter würde das alles nicht verstehen. Es geht weiter mit neuer Eskorte, Mathias fährt wieder langsam, rund 40 km/h, kommt öfter aufs Bankett und gibt dann wieder Vollgas. Ich weiß nicht, was bei ihm im Kopf vorgeht, aber er ist sicher nervös.

Die Straße ist weiterhin gut, keine Steigungen, kaum Verkehr. Wir fahren durch eine Sand- und Kieswüste. Im Norden erkennen wir Berge, sonst ist alles flach, kaum besiedelt und karg. Es muss viel geregnet haben in letzter Zeit, große Wasserflächen stehen neben der Fahrbahn, obwohl wir durch eine Wüste reisen! Bis auf ein paar kurze Pausen fahren wir bis Taftan durch und schaffen es im allerletzten Moment bis zur Grenze. Der Beamte rechnet mit den Fingern unsere Aufenthaltsdauer in Pakistan nach und zieht die Augenbrauen hoch. Ja, ja, wir wissen es selbst. Es ist Tag 7 und die Grenze schließt in einer Stunde. Da nennt man wohl eine Punktlandung. Zack! Und schon ist der Ausreisestempel in unseren Pässen. Jetzt ist uns wieder etwas leichter. Die Beamten verabschieden sich herzlich von uns und hoffen, uns bald wieder zu sehen. Gerade als wir kehrt machen, rufen sie uns zurück. Wir sollen doch bitte noch zum Interview zu ihrem Vorgesetzten. Kein Problem.

Ein freundlicher, westlich gekleideter, relativ junger Pakistani begrüßt uns in einem geräumigen Büro. Wir nehmen Platz, er blättert in unseren Pässen und stellt belanglose, harmlose Fragen. Plötzlich geht die Tür auf und Mathias oder besser gesagt Abdullah steht da. Der Pakistani schaut ihn mit großen Augen an und fragt: „Wer sind Sie?" Er sei Teil der Gruppe, meint Mathias und deutet auf uns. „Wie heißen Sie?", möchte der Beamte wissen. „Abdullah", lautet die Antwort unseres Reisegefährten. Jetzt ist der Pakistani neugierig geworden: „Woher kommen Sie?" „Aus Deutschland", sagt Mathias. Worauf der Chef der Einreisebehörde meint: „So sehen Sie aber gar nicht aus."

Mathias gibt wirklich ein komisches Bild ab: Er trägt seinem Paschtunen-Hut, ein weißes Hemd und die Pluderhose, dazu das grau gestreifte Gilet. Er ist unrasiert und hält die Gebetskette in der Hand.

IRAN
Im Land der Picknick-Könige

Andere Länder, andere Sitten, denkt sich Mathias wohl. Als wir ihn bei der Einreisebehörde im Iran treffen, hat er sich verändert. Zumindest optisch. Kein Hut, kein Gilet, keine Gebetskette, dafür eine schwarze Cargohose und das weiße Hemd in den Hosenbund gesteckt. Unsere Pässe werden überprüft und eingescannt. Kurz habe ich wegen unserer Visa Bedenken. Wir haben bei der Beantragung angegeben, dass wir einfliegen werden, aber sie wollen nur unser Ziel wissen. Neben uns im Warteraum sitzt ein Soldat, er lächelt uns an und schenkt uns frisches Fladenbrot, das wir gierig verschlingen. Wir haben den ganzen Tag noch nichts gegessen. 20 Minuten in Iran und schon ein Geschenk erhalten! Nach einer Stunde bekommen wir die Pässe zurück und das war es auch schon. Unglaublich! Will denn gar niemand unser Fahrzeug kontrollieren?

In der grenznahen Stadt Zahedan fallen wir in einen Supermarkt ein. Das Angebot und die unübertreffliche Freundlichkeit der Perser hauen uns um. Ich kaufe Schafkäse, Streichkäse, Wurst, Joghurt, Oliven und Fruchtsaft. Der nette Verkäufer ist mir behilflich, denn ich kann die Schrift auf den Verpackungen nicht lesen. „Coming from Pakistan this is like paradise!", sage ich zu ihm. Er grinst über beide Ohren, ich auch. Beim Bäcker machen wir auch noch Halt und decken uns mit köstlichem Fladenbrot ein. Nach einer herzhaften Jause fallen wir alle ins Bett und schlafen sofort ein. Was für ein Tag und was für ein Empfang in Iran!

Am nächsten Tag versuchen wir in Zahedan Ersatzteile aufzutreiben. Leider vergeblich, denn die meisten Geschäfte haben wegen des Nourouz-Festes, des iranischen Neujahrsfestes, geschlossen. Nourouz ist das schönste, wichtigste und größte iranische Fest. Es beginnt mit dem astronomischen Frühlingsanfang, dem Äquinoktium, also der Tag- und Nachtgleiche. Im Jahr 2013 ist das der 20. März. Das Fest dauert 12 Tage, heute ist also der letzte Tag. Das Fest symbolisiert neue Hoffnung, Konflikte werden beendet, es ist ein Fest der Freundschaft und der Solidarität. Die Familie besucht sich gegenseitig, Geschenke werden verteilt und Segenswünsche ausgesprochen. Das halbe Land ist auf den Beinen, fein herausgeputzt und guter Laune. Das öffentliche Leben kommt fast zum Erliegen, 14 Tage lang haben viele Geschäfte und Ämter geschlossen, Schüler und Studenten haben Ferien. Ein Glück, dass wir nach Iran einreisen konnten.

Wir verabschieden uns von Mathias und seiner Hündin Paula, was für ihn überraschend kommt. Ich denke, er wäre noch gerne mit uns gereist, aber wir wollen endlich wieder einmal alleine sein. Ich bin mir sicher, dass wir ihn in Iran nochmals treffen werden. Auf der Straße nach Bam herrscht wenig Verkehr, der Asphalt ist gut. Wir nächtigen, wie auch schon voriges Jahr, am Ortsende von Fahraj in einem Palmenhain. Hier ist es abends noch sehr warm. Bei einem Spaziergang treffen wir unseren Nachbarn, einen älteren Bauern, und bitten ihn um Erlaubnis, hier nächtigen zu dürfen. Er erkennt uns wieder, freut sich und schenkt uns abermals Datteln. So ein netter Mann!

Als wir am nächsten Morgen weiterfahren, sprechen wir von Mathias und schon sehen wir ihn rechts bei einer Polizeistation parken. Er begrüßt uns mit den Worten: „Mensch Peter, das war wieder eine Action gestern! Um 22 Uhr weckt mich die Polizei, acht Männer mit Maschinengewehren im Anschlag, und sie wollen mich zur Polizeistation eskortieren." Mathias weigerte sich mitzukommen, denn um diese Uhrzeit fahre er nicht mehr. Daraufhin kam ein Traktor, der ihn abschleppen sollte. Da beschloss unser deutscher Freund, doch selber zu fahren. Das gibt es doch nicht! Was Mathias alles passiert! Wir haben vielleicht 5 Kilometer entfernt von ihm geschlafen und hatten eine ereignislose, ruhige Nacht. Vage verabreden wir uns mit ihm in der Stadt Bam.

Bam wurde 2003 von einem Erdbeben der Stärke 6,3 erschüttert und größtenteils zerstört. Bei der Katastrophe starben über 30.000 Menschen, mehr als die Hälfte der Einwohner. Auch heute sind die Folgen noch unübersehbar: Halb fertiggestellte Gebäude, Ruinen, Geröllhalden, Schutt, leerstehende Gebäude. Die Altstadt mit der Zitadelle war die größte Ansammlung von Lehmziegelgebäuden der Welt, auch sie wurde zerstört. Wir sind etwas enttäuscht von der Lehmstadt. Aufbauarbeiten sind noch nicht allzu viele zu sehen, Infoschilder auf Englisch gibt es gar keine, außer „Toilet". Das Geld der UNESCO und anderer Spender ist wohl in diversen Hosentaschen verschwunden, anstatt in den Wiederaufbau zu fließen. Dabei war die über 1.000 Jahre alte Stadt mit ihren hellbraunen Mauern und Wachtürmen sicher einmal ein Traum.

Es ist der 13. Tag des neuen Jahres, die Menschen verbringen ihn bei einem Picknick mit Familie und Freunden und natürlich viel Essen in der Natur. Dieser Tag gilt aber auch als Unglückstag, womit wir schon wieder bei Mathias wären. Er kommt uns beim Ausgang der Zitadelle entgegen und schreit von Weitem: „Scheiße, Mensch! Meine Kiste geht nicht mehr." Schon wieder Probleme mit seinem Unimog. Peter, der Mechaniker, ist gefragt. Er stellt fest, dass das Getriebe in Ordnung ist, aber etwas mit der Schaltung nicht stimmt. Ein paar Iraner wollen helfen, erklären uns, wo wir eine Werkstatt finden und rufen sogar einen Mechaniker. Peter muss sich konzentrieren, er bittet die Iraner, zu gehen, ganz nach dem Motto „Zu viele Köche verderben den Brei".

Wir schleppen den Unimog zu einer Werkstatt am Stadtrand und Peter beginnt, das Problem nochmal zu analysieren. Es ist schwer, an der Unterseite des Fahrzeuges etwas zu erkennen, der Unimog ist extrem verdreckt. Ausgerechnet der Mechaniker, den Peter gerade verscheucht hat, ist der Besitzer der Werkstatt nebenan und hat noch dazu Adleraugen. Er sieht den Fehler sofort: Es ist der Schalthebel vom Gruppengetriebe. Nachtragend ist der nette Perser überhaupt nicht. Peter flext, schweißt und repariert den ganzen Nachmittag. Mathias übernimmt die Rolle des Lehrbuben. Es tut ihm leid, dass er uns schon wieder belästigt. „Mensch, danke Peter. Mein Lebensretter!", sagt er erleichtert, als der Unimog wieder fahrtüchtig ist. Natürlich hilft man anderen Reisenden gerne weiter, vor allem dann, wenn man sie gut und schon länger kennt, so wie eben Mathias.

Als kleines Dankeschön überreicht er uns eine Rotweinflasche, die er seit seinem China-Aufenthalt im Unimog bunkert. Danke Matthias – aber bitte nicht so auffällig! Denn neben uns parken mehrere Polizeiautos und in Iran herrscht Alkoholverbot. Am Abend probieren wir den chinesischen Wein nicht nur, sondern trinken die Flasche aus. Wenn man nichts anderes hat, schmeckt er gar nicht so schlecht. Und er wirkt. Um Mitternacht werde ich munter und mir ist speiübel. Ich entledige mich des Rotweins und danach geht es mir besser. Ich möchte gar nicht wissen, welche Inhaltsstoffe er hatte.

Am Rande der Wüste Lut begeben wir uns Richtung Kerman. Wüsten faszinieren mich einfach, die Lut ist etwa doppelt so groß wie Österreich, hat eine jährliche Niederschlagsmenge von weniger als 50 Millimeter und ist fast völlig vegetationslos. Im Sommer erreichen die Temperaturen mehr als 50 °C im Schatten. Aufgrund dieser lebensfeindlichen Bedingungen ist sie auch heute noch menschenleer. Im östlichen und südlichen Teil findet man hohe Sanddünen, im Westen bizarre Felsformationen, sogenannte Kalut oder Yardangs. Sie verlaufen von Nord nach Süd, sind durch Erosion entstanden und können eine Länge von über 150 Kilometer erreichen. Da möchte ich gerne hin! Ausgangspunkt für eine Erkundungstour in die Lut ist der Ort Shadad, in der Nähe der Stadt Kerman.

Zuerst fahren wir in das auf 1.850 Meter gelegene Kerman, um eine Autoversicherung zu lösen und Internetzugang zu bekommen. Ich möchte meiner Mutter mitteilen, dass wir schon in Iran sind und dass es uns gut geht. Per Telefon konnte ich sie bisher nicht erreichen, via Skype funktioniert es endlich. Die Verbindung ist gut, aber als ich ihre Stimme höre, bleibt mein Herz stehen. Irgendetwas stimmt nicht, das merke ich sofort. Mein Vater ist seit einer Woche wieder im Krankenhaus, es steht sehr schlecht um ihn. Meine Mutter ist am Boden zerstört, sie hat keine Kraft mehr. Es zerreißt mir das Herz, sie so zu hören, zu wissen, wie schlecht es ihr geht. Sie will auch nicht lange reden am Telefon. Was soll sie auch sagen? Was soll ich sagen? Ich hab' dich lieb und denk' an dich. Als ich auflege, kommen mir die Tränen. Ich lasse sie einfach fließen, bin nur traurig. Meine Gedanken drehen sich im Kreis. Ich möchte meinen Vater unbedingt noch sehen, bevor es zu spät ist und ich möchte meiner Mutter beistehen. Ich überlege, nach Hause zu fliegen. Oder zumindest rasch mit August nach Österreich zu fahren. Am Abend rufe ich nochmals an und teile meiner Mutter mit, dass wir früher nach Hause kommen. In einer Woche wollen wir in der Türkei sein. „Warum?", fragt sie. „Warum??? Wegen dir, wegen Papa, wegen mir, wegen uns!", ist meine Antwort. Zuerst lehnt sie ab, aber ich spüre, dass sie es ganz anders meint. „Freu' dich doch", sage ich zu ihr. Sie freut sich und erzählt mir, dass sie eben aus dem Krankenhaus kommt und es Papa bessergeht. Ein ewiges Auf und Ab, aber es beruhigt und erleichtert mich. Mama geht es auch besser, sie ist redseliger geworden.

Ich rufe meinen Vater im Krankenhaus an, er hört sich gar nicht so übel an. Ich sage ihm, dass wir auf dem Heimweg sind, wünsche ihm alles Gute und frohe Ostern. Der Akku vom Laptop ist fast leer, viel habe ich ohnehin nicht mehr zu sagen.

Von Kerman bis Täbris brauchen wir 3 Tage. Unsere längste Etappe sind 603 Kilometer. Die Straßen sind hervorragend, der Verkehr minimal. Wir bleiben nur stehen, um zu pinkeln, zu essen oder zu schlafen. Passend zur Stimmung begleiten uns dunkle Wolken und Regenschauer. Es geht mir nicht gut, ich bin dauermüde und energielos. Meine Augen schmerzen, ich habe Bauchkrämpfe, Durchfall und leicht erhöhte Temperatur. Ich bin nicht belastbar, sondern gereizt und überfordert und verreiße mir auch noch das Kreuz – ein Spiegel meiner Seele. Peter versucht, mich aufzumuntern, was ihm aber nur schwer gelingt. Doch die Iraner schaffen es. Bei der Mittagspause, die wir im Wohnmobil verbringen, hören wir draußen: „Excuse me. Excuse me." Eine iranische Familie steht vor dem Fenster und strahlt uns an. Sie schenken uns zwei große Wassermelonen. Einfach so. Wir steigen aus, um Fotos zu machen. Es ist ein Lehrerehepaar aus der Provinz Ost-Aserbaidschan und der Mann ist leidenschaftlicher Radfahrer. Er war schon in der Türkei, in Aserbaidschan und in Armenien. Und natürlich laden sie uns ein. Gerne möchten wir mitkommen, aber wir haben keine Zeit. Wir versprechen ihnen, sie bei unserem nächsten Iranaufenthalt zu besuchen.

Westlich von Teheran nächtigen wir in einem kleinen Ort neben einem Laden. Wir fragen, ob wir die Nacht hier verbringen dürfen und kaufen noch ein bisschen ein. Am nächsten Morgen klopft es an der Tür, es ist der alte Ladenbesitzer. Mit einem breiten Lächeln überreicht er uns frisches, noch warmes Fladenbrot. Man kann sie nur lieben, die Iraner!

Endlich lässt sich die Sonne blicken, Balsam für die Seele. Auf den Bergen rund um uns liegt überall noch Schnee. Wir beschließen, unsere Dieseltanks zu füllen, bevor sie ganz leer werden. Eine weise Entscheidung, denn plötzlich ist der Treibstoff wieder kontingentiert und wir brauchen eine Bezugskarte. Eigenartig, denn in Bam ging es auch ohne. Wir haben Glück, einmal borgt uns der Tankwart seine Karte, dann helfen uns Lkw-Chauffeure. Die Preise gefallen uns sehr gut: Ein Liter Diesel kostet 0,08 Euro. Deswegen möchten wir in Täbris einen 500-Liter-Tank kaufen und ihn anstelle unseres kleinen montieren. Gesagt, getan. Seit 1,5 Tagen ist Peter am Schrauben, fertigt Halterungen für den neuen Tank an, demontiert den 200-Liter-Tank und schweißt bei der Gelegenheit gleich ein paar Kleinigkeiten am Lkw. Die Fahrzeuge am Lkw-Schrauber-Gelände im Westen von Täbris stehen knapp nebeneinander, die Chauffeure und Mechaniker sind fleißig am Arbeiten. Es ist eine reine Männerwelt, aber ich fühle mich trotzdem wohl. Neugierig beobachten die Iraner jeden von Peters Handgriffen, gehen ihm zur Hand, beratschlagen und diskutieren. Natürlich auf Farsi.

Ich nutze die Zeit und arbeite am Computer, putze, koche und erledige Einkäufe. Peter braucht dauernd irgendetwas. Farbsprays, Schrauben, Scheiben für den Winkelschleifer etc. Das meiste bekomme ich rund um den Lkw-Platz, dort sind Fachgeschäfte angesiedelt und es ist leicht, den Verkäufern klar zu machen, was ich brauche, denn ich habe immer ein Muster mit dabei. Nur bei den Flexscheiben gibt es Probleme, auch im zweiten Geschäft sind keine erhältlich. Der junge Verkäufer geht mit mir ins nächste Geschäft. Wieder nichts. Auch im vierten sind keine lagernd. Die Iraner beginnen zu diskutieren, sie nehmen meine Angelegenheit sehr ernst, so, als wäre es das Wichtigste auf der Welt. Ein Mann mittleren Alters bietet mir an, mich in ein Spezialgeschäft zu bringen. Allerdings müssten wir mit dem

Auto fahren, denn das Geschäft ist im Stadtzentrum. Ich zögere kurz und überlege. Soll ich in Iran wirklich in das Auto eines wildfremden Mannes steigen? Die Männer erkennen meine Zweifel und beruhigen mich. Ich muss an meine Mutter denken, sie würde der Schlag treffen. Mein Bauchgefühl sagt mir, dass es in Ordnung ist, mitzufahren.

Majid heißt mein Chauffeur, der eigentlich Teppichhändler ist und ein bisschen Englisch spricht. Nach 30 Minuten landen wir in einem Werkzeuggeschäft, das in einem modernen Einkaufszentrum liegt und ich werde tatsächlich fündig. Ich bedanke mich bei Majid und bestehe darauf, mit dem Taxi zurückzufahren, um ihm einen Umweg zu ersparen. Keine Chance. Er müsse ohnehin zurück zu dem Laden, in dem wir uns getroffen haben, erklärt Majid. Als ich aussteige, möchte ich ihm die Fahrt gerne bezahlen. Ausgeschlossen, der Iraner will kein Geld. Wenigstens für das Benzin, argumentiere ich. Wieder blitze ich ab. Majid meint, ich sei Gast in seinem Land und es sei nur selbstverständlich für ihn, Hilfe zu leisten und außerdem sei es ihm eine Ehre gewesen. Was soll ich da noch antworten? Merci, thank you, danke!

Nächtigen dürfen wir hier am Lkw-Schrauber-Gelände im Westen der Stadt nicht, wir fahren jeden Abend zum El-Goli-Vergnügungspark, wo wir schon auf der Hinreise genächtigt haben. Am ersten Abend kommen wir um 20 Uhr dort an, es ist gerade noch hell. Die Iraner lieben es, zu picknicken und zu campen. Sie stellen Zelte neben den Autos auf oder, so wie hier, auf den Grünflächen. Die Perser sitzen auf Teppichen davor oder darin, essen genüsslich, trinken Tee, knabbern Nüsse, tratschen oder rauchen Wasserpfeife. Gäbe es einen Preis für die leidenschaftlichsten Camper, so wären die Iraner eindeutig Sieger. Wir sind noch keine 3 Minuten hier, da kommt schon eine Frau und überreicht mir einen kleinen Kunststoffbehälter mit Ash, iranischer Suppe. Unglaublich! Diesmal haben wir wenigstens ein Gegengeschenk: Wir haben noch eine Melone! Und eine Frisbee-Scheibe für die Kinder. Englisch kann die Großfamilie nur wenig, dafür sind sie alle lieb und herzlich. Es folgen viele gemeinsame Fotos und natürlich eine Einladung in ihr Heim. Es wirkt, als wolle mich die Mutter gleich adoptieren.

Es ist ein großes Familienfest und wir sind ein Teil davon. Die Gastfreundlichkeit zieht sich wie ein roter Faden durch den gesamten Iran. Überall werden wir angelächelt, eingeladen, angesprochen und beschenkt. Wir wissen ganz bestimmt, dass wir irgendwann wieder in dieses wunderbare Land kommen werden.

Der neue Tank ist montiert und schwarz gestrichen, den kleinen Tank hievt Peter auf die Dachgalerie. Somit können wir 1.200 Liter Diesel bunkern. Ersatzteile kaufen wir auch noch ein, sie sind einfach so günstig hier. Langsam wissen wir nicht mehr, wo wir all die Sachen verstauen sollen. Vier neue Türverkleidungen finden unter der Matratze Platz, vier Trittbretter zu je 8 Euro verschwinden unter dem Bett, ebenso Blechteile für unsere rostige Kabine. Für die Ersatzscheinwerfer finden wir gerade noch Platz in der Dachbox, zwei Hauptbremszylinder landen in der Werkzeugkiste. Jeder noch so kleine Stauraum wird genutzt. Peter ist Weltmeister im Schlichten, stapelt und verstaut alles ordentlich und platzsparend.

Wir verlassen Iran über den gleichen Grenzübergang, den wir schon bei der Einreise benutzt haben. Doch bevor wir uns nach Razi begeben, füllen wir unsere Dieseltanks auf. Peter möchte über den kleinen Tank auf der Dachgalerie eine rote Plane werfen, doch ich finde das viel zu auffällig, und somit lässt er den runden, schwarzen Tank unversteckt. Den neuen Tank, der schwarz lackiert ist und noch stark glänzt, besudeln wir mit Dreck, indem wir in ein Flussbett fahren und Schlamm auf den Tank werfen. Das tun wir, weil wir bei der Ausreise keine Dieselsteuer bezahlen wollen. Der Schmuggel von Diesel von Iran in die Türkei ist ein lukratives Geschäft, in Iran kostet ein Liter 0,08 Euro, in der Türkei 1,40 Euro. Die Iraner sind logischerweise erfinderisch geworden. Die Autotüren haben ein doppeltes Blech, quasi einen Tank in der Türe, nur um ein Beispiel zu nennen.

An der Grenze sind wir ein bisschen angespannt. Eigentlich wähnen wir uns schon in Sicherheit, doch ein iranischer Autofahrer nutzt unseren Lkw, um von seinem Fahrzeug abzulenken, was ihm auch prompt gelingt. Er weist den Beamten auf unseren zweiten Tank hin. Schlauerweise hat Peter beim neuen Tank eine Leitung zur Heizung montiert, um glaubhaft zu machen, dass wir diesen Tank nicht für das Fahrzeug selbst benötigen, sondern für die Heizung und das Warmwasser des Wohnaufbaus. Sicherheitshalber haben wir noch eine unterschriebene Rechnung von Verena und Wolfi, die belegt, dass wir in Nepal 500 Liter verschmutztes Kerosin für Heizzwecke von ihnen gekauft haben. Der Zollbeamte ist überzeugt, möchte nun aber wissen, wie viele Liter im anderen Tank sind. Sofort hält er einen Maßstab bereit, vermisst den Behälter und berechnet das Volumen. Nicht schlecht. Somit bezahlen wir für 450 Liter Dieselsteuer. Mit dem können wir leben, der kleine Tank am Dach bleibt unbemerkt. Wir reisen mit insgesamt 1.100 Liter Diesel aus Iran aus. Dass das bis Österreich reichen wird, wissen wir zu diesem Zeitpunkt noch nicht.

TÜRKEI
Nach 15 Jahren wieder in Izmir

Unsere Köpfe sind überfordert, wir kommen gar nicht mehr richtig mit dem Tempo mit. Die Kilometer fliegen nur so, Hunderte, Tausende. Vor ein paar Tagen sagte Peter zu mir: „Gib mir doch bitte mal den Indien-Reiseführer." „Gerne Peter, aber wir sind schon in der Türkei!", entgegnete ich etwas erstaunt. „Ach so, ja ja, du hast Recht", antwortet er geistesabwesend. Am 24. März haben wir Indien verlassen, sind in 7 Tagen und 1.780 Kilometern durch Pakistan und in 14 Tagen und 2.800 Kilometern durch Iran gefahren. Und nun, nach 3 Tagen in der Türkei, haben wir in auch schon über 1.100 Kilometer zurückgelegt. Auch dieses Land ist sehr groß, vor allem, wenn man es von Ost nach West durchquert. Die Flipflops und T-Shirts packen wir beim ersten Schneegestöber in Südostanatolien gleich weg. Verdammt! Wo sind nur unsere Wollhauben? In den Tiefen des Augusts. Und so setze ich mir eben wieder mein Kopftuch auf, wie schon die letzten Wochen.

In der Südtürkei begrüßt uns der Frühling, die Obstbäume und Rosen blühen, es riecht nach frischem Gras, nach Orangenblüten, nach Meer. Wir essen die ersten Erdbeeren der Saison, waten mit den nackten Füssen im kühlen Mittelmeer und werden in der Nacht fast regelmäßig von Moskitos, von starken Gewittern und Sturmböen geweckt.

2.500 Kilometer legen wir in der Türkei zurück. Über Berge, durch Wälder, Flusstäler, am Meer entlang, an antiken Ausgrabungen vorbei, passieren Glashäuser und Folientunnel, fahren durch Millionenstädte und kleine Dörfer. Wir lieben die Türkei, lassen sie dennoch links liegen. Abwechslungsreich ist die Fahrt, aber eines ist doch immer gleich: Die Freundlichkeit der Türken.
Wir besuchen die Stadt Izmir, in der Peter vor vielen Jahren gearbeitet hat. Wahnsinn, hier hat sich viel verändert! Zum Positiven. Es ist eine saubere, supermoderne Stadt mit langer Geschichte und Charme geworden. Es scheint, als ob halb Izmir an diesem Samstag am Einkaufen ist. Massen schieben uns durch die engen Gassen. Uns gefällt es. Und wir lassen uns anstecken. Zwischen den Einkäufen belohnen wir uns mit kulinarischen Schmankerln, schlürfen süßen Tee und unterhalten uns prächtig mit den Einheimischen. Schließlich landen wir auf dem Basar, wo wir uns – wie schon vor Jahren – verlaufen. Macht nichts, wir haben ohnehin kein Ziel. In Ömers Geschäft bewundern wir die Wasserpfeifen und schlagen zu. Ömer ist kompetent, freundlich, aber ein harter Geschäftsmann. Dennoch macht das Handeln mit ihm großen Spaß und wir verlassen seinen Laden am frühen Abend, schwer bepackt und zufrieden.

Auch der letzte Tag in der Türkei ist anstrengend. Um 7 Uhr morgens verlassen wir Izmir ohne Frühstück, legen 444 Kilometer zurück, pumpen Diesel um, geben die letzten türkischen Lire für Lebensmittel aus, überqueren den Bosporus und haben somit den europäischen Kontinent erreicht. Ich telefoniere mit meiner Mutter, es gibt gute Neuigkeiten. Papa ist stabil und wieder zu Hause. Mama geht es besser, aber sie ist erschöpft. Das sind wir auch. In Absprache mit ihr werden wir eine Ruhepause in Griechenland einlegen, dafür sind wir unendlich dankbar und froh. Wir brauchen sie dringend! Am Fahrzeug ist einiges zu tun, die Wäsche geht uns schon aus und der Kopf über. Vor allem er braucht Ruhe. Und unsere Körper brauchen Bewegung, wir sind vom vielen Autofahren schon ganz steif geworden. Ich wünsche mir sehnlichst, dass wir einen schönen, ruhigen Platz finden, am liebsten am Meer, wo wir August ein paar Tage nicht starten müssen.

GRIECHENLAND
Das Schweigen der Lämmer

Nur einen Monat nachdem wir Indien verlassen haben, sind wir in Griechenland. Das klingt unglaublich und ist es auch. Unser vierter Tag in Griechenland ist der erste Urlaubstag. Das Wetter ist uns hold, wir parken direkt am Strand, liegen in der Sonne, unternehmen lange Strandspaziergänge, schwimmen, rauchen Wasserpfeife, trinken griechischen Wein, hören indische Musik, lächeln seit Langem wieder, leben und sind zufrieden. Schauen aufs Meer, auf den orangeroten Vollmond, lauschen den Wellen. Ich genieße die Sonne auf der Haut, die mir Sommersprossen aufs Gesicht zaubert, das kühle Mittelmeer, kristallklar, von dunkelblau bis türkis reichend, den Sand unter meinen Fußsohlen und den blühenden Mohn und die Rosen. Das Leben ist schön, es geht uns gut.

Wir haben genau das gefunden, was wir suchten. Wir können uns noch ein paar Tage Zeit lassen, entspannen, genießen, die Strapazen verarbeiten und Energie tanken. Und das gelingt uns hervorragend auf Chalkidike. Dort finden wir viele, traumhafte Plätze, z. B. Orange Beach. Anfangs waren wir gar nicht so begeistert, wahrscheinlich weil wir nicht direkt am Strand parken konnten. Doch schlussendlich bleiben wir 4 Tage, einfach weil es so schön ist. August steht unter Nadelbäumen mit Blick auf das Meer, zu dem wir 2 Minuten zu Fuß gehen. Wir finden viele kleine Buchten mit weißem Sandstrand und türkisblauem Wasser. Sind wir wirklich in Griechenland? Genauso gut könnten wir in der Karibik oder der Südsee sein. Die Felsen, die die Buchten trennen, sind behauen. Überdimensional große Blumen, Meerjungfrauen und Delfine entdecken wir. Was für ein wundervoller und besonderer Platz! Aus einer Mülltonne holen wir uns einen Sonnenschirm, spazieren jeden Tag durch ein Meer von Blumen in eine andere Bucht, schwimmen, lesen und entspannen. Abends kommen wir mit der Shisha, Insektenspray und Räucherstäbchen gegen die lästigen Moskitos wieder. Langsam wird es dunkel und kühl. Unser Blick schweift über das Meer, wir sind begeistert, als wir einen großen Schwarm Delfine sehen. Wir liegen windgeschützt in einer entzückenden Bucht und saugen abwechselnd an der Wasserpfeife und dem Glas mit griechischem Weißwein. Nach den konservativ muslimischen Ländern wissen wir das freie Leben wieder zu schätzen: Kein Kopftuch, keine Kleidung, einfach die Sonne auf der Haut spüren und nackt im kühlen Mittelmeer plantschen.

Es ist Vorsaison, also nichts los in Griechenland, wir können parken, wo wir wollen, auch direkt am Strand. Griechenland ist anders. Lässiger, unzuverlässiger, langsamer, lockerer. Es gefällt uns. Die meisten Griechen, die wir treffen sind cool, tief entspannt. Herzinfarkt und Stress dürfte für viele hier ein Fremdwort sein. Nehmen wir z. B. Vasili, einen Kaffeehaus- und Barbesitzer. Seit geraumer Zeit ist er damit beschäftigt, das Dach der Strandbar mit Schilfmatten zu decken. Dafür hat er natürlich einen Helfer. Nachdem wir jeden Tag Kaffee bei ihm trinken, wissen wir, wie es um den Fortschritt der Arbeiten steht. Schlecht, würde der fleißige Österreicher sagen. Gut für griechische Verhältnisse, denn jeden Tag kommt ein Stück dazu. Danach setzen sich die beiden Männer gemütlich hin, trinken Kaffee, bewundern ihre Arbeit und blicken hinaus aufs Meer. Morgen ist auch noch ein Tag.

Morgen ist der 5. Mai 2013, Ostersonntag, ein wichtiger Tag für orthodoxe Christen in Griechenland. Nachdem am Tag zuvor die Auferstehung Jesu gefeiert und Segenswünsche verteilt wurden, geht man nun zum gemütlichen Teil über. Die Familie versammelt sich und das Fasten hat ein Ende. Das Schweigen der Lämmer ist eine treffende Beschreibung für den griechischen Ostersonntag. In jedem fünften Garten dreht sich ein Lamm am Spieß. Die Familie sitzt im Schatten der Weinlaube beisammen und gibt sich dem kulinarischen Genuss hin. Wein fließt in Strömen. Wer denkt dabei an eine Finanzkrise?

Das Dorf Toroni ist uns sympathisch, unweit ist ein einsamer Kiesstrand. Perfekt für uns. Bevor wir es uns gemütlich machen, greife ich zum Telefon: „Mama, ist es in Ordnung, wenn wir noch eine Woche in Griechenland bleiben?", frage ich vorsichtig. Genehmigt! Super! Am zweiten Tag bekommen wir Nachbarn, ein Wohnmobil mit Freistädter Kennzeichen parkt sich neben uns ein. Ich sitze gerade im Wohnmobil, Peter sonnt sich am Strand. „Endlich ein Nackter!", lautet die Begrüßung von Hannelore und Alfred. 3

Wochen haben die beiden Oberösterreicher Urlaub. Sie sind nett und witzig. Von 12 Uhr mittags bis 1 Uhr morgens sitzen wir zusammen, verkosten Grünen Veltliner und Riesling aus Niederösterreich und Weißwein aus Griechenland, essen Schmankerln aus Österreich und Indien, hören gute Musik, tanzen, lachen, tratschen und gehen, wie nicht anders erwartet, beschwipst ins Bett.

Es ist ein leicht bewölkter Morgen, sehr ruhig, nur die Vögel zwitschern und ganz leise rauscht die Brandung. Wir haben heute viel vor: Die ausstehende Maut bei einer Piräus-Bank einzahlen, Einkäufe tätigen und nach Mazedonien reisen. Unser Bade- und Erholungsurlaub ist zu Ende. Zwei oder drei Tagesetappen sind es bis Österreich. Freude und Bedenken stellen sich ein. Wie auch schon auf der Heimreise von Afrika. Wie immer. In Nea Mondania finden wir tatsächlich eine Piräus-Bank, aber sie hat geschlossen. Warum? Die griechischen Ostern sind doch schon vorbei. Stimmt. Doch die Griechen sind flexibel und sehr auf ihre Feiertage bedacht, die sind ihnen heilig. Der 1. Mai ist auch in Griechenland ein Feiertag, nur leider fiel er in diesem Jahr auf den Aschermittwoch, also wieder einen Feiertag. Das geht überhaupt nicht! Kurzerhand haben die Griechen beschlossen, den 1. Mai ausnahmsweise auf den 7. Mai zu verlegen, dem Tag nach dem Ostermontag. Man kann wirklich allerhand von diesem Volk lernen.

DIE LETZTE ETAPPE
Gemischte Gefühle

Über Mazedonien, Serbien und Ungarn verläuft der letzte Teil unserer Reise. Mit dem iranischen Diesel läuft August hervorragend, auch wenn er ein bisschen mehr qualmt. 2 Tage brauchen wir von Thessaloniki bis zur österreichischen Grenze. Eine stolze Leistung für unseren Mercedes und auch für Peter, denn die längste Etappe geht über 854 Kilometer und dafür benötigen wir 14 Stunden.

Die erste Nacht in Österreich verbringen wir in Nickelsdorf, gleich nach der ungarischen Grenze, fallen müde ins Bett und freuen uns am nächsten Tag auf ein typisch österreichisches Frühstück: Frische Semmeln mit Butter, Käse, Wurst, Eiern und Marmelade. Gleich am Morgen mache ich mich auf den Weg ins Zentrum des kleinen Ortes. Schon von Weitem sehe ich einen kleinen Supermarkt, der Mund wird mir wässrig, ich sehe all die Leckereien vor mir. Zu früh gefreut, ich stehe vor verschlossenen Türen. Wieso? Ist heute nicht Donnerstag? Der ganze Ort ist ruhig und verschlafen, das kommt mir komisch vor. Aus den Nachrichten erfahren wir, dass heute Christi Himmelfahrt ist, ein Feiertag. Macht auch nichts, denn in nächster Zeit werden wir noch genug Gelegenheit haben, österreichisch zu frühstücken.

Wir haben uns die schönste Jahreszeit ausgesucht, um nach Hause zu kommen. Mitte Mai dominiert die Farbe Grün, alles blüht und duftet. Es ist wirklich schön. August fährt bei strahlendem Sonnenschein über die Wiener Ringstraße, am Naschmarkt vorbei Richtung Westen, Richtung Neulengbach. Ich bin aufgeregt, um nicht zu sagen nervös, habe Herzklopfen und Schweißausbrüche. Habe gemischte Gefühle, Freude und Angst. Möchte nach Hause und doch wieder weg. Die Gefühle verstärken sich, je näher wir unserem Heimatort kommen. Die Ortstafel von Neulengbach taucht auf. Ein eigenartiges Gefühl macht sich breit, alles ist vertraut und trotzdem anders. Jede noch so kleine Veränderung fällt mir auf. Wir drehen eine Runde im Zentrum. Peter legt eine CD ein und dreht die Außenlautsprecher auf. Unser nepalesisches Lieblingslied beschallt den Ortskern. Niemand reagiert, weil niemand da ist. Alle nutzen das lange Wochenende und das Frühsommerwetter für einen Ausflug. Peter möchte unbedingt wissen, wie schwer unser Lkw ist und fährt auf die Brückenwaage. Zuvor geben wir noch Schätzungen ab, liegen aber beide daneben. Die Digitalanzeige spuckt eine Zahl aus, wir müssen zweimal hinsehen, um das Ergebnis zu glauben. 8.780 Kilogramm wiegt unser Reisewagen, er ist ein Schwergewicht geworden. Dabei sind nur noch rund 100 Liter Diesel (iranischer, wohlgemerkt!) im Tank und auch die Wasservorräte sind zur Hälfte aufgebraucht. Wir überschlagen rasch im Kopf und stellen fest, dass August bei der Ausreise aus Iran vermutlich satte 10 Tonnen hatte!

Der nächste Halt ist bei meinen Eltern. Wir wollten sie überraschen, doch ausgerechnet an diesem Vormittag hat mich meine Mutter angerufen und somit waren wir angekündigt. Die Freude ist riesengroß, wir fallen uns in die Arme. Die letzten Jahre haben Spuren auf ihren Gesichtern hinterlassen. Auf unseren aber auch. Wie passend, dass heute ein Feiertag ist, denn genau das machen wir. Feiern. Zuerst mit meinen Eltern und danach mit Freunden an unserem Teich. Wir bringen einen Hauch des Fernen Ostens mit, den Duft einer anderen Welt, den Geschmack ferner Länder. Wir zünden indische Räucherstäbchen an, rauchen Wasserpfeife mit türkischem Tabak, knabbern iranische Nüsse und Samen und lassen uns griechische Oliven schmecken. Dazu hören wir nepalesische Musik und tanzen zu pakistanischen Liedern, die unter die Haut gehen, an denen ich mich nicht satthören kann. Wir holen unsere Reise hierher und teilen sie mit anderen Menschen. Alles vermischt sich, alles bewegt sich, alles ist eins.

So verschieden wir auch alle sein mögen, wir leben alle auf einer Welt, haben alle die gleichen Bedürfnisse, Ängste, Sorgen und Träume, ganz egal, wo wir zu Hause sind. Das und noch vieles mehr haben wir auf unseren Reisen gelernt, mehr als ich je in der Schule, an der Uni oder in diversen Kursen gelernt habe. Das Leben selbst ist der beste Lehrmeister. Und ich möchte noch viel lernen. Doch zunächst heißt es ankommen, die Reise verarbeiten. Nach 1,5 Jahren und 42.000 zurückgelegten Kilometern sind unsere Köpfe voller neuer Eindrücke, Erlebnisse, Erkenntnisse und Abenteuer. Aber auch voll neuer Pläne.

EPILOG

Juni 2013

Seit einem Monat sind wir nun zu Hause, planschen in unserem kühlen Teich zwischen Fischen, Kaulquappen und Schlangen. Es ist ruhig, wirklich ruhig hier. Das gefällt uns. Abends sitzen wir lange auf der Terrasse, lauschen dem Zirpen der Grillen, dem Schnauben der Pferde, dem Schreien der Rehe und der Käuze. Über uns funkeln die Sterne, die Milchstraße zeichnet sich klar und deutlich am Himmel ab. Das Leben ist gut zu uns. Wir arbeiten fleißig am Teichgelände, am August und am neuen Vortrag. Denn auch wenn wir auf unserer Reise reich geworden sind – reich an Erlebnissen, Eindrücken und Abenteuern –, so heißt es nun Geld verdienen.

Juni 2017

Mittlerweile sind wir 4 Jahre in Österreich, es ist viel passiert in dieser Zeit. Schönes, Unvergessliches, Lustiges, aber auch Trauriges und Kräfteraubendes. Wie das Leben eben so spielt. Wir haben geheiratet, rauschende Feste gefeiert, neue Freunde gefunden, viele Vorträge gehalten, uns von meinem Vater verabschiedet und Pläne geschmiedet. Wir blicken in die Zukunft. Was sie wohl bringen wird? Wir wissen es nicht, aber wir können sie mitbestimmen. August der Reisewagen ist startklar. Und wir sind es auch. Ganz egal, was einem im Leben widerfährt, es ist wichtig, dass man an seinen Träumen festhält und daran glaubt. Und sind sie für andere auch noch so verrückt.

**„Lass dich nicht unterkriegen.
Sei frech und wild und wunderbar!"**

Astrid Lindgren

ANHANG

Wir wollten diesmal ein lässiges Taschenbuch produzieren, das gut in der Hand liegt und das man einfach überall mitnehmen kann. Falls ihr mehr Bilder, passend zu unserer Asienreise und dem Buch, sehen wollt, gerne unter: **www.augustderreisewagen.com**

Oder besucht unsere Live-Reportagen! Termine und Infos findet ihr ebenfalls auf der oben genannten Website. Falls ihr gleich mehr wissen wollt, seid ihr hier genau richtig:

August der Reisewagen in Afrika

Im Oldtimer-Lkw, genannt August der Reisewagen, machen sich Sabine und Peter auf den Weg nach Afrika. Er dient ihnen nicht nur als fahrbarer Untersatz, sondern auch als rollendes Häuschen. Die beiden wollen nach Ostafrika, rund um den Viktoriasee und haben dafür ein halbes Jahr angedacht.

Doch diesen Plan müssen sie verwerfen, denn die Uhren ticken anders in Afrika. Und so passen sich die beiden Niederösterreicher dem jeweiligen Landesrhythmus an, erlernen die Langsamkeit und den Müßiggang. Das Ergebnis ist ein 2 ½-jähriger Aufenthalt am afrikanischen Kontinent! Faszinierend, spannend, abenteuerlich, unvergesslich, aber auch manchmal nervenaufreibend und anstrengend. Abseits der Touristenpfade fühlen sie sich am wohlsten, haben intensiven Kontakt zu den Einheimischen, sind auf Tuchfühlung mit der einzigartigen Fauna und Flora.

In ihren beiden Multimediashows (August der Reisewagen in Ostafrika + August der Reisewagen in Westafrika) erzählen Sabine und Peter von ihren Abenteuern am Schwarzen Kontinent und dem Leben im August, dem Reisewagen. Die Präsentationen sind gespickt mit persönlichen Geschichten und Erlebnissen. Durch den Einsatz von Videos, mitreißender afrikanischer Musik und Live-Kommentaren nehmen sie die Zuschauer förmlich mit auf ihre Reise nach Afrika.

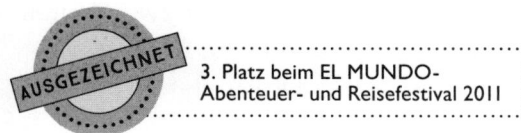

3. Platz beim EL MUNDO-
Abenteuer- und Reisefestival 2011

August der Reisewagen in Asien

Die zweite große Tour mit dem kultigen Old-timer-Lkw, August der Reisewagen, führt Sabine Buchta und Peter Unfried in 1 ½ Jahren und 42.000 km über den Orient bis nach Indien und Nepal. Die Gastfreundschaft der Perser und die Kulturschätze von Iran faszinieren sie ebenso wie der Hochglitzer-Hightech in den Emiraten und die unendliche Weite der Wüste in Oman.

Ein halbes Jahr verbringen die beiden in Nord-indien und Nepal, tauchen in die faszinierende Landschaft ein, besteigen Berge und fühlen sich in den entlegensten Dörfern am Fuße des Himalajas wohl. August der Reisewagen bringt sie von über 5.000 m Meereshöhe bis an den Indischen Ozean nach Goa. Dazwischen liegen nicht nur viele schlechte Straßen und brütende Hitze, sondern auch 2.000 Jahre alte buddhistische und hinduistische Höhlen und Tempel, das Kumbh Mela – das größte Fest der Welt, Maharadscha-Paläste, die heilige Stadt Varanasi und das Taj Mahal.

Sabine und Peter sind begeistert von Indien, diesem faszinierenden, bunten, schrillen, lauten und geheimnisvollen Subkontinent mit seinen 1,3 Mrd. Einwohnern, den heiligen Kühen und heiligen Männern, dem Verkehrswahn-sinn und dem köstlichen Essen.

Davon berichten die zwei Niederösterreicher sehr persönlich und unter-haltsam in ihrer zweiteiligen Multivision (Orient und Indien+Nepal). Die digitale HDAV-Show ist gespickt mit Videos, Original-Tonaufnahmen, au-thentischer Musik und natürlich den Live-Kommentaren der zwei Welten-bummler in Form einer Doppelmoderation.

2. Platz + Publikumspreis beim
EL MUNDO-Abenteuer- und Reisefestival 2014

DANKE!

Danke ist ein wunderbares Wort. Viele kennen es, manche machen davon Gebrauch. Wir finden, dass man es gar nicht oft genug sagen kann, solange es ernst gemeint ist und von Herzen kommt.

Danke - merci - thank you - teşekkür - motaşakkeram - shukran - dhanyavaad - shukria - juleh

Es gehört zu den ersten Wörtern, die wir uns in einem fremden Land aneignen, es ist enorm wichtig und wir verwenden es oft. Und so möchten wir uns nun auf das allerherzlichste bei vielen Menschen bedanken, in erster Linie bei:

- Unseren Familien, die auf unseren Reisen ständig mitfiebern und sich zu oft Sorgen machen.

- Unseren Freunden, die uns mit Neuigkeiten von Zuhause auf dem Laufenden gehalten haben, an uns gedacht, gemailt oder telefoniert und als Hausmeister fungiert haben. Vielen Dank, dass ihr mit uns – zumindest streckenweise – mitgereist seid und uns mit Berichten von euch und eurem Leben versorgt habt.

- Den Menschen, die uns begegnet sind, die uns eingeladen haben, uns an ihrem Leben teilhaben ließen, uns ein Lächeln geschenkt und die Reise einzigartig gemacht haben.

- Anderen Reisenden, von denen wir viele Tipps bekommen haben, die uns die Zeit versüßt haben mit Geschichten und Gesprächen und die uns ein Stück des Weges begleitet haben. Erwähnen möchten wir an dieser Stelle Verena und Wolfi, mit denen wir eine wunderbare Zeit verbracht haben und die uns sehr ans Herz gewachsen sind.
Danke für eure Freundschaft!

- Unseren Vortragsbesuchern, die wir mit unseren Live-Reportagen begeistern könnnen und die ständig nach dem Buch zum Asien-Vortrag fragen. Danke für eure Geduld.

- Doris Krückl und Magda Woitzuck, die uns als Lektoren unterstützten und noch dazu Tag und Nacht gearbeitet haben! Zumindest hatte es für uns so den Anschein.

- Daniela Zeilinger, die kurzfristig als Lektorin einsprang. Danke für deine Mühe.

- Wolfgang Hieß, auch Wossi genannt, für das Layout, die grafische Gestaltung und seine vielen Ideen.

- Brigitte Bruckner für ihre Hilfe bei der Titelfindung des Buches. Danke für deinen Einfallsreichtum!

- Dem Kasachen, der die Karikatur von Peter am Rieder Volksfest 2017 angefertigt hat. Leider haben wir den Namen vergessen. Entschuldigung.

- Und zu guter Letzt, bei jedem einzelnen, der das Buch aufschlägt und liest. DANKE EUCH ALLEN!

Doch halt! Es fehlt noch jemand, der wichtigste Mensch in meinem Leben. Danke Peter, dass du mir mit Rat zur Seite gestanden bist und oft alleine ins Bett musstet, da ich noch „ein bisschen" am Buch arbeiten wollte. Danke für dein großes Herz, deinen regen Geist, deine Toleranz und deinen Humor. Du bist eine Bereicherung für viele, vor allem aber für mich. Du bist ein Teil von mir.

**Gib jedem Tag die Chance,
der schönste deines Lebens zu werden.**

Mark Twain

LIEBE
SCHRAUBER,
LIEBE INDER,
LIEBE KINDER:
VERGESST
NIE DEN
KABELBINDER!